תלמוד בבלי

— מהדורת נאה —

שקלים חלק א

Steinsaltz Center

ירושלים

KOREN

תלמוד ירושלמי

הוצאת קורן ירושלים

מהדורת נאה

מסכת שקלים
דף ב. עד יג.

COMMENTARY BY

Rabbi Adin Even-Israel
Steinsaltz

EDITOR-IN-CHIEF

Rabbi Dr Tzvi Hersh Weinreb

EXECUTIVE EDITOR

Rabbi Joshua Schreier

STEINSALTZ CENTER
KOREN PUBLISHERS JERUSALEM

הלכה א מתני' באחד באדר משמיעין על השקלים. ב"ד שולחין בכל ערי ישראל ומכריזין שיביאו שקליהם. ולמה באחד באדר — מפרש בגמ': **ועל הכלאים.** מכריזין שימעטו הזרע האחר עד שלא ישאר בו רובע קב לסאה: בט"ו בו קורין **את המגילה** בכרכים. המוקפין חומה מימות יהושע בן נון. איידי דבעי למתני דבט"ו באדר שלחנות יושבים במדינה, תני נמי כל מה שהיו עושין בו ביום. ולהכי לא תני שבי"ד קורין את המגילה בשאר עיירות, דלא חש למיתני מה שנעשה בכל החדש: **ומתקנין את הדרכים ואת הרחובות.** והשווקים שנתקלקלו בימות הגשמים בשביל עולי רגלים. א"נ: בשביל הרוצחים בשגגה, כדכתיב "תכין לך הדרך": **ואת מקוות המים.** אם נתרבה בהם טיט, מנקין אותן, ואם נחסר שיעורן, ממשיכין להן מים וממלאין אותן: **כל צרכי רבים.** מפרש בגמרא: **ומציינין את הקברות.** שלא יאהילו עליהם הכהנים ועושי טהרות. והציון הוא שממחים סיד ושופכין אותו סביב הקבר. ובימות הגשמים היה הסיד נמוח וצריך לחזור ולציינו: **גמ' בעונתן.** בזמנן קודם ר"ח ניסן, כדי שיוכלו לתרום תרומת הלשכה שממנה לוקחין קרבנות לצרכי השנה הבא מניסן ואילך. ולכך משמיעין באחד באדר שלשים יום קודם: **תרומת הלשכה.** הוא התרומה שתורמין מן הלשכה שנתנו בתוכה כל השקלים, כדתנן לקמן פ"ג: **ומר ר"ש בר"י.** [ואמר] דהיינו טעמא דתורמין הלשכה דוקא בר"ח ניסן: **בתחלתה.** כמו שהיתה תרומה ראשונה בשעה שהוקם המשכן שהיתה בר"ח ניסן, כן לדורות נמי מר"ח ניסן מתחילין לתרום מן החדש: **נאמר כאן חדשי.** "זאת עולת חדש בחדשו לחדשי השנה": **ונאמר להלן חדשי.** "ראשון הוא לכם לחדשי השנה": **שבק רבי טבי וכו'.** הניח ר' טבי רישא דברייתא ואמר הסיפא לחוד: **דל בן.** ולא נכון לעשות כן, שקיצר במקום שהיה לו להאריך, דמסיפא לא שמעי' דמדאורייתא צריך להביא מן החדש: **ת"ל "בחדשו לחדשי".** דה"מ למכתב "זאת עולת החדש": **בחדש אחד כו'.** וה"פ: זאת עולת החדש בחדשו — שיחדש ויביא מתרומה חדשה לכל חדשי השנה: **יכול באיזה חודש שירצה.** יתרום לכל חדשי השנה: **"ויתנו קול ביהודה ובירושלם** להביא לה' משאת משה עבד ה'", והיינו השקלים, ש"מ שמכריזין על השקלים: **תמן תנינן.** מגילה פ"ק: **אף שימוע שקלים וכלאים איכא.** בין אדר ראשון לשני, שאין משמיעין אלא בשני: "ר' חלבו וכו'" עד "זמן קרייתה" ל"ג: **ויאות.** שפיר קאמרת, דשימוע שקלים וכלאים אינן אלא בשני: **עד כדון וכו'.** עדיין יש בשנה קודם ר"ח ניסן ששים יום, ולמה יקדמו כל כך: **עד כדון אינון דקיקין.** עדיין הצמחים דקים ואינן ניכרין לידע אם הם כלאים: **מעתה.** דעיקר טעם הכרזה כדי שיביאו בעונתן דוקא, א"כ למה משמיעין על שקליהם באדר, הא אי אפשר להן להביאן קודם ר"ח ניסן. וי"ג "מראשו של חורף", וה"פ: לפי דצריך לריכין בני בבל להשמיע בראשו של חורף, כדי שיבואו לירושלם בראש חודש ניסן: **והא תנינן.** לקמן פ"ג: **בפרוס הפסח.** היינו ט"ו יום, ד"פרוס" לשון מחצה הוא, ושלשים יום קודם החג שואלין ודורשין: ה"ג: **א"ב.** לפי משמעות משנה זו נאמר דג' זמנים אלו קבעו לתרום. משקלי הקרובים לירושלים — בפסח, והרחוקים קצת — בעצרת, והרחוקים ביותר — בחג. נמצא שדי אף לבני בבל בהכרזת אדר שעדיין יש פנאי שיביאו

ריבב"ן

פירוש רבינו יהודה בן בנימין הרופא זצוק"ל:

משנה א באחד באדר משמיעין על השקלים. לפי שצריך להביא בא' בניסן מתרומה חדשה, כדאמר במגילה [דף כט:] "זאת עולת חדש בחדשו" — חדש והבא קרבן מתרומה חדשה. תמידין ומוספין הבאין בר"ח ניסן נקנין משקלים חדשים. ולמה באחד באדר? — כדתניא: דורשין בהלכות פסח קודם לפסח שלשים יום. ואפי' לרשב"ג דאמר ב' שבתות, הואיל ושולחנין יושבים במדינה בט"ו באדר, מקדימין מא' באדר: **משמיעין.** מכריזין, כמו "ויעבירו קול ביהודה", וכן "וישמע שאול את העם". ומכריזין [על הכלאים], לפי שצמחין ניכרין. ואעפ"כ לא היו עוקרין ומפקירין לאחר תקנה עד ט"ו באדר, שיהא גדול קצת, שיוכל לעוקרו: **בכרכין.** המוקפין חומה מימות יהושע בן נון: **ומתקנין את הדרכי'.** לפי שנתקלקלו מחמת המים: **ואת מקוות המים.** שמא ירבו הנוטפין על הזוחלין, והטובל שם לא עלתה [לו] טבילה. כדתניא בספרא: "אך מעין ובור מקוה מים" — מעין מטהר בזוחלין, ואין המקוה מטהר בזוחלין אלא באשבורן, פי': נוטפין, מי גשמים. כדאמרי' בפ' "במה אשה" [שבת סה.]: אבוה דשמואל עביד לבנתיה מקוה ביומי ניסן ומפלי ביומי תשרי. אי נמי: לפי שמעיינות מתמעטין בקיץ, עושין מקוה ממי גשמים בחורף לצורך הקיץ. כדאיתא בתוספתא מו"ק: כל מקוה שאין בו ארבעים סאה, מושכין לו אמת המים ומשלימין לו ארבעים סאה, כדי שיהא כשר להקוות עליו: **מציינין על הקברות.** בריש מו"ק תנן: מתקנין את הדרכים ואת הרחובות ואת מקוות המים, ועושין כל צרכי הרבים, ומציינין על הקברות, ויוצאין על הכלאים. משמע: שבחולו של מועד היו יוצאין. קשיא ציון אציון, קשיא כלאים אכלאים! ציון אציון ל"ק, כדמפרש בירושלמי: תפתר שירדו גשמים אחר שציינוהו בט"ו באדר ושטפו הציון. וגם יש להקשות דרכים ורחובות אדרכים ורחובות! ויש לתרץ: שירדו גשמים וחזרו וקלקלו, כדאמר בפ"ק דר"ה בניסן נמי שכיחי קטרי. כלאים אכלאים ל"ק, [כדמתרץ] בירושלמי: כאן בבכיר, כאן באפיל. ובבבלי עוד מתרלין: כאן בזרעים, כאן בירקות. גרסינן במ"ק [דף ו.]: ועד כמה הן יוצאין — כאותה ששנינו: כל סאה שיש בה רובע זרע ממין אחר — ימעט. ובמסכת כלאים היא שנויה:

תקלין חדתין

באחד באדר. מפרש בגמרא: **משמיעין.** מפרש בגמ': **על השקלים.** שיביאו שקליהן לירושלים: **ועל הכלאים.** שיעקרו הכלאים עד שלא ישייר רובע לבית סאה: **בכרכין.** המוקפות חומה מימות יב"ן. והא דלא תני במתניתין "בי"ד קורין בכפרים ובעיירות גדולות" — מפרש בגמ' לקמן: **ומתקנין את הדרכים.** שנתקלקלו מימות הגשמים, מתקנין אותן בשביל עולי רגלים. א"נ: בשביל הגולים לערי מקלט, כדכתיב "תכין לך הדרך" (דברים יט): **מקואות המים.** לנקותן מטיט, או להמשיך מים לתוכן אם נחסרו משיעורן: **כל צרכי הרבים.** מפרש בגמרא: **ומציינין את הקברות.** בסיד, כדי שיפרשו הכהנים ועושי טהרות ולא יאהילו. ולפי שביה"ג היה הסיד נימוח מחמת הגשם, לכך היו צריכים לחזור ולציין: **ויוצאין אף כו'.** מפ' בגמ': **גמ' כדי שיביאו וכו'.** מפני שבאחד בניסן היו צריכים להקריב קרבנות הצבור מתרומה חדשה, כדלקמן, מש"ה היו ב"ד מקדימין להכריז על השקלים באחד באדר, דהיינו שלשים יום קודם, כדי שיביאו שקליהן: **בעונתן.** בזמנן, קודם ר"ח ניסן: **תרומת הלשכה.** שתורמין מן הלשכה שנאספו בתוכה כל השקלים, כדתנן לקמן פ"ג: **אר"ש בר"י.** בא לפרש מה ראו לתרום תרומת הלשכה מן החדשה בא' בניסן דוקא: **בתחלתה.** כמו שהיתה תרומה ראשונה שתרמו ישראל במדבר: ה"ג: **לחדשי.** "זאת עולת חדש בחדשו לחדשי השנה": **להלן לחדשי.** "ראשון הוא לכם לחדשי השנה": **שבק ר' טבי רישא כו'.** בתמיה. דהא מסיפא לחוד לא ידעינן מידי: **נאמר כאן לחדשי.** דהל"ל "בחדשו לשנה", וע"כ הוה ידעינן מיניה דבחודש א' יהא תורם לכל השנה, דהא כולה יתירא. והשתא דכתיב נמי "לחדשי" ע"כ לג"ש אתיא: **במה דתימא.** כלומר, הא דתקנו להכריז — אסמכו אקרא, דכתיב "ויתנו" וגו': ויתנו קול כו'. וסיפא דקרא "להביא לה' משאת משה עבד ה'", ואיירי התם בשקלים, כדמוכחי קראי דיהואש במלכים (ב יב), דכתיב "כסף עובר", והיינו שקלים, שנא' "כל העובר על הפקודים": **אלא מקרא מגילה כו'.** שאם קראו המגילה באדר א', צריכים לחזור ולקרותה בשני: **השמעת שקלים וכלאים בינייהו.** שאינו נוהג אלא בשני דוקא, ואם השמיעו בראשון — חוזרין ומשמיעין בשני: **יאות.** נכון, "כן בנות צלפחד דוברות" מתרגמינן: "יאות" כו': **עד כדון.** הוא כלשון "עדיין" שבבבלי: **אית בשתא ס' יומין.** מאדר א' עד ניסן. ואי אמרת להקדים כל כך, חיישינן שמא יסמכו שיש לפניהם עוד שהות הרבה ובתוך כך יפשעו ולא יביאו בזמנן, ואשכחן בכמה דוכתי שחשו חכמים לתמלס בזמנן, שלא יקדים ושלא יאחר: **אינון דקיקין.** הצמחים הם קטנים ואינם ניכרים לידע אם הם כלאים: ר' חזקיה **שאל מעתה כו'.** כלומר, שאל אלא בני בהמ"ד אם יסכימו על שיטתו הנכונה בעיניו. וכ"ה סוגית הירושל' בכ"מ דקאמר "שאל" אינו לשון שאלה ואבעיא, אלא שהי' ברור בעיניו ולא שאל אלא אם נכון גם בעיני בני בהמ"ד: **מעתה.** שהטעם דהשמעת שקלים וכלאים דוקא בשני משום דבאחד עדיין יש שהות הרבה, וכנ"ל, א"כ בני בבל שהם רחוקי' מא"י צריכים להשמיע מראשו של חורף בכדי שיהיה להם שהות להביא שקליהן עד א' בניסן לא"י: **בני בבל.** בבל רחוק מירושלים הרבה, כדכתיב: "נוצרים באים מארץ המרחק" (ירמיה ד). וכן תנן בפ"ג הל"ד: והשלישית לשם בבל ומדי ומדינות הרחוקות: **בג' פרקים כו' תורמין את הלשכה.** לשכה גדולה היתה במקדש שבה היו מכניסין תחלה כל השקלים, ואח"כ כשהיו רוצים ליטול מן הלשכה ליקח בהן קרבנות צבור לא היו נוטלין ממנה בפעם א' כדי צורך הקרבנות של כל השנה, אלא היו נוטלין מן הלשכה בג' פרקים בשנה: **בפרוס הפסח.** דהיינו ט"ו יום קודם הרגל, כדלקמן

נוסחאות ישנות

תורה אור

באחד

בַּאֲדָר א) אמַשְׁמִיעִין עַל הַשְּׁקָלִים בוְעַל הַכִּלְאַיִם. גוּבַחֲמִשָּׁה עָשָׂר בּוֹ קוֹרִין אֶת הַמְּגִילָּה בַּכְּרַכִּים, וּמְתַקְּנִין אֶת הַדְּרָכִים, וְאֶת הָרְחוֹבוֹת, וְאֶת מִקְווֹת הַמַּיִם, וְעוֹשִׂין כָּל צָרְכֵי הָרַבִּים, וּמְצַיְּינִין (עַל) [אֶת] הַקְּבָרוֹת, דוְיוֹצְאִין אַף עַל הַכִּלְאַיִם.§ **גמ'** וְלָמָּה בְּאֶחָד בַּאֲדָר? כְּדֵי שֶׁיָּבִיאוּ יִשְׂרָאֵל אֶת שִׁקְלֵיהֶן בְּעוֹנָתָן, וְתִיתָּרֵם תְּרוּמַת הַלִּשְׁכָּה מִן הַחֲדָשָׁה בִּזְמַנָּהּ, הבְּאֶחָד בְּנִיסָן. וּמָר רַבִּי שְׁמוּאֵל בַּר רַב יִצְחָק: תְּרוּמַת ב)
שמות מ הַלִּשְׁכָּה (א) כִּתְחִלָּתָהּ, דִּכְתִיב: "וַיְהִי בַּחֹדֶשׁ הָרִאשׁוֹן בַּשָּׁנָה הַשֵּׁנִית בְּאֶחָד לַחֹדֶשׁ הוּקַם הַמִּשְׁכָּן". וְתָנֵי עֲלָהּ: בַּיּוֹם שֶׁהוּקַם הַמִּשְׁכָּן בּוֹ בַּיּוֹם נִתְרְמָה הַתְּרוּמָה. (א) רַבִּי
במדבר כח טָבִי רַבִּי יֹאשִׁיָּה בְּשֵׁם כָּהֲנָא: ג) [א] נֶאֱמַר כָּאן "חָדְשֵׁי"
שמות יב וְנֶאֱמַר לְהַלָּן "חָדְשֵׁי". מַה "חָדְשֵׁי" שֶׁנֶּאֱמַר לְהַלָּן אֵין מוֹנִין אֶלָּא מִנִּיסָן, אַף "חָדְשֵׁי" שֶׁנֶּאֱמַר כָּאן אֵין מוֹנִין אֶלָּא מִנִּיסָן. (ב) א"ר יוֹנָה: שְׁבַק רַבִּי טָבִי רֵאשָׁהּ דְּמַתְנִיתָא
במדבר כח (ב) וְאָמַר סוֹפָהּ. [ב] דַּל כֵּן, כְּהָדָא דְתָנֵי: "זֹאת עֹלַת חֹדֶשׁ בְּחָדְשׁוֹ" יָכוֹל יְהֵא תּוֹרֵם בְּכָל חֹדֶשׁ וָחֹדֶשׁ? ת"ל "בְּחָדְשׁוֹ לְחָדְשֵׁי" (הַשָּׁנָה) — בְּחֹדֶשׁ אֶחָד הוּא תּוֹרֵם לְכָל חָדְשֵׁי הַשָּׁנָה. יָכוֹל בְּאֵיזֶה חֹדֶשׁ שֶׁיִּרְצֶה? [ג] נֶאֱמַר (ג) כָּאן: "חָדְשֵׁי", וְנֶאֱמַר לְהַלָּן: "חָדְשֵׁי", מַה "חָדְשֵׁי" שֶׁנֶּאֱמַר לְהַלָּן — אֵין מוֹנִין אֶלָּא מִנִּיסָן, אַף "חָדְשֵׁי" שֶׁנֶּאֱמַר כָּאן — אֵין מוֹנִין אֶלָּא מִנִּיסָן.§ מַהוּ מַשְׁמִיעִין? רַב הוּנָא אָמַר: מַכְרִיזִין, הֵיךְ מַה דְּאַתְּ אָמַר:
דה"ב כד (ד) "וַיִּתְּנוּ קוֹל בִּיהוּדָה וּבִירוּשָׁלַםִ". תַּמָּן תָּנֵינַן: אֵין ד) בֵּין אֲדָר הָרִאשׁוֹן לַאֲדָר הַשֵּׁנִי אֶלָּא מִקְרָא מְגִילָּה וּמַתָּנוֹת לָאֶבְיוֹנִים. (ג) ר' סִימוֹן בְּשֵׁם ר' יְהוֹשֻׁעַ בֶּן לֵוִי: אַף שִׁימוּעַ שְׁקָלִים וְכִלְאַיִם בֵּינֵיהֶם. [ד] רַבִּי ה) חֶלְבּוֹ וְרַב הוּנָא (ד) רַב בְּשֵׁם ר' חִיָּיא רַבָּה: הַכֹּל יוֹצְאִין בי"ד שֶׁהוּא זְמַן קְרִייָתָהּ, וא"ר *יוֹסֵי: וְיָאוּת, ו) כְּלוּם אָמְרוּ מַשְׁמִיעִין עַל הַשְּׁקָלִים — לֹא כְּדֵי שֶׁיָּבִיאוּ יִשְׂרָאֵל אֶת שִׁקְלֵיהֶן בְּעוֹנָתָן? אִם אַתְּ אָמַר בַּאֲדָר הָרִאשׁוֹן, עַד כְּדוֹן אִית בְּשַׁתָּא שִׁיתִּין יוֹמִין. (ה) כְּלוּם אָמְרוּ יוֹצְאִין אַף עַל הַכִּלְאַיִם — לֹא כְּדֵי שֶׁיִּהְיוּ הַצְּמָחִין נִיכָּרִין? (ה) אִם אוֹמֵר אַתְּ בַּאֲדָר הָרִאשׁוֹן, עַד כְּדוֹן אִינּוּן דְּקִיקִין. רַבִּי חִזְקִיָּה שָׁאַל: מֵעַתָּה בְּנֵי בָבֶל מַשְׁמִיעִין עַל
כ"א הַשְּׁקָלִים מֵרֹאשׁוֹ שֶׁל *(חוֹדֶשׁ) חוֹרֶף. [ה] (ו) לֹא, כְּדֵי שֶׁיָּבִיאוּ יִשְׂרָאֵל שִׁקְלֵיהֶן בְּעוֹנָתָן. וְתִיתָּרֵם תְּרוּמַת הַלִּשְׁכָּה מִן הַחֲדָשָׁה בִּזְמַנָּהּ בְּאֶחָד בְּנִיסָן? הֵתִיב ר' עוּלָּא קוֹמֵי רַבִּי מָנָא: וְהָא תָּנֵינַן: ז) ובִשְׁלֹשָׁה פְּרָקִים בַּשָּׁנָה תּוֹרְמִין אֶת הַלִּשְׁכָּה; בִּפְרוֹס הַפֶּסַח, (ז) בִּפְרוֹס הָעֲצֶרֶת, בִּפְרוֹס הֶחָג. אֲמַר לֵיהּ: (ח) (לָא) נֵימַר, אִילֵּין דִּקְרִיבִין — בִּפְרוֹס הַפֶּסַח, אִילֵּין דִּרְחוֹקִין בִּפְרוֹס הָעֲצֶרֶת, וְאִילֵּין דִּרְחוֹקִין מִנְּהוֹן — בִּפְרוֹס הֶחָג. א"ל:

משנת אליהו

באחד ולמה באחד באדר כו' — בבבלי מגילה (יג, ב) אמר ר"ל: גלוי וידוע לפני מי שאמר "והיה העולם" שעתיד המן לשקול שקלים על ישראל, לפיכך הקדים שקליהם לשקליו. והיינו דתנן "באחד באדר משמיעין על השקלים". ובירושלמי פ"ק דמגילה, ר' לוי בשם רשב"ל: צפה הקב"ה שהמן הרשע עתיד לשקול כספו על ישראל, אמר:

מסורת הש"ס

א) (מגילה י"ג: כ"ט. מו"ק ו.): ב) ירושלמי ר"ה פ"א הל"א: ג) עי' ר"ה ז א: ד) מגילה ו: ירושלמי מגילה פ"א הל"ה: ה) ירושלמי מגילה פ"א הל"א והל"ג ופ"ב הל"ג: ו) ירושלמי שם פ"א הל"ה: ז) לקמן פ"ג משנה א:

עין משפט נר מצוה

א א מיי' פרק א משקלים הל"ט:

ב ב מיי' פרק ג מכלאים הלט"ו:

ג ג מיי' פרק א ממגילה הלכה ד טוש"ע או"ח סימן תרפח סעיף א:

ד ד מיי' פרק ג מכלאים הלט"ו:

ה ה מיי' פרק ג משקלים הל"ו:

ו ו מיי' שם הל"ה:

נוסחת הבבלי

(א) ר' טבי כו' בשם רב כהנא: (ב) ואמר סיפא דלא כן כו': (ג) רב סימון כו': (ד) ורב בשם כו': (ה) כלום אומרים שיוצאין על כו' אלא כדי כו': (ו) מן תיבת לא כו' עד בא' בניסן מוקפין: (ז) בפרום החג בפרום עצרת: (ח) לא נאמר הלין הקרובין:

הגהות הב"ח

(א) גמ' כתחלתה שנאמר ויהי בחדש הראשון. נ"ב תרומת הלשכה היתה ביום שהוקם בו המשכן כדתניא בס"ע ובמס' שבת פרק ר"ע אותו

הגהות הגר"א

שקליהן קודש החג: כולה באחת היא באה. לצורך כל השלשה תרומות היו תורמין בר"ח ניסן. ואף שלא היו בה ממקומות הרחוקים — לית לן בה, שתורמין על הגבוי ועל העתיד לגבות: כדי לעשות פומבי לדבר. לפרסם ולהודיע כי בחג הפסח טובה להביא תרומה ממקום הקרוב לירושלם, והרחוק במקלת בעלרת, והרחוק ביותר בחג. אבל לתוך הקופות לא בא משקלי הרחוקים: הן נקרא ולא נבעת. איך אפשר לקרות פסוקים אלו בלא בעיתה ורעדה: לטובה. לנדבת משכן לא הביאו כולם, אלא כל נדיב לב הביאו: לרעה. במעשה עגל כתיב "ויתפרקו כל העם": לטובה. במתן תורה כתיב "ויוצא משה את העם", ולא יצאו מעצמן: לרעה. בשילוח מרגלים "ותקרבון אלי" — מעצמן: אז ישיר משה. וע"י התעוררות

נוסחאות ישנות / תורה אור

[אלא] *א"ל כּוּלָּהּ כְּאַחַת הִיא בָּאָה. וְלָמָּה אָמְרוּ בִּשְׁלֹשָׁה
פְּרָקִים — כְּדֵי לַעֲשׂו' פּוּמְבֵּי לַדָּבָר. ר' יְהוּדָה בַּר פָּזִי בְּשֵׁם
[נבהת] רַבִּי: (א) הֵן נִקְרָא וְלֹא *נִבְעַת? לְטוֹבָה — "כֹּל נְדִיב לֵב". [שמות לה]
[שמות לג] לְרָעָה — "וַיִּתְפָּרְקוּ כָּל הָעָם" וגו' לְטוֹבָה — "וַיּוֹצֵא מֹשֶׁה [שם יט]
אֶת הָעָם". לְרָעָה — "וַתִּקְרְבוּן אֵלַי כֻּלְּכֶם". לְטוֹבָה — [דברים א]
[שמות טו] "אָז יָשִׁיר מֹשֶׁה וּבְנֵי יִשְׂרָאֵל". לְרָעָה — "וַתִּשָּׂא כָּל [במדבר יד]
[בא] הָעֵדָה" וגו'. אָמַר ר' חִיָּיא בַּר *אַבָּא: "אָכֵן הִשְׁכִּימוּ [צפניה ג]
הִשְׁחִיתוּ", וְכָל הַשְׁחָתָה שֶׁהָיוּ עוֹשִׂין — בְּהַשְׁכָּמָה הָיוּ
[בא] עוֹשִׂין אוֹתָהּ. (ב) א"ר א) *אַבָּא בַּר אַחָא: אֵין אַתְּ יָכוֹל
לַעֲמוֹד עַל אוֹפְיָא שֶׁל אוּמָּה זוֹ; נִתְבָּעִין לָעֵגֶל וְנוֹתְנִין,
(א) נִתְבָּעִין לַמִּשְׁכָּן וְנוֹתְנִין. תָּנָא רִיבַּ"ח הֲדָא מַתְנִיתָא:
"וְעָשִׂיתָ כַּפּוֹרֶת זָהָב טָהוֹר" — יָבֹא זָהָב שֶׁל כַּפּוֹרֶת [שמות כה]
וִיכַפֵּר עַל זָהָב שֶׁל עֵגֶל. ר' חַגַּי ב) בְּשֵׁם רשב"נ שָׁלֹשׁ
תְּרוּמוֹת נֶאֶמְרוּ בפ' זֹאת: תְּרוּמַת אֲדָנִים, וּתְרוּמַת
שְׁקָלִים, וּתְרוּמַת הַמִּשְׁכָּן. "דַּבֵּר אֶל בְּנֵי יִשְׂרָאֵל וְיִקְחוּ [שם]
לִי תְּרוּמָה" וגו' — זוֹ תְּרוּמַת אֲדָנִים. "מֵאֵת כָּל אִישׁ אֲשֶׁר [שם]
יִדְּבֶנּוּ לִבּוֹ תִּקְחוּ אֶת תְּרוּמָתִי" — זוֹ תְּרוּמַת שְׁקָלִים.
"וְזֹאת הַתְּרוּמָה אֲשֶׁר תִּקְחוּ מֵאִתָּם" — זוֹ תְּרוּמַת הַמִּשְׁכָּן. [שם]
תְּרוּמַת הַמִּשְׁכָּן — לַמִּשְׁכָּן, [א] מַה שֶּׁיִּרְצוּ יַעֲשׂוּ. *) תְּרוּמַת
שְׁקָלִים — לַקָּרְבָּן, מַה שֶּׁיִּרְצוּ יַעֲשׂוּ, כְּדֵי שֶׁיְּהֵא יַד כּוּלָּן
שָׁוָה. תְּרוּמַת אֲדָנִים — לָאֲדָנִים, "הֶעָשִׁיר לֹא יַרְבֶּה וְהַדַּל [שם ל]
לֹא יַמְעִיט". אָמַר רַבִּי אָבוּן: אַף בַּפָּרָשָׁה הַזֹּאת
נֶאֱמַר בָּהּ ג' תְּרוּמוֹת: "מַחֲצִית הַשֶּׁקֶל תְּרוּמָה לַה'" [שמות ל]
"יִתֵּן תְּרוּמַת ה'" "לָתֵת אֶת תְּרוּמַת ה'".§ "בט"ו בּוֹ
קוֹרִין אֶת הַמְּגִילָּה בַּכְּרַכִּים".§ (ג) לֹא ג) כֵּן אָמַר רַבִּי
חֶלְבּוֹ, ר"ה רַב בְּשֵׁם ר"ח רַבָּה: *הַכֹּל יוֹצְאִין בי"ד שֶׁהוּא
זְמַן קְרִיאָתָהּ! (א"ל) לֹא בָא אֶלָּא לְלַמֶּדְךָ שֶׁכָּל הַמִּצְוֹת
[השני] הַנּוֹהֲגוֹ' בַּאֲדָר *שֵׁנִי אֵינָן נוֹהֲגוֹת בַּאֲדָר רִאשׁוֹן. (ד) ר'
[נוהגות] יוֹסֵה ור' אַחָא הֲווֹן יָתְבִין, א"ר יוֹסֵה לר' אַחָא: [ב] לָא
מִסְתַּבְּרָא אֶלָּא לְשֶׁעָבַר, אֲבָל *לַבָּא לֹא. (ה) וְהָא
תָּנֵי: מָקוֹם שֶׁנָּהֲגוּ לִקְרוֹתָהּ שְׁנֵי יָמִים קוֹרִין אוֹתָהּ
שְׁנֵי יָמִים! א"ל אוּף אֲנָא סָבַר כֵּן. אָמַר רַבִּי מָנָא:
וְיָאוּת, אִילּוּ מִשֶּׁקְּרָיָיא בי"ד (ו) חוֹזֵר וְקָרְיָיא בט"ו
שֶׁמָּא אֵין שׁוֹמְעִין לוֹ? אִם אַתְּ אוֹמֵר כֵּן — נִמְצֵאתָ
(ז) עוֹקֵר זְמַן כְּרַכִּים בְּיָדְךָ. תָּנֵי, ד) רשב"ג אוֹמֵר: מִצְוֹת
הַנּוֹהֲגוֹת בַּאֲדָר שֵׁנִי אֵינָן נוֹהֲגוֹת בָּרִאשׁוֹן, א)חוּץ
מֵהֶסְפֵּד וְתַעֲנִית שֶׁהֵן שָׁוִין בָּזֶה וּבָזֶה. (ח) ר' בָּא רַבִּי
יִרְמְיָה בְּשֵׁם רַב ר' סִימוֹן בְּשֵׁם רִיבַ"ל הֲלָכָה כרשב"ג
(ט) רַב הוּנָא רַבָּה דְּצִפּוֹרִין אָמַר: הִנְהִיג ר"ח בְּצִיפּוֹרִין
כַּהֲדָא דרשב"ג לֹא אָמַר אֶלָּא הִנְהִיג, (אֲבָל) הָא
לַהֲלָכָה — לֹא, ב)אֲבָל לְעִנְיַן ה) שְׁטָרוֹת (י) [ג] כּוֹתְבִין אֲדָר
רִאשׁוֹן, וַאֲדָר שֵׁנִי ו) סְתָם. ר"י אוֹמֵר: אֲדָר רִאשׁוֹן
סְתָם,

*) עי' הגהות הגר"א ועי' ש"ק ועי' ברמב"ן פ' תשא.

משה השירו גם בני ישראל: לרעה. בביאת מרגלים "ותשא כל העדה את קולם" — מעצמן: אכן השכימו השחיתו. כלומר, גם הנביא צפניה הוכיחן כיוצא בזה: השחתה עשו בהשכמה, והטוב לא עשו בהשכמה. שגבי עגל כתיב "וישכימו ממחרת", וגבי נדבת המשכן כתיב "והם הביאו אליו עוד נדבה בבקר בבקר", ולא בהשכמה ממש: אופיא. דעתם ומנהגם של אומה זו: נתבעין לעגל. כשתבעו מהם זהב לעגל נתנו, וכשתבעו למשכן נתנו: הדא מתניתא. פליגא על רבי בא דלכך נתנו למשכן כדי לכפר על מעשה עגל: בפרשה זאת. היא פרשת "ויקחו לי תרומה": מה שירצו יעשו. לצרכי המשכן יהיה לאיזה צורך שיהיה וגם כמה שהיו רוצים היו יכולים ליתן: מה שירצו יעשו. לאיזה קרבן שהיו צריכין. וכן מבקרי מומין היו לוקחין שכרן מתרומת הלשכה, וכמה שהיו רוצים היו יכולים ליתן, ובלבד שיהא יד כולם שוה: תרומת אדנים לאדנים. דוקא, ולא לשאר דברים: אף בפרשה הזאת. והיא פרשת "כי תשא": הכל יוצאין בי"ד. אפי' כרכים שהוא עיקר זמן קריאתה. והא דתנן כרכים קורין בט"ו — היינו אם רצו, משא"כ עיירות אסורים לקרות בט"ו, דכתיב "ולא יעבור": לא בא אלא ללמדך כו'. כלומר, ולא תיקשי לך א"כ "דהכל יוצאין בי"ד, בזמניהם" ל"ל, דבבבלי ריש מגילה אמרי' "בזמניהם" בא ללמד שזמנו של זה לא כזמנו של זה, וקאמר הש"ס דלרבי חלבו בא ללמד שיכול לקרותן באחד מהזמנים באדר ראשון או בשני ובמגילה פ"ק הגירסא: "לא בא אלא ללמדך שהמצות נוהגות בשני", ואיכא לפרושי דה"ק: "בזמניהם" אתי ללמד שלא יקראו אלא בזמנם דהיינו באדר שני, והא ודאי דלרבי חלבו קשיא מתני' דתני בט"ו קורין את המגילה בכרכים, דמשמע מינה דחיובא הוא שיקראו דוקא בט"ו. א"נ, הכי קשיא ליה: דמתניתין משמע שאין קורין אלא באדר שני דומיא דאיגך: הוון יתיבין. והוה קשיא להו מתני' לר' חלבו: ה"ג: לא מסתבר אלא לשעבר אבל להבא לא. וה"פ: הא דר"ח אינו אלא לשעבר, אם קרא בכרכים בי"ד שילא, אבל לכתחלה צריך לקרו' בט"ו, ומתניתין ופריך איירי בלכתחילה: ופריך: והא תני מקום שנהגו לקרות שני ימים. והיינו במקום שמסופקים אם הוא כרך או כפר, ואמ"ד שהכל יוצאין בי"ד למה קורין שני ימים: א"ל אף אנא סובר כן. שאינו יוצא בי"ד: ויאות. בתמיה וכי שפיר קפריך, דקאמר שאף הוא סובר כן. ל"א: ויאות — ושפיר קאמר ר"ח, ולא קשיא מהך ברייתא: שמא אין שומעין לו. וכי מוחין בידו: אם אומר את כן. שעיר שהיא ספק כרך אם קראו בי"ד שאסורין לקרות בט"ו — עקרת זמן הכרכים בידך, ולא ידענו שהוא ספק, ובטלת תקנת חכמים שאמרו שהכרכים יקראו בט"ו לחלוק כבוד לא"י. וכיון שאין מוחין בידן לא קשיא לרבי חלבו, דלכך קורין שני ימים אע"פ שילאו בקריאת י"ד, כיון דלא אפשר: מצות. הנוהגות באדר שני כגון סדר פרשיות ומקרא מגילה ומתנות לאביונים: שהן שוין בזה ובזה. שבי"ד ובט"ו שבראשון נמי אסור בהספד ובתענית: לא אמר אלא הנהיג. אבל אין מורין כן: כותבין אדר הראשון ואדר השני. כלומר, ולא אמרינן דאדר ראשון 'שבט' מיקרי. אלא שניהן הן אדר, וכותבין בשטרות 'אדר' — אלא שבאדר ב' כותבין 'אדר תניין': רי"א כותבין תי"ו.

תקלין חדתין

לא היו תורמין בפ"א, משום שהרחוקים עדיין לא הביאו שקליהם. וס"ל אין תורמין על העתיד לגבות, ונמצא שהרחוקים לא יהיה להם חלק בתמידי צבור כל השנה, לכך היו תורמים בג' פרקים הללו: בפרוס הפסח — משום הללו דקרובים, ובפרוס החג — מפני הרחוקים מאד, כמו בני בבל שלא הספיקו להביא שקליהן עד קרוב לחג משעה שהכריזו. וקשיא לר' חזקיה, דחזינן דגם בני בבל אינם מכריזין אלא באחד באדר. דא"א מכריזין מראשו של חורף — א"כ היו יכולים גם הם להביא בא' בניסן! ולמה היה להם לתרום בג' פרקים בשנה?: כולה באחת כו'. כלומר, כל השקלים היו צריכים להביא מכל המקומות בפ"א, דהיינו בא' בניסן. בכדי שיהיו כלולים כולם בלשכה. דכיון דס"ל אין תורמין על העתיד לגבות, ואם הרחוקים לא היו מביאים בא' בניסן — נמצא שלא היה להם חלק בתמידי צבור עד סמוך לחג, והקרובים לא יהיה להם חלק מימות החג ואילך, וזה לא מסתבר כלל. אלא ודאי כל השקלים נאספו בפ"א, ושפיר אוקים ר' חזקיה דבני בבל היו צריכים להשמיע מראשו של חורף בכדי שיהיה להם שהות להביא על א' בניסן: כדי לעשות פומבי. כדי לעשות פרסום לדבר דודאי אין החיוב לתרום בג' זמנים הללו, אלא בניסן הוא תורמין על כל חדשי השנה. ורבנן הוא דחילקו לג' זמנים, משום דג' זמנים הללו הן זמן קהלה לכל ישראל לעלות לרגל, לכך היו תורמין בזמנים הללו, למען ידעו כולם שיש לכל א' מישראל חלק בכל הקרבנות צבור שמקריבים בכל יום ויום. כדאמר לקמן שבכל תרומה היו תורמין גם לשם כל ישראל, וסמכוהו אקרא, כמ"ש לקמן פ"ב: מכאן לשלש פרקים לג' קופות לג' הפרשות. והכי אשכחן גבי פייסות דתרומת המזבח, שהיו יכולים להפים בפ"א אלא דחילקו לד' פייסות משום פומבי לדבר, כמ"ש בירושלמי פ"ק דיומא. וכן א"ר שם: והלא כהן המדשן את המזבח הפנימי היה יכול לדשן את המנורה, אלא לעשות פומבי לדבר היו מצריכין ב' כהנים. ובשלהי פ"ק שם: ולמה איל קרב בי"א — אלא כדי לעשות פומבי לדבר: הן נקרא ולא נבעת. בתמיה. כלומר, איך נקרא את המקראות הללו ולא יאחזנו בעתה וחרדה, שמהם אנו למדים כמה גדול כחו של יצה"ר: לטובה. אם היו ישראל צריכים לקבץ נדבות לדבר טוב כתיב "כל נדיב לב" — שלא נתנו אלא נדיבי לב: לרעה ויתפרקו כל העם. אף שאינם נדיבי לב: ויוצא משה. שהיה צריך להוציאן: אז ישיר כו'. היה צריך לעוררם תחילה בשירתו: אכן השכימו. משא"כ במצוה, אמרינן: זריזין מקדימין למצות, מדכתיב "וישכם אברהם בבוקר": אופי'. נימוסה: יבוא זהב. ר"ח פליג אדר"ב, דאמר מה שהיו נותנים למשכן מנימוסם ומנהגם היה ליתן לכל אשר ישאלום לרע ולטוב. אלא מדעת עשו כן, כדי שיבוא זהב של כפורת ויכפר על מעשה עגל. וכן כל מה שנתנו לצורך המשכן: בפרשה הזאת. של "ויקחו לי תרומה": תקחו את תרומתי זו תרומת שקלים. מדכתיב בכל התרומות "תרומה" סתם, ובהך כתיב "תרומתי", כלומר, תרומה שלי, מדייק דקאי אתרומת שקלים, שהיו לוקחין ממנו קרבנות לגבוה: וזאת התרומה אשר וגו' זהב וכסף וגו' תכלת וגו'. ומדהנך תרתי לתרומת שקלים ומשכן אתיין, ע"כ הך "ויקחו לי תרומה" אתיא לתרומת אדנים: מה שירצו יביאו. אם זהב — זהב, ואם תכלת — תכלת. ואף המביאים זהב, כל אחד מה שהיה רוצה להביא מן הזהב היה מביא, ולא היה יד כולם שוה. וכן בכל המינים האמורים שם בפרשה: תרומת שקלים לקרבן מה שירצו יביאו. כדתנן לקמן פ"ב שהיו שוקלין דרכונים וסלעים וטבעים כו' אעפ"כ יד כולן שוה. וזהו דקאמר נמי הכא: אבל יד כולם שוה: העשיר לא ירבה ממחצית השקל תרומת אדנים לאדנים. כלומר, דתרומת אדנים מיתוקם ביה יותר דיוקא דקרא "לא ירבה" ממחצית השקל ממש, דבשקלים לקרבן היה מצוה לדורות מימות משה ואילך, כדכתיב (ד"ה ב כד) "מדוע לא דרשת על הלוים להביא מיהודה ומירושלים את משאת משה עבד ה' לאהל העדות", ולא היו המטבעות כאותן שהיו בימי משה, וכשהיו המטבעות שלהן דרכונות — היו מוסיפין יותר על מחצית השקל דקרא, ולכן אמר גבי שקלים מה שירצו יביאו. אבל תרומת אדנים לא היה אלא בימי משה, ואז לא היה מטבע אחרת אלא השקל, לא שייך למינקט מה שירצו יביאו, דהא בהדיא כתיב "לא ירבה גו' ממחצית השקל". וכן נאמר "וכסף פקודי העדה מאת ככר וגו' בקע לגלגלת מחצית השקל בשקל הקדש לכל העובר על הפקודים וגו' ויהי מאת ככר הכסף לצקת" וגו'. וכן עולה לפי חשבון מספר ב"י ת"ר אלף מאת ככר לאדנים כדפי' רש"י בחומש. ולכן אף דקרא ד"עשיר לא ירבה" וגו' כתיב בין שתי תרומות, דהיינו תרומת שקלים ותרומת אדנים, ונדרש לפניו ולאחריו, דבתרוייהו היה יד כולם שוה. אך דמחצית דאורייתא בלא ריבוי ומועט לא נתקיים במשמעותו אלא גבי אדנים. וגירסת הספר "מה שירצו יעשו" הוא שיבוש, דהעשיה לא היה כפי רצונם, רק ההבאה בב' תרומות הנ"ל: אף בפרשה זו. משום שהזכיר קרא ד"העשיר לא ירבה" האמור ב"כי תשא", קאמר דאף בפ' "כי תשא" נאמרו ג' תרומות: מחצית השקל כו'. וגמרא לא מפרש היאך רמיזא כל חד וחד. וסמיך על הא דנקט לעיל דבתרומת המשכן לא קפיד אמחצית, וגם לא היה יד כולם שוה. משא"כ בתרומת שקלים דקפיד שיהיה יד כולן שוה, אבל לפעמים כולם בשוה נותנים יותר ממחצית השקל דבימי משה. אבל בתרומת אדנים קפיד קרא מחצית השקל דוקא בלי ריבוי ומיעוט עליו. וה"נ הכי רמיזא קרא קמא "זה יתנו כל וגו' מחצית השקל" — איירי בשקלים, דפריט ותני "מחצית השקל". ועל זה שנאמר "כל העובר על הפקודים" פליגי לקמן (סוף הלכה ו) אמוראי, חד אמר: כל דעבר בימא. וח"א: כל דעבר על פקודיא כו'. וקאמר שם דפלוגתייהו שייכא להא דפליגי ריב"ז ובן בוכרי בשקלים. וגם דרש לקמן "זה יתנו" — כמין מטבע של אש כו', דקאי בשקלים. וקרא דכתיב "יתן תרומת ה'" ולא נקט "מחצית" — איירי בתרומת המשכן. ו"העשיר לא ירבה ממחצית כו'" — איירי בתרומת אדנים, דהכי סליק מוסבנא בפ' "פקודי" כדלעיל. ובאמת כולה פרשה זו איירי בשקלים, כדכתיב הכא "לכפר על נפשותיכם" והיינו קרבנות. וכן בקרא ד"יתן תרומת ה'" כתיב "כל העובר על הפקודים" ג"כ, ו"מבן עשרים שנה" דקאי אשקלים. אך נרמזו סדר ג' תרומות במה דקפיד בסכום המחצית ומה דלא קפיד ומאי דקפיד א"לא ירבה ממחצית" וכנ"ל. ועיין בבבלי מגילה (כט, ב) וברש"י ד"ה "שקלים" וד"ה "שלש" וד"ה "לבד"ה": הכל יוצאין בי"ד שהוא זמן קריאתה. גם בני ט"ו שקראו בי"ד יוצאין. ולמה נקט במתני' "ובט"ו בו קורין" ולא תני עיקר הזמן שהכל יוצאים בו, אע"כ ס"ל למתני' דאין הכל יוצאים בקריאת י"ד, ולהכי סידר לה בהדי איגך אחריני, למימר: מה הנך דוקא בט"ו — אף קריאת המגילה דוקא בט"ו, וקשיא לר"ח: א"ל לא בא כו'. כלומר, דלעולם מתני' אתיא כר"ח, דיוצאין בי"ד. והא דלא נקט אלא ט"ו — משום שרצה להשמיענו דכל הדברים דחשיב במתני' שמצותן בט"ו באדר אין נוהגות רק באדר ב'. ולהכי קדים ותני זמן קריאת המגילה בהדייהו, לאורויי דכמו דקריאת המגילה דוקא באדר הב', כדתנן להדיא פ"ק דמגילה: קראו את המגילה ונתעברה השנה קורין אותה באדר הב', אין בין כו', ודריש להו התם מקראי — ה"נ כל הני, דחשיב דוקא באדר הב'. ומשום דהני אחריני עיקרן דוקא בט"ו, להכי נקט זמן דט"ו לדמויינהו בהדדי. ובמגילה התם עיקר פרטן של הזמנים והכא אגב תני לה כנ"ל: ה"ג: לא מסתברא לשעבר אלא להבא לא. הא דאר"ח "הכל יוצאין כו'" לא מסתבר דאתי לאשמועינן שאם קרא בי"ד ועבר יום ט"ו שילא בקריאתו בי"ד, זה לא מסתבר כלל, דא"כ מאי אתי לאשמועינן? דמאי דהוה הוה, אלא דאתי לאשמועינן דלהבא לא, שאם קרא בי"ד ועדיין יום ט"ו לפניו נמי, א"צ לקרות בט"ו, שסבר יצא בי"ד שהוא זמן הקריאה. ופריך: והא תני מקום שנהגו כו': א"ל אף אנא סבר כן כר"ח, וכדמסתבר לך. ומ"מ ל"ק מברייתא לר"ח: אילו בן ט"ו שקראה בי"ד ולא קראה בו'. כלומר, שעשה כן לכתחילה, שקרא בי"ד ולא בט"ו, שמא שומעין לו? א"כ אתה עוקר זמן כרכים בידך. ולכן ברייתא דמקום שנהגו לקרות שני ימים — היינו מספק שמא הוא כרך וצריך לקרות בט"ו, ואם כן איך נאמר שלכתחלה יקראו תמיד בי"ד ותעקר זמן כרכים. משא"כ בההיא ד"הכל יוצאין בי"ד" — היינו אם קרא פעם באקראי בי"ד שילא, דבכה"ג לא מיעקר זמן כרכים: מצות הנוהגות באדר הב'. כגון כל הני דמתני', ומתנות לאביונים, וסדר פרשיות: שוין בזה כו'. שבי"ד וט"ו שבאדר א' נמי אסורין בהספד ותענית: אבל הלכה לא. וה"מ: דהלכה דרשינן בפרקא, ומנהגא בפרקא לא דרשינן אבל אורויי מורינן, כדאמרינן בבבלי תענית כ"ו: אבל לענין שטרא. הרוצה לכתוב בשטר אדר הראשון — כותב בהדיא 'אדר הראשון'. אבל אם רצה לכתוב אדר השני — כותב 'אדר' סתמא. דברי רבי מאיר דסבירא ליה דסתם אדר שני משמע, ולא הראשון: ר' יהודה אומר אדר ראשון סתם. דס"ל דסתם אדר הראשון

משנת אליהו

ובשבת ל"ד א' ד"ח עם חשבה: א"ל כולה באחת היתה באה — וצ"ל לחזקי': הא דתנן במתני' באחד באדר וכן הא דאריב"ל — היינו בתחלה לקרובים, והיינו לשיטתו, שפירשתי דס"ל שאין תורמין על הע"ל, וע"כ היו צריכין בני בבל להשמיע על שקליהן מראשו של חורף. אבל למ"ד דס"ל תורמין על הע"ל אתיא מתני' דידן כפשטי' דבכ"מ היו משמיעין בא' באדר אף במקומות הרחוקים מא"י, אף שלא היו מגיעים שקליהן בא' בניסן — מ"מ היו תורמין בא' בניסן גם על הע"ל מהרחוקים. והא דתורמין בשלשה פרקים אתיא לדידי' כפשטי', משום הרחוקים המביאים שקליהם בעצרת. שעכשיו יתחילו להקריב הקרבנו' משלהם גם על הקרובים, וכן הרחוקים מהם המביאים בחג, ואף שכשתרמו באחד בניסן משקלי הקרובים תרמו גם עלייהו, כדלקמן שבכל תרומה תורמין לשם כל ישראל. אך דלפעמים כלין כל הג' קופות דתרומה ראשונה קודם עצרת כמ"ש לקמן פ"ג שלמו שלשתן כו' ועי' מ"ש בפ"ג הל"ד בארוכה: ה"ג לא מסתבר לשעבר אלא להבא לא וכדפרישית — ויש גורסין: "לא מסתבר אלא לשעבר, אבל להבא — לא" וצריכין לפרש "והא תני" בניחותא. ולא נהירא, דאין זו סוגיית הירושלמי כלל לומר "והא תני" לסיוע אלא לסיוע אומר ותני כן: הנהיג ר"ח — בתענית (כ"ו ב) אמרינן: הלכה — דרשינן בפרקא, מנהג — מדרש לא דרשינן אורויי — מורינן, נהגו — אורויי לא מורינן ואי עביד לא מהדרינן לי'. ולכאורה היה נראה לומר ד"הנהיג" הוי כמו "נהגו". אבל מדקאמר הכא "לא אמר אלא הנהיג", הא להלכה — לא, ש"מ ד"הנהיג" הוא כמו' מנהג", ד"נהגו" היינו מאליהם נהגו, ואינו עיקר כדפירש"י שם. משא"כ הנהיג ר"ח, י"ל עיקר, ואורויי מורינן. ועי' בקרבן עדה שכתב לא אמר אלא הנהיג אבל אין מורין כן ואינו מחוור: ה"ג אבל לענין שטרא אדר הראשון כו' — כמ"ש בפנים. וה"ג לה בנדרים ס"ג, וכן פסק הרמב"ם פ"י מהלכות נדרים וטוש"ע חו"מ סימן מ"ג:

מסורת הש"ס

א) עי' ספרי פרשת דברים וש"ר פ' נ"א: ב) עי' מגילה כט ב: ג) מגילה פ"ק הל"א וש"נ: ד) מגילה ו ב: ה) נדרים פ"ח הל"ו ומגילה פ"א הלכה ה ובבלי נדרים סג א: ו) בס"י הנוסחא אלא שכותבין אדר השני תיניין רי"א אדר השני כותבין תי"ו ודיו:

עין משפט נר מצוה

ז א מיי' פ"ב ממגילה הלכה יג טוש"ע או"ח סי' תרפז ס"א:

ח ב טוש"ע אה"ע סימן קכו סעיף ז וטוש"ע חושן משפט סימן מג:

נוסחת הבבלי

(א) הנקרא כו': (ב) א"ר ביבא כו': (ג) לא כדין אמר ר"ח ור"ה ורב: (ד) ר' יוסי ורבי אחא כו' א"ל ר' יוסי לרבי אחא: (ה) והא מתני' מקום כו': (ו) וחזר וקראה בט"ו: (ז) אתה עוקרת זמן: (ח) ר' ברכיה בשם רב ורב סימון כו': (ט) ר' חגא דציפורי אמר כו': (י) כותבין אדר הראשון (ואדר השני אלא שכותבין אדר הראשון) ראשון ואדר השני סתם דר"מ רי"א כו':

הגהות הב"ח

(א) גמ' נתבעין למשכן ונותנין ובימי ר' יוסי בר' חנינא הוה מתניתא כצ"ל:

הגהות הגר"א

[א] צ"ל מה שירצו יביאו וכו' לקרבן מה שירצו יביאו אבל יד כולם שוה העשיר לא ירבה ממחצית תרומת אדנים לאדנים וכו' וגירסת הספרים מה שירצו יעשו הוא שבוש דהעשיה לא היה כפי רצונם רק ההבאה בב' תרומות הנ"ל: [ב] ה"ג לא מסתברא לשעבר אלא להבא לא והא תני וכו' א"ר מני ויאות אילו בן ט"ו שקראה בי"ד ולא קראה בט"ו שמא שומעין לו אם אמרת וכו'. וה"פ הא דאר"ח הכל יוצאין וכו' לא בא לאשמועי' שאם קרא בי"ד ועבר יום ט"ו שילא בקריא' י"ד דמאי קמ"ל מאי דהוה הוה אלא דאתא לאשמועינן דלהבא לא שאם קרא בי"ד ועדיין יום ט"ו לפניו נמי אין צריך לקרות בט"ו שסבר יצא בי"ד שהוא זמן קריאה. ופריך והא תני מקום שנהגו וכו'. אילו בן ט"ו שקראה בי"ד ולא קראה וכו' כלומר שעשה כן לכתחלה שקרא בי"ד ולא בט"ו שמא שומעין לו א"כ אתה עוקר זמן כרכי' בידך וברייתא אמרה דמקום שנהגו לקרות ב' ימים היינו מספק שמא הוא כרך וצריך לקרות בט"ו ואם כן איך נאמר שלכתחלה יקראו בי"ד תמיד ותעקר זמן כרכים אע"כ דלכתחלה אסו' לבן ט"ו לקרות בי"ד אבל בההיא דר"ח איירי דאם קרא פעם אחת באקראי בי"ד שילא דבכה"ג לא מיעקר זמן כרכי': [ג] כותבין אדר ראשון ראשון ואדר שני סתם ר"י אומר וכו' כצ"ל:

שהיא ראשי תיבות תניין. וסגי בזה: **ומשקין את** הסוטות. בודקין אם ראוי' לשתות: **ומפרקין את המנעל מע"ג אימום כו'.** לאו צרכי רבים הוא, אלא סיומא דתוספתא הוא. ובחול המועד איירי, דמותר לפרק המנעל מע"ג הדפוס שאין זה מעשה אומן, אבל אסור להחזירו, שצריך אומן, ואסור במועד: **תמן תנינן.** פ"ק דמו"ק: **משקין בית השלחין** ומציינין את הקברות ויוצאין אף על הכלאים במועד: ופריך: **לא כבר ציינו באדר.** כדתנן במתני', ולמה צריך תו לציין במועד? **ושטפו.** לציון הראשון, וצריך ציון אחר: **לא כבר יצאו באדר.** ולמה להו לצאת שנית במועד? **ואין הצמחין.** של הכלאים היו ניכרין כולן בט"ו באדר: **מניין.** רמז לציון הקברות מקרא: **טומאה קוראה וכו'.** כלומר, עושים

תורה אור

נוסחאות ישנות

סתם אדר שני — תניין.§ [א] "מתקנין את הדרכים ואת הרחובות ואת מקוות המים ועושין כל צרכי הרבים".§ אלו א) איהן צרכי הרבים: דנין דיני ממונות, ודיני נפשות, דיני מכות, בופודין ערכין וחרמים והקדישות, ומשקין את הסוטה, (א) ושורפין את הפרה, ועורפין עגלה ערופה, ורוצעין עבד עברי, ומטהרין את המצורע, ומפרקין את המנעל מעל גבי המים* ואין מחזירים *אותן. תמן ב) תנינן משקין בית השלחין גומציינין על הקברות. (ב) לא כבר ציינו מאדר? — ותיפתר שירד שטף של ט) גשמים ושטפו.§ "ויוצאין אף על הכלאים". לא ג) כבר יצאו מאדר? תיפתר דשהיתה השנה אפילה ואין הצמחין נכרים. מניין ד) לציון? (ג) ר' ברכיה ר' יעקב בר בת יעקב בשם ר' חונייא דברת חוורין. ר' יוסה אמרי לה ר' יעקב בר אחא בשם ר' חונייא דברת חוורין, ר' חזקי' ר' עוזיאל בריה דרב חונייא דבית חוורן בשם ר' חונייא דבית חוורן: "וטמא טמא יקרא" — כדי ה) שתהא הטומאה קוראה לך בפיה ואומרת לך "פרוש". ר' אילא בשם ר' שמואל בר נחמן: "ועברו העוברים בארץ וראה עצם אדם ובנה אצלו ציון". "עצם" — מיכן השמציינין על העצמות. "אדם" — מיכן שמציינין על השדרה והגלגולת. "ובנה" — מיכן שמציינין ו) על גבי אבן קבועה. אם אומר את ע"ג אבן תלושה — אף היא הולכת ומטמא במקום אחר. "אצלו" — (ד) למקום טהרה. "ציון" — מיכן לציון. ומצא ז) ואבן אחת מצויינת, אע"פ שאין מקיימין כן — המאהיל עליה טמא. אני אומר: מת [ב] מצויין והיה נתון תחתיה. היו שתים — המאהיל עליהן טהור, וביניהן טמא. אם היה חורש בינתיים — הרי הן כיחידיות, ביניהן טהור וסביבותיהן (טהור) טמא. תני: ח) אין מציינין על הבשר, שמא נתעכל הבשר. (ה) ר' יוסטא בר שונם בעא קומי ר' מנא: ולא נמצא מטמא טהרות למפרע? א"ל מוטב ט) שיתקלקלו בו לשעה, ואל יתקלקלו בו לעולם.§

הלכה ב

מתני' א"ר יהודה: י) בראשונה היו עוקרין ומשליכין לפניהן, משרבו עוברי עבירה — (ו) היו משליכין לדרכים. התקינו שיהו מפקירין (ז) את כל השדה.§ גמ' "אמר רבי יהודה" כו'.§ תני, אמר ר' יהודה: *בראשונה היו עוקרין ומשליכין לפניהן, והיו שמחים שתי שמחות — אחת שהיו מנכשין שדותיהן, וא' שהיו נהנין מן (ח) הכלאים. משרבו עוברי עבירה — היו משליכין על הדרכים, אע"פ כן היו שמחים — שהיו מנכשין שדותיהן. התקינו שיהו מפקירין *כל השדה כולה. מניין כ) חשהפקר בית דין הפקר — דכתיב: "וכל אשר לא יבא לשלשת הימים בעצת השרים והזקנים יחרם כל רכושו והוא יבדל מקהל הגולה". מניין שהיא פטורה מן המעשרות? (ט) רבי יונתן בריה דרב יצחק בר אחא שמע לה מן הדא: טאין ל) מעברין את השנה לא בשביעית ולא במוצאי שביעית. ואם עיברוה — הרי זו מעוברת. וחודש א' שהוא מוסיף לא פטור ממעשרות (י) הוא? עד כדון שביעית, מוצאי שביעית מאי? א"ר *(אבהו) ר' בון: שלא לרבות באיסור חדש. ר' זעירא בשם ר' אלעזר (ר' אבהו) הדא מ) דאת אמר — עד שלא התיר רבי להביא ירק מחוצה לארץ לארץ, אבל משהתיר רבי להביא ירק מחוצה לארץ לארץ — היא שביעית היא של שאר שני שבוע.§ [ג] תני: אין מעברין וכו'.§ א"ר מנא: הדא דאת אמר בראשונה, שהיו השנים כתקנן. אבל עכשיו שאין השנים כתקנן — היא [ד] שביעית היא שאר שני שבוע. תני: נ) של בית רבן גמליאל עיברוה במוצאי שביעית מיד. א"ר אבון: אין מן הדא — לית את ש"מ כלום. "שמור את חדש האביב" — שומריהו ס) שיביאו בחידושו. והיידא* אמר' דא: כגדיש ע) שלא לוקט תחתיו, כל הנוגעות בארץ — הרי הן (זה) של עניים. וא"ר אמי בשם

*) גליון הש"ס עי' תוס' מו"ק ו' ע"א ד"ה והכלאים.

ריבב"ן

משנה ב בראשונה היו עוקרין. הכלאים ומשליכין לפני בהמתן משרבו עוברי עבירה שלא היו נמנעין לזרוע כלאים והיו שמחין שתי שמחות אחת שמנכשין שדותיהן ועוד שמשליכין לפני בהמתן התקינו שיהיו משליכין בדרכים ולא לפני בהמות ועדיין היו שמחין שמחה אחת שמנכשין שדותיהן התקינו שיהיו מפקירין את כל השדה והפקר ב"ד הפקר כדכתיב וכל אשר לא יבא לשלשת הימים יחרם

תקלין חדתין

הראשון הוא: ה"ג: תמן תנינן. והיא ברים מ"ק. ומהדר הכא לפרושי מתני' דהתם משום ג' דברים דקשיא להו מהכא להתם: **ומפרקין המנעל כו'.** בדיני מוה"מ תשיב לה בתוספתא. דלפרק המנעל מע"ג הדפוס שאינו צריך אומן — שרי, משא"כ להחזיר דצריך אומן — אסור: **ולא כבר ציינו באדר.** כדתנן במתני' דהכא ומציינין כו' ולמה צריך תו לציין במועד: **תפתר.** תריץ: **ושטפו.** וצריך ציון אחר: **אפלה.** שנה מאוחרת. כלומר, שאיחרו הזרעים לצמוח ולא היו ניכרים עוד בט"ו באדר: **מנין לציון.** היכא רמיזא בקרא: **קוראה לו פרוש.** כלומר, עושים ציונים על הטומאה לידע להפריש: **וראה עצם אדם.** האי קרא בנבואת יחזקאל כתי', ופשטי' דקרא אלעתיד, שיעשו ישראל ציונים על עצמות הפגרים ליטול משם ולקברם בגיא המון גוג. מ"מ רמז הוא, שלא בא הכתוב אלא להזהיר וללמד שיהא עושה ציון שיפרשו מן הטומאה: **על העצמות.** אע"פ שנתעכל הבשר, מ"מ מטמא באהל, אי אית בהו רובע הקב: **על השדרה כו'.** אע"פ שאינן אלא עצם א': **ע"ג אבן קבועה** על הקבר, דהכי משמע לישנא דקרא "ובנה" — שיהא מחובר כבנין, לאפוקי אבן המתגלגל, וכדמפרש ואזיל: **במקום אחר** אשר תתגלגל לשם, יאמרו ששם היא הטומאה, ויטמאו טהרות שלא כדין: **אצלו למקום טהרה.** מדלא כתיב "ובנה עליו" אלא "אצלו", משמע שהציון ע"ג מקום טהרה שאצל הקבר מציינין. ובבבלי מ"ק (ה, ב) מפרש: שלא להפסיד את הטהרות. שאם היה הציון על הקבר ממש, לא היה מרגיש עד שבא פתאום על הציון ויטמאו הטהרות. לכך עושין הציון סמוך לטומאה ברחוק קצת, דכשבא על הציון מרגיש, ואינו הולך על הטומאה: **אע"פ שאין מקיימין כן.** שהרי צריך להרחיק הציון מן הטומאה, ואם עשה הציון על הטומאה — ודאי אין מקיימין כן, אלא צריך לתקן מטעמא דפרישית. והל"ל דכי מצא אבן א' מצויינת ודאי במקום טהרה עומדת, מ"מ המאהיל עליה טמא: **היו שנים.** אבנים מצויינות וריוח ביניהן: **המאהיל עליהן טהור.** שאני אומר: מפני הטומאה שביניהם ציינו על האבנים והם על מקום טהרה עומדים, כדלעיל: **אם היה חורש.** המקום שבין האבנים חרוש. דודאי אין חורשין מקום הטומאה. וחיישינן שמא תחת כ"א מהאבנים יש טומאה, ולכך ביניהם טהור, וע"ג טמא: **שמא נתעכל הבשר.** עד פחות מכזית. וטעמא כדמפרש לה ר' מני: **למפרע.** דהא כ"ז שלא נתעכל הבשר מטמא באהל. ואי ליכא ציון והוא לא ידע ועבר עליו — מפסיד טהרותיו: **לשעה.** עד שיתעכל: **ואל יתקלקלו בו לעולם.** דכשיעשו ציון יסברו לעולם שעדיין הטומאה שם, וישרפו בחנם כל קדשים שיעברו עליהן בשוגג או בלילה. וכשאין מציינין — אין שורפין עליו אלא מחדש שלא חסר עדיין: **מתני'** היו עוקרין. הכלאים ומשליכים לפני בעל השדות כדי שיתביישו: **משרבו ע"ע.** מפ' בגמרא: **גמ'** שהיו מנכשין שדותיהן. דכשנוטלין הכלאים מאליו היה מתנכש: שהיו נהנין מן הכלאים. שמשליכין לפני בהמתם: **יחרם כל רכושו.** הרי שעזרא ובית דינו היה בידם להפקיר כל רכוש עובר על דבריהם: **מנין שהיא פטורה מן המעשרות.** דהפקר גמור שהפקירו בעליו ילפינן לה מקרא שהיא פטורה ממעשרות. ומיבעיא ליה אי הוי הפקר ב"ד כמו שהפקירו בעליו להפקיע אף מן המעשרות. דאף שכבר למדנו דלענין לזכות בה הוי הפקר ב"ד הפקר, ויכול מי שרוצה לזכות בה, דלמא להפקיע ממעשרות לא הוה הפקר, דדעת ב"ד גופייהו אפשר לא הוי אלא להפקיע זכותא דידיה דהעובר, אבל לא להפקיע זכותא דלוים. דאינהו מאי עבדתייהו? או דלמא כיון דהפקר ב"ד הוי הפקר לכל הרוצה לזכות בה — שוב לא קרינן ביה "כי אין לו חלק ונחלה עמך": **לא בשביעית.** לפי שמאריכין עלייהו איסור עבודת קרקע, ולא ימצאו מאין להביא העומר ושתי הלחם: **ולא במ"ש.** נסמוך מפרש לה: **וחדש א'.** שנתוסף בעיבורו בשביעית. וכי אינם פטורים הפירות ממעשרות באותו חדש? ואם"ד הפקר ב"ד אינו פוטר ממעשרות — למה יהא מעובר אם עיברוהו בשביעית: **נימא בשביעית.** דאין מעברין כדפרישית: **מ"ש מאי.** כלומר, מ"ט. ואיידי דאייתי הך ברייתא מהדר לפרושי, והדר פריך למאי דאיירינן לאוכומי מהך ברייתא דהפקר ב"ד פוטר אף ממעשר: **שלא לרבות כו'.** לפי שהישן כבר כלה בשביעית ולא נמצא בשמינית כ"א חדש: **ירק מח"ל לארץ.** שחששו שמא יביא עמהן גוש מעפר ארץ העמים שמטמא במגע ומשא, ויטמא טהרות של א"י: **אבל משהתיר כו'** ירק. וה"ה תבואה: **היא שביעית כו'.** דלעולם מותר לעבר, שהרי יכולים להביא תבואה מחו"ל, וימצא להביא העומר ושתי הלחם מהספיחים: "תני אין כו'" עד "מעוברת" ל"ג לה: **שהיו השנים כתיקונן.** שהיה התבואה ממהרת להתבשל בניסן, כמ"ש בפ"ק דתענית: יצא ניסן וירדו גשמים סימן קללה, שנאמר "הלא קציר חטים" וגו'. והיה ראוי לאכול מן החדש, לכך אין מעברין במ"ש, כדי שלא יעצבו במה שמאריכין להם איסור חדש. משא"כ עכשיו שאין השנים כתיקונן ואין התבואה ממהרת להתבשל עד אחר ניסן: ה"ג: **היא מ"ש היא שאר שני שבוע.** דלעולם מעברין. דלא איכפת להם מה שנאריך איסור חדש, דבלא"ה אינה ראויה עדיין לאכול: **אין מן הדא כו'.** אלעיל מהדר לאקשויי, אדר"נ בר"י שהוכיח מהך דמעברין בשביעית דהפקר ב"ד פוטר ממעשר. וקאמר: אי מזו הברייתא ליכא הוכחה כלל: **שמרהו שיבוא בחידושו.** וה"ק קרא: שמור את חדש ניסן של חמה שהוא זמן אביב שיהא בחידושה של לבנה של ניסן. ולפיכך היו מעברין, כדי שיבא תמיד בחידושה. וא"כ מדאורייתא — צריך לעבר, אלא דבשביעית דוחין העיבור. אבל אם עיברוהו — מעוברת, כדינא דאוריי'. הלכך ליכא למשמע מינה: **והיידא אמר דא.** אלא מהיכן מוכח דהפקר ב"ד פוטר — ממעשר: **גדיש.** של תבואה: **שלא לוקט.** הלקט של עניים: **כל הנוגעות.** השבלים שנוגעות

קרבן העדה

סימנים על הטומאה כדי שיהיה מרגיש ופורש: **ועברו העוברים וגו'.** בנבואת יחזקאל כתיב, שלעתיד יעשו ישראל ציונים על עצמות הפגרים המושלכין. ופשטיה דקרא: הציון הוא שיטלו אותו משם ויקברנו בגיא המון גוג, מ"מ רמז הוא שבא הכתוב להזהיר וללמד שיהא אדם עושה ציון שיפרישו מפני הטומאה: **עצם.** קדריש כולא קרא: **על העצמות.** אע"פ שנתעכל הבשר. דאכתי מטמא באהל, ואיירי בשיש בהן רובע הקב אע"פ שאין לא רוב בנין ולא רוב מנין: **על השדרה ועל הגלגולת.** אע"פ שאינן אלא עצם אחד: **ע"ג אבן קבועה.** על הקבר. לאפוקי אבן המתגלגל, דהכי משמע לישנא דקרא "ובנה" — שהוא מחובר בבנין: **אף היא הולכת.** ומתגלגלת למקום אחר, ויאמרו שהטומאה היא שם. ומטהרים טמאות ומטמאין טהרות שלא כדין: **למקום טהרה.** מדלא כתיב "ובנה עליו ציון" — משמע שאפילו על מקום טהרה שאצלו מציינין, דאל"כ אינו מרגיש עד שיבוא על הציון, וכבר נטמאו הטהרות. לכך מרחיקין מקצת, כשיבוא על הציון מרגיש בטומאה שלפניו ואינו הולך לשם: **מכאן לציון.** שעושין סימן: ה"ג: **תני מצא אבן וכו' אע"פ שאינו רשאי.** שהרי צריך להרחיק הציון מן הטומאה כל שהוא, כדפרישית בסמוך. וכשהטומאה תחת האבן הרי כל האבן מטמא באהל: ה"ג: **אני אומר מת קמצוץ והיה נתון תחתיה** וכ"ה במו"ק. וה"פ: מת שמרגלותיו מונחים אצל ראשו ונקבר שלא כדרכו, ולא היה מחזיק מקומו יותר מן האבן הלזה, ואפילו האבן קטן: **קמצוץ.** פי' שנקמץ ואינו מחזיק הרבה. ומבירו בפסחים פ' "כילד צולין" דף פ"ו: **היו שתים.** אבנים מצויינות וריוח ביניהן: **עליהן טהור.** שאני אומר מפני הטומאה שביניהן ציינו עליהן: **אם היה חורש בינתיים.** המקום שבין שני האבנים היה חרוש: **הרי הן כיחידות וביניהן טהור.** דמסתמא לא היה שם טומאה שאין חורשין מקום הטמא: ה"ג: **ותחתיהן טמא: שמא נתעכל הבשר.** נמצא מטמא טהרות שלא כדין: **ולא נמצא מטמא טהרות למפרע.** כל זמן שלא נתעכל והוא לא ידע, ויעבור עליו, ומפסיד טהרותיו: **מוטב שיתקלקלו בו לשעה.** עד שיתעכל: **ואל יתקלקלו בו לעולם.** דכשיעשו ציון יסברו לעולם שעדיין הטומאה שם, וישרפו עליו קדשים שיעברו עליו בשוגג או בלילה:

הלכה ב **מתני'** משרבו עוברי עבירה. מפרש בגמרא: **גמ'** שהיו מנכשין שדותיהן. דכשנוטלין הכלאים, מאליו היה מתנכש. שהיו נהנין מן הכלאים. שמשליכין לפני בהמתן: **וכל אשר לא יבא.** בעזרא כתיב: **מנין שהיא פטורה מן המעשרות.** שביד ב"ד להפקיר שדה שתהא פטורה מן המעשרות: **לא בשביעית.** לפי שמאריכין עליהן איסור עבודת קרקע, ויד הכל שולטת על הספיחין, ולא ימצאו לקרב העומר ושתי הלחם: **ולא במוצאי שביעית.** בשמינית. לפי שכלה הישן, ומאריכין עליהן איסור חדש וכדמפרש בסמוך: **וחדש אחד.** שחכמים מוסיפין בעיבורם בשביעית. וכי אינו פוטרים הפירות ממעשרות? ואם"ד הפקר ב"ד אינו פוטר ממעשרות — למה יהא מעובר אם עיברוהו בשביעית: **עד כדון שביעית.** ניחא שביעית שאין מעברין משום שתי הלחם והעומר וכדפרישית: **מוצאי שביעית.** מאי טעמא אין מעברין? ואיידי דאייתי להך ברייתא — פירשה. ולקמן מסיק פירכא לראיה זו דמייתי מינה דב"ד מפקירין: **עד שלא התיר ר' להביא ירק מחו"ל לארץ.** שחששו שמא יביא עמהן גוש מארץ העמים שמטמא במגע ובמשא, ויטמא טהרות של א"י: **אבל משהתיר ר' להביא ירק.** וכ"ש תבואה: **היא שביעית היא של שאר שני שבוע.** דלעולם מותר לעבר. שהרי לא יאכלו הספיחין, שיוכלו להביא תבואה מח"ל: **שהיו השנים כתיקנן.** וישראל שרוין על אדמתן ובהמ"ק קיים. אבל בזמן הזה שאין בהמ"ק קיים והארץ ביד נכרים — אין חילוק בין שביעית לשאר שני שבוע, דלעולם מעברין אפילו בשביעית: **אין מן הדא וכו'.** אדלעיל קאי דר' יונתן דייק, דהפקר ב"ד פוטר מן המעשר. וקאמר ר' אבון: דמהא ליכא למשמע. דמדאורייתא מוסיפין חדש העיבור. אלא דבשביעי' מדחין אותו, ואם עיברוהו — עשו כדינא דאורייתא, ועברו אתקנת חכמים: **שמרהו.** שיבא החדש הזה בחידושו. ולולי הוספת החדש הזה היה חג פסח לפעמים בימו' החמה ופעמים בימו' הגשמים: **והיידא אמר דא.** והיכן אמר דבר זה דב"ד פוטרין מן המעשרות: **גדיש שלא ליקט.** מתני' הוא ברים פ"ה דפיאה. וה"פ: מי שאסף והגדיש את העומרים למקום אחד בתוך השדה, שעדיין לא לקטו שם העניים את הלקט: **כל.** השבלים: **הנוגעות בארץ**

משנת אליהו

הלכה ב שהיו השנים כתיקונן — עי' רש"י תענית י"ד ב' ד"ה אימת וברש"י סנהדרין י"א ב' ד"ה וזמן שאביב:

מסורות הש"ס

א) (מו"ק פ"א הל"ב) (תוספתא שם פ"ב) ועי' בבלי מו"ק יד ב: ב) מו"ק ב א (ל): ג) שם ו א: ד) ירוש' סוטה פ"ט הלכה א ומו"ק פ"א הלכה ב ופ"ה ממעשר שני הל"א: ה) מו"ק ה א: ו) תוספתא פ"א: ז) ע"ש ו א: ח) תוספ' פ"א: ט) מו"ק ה ב: י) (מו"ק ו ב): כ) גיטין לו ב (פאה פרק ה הל"א) יבמות פט ב: ל) סנהדרין יב א: מ) ירושלמי שביעית פ"ו הל"ד ונדרים פ"ו הל"ח וסנהדרין פ"א הל"ב: נ) סנהדרין יב א: ס) שם יג ב: ע) פאה פ"ה מ"א:

עין משפט נר מצוה

ט א מיי' פי"ז מיו"ט הל"א יב ופי"ג מסנהדרין הלכה ה:
י ב מיי' פרק ח מערכין הל"א:
יא ג מיי' פרק ח מטומאת מת הלכה ט:
יב ד מיי' פרק ב מכלאים הלי"ז:
יג ה מיי' פרק ח מטומאת מת הלכה ט:
יד ו מיי' שם הל"א:
טו ז מיי' פרק ב מכלאים הלט"ז:
טז ח מיי' פרק כד מסנהדרין הל"ו טוש"ע חו"מ סי' ב סעיף א בהג"ה:
יז ט מיי' פרק ד מקידוש החודש הלכה טו:
יח י מיי' שם הל"א:
יט כ מיי' פרק ד ממתנות עניים הלכה ו:

נוסחת הבבלי

(א) ועורפין עגלה ערופה ושורפין את הפרה: (ב) לא סני ציונו באדר: (ג) ר' יעקב בריה דבת יעקב בשם ר' נחוני' דברת הודן ר' יוסי אמרי לה בשם ר' יעקב ברי' דרב אחא בשם דר' נחוניא דברת הודן ר"ח ור' עזיה ברי' דרב נחוניא דברת הודן וטמא כו': (ד) למקום טהרה (אצל טהורים) ציון: (ה) ר' איסטי בר שוניא: (ו) היו עוקרין ומשליכין כו': (ז) את כל השדה כולה: (ח) מן הכלאים התקינו שיהו משליכין כו': (ט) ר' נתן בר' יצחק ב"א משמע ליה: (י) הוא ניחא בשביעית במוצאי שביעית כו':

הגהות הגר"א

[א] ה"ג מתקנין את הדרכים תמן תנינן משקין בית השלחין וכו'. והיא ברים מו"ק ומהדר הכא לפרושי מתני' דהתם משום ג' דברים דקשיא להו מהכא להתם: [ב] מת היה נתון: [ג] ל"ג תני אין מעברין וכו': [ד] ה"ג היא מולאי שביעית היא שאר שני שבוע וה"פ דלעולם מעברין דלא איכפת להם מה שנאריך איסור חדש דבלא"ה אינה ראויה עדיין לאכול:

ציון ירושלים

מפרקין את המנעל מע"ג המים. עי' פי' המשנה להרמב"ם ובס"ק גרים מעל גבי

קרבן העדה

הרי הן של עניים. דספק לקט הן: ה"ג: דבית שמאי היא. ברם כבית הלל עניים מעשרין ואוכלין. אמר רבי יוסי: שמענו שהוא פטור מן המעשרות ד"ה משום קנס. וה"פ: מתני' אתיא כב"ש דאמר הפקר לעניים הפקר, ולפיכך פטורין מן המעשר. אבל כבית הלל — אין לו דין לקט וחייבין במעשרות. ורבי יוסי אמר: שמענו שאפילו כבית הלל אתיא מתני', דכיון דקנסו רבנן והפקירו השבלים שנוגעות בארץ — הרי הוא כהפקר ב"ד ופטור מן המעשרות:

הלכה ג מתני' שולחנות. שם לשלחן שלפני השלחני שמקבל עליו. וכן קורין החלפני "שלחני" בכל המשנה: במדינה. בירושלים. וי"מ: בכל ערי ישראל חוץ לירושלים. והיו מחליפין מחלית השקל לכל מי שצריך: ישבו במקדש. לפי שהיה הזמן מתקרב היו יושבין במקדש, כדי שימהרו להביא. ולי"מ במקדש — היינו בירושלים: התחילו למשכן. ומוליאין העבוט מביתו של מי שלא הביא שקלו: לוים. לאפוקי ממ"ד כל דעבר על פקודייא: אבל לא נשים. "ונתנו איש כופר נפשו" כתיב, ולא אשה: ולא עבדים. דילפינן "לה" "לה" מאשה: וקטנים. אפילו הביא שתי שערות והוא פחות מבן עשרים: שוב אינו פוסק. אביו מלשקול בשבילו, שאומרין לו: מאחר שנתת עליו השנה שעברה והעמדת עליו זאת המלוה — תן עליו תמיד עד שיגדל, ולא תפסוק: ואין ממשכנין את הכהנים. אע"פ שחייבין במחלית השקל: מפני דרכי שלום. מפרש בגמ': כל כהן ששוקל אינו חוטא. ואע"פ שאינו חייב לשקול. וסד"א: אם שוקל נמצא קרבן צבור קרב משל יחיד — קמ"ל דאינו חוטא, לפי שהוא מוסרו לציבור לגמרי: לעצמן. להנאתן. ולא היא, דחייבין לשקול, אלא שעומר ושתי הלחם לוקחין משקלי ישראל לבדן: גמ' הא לתבוע תובעין. מן הנשים ועבדים וקטנים, דדוקא אין ממשכנין אותן: הדא דתימר. שתובעין מן הקטנים דוקא כשהביא שתי שערות, אע"ג שלא הגיע לכלל שניו: אבל אם לא הביא שתי שערות. ולא הגיע לכלל שניו אפילו תובעין לא: ולמשכן אין ממשכנין עד שיביא שתי שערות. ויגדיל שיגיע לכלל שניו. ל"א ה"ג: ולמשכן אין ממשכנין עד שיהיה בן כ'. ולפ"ז ניחא הכל אף הסוגיא דלקמן (הלכה ד'): כיני מתניתא. כן צריך לפרש מתני' דדרכי שלום היינו מפני הכבוד, לפי שעבודת הקרבנות עליהם וכי היכא דלא ליתי לאנצויי. ולי נראה מפני הכבוד — היינו שמחויבים לנהוג בהם כבוד דכתיב "וקדשתו". ואיסורא ליכא, דכיון דתנאי ב"ד הוא על העתיד לגבות — הם מחלו להכהנים: י"ב שבטים יתנו. "זה" בגימטריא שנים עשר, והכהנים והלויים בכלל: כן משיבין חכמים לר"י. דחכמים סוברים דלריב"ז מותר להביא משקלי הכהנים עומר ושתי הלחם, שלא נאמר "וכל מנחת כהן" אלא במנחת כהן יחיד, אבל לא במנחה שיש לו בשותפות עם הצבור: חטאת יחיד מתה וכו'. כמו דמצינו שיחיד חלוק מצבור, שחטאת יחיד מתה ואין חטאת צבור מתה, ה"נ איכא לחלק בין מנחת יחיד למנחת צבור: וקשיא וכו'. הש"ס לא סיים למילתיה דר' טבי, ומקשי עליה. א"נ הא דקאמר בסמוך "והוא מותיב לון" — שינויא הוא, וכאלו קאמר "אלא": שאין חטאת וכו'. מתני' היא בפ"ו דיומא: והוא משיב להן. וכי שקלים לאו נדבת יחיד הן, ולמה יביא מהן עומר ושתי הלחם?: כל דעבר בימא יתן. דהיינו כהנים ולויים וישראלים, שכולן עברו בים סוף: על הפקודים. היינו בין אותן שנמנו לבדן בין אותן שנמנו עם ישראל יתנו תרומת ה'. והא דכתב בפרשת "ואלה פקודי" "וכסף פקודי העדה מאת ככר" וגו' דשמעינן דהכהנים ולויים לא נתנו — היינו בתרומת האדנים. אבל בתרומת שקלים לקרבנות צבור — הושוו כולן: כל דעבר על פיקודייא. וכהנים ולויים לא עברו במנין לפני משה, אלא הוא הלך לפתחי אהליהם ומנה אותן:

הלכה ד מתני' קני זבין וזבות. תורים ובני יונה, שזבין וזבות מביאין, ובכותיים איירי, אבל בנכרים אין זבין וזבות: כל שהוא נידר ונידב מקבלין מידן. דכתיב "איש איש" לרבות נכרים, שנודרים נדרים ונדבות כישראל: וכן מפורש ע"י עזרא.

תורה אור

בְּשֵׁם ר"ש בֶּן לָקִישׁ דב"ש א) הִיא, דְּאִי כב"ה עֲנִיִּים (א) אוֹכְלִים וּמְעַשְּׂרִין. וא"ל ר' יוֹסֵי: שָׁמַעְנוּ שֶׁהוּא פָּטוּר מִמַּעֲשֵׂר ד"ה מִשּׁוּם קְנָסָא.§

הלכה ג מתני' אבַּחֲמִשָּׁה ג) עָשָׂר בּוֹ שׁוּלְחָנוֹת הָיוּ יוֹשְׁבִין בַּמְּדִינָה. בכ"ה יָשְׁבוּ בַּמִּקְדָּשׁ, מִשֶּׁיָּשְׁבוּ בַּמִּקְדָּשׁ הִתְחִילוּ לְמַשְׁכֵּן. באֶת מִי מְמַשְׁכְּנִין? לְוִיִּם וְיִשְׂרְאֵלִים וְגֵרִים וַעֲבָדִים מְשׁוּחְרָרִים, אֲבָל לֹא נָשִׁים וַעֲבָדִים וּקְטַנִּים. וְכָל קָטָן שֶׁהִתְחִיל אָבִיו לִשְׁקוֹל עַל יָדוֹ — שׁוּב אֵינוֹ פּוֹסֵק. גאֵין מְמַשְׁכְּנִין אֶת הַכֹּהֲנִים מִפְּנֵי דַּרְכֵי שָׁלוֹם. אָמַר ג) ר' יְהוּדָה, הֵעִיד בֶּן בּוּכְרִי בְּיַבְנֶה: כָּל כֹּהֵן שֶׁשּׁוֹקֵל אֵינוֹ חוֹטֵא. אָמַר לוֹ רַבָּן יוֹחָנָן בֶּן זַכַּאי: לֹא כִּי, דאֶלָּא כָּל כֹּהֵן שֶׁאֵינוֹ שׁוֹקֵל חוֹטֵא. אֶלָּא שֶׁהַכֹּהֲנִים דּוֹרְשִׁים מִקְרָא זֶה לְעַצְמָן: "וְכָל מִנְחַת כֹּהֵן כָּלִיל תִּהְיֶה לֹא תֵאָכֵל" (ויקרא ו) הוֹאִיל וְעוֹמֶר וּשְׁתֵּי הַלֶּחֶם וְלֶחֶם הַפָּנִים שֶׁלָּנוּ (הֵם) הֵיאַךְ נֶאֱכָלִין?.§ **גמ'** "אֵין מְמַשְׁכְּנִין אֶת הַקְּטַנִּים".§ הָא ד) לִתְבּוֹעַ — תּוֹבְעִין. (ב) הָדָא דְתֵימַר — בְּשֶׁהֵבִיא שְׁתֵּי שְׂעָרוֹת. אֲבָל אִם לֹא הֵבִיא ב' שְׂעָרוֹת — לָא בְּדָא. [א] וּלְמַשְׁכֵּן אֵין מְמַשְׁכְּנִין [א] (עַד שֶׁיָּבִיא שְׁתֵּי שְׂעָרוֹת) אע"פ שֶׁהֵבִיא ב' שְׂעָרוֹת. כֵּינִי *מתני' אֵין מְמַשְׁכְּנִין אֶת הַכֹּהֲנִים מִפְּנֵי דֶּרֶךְ הַכָּבוֹד.§ "אָמַר ר' יְהוּדָה הֵעִיד" כו'.§ א"ר בֶּרֶכְיָה: טַעְמָא דר' יוֹחָנָן בֶּן זַכַּאי, "זֶה יִתְּנוּ" — י"ב שְׁבָטִים יִתְּנוּ. ר' טָבִי בְּשֵׁם רַב הַמְנוּנָא, כֵּן מְשִׁיבִין חֲכָמִים לר"י: חַטַּאת יָחִיד מֵתָה, האֵין חַטַּאת צִבּוּר מֵתָה. מִנְחַת הַיָּחִיד קְרֵיבָה כָּלִיל, וְאֵין מִנְחַת הַצִּבּוּר קְרֵיבָה כָּלִיל. וְקַשְׁיָא: מְשִׁיבִין לָאָדָם דָּבָר שֶׁאֵינוֹ (ג) מוֹדֶה בּוֹ? דִּתְנַן: ה) שֶׁאֵין חַטַּאת צִבּוּר מֵתָה, ר' יְהוּדָה אוֹמֵר: תָּמוּת. וְהוּא מוֹתִיב לָן, *זוֹ לֹא נִדְבַת יָחִיד הִיא? וְאִינוּן מְתִיבִין לֵיהּ: *כֵּיוָן שֶׁנִּמְסְרָה לַצִּבּוּר — כְּמִי שֶׁהוּא נִדְבַת צִבּוּר. כְּתִיב: "כָּל הָעוֹבֵר עַל הַפְּקוּדִים", ר' יְהוּדָה ור' נְחֶמְיָה, חַד אָמַר: כָּל דְּעָבַר בְּיַמָּא יִתֵּן, וְחָרְנָא אָמַר: כָּל דְּעָבַר עַל פִּיקוּדַיָּא יִתֵּן. מַאן דְּאָמַר כָּל דְּעָבַר בְּיַמָּא יִתֵּן — מְסַיֵּיעַ לריב"ז מ"ד כָּל דְּעָבַר עַל פִּיקוּדַיָּא יִתֵּן — מְסַיֵּיעַ לְבֶן בּוּכְרִי.§

הלכה ד מתני' אע"פ שֶׁאָמְרוּ אֵין מְמַשְׁכְּנִין נָשִׁים וַעֲבָדִים (ד) וּקְטַנִּים, אֲבָל אִם שָׁקְלוּ מְקַבְּלִין מִיָּדָן. יהַנָּכְרִי וְהַכּוּתִי שֶׁשָּׁקְלוּ — אֵין מְקַבְּלִין *מֵהֶן. וְאֵין מְקַבְּלִין מִיָּדָם קִנֵּי זָבִין וְקִנֵּי זָבוֹת וְקִנֵּי יוֹלְדוֹת, [ג] וְחַטָּאוֹת וַאֲשָׁמוֹת.*) יזֶה הַכְּלָל: כָּל *שֶׁנִּידָּר וְנִידָּב — מְקַבְּלִין מִיָּדָן, כָּל שֶׁאֵינוֹ* נִידָּר וְנִידָּב — אֵין מְקַבְּלִין מִיָּדָן. וְכֵן *מְפוֹרָשׁ עַל יְדֵי עֶזְרָא שֶׁנֶּאֱמַר "לֹא לָכֶם וָלָנוּ לִבְנוֹת בַּיִת לֵאלֹהֵינוּ" (עזרא ד). וְאֵלּוּ

*) ס"א אבל מקבלין מהן נדרים ונדבות

נוסחאות ישנות: תו · מבין · שם · מידן · לא נידר ולא נידב · הוא

ריבב"ן

כל רכושו: **משנה ג** בט"ו בו שולחנות יושבות במדינה. בכל מקומות ישראל להחליף מעותיהם לצורך השקלים: [בכ"ה] ישבו במקדש. שבני הכפרין שהיו סמוכין לירושלים מחליפין שם: התחילו. הגבאין: למשכן. ליכנס לביתו וליקח משכון עד שיתן לו חלי השקל שהיו ממנין בכל עיר ועיר גבאין ממונין על כך ושופרות היו במדינה לקבץ שם הכסף כמו שהיו במקדש כדתנן לקמן: לוים וישראלים. אבל כהנים לא כדפרישית לקמן שלא היו רוצין ליתן משום שירי העומר: ולא קטנים. משכון לא היו לוקחין אבל לתבוע תובעין ומפ' בירושלמי כשהביא ב' שערות הקטן אז תובעין ממנו אבל לא ממשכנין וכל קטן שהתחיל אביו לשקול על ידו אע"פ שלא היה מחויב אינו פוסק מעתה וממשכנין עליו: תניא בתוספתא פ"ק נתמשכנו ישראל על שקליהן כדי שיהיו קרבנות צבור מהן. משל למי שעלתה לו נימא ברגלו הרופא כופתו ומחתך בבשרו בשביל לרפאותו כך אמר הקב"ה יתמשכנו ישראל על שקליהן [כדי] שיהא קרבנות צבור קרבין מהן מפני שקרבנות מכפרין ומרצין בין ישראל לאביהן שבשמים שכן מצינו בתרומת שקלים ששקלו ישראל במדבר שנאמר ולקחת את כסף הכפורים: ואין ממשכנין את הכהנים מפני דרכי שלום. אבל לתבוע תובעין ור' יהודה מפרש למה אין ממשכנין לפי שהיו סבורין שאין חייבין בשקלים שכל כהן שאינו שוקל אינו חוטא וא"ל ריב"ז אם אינו שוקל חוטא אלא שהכהנים דורשין מקרא זה וטועין הם ומפרש בירושלמי אמר ר' טבי בשם רב המנונא משיבין חכמים לר' יהודה חטאת יחיד מתה אין חטאת צבור מתה. מנחת יחיד קריבה כליל ואין מנחת צבור קריבה כליל אע"ג דלרבי יהודה ס"ל חטאת צבור נמי מתה. ובהקומץ רבה פריך ולבן בוכרי כיון דלכתחלה לא מחייב לאתויי כי מייתי חוטא [הוא] דקא מייתי חולין בעזרה וה"ה דיש להקשות והלא אוכל שירי העומר ושתי הלחם ולחם הפנים ומתרץ דמייתי ומסרי להו לצבור ומנחת צבור אינה קריבה כליל ואין כאן חולין לעזרה. ירושלמי כתיב כל העובר על הפקודים ר' יודה ור' נחמי' ח"א כל דעבר בימא יתן וחרנא אמר כל דעבר על פקודיא יתן מ"ד כל דעבר בימא יתן מסייע לריב"ז ומ"ד כל דעבר על פקודיא יתן מסייע לבן בוכרי דכהנים לא נמנו במנין ישראל מבן כ' שנה ולמעלה:

משנה ד אבל **אם** שקלו מקבלין מידם. ירושל' הא לתבוע אין תובעין הכא את אמר תובעין והכא את אמר אין תובעין כאן בשהביא ב' שערות כאן בשלא הביא ב' שערות: הנכרי והכותי ששקלו מקבלין מידן. ירושלמי תיפתר כמאן דאמר כותי כנכרי: **ואין** מקבלין מידן קני זבות וכו'. ירושלמי וכי יש קני זבין וזבות בנכרים אלא רישא בנכרים וסיפא בכותים. הא דתני אין מקבלין אכותים קאי ואצטריך לאשמעינן משום דכותים עומדין בין ישראל ומקיימין מקצת מן המצות אעפ"כ אין מקבלין מהן ואע"ג דרבנן גזור שיהיו כזבין לכל דבריהם כדי שיהיו ישראל פרושין מהן ואין מקבלין מהן אלא דבר הנידר והנידב דכתיב איש איש מלמד שהנכרים נודרים נדרים ונדבות כישראל: **לא לכם** ולנו. כלומר, אין לכם עמנו.

תקלין חדתין

שנוגעות בארץ הן של עניים: דב"ש היא. דאמר הפקר לעניים הפקר. ולפיכך יכול להוסיף ופטור מן המעשר. אבל לב"ה אין רשאי להוסיף וליתן הנוגעות בארץ לעניים בתורת לקט ולפטור מן המעשר, ולכן עניים מעשרים ואוכלים. ואיכא דגרסי: עניים ועשירים אוכלים. כלומר, בתמיה. וכי גם עשירים אוכלים זהו? ולב"ה בעינן עד שיופקר אף לעשירים: בד"ה משום קנס. דכיון דקנסוהו רבנן והפקירו הנוגעות בארץ הרי הוא כהפקר ב"ד, ופטור ממעשרות. וש"מ דהפקר ב"ד פוטר מן המעשר: **מתני'** שלחנות. החלפנים: היו יושבים במדינה. בירושלים. וי"מ: בכל ערי ישראל, להחליף מחלית השקל להמביאים מטבע מדינתם: ישבו במקדש. לפי שהיה הזמן מתקרב ישבו במקדש, כדי שימהרו להביא: התחילו למשכן. לשאינם מביאים: לא נשים. ד"איש" כתיב — ולא אשה: ולא עבדים. דהוקשו לאשה: וקטנים. אפי' הביא ב"ש אם הוא פחות מבן עשרים — שוב אינו פוסק. אביו מלשקול ע"י: הכהנים. אע"פ שחייבין במחלית השקל: מפני דרכי שלום. מפרש בגמ': **גמ'** הא לתבוע — תובעין. מן הקטנים: לא בדא. אינו בדין זה, דאף אין תובעין אותו: ולמשכן **אין** ממשכנין עד **שיהא** בן כ'. ושלש חילוקים בדבר. קטן שלא הביא ב' שערות — אין תובעין אותו. הביא ב"ש — תובעין אותו, שנעשה בזה בר חיובא דרבנן, אבל אין ממשכנין. נעשה בן עשרים, דאז נעשה בר חיובא דאורייתא, כדכתיב "מבן עשרים שנה ולמעלה" — אף ממשכנין אותו: כיני מתני'.= כמו תני: מפני דרך הכבוד. דאי טעמא דאין ממשכנין הכהנים מפני דרכי שלום — א"כ ישראלים נמי לא למשכנו, דגבייהו מצינו בכ"מ שתיקנו חכמים מפני דרכי שלום ואפי' נכרים, כדתנן להו סוף פרק "הנזקין". אבל מפני הכבוד, מצינו שחולקים להם כבוד לכהנים יותר מישראלים, אי משום "וקדשתו" אי משום שעבודת הקרבנות עליהם: **מתני'** אינו חוטא. ואע"פ שאינו מחויב לשקול. וסד"א דאם שוקל — נמצא קרבן צבור קרב משל יחיד, קמ"ל דאינו חוטא, לפי שהוא מוסרו לצבור לגמרי: לעצמן. להנאתן. א"נ: לדעתם ורצונם. דס"ל דהוא דרשה גמורה, ולא היא, וכדמפרש בגמרא: האיך נאכלים. דס"ל שהוא קרבן יחיד, לפי שאינם רוצים ליתן — אין מוסרין יפה: **גמ'** כך משיבין חכמים לר"י. דחכמים ס"ל כריב"ז, והשיבו לר"י לסברתו דס"ל שאינו חייב — א"כ למה קאמר דאינו חוטא. הרי כמו שחלוק צבור מיחיד בחטאת — ה"נ חלוקים במנחה, שמנחת יחיד קריבה כליל. וא"כ חוטא נמי במה שנאכלת: וקשיא משיבין כו'. המקשה לא שביק לאפוקי מילתא דר"ט, ופריך: האיך מזכירים בדבריהם לר"י? דהא איהו פליג אף בחטאת, ומשוה צבור ליחיד! ולא חש לתרוצי, כיון דעכ"פ מנחת יחיד קריבה כליל, א"כ חוטא נמי הוה: הוא מותיב לון. ר"י משיב לחכמים: זו לא נדבת יחיד היא. כלומר, לא דמי האי נדבה דשקלים לשארי נדבות יחיד. דכולהו נדבות יחיד לא מסרי להו כלל לצבור, אבל הכא דמסרי לצבור — נפיק להו מתורת נדבת יחיד, אלא כיון דלא מחייבו בהו — לא מסרי להו לצבור יפה. לכך לא הוי ממש כקרבן צבור. לכך ס"ל: לכתחילה לא ישקלו, אבל מ"מ חוטא נמי לא הוה, כיון דמ"מ מסרי לצבור: כיון שנמסר. דס"ל דלא אזלינן בתר רצונם אלא דלמסרו. ולכן ס"ל דכהן שאינו שוקל חוטא, דכיון שישקול וימסור לצבור — נעשה קרבן צבור, ובטלה דעתם: כל דעבר בימא. וכהנים ולוים נמי עברו בים. וה"ק קרא: "כל העובר" — אשר עברו בי"ס על הפקודים, בין שנמנו לבדם ובין שנמנו עם ישראל — כולם יתנו תרומת ה'. והא דכתיב "וכסף פקודי העדה" וגו' והוא מספר ב"י בלא לוים — ההיא בתרומת אדנים הוא דכתיב, דלכ"ע אין לכהנים ולוים חלק בהם. אבל האי קרא בתרומת שקלים לקרבן איירי: כל דעבר על פקודייא. והיינו ישראלים לבדם הם שעברו על הפקודים לפני משה. אבל כהנים ולוים לא עברו לפני משה, אלא הוא הלך לפתחי אהליהם ומנה אותם: **מתני'** מקבלין מידן. ובלבד שימסרו לצבור לגמרי, דלא ליהוי קרבן צבור קרב משל יחיד: קני זבין כו'. תורים וב"י: נידר ונידב. למזבח: מקבלין מידן. דתניא "איש איש" לרבות את הנכרים שנודרים נדרים ונדבות כישראל: וכל שאינו נידר כו'. למזבח, אע"ג דנידר ונידב לבד"ה — אין מקבלין מידם: וכן מפורש על ידי עזרא. כשרצו הכותים לסייעם ושלחו להם: "נבנה עמכם כי ככם נדרוש לאלהיכם", והשיבום

משנת אליהו

הלכה ג הא לתבוע כו' ואין ממשכנין עד שיהא בן עשרים — כך היא גירסת מרן הגאון נ"ע וכ"ה שיטת הרוקח הגדול בסימן רל"ב וכ"ה שיטת הרע"ב. ומדברי הרמב"ם בפירושו נראה דגרי' כגי' הישנה ועשה מתובעין וממשכנין חלוקה א'. וא"א להעמידה דהא מעיקרא דייק הדא דתימא בשהביא ב"ש וקאי על הא דתנן אין ממשכנין אלמא ס"ל דבהביא ב"ש לתבוע הוא דתובעין אותו אבל אין ממשכנין אותו ואיך יחזור בו ויאמר דאין ממשכנין עד שיביא ב"ש ומיהו משיביא ב"ש ממשכנין. אלא גירסת מרן הוא העיקר וא"ש עם סוגי' דגמ' לקמן הלכה ד' הא לתבוע כו' ועי' תוי"ט במתני' ד' ד"ה כל כהן כו' ולדברי הרב כו' אבל לא ידעתי מי הכריחו לכך כו' היאך יפרש הירושלמי כו' ע"ש דבריו תמוהים מ"ש בשם הרע"ב שכתב דאינו שוקל עד בן כ'. לא כתב אלא דאין ממשכנין עד בן כ' אבל משהביא ב"ש תובעין נמי. ומ"ש ולפ"ז קרא תניין בתרומת אדנים וקרא קמא דלא כתיב מבן כ' איירי בתרומת הקרבנות תמוה וליטעמיה וכי בשביל דדריש גמ' ורמיז ג' תרומות בפ' שקלים כמ"ש אף בפ' זו נאמרו ג' תרומות כו'. נעקור למקרא המפורש גבי שקלים מבן עשרים דכל הפרשה פ' שקלים היא ונוקים על אדנים לחוד ולמימר דשקלים א"צ בן כ' ההיא דרשא ל"ק בגמ' אלא אגב שהזכיר לעיל מינה ג' תרומות וגם אסמכתא בעלמא הוא אבל עיקר דינא בשקלים הוא: **כך** משיבין חכמים. בבבלי מנחות (כ"א ב') הסוגיא בקצרה ולבן בוכרי כיון שלכתחילה מיחייב לאתויי כי מייתי נמי חוטא

[...] עד שיביא ב"ש וכ"פ הרמב"ן פרשת כי תשא ועי' בתוי"ט אמנם לשון הירושלמי אינו מובן דמעיקרא נקט בהביא ב' שערות תובעין ואין ממשכנין ואח"כ סיים דבהביא ב"ש ממשכנין ונראה דהירושלמי דהוא ר"י לשיטתו דס"ל בגדס דמ"ו תוך [...] י"ל דזהו כונת הירושל' וג' חילוקים יש הדא דתימר בשהביא ב"ש היינו בתוך הזמן תובעין כיון דלר"י אז סומא ניהו (ודלא כש"ק) אבל אם לא הביא ב"ש לא בדא דקטן גמור הוא ולמשכן היינו להוציא ממון מחזקתו עד שיביא ב"ש היינו [...]ב דאז נעשה גדול גמור לכל דבר וזהו שדייק גבי ממשכנין עד שיביא היינו שיביא אח"ז וזהו ג"כ כוונת הירושלמי בהל"ה וז"ב ומיושב בזה מה שלא הביא הרמב"ם ז"ל ענין תביעה כלל כיון דקי"ל תוך זמן כלפני זמן ולכך אין כאן רק ב' חילוקים ודו"ק: [ג] ועי' בכ"מ ולחם משנה ממעה"ק ה"ב:

מסורת הש"ס

א) בס"י איתא דב"ש היא וא"ל ר' יוסי כו' משום קנסא וכב"ה עניי' אוכלין ומעשרין ב) (מגילה כט ב): ג) (ערכין ד א) מנחו' כא ב מו ב: ד) עי' לקמן הלכה ד: ה) יומא נ א:

עין משפט נר מצוה

כ א מיי' פרק א משקלים הלכה ט:
כא ב מיי' שם הל"ז:
כב ג מיי' שם הל"י:
כג ד מיי' שם הל"ז:
כד ה מיי' פרק ד מפסמ"ק הל"א:
כה ו מיי' פרק א משקלים הל"ז:
כו ז מיי' פרק ג ממעש"ק הל"ב:

נוסחת הבבלי

(א) חזנשרין ואוכלין אמר ר"י: (ב) הא כן כשהביא כו' לא כהדא אין כו': (ג) מודה בו שאין כו': (ד) וקטנים אם וכו':

הגהות הגר"א

[א] ל"ל אין ממשכנין עד שיהא בן עשרים. וכ"ה שיטת רוקח הגדול בסימן רל"ב וכ"ה שיטת הרע"ב ומדברי הרמב"ם בפירושו נראה דגרים כגירסא הישנה ועשה

ציון ירושלים

האימוס. ובאמת שעיקר כפי' הק"ע וגירסתו שכן מצינו בפ"ק דבילה הל"ב אמרו בירושלמי תני אין מפרקין המנעל מע"ג האימוס ביו"ט אבל מפרקין בחש"מ ועי' שבת קמ"א ע"ב שומטין המנעל מע"ג האימוס בשבת. וכ"כ הרמב"ם בפ"ו משבת הי"ב וביאר המרכבת המשנה שם בח"א דמדכתב בהלכו' שבת תיבת בשבת דהוא מיותר הכוונה דוקא בשבת אבל ביו"ט לא עכ"פ בחוה"מ מותר לפרק. ובהגה"א בילה פ"ק הביא ג"כ דאין מפרקין ביו"ט אבל בחוה"מ מפרקין והוא מהירושלמי הנ"ל:

(שייך לעמוד הקודם) מניין שהפקר ב"ד הפקר דכתיב אשר לא יבא. ובבבלי ביבמו' דפ"ט ובכמה מקומו' הביא ג"כ [illegible]

גליון הש"ס

[illegible]

כשרצו הכותים לסייען, ושלחו להם "נבנה עמכם כי ככם נדרוש לאלהיכם", השיבו להם: "לא לכם ולנו לבנות בית" — בשותפות — "לאלהינו", "ולכם אין חלק וצדקה וזכרון בירושלים": קולבון. כלומר, דבר קל מועט שמוסיפים על מחצית השקל, כשרוצין ליקח מן השלחני ב' חצאי שקלים בעד שקל שלם: השוקל ע"י אשה וכו' פטור. כגון שהלוה להם. דכיון דפטורין הן — לא מחייבי בקלבון. ואי לא הלוה להם אלא שפורע בשבילם — אפי' שוקל בשביל בר חיובא פטור מן הקלבון, כדלקמן: ואם שקל על ידו וע"י חבירו. כשהלוהו איירי. ושוקל שקל שלם, מחצית השקל בשבילו ומחצית השקל שמלוה לחבירו — חייב קולבון א'. דסבר: הנותן מחצית השקל הקצוב בתורה — פטור מן הקלבון, וב' ששקלו שקל שלם — אין נותנין אלא קלבון אחד: רמ"א ב' קלבונות. דסובר ר"מ: השוקל מחצית השקל חייב בקלבון. הלכך שנים ששקלו שקל שלם — חייב ב' קלבנות: הנותן סלע. דהיינו שקל שלם לשלחני של הקדש, ונוטל ממנו מחציתו. ושקל האמור כאן — היינו מחצית השקל: נותן ב' קלבונות. מפרש בגמ':

תורה אור

נוסחאות ישנות

א ואלו שחייבין בקלבון: לוים וישראלים וגרים ועבדים משוחררים, אבל לא כהנים ונשים ועבדים וקטנים. השוקל ע"י כהן ע"י האשה ע"י עבד ע"י קטן — פטור, ב ואם שקל על ידו וע"י חבירו — חייב בקלבון א' ור"מ אומר: ב' קולבנות. הנותן סלע ונוטל שקל — חייב שני קולבנות. ג השוקל על יד עני ועל יד שכינו ועל יד בן עירו — פטור, ואם הלוון — חייב. ד האחין א) השותפין שחייבין בקלבון — פטורין ממעשר בהמה, וכשחייבין במעשר בהמה — פטורין מן הקלבון. וכמה הוא קלבון? מעה כסף דברי ר"מ וחכ"א ה חצי מעה.§ גמ' אע"פ שאמרו כו' הא לתבוע — אין תובעין! הכא את אמר תובעין, והכא את אמר אין תובעין! כאן בשהביא ב' שערות, וכאן בשלא הביא ב' שערות.§ "הנכרי והכותי" כו'. א"ר בא (ביבא) תיפתר כמ"ד כותי כנכרי. דאתפלגין: ב) כותי כנכרי דברי רבי, רשב"ג אומר: כותי כישראל לכל דבר. (א) אמר ר' לעזר: מתני' בנכרים, הא בכותים — לא. ותני ג) כן: "אדם" — [א] לרבות את הגרים, "מכם" — ולהוציא את המומרים. מתני' פליגי על ר' אלעזר: אין מקבלין מידם קני זבין וזבות קני יולדות. וכי יש קני זבין וזבות בנכרים? [א] אלא: רישא בנכרים, וסיפא בכותים. [ב] (והא כיני) כן הוא: רישא בנכרים וסיפא בכותים. אמר ד) ר' יוחנן: ו בתחלה אין מקבלים מהן לא דבר מסוים ולא דבר שאינו מסוים, ובסוף מקבלין מהן דבר שאינו מסוים ואין מקבלין מהן דבר מסוים. רשב"ל אמר: בין בתחילה בין בסוף אין מקבלין מהן לא דבר מסוים ולא דבר שאינו מסוים. (ב) מתני' פליגי על רבי יוחנן: אין ה) אין מקבלין מהן הקדש ונדבה לבדק הבית! פתר לה בין בתחלה בין בסוף, [ג] ובלבד דבר *מסוים. (כ"י פתר לה במסוים שאפילו מעותיו יוליכם לים המלח). רשב"ל אמר: בין בתחלה ובין בסוף אין מקבלין מהם לא דבר מסוים וכו'.§ מתני' פליגי על רשב"ל דתני: הכל ו) שוין ח שהן נודרין ונידרין! פתר לה עולה [ג] ניחא, נודרין — עולה, (ג) נידרין — עולה. (לא) [ד] אלא [ג] כשאמר ישראל "הרי עלי עולה" ושמע נכרי ואמר "מה שאמר זה עלי".§ (ד) [ה] "ואינו ז) מביא עמו נסכים". ומותר נסכים לא לכלי שרת אינון? נמצא מביא דבר מסויים! התיב רבי יוסי בר רבי בון: והא תנינן ט נערכין ועורכין, לא לבדק הבית אינון? היך מה דאת אמר תמן, לשמים הוא מתכוין, ומאיליהן הן באין *לבדק הבית. כן את אמר אף הכא: לשמים הוא מתכוין, ומאיליהן

ויקר' א
שם
ג"א שאינו
לכלי שרת

גמ' הא לתבוע אין תובעין. מדקתני "אם שקלו מקבלין מידן" — משמע אם שקלו מעצמן מקבלין, אבל אין תובעין מהן. וקשיא: הכא אמרינן שאין תובעין, וברישא תנן "אין ממשכנין נשים ועבדים וקטנים", דמשמע — אבל תובעין מיהת: כאן. רישא איירי בקטן שהביא שתי שערות, ותובעין. וסיפא בקטן שלא הביא שתי שערות, דאפי' תובעין נמי לא: תיפתר. תפרש דמתני' אתיא כמ"ד דכותי כנכרים, לפיכך אין מקבלין ממנו: דאיתפלגון. דפליגי: מתני' בנכרים. דוקא הוא, דאין מקבלין מידן. אבל מכותיים מקבלין: ותני כן. ותניא נמי הכי: "אדם כי יקריב מכם קרבן". ודרשינן: "אדם" — לרבות את הגרים. וקשיא: ל"ל קרא? תיפוק ליה דלא גרע מנכרים, דאיתרבו מ"איש איש" שנודרים נדרים ונדבות! אלא לאשמועינן דהא דכתיב "מכם" — למעט מומרים, דוקא מומרים מישראל. אבל מגרים — אפי' ממומרים מקבלין. וה"ק: "מכם" — בכם חילקתי אבל בגרים לא. ואי לא כתיב "אדם" — ה"א: בכם חילקתי ולא באומות, כדאיתא פרק קמא דחולין. והשתא מכותים, אע"פ שחזרו לסורם — מקבלין מהן. וא"ת: הא "אדם" גבי נדבה כתיב, וע"כ לומר דשקלים לנדבה דמיין. א"כ למה אין מקבלין מנכרים? דהא כתיב "איש איש". י"ל: דכתיב גבייהו — "דבר אל בני ישראל ויקחו לי תרומה": ופריך: מתני' פליגא וכו'. כלומר, סיפא דמתני' קשיא לר"א: וכי יש קיני זבים בנכרים. הא "בני ישראל" כתיבי בפרשה. אלא ודאי דסיפא בכותיים, שהיו גרים וכיון שחזרו לסורם — קמ"ל דאין מקבלין מהן. וקשיא: רישא בעכו"ם וסיפא בכותיים: ומשני: והא כיני. כלומר, יהי כן, רישא בנכרים וסיפא בכותיים: בתחלה. בתחלת הבנין אין מקבלין מהן שום דבר, דשמא לרפיון המלאכה מתכוונים: ובסוף. לחזק את בדקיו: ה"ג: מקבלין מהן דבר שאינו מסויים ואין מקבלין מהם דבר מסוים. וה"פ: דבר שאינו מסוים — כגון מים ומלח, ודבר מסוים דבר שנראה בעין אין מקבלין מהן, דגנאי הוא. ועוד שמתפארים בו: הקדש נדבה לבדק הבית. ולא מפליג בין תחלה לסוף, ובין דבר מסוים לשאינו מסוים: [illegible] וה"פ: ברייתא איירי דוקא בדבר מסוים: מתני' דפ"ק דערכין קשיא על רשב"ל: הכל שוין וכו' ברישא תנן: נכרים, רמ"א: נערך אבל לא מעריך, רי"א: מעריך אבל לא נערך. זה וזה מודים שנודרין ונידרין. ו"נודרין" היינו "דמי פלוני עלי", ו"נידרין" — "דמי עצמו עלי". או שאמרו אחרים "דמי פלוני עלי", והכל לבדק הבית — שמעינן דמקבלין מהן: ומשני: פתר לה. הא דנודרין ונידרין היינו עולות. אבל לבדק הבית לא: ופריך: הניחא "נודרין" איכא לאוקומי בעולה, אלא "נידרין" ליכא למימר בעולה, דאם הישראל מדירו שיתן עולה, מי ישמע לו הנכרי?: ומשני לא כשאמר הישראל וכו'. וה"ז כאילו הישראל מדירו, שהרי ע"י נדר הישראל הוא מתחייב: ופריך: ואינו מביא הנכרי עם העולה נסכים? בתמיה. וכיון שצריך להביא נסכים — א"א שלא יהיה המותר, ותנן לקמן: מותר הנסכים לכלי שרת: ומשני: נמצא מביא דבר מסוים. כלומר, וליטעמך הא אף לר' יוחנן קשיא: הרי מביא דבר מסוים, דכלי שרת דבר מסויים הן: התיב ר"י בר בון. לתרולי לרבי יוחנן: וערכין לא לבדק הבית אינון. בתמיה. ותקשי לך מתני' גופא: היך מה וכו'. ע"כ לומר דהתם לא מיקרי 'דבר מסוים' כיון דלבו לשמים, כלומר, לגבוה, ואנן לבדק הבית יהבינן ליה. ה"נ במותר הנסכים, כיון שהוא נותן להקריבן לגבוה וממילא ניתותרו, ויהבינן

ריבב"ן

לבנות בית אלא אנחנו לבד. גרסינן בערכין פ"ק תני חדא נכרי שהתנדב נדבה לבדק הבית מקבלין אותה ממנו ותניא אידך אין מקבלין אותה ממנו אמר ר' אילא אמר ר' יוחנן ל"ק הא לכתחלה הא לבסוף דאמר ר' אסי אמר רבי יוחנן בתחלה אפילו מים ומלח אין מקבלין מהם פירוש משום רפיון שמא יתכוונו לרפות ידי עושי המלאכה. לבסוף לאחר שנגמר בנין הבית דבר מסויים אין מקבלין מהן דבר שאינו מסויים מקבלין מהן היכי דמי דבר המסויים אמר רב יוסף כגון זו אמה כליא עורב פי' כל דבר הנראה למקדש אין מקבלין מהן לפי שלא יהיה להם חלק וזכרון בבית כדכתיב ולכם אין חלק וזכרון בירושלים: אלו חייבין בקלבון לוים וישראלים אבל כהנים לא. [השוקל] ע"י העבד ע"י הקטן פטור. הואיל שהן עצמן פטורין אם אחרים שקלו על ידיהן נמי פטורין אע"פ שבאו מיד אדם המחויב בקלבון לעצמו. על ידו ועל ידי חבירו חייב בקלבון אחד. על עצמו ולא במה שנתן חצי שקל חבירו. ר"מ אומר ב' קולבנין. ירושלמי אע"פ שאין שקלו תורה קלבנו תורה. כלומר, אעפ"י שלא נתחייב ליתן השקל על חבירו הואיל שנותן יתן גם הקלבון סבר (כר') [ר"מ] בנותן שקלו שלם שפטור מן הקלבון פי' אם נתן שקל שלם ולא נתן בתורת קלבון ההוספה אפי' הכי פטור בקלבון: אמר רבי מאיר כמין מטבע אש הוציא הקדוש ברוך הוא מתחת כסא הכבוד והראהו למשה ואמר זה יתנו כזה יתנו: נתן סלע ליטול שקל חייב ב' קולבנות. ירושלמי אמר ר' אלעזר דר' מאיר דאמר דאחד שקל שהוא נותן ואחד שקל שהוא נוטל רב אמר ד"ה היא. אחד שקל שהוא נוטל ואחד לדבר תורה. הנותן סלע פי' בינו ובין חבירו הואיל שחבירו ישלם לו חייב ב' קולבנות פ"א נתן סלע להקדש כדי ליטול שקל מן ההקדש: השוקל ע"י עני ע"י שכנו. משלו שנותן לו מתנה פטור מקולבון אעפ"י שלא צירפו (נ"א שצירפו) עם שקלו ונתן סלע שלם: אבל אם הלוהו לו חייב. דהוי כאילו הוא נתן לפי' יתחייב גם הוא בקולבון להלוות לו. ולת"ק דפליג לעיל על ר"מ אצטריך דאמרי לעיל על ידו וע"י חבירו חייב בקולבון אחד התם נתן לו מתנה אבל הכא שמלוהו חייב: האחין השותפין שחייבין בקולבון פטורין ממעשר בהמה. אם חלקו ממון אביהם אע"פ שחזרו ונשתתפו חייבין כל אחד ואחד בקולבון אעפ"י שהיה אביהן שוקל על ידן ופטור מן הקולבון אם היו קטנים פטורים דתנן לעיל על יד הקטן פטור ואם היו גדולים נמי פטור דתנן ע"י שכנו ע"י בן עירו פטור ובנו גדול כבן עירו דמי שלא היה אביו חייב עליו ואע"פ שעד עתה מתפוסת הבית לא פרע מהם אביהם קולבון עכשיו שחלקו חייב אע"פ שחזרו ונשתתפו לא אמרי' חוזרה לתפוסת הבית כבתחלה. ופטורין ממעשר בהמה דת"ר בבכורות בפ' בתרא (דף נו:) יהיה לך ולא של שותפות יכול אפי' מתפוסת הבית ת"ל יהיה [פי' יכול] אפי' מתפוסת הבית יהיו פטורים ממעשר בהמה דכשותפות דמי ת"ל יהיה ופריך התם והא בבכור כתיב אם אינו ענין לבכור דאיתיה בשותפות דכתיב ובכורות בקרכם וצאנכם תנהו לענין מעשר בהמה: אמר ר' ירמיה פעמים שחייבין בזה ובזה ופעמים שפטורין בזה ובזה. פעמים שחייבין בקולבון ופטורים ממעשר ופעמים שחייבין במעשר ופטור מן הקולבון. חייבין בזה ובזה שחלקו בכספים ולא חלקו בבהמה פטורין בזה ובזה שחלקו בבהמה (פי' שם רש"י וחזרו ונשתתפו) ולא חלקו בכספים חייבין בקלבון ופטור ממעשר בהמה שחלקו בכספים וחלקו בבהמה חייבין במעשר בהמה ופטורין בקולבון. (מצאתי שם שלא חלקו לא בזה ולא בזה): שחלקו בכספים ולא חלקו בבהמה. ירושלמי אמר ר' מנא הדא דתימא בשלא היתה בהמה רוב אבל אם היתה בהמה רוב הן הן עיקר נכסיו וחייבין בקולבון פי' רוב נכסיו הן בהמה. ר' אבון אמר ר' שמי בעי מפני שעשיתו כאדם אחד אצל מעשר בהמה את פוטרו מן הקולבון. פי' מתפוסת הבית מחייבתן במעשר בהמה, (כלומר,) [כמו] שלא חלקו כלל אתה פוטרו מקולבון א"ל לא שניא היא שהוא נותן סלע אחת שלמה. משמע מהכא דפטורין

משנת אליהו

הוא דקמעייל חולין לעזרה דמייתי ומסרן לצבור — וכאן הארך בסוגיא בלישנא יתירא וגי' הילקוט יותר מחוור כך משיבין חכמים לר"י מנחת יחיד קריבה כליל ואין מנחת צבור קריבה כליל — כיון שנמסרה לצבור כמה שהיא נדבת צבור ועי' לקמן רפ"ד ומש"ש: **וסיפא** בכותים. עיין ברמב"ם בפי' שכתב אין מקבלין קני זבים כו' ר"ל מיד הכותים אבל הנכרי אינו יודע בזה ואינו טורח לעולם

תקלין חדתין

"לא לכם ולנו" וגו': גמ' הא לתבוע כו'. מדייק מדקתני "אם שקלו הקטנים — מקבלין מידם", משמע אם מעצמם שקלו — מקבלין. אבל אין תובעין מהן. וקשיא: דהכא אמר אין תובעין. וברישא דקתני אין ממשכנין את הקטנים — משמע הא לתבוע תובעין: כאן בשהביא ב' שערות. רישא דקתני "אין ממשכנין את הקטנים, הא לתבוע — תובעין" איירי כשהביא ב' שערות. וסיפא דמשמע דאף לתבוע אין תובעין את הקטנים — איירי כשלא הביא שתי שערות: כמ"ד כותי כנכרי. כלומר, הא דקתני בכולה מתני' בין בשקלים ובין בקרבנות תודה אין מקבלין מידם — קאי נמי אכותים, דאפילו מכותים נמי אין מקבלין אפילו קרבנות תודה. ואי קשיא לך: אמאי אין מקבלין קרבנות מכותים? — תיפתר דאתיא כמ"ד כותי כנכרי: דאתפלגון. דפליגי: כותי כנכרי דברי ר'. ואתיא מתני' כרבי: אר"א מתני' בנכרים. הא דקתני בסיפא "ואין מקבלין מידם קיני זבים כו'" — לא קאי רק אנכרים, אבל מכותים מקבלין. דבשקלים מוכח בהדיא מקרא דעזרא דאין מקבלין אף מכותים, אבל קרבנות מקבלין מכותים, ואתיא מתני' ככ"ע: אדם לרבות את הגרים. וכותים נמי גרי אמת הן: מתני' פליגא אר"א. דע"כ מוכח מסיפא דמתני' דכותי כנכרי. דהא קתני "אין מקבלין מידם קני זבין כו'" וקני זבים וזבות ליתא בנכרים, שאינם יודעים וטורחים בזה לעולם שיביאו קיני זבין דליתני "אין מקבלין". וע"כ הא דקתני "אין מקבלין" — אכותים קאי. וש"מ דכותים כנכרים: רישא בנכרים כו'. כלומר, בנכרי וכותי, דקתני הנכרי והכותי ששקלו אין מקבלין מידם, וקאי אתרוייהו, וסיפא קתני נמי "אין מקבלין מידם" ומוקמת לה בכותי לחודא, א"א בשלמא דסיפא בנכרי, כדמוקי לה ר"א — לא תקשי לך, רישא בנכרי וכותי, וסיפא בנכרי לחוד. ולא מיירי בכותי הנטפל לנכרים ברישא. אבל למיגרע העיקר, דהיינו נכרי דאתחיל ביה — קשיא: כיני. כלומר, אין, רישא בנכרי וסיפא בכותי: א"ר יוחנן בתחלה. בתחלת הבנין דחיישינן שמא לרפיון הם מתכוונים, כדכתיב "ויהי עם הארץ מרפים" וגו': לבסוף. לחזק את בדק הבית, דאין לומר רפיון ידים: דבר מסויים. דבר חשוב שניכר ונראה בעין אין מקבלין מידם, דגנאי הוא. ועוד שמתפארים בו, ובערכין (ו, א) מפרש: מסויים — כגון אמה כליא עורב. ושאינו מסויים — אפי' מים ומלח: אין מקבלין כו' לבד"ה. ס"ד דמיירי בין בתחלה בין בסוף: פתר לה בין כו'. כלומר, אבע"א: הברייתא מיירי בין בתחלה בין בסוף ומיירי בדבר המסויים דוקא. ואבע"א: דמיירי בתחלה, ולכך לא מפלגינן בין דבר המסויים לשאינו מסויים. שבתחלה אפילו אם התנדב מעות יוליכם לים המלח. ול"ג "ורשב"ל אמר" דכבר נקט ותני ליה לעיל: הכל שוין שנודרין ונידרין. משנה היא בערכין. ולענין ערכין בנכרים פליגי התם ר"מ ור"י. וקאמר: ושוין שנודרין ונידרין, ובכל גוונא דאיירי מתני', אם בתחלה אם בסוף אם בדבר המסויים או אינו מסויים. מ"מ קשיא לר"ל, דהא איהו קאמר דאין מקבלין מהן כלל: פתר לה עולה. הא דתנן "נודרין ונידרין" היינו עולות. אבל לבד"ה — לא. ור"ל נמי לבד"ה קאמר דאין מקבלין: נידרין עולה מה. מי מצית לאוקמיה נידרין בעולה, דאם הישראל מדירו שיתן עולה, מי ישמע לו הנכרי?: ה"ג: כשאמר נכרי כו' מה שאמר זה עלי. והיינו "נידרין", שע"י הנכרי נידר: ופריך: לא הביא עמה נסכים כו' נמצא מביא דבר שאינו מסוים. וקשיא לר"ל: ולא לכלי שרת. הכי אית ליה לר"ע: התיב ר"י בר בון. לתרולי לר"ל: לא לבד"ה אינון. והוי דבר מסויים, ואפ"ה מקבלין. אע"כ מאי אית לך למימר, כיון דאיהו לא נתכוין לבדק הבית אלא לשמים, ומאליהן הן באין לבד"ה.

שם ולמסקנת הירושלמי כאן יש ליישב קושיית התוס' ועי' ברמב"ם פ"א מערכין הל"א נראה שהיה לו פירוש אחר בדברי הירושלמי ומקורו נפתח לו: [ג] עי' בהגר"א שהגיה. ועי' בירושלמי נזיר פ"ט הל"א נראה כגי' שלפנינו ע"ש:

מסורת הש"ס

א) ביצה לט בכורו' נו ב חולין כה ב: ב) ירו' ברכות פ"ז הל"א: ג) תורת כהנים פ"ב: ד) ערכין ו א: ה) תוספתא פרק א עירובין ג. : ו) ערכין ה ב: ז) עי' מנחות עג ב:

עין משפט נר מצוה

כז א מיי' פרק ג משקלים הל"ב:
כח ב מיי' שם הל"ו וכו"מ:
כט ג מיי' שם הל"ז:
ל ד מיי' שם הל"ד ופי"ג מבכורות הל"ב:
לא ה מיי' פרק ג משקלים הל"ז:
לב ו מיי' פרק ג ממעשה"ק הל"ד:
לג ז מיי' פ"ח ממתנו' עניים הלכה ח:
לד ח מיי' פרק א מערכין הל"ח:
לה ט מיי' שם הל"ו:

נוסחת הבבלי

(א) א"ר אלעזר כו'. מתני' פליגא אר' אלעזר: (ב) מתניתא פליגא על ר"י דתני אין כו': (ג) נידרין עולה לא בשאמר: (ד) ולא הביא עמה נסכי' ולא לכ"ש כו':

הגהות הגר"א

מתובעין וממשכנין חלוקה א' ואי אפשר להעמידה דהא מעיקרא דייק הדא דתימא בשהביא ב' שערות וקאי על הא דתנן אין ממשכנין אלמא ס"ל [illegible] דתובעין אותו אבל אין ממשכנין אותו ואיך יחזור בו ויאמר דאין ממשכנין עד שיביא ב"ש ומיהו משיביא ב"ש ממשכנין אלא ג' הגאון ז"ל הוא העיקר וא"ש עם סוגיא דגמ' לקמן הא לתבוע כו' ועי' בת"ח כי הוא מאריך עוד ואני כתבתי רק הדברים הנוגעים אל הבנת ג' הגאון ז"ל: [א] מלת אלא מיותר וכך צ"ל רישא בנכרי וכו': [ב] צ"ל כיני רישא וכו': [ג] ה"ג ובלבד שהוא מסוים. פתר לה בתחל' שאפי' מעותיו יוליכם לים המלח מתניתין פליגי על רשב"ל וכו' ול"ג ורשב"ל אמר וכו'. דכבר נקט ותני ליה לעיל: [ד] ה"ג כשאמר נכרי הרי עלי עולה ושמע ישראל וכו'. והיינו נידרין שע"י הנכרים נידר: [ה] ה"ג לא הביא עמה נסכים והביא אח"כ מקבלין הימנו ולא לכלי שרת אינון מותר נסכים נמצא מביא דבר שאינו מסויים. וקשיא לר"ל. והתיב ר"י בר בון והא תנינא מעריכין ועורכין וכו'. לתרולי לר"ל. לא לבדק הבית אינון וכו' והוי דבר מסוים ואפ"ה מקבלין אע"כ מאי אית לך למימר כיון דאיהו לא נתכוין לבד"ה אלא לשמים ומאליהן הן באין לבד"ה. ואינו אסור

גליון הש"ס

[א] עי' בקרבן אהרן שם ולקמן ועי' ברמב"ם פרק ג' ממעשה"ק ה"ט ועיין במהרש"א ח"ב בחו"מ סימן קכח: [ב] עי' תוס' ערכין דף ה ע"ב ד"ה אלא ובתו' יו"ט

קרבן העדה

להו לבדק הבית — לא מיקרי דבר מסוים: מה עבד לה רשב"ל. דערכין ומותר נסכים לדבר שאינו מסוים מיהא דמיין, דקאמר רשב"ל: לבנות בית וגו'. דוקא אבנין הבית קפיד קרא, אבל אכלי שרת, וה"ה שאר צרכי הבית, לא קפיד קרא: מעתה דקאמרת כיון דכתיב "לבנות בית" אבנין הבית קפיד קרא, א"כ ה"ה לצרכי ירושלים אין מקבלין מהן, כדכתיב שאין להם חלק בירושלים: מתני' דתנן: ואלו שחייבין בקלבון — משמע דאין לך מי שחייב בשקל שלא יהא חייב בקלבון, אתיא כר"מ: ה"ג: דר"מ אמר: כשם ששקלו תורה, כך קלבנו תורה. סבר ר"מ בנותן שקלו שלם שהוא חייב בקלבון. וה"פ, דר"מ: לעולם חייב בקלבון מן התורה, אפי' נותן מחצית שקלו: כזה יתנו. שהוא נקי מכל סיג, שהרי מאש היה. והלכך כל השקלים צריכין קלבון שיהא הכסף הנקי שבהם מחצית השקל: ה"ג: **אחד שקל שהוא נותן ואחד שקל שהוא נוטל.** וה"פ: הגזבר צריך ליקח ממנו שני קלבונות, אחד בשביל השקל שהוא מחזיר לו, ואחד בשביל השקל שהוא נוטל ממנו, שהיה צריך ליתן להשלחני: דברי הכל היא. אפילו לרבנן צריך ליתן שתי קולבונות אם נתן סלע ונטל שקל. קלבון אחד — מפני שלא שקל שקל האמור בתורה, ואחד — מהחצי שקל שמקבל מהגזבר: ה"ג: **על דעתיה דרב ג' קולבונות אינון, אחד** — שקל שהוא נותן וכו', **ואחד** — לדבר תורה **אתא ר' ירמיה** וכו'. וה"פ: לרב אליבא דר"מ, בנתן סלע ונטל שקל — חייב ג' קולבונות, אחד — לשקל שהוא נותן אילו היה נוטל מהשלחני, ואחד — לשקל שהוא נוטל, שאם מחליפו נותנין לו חצי שקל וקלבון, וא' — לדבר תורה, שהוא צריך להוסיף על חצי שקל של תורה. והרא"פ החליף הגרסאות והאריך בדברים ללא צורך, והגירסא שלפנינו עיקר: והן שחלקו וכו'. והוא דהוה השותפות שלאחר חלוקת הירושה שותפו' להיפטר ממעשר בהמה — דוקא שחלקו הירושה לפי שוויה. ולא לקח כל אחד המחצה מן הבהמות שהיו בשעת מיתת אביהן. דהשתא ליכא למימר דזהו חלקו. דודאי בשעת מיתת אביהן היה מגיע לכל א' חצי הגדיים וחצי התיישים, והשתא קנין הוא שקונה זה מזה. והבהמות שישנן בשעת חלוקה — פטורין ממעשר מטעם לקוח, שהוא פטור. והעתידין לבוא — פטורין משום שותפות: **היא חלקו משעה הראשונה.** ושם 'ירושה' עליהן. וכשחזרו ונשתתפו — הדרא לה שם 'תפיסת הבית' כמעיקרא. והבהמות שהיו בשעת חלוקה [אין] פטורין משום לקוח, והעתידין לבוא חייבין, דלאו כשותפין הן: **כלקוחות הן.** דאין ברירה. והיו מעיקרא לקוחות, והשתא שותפין: **כהאי דתנינן תמן.** בבכורות פרק ט: **הלקוח.** או שניתן לו במתנה: **ופטורין ממעשר בהמה.** איירי בשחלקו וכו'. וכדפרישית במתני': **ולמה לית אנן אומרין.** ארבעה דינים חלוקים נדבר: **בזה ובזה.**

נוסחאות ישנות **תורה אור**

[א] וּמֵאֵילֵיהֶן הֵן בָּאִין לבד"ה (לִכְלֵי שָׁרֵת) [ב] מַה עֲבַד לָהּ רשב"ל פָּתַר לָהּ: "לֹא לָכֶם וְלָנוּ לִבְנוֹת בַּיִת לֵאלֹהֵינוּ". עזרא ד

ר' *חִזְקִיָּה א"ר סִימוֹן שָׁאַל: מֵעַתָּה אאֵין מְקַבְּלִין מֵהֶן לְאַמַּת הַמַּיִם וּלְחוֹמוֹת הָעִיר וּמִגְדְּלוֹתֶיהָ, עַל שֵׁם (שֶׁנֶּאֱמַר) "וְלָכֶם אֵין חֵלֶק" וְגו'. (אֵלּוּ חַיָּיבִין בַּקָּלְבּוֹן (חלקיה; נחמיה ב)

תני [ג] אֵלּוּ חַיָּיבִין בַּקָּלְבּוֹן אֶחָד ר"מ אוֹמֵר שְׁנֵי קוֹלְבּוֹנוֹת מַתְנִיתָא דר"מ דְּאָמַר ר"מ אע"פ שֶׁאֵין שִׁקְלוֹ תּוֹרָה קָלְבּוֹנוֹ תּוֹרָה סָבַר ר"מ בְּמִי שֶׁשִּׁקְלוֹ שָׁלֵם שֶׁהוּא פָּטוּר מֵהַקָּלְבּוֹן *דְּאָמַר) מַתְנִיתָא דר"מ דְּאָמַר ר"מ כְּשֵׁם שֶׁשִּׁקְלוֹ תּוֹרָה — כָּךְ קָלְבּוֹנוֹ תּוֹרָה, קָסָבַר א) ר"מ בְּנוֹתֵן שִׁקְלוֹ שָׁלֵם שֶׁהוּא חַיָּיב בַּקָּלְבּוֹן. דְּאָמַר ב) רַבִּי מֵאִיר [א] כְּמִין מַטְבֵּעַ שֶׁל אֵשׁ הוֹצִיא הקב"ה מִתַּחַת כִּסֵּא כְבוֹדוֹ וְהֶרְאָהוּ לְמֹשֶׁה, וְאָמַר לוֹ "זֶה יִתְּנוּ" — כָּזֶה יִתְּנוּ.§ (שמות ל) (א) "נָתַן סֶלַע לִיטּוֹל שֶׁקֶל — חַיָּיב שְׁנֵי קוֹלְבּוֹנוֹת". א"ר אֶלְעָזָר: דר"מ הִיא, [ד] (דר"מ אָמַר אֶחָד שֶׁקֶל שֶׁהוּא נוֹתֵן וְאֶחָד סֶלַע שֶׁהוּא נוֹטֵל) דְּתַנְיָא, אֵלּוּ חַיָּיבִין בַּקָּלְבּוֹן וכו' קָלְבּוֹן א' ור"מ אָמַר ב' קוֹלְבּוֹנוֹת. *וּמָר רַב: ד"ה הִיא, דְּאָמַר רַבִּי מֵאִיר אֶחָד שֶׁקֶל שֶׁהוּא נוֹתֵן, וְאֶחָד שֶׁקֶל שֶׁהוּא נוֹטֵל, וְאֶחָד לְדִבְרֵי תוֹרָה. [ה] עַל דַּעְתֵּיהּ דְּרַב — ג' קוֹלְבּוֹנוֹת אִינּוּן. אֲתָא ר' יִרְמְיָה ר' שְׁמוּאֵל בַּר רַב יִצְחָק בְּשֵׁם רַב: שְׁלֹשָׁה קוֹלְבּוֹנוֹת אִינּוּן, א' שֶׁקֶל שֶׁהוּא נוֹתֵן, וְאֶחָד שֶׁקֶל שֶׁהוּא נוֹטֵל, וְאֶחָד לִדְבַר תּוֹרָה.§ הָאַחִין ג) וְהַשּׁוּתָפִין שֶׁחַיָּיבִין בַּקָּלְבּוֹן וּפְטוּרִין מִמַּעְשַׂר בְּהֵמָה — בְּשֶׁחָלְקוּ וְחָזְרוּ וְנִשְׁתַּתְּפוּ. שֶׁחַיָּיבִין בְּמַעֲשַׂר בְּהֵמָה וּפְטוּרִים מִן הַקָּלְבּוֹן — בְּשֶׁלֹּא חָלְקוּ. אָמַר רַבִּי ד) לְעָזָר: וְהֵן שֶׁחָלְקוּ גְּדָיִים כְּנֶגֶד תְּיָישִׁים וּתְיָישִׁים כְּנֶגֶד גְּדָיִים, אֲבָל אִם חָלְקוּ גְּדָיִים כְּנֶגֶד גְּדָיִים וּתְיָישִׁים כְּנֶגֶד תְּיָישִׁים — הוּא חֶלְקוֹ מִשָּׁעָה הָרִאשׁוֹנָה. א"ר יוֹחָנָן: באֲפִילּוּ חָלְקוּ גְּדָיִים נֶגֶד גְּדָיִים וּתְיָישִׁים נֶגֶד תְּיָישִׁים — (ב) כִּלְקוּחוֹת הֵן, וּפְטוּרִין מִן הַמַּעֲשֵׂר. כְּהַהוּא דְּתָנֵינַן תַּמָּן: הַלָּקוּחַ ה) וְשֶׁנִּיתַּן לוֹ בְּמַתָּנָה — פָּטוּר מִמַּעֲשַׂר בְּהֵמָה. ו) ר' חִיָּיא (ר' חִזְקִיָּה) אָמַר רַבִּי יִרְמִי' בָּעֵי: וְלָמָּה לֵית נַן אָמְרִין: פְּעָמִים שֶׁהֵן חַיָּיבִין בָּזֶה וּבָזֶה וּפְעָמִים

ריבב"ן

מן הקולבון לגמרי דאפי' קולבון אחד אינו נותן. **אלא מעתה אפילו חלקו וחזרו ונשתתפו שפטורין ממעשר בהמה פטורין מן הקולבון.** פי' יפטרו מן הקולבון דהא סלע שלמה נותן ר' בא בשם ר' אבא בר הונא היא שני אחין שירשו את אביהן היא שני גיסין שירשו את חמיהן פי' הואיל וחלקו בנ' בני אדם שירשו ממון*) אדם אחר מעלמא דלא הוי תפוסת הבית חשיבא להו: **כמה הוא** קולבין מעה. ירושלמי להיכן הקולבין הולכין ר' מאיר אומר לשקלים, כלומר, יתערבו ר' אלעזר אומר לנדבה נדבת קיץ למזבח ר' שמעון שזורי אומר ריקועי זהב ליפוי לבית קודש הקדשים בן עזאי אומר שולחנין היו נוטלין אותן בשכרן וי"א להוצאת דרכים פי' לאותו שהיו מוליכין אותם מעירן למקדש ובתוספתא אינו מביא דברי י"א כלל:

תקלין חדתין

ואינו אחור לר"י לקבל מהן אלא כשנותן להדיא לבד"ה, ה"נ לרשב"ל: הן **באין** לב"ש. ולא קאמר ר"ל דאין מקבלין אלא בשנכרי נותן מעלמו להדיא לבד"ה: רשב"ל **פתר**. כלומר, הוכחתו מפשטא דקרא דקאמר "לא לכם ולנו" — משמע דקאסר ליה שותפות כלל, בין בתחלה ובין בסוף: ר"ח **אר"ס שאל**. פרישית בריש מכילתין לישנא דשאל: **מתני'** **ואלו חייבין** בקלבון. כי כל אדם צריך ליתן מחצית השקל. והשקל הנזכר בתורה הוא שקורין במשנה 'סלע', שהוא שני חצאי שקלים. ולפי שכולם היו נותנים לשקלים החצאים — נקראו 'שקלים'. וכשהיה א' צריך להחליף סלע על ב' חצאים — היו נותנים מטבע קטנה. ונקרא קל בין, כלומר, דבר קל שמוסיפין בעד החילוף: **אבל לא כהנים כו'** נשים כו'. שהם אינם חייבים בשקלים, אלא אם שקלו מקבלין מידם. לכן פטורים מן הקלבון: השוקל ע"י כהן ע"י **אשה** כו'. שוקל סלע שלם ע"י כהן ואשה. דבשוקל על ידי כהן חצי שקל — ליכא לפרושי, דא"כ אפי' בשוקל ע"י עצמו חצי שקל נמי פטור מקלבון לת"ק, כדמפרש לקמן. א"נ בשוקל ע"י וע"י כהן כו' והא דלא קתני בהדיא "ע"י וע"י כהן כו'" — משום דהוא בפלוגתא דר"מ. דלר"מ חייב מ"מ בשביל עצמו, כדלקמן והטעם דפטור בשוקל ע"י כהן ואשה ועבד דאינהו פטורים ממחצית השקל ונתינתם אינו אלא מדת חסידות. והוי האי מחצית השקל גופיה ריבוי וריוח להקדש — ולכן פטורים מקלבון:

על ידו וע"י חבירו. דהיינו שיש להם שקל א' שלם ביחד ונותנים כן ביחד להקדש — חייב בקלבון א', שכל א' היה צריך ליתן חצי שקל ונותנים להקדש הקלבון שהיו צריכים להוסיף בעד החילוף: רמ"**א ב'** קלבונות. מפרש בגמרא: הנותן **סלע** כו'. פליגי אמוראי בגמרא מאן קתני לה: **גמ'** ה"ג: מ"ט דר"מ. דס"ל ב' קלבונות בשוקל ע"י ועי"ח אי מטעמא דחילוף א"ל אלא קלבון א': סבר ר"מ השוקל שקלו **שלם שהוא חייב ב'** קלבונות. כלומר, השוקל שקל שלם, היינו שני מחצית בעדו ובעד חבירו — שחייב ב"ק. דס"ל לר"מ דלחצי שקל ג"כ צריך ליתן קלבון, דהכי חייבה התורה ליתן להכרע לכל מחצית השקל קלבון. דאר"מ: כשם ששקלו תורה כך קלבונו תורה: דתני ר"מ כזה יתנו. וס"ל מדקפיד השם והראהו כמין מטבע של אש וא"ל כזה יתנו — היינו שלא יוגרע לעולם ממחצית השקל שהיה בימי משה, מדקאמר "זה יתנו" — כזה יתנו לעולם הוא. ולכן מן התורה חייב ליתן לכל חצי שקל מטבע קטנה להכרע. והכי תניא בתוספתא דפ"ק דמכילתין: השוקל שקל חייב בקלבון דר"מ, וחכ"א: השוקל שקל — פטור, ב' דינרין — חייב. הרי דר"מ ס"ל חיוב מה"ת לחצי שקל וחכמים ס"ל מטעם החילוף. וכשנותן שקל — ליכא טעמא דחילוף אלא אם נותן ב' דינרין, שהוא ערך חצי שקל — חייב מטעם החילוף שהיה צריך ליתן חצי שקל. ולא ס"ל דרשא ד"זה יתנו" אלא למילתא אחריתא, כדאמרינן לעיל: הנותן **סלע** ונוטל כו'. ה"ג: אמר ר"א: דר"מ הוא, דאר"מ אחד שקל שהוא נותן וא' לד"ת, כלומר, דר"מ מחייב ב"ק. א' לשקל שנותן ובידו היה סלע והחליף אצל ההקדש, וא' לד"ת. ואע"ג דבשנים ששקלו שקל שלם לא חייב ר"מ אלא ב' קלבונות כנ"ל, ולא חייב קלבון דחילוף התם — ה"ט כיון שנותנים שקל שלם בעד חיוב שניהם להקדש הוי כקונים תבואה מן השוק בעד סלע, שאין מחשבין בעד החילוף. משא"כ הכא שא"צ ליתן רק שקל דידיה, ומחליף גבי הקדש — לא גרע כח הקדש מכח הדיוט, וצריך ליתן גם קלבון בחילוף. אבל לת"ק דלא ס"ל בשנים ששקלו חיוב הקלבון אלא מטעם החילוף, לדידיה ה"נ אינו חייב אלא א'. ואע"ג דלא פליגי במתני' — פליגי בתוספתא. דתנינן בהדיא בפ"ק דתוספתא: הנותן סלע ונוטל שקל, ר"מ מחייב ב"ק, וחכ"א קלבון א': **ורב אמר ד"ה היא א' שקל שהוא נותן וא'** שקל **שהוא נוטל.** דס"ל דגם ת"ק מודה בזה דחייב ב' קלבונות, ולא דמי לשוקל ע"י ועי"ח דאינו חייב אלא א'. דהתם שניהם נותנים חיוב ב' שקליהם בסלע, וכשהיו צריכים להחליף על ב' חצאי שקל — לא היו נותנין אלא קלבון א'. וכן להקדש בכה"ג דאין מפסיד — אין משתכרין בו. משא"כ הכא, אילו היה צריך להחליף ולהשיג חצי סלע ליתן להקדש — היה צריך ליתן קלבון. וכן כשהיה צריך להשיג וליטול שקל מסלע — ג"כ היה צריך ליתן קלבון, ולכן חייב ב"ק מטעם החילוף, כמו אילו היה חייב שקל לשלחני ובעת זמן פריעתו לא היה בידו שקל אלא סלע — היה צריך ליתן לו קלבון א'. ואם היה מבקש ממנו שיתן לו שקל מסלע — היה ג"כ צריך ליתן לו קלבון א'. וה"נ לא יגרע כח הקדש מכח הדיוט. ולא גרסינן כאן "וא' לד"ת", דלא ס"ל לת"ק לד"ת: ה"ג: **ע"ד דרב לר"מ ג' קלבונות הן.** דזה לא מסתבר דר"מ יקל בקלבונות המחוייבים מטעם החילוף לת"ק, רק בשוקל ע"י ועי"ח ה"ט כדפרישית לעיל. ולכן לרב דאסברא דלת"ק חייב ב"ק מטעמא דחילוף ודאי ר"מ ס"ל ג"כ הכי, ולא מסתבר שיפלגו בסברא הפוכה אי צריך ליתן א' או ב', בחילוף בכה"ג. ולכן לר"מ דס"ל א' מן התורה — משכחת לה בכה"ג חיובא שלש. ומביא סיוע לזה מהני אמוראי דאמרו הכי בהדיא בשם רב. וזה גם כן לא מסתבר שיפלוג רב על סברא דר"מ מחייב א' לד"ת, דא"כ מ"ט ר"מ מחייב ב"ק בשוקל ע"י ועי"ח חבירו. וגם כי הכי מפורש בהדיא בתוספתא. ולרב צ"ל דבמתני' לא חשיב אלא מה שלד"ה הוא, ולכן נקט שנים שבזה גם ת"ק מודה. וצ"ל לרב דסתם מתני' פליגא בזה עם התוספתא, דתני שם דלחכמים דר"מ אינו חייב אלא א'. דהא ע"כ פליגא מתני' אתוספתא, לדידיה דלר"מ חייב ג' קלבונות בכה"ג, ובתוספתא לא חשיב אלא ב' בדברי ר"מ. וסברת ר"א לאשווי מתני' ותוספתא אהדדי, דלחכמים דר"מ אינו חייב אלא א' גם בכה"ג, והיינו משום שהוא נותן סלע ונוטל שקל בחד זימנא הוי כמחליף על ב' חצאי שקל, דא"ל אלא א', ולא עדיף משנים ששקלו לדידיה: **מתני'** השוקל ע"י עני כו'. השוקל סלע שלם ע"י עני ובן עירו — פטור מקלבון. כיון שאם לא היה נותן להם — גם הם לא השיגה ידם ליתן, ונמצא ע"י מרויח ההקדש — לכך פטור. והא דלא קתני ע"י וע"י עני — משום דלר"מ הוה חייב עכ"פ בעד עצמו, ובפלוגתא לא קמיירי: **האחין השותפין.** מפרש בגמ': **גמ'** **כשחלקו וחזרו ונשתתפו.** אז הם חייבים בקלבון. דכשחלקו ונותנין סלע שלם בשביל שניהם — הוה כאילו לוין זה מזה. וממעשר בהמה פטורים, דעדר של שותפים פטור ממעשר בהמה. דתניא בבכורות (נ"ו): "כל פטר שגר בהמה אשר יהיה לך" — ולא של שותפות. ואע"ג דהאי קרא בבכור הוא דכתיב — התם פריך לה ומשני לה: **בשלא** חלקו. דקיימא בתפוסת הבית חייבים במעשר בהמה דאמר התם: יכול אפי' קנו בתפוסת הבית — ת"ל "יהיה", ופטורים מן הקלבון, דכ"ז שהן בתפוסת הבית — לא חשיב כהלואה: והן שחלקו גדיים בו'. הוא דאמרי' דכשחלקו בטלה תפוסת הבית מינייהו, דכשחלקו גדיים ע"פ שום דדמים נגד תיישים — בטלה מהן שם ירושה והוי כאילו לקח כ"א מן השוק ונתערבו, ואין כאן שם תפוסת הבית אלא שם שותפות: **אבל אם חלקו בו'.** דזהו משפט הירושה לכ"א חלק בכל מין ומין, אומרים: זהו חלקו המגיע, דיש ברירה, ועדיין שם יורשים עליהם, וכשחזרו ונשתתפו חזרה — תפוסת הבית למקומה:

היך

*) אין הלשון מכוון ואולי דחסר איזה תיבות וצ"ל שירשו מאביהן דפטורי מקולבון ה"ה אם ירשו מאדם אחר דעלמא ג"כ תפישת הבית חשיבא.

משנת אליהו

אמרו סיפא בכותים ולפיכך מקבלין מהן חטאות ואשמות כיון שנתכוין לכפרה אולי ישוב אבל הנכרים אין מקבלין מהן חטאות ואשמות לפי שאינו נדר ונדבה — ומ"ש ולפיכך מקבלין כו' כבר כתב התוי"ט דגירסתו במתני' וחטאות ואשמות ונדרים ונדבות מקבלין מהן וקאי אכותים כדמוקי לה הכא סיפא בכותים — ובעל קרבן העדה תמה על הרמב"ם הא הנכרים אינם חייבין בקרבנות אלו — ולא דק בכוונת הרמב"ם דהא קאמר אם נתנו מעצמן כמו כולה מתני' הנכרים כו' ששקלו אין מקבלין והן אינם חייבין בשקלים וכן גבי קני זבים כו' אף שאינם חייבין הוי אמי למיתני דאין מקבלין מהן אם נותנין ולכן כתב הרמב"ם אבל הנכרי אינו יודע כו' וטעמו בסוגיין דקאמר וכי קיני זבין כו' בנכרים היינו שאינם יודעים ואינם טורחים בזה בעולם שיעסקו בזה ויתנו קיני זבין דליתני אין מקבלין — ומ"ש דא"א ליישב דברי הרמב"ם לפני הירושלמי — נכונים מאד דבריו כדפרישית: ה"ג: **מ"ט** דר"ם כו' כמ"ש בפנים. כך היא גירסת רבינו הגאון וכדפרישית בקונטרס שיטתו מבואר מתוספתא ערוכה — והרמב"ם בפירושו לא הזכיר בדברי ר"מ קלבון מד"ת — ולדידיה בשוקל שקל בעדו פטור מקלבון גם לר"מ — וקשיא עליה מדתניא בתוספתא — וגם צ"ל דגי' אחרת ה"ל בירושלמי — ובחיבורו פ"ג מהל' שקלים ה"א פסק דאינו חייב אלא כששוקלין ב' ביחד ואז נותנין קלבון א' — ובהלכה ו' שם פסק כרב דמתני' ד"ה היא ולכן בנותן סלע ונוטל שקל פסק דחייב ב' קלבונות — ולכן פסק בהלכה ז' שם דהקלבונות אינן כשקלים דלר"מ נופלין לשקלים דלטעמיה אזיל דקלבונות מדין שקלים אלא ס"ל מטעם חילוף למוד ולכן פסק כאינך דס"ל לשלחנים ולש"ד — והנה לרש"י שיטה אחרת בקלבונות — ובשני מקומות כוון לד"א — דבבכורות נ"ו ב' ד"ה האחין כו' כתב וז"ל — ואם שוקלין סלע שלם דהיינו ב' חצאי שקליהם ביחד חייבין לתת כ"א וא' מעה קטנה לקלבון דהא ב' ממונים הם והרי הן כשאר ב"א שהשוקל שקלו נותן עמו קלבון דהוא קלבון להכרע וי"א לחילוף שאין ב' חצאי סלע יוצאין בסלע בלא חילוף מועט והואיל ורוב ב"א נותנין כ"א מחצית הסלע וקלבונו עמו כי מצטרפי נמי שנים ויהבי סלע שלם יהבי נמי קלבון שני והני אחין כו' כשאר שותפין דעלמא וחייבין בקלבון שני עכ"ל וגבי פטורין פי' דפטורין מקלבון שני וכן בבילה ל"ט ד"ה כשחייבין כ' וז"ל כל ישראל הוזקקו לתת מחצית השקל כו' והטילו חכמים עליהם להוסיף מעה קטנה להיות קלבון לפרוטרוט מפני שהן חצאי שקלים חתיכות דקות ונוחין לאבד ופעמים שמחליפים אותן במעות ונותנין הקלבון בחילוף ואף כשמצטרפין שנים לתת שקל שלם הטילו עליהם ב' קלבונות שלא לפחות מחבריהם ולמעט את ההקדש אבל האב ששוקל בשביל ב' בניו שקל שלם פטור מקלבון שני עכ"ל — חזינן דס"ל לרש"י לר"מ לחצי שקל ג"כ חייב קלבון וטעמו מסתבר משום שהן חתיכות דקות ונוחין לאבד ופעמים שמחליפים ר"ל בסלע וצריך הכרע. והנה יפלא למה פירש הני מתנייתא אליבא דר"מ ודלא כהלכתא ולכאורה משמע דהכרחו משום דניחא ליה לפרש פטורין מקלבון שני דפטורין לגמרי לא מסתבר טעמא מאי — אבל בספ"ק דחולין פירש ג"כ אליבא דר"מ ושם חזר ופירש פטורין מקלבון היינו לגמרי משום דהוי כשוקל ע"י בניו וה"ל כשוקל ע"י שכנו כו' וכן נמשך אחריו הרע"ב וזה תמוה דא"כ למה פי' אליבא דר"מ ומצאתי שתמה עליו התוי"ט בספ"ק דחולין במה שפי' אליבא דר"מ וטעמא דפי' פטורין לגמרי משום דמסתבר לי' לשיטתו דכשנותנין שקל שלם ביחד ליתא טעמא דנוחין לאבד אלא משום דה"ל ליתן כ"א בפ"ע משא"כ באב השוקל שכן היה ראוי ליתן שקל שלם בעדם שהוא הנותן לכן פטורין מקלבון לגמרי — והרמב"ם הסביר דלהכי פטורין לגמרי משום שהן כאדם א' — ונראה דשיטת רש"י היה לפסוק להלכה כר"מ מסוגיא דמנחות ק"ח א' כולה כבר פדא לא אמרי דס"ל דלשקלים אזלי והיינו מטעמא דס"ל דקלבונות מדינא דשקלים כמ"ש כשם ששקלו כו' וגם לישנא דוהמעה קלבון ג"כ כר"מ דס"ל מעה בתוספתא ומדחזינן דהני אמוראי כולהו וסתמא דגמ' הכי ס"ל הלכתא כוותיה ולכן פי' כל הני משניות אליביה. והרמב"ם פסק הכל דלא כר"מ ולכן פסק השקלים אינן נופלים לשקלים ונסתפק כמאן מאינך אחריני הלכתא ולכן פי' כל הני סוגיין אליבא דת"ק וסוגיא זו תיובתיה דס"ל בהדיא דלשקלים אזל וג"כ מעה הוי הקלבון כר"מ — ולשיטת רש"י ניחא לפרש מ"ש בגמרא כשם ששקלו תורה כך כו' — דזה תלי בזה כיון שהתורה חייבה שיתנו חצאי שקלים ממ"ש זה יתנו כזה יתנו והן נוחין לאבד וצריך פעמים להחליפם בסלע לכן צריך ליתן קלבון לחצי שקלו הכרע — (ודרך רמז י"ל אסמכתא דרך גימטריא זה יתנו עולה כמספר קלבן הכרע ע"ה) — וכן מצאתי בסמ"ג הל' שקלים שדבריו מורים כדפרישית ששיטת רש"י להלכה כר"מ דכתב תחלה בפסקי הקלבונות דעת הרמב"ם ואח"כ כתב דעת רש"י דלכל חצי שקל חייב קלבון וב' ששקלו חייבין ב"ק ומביא ג"כ דעת רש"י דספ"ק דחולין גבי השוקל ע"י בניו דפטור לגמרי ועי' בביאורי רש"ל שם — ודברי רש"י במנחות שם ד"ה והמעה קלבון אינם מובנים שכתב וז"ל שכל יחיד מביא מחצית השקל בהכרעה באדר ואם נתנו בין שניהם שקל שלם נותנין קלבון א' מעה קטנה מפני הכרעה שעכשיו לא נתנו שניהם אלא הכרע אחד ואילו הביאו כמשפטן היה שם ב' הכרעות לפיכך נותנין קלבון עכ"ל — ותמוה דתחילה מתחיל אליבא דר"מ ואח"כ כת"ק ומ"ש לפיכך כו' אין לו ביאור והתוס' הקשו עליו מטעם אחר וצ"ל דט"ס בדברי רש"י שם: הדרן עלך באחד באדר

מסורת הש"ס

א) תוספתא פ"א: ב) במדבר רבה פי"ב: ג) בילה לט ב חולין כה ב: ד) בכורות נו: ה) שם נה ב: ו) בפ"י א' כאן פיסקא האחין וכו':

עין משפט נר מצוה

לו א מיי' פרק ח ממתנות עניים הלכה ח:

לז ב מיי' פרק ו מבכורות הל"י:

נוסחת הבבלי

(א) הנותן סלע ונוטל שקל: (ב) בלקוחות הן כדתנן הלוקח כו':

הגהות הגר"א

לר"י לקבל מהן אלא כשנותן להדיא לבד"ה ה"נ לר"ל: [א] ה"ג ומאליהן הן באין לכלי שרת וכו'. ולא קאמר ר"ל דאין מקבלין אלא כשנכרי נותן מעלמו להדיא לבד"ה: [ב] מלות מה עבד לה נמחק וצ"ל רשב"ל פתר לה וכו'. וה"פ רשב"ל הוכחתו מפשטא דקרא דקאמר לא לכם ולנו משמע דקאסר ליה שותפות כלל בין בתחלה בין בסוף: [ג] מן תני אלו חייבין וכו' עד פטור מהקלבון ל"ג וה"ג מאי טעמא דר"מ סבר ר"מ השוקל שקלו שלם שהוא חייב שני קלבונות דאר"מ כשם ששקלו תורה כך קלבנו תורה דתני רמ"א כמין מטבע של אש וכו'. ועי' בפי' ק"ע: [ד] ה"ג אר"א דר"מ היא אחד שקל שהוא נותן וא' לדברי תורה ורב אמר ד"ה היא אחד שקל שהוא נותן ואחד שקל שהוא נוטל. ול"ג ואחד לדברי תורה. ועי' בספר תקלין חדתין ותמצא פי' מרווח ע"פ ההגה"ה הנ"ל: [ה] צ"ל ע"ד דרב לר"מ וכו'. ועיין בפי' ק"ע:

ציון ירושלים

והן שחלקו גדיים כנגד תיישים. עי' ש"ס דילן בכורות נו ועט"א דף כ"ה ע"ב ד"ה אתה חטים שבמקום פלוני ועי' בתוס' רי"ד קדושין יז ע"ב ודו"ק היטב ועי' עלמות יוסף שם:

גליון הש"ס

[א] עי' תוס' מנחות דף כט ע"א ד"ה שלשה:

בקלבון ובמעשר בהמה: **היך עבידא.** כמו "היכי דמי": ה"ג: חלקו **את** הנכסים ולא חלקו **את** הבהמה — **חייבין בזה ובזה.** חלקו **את** הבהמה ולא חלקו **את** הנכסים — **פטורין בזה ובזה.** וכ"ה בבכורות פ"ט. והכי פירושו: חלקו את הנכסים וחזרו ונשתתפו, ולא חלקו בבהמה, דגבי קלבון הוו כשאר שותפין, וגבי בהמה הוו כתפוסת הבית: **הן הן עיקר נכסיו.** ואע"פ שחלקו את הנכסים ולא חלקו את הבהמה — פטורין מקלבון: **רבי שמי פריך:** וכי מפני שעשיתן כאדם אחד אצל מעשר בהמה הואיל ולא חלקו, נאמר שיהיו פטורין מן הקלבון אע"פ שלא נתנו שקליהן מן ירושת אביהן. ואע"פ שהבהמות הן עיקר הנכסים — אין לפטרן. כך למדתי ממגדל עוז בשם הר"מ מקולי. ודלא כהרא"פ, ודבריו תמוהין: **לא שנייא היא.** שאני הכא שהוא נותן סלע שלימה מאותן המעות שהיו מגיעין על חלקו, הלכך הרי הוא כאילו לא חילקו: ופריך: **מעתה.** לדבריך שעיקר הטעם שפטורים לפי שהוא נותן הסלע השלימה ממה שהוא מגיע על חלקו, אפילו חלקו וחזרו ונשתתפו — יהיו פטורין, ואנן לא תנן הכי: **היא שני אחין וכו'.** כלומר, אין חילוק כל שבא מכח ירושה הרי הוא כתפיסת הבית אע"ג שאין בירושה דאורייתא ולא שקל החותן בשבילם. ויש פירושים אחרים בשמועה זו וזו הנ"ל, לפום פשטא דשמעתא: **שולחנין.** שגבו השקלים במדינה, כמ"ש הרמב"ם: הן נטלו אותן בשכרן: **להוצאת דרכים.** להביא השקלים לירושלם: סליק פרק ראשון

הלכה א מתני' מצרפין שקלים לדרכונות. בני העיר שקבלו שקליהם — יכולין להחליפן מדרכונות, והוא מטבע של זהב, להקל מעליהם משאוי הדרך: **שופרות.** תיבות שפיהן צר למעלה ומרחיב והולך כעין שופר, כדי שלא יוכלו ליטול מהן כלום. והיו עומדין בעזרה, וכל אחד מביא שקלו ונותן בו: **במדינה.** בירושלם. ולדברי הרמב"ם — בשאר ערי ישראל: **ששלחו את** שקליהן. ביד שליח, להוליכם ללשכה: **אם נתרמה** התרומה. שהיו רגילים לתרום מהקופות לצורך הקרבנות, והיו תורמין על הגבוי ועל העתיד לגבות כדי שיהיה חלק בקרבנות אף לאותן שעדיין לא שקלו: **נשבעין.** שלוחים לגזברים. דהואיל ונתרמה התרומה על המעות הללו קודם שנאבדו — הרי נעשו כאילו היו ברשות הגזברים משעה שנתרמה התרומה עליהן. וכשנגנבו או אבדו — ברשות הגזברים נגנבו או אבדו. הלכך נשבעים השלוחים לגזברים, ונפטרים. ואע"ג דאין נשבעין על ההקדשות, בגמ' מתרץ לה: **ואם לאו.** שבשעה שאבדו עדיין לא נתרמה התרומה — ברשות הבעלים אבדו, הלכך נשבעין לאנשי העיר: **גמ'** ופריך: ויעשו **אותן מרגליות.** כלומר, יקנו מרגליות בעד השקלים, ולא יצטרכו להוצאת הדרכים: ומשני: **שמא תיזול המרגליות. ויפסיד ההקדש: כהאי** דתנינן תמן. בכורות פ"ח: וכולן **נפדין** וכו'. כלו': וכל הנפדין. כגון בכור אדם והקדשות — נפדין בכסף ובשוה כסף. חוץ מן השקלים שהבא לשקול מחצית השקל — צריך שיתן אותו כסף נקי מטבע מצוייר ולא שוה כסף. ותני ושייר, דאף מעשר שני והראיון אינן אלא בכסף, ולא שוה כסף: **ואין פודין.** מעשר שני בכלים: **מתניתא.** דתנן שהיו שופרות במדינה דוקא לתקלין חדתין, לשקלים של שנה הבאה, אבל לשקלים הישנים, מי שלא שקל אשתקד — לא היה שופרות במדינה, אלא צריך להביאן למקדש: ותני כן. ותניא נמי הכי: **עתיקין במקדש.** כדתנן לקמן פ"ו. וגירסת הרמב"ם נראה: "ותני כן עתיקין במקדש ועתיקין במדינה". ולשון קושיא היא: וכי תנן הכי?: מתניתין דתנן "נגנבו או שאבדו נשבעין ופטורין מלשלם" — דוקא בשומר חנם איירי: **אבל בשומר שכר** — אינו בדין זה, אלא משלם בגניבה ואבידה, ואינו נשבע: **ליסטים מזויין.** גנב מזוין דאונס הוא, ולשמירה זו לא קבלו עליהם: **ברם כמ"ד** וכו'. אבל למ"ד אין תורמין על הגבוי, אפי' נתרמה התרומה — נשבעין לבני העיר, והן שוקלין אחרים תחתיהם: **דר"ש היא.** הא דתנן דהשומרים נשבעין — אתיא כר"ש: **דאר"ש.** במסכת שבועות: קדשים שהמפקיד חייב באחריותן כדידיה דמיין, ה"נ, כיון דחייבין בני העיר לשקול תחתיהן — לאו כהקדשות נינהו. אבל לחכמים אין כאן שבועה, דאין נשבעין על הקדשות: **משום שבועת תקנה.** מדאורייתא פטור לגמרי. ורבנן הוא דתקון לה, שלא יזלזלו בשמירת ההקדשות: ה"ג: **ע"ד** דר"י ניחא, נשבעין לגזברין, ואם לאו נשבעין לבני העיר משום שבועת התקנה. **אלא לר"א** נשבעין לבני העיר ובני העיר שוקלין **אחרים** תחתיהן, הדא היא דר"ש. **אלא נשבעין לגזברין**

נוסחאות ישנות

וּפְעָמִים שֶׁהֵם פְּטוּרִים מִזֶּה וּמִזֶּה. הֵיךְ עֲבִידָא? (חָלְקוּ אֶת הַנְּכָסִים ואח"כ חָלְקוּ אֶת הַבְּהֵמָה — חַיָּיבִין בָּזֶה וּבָזֶה, חָלְקוּ אֶת הַבְּהֵמָה ואח"כ חָלְקוּ אֶת הַנְּכָסִים פְּטוּרִין מִזֶּה וּמִזֶּה) [א] חָלְקוּ א) אהַנְּכָסִים וְלֹא חָלְקוּ הַבְּהֵמָה — חַיָּיבִין בָּזֶה וּבָזֶה, חָלְקוּ הַבְּהֵמָה וְלֹא חָלְקוּ אֶת הַנְּכָסִים — פְּטוּרִים מִזֶּה וּמִזֶּה. א"ר מָנָא: הָדָא דְאַתְּ אָמַר בְּשֶׁלֹּא הָיְתָה הַבְּהֵמָה רוֹב, אֲבָל אִם הָיְתָה הַבְּהֵמָה רוֹב — הֵן הֵן עִיקַּר נְכָסִים. ר' אָבִין אָמַר ר' שַׁמַּי בָּעֵי: מִפְּנֵי שֶׁעֲשִׂיתָן כְּאָדָם אֶחָד אֵצֶל מַעֲשַׂר בְּהֵמָה אַתְּ פּוֹטְרוֹ מִן הַקָּלְבּוֹן? א"ל לָא שַׁנְיָא הִיא שֶׁהוּא נוֹתֵן סֶלַע א' שְׁלֵימָה. מֵעַתָּה אֲפִילּוּ חָלְקוּ [ב] וְחָזְרוּ וְנִשְׁתַּתְּפוּ — חַיָּיבִין בְּמַעֲשַׂר בְּהֵמָה וּפְטוּרִים מִן הַקָּלְבּוֹן, וְתָנֵינָן: חַיָּיבִין בְּקָלְבּוֹן וּפְטוּרִין מִמַּעֲשַׂר בְּהֵמָה.§ ר' בָּא בְּשֵׁם אַבָּא בַּר רַב הוּנָא: הִיא שְׁנֵי אַחִים שֶׁיָּרְשׁוּ אֶת אֲבִיהֶן, הִיא שְׁנֵי גִיסִין שֶׁיָּרְשׁוּ אֶת חֲמִיהֶן. בלְאֵיכָן ב) הָיוּ הַקָּלְבָּנוֹת נוֹפְלִין? ר"מ אוֹמֵר: לִשְׁקָלִים, רַבִּי לְעָזָר אוֹמֵר: לִנְדָבָה. ר"ש שְׁזוּרִי אוֹמֵר: [א] (א) רִיקּוּעַ זָהָב וְצִפּוּי לְבֵית קוֹדֶשׁ הַקֳּדָשִׁים. בֶּן עַזַּאי אוֹמֵר: שׁוּלְחָנִין הָיוּ נוֹטְלִין אוֹתָן בִּשְׂכָרָן. וְיֵשׁ אוֹמְרִים: לְהוֹצָאַת דְּרָכִים.§

הדרן עלך פרק באחד באדר

הלכה א מתני' גמְצָרְפִין ג) שְׁקָלִים לְדַרְכּוֹנוֹת מִפְּנֵי מַשּׂוֹי הַדֶּרֶךְ. כְּשֵׁם שֶׁהָיוּ שׁוֹפָרוֹת בַּמִּקְדָּשׁ דכָּךְ הָיוּ שׁוֹפָרוֹת בַּמְּדִינָה. בְּנֵי ד) הָעִיר השֶׁשָּׁלְחוּ אֶת שִׁקְלֵיהֶן וְנִגְנְבוּ אוֹ שֶׁאָבְדוּ, אִם נִתְרְמָה הַתְּרוּמָה — נִשְׁבָּעִין לַגִּזְבָּרִין, וְאִם לָאו — נִשְׁבָּעִין לִבְנֵי הָעִיר, וּבְנֵי הָעִיר שׁוֹקְלִין תַּחְתֵּיהֶן. נִמְצְאוּ אוֹ שֶׁהֶחְזִירוּם הַגַּנָּבִים — אֵלּוּ וָאֵלּוּ שְׁקָלִים, וְאֵין עוֹלִין לָהֶן לְשָׁנָה הַבָּאָה.§ **גמ'** וְיַעֲשׂוּ אוֹתָן מַרְגָּלִיּוֹת! שֶׁמָּא תָּזִיל הַמַּרְגָּלִיּוֹת וְנִמְצָא הַהֶקְדֵּשׁ מַפְסִיד. כְּהַהִיא דְּתָנֵינַן תַּמָּן: וְכוּלָּן ה) ונִפְדִּין בְּכֶסֶף וּבְשָׁוֶה כֶּסֶף, חוּץ זמִשְּׁקָלִים. [ג] וְאֵין פּוֹדִין בְּכֵלִים. *וא"ר שְׁמוּאֵל בַּר רַב יִצְחָק: (אמר) שֶׁמָּא יָזִילוּ הַכֵּלִים וְנִמְצָא הַהֶקְדֵּשׁ מַפְסִיד. אוּף הָכָא נמי, שמא תזיל המרגליות ונמצא ההקדש מפסיד. מַתְנִיתָא בְּתַקְלִין חֲדַתִּין אֲבָל בְּתַקְלִין עַתִּיקִין לָא בְּדָא וְתָנֵי כֵּן חעַתִּיקִין בַּמִּקְדָּשׁ וְאֵין עַתִּיקִין בַּמְּדִינָה. מַתְנִי' בש"ח אֲבָל בְּשׁוֹמֵר שָׂכָר — לָא בְּדָא. א"ר אַבָּא: טוַאֲפִילּוּ תֵּימַר בש"ש נִגְנְבוּ — ו) בְּלִסְטִים מְזוּיָּין, אָבְדוּ — (ב) כְּמִי שֶׁטָּבְעָה סְפִינָתוֹ בַּיָּם. (ג) א"ר יוֹסְטַי ב"ר סִימוֹן אַתְיָא כמ"ד תּוֹרְמִין ז) יעַל הַגָּבוּי וְעַל הֶעָתִיד לִגָּבוֹת, (ד) בְּרַם כמ"ד אֵין תּוֹרְמִין לֹא עַל הַגִּיבּוּי (וְלֹא עַל הַמְּמוּשְׁכָּן) וְעַל הֶעָתִיד לִגָּבוֹת — לָא בְּדָא.§ [ד] (א) "בְּנֵי הָעִיר שֶׁשָּׁלְחוּ אֶת שִׁקְלֵיהֶם" כו'.§ א"ר אֶלְעָזָר: דר"ש הִיא, דר"ש אוֹמֵר: קָדָשִׁים שֶׁהוּא חַיָּיב בְּאַחֲרָיוּתָן כִּנְכָסָיו הֵן. א"ר יוֹחָנָן: ד"ה הִיא מִשּׁוּם שְׁבוּעַת תַּקָּנָה. ע"ד דְּרַבִּי יוֹחָנָן נִיחָא, נִשְׁבָּעִים לַגִּזְבָּרִים. וְאִם לָאו — נִשְׁבָּעִים לִבְנֵי הָעִיר, וּבְנֵי הָעִיר שׁוֹקְלִים אֲחֵרִים תַּחְתֵּיהֶן —

ריבב"ן

מתני' א' דרכונות. כמו דרכמוני זהב בספר עזרא: **מפני משוי הדרך.** להקל מעליהן. ירושלמי ויעשו אותן מרגלית, כלומר, מכל השקלים יקנו מרגלית ויקלו ממשואו' יותר. ושני שמא תזול המרגלית ונמצא ההקדש מפסיד אבל הדרכונות אין לחוש שמא יוזלו מהן המטבעות היוצאין בירושלים: מתניתא בתקוין חדתין אבל בתקלין עתיקין לא בדא. כלומר, בתקלין עתיקין מותר לקנות מרגלית ולא חיישינן שמא תזול שאין באין אלא לחומת העיר ומגדלותיה: **בני העיר ששלחו את שקליהן אם** נתרמה התרומה מן הכסף שבלשכה ונתנוהו בקופות דתניא בתוספתא פרק ב' תורמין על המשכון ועל הגבוי ועל העתיד לגבות נמצא שאותן השקלים ברשות הקודש איתינהו ונגנבו או נאבדו נשבעין לגזברין שההפסד לקדש ואם תאמר והתנן בשבועות אין נשבעין על ההקדשות דרעהו אמר רחמנא ולא הקדש אמרי' בפרק הזהב אמר שמואל הכא בנושא שכר עסקינן ונשבעין ליטול שכרן אי הכי נשבעין לגזברין נשבעין לבני העיר מבעי ליה אמר רבא נשבעין לבני העיר במעמד הגזברין כי היכי דלא ניחשדינהו שלא הפרישו שקלים אי נמי כי היכי דלא ניקרינהו פושעים והא נגנבו או אבדו קתני ושומר שכר חייב בגניבה ואבידה והכא נהי דלא משלמי דשומר שכר פטור לשלם להקדש דכי יתן איש אל רעהו כתיב ולא הקדש אגרייהו מיהא לפסוד אמר רבא נגנבו בלסטים מזוין אבדו שטבעה ספינתו בים דהוי אונס ושומר שכר פטור באונסין ר' יוחנן אמר הא מני ר' שמעון היא דאמר קדשים שחייבין באחריותן נשבע עליהן בפרק מרובה אמר ר' שמעון קדשים שחייבין באחריותן חייב שאינו חייב באחריותן פטור לענין תשלומי כפל ומדחייב הגנב כפל כממונו דמי. הכי נמי לענין שבועה. הניחא עד שלא נתרמה התרומה משנתרמה התרומה קדשים שאין חייב באחריותן נינהו דתנן תורמין על האבוד ועל הגבוי כו' אמר ר' אלעזר שבועה זו תקנת חכמים היא שלא יזלזלו בהקדשות פי' שלא יזלזלו בשמירתן נשבעין לבני העיר הואיל

תקלין חדתין

היך עבידא. היכי דמי: ה"ג: חלקו **את** הבהמה ולא חלקו **את** הנכסים **פטורים** בזה ובזה. דכיון שחלקו בבהמה וחזרו ונשתתפו — ה"ל לענין מעשר בהמה כשותפין, ופטורין ממעשר. ובנכסים שלא חילקו עדיין — שם תפוסת הבית עליהן, ופטורין מקלבון. והא קמ"ל: דסד"א דלא נקל כולי האי, דכיון דחלקו בבהמה נזיל לחומרא, וימא גלו אדעתייהו דלמיפלג בנכסים נמי קיימי, ולחייבו בקלבון — קמ"ל. הכי מפרש לה בבכורות (נו ב): חלקו את הנכסים וחזרו ונשתתפו, דלגבי קלבון הו"ל כשותפין וחייבין, ובבהמה דלא חלקו הו"ל עדיין שם תפוסת הבית על הבהמות, וחייבין בזה ובזה: **הדא דאמרת** דכשחלקו הנכסים לחוד דחייבין בקלבון — שלא היתה הבהמה שוה יותר מהנכסים: הן הן עיקור נכסיו. ואפי' חלקו הנכסים ולא הבהמות — פטורים מקלבון, דבתר רובא אזלינן: **ר"ש בעי.** אמתניתין פריך, דקאמר: לא חלקו פטורים מן הקלבון: **לא שניא הוא.** כלומר, וכי לא שניא הוא? דכיון דלא חלקו נותן סלע א' שלימה דעדיין קיימא תפוסת הבית, ולא חשיב כהלואה: **אפילו חלקו ונשתתפו.** דנותנין נמי סלע א' שלימה יהיו פטורין מן הקלבון. ומשני ר' בידי: הוא שני אחין הוא שני גיסין. כלומר, כיון שחלקו אף שאח"כ נשתתפו — הוו כאחרים לענין חיוב קלבון: **רמ"א לשקלים.** ר"מ לטעמיה דאמר לעיל כשם ששקלו תורה, כך קלבונו תורה: **שולחנין.** שגבו השקלים במדינה הן נוטלין אותן בשכרן: **להוצאת דרכים.** להביא השקלים לירושלים. וי"מ: להוצאות דרכים של השלוחים שהיו תמילה במדינה, והולכים אח"כ למקדש: הדרן עלך באחד באדר

מתני' מצרפין שקלים לדרכונות. בני העיר שקבלו שקליהם יכולים להחליפן בדרכונות, והוא מטבע של זהב, להקל מעליהם משאוי הדרך: **שופרות.** תיבות שפיהן צר למעלה ומרחיב והולך כעין שופר, כדי שלא יוכלו ליטול מהם כלום. והיו עומדים בעזרה, וכל א' מביא שקלו ונותן בו: **במקדש.**= מקדש ממש. ו'מדינה' — היינו בכל העיירות. דבירושלים לא היו צריכין, דהשופרות היו קרוב להוליך למקדש: **ששלחו את שקליהן.** ביד שליח להוליכם ללשכה: **אם נתרמה תרומה** מן הקופות. שהיו תורמין לצורך הקרבנות על הגבוי ועל העתיד לגבות, כדי שיהיה חלק הקרבנות אף לאותו שעדיין לא שקלו: **נשבעין** השלוחים לגזבר. דהואיל ונתרמה התרומה על המעות הללו קודם שנאבדו — הרי נעשו כאילו היו ברשות הגזברים משעה שנתרמה, וברשותם נגנבו. הלכך נשבעים לגזברים שבועת השומרים: **ואם לאו.** [illegible]

משנת אליהו

הלכה א כשם שהיו שופרות במקדש כו' — עיין מ"ש נפי' כאן הוא לשון מרן הגאון שהיה שיטתו כן בזה בכולא ש"ס דלא כהמפרשים והדבר מוכרע ממקומו ועי' תוי"ט פ"ק מתני' ג' ד"ה במדינה: **כההיא** דתנינן תמן כו'. ול"ג ואין פודין בכלים דלא איירי שם והכל בכלל שוה כסף דאינך אחריני ודאי נפדין בהם חוץ משקלים וגרס שמא יזולו היינו השוה כסף וה"ג שמא תזיל המרגליות כו': **ותני** כן עתיקין כו'. הרמב"ם רפ"ב דשקלים בחיבורו כתב דגם במדינה היו שנים וע"כ גי' אחרת היה לו בירושלמי ועי' תוס' יו"ט: **מתני'** בשומר חנם כו'. דברי הרמב"ם בפירושו כאן ובחיבורו פ"ג דשקלים אינם מובנים כלל. שסידר בבא שלימה שם הלכה ח' דינא דבני העיר ששלחו ע"י שומר חנם דנשבע להם לעולם והן משלמין לעולם אף אם נתרמה התרומה קודם שנאבדו דאינו מחלק שם ובהלכה ט' סידר כל חלוקה דשומר שכר ומחלק בין נתרמה קודם לאחר כן. וכבר תמה מרן בכ"מ וכתב דמסברתו למד זאת. ואין זה דרכו של הרמב"ם לסתום בחיבורו מסברתו אם אינו סוגיא בגמ'. ובק"ע הניח בצע"ג ונראה לענ"ד בזה לפרש אליבי' דהרמב"ם כל סוגיא זו דירושלמי ודבבלי שהי' לו שיטה אחרת ואלו ב' הלכות ממש ב' הסוגיות. בבא ראשונה סוגיין דירושל'. בבא שניה סוגיא דבבלי ולא פליגי אהדדי ולכן פסק כתרוייהו כדרכו בכ"מ. דבסוגיין סתמא [illegible]

מסורת הש"ס

א) בכורות נו ב: ב) תוספתא פרק א' ועי' מנחות קח א: ג) בכורות נא א: ד) ב"מ דנ"ז ב יומא דס"ה א: ה) בכורות מט ב: ו) עי' ב"מ נח א: ז) כתובות קח א:

עין משפט נר מצוה

לח א מיי' פ"ו מהל' בכורות הלכה יא ופרק ג משקלים הלכה ה והשגות:

לט ב מיי' פרק ג משקלים הל"ז והשגות:

א ג מיי' שם פ"ב הלכה ד:

ב ד מיי' שם הל"א:

ג ה מיי' שם פ"ב הלכה ח ט:

ד ו מיי' פרק יא מבכורים הלכה ו טוש"ע יו"ד סי' שם:

ה ז מיי' פרק א משקלים הל"א:

ו ח מיי' שם פרק ב הל"א (בסיפוך):

ז ט מיי' שם פרק ג הלכה ט:

ח י מיי' שם פ"ב הלכה ט:

נוסחת הבבלי

(א) ריקועי פחים ציפוי כו': (ב) במי ששקעה ספינתו כו': (ג) א"ר איסטנ' בן סימון: (ד) ברם אית מאן דאמר אין כו':

הגהות הב"ח

(א) בני העיר ששלחו את שקליהן:

הגהות הגר"א

[א] חלקו הנכסים וכו'. כצ"ל ועיין בק"ע: [ב] צ"ל אפי' חלקו ונשתתפו פטורים מן הקלבון והשאר נמחק. וה"פ אפילו חלקו ונשתתפו דנותנין נמי סלע א' שלימה יהי' פטורין מן הקלבון ומשני ר' בידי וכו': [ג] ואין פודין בכלים ל"צ: [ד] בני העיר וכו' ל"צ:

גליון הש"ס

[א] עי' בריטב"א שבועות דף י' ע"ב ובהרש"ש שם:

גזברין **מאי עבידתייהו**. וה"פ: לר"א כיון דאין הגזברין חייבין באחריות שקלים אלו, א"כ הקדשות נינהו ואין נשבעין על ההקדשות כאילו, לכו"ע: ומשני: **נשבעים לבני העיר**. ליטול שכרן במעמד הגזברין, מפני שההפסד על ההקדש: **אע"פ שקיבלו וכו'**. אדר' יוחנן קאי, דקאמר דשבועה זו תקנת חכמים היא, שאין הקדש יוצא בלא שבועה. הלכך, אפילו קיבלו אנשי העיר עליהן, ואמרו: הואיל ואנו משלמין, אין רצוננו שישבע השליח שהוא נאמן לנו — אין שומעין להן, שאין הקדש יוצא בלא שבועה: **חייב באחריותו**. אפילו לאחר שנתרמה התרומה עד שימסרנו לגזבר: **הקדש ברשות גבוה בכל מקום שהוא**. ואפילו קודם שנתרמה — פטור: **ובני העיר שוקלין תחתיהן**. ואס"ד: כי גזא דרחמנא הוא, אף קודם שנתרמה יהיו בני העיר פטורין: ומשני: **לא עוד היא משום שבועת התקנה**. אף זו מן התקנה, שלא יזלזלו בהקדשות וישלחו אותן ע"י שליח. אלא כל אחד יביא שקלו בעצמו לשם, דמלוה בו יותר מבשלוחו: **תני הראשונים וכו'**. אנמצאו או שהחזירום הגנבים קאי, דהשתא שניהם לפנינו: **אלו ששילחו בני העיר תחלה**. הן הראשונים: וחורנה **אמר**. ואידך אמר:

נוסחאות ישנות | תורה אור

תַּחְתֵּיהֶן מִשּׁוּם שְׁבוּעַת תַּקָּנָה. אֶלָּא לְרַבִּי לְעָזָר נִשְׁבָּעִים לִבְנֵי הָעִיר, הָדָא הִיא דר' שִׁמְעוֹן. נִשְׁבָּעִים לַגִּזְבָּרִים? גִּזְבָּרִים מַאי עֲבִידְתַּיְיהוּ? נִשְׁבָּעִים לִבְנֵי הָעִיר בְּמַעֲמַד גִּזְבָּרִים, כִּי הֵיכִי דְּלָא לְחַשְׁדִינְהוּ. אִי נַמִּי — דְּלָא נְשַׁוּוּ לְהוּ פּוֹשְׁעִים. אאע"פ שֶׁקִּבְּלוּ בְּנֵי הָעִיר לְשַׁלֵּם — אֵין הַהֶקְדֵּשׁ יוֹצֵא בְּלֹא שְׁבוּעָה.§ הִפְרִישׁ שִׁקְלוֹ וְאָבַד. ר' יוֹחָנָן א) אָמַר: חַיָּיב בְּאַחֲרָיוּתוֹ [א] עַד שֶׁיִּמְסְרֶנּוּ לַגִּזְבָּר. רַבִּי שִׁמְעוֹן בֶּן לָקִישׁ אוֹמֵר: הֶקְדֵּשׁ בִּרְשׁוּת הַגָּבוֹהַּ בְּכָל מָקוֹם שֶׁהוּא. מַתְנִיתָא פְּלִיגָא עַל ר"ש בֶּן לָקִישׁ: [א] נִשְׁבָּעִין לִבְנֵי הָעִיר, וּבְנֵי הָעִיר שׁוֹקְלִין תַּחְתֵּיהֶם. [ב] לֹא עוֹד הִיא מִשּׁוּם שְׁבוּעַת תַּקָּנָה?§ (א) תָּנֵי: ב) בהָרִאשׁוֹנִים נוֹפְלִים לְתִקְלִין חֲדַתִּין, וְהַשְּׁנִיִּים נוֹפְלִין לְתִקְלִין עַתִּיקִין. אֵלּוּ הֵן הָרִאשׁוֹנִים וְאֵלּוּ הֵן הַשְּׁנִיִּים? רַבִּי פִּנְחָס בֵּי *ר' חִיָּיא (חֲנִינָא) ור' אַבָּא מָרִי, חַד אָמַר: אֵלּוּ שֶׁשָּׁלְחוּ בְּנֵי הָעִיר תְּחִלָּה, וְחָרָנָה אָמַר: אֵלּוּ שֶׁהִגִּיעוּ לִידֵי גִּזְבָּרִין תְּחִלָּה.§

(*חנניא)

הלכה ב מתני'

גהַנּוֹתֵן שִׁקְלוֹ לַחֲבֵירוֹ לִשְׁקוֹל עַל יָדוֹ, וּשְׁקָלוֹ עַל יְדֵי עַצְמוֹ. אִם נִתְרְמָה הַתְּרוּמָה — מָעַל, דהַשּׁוֹקֵל (ב) שִׁקְלוֹ מִן הַהֶקְדֵּשׁ וְנִתְרְמָה הַתְּרוּמָה וְקָרְבָה הַבְּהֵמָה — מָעַל, מִמַּעֲשֵׂר שֵׁנִי וּמִדְּמֵי שְׁבִיעִית — יֹאכַל כְּנֶגְדָּן.§

גמ' "הַשּׁוֹקֵל" כו' אֲנַן ג) תָּנֵינַן: אִם קָרְבָה הַבְּהֵמָה וְתָנֵי דְּבֵי ר' אִם נִתְרְמָה הַתְּרוּמָה. (כ"א אֲנַן תָּנֵינַן אִם נִתְרְמָה הַתְּרוּמָה וְתָנֵי דְבֵית רַבִּי אִם קָרְבָה הַבְּהֵמָה אָמַר ר' לְעָזָר מַאן תְּנָא אִם קָרְבָה הַבְּהֵמָה ר"ש דר"ש אוֹמֵר מִיָּד וכו') מַאן תְּנָא אִם נִתְרְמָה הַתְּרוּמָה — רַבִּי שִׁמְעוֹן הִיא. דְּאָמַר ד) רַבִּי שִׁמְעוֹן: [ג] מִיָּד הָיָה מְקַבֵּל מְעוֹתָיו, וְהַכֹּהֲנִים זְרִיזִים הֵן. וְקַשְׁיָא: אִילּוּ הַגּוֹנֵב עוֹלָתוֹ שֶׁל חֲבֵירוֹ וּשְׁחָטוֹ סְתָם, סְתָמָא לֹא לְשֵׁם בְּעָלִים הָרִאשׁוֹנִים מְכַפֶּרֶת? אָמַר ר' יוֹדָן: תִּיפָּתֵר בִּמְסוּיָּם מִשֶּׁל ה) בֵּית רַבָּן גַּמְלִיאֵל, שֶׁהָיָה מִתְכַּוֵּין [ד] וְדוֹחֲפוֹ לְתוֹךְ הַקּוּפָּה. [ב] וְחָשׁ לוֹמַר שֶׁמָּא לַשִּׁירַיִים הֵן נוֹפְלִין, וְכִי יֵשׁ מְעִילָה בְּשִׁירַיִם! אֶלָּא כְּרַבִּי מֵאִיר. דְּרַבִּי מֵאִיר אוֹמֵר: הַמּוֹעֲלִין ו) בַּשִּׁירַיִים. [ה] עוֹד הִיא בִּמְסוּיָּם *שֶׁל בֵּית רַבָּן גַּמְלִיאֵל [ו] שֶׁהָיָה מִתְכַּוֵּין וְתוֹרְמוֹ לִשְׁמוֹ.§ מַה נֶּהֱנָה? (ג) א"ר אָבִין בְּשֵׁם רַבָּנַן דְּתַמָּן: מִכֵּיוָן שֶׁב"ד רְאוּיִן לְמַשְׁכֵּן וְלֹא מִשְׁכְּנוּ — כְּמוֹ שֶׁנֶּהֱנָה.§ מִמַּעֲשֵׂר שֵׁנִי וכו' — דִּכְתִיב: "אַךְ בְּכוֹר אֲשֶׁר יְבֻכַּר לַה' בִּבְהֵמָה (ד) לֹא יַקְדִּישׁ אִישׁ אֹתוֹ" כָּל ז) שֶׁהוּא קוֹדֶשׁ — יאֵין קְדוּשָּׁה חָלָה [עָלָיו] כֵּיצַד הוּא עוֹשֶׂה? מֵבִיא סֶלַע שֶׁל חוּלִּין, וְאוֹמֵר: מְעוֹת מַעֲשֵׂר שֵׁנִי (ה) בְּכָל מָקוֹם שֶׁהֵן יְהוּ מְחוּלָּלִין עַל סֶלַע זוֹ. וְאוֹתָהּ סֶלַע נִתְפַּס לְשֵׁם מַעֲשֵׂר שֵׁנִי, [ז] וְהַשְּׁאָר נַעֲשׂוּ שְׁקָלִים.§

(*משל) (ויקרא כז)

הלכה ב מתני' על ידו. בשבילו, והלך השליח ושקלו בשביל עצמו: **אם** נתרמה התרומה. קודם ששקל בשביל עצמו: **מעל**. דמיד שנתרמה התרומה על העתיד לגבות היה זה השקל שנתן לו חבירו לשקול עליו ברשות הקדש, וכשנתנו בשביל עצמו — נהנה מן ההקדש. ובגמרא מפרש מה נהנה: **השוקל שקלו מן ההקדש**. שהיו בידו מעות שהוקדשו לבדק הבית, וכסבור שהן של חולין, ושקל מהן שקלו, ונתרמה התרומה, וקנה בהמה באותה התרומה, והקריבוה — אז נתחייב השוקל קרבן מעילה. אבל לא קודם, לפי שאין מעילה אלא במוציא מן ההקדש לחולין. אבל המוציא מהקדש להקדש, אע"פ שנהנה — אינו מועל אלא אחר שעשה מעשה בהקדש השני: **יאכל כנגדן**. בגמרא מפרש לה: **גמ' אנן תנינן**. ברישא דמתניתין: אם נתרמה התרומה. ותנאי דבי רבי תנו אף ברישא: וקרבה הבהמה. ולא פליגי, דתנא דידן סמיך אסיפא שמפרש בה מעילת שניהם (והרא"פ הגיה ללא צורך): ה"ג: **אר"א דלא כר"ש, דר"ש אומר**. לקמן ספ"ד: **מיד היה מקבל מעותיו**. ר"ש פליג אהא דתנן התם המספק אינו מקבל את מעותיו עד שיהא המזבח מרצה. ור"ש סובר: דמיד היה מקבל את מעותיו, ולא חיישינן שמא יארע בהן פסול ונמצא ההקדש נפסד, מפני שהכהנים זריזין הן. הרי שאפילו לא קרבה הבהמה אלא שקנו אותה כבר — יצאו המעות לחולין, ומעל: **וקשיא**. אמתניתין: למה מעל, אילו מי שגנב עולתו של חבירו ושחטה סתם ודאי לבעלים הראשוני' מכפרת. א"כ ה"נ גבי שקלים, כשניתנו ללשכה — אינו ניכר השקל של מי הוא, והוא נתרם סתם לשם מי שהוא, וחוזר השקל לבעלים הראשונים, ולמה יהא חייב קרבן מעילה?: **במסויים**. שניכר וידוע שהוא של שני. ואיירי שעשה כמו שעשו של בית רבן גמליאל, כדתנן לקמן פ"ג: שהיה מתכוין וזורקו לקופה: ופריך: **וחש לומר וכו'**. למה הוא מביא קרבן מעילה, דלמא לא נקנה בהמה משקל זה, אלא ניתותר בקופה הגדולה והן שירי הלשכה: **וכי יש מעילה בשיריים**. בתמיה: **אלא כר"מ וכו'**. וכי נוקים סתמא דמתניתין כר"מ דסובר יש מעילה בשיריים, ולית הלכתא כוותיה אלא כר"י דפליג עליה: ומשני: **עוד היא במסויים וכו'**. כלומר, כבר אוקימנא לה במסויים וכבית ר"ג, א"כ איכא למימר שידוע שמשקל זה קנו בהמה: **מה נהנה**. ולמה תנן שמביא קרבן מעילה? דמאי דנהנה דקעביד מצוה — לאו הנאה היא, דמצות לאו ליהנות ניתנו: **כמו שנהנה**. שהציל עצמו בממון ההקדש, ונהנה בשקל הזה: **כל שהוא קדש אין קדושה אחרת חלה עליו**. הלכך שקל זה ששקל מעות מעשר שני אינו קדוש כלל לשם קרבנות: **ביצד הוא עושה**. אם שקל שקלו ממעשר שני או משביעית: **והשאר**. מעות הראשונות שנתן לשם מחצית השקל נעשין שקלים, שהרי כחולין הן עכשיו:

ריבב"ן

שלא נתרמה התרומה וההפסד לבני העיר: **אלו ואלו שקלים**. ירושלמי תני הראשונים נופלין לתקלין חדתין והשניים נופלין לתקלין עתיקין אלו הן ראשונים אלו הן שניים ר' פינחס ור' אבא מ"א אלו שנשלחו בני העיר תחלה וחרנה אמר אלו שהגיע ליד הגזבר תחלה: **ואין עולה להן לשנה הבאה**. מפרש ביומא בפר' שני שעירי טעם לפי שאין חובות שנה זו קרבין לשנה הבאה מתני' דלא כר' יהודה דאמר התם עולין לשנה הבאה: **משנה ב** הנותן שקלו לחבירו לשקול על ידו ושקלו **ע"י עצמו מעל**. דנהנה מן ההקדש הואיל שכבר נתרמה התרומה וכל היכא דאיתיהו בי גזא דרחמנא איתיהו וזה נתכוין לשקול לצאת חובתו כסבור שלא נתנה לו חבירו מעל חייב קרבן מעילות כדין הנהנה מן ההקדש שוגג: **מן ההקדש**. היו מעות הקדש בידו [וקסבור] חולין הן ונתנן לשקלו וקרבה בהמה מעל סתמא דלא כר' שמעון דתניא בתוספתא פ"א השוקל שקלי זוזיו מן ההקדש כיון שלקחו בהמה [מעל] ד"ר שמעון וחכ"א לא מעל עד שיזרקו הדמים: **ממעשר שני יאכל בנגדו**. אם נתן השקל ממעות מעשר שני יחללנו על מעות שבידו ויאכלם בירושלים וכן דמי שביעית יחללם במעות אחרים וינהוג בהן קדושת שביעית:

תקלין חדתין

אה"נ דפטורים, אלא תקנתא דרבנן היא: **אלא לר"א**. דמוקי ליה כר"ש דוקא, ע"כ דס"ל דשבועה זו דאורייתא. הא ניחא בשבועה שנשבעין לבני העיר — שפיר מוקמת לה כר"ש, דכיון שחייב באחריותן — נכסים דידהו נינהו ולא של הקדש. אבל נשבעין לגזברין דרישא, אפי' אי מוקמת לה כר"ש — נמי תקשה לך, דכיון שברשות הגזברים הם — דהקדש נינהו, ושבועה זו למה? הא אין נשבעין על ההקדש. ונשאר בקושיא. ומה שכתוב בספרים ישנים "נשבעין לבני העיר במעמד גזברין" ל"ג הכא. ובש"ס דבבלי ב"מ נ"ח גרסי' לה אליבא דשמואל דמתרץ לרומיא דמתני' דהכא ודהתם דמיירי בש"ס ונשבעין ליטול שכרן. וקשיא לן התם: א"ה "נשבעין לבני העיר" מיבעי ליה! והא משני התם רבה: נשבעין לבני העיר במעמד גזברין. ולהך תירוצא לא ניחא לן לאוקמא מתני' כר"ש, אלא דאתיא ככ"ע. ומאן דמוקי לה התם כר"ש לתרולי רומיא דמתני' — מוקי מתני' בשומר חנם, ולא ס"ל דמיירי בש"ס. ומאי "נשבעין לגזברין" — במעמד גזברין. ולכך כי פריך התם אהך תירוצא דמוקי לה כר"ש מהא דנשבעין לגזברין נשאר בקושיא, ולא מתרץ לה כדמתרץ רבה אליבא דשמואל, משום דהך תירוצא אינו אלא למאן דמוקי מתני' בש"ס, ומאן דמתרץ לה כר"ש — ע"כ לית ליה דמתני' איירי בש"ס. דאל"כ אמאי דוחקיה למוקמי מתני' כיחידאה? דאי בש"ס איירי מתני' — אתיא ככ"ע! אע"כ דליתא להך תירוצא הכא: **ואבד**. קודם שנתרמה התרומה. וי"מ: אפי' לאחר שנתרמה התרומה: **כ"מ שהוא**. ואפי' נאבדה קודם שנתרמה התרומה:

עוד היא משום תקנה. כלומר, כמו למעלה, דשבועת השליח משום תקנה. ה"נ תשלומין דבני העיר — נמי משום תקנה, כדי שיהא הבעלים נזהרים בשמירתן. ומ"מ כשנתרמה התרומה כיון דקאי לגמרי ברשות הגזבר — לא עבדו רבנן תקנתא. וכ"מ לענין שבועה, דאפילו קודם שנתרמה אין לו להשליח לישבע אלא שבועה דרבנן. ועוד נ"מ: דאין משלמין כפל על המעות הללו לאחר שהופרשו לשקלו, אף שעדיין ביד בעלים: **הראשונים כו'**. אנמצאו או שהחזירום הגנבים קאי, דהשתא שניהם לפניכו: ששלחו בני העיר תחלה. הן הראשונים: **מתני' אם נתרמה** התרומה קודם ששקל בשביל עצמו, כיון דהתרומה היה גם על העתיד לגבות, נמצא היה השקל זה שנתן לו לשקול עליו ברשות ההקדש, וכששקלו בשביל עצמו — הרי נהנה מן ההקדש, לפיכך מעל. ובגמרא מפרש מה נהנה: מן החקדש. שהיה בידו מעות שהקדיש לבדק הבית וכסבור שהם של חולין, ושקל מהן שקלו ונתרמה התרומה וקנה בהמה באותו תרומה והקריבוה — אז נתחייב השוקל קרבן מעילה. אבל קודם לכן לא מעל, לפי שאין מעילה אלא במוציא מן ההקדש לחולין. אבל המוציא מן ההקדש להקדש, אע"פ שנהנה — אינו מועל אלא אחר שעשה מעשה בהקדש השני. והא דלא תני לה ברישא נמי קרבה הבהמה — משום דברישא המעילה בדבר שאין בו פגם. דמתחלה נמי כשנתן זה לשקול על ידו להוליכה לגזבר נתן, והרי נתן לגזבר, לכך מעל מיד. אבל הכא, דהמעילה בדבר שיש בו פגם דמתחלה הוקדש המעות לבדה"ב וזה נתן לשקל להקרבה — אינו מעל עד שיפגום. כדתנן לה במס' מעילה (י"ח): כל דבר שיש בו פגם — לא מעל עד שיפגום, שאין בהם פגם — כיון שנהנה מעל. כן הוא לשון הגאון החסיד נ"ע: **יאכל כנגדן**. בגמרא מפרש לה: **אנן תנן**. ברישא נתרמה תרומה, דמשמע דמעל תיכף אף שלא קרבה. ותני דרבי בברייתא גם ברישא וקרבה: **מאן תנא נתרמה**. דמעל מיד אף בשלא קרבה עדיין: ר"ש. בספ"ד מיד היה מקבל מעותיו. המספק קרבנות היה מקבל המעות מיד. נמצא תיכף כשנתרמה נעשה קדשי מזבח זה השקל שנתן לו לשקול ע"י, ולפיכך מעל מיד. דאילו לתנא דמתני' דס"ל המספק אינו מקבל מעותיו עד שיהא המזבח מרצה, אע"פ שנתרמה — הרי היא כאילו לא נתרמה עדיין. דמה לי כשהן בלשכה או ביד הגזבר, כיון שאינו נותנה עדיין לצורך הקרבנות, ולא מעל עד שקרבה: ה"ג: דר"ש **אומר מיד היה מקבל מעותיו** ותו לא, דכאן אין אחריות מזבח עליו רק שיגיע שקלו להקדש, וכיון שנתרמה על חבירו הוי דהקדש.

משנת אליהו

באחריותו מ"מ לאו כנכסיו דמי — ואי קשיא למה נשבעים כיון דהוי כהקדש — על זה אמר משום תקנה ופריך ע"ד דר"י ניחא נשבעין לגזברין וא"ל לבה"ע משום תקנה — דס"ל דלא כר"ש ולאו כנכסיו הן — וגם בסיפא נ"ל משום תקנה ולא נקט נשבעין לגזברין כו' לבה"ע אלא משום אורחא דסידרא דעלמא דבנתרמה שייכא טפי לגזברין ובלא נתרמה להיפוך — וגם דבסיפא עיקר השבועה מדאורייתא משא"כ ברישא משום שפשעו ליתן לש"ח קנסינן להו מדרבנן אבל לר"א דמוקי כר' שמעון ובניהם כנכסיו הן משום דחייבין באחריותן נשבעין לגזברין מאי עבידתייהו — ומשני נשבעין לבה"ע במעמד גזברין כי היכי כו' א"נ דלא נישוי להו פושעים אע"פ שקבלו בה"ע לשלם אין ההקדש יוצא בלא שבועה והיינו דוקא ברישא בנתרמה דשייכא להגזברין וכהקדש דמי אע"ג דמשלמין היינו משום דפשעו אבל אם רצו בה"ע למחול שבועתם אין שומעין להם דהא כהקדש הוא ואין הקדש יוצא בלא שבועה ועכ"פ בפניהם נשבעין משא"כ בלא נתרמה לדידיה ומדוקדק לישנא דגמרא דבסוף דבריו של ר"א הוא מ"ש אע"פ כו' — והרמב"ם פסק כר' יוחנן נגד ר"א — ולדידיה בין כך וכך נשבעין ומשלמין — והרמב"ם לשיטתו שפסק בפ"ב מהל' שכירות הלכה ב' וברפ"ה מהלכות טוען דתקנו שנשבעין על ההקדשות כעין של תורה ולכן פסק כאן דנשבעין להן שהוא כעין דאורייתא ומ"מ כיון שחייבין באחריותן ולאו כנכסיו דינא דהקדש דאין יוצא בלא שבועה ולכן פסק אע"פ שבה"ע רוצין למחול שבועתו אין שומעין והוא מוכח מדר"א לר"י במכ"ש דהא לר"א בשניהם כנכסיו ואפ"ה א"י למחול כ"ש לר"י דבשניהם לא כנכסיו — וניכרין הדברים בסמיכות ההלכות דבסוף הלכה ז' סידר דינא דמי שאבד שקלו חייב באחריותו עד שימסרנו לגזבר והוא דינא דר' יוחנן וסברת הסוגיא ואח"כ בהלכה ח' כל הסוגיא וכר"י ובסוף הל' ח' ואם אמרו בה"ע כו' לפי שתקנת חכמים כו' הכל סידרא דירושלמי שאחר זה סמיך מ"ש בירושלמי תני הראשונים נופלין לתקלין חדתין כו' וידוע דרכו של הרמב"ם לרמוז בסמוכים לעד על שיטתו. וההלכה ע' סידר סוגיא דבבלי והא דלא נקט בדבריו בהלכה ע' נפסק ההלכה שנשבעין במעמד גזברין וליטול שכרן להאי אוקימתא דש"ס שפסק כוותה — נראה שהוא מפרש דר"י דאמר שם בבבלי ה"מ ר"ש היא קאי על אוקימתא דבש"ס עסקינן אף דלא ניחא ליה האי דוקיא דבמעמד גזברין כו' דלא נזכר במתני'

משא"כ גבי המספק נ"ל דזריזין הן, כדי שלא יבוא לידי פסול. ולכן לקמן גרסי' לה דכהנים זריזים הם: **לשם בעלים הראשונים מכפרת**. אמתני' פריך: אמאי מעל בששקל ע"י עצמו? הלא השקל אינו ניכר של מי הוא, ויעלה השקל לשם בעלים הראשונים, כמו בגונב עולתו של חבירו: **במסוים**. שנתן השקל מסוים ונתכוין לתרום לשמים: ופריך: **וחש כו'**. שמא לשיריים נפלו ולא נקנה בהמה משקל זה, אלא ניתותר בלשכה, והן שירי הלשכה. ולמה מעל? וכי יש מעילה בשיריים? **אלא כר"מ**. דאמר לקמן מועלין בשיריים: **עוד תפתר**. כלומר, ואבע"א: **במסויים כהדא של בית ר"ג שהיו מתכוונין ודוחקין לקופה**. ולא היה נשאר בשיריים: **מה נהנה**. לאמי מביא קרבן מעילה? הא אין מעילה אלא בנהנה מן ההקדש, והכא מאי הנאה איכא? ואי דקעביד מצוה שנתן לשקלו — האי לאו הנאה היא, דמצות לאו ליהנות נתנו: **כמי שנהנה**. שהציל עצמו בממון הקדש: **כל שהוא קדוש אין קדושה אחרת חלה עליו**. הלכך שקל זה ששקל ממעות מעשר שני אינו קדוש כלל לשם קרבנות: **כיצד הוא עושה**. אם שקל שקלו ממע"ש או משביעית: ה"ג: **והראשונים נעשים שקלים**. דהיינו: מה שנתן בראשונה לשקלו נעשה עכשיו שקלים, כיון שכבר חללו ונעשה חולין:

מסורת הש"ס

א) עי' חולין קלט א: ב) תוספתא פרק א: ג) עי' תוספתא מעילה פ"א: ד) לקמן פ"ד הל"ה: ה) לקמן פ"ג הל"ג: ו) לקמן פ"ד הל"ב ובבלי קדושין נד א: ז) עי' ערכין כט א:

עין משפט נר מצוה

ט א מיי' פ"ג משקלי' הלכה ח:
י ב מיי' שם הלט"ו ובהשגות:
יא ג מיי' שם הל"י ופרק ו ממעילה הלי"ג:
יב ד מיי' שם הלי"א:
יג ה מיי' שם פ"ב הל"ו ובכ"מ:
יד ו מיי' פרק ו מערכין הל"ח:

נוסחת הבבלי

(א) תני רבי אומר הראשונים היו נופלין כו': (ב) שקלו ממעות הקדש כו' מעל מדמי מעשר שני כו': (ג) א"ר אבין כיון שנתנו ב"ד עיניהם למשכן כו': (ד) לא יקדיש אותו: (ה) בב"מ שהן מחוללין כו' ואותן נתפסין כו':

הגהות הגר"א

[א] ה"ג דתני נשבעין לבני העיר וכו': [ב] ל"ל עוד היא משום תקנה. וה"פ כי היכי דלעיל דשבועת השליח משום תקנה ה"נ תשלומין דבני העיר נמי משום תקנה כדי שיהיו הבעלים נזהרים בשמירתן: [ג] ה"ג דאר"ש מיד היה מקבל מעותיו ותו לא ומלות והכהני' זריזין הן נמחק דהא כאן אין אחריו' מזבח עליו רק שיגיע שקלו להקדש וכיון שנתרמה על חבירו הוי דהקדש משא"כ גבי המספק ל"ל דזריזין הן כדי שלא יבוא לידי פסול ולכן לקמן גרסינן לה דכהנים זריזין הן: [ד] ל"ג ודוחפו לתוך הקופה. דא"כ לא הוי פריך וחש לומר וכו'. ולקמן על קושיא דוחש לומר שמא לשיריים וכו'. משני עוד היא תפתר וכו' דוחפו לקופה. והמפרשים נדחקו בזה מאוד. ועיין בק"ע: [ה] ל"ל עוד היא תפתר וכו': [ו] ל"ל שהיה מתכוין ודוחפו לקופה כדפרישית לעיל: [ז] ל"ל והראשונים נעשו שקלים דהיינו מה שנתן בראשונה לשקלו נעשה עכשיו שקלים כיון שכבר חללו ונעשו חולין:

ציון ירושלים

משום שבועת תקנה. עי' בבא מציעא נח וע' בש"ך חו"מ סי' סו ובמרדכי ובחידושי מהר"ם שיף ואני בדרוש הראשון שם בשנת תרי"ז שדרשתי כשנתמניתי לרב דפה דרשתי בענין זה באורך:

גליון הש"ס

[א] משמע דאף לאחר שנתרמה חייב באחריות וכ"פ הק"ע אמנם קשה דא"כ מה קאמר מתניתא פליגא על רשב"ל הא אף לר"י קשה אמאי נשבעין לגזברין הא בעלים משלמין. ואין לומר כיון דחזינן דאף שקבלו בני העיר לשלם אין הקדש יוצא בלא שבועה לר"י משום תקנה ומש"ה נשבעין דאף בלא נתרמה ושקל השליח לעצמו לא מעל וגם הגנב משלם כפל משא"כ בנתרמה דמעל וגם פטור מכפל כמבואר ברמב"ם הל"ח וכב"מ דקודם שנתרמה כהדיוט הוא א"כ לכך נשבעין לבני העיר לבד משא"כ אם נתרמה דעיקרו הקדש גמור נשבעין לגזברין אף דהבעלים משלמין משום תקנה וכזה מיושבין דברי הירושלמי דקאמר מתניתא בש"ח אבל בש"ש לא בדא והדבר תמוה הרי אף ש"ש פטור דהקדש נתמעט מדין שומרין וגם דברי הרמב"ם הל"ט תמוה דלמה מפרש בלסטים מזוין הא אף בגנבה ואבדה פטור אמנם למש"ש דבלא נתרמה דינו כהדיוט וחייב לשלם וצריך לאוקמי בלסטים מזוין וקושיית הש"ס בבלי בב"מ הוא מנתרמה התרומה [illegible]

הלכה ג מתני' המכנס מעות. כונס מעט מעט פרוטה אחר פרוטה לשקלו, ואמר כשהתחיל לכנס: "הרי אלו לשקלי", וכשבא לחשוב מה שכנס, מלא שהותירו על שקלו: מותרן נדבה. יפלו לשופרות שבמקדש שעומדין להקריב בדמיהן עולת קיץ למזבח. וב"ש לטעמייהו, דסברי: הקדש בטעות שמיה הקדש: מותרן חולין. שלא נתכוין זה אלא עד כדי שקלו: שוין שהמותר חולין. דהוי כאומר בפירוש "אם אכנים יותר משקל אביא מהן שקל, והמותר יהיה חולין": אלו לחטאתי. אם כנס מעות ואמר: "הרי אלו לחטאתי" — מודו ב"ה שהמותר נדבה: מה בין שקלים לחטאת. מ"ש "שקלים", אם אמר על ידו מליאה מעות "הרי אלו לשקלי" שמותרן חולין, ומ"ש חטאת דמותרן נדבה: שקלים יש להן קצבה. דכתיב "העשיר לא ירבה והדל לא ימעיט" ובודאי לא היתה כוונתו אלא לשקל, אבל חטאת אין קצבה, אם ירצה יביא בדמים מרובים, ונתפסו הדמים אפילו הן מרובין, ומותרן נדבה: דרכונות. מטבע של זהב ממדי, ושויה סלע ומחצה. שאז היו צריכין הרבה לעבודת הבית ושקלו הרבה: חזרו לשקול סלעים. כמשמעו סלע שלם: טבעין. חצי סלע: דינרין. רביעית סלע: ולא קבלו מהן. דרשאין להוסיף על שקל דאורייתא כפי הצורך, ולא לפחות ממנו: אעפ"כ יד כולם שוה. עני ועשיר שוקלין בשוה כפי אשר קבלו עליהן לשקול. אבל חטאת לעולם אינו שוה, שזה מביא בסלע וזה בשתים וזה בשלש: **גמ'** מה פליגין. כי פליגי: במכנס פרוטרוט. פרוטה פרוטה, וכדפרישית במתני': אבל. אם נטל ידו מליאה מעות ואמר "אלו לשקלי" ויש בו מותר — ד"ה מודים שהמותר נדבה: מה בין וכו'. וקס"ד דר"ש לכ"ע קאמר למלתיה: מה אנן קיימין. רבי שמעון אהי קאי דקאמר "מה בין" וכו': מה עביד וכו'. כלומר, ור"י במאי מוקים מתניתין?: פתר לה. למתני' דר"ש אמכנס פרוטרוט אליבא דב"ה קאי, מ"ט קאמר מותרן חולין: ופריך: והא תנינן בסוף פרקין מותר שקלים חולין. וקס"ד דמתניתין אתיא ככ"ע: נשמעינה מן הדא. כמו "תא שמע": ה"ג: אותה השניה רועה. עד שיסתאב, ויפלו דמיה לנדבה: ה"ג: אלו לנדבה. יפלו המותר מהן: היאך אתה אומר אלו. סתמא דש"ס פריך: איך קאמרת דהשני לנדבה? לא יהא אלא כנוטל הרבה מעות ואמר "הרי אלו לשקלי", דתנן לב"ה מותרן חולין. ולר' ביבי אפילו לב"ש מותרן חולין. כ"ש הכא שאמר בטעות "הרי אלו לשקלי" שמותרן חולין: כשמוען. כמשמען, סלעים: קרטין. רביעית סלע: מן הדא. הא דאמרינן שבימי עזרא שקלו דרכון שלם שמעינן מהך קרא: ג' פעמים בשנה. ודרכון הוא סלע וחצי, שהן שלשה שקלים: מכאן שאין מטריחין. נדבות על הצבור יותר מג' פעמים בשנה: מכאן לג' סאין וכו'. דתנן בפרק ג': בג' קופות של ג' סאין היו תורמין את הלשכה ג' פעמים בשנה. ילפינן מדאמר עזרא לשלש השקל ג"פ בשנה: לפי שחטאו. בעגל במחצית היום: והרנה אמר. ואידך אמר: גרמסין. שם מטבע שהיתה בימי משה: שעברו על י' הדברות. כשחטאו בעגל: בעשרים כסף. היינו דינרין. דסלע ד' דינרין, ופדיון בכור חמש סלעים: טבע הן שני דינרין, חצי הסלע. דבנימין לא היה עמהן:

נוסחאות ישנות תורה אור

הלכה ג מתני' המכנס מעות ואמר "הרי אלו לשקלי", בית שמאי אומרין: מותרן נדבה, ובית הלל אומרים: מותרן חולין. "שאביא מהן שקלי" — שוין שהמותר חולין. "אלו לחטאתי" — שוין שהמותר נדבה. ב"שאביא מהן חטאתי" — שוין שהמותר חולין. אמר רבי שמעון: מה בין שקלים לחטאת? אלא, של שקלים יש להן קצבה ולחטאת אין לה קצבה. ר' יהודה אומר: אף לשקלים אין להן קצבה, גשכשעלו ישראל מן הגולה היו שוקלין דרכונות, חזרו לשקול סלעים, חזרו לשקול טבעין. בקשו לשקול (א) דינרין ולא קבלו מהן. א"ר שמעון: אע"פ כן יד כולן שוה. אבל חטאת — זה מביא בסלע, וזה מביא בשתים, וזה מביא בשלש.§ **גמ'** "המכנס" וכו'. ר' א) יוסי בשם ר' לעזר: מה פליגין — במכנס פרוטרוט. אבל באומר "אלו לשקלי" — כל עמא מודיי שהמותרן נדבה. רבי חייא (חזקיה) ור' ביבא בשם ר' לעזר: מה פליגין — במכנס פרוטרוט. ראבל באומר "אלו לשקלי" — כ"ע מודיי שהמותרן חולין. א"ר חייא (חזקיה) מתניתא מסייעא לר' ביבי. דתנן, אמר ר"ש מה בין שקלים לחטאת — אלא שהשקלים יש להן קצבה, ולחטאת אין לה קצבה. [א] מה אנן קיימין? אם באומר "שאביא מהן שקלי" — כל עמא מודיי שהמותרן חולין, אם באומר "שאביא מהן חטאתי" — כל עמא מודיי שהמותר *חולין. אלא כן אנן קיימין באומר "אלו לשקלי", שקלים על ידי שקצבתן מן התורה — מותרן חולין. חטאת ע"י שאין קצבתן מן התורה — מותרן נדבה. מה עבד לה *רבי יוסי בשם רבי אליעזר? פתר לה במכנס פרוטרוט, וכבית הלל. והא תנינן: ג) המותר שקלים חולין! (ב) פתר לה במכנס פרוטרוט וכבית הלל. *(והא תנינן: מותר עשירית האיפה חולין! עוד הוא פתר לה במכנס פרוטרוט וכב"ה) המפריש שקלו וסבר שהוא חייב ונמצא שאינו חייב — ילא קדש. זהמפריש שנים וסבר שהוא חייב שנים, ונמצא (ג) שאינו חייב אלא אחד — אותו השני מה *עביד ליה? נשמעינה מן הדא: חהפריש חטאתו וסבר שהוא חייב, ונמצא שאינו חייב — לא קדשה. הפריש שתים וסבר שהוא חייב שתים, ונמצא שאינו חייב אלא אחת, [ב] אותה שניה מה את עבד לה? אלא רועה. הכי נמי אלו (ד) לנדבה, וכא היאך אומר אתה אלו?§ "רבי יודא אומר" כו':§ [א] דרכונות דינרין. חזרו לשקול סלעין — כשמוען. חזרו לשקול טבעין — פלגי סלעין. בקשו לשקול דינרין — קרטין. ולא קבלו עליהן, מן הדא: "והעמדנו עלינו (ה) מצות לתת שלישית השקל בשנה לעבודת בית אלהינו". ר' חלקיה בשם ר' אחא: (ו) מכאן ג) שצריך אדם לשלש שקלו ג' פעמים בשנה, מכאן שאין מטריחין על הציבור יותר (ז) מג"פ בשנה. אמר ר' אבין: מכאן לג' סאין, מכאן לשלש קופות, מכאן לג' הפרשות. כתיב: "זה יתנו כל העובר על הפקודים"* (ח) ר' ד) יהודה ור' נחמיה, חד אמר: לפי שחטאו במחצית היום — יתנו מחצית השקל. *וחד אמר: לפי (ט) שחטאו בשש שעות ביום — יתנו מחצית השקל, דעבד שיתא גרמסין. ר' יהושע בי ר' נחמיה בשם ריב"ז לפי שעברו על עשרת הדברות — יהיה נותן כל אחד ואחד עשרה גרה. (י) ר' ברכיה ר' לוי בשם ר"ש בן לקיש: לפי ה) שמכרו בכורה של רחל בעשרים כסף — יהיה כאו"א פודה את בנו בכורו בעשרים כסף. (כ) ר' פנחס בשם ר' לוי: לפי שמכרו בכורה של רחל בעשרים כסף, ונפל לכל אחד ואחד מהם טבעה — לפיכך יהיה כאו"א נותן שקלו טבעה.§

מתני'

(נוסחאות ישנות בשוליים: נדבה; רשב"ל; ג"י; את; נחמיה; שמות ל; וגו'; והרנה)

ריבב"ן

מתני' המכנס מעות. בפרוטרוט מותרן נדבה לקיץ המזבח. אם אמר שאביא מהן שקלי לא הקדיש אלא מה שצריך לשקלו. ירושל' לטעם דב"ה המפריש שקלו סבור שהוא חייב ונמצא שאינו חייב לא קידש המפריש שנים סבור שהוא חייב שנים ונמצא שאינו חייב אלא אחד אותו השני מה את עבד ליה נישמעיניה מן הדא המפריש חטאתו כסבור שהוא חייב ונמצא שאינו חייב* *)מיכן מוכיח שאם פסק ליתן לדקה כסבור שלא נתן ונמצא שנתן אפי' אם נתנן ליד הגבאי יכול ליקחם וה"ה אם סבור שנדר ב' זוזין והפרישן ואמרו לו שלא נדר אלא אחד יכול ליקחם מיד הגבאי: מה בין שקלים לחטאת. דבשקלים אמרו בית הלל מותרן חולין ובחטאת מודו דמותרן נדבה שקלים שלהם קצבה ולא הקדיש אלא מה שצריך לשקלו אבל חטאת אין לה קצבה בדמיה ודעתו היה בבהמה שמינה אפי' אם היו לו ה' בהמות הכל הקדיש: אף לשקלים אין להם קצבה. כדמפרש: משעלו בני ישראל מן הגולה. מהדר לפרש שהשקלים אין להם קצבה שכשעלו שקלו דרכונות לפי שהעם מועט לא היה די חצי שקל ליקח מהן תמידין וכל דברים הבאים מתרומת הלשכה על כן שקלו דרכונות חזרו לאחר שנתרבה העם ושקלו סלע ועוד חזרו אחר שהעם רב יותר שקלו טבעים ומפרש בירושלמי פלגי סלעא בקשו לשקול דינרין לאחר שהעם רב מאד ולא קבלו מהן משום דכתיב והעמדנו עלינו מצוה לתת שלישית השקל ר' חלקיה בשם ר' אחא מכאן שאדם צריך לשלש שקלו ג' פעמים בשנה שאין מטריחין על הצבור יותר משלש פעמים בשנה מדהביאו תחלה דרכונות**) יכול להקדיש כבתחלה ונמצא שהכל הקדיש אעפ"כ יד כולן שוה ולא הקדיש יותר משאר העם:

תקלין חדתין

מתני' המכנס. כונס מעט מעט מעות, ובשעה שהתחיל לכנס, אמר "הרי אלו לשקלי", וכשבא לחשוב מה שכנס מלא שהותירו על שקלו: מותרן נדבה. יפלו לשופרות שבמקדש שעומדין להקריב בדמיהן עולת קיץ למזבח, דסברי: הקדש בטעות שמיה הקדש: מותרן חולין. שלא נתכוין זה אלא כדי שקלו: שוין שמותר חולין. דהוה כאילו אמר בפירוש: אם אכניס יותר משקל שיקח מהן לשקלו, והמותר יהא חולין: **גמ'** מה פליגין.= כי פליגי: במכנס פרוטרוט. כדפרישית במתני', הוא דס"ל לב"ה דמותרן חולין, דהוה בטעות: אבל באומר אלו לשקלי. אם נטל ידו מלאה מעות ואמר "אלו לשקלי" ויש בו מותר — מודה ב"ה דמותר נדבה שאין כאן טעות, דהא ידע כמה הן. א"כ נתכוין לכולן שיהו לשקלים, אלא שאין רשאי להרבות למחצית השקל — לכך המותר נדבה: דמותרן חולין. הואיל ואין כאן טעות שיוכל לומר בהו שהקדש בטעות הן, וכיון דאין בידו להרבות בשקלים — המותר חולין: אר"ש מה בין כו'. וקס"ד דר"ש אליבא דכ"ע קאמר לה: במה אנן קיימין. ר"ש דקאמר "מה בין" אהיי קאי: בבולן מותרן חולין. בין בשקלים ובין בחטאת, כדקתני מתני' ומה בין דקאמר: באומר אלו. והא קאמר ר"ש: מה בין שקלים דמותרן חולין אליבא דכ"ע, ומה בין חטאת דמותרן נדבה אליבא דכ"ע. ואא"כ אליבא דר' ביבא דקאמר באומר אלו כ"ע מודים דמותרן חולין — שפיר קאמר ר"ש מה בין. אלא לר"י — מה בין דקאמר ר"ש, הא בשקלים נמי מותרן נדבה: כב"ה. וטעמא דב"ה מפרש ר"ש: מותרן חולין. וקס"ד דמתני' אתיא ככ"ע, ובאומר "אלו": נמצא שאינו חייב לא קדיש. כיון דשם שקל אינו חלה כלל — פשיטא לן דלא קדשי, כי קמבעיא לן היכא דהפריש שנים ונמצא שאינו חייב אלא א', כיון דע"כ שם שקל חלה על אחת מהן: **מתני'** שקלים יש להם קצבה. דכתיב "העשיר לא ירבה" וגו', אמרי' דודאי לא היתה כוונתו אלא עד כדי שקלו. אבל חטאת אין קצבה, אם רצה יביא בדמים מרובים, ונתפסו הדמים אפי' הן מרובין, ומותרן נדבה: דרכונות. בימי מלכות מדי היה להם מטבע זה והוא של זהב. ולפי שאז היו צריכים הרבה לעבודת הבית ולפיכך שקלו מטבעות גדולות: חזרו לשקול סלעים. שנתבטלה המטבע של דרכון והיה המטבע היוצא בהוצאה סלעים, ושקלו למחצית השקל חצי סלע: לשקול טבעין. מפרש בגמרא שהוא חצי סלע. שגם הסלע נתבטל, והיה יוצאה בהוצאה חצי סלע שלם. והביאו לשקליהן אותו החצי סלע שהוא מחצית השקל דאורייתא. שהשקל שלם דאורייתא הוא סלע דמשנה: ובקשו לשקול דינרין. כלומר, שלא נתבטלה המטבע, אלא שהיו מבקשים להקל ולהביא לשקליהן מחצית מטבע היוצאה שהוא דינר, שהיו סבורין כמו בשעה שהיה המטבע היוצאה מטבע גדולה כמו דרכון היו מביאין לשקליהן חצי ממנו, לפי שהוא חצי מטבע היוצאה אף שהוא יותר ממחצית השקל האמור בתורה, ה"ה נמי כשהמטבע היוצאה היא מטבע קטנה, אם נתן ממנה חצי לשקלו — יוצא למחצית השקל דאורייתא אף ממנה: יד כלן שוה. איזה מטבע שקבלו עליהם לשקול, גדולה או קטנה, היו כלם שוקלים בשוה, בין עשיר בין דל, כדכתיב: **גמ'** במשמען. משמען סלעים: קרטין. בל"א קווארטין. והוא רביעית סלע, שהוא דינר: ולא קבלו עליהן מן הדא. מן המקרא הזה סמכו שלא לקבל מהן בפחות ממחצית השקל האמור בתורה: והעמדנו עלינו מצות. מדקאמר "והעמדנו" דמשמע שנחמיה וב"ד היו צריכים להעמיד הדבר. וליכא למימר שהיו נמנעים לגמרי ממה שכתוב בתורה. אע"כ שהיו רוצים להביא מחצית המטבע היוצאה, אף שהיא פחותה ממחצית השקל דאורייתא והעמידום לתת שלישית השקל שהוא יו"ד גרה, דהיינו מחצית השקל האמור בתורה: לשלש שקלו ג"פ בשנה. מדלא כתיב שליש שקל בשנה לכך דריש לה שיהא השקל משתלש בשנה ולאו לתרומת שקלים מיירי אלא בענין צדקה, ודלא כר' אמי דאמר בפ"ק דב"ב ע': לעולם אל ימנע עצמו משלישית השקל בשנה, דהיינו שליש אחד משקל לכל השנה: שאין מטריחין. נדבות על הצבור יותר מג"פ בשנה: מכאן לג' סאין לג' קופות וכו'. דתנן לקמן: בג' פרקים בשנה היו תורמין את הלשכה בג' קופות של ג' סאין: לפי שחטאו בחצי היום. דכתיב "כי בושש משה", ודרשי' בפרק "ר"ע": בא שש: יתנו מחצית השקל. דס"ל אמחצית קפיד קרא, ואפי' חצי דרכון. ואידך ס"ל: מטבע שיהא בו מספר ששה קפיד קרא, דהיינו מחצית השקל דקרא לכפר על מה שעבדו בשש: בב' בכסף. דינרין, דהיינו ה' סלעים סלע ד' דינרין. ונפל לכל או"א מן האחים שהיו עשרה. שראובן ובנימין לא היו במכירה. ויוסף ג"כ הי' הגורם ע"י הקנאה שבתחילה: טבעה. הוא

משנת אליהו

במתני' ולהכי מוקי כר"ש דכנכסיו דמי ושייכא שבועה דנאנסו בכדי שיפטרו לשלם בגניבה ואבידה בדינא דש"ס ופריך התינח כו' אבל נתרמה כו' ולא שייכא השבועה בכה"ג דנתרמה וע"ז משני במסקנא אלא אר"א כו' ר"ל דבש"ש עסקינן ולא במעמד גזברין וליטול שכרן ולא כר"י דר"ש הוא אלא שבועה זו תקנת חכמים ולא כרש"י שמפרש בדר"א דאיירי בש"ח שלא הוזכר כלל בסוגיא וזה שהזכיר [illegible]

עיקר הקושיא הי' על נתרמה דנשבעין להקדש היכא מיתוק' וקאמר ע"ז שבועת תקנה משא"כ בקיפה — ונתתי פניס בזה לגי' הספרים לשיטת הרמב"ם: ה"ג: במסויים כחדה של בית ר"ג שהי' מתבוין ותורמין לשמי' — פי' כמו בבית ר"ג שהי' שוקלו בין אלבעותיו וכו' ה"נ מיירי במסויים ונתכוין לתרום לשמי' ול"ג דוחפן לקופה דא"כ לא הוי פריך ומם לומר כו' ולקמן על קושיא דוחק לומר שמא לשירים כו' משני עוד היא תפתר כו' דוחפן לקופה — והמפרשים נדחקו בזה מאד — ועי' בק"ע ועי' ברמב"ם בפירושו שפי' דהאי וקרבה הבהמה לא קאי רק אהקדש וכדפרישית ודלא כהרע"ב ובק"ע נדחק בגי' הישנה: **בקשו** לשקול דינרים. מכוון לשון מתניתין נקשו לשיטת הרמב"ם שפירשתי במתני' שבכל זמן נתנו חלי המטבע שהי' בזמנם וז"ש חזרו כו' וטבעים הוא פלגי סלע ומאז לא נשתנה המטבע אלא שרצו להקל לעצמם וליתן חצי המטבע דטבעין כמו שנתנו בכל פעם שנשתנה המטבע חצי' גם שהי' יותר ממחצית השקל כן יתנו ג"כ עכשיו חצי טבעה ולא קבלו ממ"ש והעמדנו וגו' שהיה הולך ונפחת והעמידו על עמדו שלא יתנו פחות מטבעה ומדוקדק לשיטת הרמב"ן שהוא עשר גרה והוא כמחצית השקל דקרא — ולהרמב"ם שליש דרכון יותר ממחצית השקל דקרא כ' שלישי דינר שכ' ברפ"ב דרכון הוא ח' דינרין — ולדידיה ג"כ ניחא דהעמידו על שלישית השקל שהי' בימיהם דהיינו הדרכון דהוא קצת יותר ממחצית ושלא יופחת גדרו שיהיה קצת יותר: **לפי** שחטאו כו'. נראה דהני ג' טעמים קאי על ג' זמנים שנשתנו המטבעות ומלאו כוונה לכל הני — טעם הראשון רק מחצית נגד מחצית היום — והיא למה ששקלו בתחילה חצי דרכון גם שהדרכון היה גדול רק שקיימו מחצית השקל דזמנם — וטעם השני קאי על מ"ש חזרו לשקול סלעים דהיינו חצי סלע שהוא מחצית השקל דקרא דעביד ו' גרמוסין וז"ש לפי שחטאו בשש כו' ואששה

עין משפט נר מצוה

טו א מיי' פרק ג משקלים הל"ג:
טז ב מיי' פרק ה מפסמ"ק הל"ה:
יז ג מיי' פרק א משקלים הלכה ו ובהשגות:
יח ד מיי' שם פ"ג הלכה יג:
יט ה מיי' שם ופ"ה מפסמ"ק הל"ח:
כ ו מיי' שקלים שם הל"ג:
כא ז מיי' שם ובהשגות וכ"מ:
כב ח מיי' פרק ה מפסמ"ק הל"ו:

מסורת הש"ס

א) נזיר פ"ה ירושלמי הל"א: ב) לקמן הל"ד: ג) עי' ב"ב ט א: ד) תנחומא וילקוט פ' כי תשא: ה) עי' ב"ר פרשה פד ובמ"ר פרשה ד:

נוסחת הבבלי

(א) דינרין אר"ש כו': (ב) עוד הוא במכנס כו': (ג) שאינו חייב אלא אחת את השני כו': (ד) לנדבה היאך אתה אומר אלו כו': (ה) מצוה לתת עלינו שלישית וכו': (ו) מיכן שאדם חייב לשלש כו': (ז) ג"פ בשנה (מיכן שאדם צריך בשלישית שקלו ג"פ בשנה) מיכן שאין מטריחין כו': (ח) ר"י ורב נחמן כו': (ט) ווחרואו רחצי היום כו': (י) ר"ב בשם רשב"ל כו': (כ) ר"פ בן לוי כו':

הגהות הגר"א

[א] ס"ג מה אנן קיימין אם באומר שאביא מהן בכולן מותרן חולין אלא כי אנן קיימין באומר אלו שקלים וכו' והשאר שבינתים נמחק. וס"פ אם אומר שאביא מהן בכולן מותרן חולין בין בשקלים ובין בחטאת כדקתני מתני' ומה בין דקאמר ר' שמעון באומר אלו והא קאר"ש מה בין שקלים דמותרן חולין אליבא דכ"ע ומה בין חטאת דמותרן נדבה אליבא דכ"ע ואא"כ אליבא דרב ביבא דקאמר באומר אלו כ"ע מודים דמותרן חולין שפיר קאמר ר"ש מה בין אלא לר"י מה בין דקאמר ר"ש הא בשקלים נמי מותרן נדבה: [ב] ס"ג אותה שניה רועה הכא מאי את עביד ליה כמ"ד אלו לנדבה ס"ג לנדבה כמ"ד לחולין ס"ג לחולין. והשאר שבינתים נמחק:

גליון הש"ס

[א] עי' בערוך ערך טבע וערך דנר. ועי' ברמב"ן פ' כי תשא:

*) חסר כאן וצ"ל שניה מה את עביד לה אלא רועה הכא מאי עביד לה וכו' כמ"ד לחולין ה"נ לחולין מכאן מוכיח וכו'. **) אינו מובן ואולי דצ"ל יכול להקדיש יותר מחצי שקל ונמצא שהכל הקדיש דאלי התם דאעפ"כ יד כולן וכו'.

מסורת הש"ס

א) (מנחות קח א): ב) לקמן פ"ז הל"א וה"ג וירוש' עירובין פ"ו הל"ח ונזיר פ"ד הל"ד: ג) עי' מנחו' קח א: ד) פסחים פ"ה הל"ב ובבלי זבחים ח ב: ה) זבחים שם: ו) פסחים ס ב: ז) נזיר פ"ד הל"ד:

עין משפט נר מצוה

כג א מיי' פרק ג משקלים הלי"ג:

כד ב מיי' פרק ה מפסה"ק הל"ח:

כה ג מיי' שם הל"ט ופ"ט מנזירות הל"א:

כו ד מיי' פרק ג משקלים הלי"ב:

כז ה מיי' פרק ה' מפסה"ק הל"ח:

כח ו מיי' פרק ד מק"פ הל"ז:

קרבן העדה

הלכה ד מתני' מותר שקלים חולין. אם היתה ידו מלאה מעות ואמר "אלו לשקלי" — מותרן חולין: **עשירית האיפה.** מפרש בגמ': **מותר עולה עולה.** אם הפריש מעות לקנות עולה ונתותרו — יביא באותן המעות עולה אחרת: **מותר פסח שלמים.** מפרש בגמרא: **מותר נזירים.** אם גבו מעות לקרבנות נזירים ונתותרו — ישמרום עד שיקחו מהם קרבנות לנזירים אחרים. ואם נזיר אחד הפריש מעות לקרבנותיו ונתותרו — המותר לנדבה לקיץ המזבח: **גמ' עד דאנא תמן.** כשהייתי בבבל, שמעתי ששאל ר"י לשמואל: **הפריש שקלו ומת.** מה יעשה בו? **מותר עשירית האיפה שלו.** של כהן גדול, שנתותרו, מה יעשה בו? יוליכם לים המלח. לא נהנין ולא מועלין בו: **מה עביד לה ר"י.** איך מתרץ למתניתין? **של מנחת חוטא** שמקריב בדלי דלות — מותרו לקיץ המזבח, דבמקום חטאת הוא. אבל עשירית האיפה של כהן גדול לא מיקרי "חטאת" לענין זה שיהא מותרו נדבה: **על דא עליל אבא בר אבא.** על הא דמייתי בסמוך הקשה לי אבוה דשמואל, דאיהו אבא בר אבא: **דאינון אמרין.** שבני בבל אומרים: **ואם מן הצאן קרבנו וכו'.** לאו קרא יתירא קא דריש, אלא משמעותא דקרא משמע ליה הכי: ואם דבר הבא מן הצאן, דהיינו פסח, שאינו בא אלא מן הצאן היה קרבנו — הרי הוא לזבח השלמי'. ועל כרחך שלא בזמנו קאמר, דאי בזמנו — הא ילפינן לעיל דפסול. א"נ: מדכתב לעיל "אם מן הבקר קרבנו" — מכלל דהכא בצאן מיירי, וא"כ "מן הצאן" מיותר לדרשא: **התיבון הרי עולה מן הצאן.** מנ"ל דקרב דוקא שלמים? דלמא קריב נמי עולה. א"נ: דלמא האי לזבח שלמים — למותר עולה דקרב שלמים קאמי, וזה נראה יותר: ומשני: **דבר שאינו בא אלא מן הצאן.** "מן הצאן" קדריש: **התיבון הרי אשם.** דלמא האי "מן הצאן" במותר אשם כתיב, דאשם נמי איל תמים מן הצאן הוא, ואינו בא מן הבקר: **דבר הבא מכל הצאן.** בכבשים ובעזים, כגון פסח. לאפוקי אשם דאינו בא מן העזים, אלא מן האילים בלבד: **בכל אתר וכו'.** בכ"מ אתה אומר "מן" למעט, כגון "מן הבהמה" — להוציא את הרובע והנרבע. "מן הבקר" — להוציא את הנעבד. והכא אתה אומר לרבות פסח, שהוא דבר הבא מכל הצאן: ה"נ. כי מוקמינן ליה בפסח "מן" להוציא הוא, דלא אתי בן שתי שנים ולא אתי נקבה. ומיהו "הצאן" — מכל מין צאן משמע, בין כבשים בין עזים, ומיעוטא ד"מן" לנקבות אתא. ואי לאו, ה"א ד"הצאן" הוה מוקמינן ליה לאשם, והוה ממעטים מ"מן" שאינו בא אלא מן האילים בלבד: **ואין משנין דבר שהוא לאכילה.** כגון פסח, לדבר שאינו לאכילה כגון עולה, שהיא כולה כליל: **ואין משנין קדשים קלים.** דהיינו פסח, לעולה שהיא קדשי קדשים: ה"ג: אר"י: על דא אמר רבי חנינא: **אא"כ.** עקרו בשחיטה, ששחטו לשם שלמים. אבל אם שחטו לשם עולה — פסול: **ואני אומר.** דכל שלא לשמו בפסח כשר, ואפילו שחטו לשם עולה: **לזבח שלמים.** קרא יתירא הוא, דהוה מצי למכתב "לשלמים": **כל שהוא זבח.** כלומר, לכל זבח שיזבחנו לשלמים יהיה: ה"ג: **משתנה למחשבת פסול או לא.** אם שחטו לשם עולה, מיבעיא ליה אם אותה המחשבה הפוסלת בעולה פוסלת גם בו או לא?: **היאך עבידא.** היכי דמי: **מ"מ פסול הוא.** דאף אם שחט שלמים לזרוק דמו למחר — פסול: ה"ג: **שחטו ע"מ להקטיר מבשרו למחר אין תימר וכו'.** וה"פ: אם משתנה הוא למחשבת פסול אם חישב על העולה להקטיר בשרו למחר — פגול. ואם אינו משתנה — ה"ל כחישב על בשר שלמים להקטיר מבשרו למחר, דפסול הוא ולא פיגול: **לשמו ושלא לשמו בשאר ימות השנה.** מיבעיא ליה: פסח ששחטו בשאר ימות השנה לשמו ושלא לשמו, כשר הוא או פסול?: **מכיון שאין לו שם.** דלפסח — לאו זמניה הוא, ולשלמים — לא אקדשיה: **נעשה כשוחטו בשתיקה.** דתרוייהו לא מהני. ואם שחטו בסתם — כשר: **א"ל: וא"כ ואפילו שחטו.** בשאר ימות השנה לשמו לזרוק דמו שלא לשמו — יהא כשר, דליהוי מעשה ראשונה כשוחט לשמו ושלא לשמו, דכשר: **מאן אמר בשתיקה כשר וכו'.** מעיקרא דדינא קשיא מנ"ל למימר דשחט בשתיקה כשר, או נאמר בעינן לאו קרא יתירא קא דריש, אלא משמעותיה דקרא משמע ליה הכי, ואם דבר הבא מן הצאן, דהיינו פסח, היה קרבנו — הרי הוא לזבח שלמים. וע"כ שלא בזמנו קאמר, דאי בזמנו ילפי' ליה מקרא דפסול. א"נ מיתורא קא דריש ליה, ועיין תוס' זבחים ח' ב': **הרי עולה.** דבא ג"כ מן הצאן — וקתני במתני' מותר עולה לעולה: **הרי אשם.** דאינו בא נמי אלא מן הצאן, וקתני מתני' דמותרן נדבה: ה"ג: **אלא מן הכבשים בלבד.** דשני מינין יש בצאן, כבשים ועזים, כמ"ש "ואם מן הצאן וגו' מן הכשבים או מן העזים": **בכל אתר.** בכל מקום אתה אומר "מן" — למעט, כהא דאמרי' בעלמא "מן הבהמה" — להוציא את הרובע. והכא אתה אומר "מן" לרבות, דקאמר לרבות פסח שהוא בא מן כל הצאן: ה"נ כי מוקמינן ליה בפסח "מן" — להוציא הוא, דלא מייתי בן ב' שנים ולא מייתי נקבה. ומהו "הצאן" — מכל מין צאן משמע, בין כבשים ובין עזים: **וגבי אשם כו'.** עד "בלבד" ל"ג ליה הכא: **דבר שהוא לאכילה.** פסח: **לדבר שהוא לאכילה.** שלמים. דפסח זה מתחילה הוקדש לשם קרבן הנאכל: **לדבר שאינו לאכילה.** עולה, שהיא כולה כליל: **קדשים קלים.** פסח ושלמים: **קדשי קדשים.** עולה: **אא"כ שחטו לשם שלמים.** דעקרו בשחיטה לשם שלמים. אבל אם שחטו לשם עולה — פסול: **ואני אומר** דכל שלא לשמו **אפי' שחטו לשם עולה.** נמי מקרב שלמים: **לזבח שלמים.** קרא יתירא הוא, דהומ"ל "לשלמים": **משתנה למחשבת פסול.** בעיא היא: אם שחטו לשם עולה במחשבת פסול בעולה, אם נשתנה לאותו פסול, א"ד פסול דמחשבת קרבן אחר — אינו פוסלו, כשם שאינו משתנה להכשרו דעולה — כך אינו משתנה לפסולה דעולה: ופריך: **היך עבידא.** כמו היכי דמי: **מ"מ פסול הוא.** בין משתנה או לא. כיון שחשב ע"מ לזרוק דמה למחר — פסול גם בשלמים: ומשני: **א"ת משתנה למחשבת פסול פסול.** כלומר, נ"מ: א"א משתנה למחשבת פסול — אינו אלא פסול ולא פגול, כדאמרינן במנחות (עז, ב) כהרלאת כשר כך הרלאת פסול. וכדאמרי' בפסחים (עח א) אם יש פסול אחר בקרבן — אינו נקבע בפגול להתחייב כרת על אכילתו. וה"נ כשחשב לשום עולה נפסל מהכשרו — שוב אינו קובע לפגול: **א"ת אין משתנה פגול.** כיון דלגבי מחשבה פסול אין משתנה, א"כ הוי כמחשב בקרבן כשר חוץ לזמנו — והוי פגול: **לשמו ושלא לשמו בשאר ימות השנה.** דגבי פסח קי"ל דזמנו דהיינו בערב פסח אחר חצות היום, לשמו — דהיינו לשם פסח כשר, ושלא לשמו פסול. ובשאר ימות השנה, וכגון שהפרישו קודם לכן ימים רבים — לשמו פסול, דלאו זימניה. ושלא לשמו כשר, כדילפי' לה בפסחים (עב). וקמבעיא ליה היכא ששחטו קודם פסח לשמו ושלא לשמו מהו? מי אמרי' אתי שלא לשמו ומפיק ליה מידי לשמו וכשר, או לא: **נעשה כשוחט בשתיקה ושלא לשמו.** כלומר, כשם ששוחט בשתיקה. ושלא לשמו — דהיינו שלא אמר ברישא לשמו ושלא לשמו אלא שחט שלא לשמו לחוד, קי"ל דכשר. ואע"ג דפסח כל קודם פסח לשמו קאי, אפ"ה אמרי' אתי שלא לשמו ומפיק ליה, וכשר. והכי פשיט ליה רבא בבבלי פסחים (ס, ב) ופריך: **א"כ.** כיון דאמרת דל"ש היכא דאמר מתחלה דלא אמר, דסתמא בשתיקה הוי כמו אמר — א"כ ה"נ כששחטו לשמו דהיינו אמר לשמו, ואמר לזרוק נמי שלא לשמו — יעשה כשוחט מעשה ראשונה ליהוי כמו שחט כולו בשתיקה, וחזק באמירה דשלא לשמה, דזה פליג ר"י ור"ל בירושלמי דפסחים פ"ה. ועי' תוס' ס' ע"א ד"ה "אי בעתי כו' ור"ל כו'": ודחי: **מנלן בשתיקה דכשר** בכה"ג דשחיטה כולו בשתיקה, מנלן דכשר? דהתם הוי בשחיטה עבודה שלימה כולו בשתיקה, וסתמא דפסח לשמו. ודאי דשלא לשמו דזריקה לא מהני אפ"כ

תורה אור

הלכה ד מתני' אמוֹתַר א) שְׁקָלִים חוּלִּין. במוֹתַר עֲשִׂירִית הָאֵיפָה,* גמוֹתַר קִנֵּי [חולין] זָבִין, קִנֵּי זָבוֹת, וְקִנֵּי יוֹלְדוֹת, חַטָּאוֹת וַאֲשָׁמוֹת — מוֹתָרָן נְדָבָה. זֶה הַכְּלָל: כָּל שֶׁהוּא בָא (א) לְשֵׁם חַטָּאת וּמִשּׁוּם אַשְׁמָה — מוֹתָרָן נְדָבָה. מוֹתַר עוֹלָה — לְעוֹלָה, מוֹתַר מִנְחָה — לְמִנְחָה, מוֹתַר שְׁלָמִים — לִשְׁלָמִים, מוֹתַר הַפֶּסַח — לִשְׁלָמִים, מוֹתַר נְזִירִים — לִנְזִירִים, מוֹתַר נָזִיר — לִנְדָבָה.§ **גמ'** א"ר ב) יוֹסֵי: עַד דַּאֲנָא תַּמָּן שְׁמָעִית קָל רַב יְהוּדָה שָׁאַל לִשְׁמוּאֵל: יהִפְרִישׁ שִׁקְלוֹ וָמֵת? א"ל יִפְּלוּ לִנְדָבָה. מוֹתַר ג) העֲשִׂירִית הָאֵיפָה שֶׁלּוֹ, רַבִּי יוֹחָנָן אָמַר: יוֹלִיכֵם לְיָם הַמֶּלַח, רַבִּי לְעָזָר אָמַר: יִפְּלוּ לִנְדָבָה. מַתְנִיתָא פְּלִיגָא עַל רַבִּי יוֹחָנָן: מוֹתַר שְׁקָלִים חוּלִּין. מוֹתַר עֲשִׂירִית הָאֵיפָה, מוֹתַר קִנֵּי זָבִים, וְקִנֵּי זָבוֹת מוֹתַר קִנֵּי יוֹלְדוֹת חַטָּאוֹת וַאֲשָׁמוֹת — מוֹתָרָן נְדָבָה. [א] מָה עֲבַד לָהּ רַבִּי יוֹחָנָן? פָּתַר לָהּ: מוֹתַר עֲשִׂירִית הָאֵיפָה שֶׁל מִנְחַת חוֹטֵא [ב] שֶׁל כָּל יִשְׂרָאֵל. רַבִּי ד) יוֹסֵי (יוֹחָנָן) אָמַר: עַל דָּא עֲלֵיל אַבָּא בַּר בָּא. [ג] דְּאִינּוּן אָמְרִין: מִנַּיִן ישֶׁהַפֶּסַח מִשְׁתַּנֶּה לְשֵׁם שְׁלָמִים — תַּלְמוּד לוֹמַר: "וְאִם מִן הַצֹּאן קָרְבָּנוֹ לְזֶבַח שְׁלָמִים" [ויקרא ג] כָּל שֶׁהוּא מִן הַצֹּאן — בָּא שְׁלָמִים. הֵיתִיבוּן: הֲרֵי עוֹלָה מִן הַצֹּאן! דָּבָר שֶׁאֵינוֹ בָּא אֶלָּא מִן הַצֹּאן יָצְאת עוֹלָה שֶׁהִיא בָּאָה אפי' מִן הַבָּקָר. הֵיתִיבוּן: הֲרֵי אָשָׁם! א"ר (בֵּיבָא) בּוּן בַּר כָּהֲנָא: "מִן הַצֹּאן" — דָּבָר שֶׁהוּא בָא מִכָּל הַצֹּאן, יָצָא אָשָׁם שֶׁאֵינוֹ בָּא אֶלָּא מִן [ד] הָאֵילִים בִּלְבָד. (הֵתִיב ר' בּוּן) בְּכָל אֲתַר אַתְּ אָמַר "מִן" לְמַעֵט, וְכָאן אַתְּ מַר "מִן" לְרַבּוֹת? א"ר מָנָא (אָבִין) הָכֵי נַמִּי "מִן" לְמַעֵט, מִיעוּט שֶׁאֵינוֹ בָּא בֶּן שְׁתֵּי שָׁנִים, מִיעוּט שֶׁאֵינוֹ בָּא נְקֵיבָה. [ה] וְגַבֵּי אָשָׁם נַמִּי "מִן" לְמַעֵט הוּא, שֶׁאֵינוֹ בָּא אֶלָּא מִן הָאֵילִים בִּלְבַד. הֵיתִיבוּן: וְהָכְתִיב: "וְאִם מִן הַצֹּאן קָרְבָּנוֹ (ב) מִן הַכְּבָשִׂים אוֹ מִן הָעִזִּים [שם א] לְעוֹלָה" מֵעַתָּה מוֹתַר הַפֶּסַח בָּא עוֹלָה! אָמַר רַבִּי אָבוּן: מְשַׁנִּין דָּבָר שֶׁהוּא לַאֲכִילָה לְדָבָר שֶׁהוּא לַאֲכִילָה, וְאֵין מְשַׁנִּין דָּבָר שֶׁהוּא לַאֲכִילָה לְדָבָר שֶׁאֵינוֹ לַאֲכִילָה. א"ר יוֹסֵי בַּר רַבִּי בּוּן: מְשַׁנִּין קָדָשִׁים קַלִּים לְשֵׁם קָדָשִׁים קַלִּים, וְאֵין מְשַׁנִּין קָדָשִׁים קַלִּים לְשֵׁם קָדְשֵׁי קָדָשִׁי' רַבִּי יוֹחָנָן אָמַר: (ג) עַל דָּא עֲלֵיל רַבִּי חֲנִינָא, דְּאִינּוּן אָמְרִין אֵין הַפֶּסַח מִשְׁתַּנֶּה לְשֵׁם שְׁלָמִים אא"כ שְׁחָטוֹ לְשֵׁם שְׁלָמִים, וַאֲנִי אוֹמֵר: אֲפִילּוּ שְׁחָטוֹ לְשֵׁם עוֹלָה. א"ר ה) אִילָא: טַעְמָא דְּרַבִּי יוֹחָנָן "אִם מִן הַצֹּאן קָרְבָּנוֹ לְזֶבַח שְׁלָמִים" כָּל שֶׁהוּא זֶבַח בָּא שְׁלָמִים. וּמִשְׁתַּנֶּה לְמַחֲשֶׁבֶת פְּסוּל הֵיךְ עֲבִידָא? שְׁחָטָהּ לְשֵׁם עוֹלָה עַל מְנָת לִזְרוֹק דָּמָהּ לְמָחָר — מִכָּל מָקוֹם פָּסוּל הוּא. [א] אִין תֵּימַר מִשְׁתַּנֶּה לְמַחֲשֶׁבֶת פְּסוּל — [ו] פִּיגּוּל, אִין תֵּימַר אֵין מִשְׁתַּנֶּה לְמַחֲשֶׁבֶת פְּסוּל — פִּיגּוּל (פָּסוּל).§ לִשְׁמוֹ ו) וְשֶׁלֹּא לִשְׁמוֹ בִּשְׁאָר יְמוֹת הַשָּׁנָה, (ד) רַבִּי בּוּן בַּר (בְּשֵׁם) חִיָּיא בְּשֵׁם שְׁמוּאֵל בַּר אַבָּא: [ז] מִכֵּיוָן שֶׁאֵין לוֹ שֵׁם — נַעֲשׂוּ כְּשׁוֹחֲטוֹ לִשְׁמוֹ וְשֶׁלֹּא לִשְׁמוֹ בִּשְׁתִיקָה, וְהוּא (ה) כָּשֵׁר. א"ל א"כ הוּא, אֲפִילּוּ שְׁחָטוֹ לִשְׁמוֹ ע"מ לִזְרוֹק דָּמוֹ שֶׁלֹּא לִשְׁמוֹ, יֵעָשֶׂה מַעֲשֶׂה הָרִאשׁוֹנָה כְּשׁוֹחֲטוֹ לִשְׁמוֹ [ח] וְשֶׁלֹּא לִשְׁמוֹ בִּשְׁתִיקָה וִיהֵא כָּשֵׁר! אָמַר רַבִּי אַבָּא מָרִי (אֲחוּהּ דְּרַבִּי יוֹסֵי) (מַאן אָמַר) [ט] מַה נֹּאמַר בִּשְׁתִיקָה כָּשֵׁר אוֹ נֹאמַר [ג] בִּשְׁתִיקָה פָּסוּל.§ "מוֹתַר נָזִיר לִנְדָבָה" רַב ז) חִסְדָּא אָמַר:

נוסחאות ישנות

ריבב"ן

מתני' מותר שקלים חולין. סתמא כב"ה א"נ שאמר שאביא מהן שקלי דלדברי הכל מותרן חולין: **מותר עשירית האיפה.** של מנחת חוטא ישראל דל הרי כשאר מותרי חטאת דאזלי לנדבה אבל מותר עשירית האיפה של כהן [גדול] שמביא כל יום ויום אע"פ שבנדבה מביאה גם היא נקראת חטאת כדאמר בפ' ואלו מגלחין [דף טז] יקריב חטאתו זה עשירית האיפה שלו פליגי בירושלמי ר' יוחנן אמר ילכו ליס המלח ור' אלעזר אמר יפלו לנדבה. וקשה דבפרק בתרא דמנחות [דף קח.] פליגי ר' יוחנן אמר יפלו לנדבה ור' אלעזר אמר תרקב: כל שהוא משום חטא ומשום אשמה. המחוייב חטאת או אשם והפריש מעות לחטאתו וניתותרו מהן או הפריש אשמו ונאבד והביא אחר ונמצא האבוד ירעה ויפלו דמיו לנדבה לגבי אשם לא תוכל לפרש שהפריש מעות וניתותרו שדמיו ב' שקלים ואם יוזלו האילים אין לו תקנה דבעי ר' אלעזר בסוף כריתות הוזלו טלאים בעולם מהו מבמחר נדריך בעינן והאיכא או דלמא שתי שקלים בעינן וליכא ופשטו דאמר ר' יוחנן משום ר"ש בן יוחאי מפני מה לא נתנה תורה קצבה במחוסרי כפרה שמא יוזלו טלאים ואין להם תקנה לאכול בקדשים אלמא מחוייבי אשם שאינן מחוסרי כפרה כגון אשם גזלות אשם מעילו' אשם תלוי אשם שפחה חרופה אינן מתכפרים בפחות מב' שקלים: מותר עולה. אם הפריש מעות לעולתו וניתותרו אם הן שיכול לקנות מהן תור או בן יונה לעולה יקנה ואם לאו יהו בידו עד שיביא עולה אחרת ויצרף המותר ויקנה בהמה שמינה וכן מותר מנחה למנחה מותר הפסח [לשלמים]. ירושלמי דכתיב אם מן הצאן קרבנו לזבח שלמים דבר שהוא בא מן הצאן קרב שלמים התיבון הרי עולה באה מן הצאן דבר שאינו אלא מן הצאן יצאת עולה שבאה גם מן הבקר התיבון הרי אשם אמר ר' אבא בר כהנא דבר שבא מכל הצאן יצא אשם שאינו בא אלא מן האילים בכל אתר את אמר מן

תקלין חדתין

חצי סלע שהוא ב' דינרין: **מתני'** מותר שקלים. המכנס מעות ואמר "הרי אלו לשקלי" ומצא שהותירו — המותר הוא חולין, וסתמא כב"ה: **מותר עשירית האיפה.** מפרש בגמרא: **מותר עולה לעולה.** אם הפריש מעות לקנות עולה ונתותרו — יביא באותן המעות עולה אחרת: **מותר הפסח לשלמים.** מפרש בגמרא: **מותר נזירים.** אם גבו מעות לקרבנות נזירים ונתותרו — ישמרום עד שיקחו מהם קרבנות לנזירים אחרים. ואם נזיר א' הפריש מעות לקרבנותיו ונתותרו — המותר לנדבה לקיץ המזבח: **גמ' דאנא תמן.** בבבל: כשהייתי בבבל שמעתי ששאל ר"י לשמואל: **ומת.** מה יעשו בשקלו: **מותר עשירית האיפה שלו.** של כה"ג שניתותרו מה יעשה בו: **לים המלח.** לא נהנין ולא מועלין בו: **מותר עשירית האיפה.** וקס"ד דסתם מתני' מיירי גם בשל כהן גדול: **של ישראל** שמקריב בדלי דלות — מותרו לקיץ המזבח, דבמקום חטאת היא. אבל עשירית האיפה של כה"ג לא מיקרי 'חטאת' לענין זה, שיהא מותרו נדבה: **על דא.** על הא דמייתי בסמוך הקשה ליה אבוה דשמואל דאיהו אבא בר אבא כדאמרי' בברכו' (דף יח:): **דאינון אמרי'.** לא גרסי' ליה הכא, ולקמן גרסינן ליה. והכא ה"ג: מנין שהפסח משתנה לשלמים? פסח בשאר ימות השנה ששחטו שלא לשמו, מנין שהוא משתנה לשלמים? — ת"ל "ואם מן הצאן קרבנו לזבח שלמים".

משנת אליהו

מסדר לפרושי וטעם הב' על שחזרו לשקול טבעין שהוא לפי הרמב"ן עשרה גרה וח"ש לפי שעברו על עשרת הדברות יתנו י' גרה והשב"ל מייתי לה אגב דקאמר ר' פנחס בשם ר"ל לפי שמכרו כו' ונפל לכ"א טבעה יתן כ"א טבעה מפורש על זמן הב': **מותר** עשירית האיפה שלו. בשל כ"ג איירי. ובבבלי מנחות ק"ח א' מוכח הסוגי' זו בהדי' של כ"ג ובמילוף דאמר שם והיינו מטעמא דיוליכם ליס המלח כדאמר במנחות ושם דר"א נדבה ור"א אמר ירקב. וקאמר שם מסתברא דירקב מדמניא לא ישים עלי' שמן וגו' חטאת היא היא קרוי' חטאת ואין אחרת קרוי' חטאת לימד על עשירית האיפה של כ"ג שאינה קרוי' חטאת כו' ומדאינה קרוי' חטאת מותרת ירקב ולכאורה עשירית האיפה של כהן הדיוט קרוי' חטאת כדאמר במס' מו"ק (ט"ו ב') יקריב חטאתו זו עשירית האיפה שלו ופירש"י ותוס' שם דמיירי בכהן הדיוט דבכ"ג א"א דשם נאמר כ"א לאב ולאם כו' ואילו כ"ג לא יטמא לאביו ולאמו ועי' תוס' שם ד"ה אמר וברש"י ד"ה זו אבל במנחות שם נ"ל דחזרו רש"י ותוס' דפי' דגם מ"ש יקריב חטאתו בכ"ג איירי ואע"ג דאיקרי חטאת לאו דין חטאת אית לה דלאימעיטא מהאי קרא. וא"כ נ"ל דמפרשי קרא דימוקאל הנ"ל רישא בכ"ג וסיפא בכהן הדיוט וכדאמרינן בקדושין ע"ח ב' ואע"ג דבמו"ק שם לא ניחא להם לאוקמי הכי נ"ל דסוגיא זו הכי משמע להו ואמת בקדושין שם קאמר דאורחי' דקרא כן כמ"ש נר אלהים וגו' ושמואל שוכב בהיכל ה' וגו' ומ"מ י"ל דשל כ"ה ג"כ איתעיטא מדקאמר ואין אחרת אך בתוס' שם ד"ה ומדאינה משמע דלא אתא קרא למעוטי אלא מה דקרוי' חטאת דאין מותרה קרוי חטאת מדלא איתעיט מותר מנחה דאינה קרוי' חטאת ואפ"ה לא פירקב ע"ש: **אלא** מן הכבשים לבד. נראה טעם רבינו הגדול דמחק גי' הישנה מן האילים הוא ברמב"ם פרק י"ד מפסה"ק הל"א והעיקר כהגהת הגר"א: [ג] היינו קודם הפסח אבל לאחר הפסח לא בעי עקירה ועי' בתוס' פסחים דף ס ע"ב:

נוסחת הבבלי

(א) לשם חטא ולשם אשמה כו': (ב) מן הכשבים כו': (ג) על דא עייל ר"ח כו': (ד) ר' ביבין בשם ר' חייא כו': (ה) כשר א"כ הוא כו':

הגהות הגר"א

[א] מה עבד לה נמחק: [ב] של כל ישראל ל"ל של ישראל: [ג] דאינון אמרין ל"ג ליה הכא ולקמן גרסי' ליה: [ד] ל"ל אלא מן כבשים בלבד. כתב הרב בעל ת"ח וז"ל נראה טעם דמחק רבינו הגדול גירסא הישנה מן האילי' הוא ע"פ מ"ש הרמב"ם פ"א מהל' מעה"ק הל"י האשם אינו בא אלא מזכרי כבשים בלבד יש אשם בא מגדולי מין זה ויש אשם בא מן הקטנים דהיינו אשם נזירות היה כבש בן שנה ואשם מעילו' ואשם תלוי וגזילות בהם כתיב איל והוא בן שתי שנים הלכך ליכא למגרס הכא ואשם אינו בא אלא מן האילים דהא אשם נזיר היה בא כבש בן שנה אלא גרסי' אינו בא אלא מן הכבשים דממעט עזים דכתיב ואם מן הצאן קרבנו מן הכבשים או מן העזים. ובקו"ע נדחק בסוגיא זו לפרש מ"ש הרי עולה וכו' הרי אשם כו' בדרך דחוק בתכם: [ה] מן וגבי אשם עד בלבד ל"ג ליה הכא: [ו] ה"ג א"ת משתנה למחשבת פסול פסול. כלומר נ"מ א"ת משתנה למחשבת פסול אינו אלא פסול ולא פגול כדאמרינן במנחות (עז ב) כהרלאת כשר כך הרלאת פסול וכדאמרינן בפסחים (עח א) אם יש פסול אחר בקרבן אינו נקבע בפגול להתחייב כרת על אכילתו וה"נ כשחשב לשום עולה נפסל מהכשירו שוב אינו קובע לפגול: [ז] ה"ג מכיון שאמר שלא לשמו נעשה כשוחט בשתיקה ושלא לשמו והוא כשר והשאר נמחק: [ח] ה"ג ושלא לשמו והוא כשר ומלת בשתיקה נמחק ועי' בס' ת"ח פי' על הסגה"ס הנ"ל: [ט] ל"ל מנ"ל בשתיקה כשר דילמא בשתיקה פסול:

גליון הש"ס

[א] עי' קע"ע ודבריו תמוהים דחישב על שלמים להקטיר בשר למחר כשר ועיין ברמב"ם פרק

תורה אור

נוסחאות ישנות

אָמַר וְהוּא שֶׁקָּרְבָה חַטָּאתוֹ בַּסּוֹף, אֲבָל אִי קָרְבוּ שְׁלָמִים בַּסּוֹף — מוּתָרָן שְׁלָמִים. א"ר זְעֵירָא: אאֲפִילּוּ קָרְבוּ שְׁלָמִים לְבַסּוֹף, הֲלָכָה א) [א] אַחַת הִיא בְּנָזִיר — שֶׁתְּהֵיֶה מוּתָרָהּ נְדָבָה. מַתְנִיתָא מְסַיְּיעָא לְדֵין וּמַתְנִיתָא מְסַיְּיעָא לְדֵין. מַתְנִיתָא מְסַיֵּיע לְרַבִּי זְעֵירָא (אֲפִילּוּ) אֵלּוּ הֵן מָעוֹת סְתוּמִין — כֹּל שֶׁדְּמֵי חַטָּאת [ב] מֵיתוּת מְעוּרָבוֹת בָּהֶן. וְאַפִּי' הִפְרִישׁ דְּמֵי חַטָּאת* (מיתות) מִתּוֹכָהּ — מָעוֹת סְתוּמִין הֵן. מַתְנִיתָא מְסַיְּיעָא לְרַב חִסְדָּא: [ג] "אֵלּוּ ב) [א] לְחַטָּאתִי בוְהַשְּׁאָר לִשְׁאָר נְזִירוּתִי" וָמֵת — גמוֹעֲלִין בְּכוּלָּן, וְאֵין מוֹעֲלִין בְּמִקְצָתָן. וְלֹא אָמַר אִם מֵת יִפְּלוּ לִנְדָבָה. רַב חִסְדָּא אָמַר: דמוּתַר לַחְמוֹ שֶׁל נָזִיר יוּרְקַב. א"ר יוֹסֵי: וְיָאוּת, לְהַקְרִיבוֹ בִּפְנֵי עַצְמוֹ אֵין אַתְּ יָכוֹל — שֶׁאֵין לָךְ לֶחֶם קָרֵב לְעַצְמוֹ, לְהַקְרִיבוֹ עִם נְזִירוּת אַחֶרֶת אֵין אַתְּ יָכוֹל — שֶׁאֵין לָךְ נְזִירוּת בָּאָה בְּלֹא לֶחֶם. לְפוּם כֵּן צָרִיךְ מֵימַר — מוּתַר לַחְמוֹ שֶׁל נָזִיר יוּרְקַב. סָבְרִין מֵימַר: הוּא לַחְמוֹ הוּא מוּתַר נְסָכָיו. (א) אָמַר רַבִּי יוֹסֵי בַּר רַבִּי בּוּן: מוּתַר נְסָכָיו קָדְשֵׁי קָדָשִׁים אִינּוּן, הוְיִפְּלוּ לִנְדָבָה. [ד] עַל דַּעְתֵּיהּ דְּרַבִּי יוֹסֵי (ב) בַּר רַבִּי בּוּן, שְׁמוּאֵל אַלִּיבָּא דְּרַב חִסְדָּא — בְּמוֹתַר (ג) נְסָכִים. וְרַבִּי חִיָּיא (חִסְדָּא) וְרַבִּי אֶלְעָזָר שְׁלָשְׁתָּן אָמְרוּ דָּבָר אֶחָד: רַבִּי חִיָּיא (חִסְדָּא) — אָהֵן דַּאֲמַרַן, שְׁמוּאֵל — דַּאֲמַר רַבִּי יוֹסֵי: עַד דַּאֲנָא תַּמָּן שְׁמָעִית קָל רַבִּי יְהוּדָה שָׁאֵיל לִשְׁמוּאֵל: הִפְרִישׁ שְׁקָלוֹ וָמֵת? א"ל יִפְּלוּ לִנְדָבָה. [ה] רַבִּי אֶלְעָזָר אוֹמֵר: מוֹתַר עֲשִׂירִית הָאֵיפָה שֶׁלּוֹ, רַבִּי יוֹחָנָן אָמַר: יוֹלִיכֵם לְיָם הַמֶּלַח, רַבִּי אֶלְעָזָר אוֹמֵר: יִפְּלוּ לִנְדָבָה.§

הלכה ה מתני' ימוֹתַר שְׁבוּיִם — לִשְׁבוּיִם, מוֹתַר שָׁבוּי — לְאוֹתוֹ שָׁבוּי. מוֹתַר עֲנִיִּים — לַעֲנִיִּים, מוֹתַר עָנִי — לְאוֹתוֹ עָנִי. מוֹתַר ג) הַמֵּתִים — לַמֵּתִים, מוֹתַר הַמֵּת — לְיוֹרְשָׁיו. רמ"א מוֹתַר הַמֵּת יְהֵא מוּנָּח עַד שֶׁיָּבֹא אֵלִיָּהוּ. רַבִּי נָתָן אוֹמֵר: מוֹתַר הַמֵּת בּוֹנִין לוֹ נֶפֶשׁ עַל קִבְרוֹ.§ **גמ'** [ו] גָּבוּ לוֹ בְּחֶזְקַת שֶׁאֵין לוֹ וְנִמְצָא שֶׁיֵּשׁ לוֹ, ר' יִרְמְיָה סָבַר מֵימַר: מוֹתַר הַמֵּת לְיוֹרְשָׁיו. אֲמַר לֵיהּ רַבִּי אִידִי דְּחוּטְרָא: הַגַּע עַצְמָךְ דְּלָא כַּוְּונָן אֶלָּא לֵיהּ. אֲמַר לֵיהּ: אֲנָא לָא אֲמָרִית, אַתְּ מְנָן לָךְ? וְתָנֵי מִשֵּׁם רַבִּי נָתָן: מוֹתַר הַמֵּת יִבְנֶה לוֹ נֶפֶשׁ עַל קִבְרוֹ, וְיַעֲשֶׂה לוֹ זִילוּף עַל גַּבֵּי מִטָּתוֹ. תָּנֵי: ד) אֵין פּוֹדִין שָׁבוּי בְּשָׁבוּי, וְאֵין גּוֹבִין טַלִּית בְּטַלִּית, זוְאֵין מְמַחִין בְּיַד פַּרְנָסִים לְכָךְ. תָּנֵי ה) רשב"ג אוֹמֵר: [ג] חאֵין עוֹשִׂין נְפָשׁוֹת לַצַּדִּיקִ' דִּבְרֵיהֶם הֵן הֵן זִכְרוֹנָן. רַבִּי ו) יוֹחָנָן הֲוָה מַסְמִיךְ (ד) וְאָזַל, עָאל ר' חִיָּיא בַּר אַבָּא, וַהֲוָה רַבִּי אֱלִיעֶזֶר חָמֵי לֵיהּ וּמִטַּמַּר לֵיהּ מִקַּמֵּיהּ. וַאֲמַר: הָלֵין תַּרְתֵּי מִלַּיְיהוּ הָדֵין בַּבְלָאָה עָבִיד בֵּיהּ: חֲדָא — דְּלָא שְׁאִיל בִּשְׁלוֹמֵיהּ, וַחֲדָא — מִיטַּמַּר. א"ל רַבִּי יַעֲקֹב בַּר אִידִי: כָּךְ נְהִיגִין גַּבְּהוֹן, דִּזְעֵירָא לָא שָׁאֵיל (איוב כט) בִּשְׁלוֹמֵיהּ דְּרַבָּה. דְּאִינּוּן נָהֲגוֹן וּמְקַיְּימִין "רָאוּנִי נְעָרִים וְנֶחְבָּאוּ וִישִׁישִׁים קָמוּ עָמָדוּ". אֲמַר *לְהוּ (ליה) מַהוּ לְמֵיעֲבַר (ה) קַמֵּי דַּאֲדוּרָא צַלְמֵי? א"ל מָה אַתְּ פָּלֵיג לֵיהּ יְקָר?! עֲבוֹר קַמּוֹהִי וְסַמֵּי עֵינוֹי. א"ל יָאוּת ר' אֱלִיעֶזֶר עֲבִיד דְּלָא עֲבַר קַמָּךְ. וְעוֹד ז) עֲבִיד הָא בַּבְלָאָה דְּלָא אֲמַר שְׁמַעְתָּא מִשְּׁמֵיהּ. נִכְנְסוּ לְפָנָיו רַבִּי אַמִּי וְר' אַסִּי. אָמְרוּ לוֹ: ר' [ו] כָּךְ הָיָה מַעֲשֶׂה בְּבֵית הַכְּנֶסֶת שֶׁל טַרְסִיִּים בְּנֶגֶר שֶׁיֵּשׁ בְּרֹאשׁוֹ גְּלוֹסְטְרָא, שֶׁנֶּחְלְקוּ רַבִּי

קרבן העדה

עקירה משום פסח, לכך בשתיקה פסול: **והוא שקרבה** וכו'. אמתניתין קאי, הא דתנן "מותר נזיר לנדבה" דוקא שקרב החטאת לבסוף, שהנזיר מביא ג' בהמות חטאת ועולה ושלמים, וכשקרב החטאת לבסוף ה"ל מותר חטאת, שהוא לנדבה: ה"ג: **אלו הן מעות סתומים כל שדמי חטאת** שמתו בעליהן היו מעורבות בהן. ואפילו הפרישו הבעלים בחייהן דמי חטאת מתוכן — אפ"ה ה"ל כמעות סתומין, וכאילו עדיין הן מעורבין בתוכו, וילכו לים המלח, לא נהנין ולא מועלין. והיינו כרבי זעירא: ה"ג: **אלו לחטאת והשאר לשאר נזירות ומת ודמי חטאת ילכו לים המלח לא נהנין ולא מועלים. והשאר, רוצה להביא בהן עולה — יביא, שלמים — יביא. ומועלין בכולן ואין מועלין במקצתן** כ"ה בתוספתא פ"ק דמעילה. וה"פ: דאין מועלין במקצתן, דלמא דמי שלמים נינהו, ואין מועלין בשלמים: **ולא אמר אם מת יפלו לנדבה** כמותר חטאת, והיינו כרב חסדא: **שאין לך לחם וכו'**. שלא מצינו שיהא לחם קרב בפני עצמו: **שאין לך נזירות באה בלא לחם.** דמתחלה כשקיבל נזירות על עצמו נתחייב להביא לחם משל עצמו: **לפום כן.** כמו לפיכך: **סברין מימר.** סברוה בני הישיבה לומר היינו מותר לחמו היינו מותר נסכיו, דשניהן ירקבו: **קדשי קדשים אינון.** וקדשי קדשים מותרן נדבה: **אהן דאמרן.** הא דאמרן דסובר ר"ח דמותר לחם דוקא הוא דירקב, אבל מותר נסכים לא, דקדשי קדשים הן: **א"ל: יפלו לנדבה.** דשקלים לקדשי קדשים באין: **ר"א אומר יפלו לנדבה.** ועשירית האיפה קדשי קדשים היא, דכתיב בה "חטאת":

הלכה ה מתני' **מותר שבוים.** אם גבו צדקה לצורך פדיון שבוים וניתותר — ישמרום עד שיפדו בהם שבוים אחרים. אבל אם פירשו לשבוי זה — זכה אותו השבוי במותר: **מותר עני.** אם גבו מעות לקנות לו מלבוש, ונתותר — נותנין המותר לאותו עני: **מותר המתים.** אם גבו מעות לצורך קבורת מת סתם — המותר לקבורת מתים אחרים. אבל למת זה — המותר ליורשיו, דאמולי אחיל המת זילותיה לגבי יורשיו: **יהא מונח עד שיבוא אליהו.** מספקא ליה אי מחיל המת זילותיה לגבי יורשיו או לא, הלכך יהא מונח: **בונין לו נפש על קברו.** פשיטא ליה לר' נתן דלא מחיל. הלכך בונים לו מצבה על קברו מאותו מותר, שכבר זכה בו המת: **גמ'** גבו לו. לצרכי המת, שסברו שאין לו צרכי קבורה, ונמצא שיש לו: **מותר המת ליורשיו.** ואף זה למותר המת דמיא, והרי הוא ליורשיו: **הגע עצמך.** אמור לנפשך דלא דמיין. שהנותנין לא כיונו אלא לזכות להמת, וכיון שיש לו — לא זכה בו המת מעולם, ואיך יזכו יורשיו בו? הלכך מחזירין אותו להנותנים אם אפשר, או מניחין לצורך מתים אחרים: **א"ל** ר' ירמיה בכעס על שהשיב על דבריו: הלא אין אתה יודע אלא מה שאמרתי לך, ודבר זה לא אמרתי לך, ומנא לך להשיב?: **אין פודין שבוי בשבוי.** אם גבו מעות לצורך שבוי זה אסור לשנותו לצורך שבוי אחר, ואפילו השני עדיף מהראשון: **ואין גובין טלית בטלית.** אם גבו מעות לקנות בהן טלית זה אסור לשנותו לקנות בהן טלית אחר: **ואין ממחין ביד פרנסין.** והן הגבאין, לעשות כך לשנות הצדקות למה שצריכין אותן ביותר. דמעיקרא אדעתא דהכי ניתנו, שאם יצטרכו — שישנו אותן הגבאין: **דבריהן,** שאומרין דבר הלכה משמן, זהו זכרונן: **ר"י הוה מסמיך.** לפי שבעל בשר היה הוצרך להשען על אדם אחר בהליכתו: ה"ג: **הוה מסמיך ואזיל על ר"ח בר אבא.** והוה ר"א רואה ר' יוחנן עובר, וטמן עצמו בפניו שלא יראהו: **תרתין מילין וכו'.** שני דברים רעים עשה ר"א זה שעלה מבבל, במאי דטמן עצמו: **חדא** — שנראה שאין זה כבודו שישאל בשלומי, ועוד גדולה מזו — נראה שאיני כדאי לדבר עמו לכך הוא מטמר עצמו: **כך.** המנהג בבבל שהקטן אינו שואל בשלום הגדול מפני כבודו של הגדול. שהן מקיימין הך קרא "ראוני נערים ונחבאו" וגו': **א"ל ר' יעקב: מהו למיעבר קמי.** צלם ששמו 'אדורא': **א"ל ר"י:** מה אתה חולק ליה כבוד שאין אתה רוצה לעבור לפניו בלא תשורה? אלא עבור לפניו וסמי עיניו: **א"ל רבי יעקב:** א"כ שפיר עביד ר"א דלא עבר לפניך, כיון דנהיגין דאין הקטן שואל בשלום הגדול — דין הוא שיטמר מפניו: **ועוד עבד וכו'.** א"ל רבי יוחנן לר' יעקב: ועוד אחת עשה לי ר"א הבבלי הזה — שאמר דבר הלכה ששמע ממני ולא אמרה משמי: **בנגר שיש בראשו גלוסטרא.** שראשו עב וראוי לשחיקת התומים ולשאר תשמיש. ונחלקו בו אם מותר להשתמש בו בשבת לנעול בו הדלת, ר"א אוסר ורבי יוסי מתיר

ריבב"ן

למעט והכא את אמר מן לרבות אמר ר' מנא הכא נמי מן למעט מיעוט שאינו בא בן ב' שנים מיעוט שאינו בא נקבה וגבי אשם נמי מן למעט הוא שאינו בא אלא מן האילים בלבד. התיבון והא כתיב ואם מן הצאן קרבנו מן הכשבים או מן העזים לעולה מעתה מותר הפסח בא עולה אמר ר' אבין משוין דבר שהוא לאכילה לדבר שהוא לאכילה ואין משוין דבר שהוא לאכילה לדבר שאינו לאכילה אמר ר' יוסי משוין קדשים קלים לשם קדשים קלים ואין משוין קדשים קלים לשם קדשי קדשים ובפ"ק דזבחים (דף ט.) אמר רב נחמן אמר רבה בר אבוה מנין למותר הפסח שקרב שלמים שנאמר וזבחת פסח לה' אלהיך צאן ובקר וכי פסח בא מן הבקר אלא מותרו בא לדבר הבא מן הבקר והיינו שלמים: **מותר נזירים.** הפריש מעות לצורך נזירין ולא פי' למי [מותר לנזירים]. **מותר שבוים.** ולא פירש למי שיהא המותר לשבוין. [מותר שבוי]. לאותו שבוי דלצרכו נדר אפי' אם ישארו. **מותר המת.** לתכריכין ולהוצאת קבורתו ליורשיו בפרק נגמר הדין (ד' מח) אביי ורבא פירשו טעמייהו דהני תנאי אביי מתרץ לטעמיה דכ"ע הזמנה לאו מלתא היא ת"ק סבר כי מיבזו ליה יורשין אחיל זילותיה גבי יורשין ור"מ מספקא ליה אי מחיל אי לא הלכך יהא מונח עד שיבא אליהו ור' נתן פשיטא ליה דלא מחיל הלכך יעשה נפש על קברו נפש פי' מצבה על קברו לזכר פלוני. ירושלמי גבו בחזקת שאין לו ונמצא שיש לו סבר ר' ירמיה למימר מותר המת ליורשיו א"ל ר' אמי דחוטרי הגע עצמך דלא כוונן אלא ליה ואינו חייב ליתן ופטור מנדרו מיכן הוכיח אם נדר צדקה לאחד ונמצא שהוא רמאי ויש לו אינו חייב ליתן לו:

תקלין חדתין

וגם התם לא השתיקה מכשרת, אלא אמירה דשל"ס. אבל כל כמה דלא עקר ליה בשחיטה — ודאי לשמו קאי, כדאמר בפסחים: **והוא שקרב חטאתו לבסוף.** שהנזיר מביא ג' בהמות חטאת ועולה ושלמים, וכשהקריב חטאתו לבסוף וכו' והוה מותר חטאת הוא דקאמר דמותרו נדבה, ואמתני' קאי: **אפילו קרב שלמים לבסוף.** כיון שכולן קרבנות נזיר הן. והלכה למשה מסיני שקרבנות נזיר מותרן נדבה. וכן הוא בנזיר כ"ט ב': **ואפילו נפלה דמי חטאת מתוכו.** כגון שנפרד כשיעור דמי חטאת: **מעות סתומין הן.** ויפלו לנדבה. אלמא, אע"ג שכבר הופרש מהן דמי חטאת, כיון שהיה דמי חטאת מעורבין בהן — כך נתקבלה ההלכה שיהא מותר נזיר נדבה בכל ענין, שיהא מותר. ה"נ אפילו קרב שלמים לבסוף, שדמי חטאת כבר הופרש מהן — מ"מ הוה מותר נדבה, כיון שדמי חטאת היו מעורבין בהן. שכך היתה ההלכה: **והשאר יביא חצי' לעולה** כו'. אלמא אם הופרש מהן דמי חטאת ונשארו דמי שלמים לבסוף — מותרן קרב שלמים, והיינו כר"ח: **שאין לך לחם.** שלא מצינו שיהא לחם קרב בפני עצמו: **שאין לך נזירות בלא לחם.** דמתחילה כשקיבל נזירות על עצמו, נתחייב להביא לחם משל עצמו: **סברין מימר.** סברוה בני הישיבה לומר: **הוא** מותר נסכים. דשניהן ירקבו: **קדשי קדשים אינון.** ומותרן נדבה: **ע"ד דרבי יוסי בר ביבין.** דאמר בשם ר"ח דמותר נסכים יפלו לנדבה הואיל דקדשי קדשים הן: **אמר ליה יפלו לנדבה.** דשקלים לקדשי קדשים באין: **עשירית האיפה.** קדשי קדשים היא, דכתיב בה "חטאת": **מתני'** גבו לו בחזקת שאין לו. שסברו שאין לו כלל ונמצא שיש לו: **ר' ירמיה סבר.** למפשט הך בעיין ממתני' דקתני מותר המת ליורשיו, דהך נמי למותר המת דמיא: **דחטרי.**= שם מקום: **הגע עצמך.** כלומר, תעיין בזה ותמצא דלא דמיין אהדדי: **דלא כוונן אלא ליה.** שהנותנים לא כוונו אלא ליה ולא ליורשיו. והכא כיון שיש לו, ולא יוקח מהם כלום לצרכו והיורשים יטלו הכל — אדעתא דהכי ודאי לא התנדבו. וכי קתני במתני' מותר המת ליורשיו — היינו שנתותר ממעות נדבתם אחר שנעשה צורכי המת, דאמדי' דעתייהו דהמתנדבים דאדעתא דהכי התנדבו בתחילה באם שיתותר שיהא ליורשיו, דא"א לנמלם: **אנא לא אמר את מנ"ל.** כדאמרינן בעלמא "רבי לא שנה, חייא מניין לו": **יבנה לו נפש על קברו.** כלומר, בנין או ציון שיהא זכר לנפשו. שעי"כ יוזכר נפשו, והוא כבוד למת: **וזילוף ביין ע"ג מטתו.** לריח טוב: **ר"י הוה מסמך.** היה תומך ונשא עליו מפני שר"י היה בעל בשר, כדאמרי' בברכות (יג, ב). או מפני שהיה גבות עיניו ארוכות כדאמרי' בב"ק (קיז, א), ולא היה יכול לראות הדרך ילך בה: **א"ל מהו למעבר.** ר' יעקב חזא בי' בר"י דעדיין לא קבל פיוס' דידי', ועוד נקיט ליה בלביה על ר' אליעזר, השיאו לדבר אחר, וגם מתוך תשובת בעיא זו ילמוד ר"י ממנו כי שפיר עביד שהטמין את עצמו, כמו שסיים יאות ר"א עביד כו'. ועיין במפרשים: **קמי דאדורי.** לפני צלם. ויש ספרים גורסין להדיא "קמי דאלילים": **מה את פליג יקר.** כלומר, מה כבוד תחלוק לה בעברך לפני. כלומר, בלא עשיית שום כבוד, אין בהעברה לחוד שום כבוד. וי"מ "מה את פליג יקר" — למה אתה חולק כבוד לאלילים במה שאין אתה רוצה לעבור לפני' כאילו אתה ירא ממנה. אדרבה, עבור לפני' ובזה תראה כי אינך ירא מפני'. וכיון שהשיב ליה ר"י דבמה שאינו עובר נראה כמתיירא ממנו — לזה א"ל "יאות עביד ר"א" כו': **וסמי עינוי.** התלוצץ ממנה, כמ"ש "עינים להם ולא יראו": **נכנסו לפניו ר"א ור"א.** לפייסו ולדבר על לבו שלא יכעוס על ר"א, כדי שלא יצא מה שיצא מהך עובדא בבהכ"נ של טרסיים: **נגר שיש בראשו גלוסטרא.** שראשו אחד עב וראוי לשחוק בו שום

משנת אליהו

ע"פ מ"ש הרמב"ם פ"א מהל' מעה"ק הלכה עשירית האשם אין בא אלא מזכרי כבשים בלבד יש אשם בא מגדולי מין זה ויש אשם בא מן הקטנים דהיינו אשם נזירות היה כבש בן שנה ואשם מעילות ואשם תלוי וגזילות בהם כתיב איל והוא בן שתי שנים הילכך ליכא למיגרס הכא ואשם אינו בא אלא מן האילים דהא אשם נזיר היה בא כבש בן שנה אלא גרסינן אינו בא אלא מן הכבשים דממעט עזים דכתיב ואם מן הצאן קרבנו מן הכבשים או מן העזים — ובק"ע נדחק בסוגיא זו לפרש מ"ש הרי עולה כו' הרי אשם כו' בדרך דחוק בתנם: **ה"ג** אלו הן מעות סתומין כל שדמי חטאות מעורבין בהן **אפי'** נפלה כו'. עיין בנזיר כ"ו א' ועיין תוס' ד"ה אמר רבא וא"ת כו' והך ברייתא היא דלא כרבא בבבלי שם ובברייתא זו ליתא שם לא בתוספתא דנזיר ודמעילה שלפנינו: **ה"ג אלו לחטאות כו'.** עי' תוס' שם ד"ה תניא כו': **הלכה ה** גבו לו בחזקת **שא"ל** ונמצא שיש לו ר' ירמיה כו' דלא כוונן **אלא** לי' — עיין בפירושי ועוד יש לפרש דצריך שיזכה הוא ואשר נותר אח"כ ממנו הוא משא"כ הכא דלא זכה כלל. וי"מ בין ב' הספי' שגבו לצורך עני או שבוי א' בעוד היה בחיים איזה משך אך שעדיין לא פדו ולא נתנו לו ואח"כ מת. דלה"ט דתליא בזכיה כבר זכה ומגיע ליורשים ולה"ט דלא כוונן אלא ליה והוא אינו בעולם ולא נעשית המצוה לא יותן ליורשים וזהו סברת תשובת הרא"ש כלל ל"ג סי' ו' דדעת השואל יש לכוין כפי' הב' ודעת הרא"ש כפי' הא' וב' הדעות בטוש"ע יו"ד סי' רנ"ב ס"ז ורבינו הגאון ז"ל בביאורו שם ס"ק י"ד ט"ו ציין ב' הדעות וכתב תחילה לדעה דהם של יורשיו מטעם דמותר המת כו' והיינו ע"כ מטעמא דזכיה. וסברא הב' כתב ס' הרא"ש בקצרה דדוקא היכא שנעשית המצוה שנגבית הממון בשבילה והותר משא"כ כה"ג אמדינן דעתייהו דלהכי לא התנדבו וע"ז מביא כל הירושלמי ולא ניחא ליה לפרש ב' הדעות. דס' ראשונה ס"ל לפסוק כרבי ירמיה משום דמסיק א"ל אנא לא אמרית את מנן לך ודחה למ"ש הגע כו' וא"כ הלכה כר"י. משום דמשמע ליה הסוגיא דקאמר סבר ר' ירמיה כו' ואע"ג דדחי' וא"ל אנא כו' לא קפיד רק על שהשיב על דבריו כן והרא"ש שם לא הביא סוגיא זו על זה רק מ"ש ואין ממחין ביד הפרנסים בכך ורבינו הגדול הוא דאסבר לה בסוגיא זו ולכן לא הביא רבינו האי א"ל אנא כו' כנ"ל: **דזעירא** לא שאיל כו' וכך נהגין כו' דאינון נהגין ומקיימין כו'. והוא מגד החסידות לקיים ומורא רבך כו' נהגו כן אבל ע"פ דין שרי ומ"ש בברכות כ"ז ב' והנותן שלום לרבו כו' היינו שאינו אומר שלום עליך רבי ומורי כדפירש"י שם דהא ברפ"ד דנזיר ובב"ק ע"ג ב' אמרינן כדי שאילת תלמיד לרב. וכ"ה ברמב"ם פ"ה מהת"ת הלכה ה' ובטוש"ע י"ד

מסורת הש"ס

א) נזיר כה א: ב) עי' נזיר כו ב: ג) (תוספתא פ"ג) סנהדרין מח א: ד) (סנהדרין מח א) תוספתא פ"א: ה) ב"ר פרשה פב: ו) ברכות פ"ב הלכה א מו"ק פ"ג הל"ז: ז) יבמות לו ב:

עין משפט נר מצוה

כט א מיי' פרק ט מנזירות הל"א:

ל ב מיי' שם הל"ו:

לא ג מיי' פרק ז ממעילה הל"ג:

לב ד מיי' פרק ה מפהמ"ק הל"ח:

לג ה מיי' שם:

לד ו מיי' פרק ט ממ"ע הלכה יח והל"ז טוש"ע יו"ד סימן רנג סעיף ו וסימן רנו סעיף א:

לה ז מיי' שם טור שו"ע שם:

לו ח מיי' פרק ד מאבל הלכה ד:

נוסחת הבבלי

(א) אר"י בר ביבין כו': (ב) בר ביבין אליבא דר"ח כו': (ג) נסכים שמואל ורב חסדא ור"א שלשתן כו' רב חסדא הדא דהכא שמואל דאמר רב אסי כו' ר"א דתניא מותר כו': (ד) ואזיל על ר"ח כו' ר' אלעזר כו' שאיל בשלומי כו': (ה) קמי דארורא א"ל כו':

הגהות הגר"א

[א] ה"ג הלכה היא דנזיר ורו' וחלה אחת מיותר: [ב] מלת מיתות מיותר ול"ל כל שדמי חטאו' מעורבין בהן וכו': [ג] ה"ג אלו לחטאות והשאר לשאר נזירו' ומת דמי חטאת ילכו לים המלח והשאר יביאו חציו עולה וחציו שלמים ומועלין בכולן ואין מועלין במקצתן וכ"ג גי' הרא"פ: [ד] ה"ג ע"ד דר' יוסי בר בון ושמואל ר"ח ור"א שלשתן אמרו דבר א' והשאר שבינתים נמחק: [ה] ל"ל ר"א דאיתמר: [ו] ל"ל לא כך היה המעשה:

ציון ירושלים

ואין ממחין ביד הפרנסים. עי' נמ"י פ"ק דב"ב ובשו"ת אא"ז ש"א סימן סו: **נהגין** גבן דזעירא לא שאל בשלמא דרבה. עיין שו"ת פמ"א ח"א בהקדמתו ובחיבורי יד שאול סימן רמב בארתי הדברים באורך:

גליון הש"ס

[א] עי' ק"ע ולא דק בלשני' ול"ל יביא בתליו עולה ובחליו שלמים וכן הוא בש"ס וברמב"ם ועי' בתוס' נזיר דף כה ע"א ד"ה יפלו ודף כו ע"ב ד"ה תניא: [ג] עי' בב"י יו"ד סימן רנג בשם שו"ת הרא"ש ול"ע. ועיין בבאורי הגר"א ביו"ד שם: [ג] עי' תוס' ערובין דף נג ע"א ד"ה ובשרים ועי' שו"ת הריב"ש סימן תכא:

לפי שיש תורת כלי עליו ומותר לטלטלו: ה"ג: ור"י בן קיסמא שמו, אמר: תמהני אם לא הוה בהכ"נ זה ע"ז. הרי דאין לכעוס על דברים הנעשים בבהמ"ד: וחזר ר"י ואמר: הכדין מחבריה. וכי מה אתם מדמין נדון שלפנינו להתם? דהתם חברים היו, ולא היה להם לכעוס, אבל ר"א תלמידי הוא ומותר לי לכעוס עליו: כן צוה יהושע. העיד עליו המקרא שכל מה שעשה — מפי משה עשה, אפילו מה שאמר סתם. שהרי אי אפשר בכל דבר ודבר שאמר יהושע אמר "כך אמר משה", ואפילו הכי אסהיד קרא דמפי משה הוה. אלא שהכל יודעין וכו': מאי בו'. האי דקפיד על ר"א שלא אמר הלכה משמו: ומשני: דבעי וכו'. שרצה שיאמרו שמועה משמו אף לאחר מיתתו. ואם בחייו לא יאמרו משמו — כ"ש לאחר מותו: שיהא חי וקיים לעולמים. בעה"ז הרי אמר "הודיעני ה' קצי ומדת ימי מה היא": רוחשות. נעות: דובב שפתי ישנים. רישיה דקרא "וחכך כיין הטוב הולך לדודי למישרים": כומר. כלי שמניחין בו ענבים עד שמתחממין והיין נוח לצאת: דובב. היין רוחש ונע ויוצא למעלה: קונדיטין. כוס של דבש עם יין ופלפלין: חמר עתיק. יין ישן: אע"ג שכבר עבר זמן, מה ששתה עדיין טעמו בפיו. ובהא פליגי: מ"ד כמאן דשתה קונדיטין — בעינן נמי שעשה מעשים טובים בעוה"ז, כמו שיש בקונדיטין עוד בשמים טובים. אבל אמירת הלכה לחוד לא מהני. ומ"ד כמאן דשתה חמר עתיק — לעולם מהניא ליה אמירת ההלכה שיהו שפתותיו דובבות בקבר: ה"ג: רב גידל אמר: האומר שמועה בשם אומרה וכו'. יראה בעל שמועה כאילו עומד לנגדו, שע"י כן יגיד הדבר על אופנו. דעיקר הלימוד מרבו בראיית פניס, דכתיב "והיו עיניך רואות את מוריך": אך בצלם. שעומד לנגדו, והיינו צלם של רבו, יתנהג האיש האומר השמועה: ה"ג: כתיב "רב אדם" וכו' זה שאר כל אדם וה"פ: רוב בני אדם יקרא איש תורתו ואינו מקפיד לומר בשם האומרו. ל"א: הרב שבאדם, כלומר, מי שהוא גדול בתורה — יקרא כל איש ואיש תורת חסד שהיה על לשונו, שיאמרו שמועות משמו מפי השמועה בלבד. כן פירש ב'יפה מראה', ולאשון נראה לי: זה ר"ז. שאינו אומר שמועה בשם אדם אלא א"כ נתאמת לו מי אמרה: ה"ג: דאמר ר"ז לית אנן צריכין חוששין לשמעתתיה דרב ששת. וכ"ה בפ' קמא דשבת. וה"פ: אין אנו צריכין לחוש לשמועות שאמר רב ששת בשם הגדולים: דהוא גברא מפתחא. שעיניו סתומות. וכמו שקורין לסומא 'סגי נהור' כך קורין אותו 'מפתחא', לשון פתוח. וכיון שאינו יכול לראות האנשים ששומע מפיהם ואפשר שמא אינים אחרינא והוא טועה בטביעת קלא, כן פירש בי"מ. ולי נראה כיון שאינו רואה אינו יכול לכוין הדברים, שהרי אי אפשר לו לאמרה כאילו בעל השמועה עומד לנגדו שהרי לא ראה אותו מעולם, הלכך אין סומכין עליו בזה: ה"ג: חכים ר' לבר פדה דאת אמר שמעתא משמיה. וה"פ: וכי מכיר אתה לבר פדה שאתה אומר שמועה משמו? שמא המגידים לך משמו משקרים. ל"א: שמא בר פדה לא אמרה, אלא אינים אחרינא אמרה: א"ל ר"י אמרה משמיה. ומוזקתו שאינו משקר: אין דור שאין בו ליצנים. משום דבעי מימר שבדורו של דוד היו ליצנים והוא היה שמח במיתתו, לכך מייתי ליה הכא: אימת יבנה בה"מ. משום דהקב"ה אמר לו רק אתה לא תבנה הבית. נמצא חיי דוד מעכבין בנין בה"מ. והיו אומרים: מתי ימות ויבנה ביהמ"ק: יבא עלי. לשון שבועה הוא יבא עליו כך וכך אם לא שכדבריו כן הוא: "שמחתי באומרים לי בית ה' נלך". אע"ג שמיתתו תלויה בו כמו שמצינו במשה במלחמת מדין: והיה כי ימלאו ימיך וכו'. קרא יתירא הוא, דה"מ למכתב והיה כי תשכב או כי תלך אל אבותיך, "והיה כי ימלאו ימיך" ל"ל: ימים שלמים אני מונה לך. אע"ג שע"י אריכת ימיו מתעכב בנין הבית אני ממלא לך שנותיך מיום ליום, שמעשיו חביבין לפני הקב"ה מבנין בית המקדש:

הדרן עלך מצרפין שקלים

הלכה א מתני' בשלשה פרקים בשנה תורמין את הלשכה. שבה היו נותנין כל השקלים ותורמין ממנה ג' קופות, כדתנן בסיפא: בפרוס הפסח. ט"ו יום קודם המועד. ובגמ' מפרש: והן גרנות של מעשר בהמה. ג' פרקים אלו הן ג' גרנות של מעשר בהמה, שזמנים אלו קבעו חכמים לעשר הבהמות שנולדו. וכמו שהגורן קובעת למעשר דגן, כך זמנים אלו קובעות לאסור הבהמות שנולדו באכילה עד שיעשר. אבל קודם הפרק מותר לאכול אע"פ שלא עישר. וטעם שקבעו חכמים ג' זמנים אלו, וגם במאי פליגי הני תנאי — מפרש בגמ': גמ' כל הן דתנינן. כל היכא דתנן "פרס" פירושו — המחצה. וה"נ המחצה משלשים יום שקודם המועד, שדורשין בהלכות המועד: מפני שהן פרקי לידה. הא דתנן "והן גרנות למעשר בהמה" — היינו טעמא, לפי שבזמנים הללו הבהמות יולדות. שיש בהמות שמבכירות ליולד קודם פסח, ויש בהמות שמאחרות עד בין פסח לעצרת, ויש שמאחרות עד בין העצרת לחג: כדי שתהא בהמה מצויה לעולי רגלים. דכיון דאין זמן לעשר הבהמות עד פרוס הרגלים — משהי אינשי בהמתם עד אותו זמן דלא לישחטינהו עד שיעשרם בזמן הגורן, שהוא סמוך לרגל. ונמצא שיהו בהמות מצויות לעולי רגלים ליקח מהן בין לאכילה בין לקרבנות: שלא יבא לידי בל תאחר. שמתוך שהוא תורם סמוך לרגלים לא ישכח מלהקריבן. א"נ: אם לא יעשר כל פעם סמוך לרגל כי אם בפעם אחת יעשר כל בהמותיו, לא יביא כל מעשרותיו ברגל הראשון לירושלים, כי רב ממנו לאכלם ברגל א'. ומתוך כך הוא משהה אותן בביתו, ויבא לידי 'בל תאחר': כל המשהה טבלו עובר.

נוסחאות ישנות

תורה אור

רַבִּי אֱלִיעֶזֶר וְרַבִּי יוֹסֵי עַד שֶׁקָּרְעוּ ס"ת בַּחֲמָתָן. קָרְעוּ ס"ד אֶלָּא שֶׁנִּקְרַע סֵפֶר תּוֹרָה. וְהָיָה שָׁם זָקֵן א' וְרַבִּי יוֹסֵי בֶּן קִסְמָא שְׁמוֹ, אָמַר: תְּמֵיהַנִי אִם לָא הֲוָה בהכ"נ זֶה בֵּית ע"ז וְחָזַר וְאָמַר: הָכְדֵין מֵחַבְרֵיהּ! נִכְנַס לְפָנָיו רַבִּי יַעֲקֹב בַּר אִידִי, א"ל כְּתִיב "כַּאֲשֶׁר צִוָּה ה' אֶת מֹשֶׁה עַבְדּוֹ כֵּן צִוָּה מֹשֶׁה אֶת יְהוֹשֻׁעַ" וְגוֹ' וְכִי כָּל דִּיבּוּר וְדִיבּוּר שֶׁהָיָה יְהוֹשֻׁעַ יוֹשֵׁב וְדוֹרֵשׁ הָיָה אוֹמֵר: כָּךְ אָמַר מֹשֶׁה? אֶלָּא, יְהוֹשֻׁעַ יוֹשֵׁב וְדוֹרֵשׁ, וְיוֹדְעִין הַכֹּל שֶׁהַתּוֹרָה שֶׁל מֹשֶׁה הִיא. אַף אַתָּה, אֱלִיעֶזֶר יוֹשֵׁב וְדוֹרֵשׁ וְהַכֹּל יוֹדְעִין שֶׁהַתּוֹרָה שֶׁלְּךָ הִיא. אָמַר לָהֶן: מִפְּנֵי מָה אֵין אַתֶּן יוֹדְעִין לְרַצּוֹת כְּבֶן אִידִי חֲבֵירֵנוּ. וְרַבִּי יוֹחָנָן, מַאי כּוּלֵּי הַאי דְּבָעֵי דֵּימְרוּן שְׁמַעְתָּא מִשְּׁמֵיהּ? — [א]דְּאַף דָּוִד בִּיקֵּשׁ עָלֶיהָ רַחֲמִים, שֶׁנֶּאֱמַר: "אָגוּרָה בְאָהָלְךָ עוֹלָמִים אֶחֱסֶה בְסֵתֶר כְּנָפֶיךָ סֶּלָה". וְכִי עָלְתָה עַל דַּעְתּוֹ שֶׁל דָּוִד שֶׁיְּהֵא חַי וְקַיָּם לְעוֹלָמִים? אֶלָּא כָּךְ אָמַר דָּוִד לִפְנֵי הקב"ה רבש"ע אֶזְכֶּה שֶׁיְּהוּ דְּבָרַי נֶאֱמָרִין בְּבָתֵּי כְנֵסִיּוֹת וּבְבָתֵּי מִדְרָשׁוֹת. שִׁמְעוֹן בֶּן נְזִירָא בְּשֵׁם ר' יִצְחָק אָמַר: כָּל תַּלְמִיד חָכָם שֶׁאוֹמְרִים דְּבַר הֲלָכָה מִפִּיו בָּעוֹלָם הַזֶּה — שִׂפְתָיו רוֹחֲשׁוֹת עִמּוֹ בַּקֶּבֶר, שֶׁנֶּאֱמַר "וְחִכֵּךְ כְּיֵין הַטּוֹב וְגוֹ' דּוֹבֵב שִׂפְתֵי יְשֵׁנִים", מַה כּוֹמֶר שֶׁל עֲנָבִים זֶה כֵּיוָן שֶׁמַּנִּיחַ אָדָם אֶצְבָּעוֹ עָלָיו — מִיָּד דּוֹבֵב, אַף שִׂפְתוֹתֵיהֶם שֶׁל צַדִּיקִים, כֵּיוָן שֶׁאוֹמְרִין דְּבַר הֲלָכָה מִפִּיהֶם שֶׁל צַדִּיקִים — שִׂפְתוֹתֵיהֶן מְרַחֲשׁוֹת עִמָּהֶן בַּקֶּבֶר. מָה הֲנָאָה לוֹ? בַּר נְזִירָא אָמַר: כְּהָדֵין דְּשָׁתֵי קוֹנְדִּיטוֹן. רַבִּי יִצְחָק אָמַר: כְּהָדֵין דְּשָׁתֵי חֲמִיר עַתִּיק, (אע"ג דְּלֵית לֵיהּ) אע"ג דְּשָׁתֵי לֵיהּ — טַעֲמָא בְּפוּמָא. (א) רַב א) גִּידֵּל אָמַר: הָאוֹמֵר שְׁמוּעָה בְּשֵׁם אוֹמְרָהּ יִרְאֶה בַּעַל שְׁמוּעָה כְּאִילּוּ עוֹמֵד לְנֶגְדּוֹ, שֶׁנֶּאֱמַר: "אַךְ בְּצֶלֶם יִתְהַלֶּךְ אִישׁ". כְּתִיב: "רַב אָדָם יִקְרָא אִישׁ חַסְדּוֹ" — זֶה שְׁאָר כָּל אָדָם. "וְאִישׁ אֱמוּנִים מִי יִמְצָא" — זֶה רַבִּי זְעֵירָא. דא"ר זְעֵירָא: *לֵיתַנַן צְרִיכִין חָשְׁשִׁין לִשְׁמַעְתֵּיהּ דְּרַב שֵׁשֶׁת, דְּהוּא גַּבְרָא מַפְתְּחָא. אֲמַר לֵיהּ ר' זְעֵירָא לְרַבִּי אַסִּי: חַכִּים רַבִּי לְבַר פְּדָיָא דְּאַתְּ אָמַר שְׁמַעְתָּא מִשְּׁמֵיהּ? אֲמַר לֵיהּ: ר"י אֲמָרָהּ מִשְּׁמֵיהּ. א"ל ר' זְעֵירָא לְר' אַסִּי: חַכִּים ר' לְרַב דְּאַתְּ אָמַר שְׁמַעְתָּא מִשְּׁמֵיהּ? א"ל ר' אַדָּא בַּר אַהֲבָה אֲמָרָהּ מִשְּׁמֵיהּ. אֵין דּוֹר שֶׁאֵין בּוֹ לֵיצָנִין כְּדוֹרוֹ שֶׁל דָּוִד. מֶה הָיוּ פְּרוּצֵי הַדּוֹר עוֹשִׂין? הָיוּ הוֹלְכִין אֵצֶל חַלּוֹנוֹתָיו שֶׁל דָּוִד, אוֹמְרִין לוֹ: דָּוִד דָּוִד, אֵימָתַי יִבָּנֶה בהמ"ק אֵימָתַי בֵּית ה' נֵלֵךְ? וְהָיָה דָּוִד אוֹמֵר: אע"פ שֶׁמִּתְכַּוְּונִין לְהַכְעִיסֵנִי — יָבֹא עָלַי אִם לֹא הָיִיתִי שָׂמֵחַ בְּדִבְרֵיהֶם. דִּכְתִיב: "שָׂמַחְתִּי בְּאוֹמְרִים לִי בֵּית ה' נֵלֵךְ". [ב] *) "וְהָיָה כִּי יִמְלְאוּ יָמֶיךָ וְשָׁכַבְתָּ אֶת אֲבוֹתֶיךָ", אָמַר ג) לוֹ הקב"ה לְדָוִד: יָמִים שְׁלֵמִים אֲנִי מוֹנֶה לָךְ וְלֹא יָמִים חֲסֵרִים. כְּלוּם שְׁלֹמֹה בִּנְךָ יִבְנֶה בה"מ — אֶלָּא לְהַקְרִיב [ג] קָרְבְּנוֹת צִיבּוּר, חָבִיב ג) עָלַי צְדָקָה וּמִשְׁפָּט שֶׁאַתָּה עוֹשֶׂה יוֹתֵר מִן הַקָּרְבָּן, שנא' "עֲשֹׂה צְדָקָה וּמִשְׁפָּט נִבְחָר לַה' מִזָּבַח".§

יהושע יא | תהלים סא | שיר ז | תהלים לט | משלי כ | שם | תהלים קכב | ש"ב ז | משלי כא

הדרן עלך מצרפין שקלים

הלכה א מתני' א בִּשְׁלֹשָׁה פְּרָקִים בַּשָּׁנָה תּוֹרְמִין אֶת הַלִּשְׁכָּה: בִּפְרוֹס הַפֶּסַח, בִּפְרוֹס הָעֲצֶרֶת, בִּפְרוֹס הֶחָג. בוְהֵם ד) גְּרָנוֹת שֶׁל מַעְשַׂר בְּהֵמָה, דִּבְרֵי ר"ע בֶּן עַזַּאי אוֹמֵר: בְּעֶשְׂרִים וְתִשְׁעָה בַּאֲדָר, וּבְאֶחָד בְּסִיוָן, וּבְעֶשְׂרִים וְתִשְׁעָה בְּאָב. ר' לְעָזָר ור"ש אוֹמְרִים: בא' בְּנִיסָן, בא' בְּסִיוָן, בכ"ט בֶּאֱלוּל. וְלָמָּה אָמְרוּ בכ"ט בֶּאֱלוּל וְלֹא אָמְרוּ בְּאֶחָד בְּתִשְׁרֵי — מִפְּנֵי שֶׁהוּא יו"ט גוְאִי אֶפְשָׁר לְעַשֵּׂר ביו"ט לְפִיכָךְ הִקְדִּימוּהוּ בכ"ט בֶּאֱלוּל.§ **גמ'** א"ר אַבָּהוּ: כָּל הֵן דְּתָנֵינַן פְּרָס — פַּלְגָּא. (ב) פַּלְגָּא דל' יוֹם קוֹדֶם לַמּוֹעֵד, שֶׁדּוֹרְשִׁים בְּהִלְכוֹתָיו.§ וְהֵן גְּרָנוֹת וְכוּ'.§ א"ר יוֹחָנָן: מִפְּנֵי שֶׁהֵן פִּרְקֵי לֵידָה. ר' אַחָא (ג) ור' תַּנְחוּם בַּר חִיָּיה בְּשֵׁם ריב"ל כְּדֵי ה) דשֶׁתְּהֵא הַבְּהֵמָה מְצוּיָה לְעוֹלֵי רְגָלִים. א"ר יוּדָן: שֶׁלֹּא יָבֹא לִידֵי בַּל תְּאַחֵר. א"ר יוֹסֵה: כָּל [א] הַמְשַׁהֶה טִבְלוֹ (ד) עוֹבֵר בְּבַל תְּאַחֵר.

*) מלת והיה ליתא במקרא.

תַּמָּן

ריבב"ן

מתני' בשלשה פרקים תורמין את הלשכה. תחלה היו מניחין השקלים בשופרות שהיו במקדש כדתנן בפרקין דלעיל נתמלאו השופרות מניחין כל הכסף בלשכה ובג' פרקים הללו תורמין בג' קופות וכל קופה מחזקת ג' סאין והיא נקראת תרומה: בפרום הפסח. ירושלמי א"ר אבהו כל הן דתנינן פרס פלגא דהיינו ט"ו יום קודם לפסח שהן חצי מל' יום שדורשין בהלכות פסח קודם לפסח והן גרנות למעשר בהמה שנתחייב לעשרן כתבואה שנתחייבה בגורן בתרומה לאחר שנעשה כרי. ירושלמי א"ר יוחנן מפני שהם פרקי לידה יש מהן שמבכירות סמוך לפסח ויש מהן שמאוחרות אחר פסח ר' אחא ור' תנחום בשם ריב"ל כדי שתהא בהמה מצויה לעולי רגלים והכי איתא בבכורות בפ' בתרא: בן עזאי אומר בכ"ט באדר כו'. במאי קא מפלגי ר"ע סבר אדר סמוך לניסן זמנין חסר זמנין מלא זמנין דמקלע ביום ל' וזמנין דמקלע ביום כ"ט מש"ה לא קבע ליה זמן ובן עזאי סבר אדר סמוך לניסן לעולם חסר והלכך קבע ליה בכ"ט שהן ט"ו יום קודם לרגל באחד בסיון איידי דלא נפישי בהמות לעשר שרובן יולדות באדר ונתעשרו כבר אי אמרת ליקדום ט"ו קודם הרגל אדמטי רגל שלמי: בכ"ט באב. בן עזאי לטעמיה דאמר האלולים מתעשרין לעצמן דמספקא ליה אי אחד באלול ר"ה למעשר בהמה אי אחד בתשרי ר"ה למעשר בהמה ופריך ליעשרינהו ביום ל' באב זמנין דמחסרי ליה לאב ובעינן למעבד היכרא לחדש וליכן כדכתיב עשר תעשר את כל תבואות זרעך אחד מעשר בהמה ואחד מעשר דגן וכו' שנה שנה כל אחד ואחד בתוך שנתו ר' אלעזר ור"ש אומרים באחד בניסן דס"ל כרשב"ג דאמר שתי שבתות דורשין קודם לרגל בא' בסיון כדאמר בן עזאי לעיל. בכ"ט באלול ר' אלעזר ור"ש לטעמיה דאמרי באחד בתשרי ר"ה למעשר בהמה. וא"א לעשר ביו"ט. ופריך ותיפוק ליה דבעינן למיעבד היכרא לחדש וליכן חדא ועוד קאמר חדא דבעינן למיעבד היכרא לחדש וליכן ועוד מפני שהוא יו"ט וא"א לעשר ביו"ט מ"ט [משום] סקרתא שלובע בעשירי ברא ההכבש ואסור לצבוע ביו"ט וקשה בלא"ה נמי אין מעשרי' ביו"ט דתנן בביצה בפ' בתרא אין מקדישין וכו' ויש לתרץ הואיל דזמנן קבוע הוא מותר לעשר בשבת דאמר ר' יוחנן מקדיש אדם את פסחו בשבת וחגיגתו ביו"ט ומפרש טעם לפי שקבוע

תקלין חדתין

שוס נחלקו בו ר"א ור"י אס מותר לטלטלו בשבת לנעול בו את הדלת, כיון שיש תורת כלי עליו: "קרעו" — משמעבכוונה, "נקרע" — משמעממילא :בהכ"נזהע"ז. משום כל הכועס כאלו עע"ז: הכדין בחברי. כלומר, מה שאירע כך בחברים הוא דאירע, ומאי מדמית לה שאני כועס על ר"א שהוא תלמידי: נכנס לפניו ר"י בר"א. ג"כ לפייסו: מאי כולי האי. למה הקפיד כ"כ על ר"א שיאמר דבר משמיה. ומשני: אף דוד בקש עליה רחמים: וכי עלתה ע"ד של דוד שיהא חי וקיים לעולמים. והלא כבר נגזרה מיתה לבני אדם הראשון: בבכ"נ ובבמ"ד. בבכ"נ יאמרו תהלותיו ותפילותיו, ובבהמ"ד יאמרו דבר הלכה משמו. והיינו עולמים — דתפלה חיי שעה, ותורה חיי עולם, והם נגד עוה"ז ועוה"ב: רוחשות. שאור התורה היוצא מפי האומר מתקשר בהשארת נפשו, ולכן רוחשות שמגיע בשורש ששנה ממנו, ככומר של ענבים: קונדיטין. יין עם דבש: חמר עתיק. יין ישן: דהוא גברא מפתחא. סגי נהור, ושמא לא דקדק יפה. דכתיב "והיו עיניך רואות את מוריך". ואמרו בגמ': האי דמחדדנא — דחזיתיה לר"מ מאחורי' כו': חכים רבי. וכי מכיר אתה אותו: ר"י. שהוא איש אמונים: אין דור. איידי דאיירי לעיל מדוד, מייתי ליה הכא: אימתי יבנה. והם ידעו מה שאמר הש"י לדוד "אתה לא תבנה הבית": יבא. לשון שבועה: כי ימלאו וגו'. מייתי לה הכא למדרש: אף שהיה דוד שמח כ"כ בבנין בהמ"ק אף שימות, מ"מ הקדוש ברוך הוא לא עשה כן, אלא מלא את ימיו:

הדרן עלך פרק מצרפין שקלים

בשלשה פרקים תורמין את הלשכה. שהיו מונחים בה כל השקלים: בפרום. מפרש בגמ': והן גרנות למעשר בהמה. שאלו הזמנים קבעו חכמים למעשר הבהמות שנולדו, לאסור באכילה עד שיעשר. ובפ"ב דבכורות מפרש אמאי קרי לי' "גורן", אבל קודם הפרק מותר לאכול אע"פ שלא עשר, וטעמא מפרש בגמ': בן עזאי אומר כו'. פלוגתייהו מפרש בגמ': **גמ'** פרקי לידה. הבכורות יולדות לפני הפסח, והמאוחרות קודם עלרת, ויש שאין יולדות עד בין עלרת לחג. וכנגדם תקנו חכמים שלשה זמנים למעשר בהמה: כדי שתהא בהמה מצויה לעולי רגלים. דכיון דאין גורן מעשר בהמה עד פרוס הרגלים ומשהי אינשי בהמתן עד אותו זמן דלא לשחטינהו עד שיעשרם בזמן הגורן שהוא סמוך לרגל, ונמצא שיהיו בהמות מצויות לעולי רגלים ליקח מהן, בין לאכילה בין לקרבנות: בל תאחר. שגם

מסורת הש"ס

א) שבת פ"ק הל"ב וקדושין פ"א הל"ז: ב) ירושלמי ברכות פ"ב הל"א ור"ה פ"א הל"א ומו"ק פרק ג הל"ז ודברים רבה פ"ד: ג) סוכה מט ב: ד) (בכורות נז ע"ב): ה) שם נח א:

עין משפט נר מצוה

א א מיי' פרק ב משקלים הל"ה:

ב ב מיי' פרק ז מבכורות הל"ח:

ג ג מיי' פ"ד מיו"ט הלכה כ"ו ופ"ב מחגיגה הלכה ט:

ד ד מיי' פרק ז מבכורות הל"ח:

נוסחת הבבלי

(א) רב גדיל אמר כו': (ב) פלגא בל' יום כו': (ג) ר' תנחם בר חייא כרי כו': (ד) עובר תמן כו':

הגהות הגר"א

[א] ל"ל אף דוד: [ב] ל"ל מה כתיב והיה כי ימלאו ימיך ושכבת את אבותיך וכו': [ג] מלת לבור מיותר ול"ל אלא להקריב קרבנות וכו':

ציון ירושלים

כל המשהה טבלו עובר בבל תאחר. עי' רמב"ם פרק יד ממעה"ק ה"ג שכתב סתם מעשרות ולא הזכיר מעשר בהמה. ועי' תוס' ר"ה דף ד ד"ה למעשרות דה"ה תרומה וביכורים:

גליון הש"ס

[א] עי' בתוס' ר"ה דף ד ע"א ד"ה ומעשרות ול"ע שלא הביאו דברי

משנת אליהו

י"ד סי' רמ"ב סעיף ט"ו ב' דעות. ורבינו הגאון כתב להשוות ירושלמי ובבלי והביא מירושלמי ראיה להיפך דהא קפיד ר"י וכי לא ידע הברייתא וגם ריב"א לא השיב לו מברייתא אלא א"ל אינון משמע אינון לבד ומלד המנהג ומ"ש בשבת פ"ט כלום יש עבד יש לחלק בין עבד לתלמיד כמ"ש בהגמ"י שם: הדרן עלך מצרפין שקלים

מפרש דעובר על 'בל תאחר', היינו לפי שהוא משהה טבלו. דמיד בפרקי לידה חייב לעשר, ואע"ג דקודם הגורן מותר למכור ולשחוט, כדתנן בבכורות פרק בתרא, מ"מ משהגיע הגורן ויש לו הרבה בהמות ה"ל כטבל מדרבנן. א"נ: בלשון קושיא קאמר: וכי המשהה טבל זה עובר, והראשון נראה: תמן תנינן. בבכורות פרק "מעשר בהמה": ה"ג: ר"א ור"ש אומרים באחד בתשרי בן עזאי וכו': האלוליים. אותן שנולדו באלול אין מתעשרין לא עם בני תשרי ולא עם בני אב, וטעמיה מפרש בסמוך: עד כאן. עד אלול נמשך שהאחרונות יולדות מן אותן שנתעברו קודם ניסן, דבהמה דקה עיבורה חמשה חדשים: מכאן ואילך. לאחר אלול הן מאותן שנתעברו לאחר ניסן, והוה להו חדשות: "לבשו כרים הצאן". מקרא הוא בספר תהלים "לבשו כרים הצאן ועמקים יעטפו בר יתרועעו אף ישירו". וה"ק: "לבשו כרים הצאן" — מתלבשות הכבשים שמתעברות: אלו הבכירות. שמתעברות מיד: "ועמקים יעטפו בר". ואיכא נמי צאן שמתעברות בזמן שעמקים יעטפו בר, והזריעה ניכרת יפה יפה והיינו בניסן. ואע"ג דגם באדר ניכר הזריעה — מ"מ באפלייתא אין הזריעה ניכרת יפה, אלא בניסן: אלו ואלו נכנסין לדיר להתעשר. דמפרש "יתרועעו" לשון רעים, ו"ישירו" כאילו כתיב 'יעשירו'. וקאמר דנעשו ריעים ויעשירו אלו עם אלו: הואיל ואלו אומרין כך וכו'. רמ"א: באחד באלול, ור"א ור"ש אומרים: באחד בתשרי, ואין אנו יודעים הלכה כמאן. הלכך יהו האלולים וכו': ה"ג: הא כילד? נולדו לו חמשה באב, וה' באלול, או ה' באלול, וה' בתשרי — אין מלטרפין: ה"ג: נולדו לו ה' בתשרי וה' באב מצטרפין. וה"פ: ה' באב שלאחר תשרי מלטרפין ואף על גב דמפסקי גרנות שתקנו חכמים: ופריך: ובן עזאי מכריע על דברי תלמידיו. שהרי ר"מ ור"ש היו לאחר בן עזאי: שכן נחלקו עליה אבות העולם. תנאים הראשונים: ר"י ור"ע. ועליהם אמר בן עזאי "הואיל ואלו" וכו', ומכריע דבריהם: זאת אומרת. שבן עזאי תלמיד חבר היה לר"ע: אין תימר שר"ע היה רבו של בן עזאי, וכי אדם אומר על דברי רבו הואיל ואלו כו'. ומכריע דבריו: שמע לה מן הדא. שתלמיד חבר היה לר"ע: אמר לו בן עזאי וכו'. מתני' בב"ב פרק "מי שמת": אלא שבאת. ולא קאמר שבא: תמן תנינן. בבכורות פרק "מעשר בהמה": כל הנולדים באחד בתשרי. אתאן לר"א ור"ש, דאמרו באחד בתשרי ר"ה למעשר בהמה: מצטרפין. לכנכן לדיר אחד: לפני הגורן. מאלו שלש גרנות, שאין הגורן מפסיק: לא כחנט. לא כאילנות, דאזלינן בהו לענין מעשר בתר חנטה, כל שחנטו פירותיו קודס ט"ו שבט — מתעשר לשנה שעברה: ולא כשליש. כתבואה וזיתים דאזלינן בהו בתר שליש, והיינו כשעת גמרן, דמשהביאו שליש, ראוין לאכילה ע"י הדחק: אין תימר כחנט. דאזלינן בהו בתר חנטה, ה"ל למתני: כל המעוברין מכ"ט באלול ואילך הן החדשות: אין תימר כשליש. א"כ אף במעשר בהמה אזלינן בתר גמרן, שהן ראוין להקרבה: ניתני כל הנולדים עד כ"ב בו. דהיינו הנולדים שבעה ימים קודס ר"ה. אבל הנולדים אח"כ אינן ראוין להקרבה בשנה זו, דהא כתיב "מיום השמיני והלאה תרצה לי": בשליש עשו אותו. ודקשיא לך: ליתני עד כ"ב בו — מתניתין ר"ש היא, דסובר מחוסר זמן, דהיינו קודס שבעה נכנס לדיר להתעשר: את אמר הדא מילתא. דמתניתין ר"ש היא: האלוליים מתעשרות בפני עצמן. מאי לאו הנולדים עד כ"ט באלול מיקרי 'אלוליים'. וכי אפשר לך לומר דבן עזאי סובר כר"ש ולא כרבנן דפליגי על ר"ש, וסברי דמחוסר זמן אינו נכנס לדיר? אלא, ודאי הכל אזיל בתר לידה, וזה גמרו כמו תבואה, ואע"ג שאינן ראויין להקרבה: כמה דאת אמר וכו'. וכמו דאמרת לרבנן דאותן שנולדו מכ"ב אלול עד ר"ה הן מתעשרין לאחר ר"ה עם אותן שנולדו קודם ר"ה, ה"נ לבן עזאי דסובר דאלוליים מתעשרות בפני עלמן — מ"מ גורנן לא הוה עד פסח הבא, כיון דלדידיה מספקא ליה דלמא מתחיל מאלול ואין להם גורן עד פסח. מיהו אז מתעשרין עם האלוליים: זאת אומרת. מדמלרפינן לרבנן כל הנולדים בתוך השנה שעברו, אע"ג דנולדים בסוף השנה והם מחוסרי זמן — שמעינן דאף בבכור מתחילין שנתו מיום הולדו, וימים שהוא מחוסר זמן בהן מלרפינן לשנה: "כל הבכור אשר יולד תקדיש לה' אלהיך": הא כיצד. שיקדיש בכור? הלא ממעי אמו הוא קדוש! אלא ללמד: מכי יולד תתחיל למנות קדושתו, דשנתו מתחיל מיום שנולד:

הלכה ב מתני' תורמין את הלשכה. נוטלין הממון מתוך הקופות הגדולו' שתרמו בהן בר"ח ניסן, והן היו כל אחת של ט' סאין. ובכל מועד היו תורמין מאלו קופות מקופות קטנות של ג' סאין, וכתוב על אלו הג' קופות שמחזקת כל א' מהן ג' סאין א' ב' ג' כדי שיספקו ממנה לקרבנות לבור עד שתכלה, ואח"כ מן השניה

תורה אור

תַּמָּן תָּנֵינָן, רמ"א א) בְּאֶחָד בֶּאֱלוּל ר"ה לְמַעְשַׂר בְּהֵמָה. ר' אֶלְעָזָר ור"ש אוֹמְרִים: אבְּאֶחָד בְּתִשְׁרֵי. בֶּן עַזַּאי אוֹמֵר: הָאֱלוּלִיִּים (הֵם) מִתְעַשְּׂרִין בִּפְנֵי עַצְמָן. א"ר *חוּנָה: טַעְמָא דר"מ עַד כָּאן הֵן מִתְמַצּוֹת לֵילֵד מִן הַיְשָׁנוֹת, מִכָּאן וְאֵילָךְ הֵן מַתְחִילוֹת לֵילֵד מִן הַחֲדָשׁוֹת. ר' יוֹסֵה בַּר ר' בּוּן בְּשֵׁם רַב *חוּנָה: טַעְמָא דר"א ור"ש — "לָבְשׁוּ כָרִים הַצֹּאן" — אֵלּוּ הַבְּכִירוֹת, "וַעֲמָקִים יַעַטְפוּ בָר" — אֵלּוּ הָאֲפִילוֹת, "יִתְרוֹעֲעוּ אַף יָשִׁירוּ" — אֵלּוּ וָאֵלּוּ נִכְנָסִים לַדִּיר לְהִתְעַשֵּׂר. אָמַר ג) בֶּן עַזַּאי: הוֹאִיל וְאֵלּוּ אוֹמְרִים כָּךְ וְאֵלּוּ אוֹמְרִים כָּךְ, יְהוּ הָאֱלוּלִיִּים מִתְעַשְּׂרִין בִּפְנֵי עַצְמָן. הָא כֵּיצַד? נוֹלַד לוֹ בה' בְּאָב וה' בֶּאֱלוּל וה' בְּתִשְׁרֵי — אֵין מִצְטָרְפִין. נוֹלַד לוֹ בה' בְּתִשְׁרֵי וה' בְּאָב — הֲרֵי אֵלּוּ מִצְטָרְפִין. וּבֶן עַזַּאי מַכְרִיעַ עַל דִּבְרֵי תַלְמִידָיו?! אֲתָא ר' יִרְמְיָה ור' מְיָישָׁא בְּשֵׁם ר' שְׁמוּאֵל בַּר ר' יִצְחָק: שֶׁכֵּן נֶחְלְקוּ עָלֶיהָ אֲבוֹת הָעוֹלָם. וּמַאן *נִינְהוּ (א) אֲבוֹת עוֹלָם? תְּנָא ר' יוֹנָה קוֹמֵי ר' יִרְמְיָה: ר' יִשְׁמָעֵאל ור"ע. זֹאת אוֹמֶרֶת בֶּן עַזַּאי חָבֵר וְתַלְמִיד הָיָה דר"ע. אִין תֵּימַר רַבֵּיהּ, אִית בַּר נָשׁ אָמַר לְרַבֵּיהּ הוֹאִיל וְאֵלּוּ אָמְרוּ כָּךְ וְאֵלּוּ אָמְרוּ כָּךְ?! רַבִּי אָבוּן בְּשֵׁם ר' שְׁמוּאֵל בַּר רַב יִצְחָק שָׁמַע לָהּ מִן הָדָא: א"ל ג) בֶּן עַזַּאי: עַל הַחֲלוּקִין אָנוּ מִצְטַעֲרִין אֶלָּא שֶׁבָּאת לַחֲלוֹק עָלֵינוּ אֶת הַשָּׁוִין. זֹאת אוֹמֶרֶת בֶּן עַזַּאי חָבֵר וְתַלְמִיד הֲוָה לר"ע אִין תֵּימַר רַבֵּיהּ, אִית בַּר נָשׁ אָמַר לְרַבֵּיהּ אֶלָּא שֶׁבָּאת לַחֲלוֹק עָלֵינוּ אֶת הַשָּׁוִין?§ תַּמָּן ד) תָּנֵינָן: בכָּל הַנּוֹלָדִין מֵאֶחָד בְּתִשְׁרֵי עַד כ"ט בֶּאֱלוּל — הֲרֵי אֵלּוּ מִצְטָרְפִין, חֲמִשָּׁה לִפְנֵי רֹאשׁ הַשָּׁנָה וה' לְאַחַר רֹאשׁ הַשָּׁנָה — אֵין מִצְטָרְפִין. ה' לִפְנֵי הַגּוֹרֶן וה' לְאַחַר הַגּוֹרֶן הֲרֵי אֵלּוּ מִצְטָרְפִין. אָמַר רַבִּי יוֹסֵה: הָדָא אוֹמֶרֶת מַעְשַׂר בְּהֵמָה לֹא עָשׂוּ אוֹתָהּ לֹא כְחֶנֶט וְלֹא כִשְׁלִישׁ. אִין תֵּימַר כְּחֶנֶט — לִיתְנֵי כָּל הַמְעוּבָּרִים מֵאֶחָד בְּתִשְׁרֵי עַד עֶשְׂרִים וְתִשְׁעָה בֶּאֱלוּל. אִין תֵּימַר כִּשְׁלִישׁ — לִיתְנֵי כָּל הַנּוֹלָדִים עַד עֶשְׂרִים וּשְׁנַיִם בֶּאֱלוּל. רַבִּי שַׁמַּאי בְּשֵׁם רַבִּי *בֵּיבָי בְּרַבִּי חִיָּיא: [א] כִּשְׁלִישׁ עָשׂוּ אוֹתָהּ. כְּרַבִּי שִׁמְעוֹן, דְּאָמַר ר"ש מְחוּסַּר ה) זְמַן נִכְנָס לַדִּיר לְהִתְעַשֵּׂר. קָם רַבִּי מָנָא עִם רַבִּי שַׁמַּאי, [ב] א"ל אַתְּ אָמְרַתְּ חֲדָא מִילְּתָא. תַּמָּן תָּנֵינָן: בֶּן עַזַּאי אוֹמֵר הָאֱלוּלִיִּים מִתְעַשְּׂרִין לְעַצְמָן, לֹא אֲפִי' נוֹלַד עַד עֶשְׂרִים וְתִשְׁעָה בֶּאֱלוּל? [ג] אִית לָךְ מֵימַר בֶּן עַזַּאי כְּרַבִּי שִׁמְעוֹן וְלָא גכְּרַבָּנָן?!* כְּמָה דְּאַתְּ אָמַר עַל דְּרַבָּנָן מַנִּיחָן לַשָּׁנָה הַבָּאָה וְהֵן מִתְעַשְּׂרִין עִם בְּנֵי שְׁנָתָן, כֵּן אַתְּ אָמַר עַל דְּבֶן עַזַּאי — מַנִּיחָן לַגּוֹרֶן הַבָּא וְהֵן מִתְעַשְּׂרִין עִם בְּנֵי אֱלוּלִים. (ב) אָמַר רַבִּי חִיָּיא (חוּנָה) זֹאת ו) אוֹמֶרֶת יָמִים שֶׁהַבְּכוֹר מְחוּסַּר זְמַן בָּהֶן עוֹלִין לוֹ לְתוֹךְ שְׁנָתוֹ. אָמַר רַבִּי מָנָא אָמַר ר' יוֹנָה אַבָּא שָׁמַע לָהּ מִן הָדָא: "כָּל הַבְּכוֹר אֲשֶׁר יִוָּלֵד וְגוֹ' הַזָּכָר תַּקְדִּישׁ" הָא כֵּיצַד — דמִשְּׁעַת לֵידָתוֹ אַתְּ מוֹנֶה לוֹ שָׁנָה.§

(תהלים סה; דברים טו)

הלכה ב מתני' הבְּשָׁלֹשׁ ז) קוּפּוֹת שֶׁל שָׁלֹשׁ שָׁלֹשׁ סְאִין תּוֹרְמִין אֶת הַלִּשְׁכָּה, ווְכָתוּב עֲלֵיהֶן אָלֶ"ף בֵּי"ת גִּימֶ"ל. רַבִּי יִשְׁמָעֵאל אוֹמֵר. יְוָנִית כְּתוּב עֲלֵיהֶן, אַלְפָ"א בֵּיתָ"א גַּמָּ"א. זאֵין ח) הַתּוֹרֵם נִכְנָס לֹא בְּפַרְגּוֹד חָפוּת, וְלֹא בְּמִנְעָל, וְלֹא בְּסַנְדָּל, וְלֹא בִּתְפִילִּין, וְלֹא בְקָמִיעַ. שֶׁמָּא יַעֲנִי — וְיֹאמְרוּ מֵעֲוֹן הַלִּשְׁכָּה הֶעֱנִי, אוֹ שֶׁמָּא יַעֲשִׁיר — וְיֹאמְרוּ מִתְּרוּמַת הַלִּשְׁכָּה הֶעֱשִׁיר. שֶׁאָדָם צָרִיךְ לָצֵאת יְדֵי הַבְּרִיּוֹת כְּדֶרֶךְ שֶׁהוּא צָרִיךְ לָצֵאת יְדֵי הַמָּקוֹם, שֶׁנֶּאֱמַר: "וִהְיִיתֶם נְקִיִּם מֵה' וּמִיִּשְׂרָאֵל", וְאוֹמֵר: "וּמְצָא חֵן וְשֵׂכֶל טוֹב בְּעֵינֵי אֱלֹהִים וְאָדָם".§ **גמ'** (ג) תַּמָּן ט) תָּנֵינָן: מְפַנִּין אֲפִילּוּ ד' וְחָמֵשׁ קוּפּוֹת. ר' זְעֵירָא שָׁאַל אֶת רַבִּי *יֹאשִׁיָּה: כַּמָּה הוּא שִׁיעוּרָן שֶׁל* קוּפּוֹת? אָמַר לֵיהּ: נִלְמוֹד

(במדבר לב; משלי ג)

נוסחאות ישנות

אינון — בון — היא — שלש

ריבב"ן

להם זמן בפרק השואל: מתני' וכתוב עליהן אל"ף בי"ת גימ"ל. מפרש ביומא בסוף הוליאו לו אמר ר' יוסי למה כתב עליהן אב"ג לידע איזה נתרמה ראשון שמלוה בראשון לקנות ממנה תמידין ומוספין ובתוספתא נמי תניא מפני שמתחילין ומוליאין מן הראשונה: אלפא ביתא גמ"א. לשון יונית לפי שלאחר שמלך אלכסנדרוס מלך יון על ירושלים הכירו ישראל בלשון יונית וכתבו באותו הלשון שלא יטעו בקופות איזו ראשונה*) ואין מסתפקים מן הראשונה קודם השניה ולא שניה קודם שלישית:

תקלין חדתין

שגם על מעשר בהמה עוברים על ב"ת, כדדרשינן בר"ה (ה, ב). לכך תקנו שיעשר סמוך לרגל, ויביא לירושלים בעלותו לרגל: ר"ה. דאותן שיולדו קודם לכן אין נכנסין לדיר להתעשר עם אותן שיולדו מכאן ואילך, משום דהוה חדש וישן: האלולים. אותן שנולדו באלול אין מתעשרין לא עם בני תשרי ולא עם בני אב, כדמפרש טעמא לקמן: ע"ב מתמצות. עד אלול נמשך שיולדות האחרונות מהמעוברות קודם ניסן, דעיבורה של בהמה דקה ה' חדשים: אלו הבכורות. שמתעברות באדר: אלו האפלות. דדריש "יעטפו" מלשון העטופים ללבן. דהיינו האפלות, שמעטיפות ומתאחרות מלקבל זכר עד ניסן: אלו ואלו כו'. דריש "יתרועעו" — לשון רעים, ו"ישירו" — לשון מעשר, כמו יעשירו. שנעשו רעים לכנוס לדיר יחד להתעשר: הואיל ואלו. ר"מ אומר בא' באלול ור"א ור"ש אומרים בא' בתשרי: אין מצטרפין. האלולין לא עם הנולדים באב, דלגבייהו הן חדש. ולא עם ה' שבתשרי — דלגבייהו הן ישן: ה' בתשרי וה' באב. כלומר, באב שאחר תשרי מלטרפין, אע"פ שיש גרנות בינתים, ובבבלי שם פריך: פשיטא! ומשני: מ"ד כי היכי דמפסקי שנים ה"נ מפסקי גרנות, קמ"ל כדתנן וכו': ב"ע מכריע על דברי תלמידיו אתא. בתמיה. דקס"ד דב"ע להכריע בין ר"מ ור"ש בא, מדקאמר "הואיל ואלו אומרים, הואיל ואלו אומרים" — לכך מתמה: וכי אפשר לומר שבא להכריע ביניהם? והלא הם היו תלמידיו, ודאי הוי מצי למיקם אטעמייהו והוה ליה למקבע הלכה כמאן דמסתבר טעמיה, ולא להכריע. וכה"ג פריך בבבלי שלהי בכורות. ומשני: משום שנחלקו בזה אבות העולם ולא הוי מצי למיקם אטעמייהו, ועל דבריהם של ר"י ור"ע אמר הואיל ואלו אומרים כך ואלו אומרים כך: דאמר לרביה הואיל ואלו אומרים כך. ולא אמר "הואיל ורבי אומר כך": שמע לה מן הדא. שב"ע היה תלמיד וחבר לר"ע: ירואה ולא הזכיר לשון "רבי" ו באחד בתשרי. ואתאן לר"א ור"ש דאמרי באחד בתשרי ר"ה למעשר בהמה: לא כחנט. כפירות האילן דאזלינן בתר חנטה לזמן מעשר שלהם שאותם שחנטו קודם ט"ו בשבט מתעשר לשעבר: לא כשליש. תבואה וזיתים אזלינן בתר גידולם עד כשליש: ליתני כל המעוברין. דעיבור בבהמה כחנט באילן. וליתני: כל המעוברין מאחד בתשרי, לאפוקי המעוברין קודם: עד כ"ב באלול. דראוי להקרבה עד ר"ה, שיהיה ח' ימים עם יום כ"ב שנולד בו. והוי כשליש בתבואה וזיתי', שהוא גמרן למעשר. ואלו שנולדו בכ"ב בו הוא שיתעשרו עם אותן שנולדו מא' בתשרי. משא"כ אשר יולד אחר כ"ב, שאינו ראוי להקרבה עד ר"ה — יתעשר לשנה הבאה: ר"ש כדעתיה. דס"ל דגם שאינו ראוי להקרבה, דהיינו בכה"ג דמחוסר זמן נכנס לדיר להתעשר, והוי כשליש עד כ"ט בו: עד כ"ט באלול אית לך כו'. דב"ע סתמא אמר "האלולים", דמשמע דכל החודש, וכאן לא מצי לתרולי הכי דר"ש לשיטתיה אזיל, כדקאמר ר"ש כדעתיה. ול"ג "ולא כרבנן", דעיקר הפירכא משום דלאו לשיטתיה לא מסתבר לאוקמיה כר"ש, כדאמר לר"ש גופיה כדעתיה. אבל לא משום שלא יסבור כרבי'. שמלינו אוקימתא כיחידאה: ה"ג: אלא כמה דאת אמר כו' כן את אמר על דרבנן כו'. כלומר, כמו לב"ע לריך אתה לפרש דאותן שנולדו מכ"ב עד כ"ט מתעשרים לשנה הבאה עם בני שנתן, ה"נ לרבנן. ותנא לא עסיק לפרושי הני מחוסרי זמן, דמילתא דפשיטא הוא. וגירסת הספרים שיבושא הוא דעל דהסכרת הוא מב"ע לרבנן: זאת אומרת וכו' עולין לו תוך שנתו גרסינן. מדלאמר הכא לרבנן עם בני שנתן ולב"ע עם האלולים של שנה הבאה, משמע כיון שנשלם שנתו משעה שנולד — אזיל ליה שנת מעשרו ונחשבים הימים שהוא מחוסר זמן בתוך השנה. ש"מ בבכור ג"כ חשבינן אלו הימים בתוך שנתו, דהיינו מיום הולדו. ורבי מני דריש לה מקרא, כיון דקדושתו מרחם מתחיל למנו' שנתו ג"כ מיום הולדו:

מתני' בג' קופו' כו'. הממון כולו המוצא היו מכניסין בלשכה אחת וטוטלין מהן בג' קופות ומוליאין משם בכל מועד מהג' מועדות. ואמר כאן כי מה שמוליאין בכל מועד משם היה בשלש קופות, כל קופה מחזקת ג' סאין: אב"ג. בגמרא מפרש למה היה כתוב עליהן: יונית כתוב. שהיו רגילין בו: גמ' ה"ג: תמן תנינן. שבת קכ"ו: כמה הוא שיעורן של

ואחר כן מן הג': יונית כתוב עליהן. היו רגילים ביונית דכתיב "יפת אלהים ליפת וישכון באהלי שם" — יפיפיותו של יפת ישכון באהלי שם, ואין לך לשון יפה בבני יפת כמו היונית: פרגוד חפות. כשהמלבוש ארוך וכופלין אותו מלמטה, אותו הכפל קרוי 'פרגוד חפות'. ואין התורם נכנס עם השפה הכפולה הזאת, שלא יחשדוהו שנתן בתוכה ממעות הלשכה:

ולא בתפילין ולא בקמיע. שלא יאמרו הסיר התפר ונתן בתוכן מעות: גמ' כמה הוא שיעורן של קופות. אהא דתנן בפ' "מפנין" אפילו ד' וה' קופות של תבן וכו' קאי, כמה מדות

מסורת הש"ס

א) ר"ה ז ב ירושלמי ר"ה פ"א הל"א: ב) שם: ג) ב"ב קנח ב: ד) בכורות נז ב: ה) שם כא ב: ו) עי' ר"ה ו ב: ז) יומא סב א מגילה כא ב: ח) יבמות קב ב: ט) ירושל' שבת פי"ח הל"א ופי"ח הלכה א ופסחים פ"י הל"א:

עין משפט נר מצוה

ה א מיי' פרק ז מבכורות הל"ו:
ו ב מיי' שם:
ז ג מיי' שם פרק ו הלכה יד:
ח ד מיי' שם פרק א הל"א טוש"ע יו"ד סימן שו סעיף ז:
ט ה מיי' פרק ב משקלים הל"ה:
י ו מיי' שם הל"ז:
יא ז מיי' שם הל"י:

נוסחת הבבלי

(א) אבות העולם משום ר' יונה קמי' דר"י כו': (ב) אמר רב הונא זאת כו' נכנם לדיר להתעשר אמר כו': (ג) שלש קופות כו' ר"ז כו' שיעורן של קופות:

הגהות הגר"א

[א] ה"ג כשליש עשה אותה ר"ש כדעתיה דאר"ש כו': [ב] ה"ג א"ל את אמרת הדא מילתא א"ל אין א"ל הא תמן תנינן וכו': [ג] ה"ג אית לך למימר ב"ע כר"ש הוא אלא כמה דאת אמר על דבן עזאי מניחן לשנה הבאה והן מתעשרין עם בני אלולים. כן את אמר על דרבנן מניחן לשנה הבאה והן מתעשרין עם בני שנתן. וה"פ כמו לב"ע לריך אתה לפרש דאותן שנולדו מכ"ב עד כ"ט מתעשרי' לשנה הבאה עם בני שנתן ה"נ לרבנן. ותנא לא אתי לפרושי הני מחוסרי זמן דמילתא דפשיטא הוא. וגי' הספרים שיבושא הוא דעל:

ציון ירושלים

כמה הוא שיעורן של קופות. עיין רמב"ם ועיין תוס' יו"ט מ"ש בכוונת הרמב"ם אבל באמת אינו מכוון פירושו ועיקר כפירוש הש"ק כאן וכן מלאתי בפי' קדמון שהיה בכתב יד על שקלי' ונדפס כעת שכתב כן והכ"ע על הרמב"ם בפירושו:

משנת אליהו

פרק ג הלכה א בן עזאי מכריע ע"ד תלמידיו. בבבלי בכורות נ"ד א' פריך וליחזי טעמא דמאן מסתבר וכי תימא לא מלי קאי אטעמייהו והתניא ב"ע אומר כל חכמי ישראל לפני כקליפת השום חוץ מן הקרח הזה א"ר יוחנן מפי השמועה אמרוה מפי חגי זכריה ומלאכי. ולכאורה לשון תלמידיו דקאמר בסוגיין אינו מדוקדק דהא גם ר"מ ור"ש לא היו תלמידיו אלא חברים וכמו שמנאם הרמב"ם בחבריא שאחר ר"ע וי"ל דפשטא דסוגיין משמע דהמקשה כוון לקושית הבבלי כיון שהיה גדול כ"כ עד שאמר כל חכמי ישראל כו' א"כ למה לריך להכריע וכי לא מלי מיקם אטעמייהו וזהו דנקט תלמידיו שכל חכמי ישראל נחשבים לפניו לתלמידים. ושפיר משני שכן נחלקו עליה אבות העולם ומנו ר"ע ור"י ובהדיא קאמר חוץ מן הקרח הזה והוא ר"ע כדפירש רש"י שקרח קאי אר"ע ודלא כתוס' שם ד"ה חוץ. ואת"ת א"כ מדלא משני בבבלי הכי מוכח דקרח לאו ר"ע הוא י"ל דשיטת רש"י כיון דהיה חכם גדול והיה יודע להבחין איזה טעם יפה וה"נ הוי מלי למיקם גם אפלוגתייהו דר"ע דלא קאמר אלא דר"ע אינו לפניו כקליפת השום אבל היה יכול להבחין ועי' רש"י ד"ה חוץ ולכן משני שם מפי חגי זכריה כו' והוא כנבואה הלכתא בלא טעמא כו' ואח"א להכריע:

תמן תנינן מפנין אפילו ארבע וחמש קופות וכו' רבי זעירא שאיל לרבי הושעיה כמה שיעורן של קופות כו' ילמוד סתום מן המפורש דתני כו' ור"ל (לכרש) [לפרש] מ"ש בריש פרק מפנין סתם קופות ילמד מהמפורש הכא שהן ג' סאין. ובברייתא דמביא בגמרא שהן ט' שהן כ"ז מפרש גמרא סתום כל הקופות דג' פרקים לכמה סאין יעלו לאורויי שאין חוזרין לשקול לתגא קמא או לשיריים לר"מ אלא אם שלמו כל הסכום הנ"ל כדמפרש לקמן וגירסת רבינו הגאון בזה הוא דלא כשיטת הרמב"ם בענין הקופות שהאריך הרבה בפירושו במתני' זו ובמתני' שלאחריה. ובחיבורו. בהמלאה דג' קופות

*) בירושלמי הגירסא לומר מסתפק מן הראשונה וכו' ולכן ג' הפ"מ בירושלמי כגי' רבינו ואין מסתפקים ונראה דהכוונה דאין מסתפקים לגמרי כל הקופה קודם השניה וכמש"כ לקמן בשם הירושלמי.

תהא מכילה הקופה: נלמד סתום מן המפורש. דבמתניתן תנן בקופות של ג' ג' סאין היו תורמין, ה"ה קופות דמפנין — בשל ג' סאין איירי: תני בג' קופות וכו'. על אותן קופות שתרמו בהן בראשונה מן הלשכה קאי. וכדפרישית במתניתין. וקאמר שהן היו של ט' סאין כל אחת, ומהן היו תורמין ג' פעמים ג' קופות של ג' ג' סאין כפירוש הרמב"ם: לומר ליסתפק וכו'. כדפרישית במתניתין: תמן תנינן. בשבת פרק "המוציא יין" כמה הוא שיעורן של כוסות — כוס הנזכר במתניתין כמה שיעורו: ישנן רביעית של יין האיטלקי. דלכל כוס סגי ברובע רביעית יין כדי שימזגנו ויעמוד על רביעית, דכל חמרא דלא דרי על [חד] תלת מיא — לאו חמרא. ה"ה כוס דמתניתין בכוס של רובע רביעית איירי: מזוג בכמה. יהא חייב, מי בעינן רביעית שלם או סגי בכדי גמיעה (בפחות מזה): מים ר"א כדי מזיגת הכוס. והיינו ג' חלקי רביעית. ה"נ במזוג — שיעורו בכדי גמיעה: (אמר המגיה: ובמסכת שבת כתב הבעל קרבן העדה וז"ל: הדא אמרה מזוג כדי מזיגת הכוס. וה"פ: כדרך בני אדם למזוג, והיינו רביעית שלם. דאי ס"ד בפחות מרביעית — א"כ ביין סגי בפחות מרובע רביעית, שהרי אם ימזגנו עם מים יהיה לו שיעור חשוב. אלא ודאי דרביעית שלם בעינן): כמה הוא שיעורן של כוסות. אנו שאין ידוע לנו שיעורו של רביעית האיטלקי, במה נשער כוס של פסח: טיטרטון ורביע. מדה ששמה 'טיטרטון', כולה ועוד רביעית המדה הזאת תוסיף עליה, ותמצא רביעית של תורה שלם: מהו לשתותן. כל הארבע כוסות בכרך אחד, בזה אחר זה בלי הפסק בינתים: בהלל של לילי פסחים, אם שמעה בבית הכנסת. שכך היה מנהגם, לומר הלל בלילי פסחים בבהכ"נ זכר למקדש, שאמרו הלל בשעת עשיית הפסח בבה"מ. וקאמר"י: אם כוון לבו לצאת בקריאת זו — יצא, וא"צ לאומרו עוד בביתו: הדא אמרה. זאת אומרת שאם שתאן בבת אחת יצא. שהרי אין דבר מפסיק בין שלישי לרביעי: מהו לשתותן מפוסקין. פירוש: מהו שיהא מותר להפסיק בשתיית כוס אחד כמה פעמים: ה"ג: כלום אמרו שישתה לא שישתכר: אם שותה הוא מפוסקין אף הוא אינו משתכר. אבל אם ישתה בפעם אחת — דוקא הוא משתכר, דיין מגרונו שבע: מהו לצאת ביין של שביעית. כיון דלא קרינן ביה "לכם" וקס"ד דארבע כוסות בעינן 'לכם' כמו מצה, וכי היכי דאין יוצאין במצה — כן אין יוצאין בארבע כוסות, או לא: בקונדיטין. יין שיש בו בשמים: מהו לצאת מזוגין. יותר מג' חלקים: והוא שיהא בהן טעם יין. משמע דאפילו עד ששה חלקים מים יוצאין בו: ה"ג: מבושל כדי תבל. צריך שיהא מבושל שיתן בו הבישול טעם כתבלין. אבל מבושל יותר מדאי — לא: וחזיק רישיה. וכאיב ליה ראשו עד עצרת. לכך הכשיר במבושל, שאינו מזיק כל כך: חמתיה וכו'. ראתה אותו אשה אחת משרי ארמיים שפניו מאירין: חדא מן תלת וכו'. א' מג' דברים אלו בך: או מלוה ברבית. שאין לו דאגת פרנסתו: או מגדל חזירין. שמרויח הרבה: אלא אולפני שכיח לי. תלמודי מצוי בידי. ל"א: שמצוי לו לחדש דברים בתורה, והן מאירין פניו: חמוניה. ראו אותו: אשכח רבי אבהו. מציאה, לכך פניו צהובין: תוספתא עתיקתא. תוספתא ישנה שלא ראה אותה מימיו מצא וראה בה דברים חדשים ושמח בה: לוג דאורייתא. לוג הכתוב בתורה: תמונתא וכו'. מדה הישנה שמודדין בה המורייס בצפורי: חכים אנא לה. מכיר אני המדה הזאת, ודבית רבי ינאי מודדין בה דבש. ה"ג: ודבית רבי ינאי: חצי שמינית. מדת טבריה הישנה היא רביעית של תורה:

נִלְמוֹד סָתוּם מִן הַמְּפוֹרָשׁ, (תָּנֵי) דְּתַנְיָא: בְּשָׁלֹשׁ קוּפּוֹת שֶׁל שָׁלֹשׁ שָׁלֹשׁ סְאִין, שֶׁהֵן תִּשְׁעָה סְאִין, שֶׁהֵן עֶשְׂרִים וְשֶׁבַע סְאִין, תּוֹרְמִין אֶת הַלִּשְׁכָּה. וְכָתוּב עֲלֵיהֶן: אָלֶ"ף בֵּי"ת גִּימֶ"ל. מִפְּנֵי מָה כָּתוּב עֲלֵיהֶן א' ב' ג' — לוֹמַר, *מִסְתַּפֵּק מִן הָרִאשׁוֹנָה קוֹדֶם לַשְּׁנִיָּה, *וּמִן הַשְּׁנִיָּה קוֹדֶם לַשְּׁלִישִׁית. תַּמָּן תְּנִינַן: הַמּוֹצִיא א) יַיִן אכְּדֵי מְזִיגַת הַכּוֹס. רַבִּי זְעֵירָא שָׁאַל אֶת רַבִּי יֹאשִׁיָּה: (א) כַּמָּה שִׁיעוּרָן שֶׁל כּוֹס? א"ל נִלְמַד סָתוּם מִן הַמְּפוֹרָשׁ. דְּתָנֵי ר' חִייָא: [א] אַרְבַּע ב) כּוֹסוֹת שֶׁאָמְרוּ בישְׁנָן רְבִיעִית שֶׁל יַיִן בָּאִיטַלְקִי. אָמַר רַבִּי יוֹסֵי בַּר אָבִין מִשּׁוּם רַבִּי יוֹחָנָן: דְּרַבִּי יְהוּדָה הִיא, דְּתָנֵי: מַיִם ג) כְּדֵי גְּמִיעַ, ר' יְהוּדָה אוֹמֵר: כְּדֵי לָשׁוּף בָּהֶן אֶת הַקִּילוֹר. (כ"א ר' יְהוּדָה אוֹמֵר כְּדֵי מְזִיגַת הַכּוֹס) יַיִן כְּדֵי גְּמִיעַ, ר' יְהוּדָה אוֹמֵר: כְּדֵי מְזִיגַת הַכּוֹס. מָזוּג בְּכַמָּה? נִשְׁמְעִינָהּ מִן הָדָא: מַיִם כְּדֵי גְּמִיעַ, ר' יְהוּדָה אוֹמֵר כְּדֵי לָשׁוּף בָּהֶן אֶת הַקִּילוֹר (כ"א ר' יְהוּדָה אוֹמֵר כְּדֵי מְזִיגַת הַכּוֹס) יַיִן כְּדֵי גְּמִיעַ, ר' יְהוּדָה אוֹמֵר: כְּדֵי מְזִיגַת הַכּוֹס. הָדָא אֲמְרָה: מָזוּג כְּדֵי מְזִיגַת הַכּוֹס. כַּמָּה שִׁיעוּרָן שֶׁל כּוֹס? רַבִּי אָבִין אָמַר: טִיטְרְטוֹן וּרְבִיעַ. מַהוּ לִשְׁתּוֹתָן בְּכֶרֶךְ אֶחָד? (ב) מִדְּאָמַר רַבִּי מָנָא אָמַר רַבִּי יוֹסֵי: הַלֵּל, ד) גאִם שְׁמָעָן בְּבֵית הַכְּנֶסֶת — יָצָא. הָדָא אֲמְרָה: אִם שְׁתָאָן בְּכֶרֶךְ אֶחָד — יָצָא, מַהוּ לִשְׁתּוֹתָן בְּפִיסְקָן? *) [ב] כְּלוּם אָמְרוּ שֶׁיִּשְׁתֶּה לֹא כְּדֵי שֶׁיִּשְׁתֶּה וְלֹא שֶׁיִּשְׁתַּכֵּר?! אִם שָׁתָה בְּפִיסְקָן אַף הוּא אֵינוֹ מִשְׁתַּכֵּר. מַהוּ לָצֵאת בְּיַיִן שֶׁל שְׁבִיעִית? תָּנֵי רַב אוֹשַׁעְיָא: יוֹצְאִין בְּיַיִן שֶׁל שְׁבִיעִית. מַהוּ לָצֵאת בְּקוֹנְדִיטִין? מִדְּתָנֵי בַּר קַפָּרָא. קוֹנְדִיטִין כְּיַיִן — דהָדָא אֲמְרָה: יוֹצְאִין בְּיַיִן קוֹנְדִיטִין. מַהוּ לָצֵאת בְּיַיִן מְזוּגִין? מִדְּתָנֵי ה) רַב חִייָא: האַרְבָּעָה כּוֹסוֹת שֶׁאָמְרוּ יוֹצְאִין בָּהֶן בֵּין חַיִּין וּבֵין מְזוּגִין, וּבִלְבַד שֶׁיְּהֵא בָּהֶן טַעַם וּמַרְאֶה יַיִן. אָמַר רַבִּי יִרְמְיָה: מִצְוָה ו) ולָצֵאת בְּיַיִן אָדוֹם, שֶׁנֶּאֱמַר: "אַל תֵּרֶא יַיִן כִּי יִתְאַדָּם כִּי יִתֵּן בַּכּוֹס עֵינוֹ" וְגוֹ'. [ג] תָּאנֵי: ז) מְבוּשָּׁל? כִּמְתוּבָּל מַהוּ לָצֵאת בְּיַיִן מְבוּשָּׁל. אָמַר רַבִּי יוֹנָה זיוֹצְאִין בְּיַיִן מְבוּשָּׁל. רַבִּי יוֹנָה לְטַעְמֵיהּ דְּרַבִּי יוֹנָה כַּד הֲוָה שָׁתֵי אַרְבַּע כָּסֵי דְּפִסְחָא הֲוָה חָזֵיק רֵישָׁא עַד חַגָּא. חֲמִיתֵיהּ ח) חֲדָא מַטְרוֹנִיתָא אַפּוֹי נְהִירִין, אֲמַרָה: סָבָא סָבָא, חֲדָא מֵהָנֵי תְּלָת מִלִּין אִית בָּךְ — אוֹ דְּשָׁתוֹי חַמְרָא אַתְּ, אוֹ דְּמַלְוֵי בְּרִיבִּית אַתְּ, אוֹ דִּמְגַדֵּל חֲזִירֵי אַתְּ. א"ל תִּיפַּח רוּחָא דְּהַהִיא אִיתְּתָא, דַּחֲדָא מֵאִלֵּין תְּלָת מִילַּיָּא לֵית בִּי. אֶלָּא אוּלְפָנִי שְׁכִיחַ לִי, דְּהָכִי כְּתִיב "חָכְמַת אָדָם תָּאִיר פָּנָיו". ר' אַבָּהוּ אָתֵי לְטִבֶּרְיָא, חֲמוֹנֵיהּ תַּלְמִידוֹי דר' יוֹחָנָן אַפּוֹי נְהוֹרִין. אֲמַרוּן *תַּלְמִידִים לְרַבִּי יוֹחָנָן: אַשְׁכַּח רַבִּי אַבָּהוּ סִימָא. אֲתָא לְגַבֵּיהּ, אֲמַר לֵיהּ: מַאי אוֹרַיְיתָא חַדְתָּא שְׁמַעְתְּ? א"ל תּוֹסֶפְתָּא עַתִּיקָא. קְרָא עֲלֵיהּ "חָכְמַת אָדָם תָּאִיר פָּנָיו". א"ר חָנִין: לוֹגָא ט) דְּאוֹרַיְיתָא תְּמוּנְתָּא עַתִּיקָא דְּמוּרַיְיסָא דְּצִיפּוֹרִי. א"ר יוֹנָה: וַחֲכִמְנָא לָהּ, (דב"ש) דְּבֵית רַבִּי יַנַּאי הֲוָה מְכִילִין בָּהּ דְּבַשׁ. [ד] תָּנֵי: חֲצִי שְׁמִינִית טִבֶּרְנִית הַיְשָׁנָה.

משלי כג

קהלת ח

*) מהו לשתותן בפוסקין. פוסקין הוא שם כלי המחזיק כמה רביעית וכן הוא בהדיא בילקוט אסתר (בשם מדרש אבא גוריון) על פסוק והשתיה כדת וז"ל א"ר לוי כך היה תכסיס של אנשי פרס היה להם כוס גדול מחזיק ארבעים שמניות והוא נקרא פוסקא והם משקין בו לכל אחד ואחד כו' עכ"ל היקלוט. (עקרי דינים סי' י"ט בשם מקום שמואל סימן ס"ו אות כ"ט):

ריבב"ן

לא בפרגוד חפות. לשון חפת חלוקו מלבוש שיש לו שפה שמא יחשדוהו שמלניע שם מכסף הלשכה: מעון הלשכה. שנהנה מן ההקדש העני: תניא בתוספתא בפ"ב הנכנס לתרום את הלשכה מפשפשין בו בכניסה וביציאה ומדברין עמו משעה שנכנס ועד שעה שיולא ופריך בירושלמי וימלא פומיה מוי פי' שלא יוכל להניח כסף בפיו אמר ר' תנחומא מפני הברכה שלריך לברך בשעה שמפריש תרומה בקופות להפריש תרומה ואם היה בפיו מוי לא היה יכול לברך משום שנאמר ימלא פי תהלתך: תני הגזברין היו מפשפשין בקלקין. פי' היו בודקין בשער ראשו שמא הלניע שם כסף: תני ר"ש **אומר** קווץ **לא** יתרום מפני החשד. פי' קווץ מל' קווצותיו תלתלים:

תקלין חדתין

קופות. דתמן: סתום. קופות דתמן: מן המפורש. קופות דהכא, מפורש שהן של ג' סאין: דתני ג' קופות כו' שהן כ"ז **סאין**. מפרש כמה עולה סכום כל הג' פרקים, לאורויי שכל הסכום צריך לגמור על קרבנות. וקודם שיוגמר אינם רשאים לשקול או להחזיר לשירים לר"מ: ולמה כתוב **אב"ג**. על הג' קופות: **אין מסתפק**. אינו גומר סיפוקו: קודם לשלישית. ומשלישית גומר כל אשר בה ואח"כ חוזר לשניה ולראשונה כדלקמן: תמן תנינן. שבת ע"ו: **המוציא** יין כו'. מייתי לה איידי דמפרש להני סתומים מהמפורשים: של כוס. דתמן: **שאמרו**. בליל פסח: **אחד חי ואחד מזוג** גרסתן. והכי אמר בבבלי פסחים (דף ק"ח:), וטעמא דבליר מרביעית לא חשיב שתיה: ה"ג: כמה **שיעורן של כוסות**. איידי דמזכיר כוסות דפסח, מהדר לפרושי סוגיא דכוסות: טורטין. שם מדה ידועה להם, שהיא מחזקת רביעית: **בברך א'**. בלא הפסק ביניהם, אלא שתאן רצופין. אי בעינן דוקא הפסק שיהא ניכר ארבעתן, כיון שתקנום נגד ד' גאולות או לא: **יצא**. אם שמע בבהכ"נ הלל בליל פסח — א"צ לומר בביתו, ואין דבר מפסיק בין כוס ג' לד', ושותאן רצופין, ויצא: **בפוסקין**. לשון הפסק. וגירסת הגאונים: "בכפיסין" (כמו בב"ב). 'כפיסין' — ארמי, והוא לשון חצי בהפסק מועט בשתיית הכוס. ומשום דאמרינן (סוכה מט, ב) כי שבע איניש חמרא מגרוניה שבע, ע"י ששותיהו בלגימות גסות וגרון מלא הוא משביע, ולא ע"י שתיית מרובה, שמכניס יין הרבה במעיו ע"י לגימות דקות. ואינו כאוכלין ששובע שלהם בא ממילוי כרס. ואכסא דברכתא, משום חיבוב מצוה, צריך לגמוע דרך שביעה, משא"כ בהפסק: כדי שישתה **לא** שישתכר. תקנת חכמים רק שישתה ורצו שלא ישתכר, כדאמר בשלהי פסחים ירושלמי בין ג' לד' לא ישתה, למה — כדי שלא ישתכר. אם שתה בפוסקין אף הוא אינו משתכר: מהו **לצאת** ביין של שביעית. דיין של שביעית אסור ליהנות בו כשהגיע זמן הביעור, אלא צריך להפקירו. אך די"ל לומר 'מצות לאו ליהנות ניתנו', והאי מצוה היא, דחייבו אף לעני למכור כסותו בשביל ד' כוסות, וכן לנסים התמירו בו כמו בעיקרי מצוה: בקונדיטון. אם הוא כמו יין, לפי שיש בו בשמים: קונדיטון ביין. לכל מילי: ביין מזוג מיבעי ליה, משום דברים פרק בתרא דפסחים בירושלמי מפרשי טעמא דד' כוסות. ולחד מ"ד נגד ד' כוסות דפרעה "ואקח את הענבים ואשחט אותם אל כוס פרעה" וגו', והתם לאו מזוגין. וה"נ שתיקנו נגדם — בעינן שלא יהיו מזוגין. או דלמא מהאי טעמא: דאמרו רבנן התם כנגד ד' כוסות כו' "קח את כוס היין" כו', ודינם כשאר יין שהוא מזוג: בין חיין בין מזוגין. כתרין טעמי, טעם — נגד חי שהוא חזק הרבה, ולזמנין אין בו טעם יין, ומראה — נגד מזוג, שלפעמים מרוב מזיגת המים נשתנה המראה: ביין **אדום**. כדין יין: ה"ג: **של מזוג בבמה**. כמה שיעור מזיגה: **כדי מזיגת הכוס**. ובשבת קי"ל כל המשקין שיעורן ברביעית, א"כ מזוג ברביעית. והכא גרסינן לה ולא לעיל מינה, דהכתי לא אשמועינן דיולאין במזוג, ואיך יפרש שיעורו?: ה"ג: מהו **לצאת** ביין **מבושל**. משום דאמרינן בפ"ו דב"ב אין אומרים קידוש היום אלא על היין שראוי לנסך ע"ג המזבח, משא"כ מבושל דאינו ראוי לנסך ע"ג המזבח וה"נ אין יוצאין בו. או דלמא הא דממעטינן התם — לאו משום גריעותא, דהא אמרי' בפ"ב דתרומות רבי התיר לבשל יין של תרומה מפני שמשביחו. אלמא דאשתני לעילוי, ובנסכים היינו טעמא — דבעינן מידי דלא אשתני מברייתו כמו כבש, משא"כ מבושל דאשתני. ואם כן מקדשין ויוצאין בו: מן מה דתני **מבושל כמתובל**. ומתובל הוא קונדיטון, דג"כ נשתנה. ותניא דיוצאין בו הואיל ותשוב, ה"נ במבושל: **דר"י כד הוה שתי ד' כו'**. משתיית הד' כוסות היה כאיב רישיה עד החג. ומבושל אינו חזק כ"כ, וכן קונדיטון: דשתוי **חמרא את**. ויין ישמח לבב אנוש: **מלוה ברבית**. גם כן שמח בעמלו, יום ולילה מתרבה הונו בנשך ותרבית: **מגדל חוירי**. גם כן ריוח הרבה: **לית בי**. דיין, מלבד דלא הוי שתי יין משום שכרות, לא היה יכול לשתות, דמזיק ליה. וכן ריבית וחזירים אסור לישראל: **אולפן שכיח לי חכמת אדם**. נגד ג' הנ"ל. שהתורה נמשלה ליין, שנא' "ושתו ביין מסכתי", ומשמחת לב האדם, כמ"ש "פקודי ה' ישרים משמחי לב". ומרווחת דעתו ע"י שנעשה כמעיין המתגבר ע"י ריוח חידושי התורה, "ישמע חכם ויוסף לקח". ומתענג על ה' בענג התורה, היפוך הנגע כידוע: **תוספתא עתיקא**. = ישנה ואינה מצויה, ושמח עליה כמוצא הון רב, כי כתיב "כל חפצים לא ישוו בה": **לוגא דאורייתא**. לשער בו רביעית: **תמונתא עתיקא**. מדה ישנה שמודדין בה מורייס בצפורי. והכי אמרינן לה בבבלי פסחים (קט, א): **וחכימנא**. אני זוכר: ה"ג: **דבית רבי ינאי**. וכן **הוא** בירושלמי דפסחים **פרק בתרא** ושבת **פרק** ח': דהוו **מכילין**. שהיו מודדין בה דבש:

משנת אליהו

הגדולות שלא הוזכרו כלל. ושהן היו מכניסין ממון מהלשכה. ומהן היו התרומות ע"ש. והנה כל ההכרח שהוכרח להכנס בזה הלחן הביאו לזה סוגיא זו בגירסת הספרים כמה שיעורן של ג' קופות והן מפורשין במתני' ומה זה דקאמר ילמד סתום מהמפורש וע"כ המליא ג' קופות הגדולות ופירש דעליהן בא השאלה והתשובה. אבל גירסת רבינו אגהירינהו לעיינן דכל הסוגיות והתוספתא נהירין ובירירן כווחיה והכי הוא שיטת רש"י ותוס' בקדושין נ"ד א' וכ"ה שיטת הרע"ב ובירושלמי דשבת ר"פ מפנין מפורש דר"ז שאל על הקופות דהתם ולא כתב של ג' קופות והשיבו ילמד סתום כו' והוא ממש כגירסת מרן וכן מורה כולה סוגיא דהכא דר"ז שאל על מתני' דמכילתא אחריתי כמו כמה שיעורו של כוס כו' ולא היו באמת רק ג' קופות קטנות של ג' סאין המוזכרין במתני' וגמרא דקאמר בפרקין מכאן לשלשה פרקים לשלשה קופות כו'. וברייתא מכילתין דקאמר כולה כאחד היתה באה כו' ושלשה פרקים משום פומבי לדבר כבר פרישנא התם דסוגיא דתמן אליבא דרבי יוסי דסבירא ליה אין תורמין על העו"ל. דלהכי קאמר שם דבני בבל צריכים להשמיע מראשו של חורף ולדידיה הוא דמוכרח לאוקמי הכי דג' פרקים רק משום פומבי וכדפרישית התם. אבל למ"ד תורמין על העו"ל דהוא ר"מ כדתניא בתוספתא כל הני סתמי מתניתא אליביה אזלי ולא אמרינן שכולם הביאו כאחד דהא קאמר בגמ' ותוספתא מפורש שבכל פעם הביאו כדתני שלישית היתה עשירה שבכולן כו' וכדלקמן אלא דלר"מ כפשטי' דבכל המקומות לא היו משמיעין אלא באחד באדר והולרכו הג' פרקים כדי שיתרמו בכל פעם שהביאו דמה שהביאו בר"ח ניסן לא היה מספיק על כל השנה אלא דבר"ח ניסן לריך לתרום תרומה חדשה וכר"ש בר"י משום כתחילתה וכדר' טבי וסוגיות דבבלי דאמר חדש והבא קרבן כו' משא"כ לדרשא דברייתא במודש א' יהא תורם אבל חדשי השנה לא אתו הני מתנייתא כפשטי' רק ג"כ משום פומבי כו' וכנ"ל ויש כח ביד חכמים לתקן בכה"ג ואסמכוהו אקראי. והרמב"ם פירש מ"ש כולה כא' כו' ג"כ למ"ד תורמין כו' ולא אתי הני סוגיות לדידיה על נכון ולשון התוספתא תניא דמסייע לשיטת רבינו הגדול בפ"ב דשקלים תרם את הראשונה ואמר ה"ז מא"י על כל ישראל וחיפה בקטבלאות מפני שאנשי סוריא באים ושוקלין עליהם (ר"ל תרם ג' קופות של ג' סאין מהלשכה וחיפה בלשכה בקטבלאות והמביאין אח"כ נותנין על הקטבלא) תרם את השניה כו' ושוקלין עליה תרם את השלישית כו' זו היתה עשירה שבכולם שהיה בה איסטריאות של זהב ודרכונות של זהב. מדקאמר עלי' היינו כשיטת רבינו על הקטבלא שבלשכה כו' וכן דקאמר שלישית היתה עשירה כו' משמע דהכל אלשכה קאי דקופות גדולות מאן דכר שמי' הכא וגם לא היו נותנין רק ללשכה. ושם שמט הקטבלאות ונתערבו השירים. לא היה מערבו בשל אשתקד שמא יצטרכו לתרום ונמצא תורמין מן הישנה עכ"ל וזו התוספתא מובא בקולר בגמ' בפרקין הלכה ד' תני שמט הקטבלאות כו' תרם בראשונה כו' ולשם כל ישראל: היינו כר"מ דתורמין על העו"ל שיהא לכולם חלק בקרבנות. ומ"ש בגמרא נטל מן הראשונה אע"פ שיש בראשונה נוטל מן השניה אג' קופות של ג' סאין קאי כדקאמר בהדיא בהלכה זו מפני מה כתוב עליהן אב"ג לומר אין מסתפק מן הראשונה כו' ר"ל שלא יגמור ממנה קודם לראשונה. והיינו כדי שיספיקו לקרבנות גם מן השלישית דאם היה גומר בתחלה כל קופה הא' אז לא יגיע לספק מהג' והוא כדי לקיים דרשא דאשמכוה אקרא דהעמדנו עלינו וגו' שלישית השקל מכאן לג' קופות. וכ"ה בתוספתא רפ"ב למה כותבין על הקופות אב"ג מפני שמתחילין ומוליאין מן הא' שלמה ראשונה מוליאין מן הג' כו'. וע"ש בתוספתא וצ"ל כמ"ש בגמ' אע"פ שלא שלמה הא' כו' ואח"כ שלמה הג' כו' שלמו כל הג' קופות שהיו קרבנות מרובים והלכו כל הג' קופות על זה בזה פליגי אי חוזרין לשירים היינו מה שחיפה בלשכה בקטבלא או חוזר ושוקל ובגמרא מדוקדק שלפנינו ובתוספתא חוזר ושוקל והגיע זמן תרומה חדשה כו' וא"ל מן הישנה נ"ל כמ"ש בגמ'. והרמב"ם השמיט נגי' התוספתא וניכר מלשונו בפירושו שפי' בכל קופה קטנה עד שתכלה הא' כו' ודעתו היה דמ"ש שלמה הראשונה כו' אקופות קטנות קאי. ודלא כבק"ע שכתב שהרמב"ם מפרש לה דנטל מן הא' כו' אקופות גדולות ושגה לשבש דעת הרמב"ם חנם דהא עלייהו הוה כתוב אב"ג והוא גם לדידיה בקטנים וכמפורש במתני' וגמרא ותוספתא דאקטנים קאי וכל ראיותיו אינם כלום. וסוגיות הגמרא הכל כשיטת רש"י ותוס'. ומה שהביא התוי"ט ראיה לדברי הרמב"ם השלישית לא היה מחפה שמא ישכח להרמב"ם אדסמיך ליה קאי משא"כ להרע"ב. לאו ראיה היא דבגי' מתני' ירושלמי מפורש ולמה היה מחפה שמא ישכח כו' ותקלין חדמין. היינו כדפירש"י ותוס' והרע"ב דמשופרות נותנין ללשכה כשמגיע א' מפרקי התרומה. ובתוס' דקדושין מביא התוספתא דשלמה שלישית חוזר לראשונה כו' כמו בגמ' אבל פירשו דקאי אם שלמו אפרק ג' אחר החג ודיוקס ממ"ש בתוספתא הגיע זמן תרומה חדשה כו' אבל ללישנא דגמרא א"ש יותר אם נגיה כן התוספתא וע"ש בתוס' שם ד"ה מעלין בארוכה: **בפוסקין** — עי' מה שכתבתי. ועי'

מסורת הש"ס

א) שבת עו ב וירושל' שבת פ"ח הלכה א: ב) עי' פסחים קח ב: ג) תוספ' שבת פ"ט: ד) ירושלמי ברכות פ"א הל"ד: ה) פסחי' קח ב: ו) עי' ב"ב לז ב: ז) נדרים מט א: ח) מ"ר קהלת פ' מי כהחכם: ט) פסחי' קט א:

עין משפט נר מצוה

יב א מיי' פרק יח משבת הל"ב:

יג ב מיי' פ"ז מחמן הלכה ט טוש"ע או"ח סימן תעב סעיף ט:

יד ג מיי' שם פ"ח הל"י ובהשגות והה"מ:

טו ד מיי' פרק כט משבת הלכה יד ובהשגות והה"מ טור שו"ע שם סעיף יב:

טז ה מיי' פרק ז מחמן הלכה ט:

יז ו טור שו"ע שם סעיף יא:

יח ז טור שו"ע שם סעיף יב וסימן ערב סעיף ח:

נוסחת הבבלי

(א) כמה הוא שיעורו של כוס וכו' דתניא ר' חייא כו' רביעית יין האיטלקי הכוס מזוג בכמה אר"י בר בון כו' נשמעין מן הדא דתני כו': (ב) מדאמר ר"מ א"ר יוחנן כו':

הגהות הגר"א

[א] ה"ג ארבע כוסו' שאמרו ישנן רביעית יין האיטלקי א' חי וא' מזוג כמה שיעורן של כוסות וכו' ומן א"ר יוסי וכו' עד ר' אבין אמר טטרטין נמחק. וכ"ה בבבלי בפסחים: [ב] צ"ל כלום אמרו אלא שישתה לא שישתכר אם שתה וכו': [ג] ה"ג אל תרא יין כי יתאדם וגו' ושל מזוג בכמה נשמעינה מן הדא המוליא יין כדי מזיגת הכוס מהו לצאת ביין מבושל א"ר יונה מן מה דתני מבושל כמתובל יוצאין ביין מבושל ר' יונה לטעמיה וכו'. הכא גרסינן שפיר ושל מזוג בכמה ולא לעיל מינה משום דהאכתי לא שמעינו דיוצאין ביין מזוג ואיך יפרש שיעורו: [ד] ה"ג דבית ר' ינאי הוו מכילין בה דבש ולמה קרי לה עתיקא וכו'. והשאר שבינתים נמחק וכ"ה בירושל' דפסחים פ' בתרא ושבת פ"ח:

הדא דידן הוות. מדה שהיתה לנו מקדמית: ה"ג: ולמה לא קרי לה 'עתיקתא'? שהרי בזמן ההוא לא היתה המדה הזאת, וככר עברה, והל"ל "הדא עתיקתא" כדאמר ר"ח. דאף ר"י היה במקומו של ר"ח: ומשני בגין דהוות ביומוי. אע"ג דככר עברה, מ"מ אין לקרותה 'ישנה' כיון שהיתה בימיו: ה"ג: אית דאמרי דהוות זעירא ורבת וזערת ולא זערת כמה דהוות. וה"פ: בא לתרץ ולמה אמר ר"ח 'עתיקתא' — משום שנפחתה מרביעית ואח"כ הוסיפו עליה, ואוקמוה ארביעית, ואח"כ פחתו אותה, ולא פחתו אותה כבראשונה. וזה היה בימי ר"י. הלכך לא מצי למימר 'עתיקתא', דס"ד אמידה הפחותה קאמר. ואי הוי הפחת בפעם שני כמו בראשונה שפיר המ"ל 'עתיקתא', דאין לטעות דאמידה שנפחתה קאמר. דא"כ הל"ל הא דאית לן השתא היא מדה רביעית, וע"כ היינו מפרשין דאמידה גדולה קאמר. אבל השתא דהמדה קטנה שבימיו לא היתה בשוה להמדה הקטנה שהיתה בראשונה — ודאי איכא למטעי דעל הראשונה הפחותה נאמר 'עתיקתא'. לכך קאמר "הדא דידן הוה", כלומר, דהוות ביומוי קודם, ולזו שהיה לאן עכשיו וליכא למיטעי: ה"ג: תני יבש בכזית דברי רבי נתן. וה"פ: אם הוציא לרה"ר יין יבש שנקרש כזית — חייב, דמעיקרא הוי רביעית. והא דבעינן רביעית שלם בקרוש ולא סגי רביעית — משום דקרוש לאו בר מזיגה הוא: אתיא דר"נ. דאמר אף ביין רביעית בעינן כר"ש דמתניתין, דאמר: כולן ברביעית ולית ליה לר"י הא דאמרינן בסמוך דקרוש לאו בר מזיגה הוא: וטהרו דמה משום נבילה. שלא היה בו רביעית. וכל שאינו רביעית לכשיקרש לא יהיה בו כזית, ואין בו טומאת נבילה: עד כמה. דם היה בה שטהרו אותו משום נבילה: ולא אשגח ביה. ולא השיב לו ר' סימון דבר: ה"ג: ושאל לריב"ל וא"ל וכו': ה"ג: ובאש לר"א על דלא וכו'. והרע לר"א על ר' סימון על שלא השיב לו על שאלתו: מתני הדין עובדא. סיפר המעשה (שחטו) [שמתה] הפרדת של בית רבי וטהר דמה משום נבילה: א"ל ר"י בר ביסנא לר' סימון בדרך שאלה: אם עד רביעית הוא דטיהרו אבל יותר מכאן טמא, או אפילו יותר מרביעית טהור? ובעט ביה. רבי סימון ודחף אותו בסנדלו. ל"א: גער בו: א"ל ר"ז לר' סימון: משום דשאל לך דבר תורה את מינזף ביה בתמיה: א"ל: הא דלא השבתי לו כהוגן — שלא היתה דעתי מיושבת בעת ההיא: זה שלוקח חטים לשנה. שאין לו קרקע לזרוע, והיינו חייו תלואים, שאינו יודע אם יהיו לו מעות לשנה הבאה: ה"ג: סדקי. מוכר תבואה למי שאין לו. וזה הלוקח אופה משבת לשבת, לילה ויומם רמז לשבת, שהיום הולך אחר הלילה: זה הלוקח מן הפלטר. מן הנחתום — שאולי לא יהא לו לנחתום למכור: ואנא אפלטר סמיך. ואין דעתי מיושבת עלי להשיב לו: ה"ג: ומאי כדון. מאי הוי עלה אם יותר מרביעית טמא או טהור: העיד ריב"ב. מתניתין היא בפ"ו דעדיות: על דם נבלות שהוא טהור. וקס"ד טהור לגמרי קאמר, אפילו ביותר מרביעית: ופריך מהו טהור. שהוא טהור להכשיר הזרעים, שאינו נחשב משקה [אלא] דם השחיטה בשעת שחיטה, אבל לטמא — מודה ריב"ב שדם נבלות מטמא: ומשני: תמן תנינן. במכשירין פ"ו: ואין לנו כיוצא בו. וקס"ד שאין לנו דם כיוצא שאינו מכשיר ומטמא. ש"מ: דם נבלה אפילו טמויי לא מטמא: ה"ג: ואין לנו כיוצא בו כשיעור טומאתו וכו'. וה"פ: דקשיא ליה דלמא הא דאינו כיוצא בו היינו לענין שיטמא הדם כבשרו אלא השרץ, שדמו נמי מטמא בכעדשה, ואפילו הדם צלול. אבל דמו של נבלה מיהו מטמא כשהיא רביעית, וטומאתו מדרבנן. דרביעית כשיקרוש יעמוד על כזית ומתחלף בנבלה ממש: מ"ד טמא. והיינו ריב"ל דלעיל, כר"י דאמר בפ"ד דעדיות שב"ה מטמאין דם נבלה: ומ"ד טהור. דהיינו מתניתין דמכשירין כר"י בן בתירא: ה"ג: א"ל רב אבדומי דמן נחותה: ויאות. ושפיר קאמרת דר"י הוא דמטמא. דרבי יהודה מורה הוראות דבי נשיאה הוי, שהרי פרדות של בית רבי היה, ור"י הורה דיתר מרביעית טמא, כשמעתתיה: קווץ. מי שהוא בעל שיער לא יתרום שמא יביא בשערו, ו"קווץ" הוא מלשון "קווצותיו תלתלים". ורמב"ם פירש: עני ונבהל להון, מלשון "קצתי בחיי": היו מפספסין בקילקין. היו משפשפין בשיער התורם אם היו שערותיו דבוקים מחמת זיעה וצואה. ל"א: קילקי הוא חלוק של צמר שיש לו נימין, וכשהיה התורם לבוש בחלוק כזה היו מפרידין אותן הנימין שלא יחשדו שהטמין המעות בתוכו: מדברין היו עם התורם. כדי שלא יתן דבר בתוך פיו: ופריך: וימלא פומיה מוי. היה לו למלאות פיו מים ולא היו צריכין לדבר עמו: מפני הברכה. שחייב התורם לברך על התרומה כדרך שמברכין על הפרשת תרומת הגורן: איזהו המחוור שבבולן. איזהו מהפסוקים מבורר ומפורש שבכולן שצריך לנקות עצמו לפני בני אדם:

תורה אור / נוסחאות ישנות

הַיְשָׁנָה אָמַר רַבִּי יוֹחָנָן: *הָדֵין דִּידָן (הֲוַת) הוּא, וְלָמָּה קָרֵי לֵיהּ עַתִּיקָה [א] מִן בְּגִין דַּהֲוָה בְּיוֹמֵי? אִית דְּאָמְרֵי: דַּהֲוַת זְעֵירָא וְרַבְתָּא, וְאִית דְּאָמְרֵי: דְּאַזְעִירָא, *וְלָא אַזְעִירָא כְּמָה דַּהֲוַת. [ב] אכַּמָּה הוּא שִׁיעוּר שֶׁל כּוֹס? רַבִּי יוֹסֵי בְּשֵׁם ר' יוֹסֵי בֶּן פָּזִי ור' יוֹסֵי בַּר בֵּיבַי בְּשֵׁם ר' שְׁמוּאֵל: אֶצְבָּעַיִים עַל אֶצְבָּעַיִים עַל רוּם אֶצְבַּע וּמֶחֱצָה וּשְׁלִישׁ אֶצְבַּע. ב(תָּנֵי: א) יָבֵשׁ כְּזַיִת, דִּבְרֵי רַבִּי נָתָן) רַבָּנַן דְּקֵיסָרִי (א) וְרַבִּי יוֹסֵי בַּר בֵּיבָי בְּשֵׁם שְׁמוּאֵל: אָתְיָא דר' נָתָן [ג] כר"ש כְּמָה דר"ש אָמַר בִּרְבִיעִית — כֵּן אָמַר ר' נָתַן בִּרְבִיעִית, לִכְשֶׁיִּקָּרֵשׁ וִיהֵא בוֹ כְּזַיִת. רַבִּי סִימוֹן בְּשֵׁם ריב"ל מַעֲשֶׂה ג) בְּפִרְדַּת רַבִּי שֶׁמֵּתָה וְטִהֲרוּ אֶת דָּמָהּ מִשּׁוּם נְבֵילָה. וְשָׁאַל (ב) רַבִּי אֱלִיעֶזֶר אֶת ר' סִימוֹן: עַד כַּמָּה? וְלָא אַשְׁגַּח בֵּיהּ וְשָׁאַל לריב"ל וא"ל עַד רְבִיעִית — טָהוֹר, יוֹתֵר מֵרְבִיעִית — טָמֵא. *וּבָאַשׁ לר"א עַל (עַד) דְּלָא חָזַר לֵיהּ ר' סִימוֹן שְׁמוּעָתָא. רַב בֵּיבָי הֲוָה יָתִיב מַתְנֵי הָדֵין עוּבְדָּא. א"ל רַבִּי יִצְחָק (ג) בַּר (בִּיסְנָא) כָּהֲנָה: עַד רְבִיעִית — טָהוֹר, יוֹתֵר מִכָּאן — טָמֵא? וּבְעַט בֵּיהּ. אֲמַר לֵיהּ רַבִּי זְרִיקָא: בְּגִין דְּשָׁאֵיל לָךְ אַתְּ בָּעַט בֵּיהּ? א"ל בְּגִין דְּלָא הֲוַת דַּעְתִּי בִּי בְּעִיטְנָא בֵּיהּ. דְּאָמַר רַבִּי חָנָן: "וְהָיוּ חַיֶּיךָ תְּלוּאִים לְךָ מִנֶּגֶד" — זֶה שֶׁלּוֹקֵחַ חִטִּים לְשָׁנָה, "וּפָחַדְתָּ ג) לַיְלָה וְיוֹמָם" — זֶה הַלּוֹקֵחַ מִן *הַסִּדְקִי, "וְלֹא תַאֲמִין בְּחַיֶּיךָ" — זֶה הַלּוֹקֵחַ מִן הַפַּלְטוֹר. וַאֲנָא סָמֵיכְנָא אַפַּלְטוֹר. [ד] וּמַהוּ כְדוֹן? הֵעִיד ד) ר' יְהוֹשֻׁעַ בֶּן פְּתוֹרָה עַל דַּם נְבֵילָה שֶׁהוּא טָהוֹר. מַהוּ טָהוֹר — טָהוֹר מִלְּהַכְשִׁיר אֲבָל לְטַמּוֹת מְטַמֵּא. תַּמָּן ה) תָּנֵינַן: גדַּם הַשֶּׁרֶץ כִּבְשָׂרוֹ מְטַמֵּא וְאֵינוֹ מַכְשִׁיר, וְאֵין לָנוּ [ה] כַּיּוֹצֵא בוֹ. וְשִׁיעוּר טוּמְאָתוֹ שֶׁדָּמוֹ מְטַמֵּא כִּבְשָׂרוֹ. אָמַר רַבִּי יוֹסֵי: פְּלִיגֵי בָהּ תְּרֵין אֲמוֹרָאִין, חַד אָמַר: טָמֵא, וְחַד אָמַר: טָהוֹר. מַאן דְּאָמַר טָמֵא — כְּרַבִּי יְהוּדָה. ומ"ד טָהוֹר — כר' יְהוֹשֻׁעַ בֶּן פְּתוֹרָה. (כ"א רַב אֲבוּהָ דְּאִימָן אֲחָתֵיהּ דר' יְהוּדָה וְכוּ') אֲמַר לֵיהּ רַב אֲבְדּוּמָה דְּמִן נְחוּתָה: וְיָאוּת, ו) דְּרַבִּי יְהוּדָה מוֹרַיְינָא דְּבֵי נְשִׂיאָה הֲוָה.§ "שֶׁמָּא יַעֲנִי וְיֹאמְרוּ" כו'.§ תָּנֵי רַבִּי יִשְׁמָעֵאל: דקָווּץ לֹא יִתְרוֹם מִפְּנֵי הַחֲשַׁד. תָּנֵי: הַגִּזְבָּרִין הָיוּ מְפַסְפְּסִין בְּקִילְקִין. תָּנֵי: ז) מְדַבְּרִין הָיוּ עִמּוֹ מִשָּׁעָה שֶׁהוּא נִכְנָס עַד שָׁעָה שֶׁהוּא יוֹצֵא. וִימַלֵּא פּוּמֵיהּ מוֹי! א"ר תַּנְחוּמָא: [א] מִפְּנֵי הַבְּרָכָה. (ד) רַבִּי שְׁמוּאֵל בַּר נַחְמָן בְּשֵׁם רַבִּי יוֹנָתָן: בַּתּוֹרָה וּבַנְּבִיאִים וּבַכְּתוּבִים מָצָאנוּ שֶׁאָדָם צָרִיךְ לָצֵאת יְדֵי הַבְּרִיּוֹת כְּדֶרֶךְ שֶׁהוּא צָרִיךְ לָצֵאת יְדֵי הַמָּקוֹם. בַּתּוֹרָה מִנַּיִן — דִּכְתִיב: "וִהְיִיתֶם נְקִיִּים מֵה' וּמִיִּשְׂרָאֵל", בַּנְּבִיאִים מִנַּיִן — דִּכְתִיב: "אֵל אֱלֹהִים ה' וְגוֹ' וְיִשְׂרָאֵל הוּא יֵדָע". בַּכְּתוּבִים מִנַּיִן — דִּכְתִיב: "וּמְצָא חֵן וְשֵׂכֶל טוֹב בְּעֵינֵי אֱלֹהִים וְאָדָם". גַּמְלִיאֵל זוּגָא (ה) שָׁאַל לְרַבִּי יוֹסֵי בַּר רַבִּי בּוּן: אֵיזֶהוּ הַמְּחֻוָּר שֶׁבְּכוּלָּם? אֲמַר לֵיהּ: "וִהְיִיתֶם נְקִיִּים מֵה' וּמִיִּשְׂרָאֵל".§

(בשולי הגליון: חדא; אוזערת כמה; ובעט ר"א; הציקי; דברים כח; במדבר לב; יהושע כב; משלי ג)

הלכה ג מתני' שֶׁל בֵּית רַבָּן גַּמְלִיאֵל הָיָה נִכְנָס וְשִׁקְלוֹ בֵּין אֶצְבְּעוֹתָיו וְזוֹרְקוֹ לִפְנֵי הַתּוֹרֵם, וְהַתּוֹרֵם מִתְכַּוֵּין (ו) וּדְחָפוֹ לְתוֹךְ הַקּוּפָּה. האֵין הַתּוֹרֵם תּוֹרֵם עַד שֶׁהוּא אוֹמֵר לָהֶם "אֶתְרוֹם" וְהֵן אוֹמְרִין לוֹ "תְּרוֹם, תְּרוֹם, תְּרוֹם" שָׁלֹשׁ פְּעָמִים. יתָּרַם אֶת הָרִאשׁוֹנָה וְחִיפָּה בְּקַטַבְלִיאוֹת, הַשְּׁנִיָּה וְחִיפָּה בְּקַטַבְלִיאוֹת, הַשְּׁלִישִׁית (ז) לֹא הָיָה מְחַפֶּה. וְלָמָּה הָיָה מְחַפֶּה — שֶׁמָּא יִשְׁכַּח וְיִתְרוֹם מִן הַדָּבָר הַתָּרוּם. תָּרַם אֶת הָרִאשׁוֹנָה לְשֵׁם אֶרֶץ יִשְׂרָאֵל, וְהַשְּׁנִיָּה לְשֵׁם כְּרַכִּים הַמּוּקָּפִין לָהּ, וְהַשְּׁלִישִׁית לְשֵׁם בָּבֶל וּלְשֵׁם מָדַי וּלְשֵׁם מְדִינוֹת

הלכה ג מתני' וזורקו לפני התורם. מתכוונים היו שיפלו שקליהם לתוך הקופה ויקנו מהם קרבנות צבור, ולא יהיו משירי הלשכה: ג' פעמים. על כל פעם ופעם היה אומר אתרום והם אומרים תרום, וכן דרך לשון חכמים להיות משולש: תרם את הראשונה. הקופות הגדולות של ט' סאין שתרם מן הלשכה היו מכוסות במטפחות, ואח"כ כשתרם מהן בקופות הקטנות של ג' סאין, היה תורם הקופה הקטנה שכתב עליה א' מאחת מקופות הגדולות ומכסה אותה במטפחת. ואח"כ מגלה הקופה הגדולה השניה וממלא ממנה קופה הקטנה שכתוב עליה ב', ומכסה אותה. וכן בשלישית, אלא שלא היה מכסה אותה, לסימן שממנה יתחיל בפרוס העצרת: הראשונה לשם א"י. שהן שלחו שקליהם תחלה: ושניה לשום כרכים המוקפין. כגון עמון ומואב. ומיהו, בכל פעם היו תורמין על שם כל ישראל על הגבוי ועל העתיד לגבות. ולא הזכיר התנא חלוקי מקומות הללו אלא להודיען שתקנו ג' פרקים אלו כדי שיתנו מקומות

ריבב"ן

מתני' זורקו לפני התורם. השקלי' שלהן והתורם מתכוין ודחפו לקופה שיהא שקלו בתרומה והנחת רוח הוא לפי שלא יהא מתקרב אלא משלהן תחלה: תרם את הראשונה. באחד מן הקופות: וחיפה בקטבלאות. מכסה הקופות בעור לסימן. השלישית לא היה. צריך לכסות שכבר נתרמו האחרות ולמה היה מכסה הראשונה שמא ישכח ויתרום מן הכסף שבקופה ויניח בקופה האחרת אבל אם היה מכוסה אין לחוש. תניא בתוספתא פ"ב תרם את הראשונה לשם ארץ ישראל ועל כל ישראל וחיפה בקטבליות מפני שבני סוריא באין ושוקלין עליה. תרם את השניה ואמר הרי זה לשם עמון ומואב פי' ישראל שדרים בעמון ומואב ומכרכין המוקפין לארץ ישראל וחיפה בקטבליות מפני שאנשי בבל באין ושוקלין עליה. תרם את השלישית ואמר הרי זו מבבל וממדינות הרחוקות ועל כל ישראל ולא היה מחפה וזו היתה

תקלין חדתין

ולמה קרי ליה עתיקא. מאחר שזוכרה שמדדו בה בימיו: ה"ג: מן בגין כו' במה דהוה. והיינו עתיקא כמו שהיתה קודם קטנה: ה"ג: אמר רבי יוחנן הדא דידן כו'. והכי אמרי' בבבלי שם, אר"י: תמנייתא קדמייתא דהוות בטבריא הוות יתירא על דא רבעא, ובה משערין רביעית של פסח. וגירסת הספרים שיבוש: שיעורן של כוס. במדידת האצבעות: ה"ג: תני יבש. יין קרוש בכזית משערינן, דמעיקרא הוה ביה רביעית. ובקרוש רביעית שלמה בעינן, דלאו בר מזיגה הוא: ה"ג: אתיא דר' נתן כר"י בר"י כו'. והוא ברייתא, מובא בבבלי שבת (עז) דרבי נתן ור"י בר"י אמרו דבר אחד. דתני התם: דם נבילה — ב"ש מטהרין, דאינו כבשר לטמא כנבילה בכזית ולא תורת משקין כו', וב"ה מטמאין. אמר רבי יוסי בר"י: אף כשטימאו בית הלל — לא טימאו אלא בדם שיש בו רביעית, הואיל ויכול לקרוש ולעמוד על כזית שהוא שיעור נבילה לטמא אדם. והיינו "אמרו דבר אחד", שבכזית היבש כשנימוח הוי רביעית, אלמא כר"י בר"י מיתוקמא: וטהרו את דמה. אמר לה סתם אם עד רביעית, או אף ברביעית: ושאל כו' עד כמה ולא אשגח ביה. לא השיבו כלום: עד רביעית טהור כו'. כר"י בר"י, והתם לא היה רביעית וטיהרו דמה: ובאיש ר"א. התרעם רבי אלעזר על שלא השיב רבי סימון: הדין עובדא. שהם שטיהרו את דמה, כמו שסיפרה רבי סימון: עד רביעית טהור בו', שאל אותו את רן הדין: ורזיזזו דיד דחזו, [illegible] רלה להשיבו ולא נהג בו בכבוד. כמו "ויבעט" דברכות פרק ג' (יז א): דשאיל לך כענין להשיבו כהלכה, ובעטת ביה: דלא הוות דעתי בי. שלא היה דעתי מיושבת: שלוקח חטים. ואין לו קרקע שתהא "אמת מארץ תצמח" בזריעתו, "וצדק משמים נשקף" על ידי הגשמים. מה שאינו כן כשלוקח על שנה חטים, דלשנה הבאה אינו יודע אם יהיה לו במה ליקח, ואם יהיה חטים: מן הסדקי. מעט מעט מהמוכר תבואה, ומפחד דלמא אדאזיל יזדבן, וגם היוקר הוה ע"י מפקיעי שערים יום יום, ופחד שלו לילה ויום שלא יהיה לו על סעודותיו הרגילים בערב ובקר: ולא תאמין. זה שלוקח מהפלטר מהנחתום פת אפויה, דלזימנין אין לו פת כשרואה לאכול: ואנא סמיכנא אפלטר. ואין דעתי מיושבת: מהו בדין. מאי הוי עלה, אי יותר מרביעית טמא וכר"י בר"י, או אף יותר מרביעית טהור: העיד רבי יהושע בן פתורא כו' שהוא טהור, משמע: לגמרי טהור, אף יותר מרביעית. ודאי: מה טהור — מלהכשיר הוא, דלגמרי טהור, שאינו מכשיר ואין בו תורת משקה. אבל לטמא — מטמא יותר מרביעית כשיעור נבילה בכזית, וכדלעיל: תמן תנינן. במכשירין פ"ו: מטמא ואינו מבשיר ואין לנו ביוצא בו. משמע דאמרינן כשאין מכשיר אינו מטמא, ומדאמר טהור — אם כן מוכח דלגמרי טהור אף מלטמא: דלמא לשיעור טומאתו. שדם השרץ מטמא בכעדשה כבשר השרץ, משא"כ דם נבילה אינו כבשר נבילה בכזית אלא ברביעית. אבל ברביעית על כל פנים מטמא, אע"ג דאינו מכשיר: מאן דאמר טמא כרבי יהודה. רבי יהודה הוא, דאמר בריש פ"ה דעדיות דדם נבילה ב"ה מטמאין. וכדפריש ר"י בר"י דדוקא ברביעית. וכדאמרינן בבבלי מנחות (קג, ב): ומ"ד טהור — כר"י ב"פ דס"ל טהור לגמרי, אף יותר מרביעית. וכדאמרי' בבבלי שם דהעיד ריב"פ שהיו עולי רגלים הולכים עד ארכובותיהן בדם הנבלות ולא אמרו להם דבר: ויאות. מה דאמר טמא כר"י: דר"י מורה הוראה דבית נשיא הוה. וכאן פרדת דבית רבי הוה, והורה כשמעתיה, דפחות מרביעית הוה שם, ולכן טיהרוה: מתני' בפרגוד חפות. ארוך וכפול, פן יחשדוהו שהטמין שם ממעות הלשכה: מעון הלשכה. על ידי שלקח ממנה: גמ' קווץ.= בעל שיער. וגירסת הרמב"ם "קבן", והוא עני שתאב למעות וכן נבהל להון כמו קובץ על יד: מפספסין בקלקין.= בגדי למר, כמו בשבת "הקלקים". והיו מפרידין הנימות, שלא יחשדוהו שטמן בתוכן: מדברין היו עמו. כדי שלא יטמין בפיו: וימלא פומי מוי. ימלא פיו מים וג"כ לא יהיה יכול להטמין בפיו: מפני הברכה. שצריך לברך על ההפרשה, וכשמשקין בפיו אינו יכול לברך, דא"א לסלקן לצד אחר, וכ"ש כשפיו מלא מים: המחוור שבבולן. מפורש צווי להיות נקי מהבריות כמו מידי שמים: מתני' של בית ר"ג כו'. שהיו רוצין שיגיע דמיהן לקרבנות, וזרקו ללשכה בשעה שהוא תורם. והתורם מתכוין ודוחפו מהלשכה לקופה של ג' סאין שתורם בה: ג' פעמים. דרך חכמים הוא כן. כמו מגל זו כו' ועוד הרבה: הראשונה. תרומה ראשונה מהלשכה: בקטבלאות. על הנשאר בלשכה, והמביאין אח"כ נותנין על הקטבלא: ולמה היה מחפה. בראשונה ושניה — שמא ישכח ויתרום מן התרום. וכשמחפה נעשו המחופים שירים, ותורם ממה שעל הקטבלא. רק בשלישית לא היה צריך לחפות, שלוקח ממנה עד שגומרה, כדלקמן: לשם א"י. שהראשונה היתה באה מא"י: ברכים המוקפין. היינו מקומות הסמוכים, שהיו מביאין בשניה: לשם בבל כו'

משנת אליהו

בשו"ת שבות יעקב סימן כ"ב שהאריך בפירוש אחר בבלי ששמו פוסקין ופירושו דחוק ומ"ש עיקר: **על** רום אצבע ומחצה ושליש אצבע. עיין תוס' בפסחים קי"ט א' ד"ה רביעית שמיישב לסוגיא זו דמיירי באצבעיים ליפורים כו' ע"ש באריכה: **מורייינא** דבי נשיאה הוה. עיין במנחות ק"ג ב' קי"ד א' ועי' תוס' שם ד"ה מורינא וד"ה הואיל כו':

מסורת הש"ס

א) שבת עז א: ב) מנחו' קג ב ולקמן פ"ח הל"א: ג) ברכו' כד א מנחו' קג: ד) שם י עדיות פ"ה מ"ח: ה) מכשירין פ"ו מ"ה: ו) מנחות קד א: ז) תוספתא פ"ב:

עין משפט נר מצוה

יט א מיי' פרק י"ח משבת הל"ב: כ ב מיי' פרק א' מאה"ט הל"ד: כא ג מיי' פרק י' מטומאת אוכלין הלכה ג: כב ד מיי' פרק ג' משקלים הל"ג והכסנות: כג ה מיי' שם הלכה ה: כד ו מיי' שם הל"ז:

נוסחת הבבלי

(א) ור"י בר' ביבין בשם ר' שמואל: (ב) ושאל ר' אלעזר: (ג) בר ביסנא עד כו': (ד) ר"ש בשם ר' נתן בתורה כו': (ה) שאל את ר' יוסי בר ביבי איזהו כו': (ו) ודוחפו לקופה כו': (ז) לא היה מחפה שמא ישכח את התרום ויתרום את דבר התרום כו':

הגהות הגר"א

[א] ה"ג ולמה קרי ליה עתיקה מן בגין דהוה ביומי' זעירא ורבתא ואיזעירית כמ' דהות: [ב] ר"ו אחר ר' יוחנן הדא דהות היא חלי שמיני טבריות הישנה כי כאן הוא מקומו של ר' יוחנן הכל ולא לעיל מינה. וכיה בבבלי שם א"ר תמנייתא קדמייתא דהות בטבריה הות יתירה על דא רבעא והיו משערין רביעית של פסח. וגירסת הספרים שיבוש: [ג] ל"ל אתיא דר' נתן כר' יוסי בר"י יהודה כו'. והוא ברייתא מובא בבבלי שבת (עז.) דר' נתן ור"י בר"י אמרו דבר אחד דתני התם דם נבילה ב"ש מטהרין וכו' וב"ה מטמאין א"ר יוסי בר"י אף כשטימאו ב"ה לא טימאו אלא בדם שיש בו רביעית הואיל ויכול לקרוש ולעמוד על כזית שהוא שיעור נבילה לטמא אדם והיינו אמרו דבר אחד דבכזית היכא כשנימוח הוי רביעית אלמא כר"י בר"י מתוקמא: [ד] ה"ג מהו כדון תנינא העיד ר' יהושע בן פתורא וכו': [ה] ה"ג ואין לנו כיוצא בו כשיעור טומאתו ואין לטמאות לשיעור טומאתו שדמו מטמא כבשרו וכו' ועיין בק"ע:

ציון ירושלים

מפני הברכה. עי' פי' מהרא"פ ועיין שו"ת ח"ל סי' קכב.

גליון הש"ס

[א] עי' שו"ת אא"ז הח"ל סימן קכב.

הרחוקות על לבן וישלחו שקליהן: **גמ'** ופריך: **אילו** מי שהיו מונחים לפניו שני כריים של תבואה ותרם מאחד על חבירו, מי לא פטר גם השני? א"כ, ה"נ מאי נפקא להו לדבית ר"ג אם הוא תורם של אני שקל שלהן או לא: ומשני: **הנחת רוח הוא** להן. שיהא הקרבן קרב מממונם ראשונה ולא יהא לשירי הלשכה: **שמטם את הקטבליות** מכולן — נעשה הכל שיריים: **איצטלא.** בגדים. "וחמש חליפות שמלות" מתרגמין "וחמש איצטלון": **אע"פ שיש בראשונה** נוטל מן השניה. אקופות הגדולות קאי, שאינו נוטל מן הראשונה כל הג' קופות קטנות בפרוס הפסח, אלא מכל אחת מהן נטל קופה אחת, וכדפירש' במתניתין: **שלמה שלישית.** שהוציאו כל המעות שבקופה שלישית לצורך הקרבנות: **שלמו שלשתן.** שאין בקופות גדולות מעות צריכין כל ישראל לשקול מחדש שקלים אחרים. שהמעות שנשאר בלשכה ולא נכנס לתוך קופות הגדולות — הוא שיריים, ואינן כשרין שוב ליקח מהן קרבנות: **מועלין בשיריים.** שנשארו בלשכה, שמא יצטרכו להן בסוף כשיכלה כל המעות שבתוך הקופות: **וכן היה ר"פ וכו'.** אהא דקאמר ר"מ דמועלין בשיריים שמא יצטרכו להן בסוף מייתי הא דר"פ שצריך האדם להיות זהיר וזריז, שלא יבא לידי חטא: **זריזות.** הזריז במצות לעשותן כהוגן, ומרחיק מעצמו כל דבר שיכול לבא ע"י לעבירה, מביא את האדם שהוא נקי בעשיותיו ומעבירות שבידו: **טהרה.** שאף עונותיו הראשונים יתלבנו ויטהר נשמתו: **קדושה.** קדושת הלב והמחשבה: **לידי ענוה.** שכל מי שיש בו רוח קדושה, חפץ להיות יותר קדוש. גם כי יפלס מעגלי צדק של שאר בני אדם ושאין דרכיו מגוררים כל הצורך. וזה הוא עיקר ענוה, שמכיר פחיתת ערכו: **לידי יראת חטא.** שאל יאמר אני אלך בשוק של זונות ולא אחטא. וכמו שאמר שלמה המלך ע"ה. שכיון שהוא עניו ויאמר שהוא שפל אנשים — יהיה ירא חטא: **לידי חסידות.** והיינו שיעשה דברים שהם לפנים משורת הדין, כדי שלא יבא לידי שום חטא: **לידי רוח הקודש.** שכיון שהוא עושה לפנים משורת הדין עושין עמו מן השמים דברים שהן חוץ מהטבע, ומודיעין לו רזי התורה: **לידי תחיית המתים.** שע"י שישרה רוח קדושה על עצמות יחיו, וכמפורש ביחזקאל: **לידי אליהו.** שקודם התחיה האחרונה יבא אליהו: **וכלה מכפר את הקדש.** ולשון "וכלה" משמע זריזות מלשון כלוי, ומשמע זהירות, דהיינו זריזות. וכתיב קרא אחרינא "וכפר בעדו ובעד העם" — הוא הכפרה הכוללת לכולם, אלמא ע"י זריזות בא הנקיה הגמורה: **וכפר עליה הכהן וטהרה** מן הטבועה שנטבעה כשכרעה לילד. ואף ששוגגת היא — צריכה טהרה: **וטהרו וקידשו.** לבתר טהרה אתיא קדושה: **"כי כה אמר רם ונשא".** מדכתיב "מרום וקדוש אשכון", דהיינו שעם היותו מרום — ישכון עם הקדוש. והדר קאמר שישכון את דכא ושפל רוח, שהוא העניו. משמע דמקדושה יבוא האיש להיות עניו. ולהכי קאמר שיהיה ה' עם הקדוש, ויהיה עם דכא ושפל רוח: ה"ג: **דכתיב "עקב ענוה".** בעבור ובשכר ענוה יבא לידי יראת ה': **אז דברת.** אין הקב"ה מדבר בחזון אלא לחסידיו: **רוה"ק מביא לידי תחיית המתים.** דכתיב "ונתתי רוחי", והוא רוה"ק, "וחייתם" אח"כ: ה"ג: לידי אליהו זכור לטוב, דכתיב "הנה אנכי שולח לכם את אליה הנביא לפני בא יום ה' הגדול והנורא והשיב לב אבות על בנים ולב בנים על אבותם": **כל מי שהוא קבוע וכו'.** פי': שהוא דר בקביעות בא"י, שהיא מכפרת עון, כדכתיב "העם היושב בה נשוא עון": **ואוכל פירותיו בטהרה.** שגורם טהרת הגוף ומדבר בלשון הקודש, שגורם טהרת הנפש: **וקורא ק"ש בבוקר ובערב.** שמקיים "והגית בו יומם ולילה" שהתורה עיקר טהרת נשמה: **מובטח לו שהוא בן עוה"ב.** אפילו גופו יזדכך ויזכה לחיים נצחים, והם חיי עולם הבא. אי נמי בלא דין ויסורין יזכה לעוה"ב: סליק פרק ג'

הלכה א מתני' התרומה מה היו עושין בה. מה שנתנו לתוך הקופות, מה היו עושין בהן: **וכל קרבנות הצבור.** לאתויי קטרת: **ספיחים.** תבואה העולה מאליה ממה שנשר בקציר. ונותנים שכר לשומרים שימנעו רגלי בהמה משם, ויודיעו לבני אדם שהם לצורך העומר ושתי הלחם. שאינן באין אלא מן החדש ומן הארץ, ונותנין שכרן מן התרומה, דלצורך קרבן כקרבן דמי: **שומר חנם.** ואף אם קנה אותן מן ההפקר כששמרן חנם — סבר ר"י דקרבן יחיד משתנה לקרבן צבור: **אף אתה אומר וכו'.** כלומר, אי אתה מודה שאינן באין אלא משל צבור. ואם שמרן חנם וזכה בהם — נמצא שאינן באין משל צבור. ולשיטתם השיבו דסברי

מדינות הרחוקות.§ **גמ'** של בית ר"ג וכו'. אילו היו
שני כריים ותרם מאחד מהן על חבירו, שמא לא
פטר חבירו? [א] הנחת רוח היא להם שלא יהא קרבן
מתקרב אלא משלהן תחלה. *תני: שמטם את
הקטבליאות — נעשו כולן שיריים. תני: א) שלישית היא
היתה עשירה שבכולן, שהיו בה (איצטלי) אסטריאות
(א) של זהוב ודרכונות של זהוב. תני: אתרם את הראשונ'
לשם ארץ ישראל ולשם כל ישראל, שניה לשם
כרכים המוקפים ולשם כל ישראל, והשלישית לשם
בבל ומדי ולשם מדינות הרחוקות ולשם כ"י תני:
(ב) נטל מן הראשונה, אע"פ שיש בראשונה — נוטל
מן השניה, נטל מן השניה אע"פ שיש בשניה — נוטל
מן השלישית. שלמה שלישית — חוזר לשניה, שלמה
שניה — חוזר לראשונה. שלמו שלשתן [א] — חוזר
ושוקל. (ג) ר"מ ב) אומר: בחוזר לשיריים. שהיה ר"מ
אומר: [ב] מועלים בשיריים, שמא יצטרכו להן בסוף.
וכן ג) היה רבי פנחס בן יאיר אומר: [ג] זריזות מביאה
לידי נקיות, גנקיות מביאה לידי טהרה, טהרה מביאה
לידי קדושה, קדושה מביאה לידי ענוה, ענוה מביאה
לידי יראת חטא, יראת חטא מביאה לידי חסידות,
חסידות מביאה לידי רוח הקודש, רוח הקודש
מביאה לידי תחיית המתים, תה"מ מביאה לידי
אליהו זכור לטוב. זריזות מביאה לידי נקיות — דכתיב:
"וכלה מכפר". נקיות מביאה לידי טהרה — דכתיב: ויקרא טז
"וכפר עליה הכהן וטהרה". טהרה מביאה לידי שם יב
קדושה — דכתיב: "וטהרו וקדשו". קדושה מביאה לידי שם טז
ענוה — דכתיב: "כי כה אמר רם ונשא שוכן עד ישעיה נז
וקדוש שמו מרום וקדוש אשכון ואת דכא ושפל
רוח". ענוה מביאה לידי יראת חטא — דכתיב: "עקב משלי כב
ענוה יראת ה' יראת חטא מביאה לידי חסידות
— דכתיב: "וחסד ה' מעולם ועד עולם על יראיו". חסידות תהלים קג
מביאה לידי רוח הקדש — דכתיב: "אז דברת בחזון שם פט
לחסידיך". רוח הקדש מביאה לידי תחיית המתים
— דכתיב: "ונתתי רוחי בכם וחייתם". תחיית המתים יחזקאל לז
מביאה (ד) לידי אליהו זכור לטוב — דכתיב: "הנה מלאכי ג
אנכי שולח לכם את אליה הנביא לפני בא יום ה'
הגדול והנורא". תנא בשם ר"מ (אומר) כל מי
שקבוע בארץ ישראל, ומדבר בלשון הקודש, ואוכל
פירותיו בטהרה, וקורא ק"ש בבוקר ובערב — יהא
מבושר שבן עולם הבא הוא.§

הדרן עלך פרק בשלשה פרקים

הלכה א מתני' התרומה מה היו עושין בה? ד לוקחין בה תמידין ומוספין ונסכיהם, העומר ושתי לחם ולחם הפנים, וכל קרבנו' הציבור! ה השומרי ד) ספיחין בשביעית נוטלין שכרן מתרומת הלשכה. רבי יוסי אומר: אף הרוצה מתנדב שומר חנם. ו אמרו לו: אף אתה אומר שאין באין אלא משל

ריבב"ן

עשירה שבכולן שהיו בה דרכונות של זהב סתמא כר' יהודה דאמר לעיל בפ"ב אף לשקלים אין להם קצבה. ירושלמי נטל את הראשונה אע"פ שיש בראשונה נוטל מן השניה נטל מן השניה אע"פ שיש בשניה נוטל מן השלישית שלמה השלישית חוזר לשניה שלמה שניה חוזר לראשונה שלמו שלשתן חוזר ושוקל ר' מאיר אומר חוזר לשירים פי' לוקחין תמידין מכסף הנשאר בלשכה לאחר שתרם בקופות ור' מאיר לטעמיה דאמר מועלין לשירים שמא יצטרכו להם בסוף:

משנה א התרומה שנתרמה בקופות: **שומרי ספיחית בשביעית.** לפי שכל השדות היו מופקרין בשביעית ביהודה היו שומרים במקום אחד הספיחין להביא מהן העומר ושתי הלחם ולא היו מביאין לכתחלה אלא ביהודה משום דכתיב כרמל ואם הי' מביאין מרחוק היה הרוח מיבשו ולא היה כרמל ואם לא מצא מן הקרוב לירושלים מביאין מן הרחוק ודוקא מא"י דס"ל להאי תנא אין עומר ושתי הלחם באין מחוץ לארץ ודלא כר' יוסי בר יהודה דאמר במנחות בפרק כל קרבנות (דף פד) עומר בא מחוץ לארץ מאי טעמא דמאן דאמר אינה באה מחוץ לארץ דכתיב ממושבותיכם ולא מחו"ל ור' יוסי בר יהודה האי ממושבותיכם דריש ליה בכל מקום שאתם יושבים דחדש נוהג בחו"ל. ועוד אמרינן בפרק כל קרבנות רמי ליה רמי בר חמא לרב חסדא תנן שומרי ספיחים נוטלין שכרן מתרומת הלשכה אלמא עומר בא מהן בשביעית והכתיב והיתה שבת הארץ לכם לאכלה לאכלה ולא לשריפה וקומץ העומר מתירו אמר ליה רחמנא אמר לדורותיכם ואת אמרת

תקלין חדתין

הרחוקות. שלא היו מביאין אלא בפ' הג': **גמ' אילו היו שני כו' שמא לא פטר את חבירו.** בתמיה. והכי נמי, למה לבית ר"ג להדר שיבוא דמיהן לקופה כיון שיתרמו גם על שלהם: ומשני: **נחת רוח כו' תחלה.** זריזות מצוה שיהא משלהן בתחלה, ולא ישאר בשירים: **תני.** תוספתא פ"ב דשקלים: **שמטם הקטבלאות** נתערבו השירים. והתם תני דמ"מ לא יערבו בשל אשתקד: **אצטלית של זהב ודרכונות כו'** שהיו מביאין ממדינות רחוקות, והיו מצרפין על דרכונות כדלעיל רפ"ב: **נוטל מן הראשונה.** מפרש שבג' הקופות שתורם היה כתוב עליהן אב"ג מפני זה. וכ"ה בתוספתא בהדיא. ובפרקין לעיל: למה היה כתוב עליהן כו'. ותחלה נוטל מראשונה, שמצוה בראשון להסתפק ממנה תחלה. אבל אינו מריקה לגמרי, שצריך לספק מכל הג'. דאסמכוה אקרא לקמן מ"והעמדנו עלינו לתת שלישית השקל". ואם היה מסתפק מהראשונה מכל וכל — לא יבוא קודם עצרת לספק מהשלישית: **שלמה שלישית.** משום הכי הצריכו לגמור השלישית קודם לשניה דבכך לא יטעו לספק מקופה ראשונה מכל וכל קודם לשניה: **שוקל.** תקלין חדתין. והיינו היכא דהיו קרבנות מרובים והוציאו כל הג' קודם הפרק הב', ולא ר"ל ליקח מהשירים, שאין דינם כשקלים: **מועלין בשיריים.** ודינן כשקלים: **וכן היה ר"פ ב"י אומר: זריזות.** איידי דאמרי בג' פרקים ושצריך להיות נקי מהבריות כמו מידי שמים, ושצריך להיות זריז כמו של בית ר"ג שיהיה שלהם תחילה, מפרש לכולהו מדות דרפב"י: **זריזות מביאה לידי נקיות.** זריזות הוא היפוך העצלות. וע"י שאחוז במדת הזריזות מביאתו לידי נקיות, הן בכה"ג, דנקיים מבריות דאיירינן בשמעתין כשרואין זריזותו בדבר בשלימות לא יחשדוהו, והן בידי שמים, כשהוא זריז במצוה, המצוה מזורזת ומלובנת מזובי מות. וכן אמרו: ת"ח שעבר עבירה כו' ודאי עשה תשובה תיכף. והוא ע"י זריזותו נקי מחטא: **נקיות מביאה לידי טהרה.** טהרת הגוף בטבילה. צריך שיהא נקי משום לכלוך חלילה, ובלא זה אינו טהור. וכן ע"י נקיות הגוף מאבק חטא — בא לטהרת הנשמה שאינה טהורה, רק בכלי נקי כמו נפש נקי וצדיק: **טהרה מביאה לידי קדושה.** כמו באכילת קדשים וחולין שנעשו על טהרת הקדש, וליכנס לקדש הכל על ידי טהרה, וכל הנכנסין לעזרה צריכין טבילה. אי נמי, כדאמרינן בברכות (כב א): גדר גדול גדרו בה. מעשה בא' שתבע לדבר עבירה, א"ל: יש לך מ' סאה שאתה טובלן פירש. ואמרו: כ"מ שנאמר בו קדושה — הוא פרישת מן העריות, כמ"ש "קדושים תהיו". וזהו טהרה מביאה לידי קדושה: **קדושה מביאה לידי ענוה.** ע"י שהולך ומתקדש בדרכי הקדושה כקדושים העומדים לפני ה' תמיד, מבין גדולות הש"ת ורב נוראותיו, ונעשה שפל ונבזה בעיניו ממה שאינו יכול לעבדו ית"ש כדבעי למיעבד לפני ממ"ה הקדוש ב"ה. וכן קדושה ע"י פרישתו מהנשים, דאמרו שמצויות הן — בעלי גאוה, ועי"ז בא לידי ענוה: **ענוה מביאה לידי יראת חטא.** ע"י ענוותנותו שהוא נבזה בעיניו נמאס, מתיירא וחרד שנבזה ושפל כמותו יחטא לפני קדוש ונורא, וכל שהוא נמוך ושפל בעיניו מתרומם כבוד שמים בעיניו ויודע כמה החטא פוגם בכל העולמות. ודוד מלך ישראל ע"י שהיה עניו גדול כמ"ש "ואנכי תולעת ולא איש", אמר: "אשמרה דרכי מחטוא". וכן אם ח"ו נכשל באיזה דבר — חרד וירא מהחטא, וחטאתו לנגד עיניו תמיד: **ויראת חטא מביאה לידי חסידות.** חסידות הוא דרגא עילאה, לפנים משורת הדין. כמ"ש בגמרא ולאו משנת חסידים כו'. ואמרו: כל שיראתו קודמת לחכמתו — חכמתו מתקיימת. ואמרו: ולא ע"ה חסיד. וע"י יראת חטא שהוא אוצר החכמה בא לעשות לפנים משורת הדין. וכן ע"י שהוא ירא חטא עושה גדרים, כדאמרינן: לך אמרי' נזירא סחור סחור, והוא לפנים משורת הדין. ועיקר החסידות — שלא יתבייש מבני אדם במילי דשמיא, כמ"ש בריש ברכות ע"פ "שמרה נפשי כי חסיד אני" — לא חסיד אני כו' ולא בושתי כו'. ואז כשעולה במדרגה עליונה לעשות כל מה שמוטל עליו ומה שביכלתו להשיג, אז על השאר ה' בעזרו ויערה עליו רוח ממרום, וזוכה לרוח הקודש. ואמרו בירושלמי שלהי סוכה: שמחת בית השואבה — שהיו שואבין רוה"ק. ושם היו חסידים ואנשי מעשה, והוא ע"י ששמחים במעשיהם ואין השכינה שורה אלא מתוך שמחה כמו שהיה בדוד, וז"ש "אז דברת בחזון" וגו'. וזהו חסידות מביאה לידי רוה"ק: **ורוה"ק לידי תחיית המתים.** כי על ידי שיזכו הרוחות ויערה עליהם רוח ממרום רוח קדושה וטהרה אז יעורר לרוחות המתים שיתנם ה' בהם ויחיו, כמ"ש "ונתתי רוחי בכם וחייתם". ואמרו בפרק ו' דפסחים: עתידים לדיקים שיחיו את המתים כו': **דכתיב וכלה מכפר.** סמיך להו בקרא', ודרשו זובחים (מ'): אם כלה — כפר, ו"כלה" הוא זריזות, "כפר" — נקיות, כמו "לכפורי ידיה בההוא גברא". והוא נקיות מחטא: **וכפר עליה וטהרה.** נקיות וטהרה: **"כי כה אמר וגו' וקדוש שמו ואת דכא ושפל רוח".** שע"י הכרתו לקדושת שמו בא לשפלות כנ"ל: **לידי אליהו** ז"ל, דכתיב: "**הנה אנכי שולח לכם את אליה לפני בוא יום הגדול** וגו'". והוא אחר התחיה יום הדין הגדול. וקודם ליום הגדול ישלחהו להשיב לב אבות על בנים גו': **כל מי שקבוע בארץ ישראל.** נגד תיקון שלימת הגוף, והוא נגד יסוד העפר, כי עפר אתה וקשור לישיבת אה"ק, מוקף בקדושת הארץ תמיד. וההולך ד"א עליה — זוכה לעוה"ב, ומוחלין לו עונותיו, כמ"ש "העם היושב עליה נשוא עון". וכמ"ש בשלהי כתובות: **ומדבר בלשון הקודש.** תיקון שלימות הרוח, שממנו יסוד הדיבור. ולשון הקדש פנימיות קדושה יש בו: **פירותיו בטהרה.** נגד נפש הצומחת: **ק"ש בבקר ובערב.** נגד תיקון הנשמה, שהיא מאתון דאורייתא. ואחז"ל: כל הקורא ק"ש בבקר ובערב וגו' "והגית בו" וגו'. וגם דק"ש מוסר ומייחד נשמתו ומתקנה בקבלת עמ"ש. ונתקנו כל ד' חלקי האדם גוף ונר"ן נגד דלח"ס ואמר"ע. יהא מבושר שכן עולם הבא הוא. על ידי תיקון שלמותו הוא בן עולם הבא: הדרן עלך פרק שלישי

הלכה א התרומה מה היו עושין כו'. כל מה שתרמו מהלשכה: **ספיחין.** העולין מאליהן ממה שנשרו בקציר, ונתנו שכר לשומר שימנע רגלי בהמות משם, שנצרכים לעומר וב' הלחם שאינן באין אלא מן החדש ומן הארץ. ולפי שצורך קרבן הוא, וכקרבן דמי. לכן נתנו שכרן מתרומת הלשכה: **שומר חנם.** ואף שקנה אותם מן ההפקר כששמרן חנם — סבר דקרבן יחיד משתנה לשל צבור: **אף אתה כו'.** כלומר, א"א מודה דבאין משל צבור? ובכה"ג דשמרן חנם — זכה בהם, נמצא שאינם באים משל צבור. דס"ל: דאין קרבן יחיד משתנה לשל צבור

משנת אליהו

תני שלישית היתה עשירה שבכולן שהיה בה **אצטלית** של זהב ודרכונות של זהב. וקשיא דהא בריש פ"ב מסיק דאף מרגליות אסור לצרף משקלים שמא תיזל המרגליות ונמצא הקדש מפסיד ואיך אמר אצטלי של זהב שהוא שוה כסף וצ"ל שהביאו לכבוד שהיו הדרכונות של זהב כרוכים בהם לשמירה מדרכים הרחוקה:

הדרן עלך פרק שלישי

מסורת הש"ס

א) תוספתא פרק ב: ב) קדושין נד א: ג) סוטה מט א ע"ז כ וירושלמי שבת פרק א הל"ג: ד) ב"מ קיח א מנחות פ"ד א:

עין משפט נר מצוה

כה א מיי' פרק ב משקלים הל"ח:
כו ב מיי' שם הל"ו:
כז ג מיי' פרק ט"ז מטומאת אוכלין הלכה יב:
א ד מיי' פרק ד משקלים הל"א:
ב ה מיי' שם הל"ה:
ג ו מיי' שם הל"ו:

נוסחת הבבלי

(א) של זהב דרכמוני זהב: (ב) נוטל מן הראשונה כו' חוזר כו' חוזר ותורם כו': (ג) ר"מ אומר יחזור לשיריים כו': (ד) לידי אליהו ז"ל דכתיב אז תבין יראת ה' ודעת אלהים תמצא:

הגהות הגר"א

[א] צ"ל נחת רוח וכו':

גליון הש"ס

[א] עי' ק"ע ועיין תוס' קדושין נד ע"א ד"ה מועלין: [ב] עי' ש"ק ועי' ברמב"ם פ"ו ממעילה הל"ג ועי' בשעה"מ פ"ב משקלים ול"ע: [ג] עי' ירושלמי שבת מ"ש שם על הגליון:

קרבן יחיד אינו משתנה לשל צבור: **גמ'** מה ראו וכו'. אמתני' דפ"ד דתענית קאי. דתנן התם: זמן עצי הכהנים והעם תשעה. וקשיא ליה: מה ראו להימנות? הא אפי' כל יחיד יכול לנדב עצים, כדתנן לקמן פ"ו! **אלא בשעה** וכו'. וקמ"ל שהעצים שלהן קודמין לכל שאר עצים שבלשכה: **הנביאים שביניהן**. שהיו באותו הדור, כגון חגי זכריה ומלאכי ועזרא ונחמיה: **אלא משלהן**. מעצים שהתנדבו הן: דר"י היא. הא דאמרינן שעצים לקרבנות צבור באים בשל יחיד — אתיא כר' יוסי דמתני': **דברי הכל היא**. ואפילו כרבנן. דע"כ לא פליגי רבנן ור"י אלא בגופו של קרבן: **אבל במכשירי** קרבן, כגון עצים לקרבנות — הכל מודים דמשתנה מיחיד לצבור: **כתונת לבנה**. הכהן, לשרת בו בקדש: **צריכה למסור לצבור**. מיהו אם מסרה — מותר לעבוד בו: **במכשירי קרבן**. כגון כתונת: ה"ג: מתני' מסייעא לר' יוסי. וה"פ: מהך ברייתא דמגילת תענית מוכח כדאמר ר' יוסי בשם ר' אילא דד"ה היא: בשעת הקרבן. בזמן שבהמ"ק קיים: **רי"א אין נוהגין אלא בשעת הקרבן**.

מִשֶּׁל צִבּוּר.§ **גמ'** [א] מָה א) רָאָה זְמַן עֲצֵי כֹהֲנִים וְהָעָם לְהִימָּנוֹת? אֶלָּא בְּשָׁעָה שֶׁעָלוּ יִשְׂרָאֵל מִן הַגּוֹלָה וְלֹא מָצְאוּ עֵצִים בַּלִּשְׁכָּה, אוְעָמְדוּ אֵלּוּ וְנִתְנַדְּבוּ עֵצִים מִשֶּׁל עַצְמָן, וּמְסָרוּם לַצִּבּוּר, וְקָרְבוּ מֵהֶן קָרְבְּנוֹת צִבּוּר. וְהִתְנוּ עִמָּהֶן נְבִיאִים שֶׁבֵּינֵיהֶן, שֶׁאֲפִי' לִשְׁכָּה מְלֵיאָה עֵצִים, וְעָמְדוּ אֵלּוּ וְנִתְנַדְּבוּ עֵצִים מִשֶּׁל עַצְמָן — שֶׁלֹּא יְהֵא קָרְבָּן מִתְקָרֵב אֶלָּא מִשֶּׁלָּהֶן תְּחִילָּה. אָמַר רַבִּי אַחָא: דְּרַבִּי יוֹסֵה הִיא. דְּרַבִּי יוֹסֵה אוֹמֵר: אַף הָרוֹצֶה מִתְנַדֵּב שׁוֹמֵר חִנָּם. ר' יוֹסֵי (אַסִּי) בְּשֵׁם רַבִּי אִילָא: דִּבְרֵי הַכֹּל הִיא, מַה פְּלִיגִין — בְּגוּפוֹ שֶׁל קָרְבָּן, אֲבָל בְּמַכְשִׁירֵי קָרְבָּן — כָּל עַמָּא מוֹדֵיי שֶׁהוּא מִשְׁתַּנֶּה קָרְבַּן יָחִיד לְקָרְבַּן צִבּוּר. תָּנֵי: ב) באִשָּׁה שֶׁעָשְׂתָה כְּתוֹנֶת לִבְנָהּ (צְרִיכָה לִמְסוֹר) — כְּשֵׁירָה, וּבִלְבַד שֶׁתִּמְסְרֶנָּה לַצִּבּוּר. אָמַר רַבִּי אַחָא: דְּרַבִּי יוֹסֵי הִיא, דְּרַבִּי יוֹסֵי אוֹמֵר: אַף הָרוֹצֶה מִתְנַדֵּב שׁוֹמֵר חִנָּם. רַבִּי יוֹסֵי (אַסִּי) בְּשֵׁם ר' אִילָא: דִּבְרֵי הַכֹּל הִיא, מַה פְּלִיגִין — בְּגוּפוֹ שֶׁל קָרְבָּן, אֲבָל בְּמַכְשִׁירֵי קָרְבָּן — כָּל עַמָּא מוֹדֵיי שֶׁהוּא מִשְׁתַּנֶּה קָרְבַּן יָחִיד לְקָרְבַּן צִבּוּר. [ב] מתני' פְּלִיגִי עַל רַבִּי יוֹסֵי: אוֹתָן ג) הַיָּמִים נוֹהֲגִין בִּשְׁעַת קָרְבָּן וְשֶׁלֹּא בִּשְׁעַת קָרְבָּן. רַבִּי יוֹסֵי אוֹמֵר: אֵינָן נוֹהֲגִין אֶלָּא בִּשְׁעַת קָרְבָּן בִּלְבָד. [ג] וְעוֹד מִן הָדָא, דְּתַנְיָא (א) אָמַר ד) רַבִּי אֱלִיעֶזֶר בִּי רַבִּי צָדוֹק: אָנוּ הָיִינוּ מִבְּנֵי סְנָאָה בֶּן בִּנְיָמִין, וְחָל תִּשְׁעָה בְּאָב לִהְיוֹת בְּשַׁבָּת, וְדָחִינוּ אוֹתוֹ לְמוֹצָאֵי שַׁבָּת גוְהָיִינוּ מִתְעַנִּין וְלֹא מַשְׁלִימִין.§ [ד] "הָעוֹמֶר וּשְׁתֵּי הַלֶּחֶם וְלֶחֶם הַפָּנִים וְכָל קָרְבְּנוֹת הַצִּבּוּר".§ (מַתְנִיתָא דר' יִשְׁמָעֵאל דר' יִשְׁמָעֵאל אָמַר אֵין הָעוֹמֶר בָּא מִן הַסּוּרְיָא) תַּמָּן ה) תְּנֵינַן: דכָּל קָרְבְּנוֹת הַיָּחִיד וְהַצִּבּוּר בָּאִין מִן הָאָרֶץ וּמִן חוּצָה לָאָרֶץ, מִן הֶחָדָשׁ וּמִן הַיָּשָׁן, החוּץ מִן הָעוֹמֶר ושְׁתֵּי הַלֶּחֶם שֶׁאֵין בָּאִין אֶלָּא מִן הֶחָדָשׁ וּמִן הָאָרֶץ. (ב) רַב חוּנָה בְּשֵׁם רַבִּי יִרְמְיָה: דְּרַבִּי יִשְׁמָעֵאל הִיא, דְּרַבִּי יִשְׁמָעֵאל אוֹמֵר: אֵין הָעוֹמֶר בָּא מִן הַסּוּרְיָא. תַּמָּן ו) תְּנֵינַן: עֶשֶׂר קְדוּשׁוֹת הֵן. זאֶרֶץ יִשְׂרָאֵל מְקוּדֶּשֶׁת מִכָּל הָאֲרָצוֹת, וּמַה הִיא קְדוּשָּׁתָהּ — שֶׁמְּבִיאִין מִמֶּנָּה הָעוֹמֶר וְהַבִּיכּוּרִים וּשְׁתֵּי לֶחֶם, מַה שֶּׁאֵין מְבִיאִין כֵּן מִכָּל הָאֲרָצוֹת. (ג) ר' חִיָּיא (חוּנָה) בְּשֵׁם רַבִּי יִרְמְיָה: דְּרַבִּי יִשְׁמָעֵאל הִיא, דְּרַבִּי יִשְׁמָעֵאל אָמַר: אֵין הָעוֹמֶר בָּא מִן הַסּוּרְיָא. תַּמָּן ז) תְּנֵינַן, ר' יִשְׁמָעֵאל אוֹמֵר: מָה חָרִישׁ רְשׁוּת — אַף קָצִיר רְשׁוּת, [ה] חיָצָא קְצִיר הָעוֹמֶר שֶׁהוּא מִצְוָה. (ד) ר' יִשְׁמָעֵאל כְּדַעְתֵּיהּ, דר' יִשְׁמָעֵאל דְּאָמַר: אֵין הָעוֹמֶר בָּא מִן הַסּוּרְיָא, כְּדַעְתֵּיהּ דְּאָמַר יָצָא קְצִיר הָעוֹמֶר שֶׁהוּא מִצְוָה. מַאן תַּנָּא שׁוֹמְרֵי סְפִיחִית בַּשְּׁבִיעִית נוֹטְלִין שְׂכָרָן מִתְּרוּמַת הַלִּשְׁכָּה ר' יִשְׁמָעֵאל הִיא. א"ר יוֹסֵה: דִּבְרֵי הַכֹּל הִיא. לֹא מָצְאוּ בְּסוּרְיָא — מְבִיאִין אוֹתָן מִסְּפִיחִין שֶׁבְּאֶרֶץ יִשְׂרָאֵל. הָהֵן עוֹמֶר (ה) מַהוּ שֶׁיִּזָּרַע בַּתְּחִילָּה? ר' חִיָּיא בַּר אַדָּא בָּעֵי קוֹמֵי רַבִּי מָנָא: לֹא נִמְצָא טכְּקוֹמֵץ עַל הַשִּׁירַיִים שֶׁאֵינָן נֶאֱכָלִין. [א] א"ל נַעֲשָׂה כַּחֲמִשָּׁה דְּבָרִים שֶׁהֵן בָּאִין בְּטוּמְאָה וְאֵין נֶאֱכָלִין בְּטוּמְאָה. כֵּיצַד הוּא עוֹשֶׂה? נוֹטֵל מָעוֹת מִן הַשּׁוּלְחָנִי, (ו) וְנוֹתֵן לַקּוֹצְרִין וְלַשּׁוֹמְרִין עַד שֶׁלֹּא יִקְרַב הָעוֹמֶר, וּמֵבִיא מָעוֹת מִתְּרוּמַת הַלִּשְׁכָּה וּמְחַלְּלִין עָלָיו, (ז) וְטָבוֹת כֵּן? (ר' יוֹסֵי בְּשֵׁם) רַבִּי אַחָא בְּשֵׁם רַבִּי בָּא: כָּל ח) מַה שֶּׁיִּתֵּן הֵן הֵן דָּמָיו מִשָּׁעָה הָרִאשׁוֹנָה. תָּנָא: ט) אַף בְּפַתְּחֵי אֲבָנִים כֵּן. כֵּיצַד הוּא עוֹשֶׂה? (ח) נוֹטֵל מָעוֹת מִשּׁוּלְחָנִי וְנוֹתֵן לַחוֹצְבִין וְלַפַּתָּתִין עַד שֶׁלֹּא תִּינָתֵן עַל גַּבֵּי הַדִּימוֹס, וּמִשֶּׁנִּיתַּן עַל הַדִּימוֹס — ימֵבִיא מָעוֹת מִתְּרוּמַת הַלִּשְׁכָּה וּמְחַלְּלִין עָלֶיהָ וְטָבוֹת כֵּן ר' יוֹסֵי (בְּשֵׁם רַבִּי אַחָא) בֵּי רַבִּי בּוּן בְּשֵׁם שְׁמוּאֵל [ב] כָּל מַה שֶּׁיִּתֵּן הֵן הֵן דָּמֶיהָ מִשָּׁעָה הָרִאשׁוֹנָה.§

ריבב"ן

תיבטל אמר ליה ומי קאמינא [אנא] תיבטל ליתי משל אשתקד בעינא כרמל וליכא שכבר יבש וליתי כרמל משל אשתקד בעינן כרמל בשעת הקרבה וליכא דר' יוחנן אמר [כרמל] תקריב ור' אלעזר אמר ראשית קצירך ולא סוף קצירך בשעת הבאתה תהא תחלת קצירה שלאותה תבואה שבאתה ולא סוף קצירך [ואם מייתי] מדאשתקד הויא לה שעת הבאתה סוף קצירך כך פירש רבינו שלמה: ר' יוסי **אמר אף הרוצה מתנדב ושומר חנם אמרו לו אם אתה אומר כן אינן באין משל צבור**. בפ' הבית והעליה (דף קיח) מפרש טעמייהו ומסיק דכ"ע הבטה בהפקר לא קני פי' מה שאדם שומר בראייה בעלמא בלא זכייה אחרת או חזקה לא קני והכא בחוששין לבעלי זרועות קמפלגי ת"ק סבר תקינו רבנן ד' זוזי למיתב להו מלשכה כי היכי דלא ליתו בעלי זרועות ולשקלו מינייהו ור' יוסי סבר לא חיישינן לבעלי זרועות ומאי אתה אומר הכי קאמרי ליה מדבריך שאתה אומר מתנדב ושומר חנם לדברינו דחיישי' לבעלי זרועות אין תמידין ומוספין באין משל צבור דאחר גם כן יכול לידור תמידין ומוספין א"כ אותן ד' זוזי שהיינו נותנין לשומרין אנו קונין תמידין ונמצא שהן של שומרים:

תקלין חדתין

צבור ולשיטתם השיטוהו: **גמ'** ה"ג: תמן תנינן.

א) תענית פ"ד הל"ד מגילה פ"ק הל"ד ובבלי תענית כח א: ב) עי' יומא לה ב ולקמן הל"ב: ג) ר"ה יט ב: ד) תענית יב א: ה) מנחות פג ב: ו) כלים פ"א מ"ו: ז) ירושלמי שביעית פ"א הל"ב: ח) עי' תוספתא מנחות פ"י: ט) ע' מעילה יד א ב:

עין משפט נר מצוה

ד א מיי' פ"ו מכלי המקדש הל"ט:

ה ב מיי' שם פ"ח הל"ז:

ו ג מיי' שם פרק ו הלכה ט:

ז ד מיי' פרק ו מאיסורי מזבח הלכה טו:

ח ה מיי' שם ופ"ז מתמידין הל"ה:

ט ו מיי' פרק ח מתמידין הל"ב:

י ז מיי' פ"ז מבית הבחירה הל"ב:

יא ח מיי' פרק ז מתמידין הל"ו:

יב ט מיי' פרק י"א מפה"מ ה"כ:

יג י מיי' פרק ח ממעילה הל"ג ד:

נוסחת הבבלי

(א) א"ר אלעזר בר צדוק אנו היינו מבני סנאב כו' ודחינוהו לאחר השבת והתענינו ולא השלמנו: (ב) רב הונא בשם ר"י דר"י היא דאמר כו': (ג) רב הונא בשם ר"י דר' ישמעאל היא דאמר כו': (ד) ר"י כדעתיה דאמר כו' מסוריא מאן תנא כו': (ה) מהו לזרוע לכתחילה כו' בעא קדם ר' מני כו': (ו) ונותן לקוצרין (ולעומרין) ולשומרין עד כו': (ז) וטבות כן ר' יוסי בשם ר' אחא כל כו': (ח) מביא מעו' מן השולחני ונותן לחוצבין כו' הדימוס אח"כ מביא כו' ר' יוסי בשם ר' אחא כל כו':

הגהות הגר"א

[א] ל"ל תמן תנינן זמן עלי כהנים וכו'. והוא בתענית (כו:): [ב] ה"ג מתני' פליגא על ר' אחא: [ג] מלות ועוד מן הדא דתניא ל"ג דהא חדא מתני' היא ובק"ע נדחק מאוד בזה: [ד] מן העומר ושתי הלחם עד תמן תנינן נמחק: [ה] ה"ג יצא קציר העומר שהוא מצוה מאן תנא שומרי ספיחין וכו'. והשאר שבינתיים נמחק וגרס דתנן ר' ישמעאל:

גליון הש"ס

[א] עי' ש"ק ועיין תוס' מנחות דף פד ע"א ד"ה שומרי: [ב] עי' ש"ק ועיין תוס' מעילה דף יד ע"א ד"ה בונין ותוס' ב"ק דף עז ע"ב ד"ה אומר:

משנת אליהו

א) כתובות קו ע"ב קדו' נד ב: ב) כתובות קו א: ג) מנחות ל א: ד) יומא מב א וירו' שם פ"ד הלכה ג: ה) כתובות קו א: ו) ע"ש קה א: ז) שם קו א: ח) שם ע"ב: ט) לעיל פ"ב:

הלכה ב מתני' פרה אדומה ושעיר המשתלח לעזאזל באין מתרומת הלשכה. אע"ג דפרה אינה נשחטת בעזרה — באה מתרומת הלשכה, ד"חטאת" קרייה רחמנא. ושעיר המשתלח, לפי שצריך ליקח שני שעירים ואין ידוע על איזה מהם יעלה הגורל לה': ולשון של זהורית. שני תולעת שמשליכין אל תוך שריפת הפרה. וה"ה לעץ ארז ואזוב, אלא נקט לשון של זהורית לבד, לחלק בין לשון של זהורית זה ללשון של שעיר המשתלח: כבש פרה. שהיו עושין שני גשרים זה ע"ג זה מפני קבר התהום, מהר הבית להר המשחה, ועליהן היו מוציאין את הפרה: וכבש שעיר. שהיו עושין כמין גשר, ועליו היה הולך המשלח את השעיר. מפני הבבליים שהיו תולשים בשערו ואומרין "טול וצא, שלא תשהה עונותינו": ולשון שבין קרניו. לידע אם הלבין ונתכפרו עונותיהן של ישראל. והני אינן צורך קרבן, לפיכך אינן באין מתרומה שהופרשה לשם קרבנות, אלא ממה שנשתייר בלשכה אחר הפרשת התרומה: ואמת המים העוברת בעזרה, אם צריכין תיקון: וכל צרכי העיר. לחפור בורות שיחין ומערות, ותיקון רחובותיה ושווקיה ושמירת העיר: מותר שירי הלשכה. מה שנשאר אחר שנעשה מהן תיקון צרכי העיר: לוקחין מהן יינות שמנים וסלתות, ומוכרין אותן למי שצריך יין לנסכים ושמנים למנחות: אין משתכרין בשל הקדש. שאין עניות במקום עשירות, וגנאי הוא להקדש: ואף לא בשל עניים. דלמא מתרמי עני וליכא למיתב ליה: מותר התרומה. היינו מה שנשאר בקופות בר"ח ניסן, שאז מביאין קרבנות מתרומה חדשה: צפוי לבית קדשי קדשים. לרצפה ולכותלים: מותר הפירות. מפרש בגמ': קיץ למזבח. כשהמזבח בטל מביאים מהן עולות. כמו שדרך בני אדם להעלות מיני מתיקה על השלחן בגמר סעודתם, כך אחר שגמרו להביא חובת היום מביאין עולות הללו, כשאין נדרים ונדבות והמזבח בטל: מותר תרומה לקיץ המזבח. שלצורך קרבנות הופרשה: מותר הנסכים. מפרש בגמ': מותר נסכים לקיץ המזבח. שהנסכים כליל, והעולה כליל: זה וזה. ר"ע ור"מ: גמ' של שעיר המשתלח. דבעי חלוקה, כדתנן ביומא: מה היה עושה? חליו קשר בסלע וחליו קשר בקרניו. לפיכך היה משקלו סלע: ושל מצורע. דלא צריך חלוקה, די לו בשקל: ושל פרה. דבעי כובד ליפול אל תוך שריפת הפרה, בעיא משקל שני סלעים: ואית דמפקין לישנא. כלומר, יש אומרים בלשון אחר: "של פרה בי' זוזין". והיינו הך, דסלע ד' זוזין, ושני סלעין ומחצה הן י' זוזין: מבקרי מומי קדשים נוטלין שכרן מתרומת הלשכה. דאילו ליטול שכר מכל בהמה בפני עצמה — אסור. דתנן: הנוטל שכר להיות רואה בכורות — אין שוחטין על פיו. הלכך נוטל מתרומת הלשכה, תהיה הבהמה תמימה או בעלת מום, אין לו תועלת: שני דייני גזלות. שבירושלם: האורגות בפרכות. שבין היכל לקדשי הקדשים: מה פליג. במאי פליגי: ר"י גרוגרות. כך שמו: מזבח הזהב. כלי הוא ולא בנין. שאינו מחובר לאדמה, ויכולין לטלטלו, לפיכך נידון ככלי: ממותרי הנסכים. לקמן פ"ה מפורש מה מותר נסכים: מזבח העולה. שהוא בנין: חוץ לעזרות. כל מה שהוא חוץ לעזרת ישראל, כגון עזרת נשים והחיל וחומת העיר ומגדלותיה: מועלין בהן. ואם"ד דמשירי הלשכה הן באין — קשיא: וכי יש מעילה בשירים?: ומשני: אלא כר"מ. אתיא הך ברייתא: אמר ר' חיננא. אפי' כר"מ לא מצי אתיא: אלא בתוך שנתו. הוא דמועלין בשיריים, דשמא יצטרכו לקנות מהן קרבנות צבור. וכדאמרינן לעיל פ"ג ה"ד: והכא חוץ לשנתו אנן קיימין. דבתוך שנתו אסור להוציאן לצורך דברים אחרים, דשמא יצטרכו לקרבנות צבור: מעכבין את הקרבן. שאסור להקריב קרבן אם אין אלו במקומן. ויותר נראה שאסור להקריב עליהן קרבן, כגון לחם הפנים על השולחן, ונרות במנורה, וקרבנות על המזבחות, וזריקת הדם על הפרוכת, וריחוץ ידים ורגלים בכיור: כל הן. כל היכא דכתיב "נכח", כגון במנורה דכתיב "ואת המנורה (תתן) נוכח השלחן": צלע אינו מעכב. כגון בשלחן

עין משפט נר מצוה

יד א מיי' פרק ד משקלים הל"ט:
טו ב מיי' שם הל"ט:
טז ג טור שו"ע יו"ד סימן רנט סעיף א בהג"ה:
יז ד מיי' שם הל"ט:
יח ה מיי' פ"ו מכלי המקדש הל' י"ג ובהשגות וכ"מ:
יט ו מיי' פרק י"א מטומאת צרעת הלכה א:
כ ז מיי' פרק ג מפרה הל"ב:
כא ח מיי' פרק ד משקלים הל"ד:
כב ט מיי' שם הל"ז:
כג י מיי' שם הל"ב:
כד כ מיי' שם הל"א:
כה ל מיי' שם הל"ב:
כו מ מיי' שם הל"ח:

נוסחת הבבלי

(א) רב שמואל בר נחמני בשם ר' נתן ג' לשונות כו' שעיר משתלח בסלע כו': (ב) ר' ביבא בר זבדא בשם ר"ש בר תחליפא של כו': (ג) א"ר הונא בשם ר' שמעון ת"ח כו': (ד) ר"י בר רדיפא אמר מבקרי כו': (ה) גידול בר מניומי בשם ר' אסי אמר שני דייני גזירות כו': (ו) הלשכה רב הונא אמר מתרומת ב"ה כו': (ז) בשיריי' א"ר (היתנא) כלום כו': (ח) תני ר"י גדגדות השלחן כו': (ט) ור' אילא בשם ר' נחמני אפי' כו' שבחוץ א"ר חנין כו':

נוסחאות ישנות

הלכה ב מתני' אפָּרָה, וְשָׂעִיר הַמִּשְׁתַּלֵּחַ, וְלָשׁוֹן שֶׁל זְהוֹרִית — בָּאִין מִתְּרוּמַת הַלִּשְׁכָּה. בכֶּבֶשׁ פָּרָה, וְכֶבֶשׁ שָׂעִיר הַמִּשְׁתַּלֵּחַ, וְלָשׁוֹן שֶׁבֵּין קַרְנָיו, וְאַמַּת הַמַּיִם, וְחוֹמוֹת א) הָעִיר וּמִגְדְּלוֹתֶיהָ, וְכָל צָרְכֵי הָעִיר — בָּאִין מִשְּׁיָרֵי הַלִּשְׁכָּה. אַבָּא שָׁאוּל אוֹמֵר: כֶּבֶשׁ פָּרָה כֹּהֲנִים גְּדוֹלִים עוֹשִׂין מִשֶּׁל עַצְמָן. מוֹתַר ב) שְׁיָרֵי לִשְׁכָּה מֶה הָיוּ עוֹשִׂין בָּהֶן? לוֹקְחִין בָּהֶן יֵינוֹת שְׁמָנִים וּסְלָתוֹת, וְהַשָּׂכָר לַהֶקְדֵּשׁ, דִּבְרֵי רַבִּי יִשְׁמָעֵאל. רַבִּי עֲקִיבָא אוֹמֵר: אֵין מִשְׂתַּכְּרִין בְּשֶׁל הֶקְדֵּשׁ גאַף לֹא מִשֶּׁל עֲנִיִּים. מוֹתַר הַתְּרוּמָה מֶה הָיוּ עוֹשִׂין בָּהּ? רִקּוּעֵי זָהָב צִיפּוּי לְבֵית קוֹדֶשׁ הַקֳּדָשִׁים. רַבִּי יִשְׁמָעֵאל אוֹמֵר: מוֹתַר הַפֵּירוֹת — קַיִץ הַמִּזְבֵּחַ, מוֹתַר תְּרוּמָה — לִכְלֵי שָׁרֵת. רַבִּי עֲקִיבָא אוֹמֵר: דמוֹתַר תְּרוּמָה — לְקַיִץ הַמִּזְבֵּחַ, מוֹתַר נְסָכִים לִכְלֵי שָׁרֵת. רַבִּי חֲנַנְיָה סְגַן הַכֹּהֲנִים אוֹמֵר: המוֹתַר נְסָכִים — ג) קַיִץ הַמִּזְבֵּחַ, מוֹתַר הַתְּרוּמָה — לִכְלֵי שָׁרֵת. זֶה וָזֶה לֹא הָיוּ מוֹדִים בַּפֵּירוֹת.§

גמ' כֶּבֶשׁ פָּרָה כו'. (א) ר' יִשְׁמָעֵאל בַּר נַחְמָן בְּשֵׁם רַבִּי יוֹנָתָן (נָתָן) ג' לְשׁוֹנוֹת הֵן: שֶׁל ד) שָׂעִיר — בְּסֶלַע, ושֶׁל מְצוֹרָע — בְּשֶׁקֶל, ישֶׁל פָּרָה — בִּשְׁתֵּי סְלָעִים. (ב) רַבִּי חוּנְיָה דִּבְרַת חַוּוֹרִין רַבִּי בָּא בַּר זַבְדָּא בְּשֵׁם רַבִּי שִׁמְעוֹן בֶּן חֲלַפְתָּא: שֶׁל פָּרָה בִּשְׁתֵּי סְלָעִים וּמֶחֱצָה וְאִית דְּמַפְקִין לִישָּׁנָא: בַּעֲשָׂרָה זוּז. (מוֹתַר שְׁיָרֵי לִשְׁכָּה כו'.) (ג) ר' ה) יְהוּדָה בְּשֵׁם ר' שְׁמוּאֵל: חתַּלְמִידֵי חֲכָמִי' הַמְלַמְּדִין אֶת הַכֹּהֲנִים הִלְכוֹת שְׁחִיטָה, הִלְכוֹת קַבָּלָה, הִלְכוֹת זְרִיקָה — נוֹטְלִין שְׂכָרָן מִתְּרוּמַת הַלִּשְׁכָּה. (ד) רַבִּי יִצְחָק בַּר רְדִיפָה בְּשֵׁם רַבִּי אִימִי: מְבַקְּרֵי מוּמֵי קָדָשִׁים — נוֹטְלִין שְׂכָרָן מִתְּרוּמַת הַלִּשְׁכָּה. רַבִּי אַחָא ר' תַּנְחוּם בַּר חִיָּיא בְּשֵׁם ר' שִׂמְלַאי: טמַגִּיהֵי *סֵפֶר הָעֲזָרָה [א] נוֹטְלִין שְׂכָרָן מִתְּרוּמַת הַלִּשְׁכָּה. (ה) גִּידֵּל ו) בַּר בִּנְיָמִין בְּשֵׁם ר' אַסִּי: שְׁנֵי דַיָּינֵי גְזֵילוֹת נוֹטְלִין שְׂכָרָן מִתְּרוּמַת הַלִּשְׁכָּה. שְׁמוּאֵל ז) אָמַר: יְנָשִׁים הָאוֹרְגוֹת בַּפָּרוֹכֶת נוֹטְלִין שְׂכָרָן מִתְּרוּמַת (ו) הַלִּשְׁכָּה. רבי חוּנָה אָמַר: מִתְּרוּמַת בֶּדֶק הַבַּיִת. מַה פָּלִיג? שְׁמוּאֵל [א] עֲבַד לַהּ [ב] כְּקָרְבָּן, רַב *הוּנָא עֲבַד לַהּ כְּבִנְיָן. אָמַר רַבִּי חִזְקִיָּה תְּנָא ר' יְהוּדָה (גְּרוֹגְרוֹת) גְּדַגְּדוֹת: הַקְּטֹרֶת ח) וְכָל קָרְבְּנוֹת הַצִּבּוּר כ — בָּאִין מִתְּרוּמַת הַלִּשְׁכָּה, מִזְבַּח הַזָּהָב וְכָל כְּלֵי שָׁרֵת — לבָּאִין מִמּוֹתַר נְסָכִים, ממִזְבַּח הָעוֹלָה וְהַהֵיכָל וְהָעֲזָרוֹת — [ג] בָּאִין מִשְּׁיָרֵי הַלִּשְׁכָּה, חוּץ לָעֲזָרוֹת — בָּאִין מִלִּשְׁכַּת בֶּדֶק הַבַּיִת. וְהָא תָּנֵי אַבְנֵי [ד] הַמִּזְבֵּחַ הַהֵיכָל וְהָעֲזָרוֹת מוֹעֲלִין בָּהֶן, וְכִי יֵשׁ מְעִילָה בַּשִּׁירַיִים? [ה] אֶלָּא כר"מ דר' ט) מֵאִיר אָמַר: מוֹעֲלִין (ז) בַּשִּׁירַיִים. א"ר חִיָּיא (חִינְנָא) כְּלוּם אָמַר ר"מ אֶלָּא בְּתוֹךְ שְׁנָתוֹ, וְהָכָא חוּץ לִשְׁנָתוֹ אֲנַן קַיְימִין. א"ר חִזְקִיָּה: (ח) תְּנָא רַבִּי יְהוּדָה *גְּדַגְּנִיּוֹת, הַשֻּׁלְחָן, וְהַמְּנוֹרָה, וְהַמִּזְבְּחוֹת, וְהַפָּרוֹכֶת — מְעַכְּבִים אֶת הַקָּרְבָּנוֹת, דִּבְרֵי ר' מֵאִיר. וַחֲכָמִים אוֹמְרִים: [ו] אֵין לְךָ מְעַכֵּב אֶת הַקָּרְבָּן אֶלָּא [ז] הַכִּיּוֹר וְהַכַּן בִּלְבָד. וְלֹא כֵן א"ר *אֱלִיעֶזֶר ור' יוֹסֵי בֶּן חֲנִינָה, תְּרֵיהוֹן אָמְרִין: כָּל הֵן דִּכְתִיב "נֹכַח" — מְעַכֵּב, "צֶלַע" — אֵינוֹ מְעַכֵּב. וְאָמַר רַבִּי שְׁמוּאֵל בַּר נַחְמָן בְּשֵׁם רַבִּי יוֹנָתָן: וַאֲפִילוּ "צֶלַע" מְעַכֵּב. (ט) וא"ר אִילָא בְּשֵׁם ר'

אחא בר חייא | חונה | גרגרות | אלעזר

ריבב"ן

מתני' ב פרה אדומה ושעיר המשתלח. פרה אדומה על שנקראת חטאת באה מתרומת הלשכה ושעיר המשתלח ממקום שבא שעיר הנעשה בפנים כדתניא בפ' שני שעירי (דף סב) ולקח את שני השעירים שיהיו שניהן שוין במראה ובקומה [ובדמים] ולקיחתן כאחת: ולשון של זהורית. בעוד שהיה מלבין ונותנין אותו באולם כדאמר ביומא בפ' שני שעירי [דף סז] כבש פרה שהיו עושין מירושלים להר המשחה כיפה מול אוטם מפני קבר התהום כדאמר במסכת פרה פ"ג וכבש שעיר המשתלח דתנן ביומא בפ' שני שעירי עזים וכבש היו עושים מפני הבבליים שהיו מתלשין בשערו ואומרים לו טול וצא ולשון שבין קרניו לאחר שמת שמעון הצדיק שראו שלפעמים היה מלבין ופעם לא היה מלבין התקינו שהיו מניחין בין קרניו ובסלע כל הראוי לפנים ואף פרה אדומה ושעיר המשתלח באין מתרומת הלשכה אבל כבש השעיר אע"פ שהיה בפנים הואיל שלא הוצרך לעשותו אלא מפני הבבליים לא היה בא מתרומת הלשכה וכל שהוא צורך חוץ נעשה משירי הלשכה לפי שלא היה בו מעילה לר' יהודה אבל לר' מאיר יש מעילה גם בשירי הלשכה לפי שלפעמים כשהיה נחסר תרומת הלשכה לקנות קרבנות צבור מביאין לו מן השירים: **מתני' ג** שירי לשכה. הכסף שנשאר שם שלא בא בקופות לוקחין בהן יינות כדי להשתכר: אין משתכרין בשל הקדש. מפרש במסכת כתובות בפרק בתרא (דף קו) לפי שאין עניות במקום עשירות ואף לא בשל עניים מפני שפעמים היו צריכין מעות לעניים ואין בידם: **מתני' ד** מותר. תרומת הכסף שנשאר בקופות: מותר פירות. ר' ישמעאל לטעמי' דאמר לעיל שהיו לוקחין יינות ושמנים וסלתות להשתכר קיץ המזבח בשעה שהמזבח בטל שאין בו מה להקריב לוקחין עולות ומקריבין ונקראין קיץ המזבח כאדם שאוכל פירות בקינוח סעודה כדאמרי' בשבועות פ"ק [יב] כבנות שבע לאדם: לכלי שרת. דס"ל להאי תנא מכשירי קרבן כקרבן לפיכך באין ממקום שהקרבנות באין ובכתובות פ' בתרא מפרש טעמא דכתיב את שאר הכסף איזהו כסף שיש בו שירים הוי אומר זו תרומה ואימא שירים גופייהו כדאמר רבא העולה עולה ראשונה ה"נ הכסף כסף ראשון: מותר נסכים. מפרש במנחות פרק שתי מדות ר' חייא בר יוסף אמר בירוצי המדות פי' שהיה הגזבר לוקח סולת ויין ושמן במדה טפופה וגדושה ומחזיר לקונין ממנו לצורך מזבח במדה מחוקה ר' יוחנן אמר כאותה ששנינו המספק סלתות מארבע ועמדו משלש יספק מארבע דמעות קונות דכתב רחמנא ונתן הכסף וקם לו קיבל משלש ועמדו מארבע יספק מארבע שיד הקדש על העליונה ולא יהיה כח הדיוט חמור מן ההקדש דהדיוט כל זמן שלא משך יכול לחזור בו וזה וזה לא היו

תקלין חדתין

מתני' פרה. פרה אדומה, אע"ג דאינה נשחטת בעזרה — באה מתרומת הלשכה, ד"חטאת" קרייה רחמנא: שעיר המשתלח. לפי שצריך ליקח ב' שעירים, וא"י על איזה יעלה הגורל לה': ולשון של זהורית. שני תולעת שמשליכין אל תוך שריפת הפרה. וה"ה עץ ארז ואזוב, אלא נקט לשון של זהורית לחלק בינו ובין לשון של שעיר המשתלח: כבש פרה. הגשר שהיו עושין א' ע"ג שלמטה הימנו, מפני קבר התהום מהר הבית להר המשחה, ועליהן היו מוציאין הפרה: וכבש שעיר. שהיו עושין גשר שעליו יוליך המשלח את השעיר, מפני הבבליים שהיו תולשין בשערו ואומרים טול וצא, שלא תשהה עונותינו: ולשון שבין קרניו. לידע אם הלבין. והני אינן צורך קרבן, לכן אינן באין מתרומת הלשכה, שהופרשה לשם קרבנות אלא משירי הלשכה: ואמת המים. העוברת בעזרה אם צריכה תיקון: וכל צרכי העיר. לחפור בורות שיחין ומערות, ותקון רחובותיה: **גמ'** בסלע. שצריך לחלקו, כדאמרינן ביומא: חליו קושר בסלע וחליו בין קרניו: בשקל. דלא בעי חלוקה, די בשקל: בב' סלעים. דכתיב "והשליך אל תוך שריפת הפרה", דבעינן קצת כובד ליפול לתוך שריפת הפרה, ובעינן יותר: ואית דמפקין. לשנא אחרינא: בעשר זוז. חדא שיעורא הוא, דהסלע ד' דינרין: מומי קדשים. של קרבנות שנתקדשו. דליטול מכל בהמה בפ"ע אסור, דהא תנן: הנוטל שכר לראות בכורות — אין שוחטין על פיו. אבל כשנותנין לו מתרומת הלשכה — ש"ד, דאין לו תועלת אם תהיה תמימה או בעלת מום: ספר העזרה גרסינן "ספר שבעזרה": בפרכת. כגון אותן פרוכת שתחת בנין, דהיינו פרכת המבדילין בין היכל לק"ק שהיו במקדש שני במקום אמה טרקסין שעשה שלמה בבנין ראשון. ואנשי הגולה עשו את הבנין גובה מאד, ולא יכול בנין בעובי החומה להתקיים בגובה כזה. ולהרמיתו לא יוכלו, לפי שמקלרין את ההיכל ואת ק"ק. ועשו ב' פרכת וביניהן אמה, ואותן פרכת ס"ל לרב הונא דבאין מב"ה: ה"ג: עביד לה כבלים. דתנא דבי ר"י: כלי שרת באים מתרומת הלשכה. ול"ג "כקרבן", דלכלים מסתבר לדמותן יותר מלקרבן, אע"ג דקרבן נמי אתי מתרומת הלשכה: כבנין. הואיל ועשויות תחת בנין: ר"י בר גרוגרות. שם אדם: הקטורת כו'. ברייתא זו הובאה בבבלי כתובות (קו, ב), וה"ג לה נמי הכא: מזבח הזהב. שהוא כלי ולא בנין, שיוכל להטלטל, לכן נידון ככלי: מזבח העולה. שהוא בנין. בא מקדשי ב"ה: חוץ לעזרות. כגון חומות העיר ומגדלותיה באין משירים הנותרים בלשכה: ה"ג: והתני: אבני ירושלים מועלין בהן. וזה ודאי חוץ לעזרות. וקשה: וכי יש מעילה בשירים?: ה"ג: כר"מ, דר"מ אמר כו'. ול"ג אלא דתירוצא קמא הוא דקאמר לה, וגם דמיפרך, ולא אסיק לה הכי: בתוך שנתה. כדאמר לעיל: שמא יצטרכו לקנות בהן קרבנות. ואבני ירושלים ודאי חוץ לשנתה קיימי, ואמאי מועלין בהן?: מעכבין את הקרבן. שאם אינן במקומן ואינן שלמין אסור להקריב: ה"ג: אלא ברכוב וקרן. ברכוב אית דסבר זהו הסובב, וכתיב ביה "המזבח" — לעכב. דהכי משמע "המזבח" — זהו המזבח העשוי כן. ורבנן ס"ל זהו הכיור. וקרן נמי כתיב ביה "על קרנות המזבח". והכי אמרי' בזבחים פ' "קדשי קדשים" (סב, א): נכח. דכתיב "ואת המנורה תתן נוכח השלחן על צלע המשכן תימנה והשלחן תתן על צלע צפון". וא"כ "נכח" היינו מנורה: צלע. היינו שלחן:

משנת אליהו

ה"ג ספר העזרה. ועי' רש"י בכתובות ק"ו א' ד"ה מגיהי ספרים של כל אדם ואדם. שאסור להשהות ספר שאינו מוגה משום אל תשכן באהליך עולה וראו ב"ד שהיו מתעצלין בדבר והפקירו תרומת הלשכה לכך. עכ"ל. ולשנא דספרים דקאמר שם דייק. ועי' מ"ק י"ח ב' אפי' בספר עזרה שפירש"י שהיה להם ס"ת שממנו מגיהים שאר ס"ת. והריטב"א פי' שם ס"ת שהיה כ"ג קורא בעזרה ביוה"כ. ועי' רמב"ם וב"י שם. וגי' עזרא ט"ס כאן דשל עזרא ודאי א"צ להגיה שהיה כל התורה עוברת על פיו וכל סדר כתיבת התורה ממנו קבלנו. והרמב"ם בשקלים נקט לשון סוגיא דבבלי ספרים שבירושלים ודעתו כפי' רש"י ודמי לגוזרי גזירות בסמוך לזה שהיו נוטלים שכרן מתרומת הלשכה דהטעם כמ"ש התוס' שם ק"ה א' ד"ה גוזרי כו' לפי שכל שעה היו יושבין בדין ולא היו עוסקין בשום מלאכה ולא היה להם במה להתפרנס והיה מוטל על הצבור לפרנסם וה"נ מגיהי ספרים שבירושלים תמיד היו עסוקין בזה והיה מוטל על הצבור לפרנסם ועיין תוספות בשבועות י' ע"ב ד"ה קדושה כו' דייני גזירות וכן מגיהי ספרים דלב ב"ד מתנה עליהן ובק"ע אשתמיטתיה דברי התוספות דשבועות ופסק הרמב"ם דשקלים ותוספות דמעילה י"ד א' ד"ה בונין ע"ש: **עבוד** לה כבנין. לפי שלא קדשו קדושת הגוף. ובבבלי שם פריך עליה מברייתא דתניא נשים האורגות בפרכת כו' נוטלים שכרן מתרומת הלשכה. ומשני לה דבבי דברייתא מיירי בפרוכת דעבידי לצניעותא נגד הפתחים ואינן תחת בנין. ועי"כ ר"ה דהכא הכי ס"ל דלא תקשי עליה מברייתא. ושמואל פליג גם בפרוכת המבדיל בין היכל לק"ק דג"כ מתרומת הלשכה דודאי כחד גוונא פליגי וכ"ש דבפרוכת דפתחים ס"ל לשמואל דמתרומת הלשכה ולדידיה הסיא ברייתא איירי בכל גוונא אף בפרכת דתחת הבנין: **ה"ג** מזבח העולה וההיכל והעזרות באין מבד"ה. וכ"ה בבבלי שם בברייתא להדיא והרמב"ם בפ"ד דשקלים ה"ח כתב על מזבח כו' משירי לשכה והוא נגד סוגיא דבבלי דגרס בירושלמי כגי' הישנה ג"כ תמיה וכבר תמה הכ"מ עליו: **חוץ** לעזרות. בבבלי הגי' חוץ לחומת העזרה ודייק רש"י דקאי על עזרת ישראל אבל עז"נ והחיל כו'. אבל כאן דנקט חוץ לעזרות לא קאי אלא על חומת העיר ומגדלותיה וכ"מ ברמב"ם שם דלא נקט אלא חומת העיר כו' וכן היה מפרש בבבלי דעז"נ בכלל עזרה: **ה"ג** אלא קרן וכרכוב. וטעם רבינו הגאון מסוגיא דזבחים ס"ב א' ת"ר קרן כו' אלא מעתה כו' ותניא איזהו כרכב רבי אומר

הגהות הגר"א

[א] ספר העזרה כל"ל ועי' רש"י כתובות (קו.) ד"ה מגיהי ספרים של כל אדם ואדם ועי' במ"ק (יח:) אפילו בספר עזרה פירש"י שהיה להם ס"ת שממנו מגיהים שאר ס"ת. והריטב"א פי' שם ס"ת שהיה כ"ג קורא בעזרה ביוה"כ. ועי' רמב"ם וב"י שם. וגי' עזרא ט"ס הוא דשל עזרא ודאי א"צ להגיה שכ' כל התור' עוברת על פיו וכל סדר כתיבת התורה ממנו קבלנו: [ב] צ"ל עבד ליה ככלים. כי כן תנא דבי ר"י כלי שרת באין מתרומת הלשכה ול"ג כקרבן דלכלים מסתבר לדמותן יותר מלקרבן אע"ג דקרבן נמי אתי מתרומת הלשכה: [ג] ה"ג מזבח העולה כו' באין מבדק הבית חוץ לעזרות באין משירי הלשכה. וכ"ה בבבלי שם בברייתא להדיא ועי' ברמב"ם פ"ד דשקלים הל"ח מה שתמה הכ"מ עליו: [ד] ה"ג והא תני אבני ירושלים מועלין בהן כו' וזה ודאי חוץ לעזרות: [ה] ה"ג כר"מ דר"מ אמר כו' ול"ג אלא דתירוצא קמא הוא דקאמר לה וגם דמיפרך ולא אסיק לה הכי: [ו] ה"ג אין לך מעכב את הקרבן אלא כרכוב וקרן בלבד. וטעם הגאון הנ"ל בהגה"ה זו מסוגיא דזבחים (ס"ב.) ת"ר קרן כו' אלא

גליון הש"ס

[א] הגר"א הגיה ועי' במדרש חזית ובמ"ר פרשה י"א: [ב] הגר"א הגיה שצ"ל כרכוב וקרן. ול"ע דהרי ביומא פ"ד הל"ה אמרו ג"כ הכיור והכן מעכבין ושם א"א להגיה ע"ש ועי' בקונטרס מים חיים להפר"ח פ"ב

דכתיב "ואת השלחן תתן על צלע צפון" — אינו מעכב: ואפילו שימה מעכב. כגון ארון ופרוכת ומזבחות דכתיב בהו "ויסם" — מעכבין. וקשיא עלייהו מהא דאמרו רבנן שאינו מעכב אלא הכיור והכן בלבד: כאן בעבודות שבפנים. כשבא לעבוד בפנים — כולם מעכבין. אבל בעבודת חוץ אינו מעכב אלא הכיור והכן בלבד: שחצית.= גאוה: היו מוציאין. בבנין כבש של פרה. ואע"פ שהיתה כבש עומדת — היו סותרין אותה ובנו חדשה: אית לך מימר וכו'. וכי אפשר לך לומר על שמעון הצדיק משום גאוה ח"ו עשה שני כבשים? אלא ודאי שיש איסור להוציא שניה בכבש שהוציאו בה פרה אחרת: מאי כדון. וטעמא מאי? סלסול. כבוד: זיזין וכתלין. היו יוצאין מכבש הפרה כדי שלא יבאו כהנים ויציצו ויבאו ליגע בעוסקים בהפרה ויטמאו אותן: אלא אם רצה. לעשות סחורה בשל הקדש ובשל עניים ע"מ שיהיה ההפסד שלו והשכר להקדש — מותר: בר זמינא. כך שמו: אתפקיד גביה וכו'. הפקידו אצלו אוצר ופקדון של יתומים: אתא ושאיל לר' מנא. אם מותר לעשות בו סחורה: אמר ליה. אם אתה רוצה שיהא ההפסד לך לבדך והריוח לשניכם — שרי. דלאו רבית ממש הוא, אלא אבק רבית. ואע"ג דבדיקנני אסור — ביתמי לא גזר, שלא יכלו מעותיהן, וה"ה בשל הקדש לא גזרו: כולה דר' ישמעאל היא ל"ג ליה, והוא מראה מקום על המתני'. א"נ ה"ק: גם דברי ר"י אלו כדעתיה ברישא: מותר הפירות דקאמר ר"י, היינו מה שהשכיר ההקדש, והוא ממותר שירי הלשכה, כדאר"י לעיל: זו סאה רביעית. דתנן לקמן בפירקין: המקבל עליו לספק סלתו' מד' סאין בסלע ועמדו בשלשה — יספק ארבעה. ומה שהקדש משתכר בזה — הוא הנקרא 'מותר הנסכים': ברוצים. גדושת המדה, שהיה ההקדש מקבל בגודש ומוכר במחוק: ופריך: ולית ליה לר' חייא בר"י שהיו ברולי המדות, ולדידיה מה היו עושין בהן?: מה דנפל לסאה רביעית וכו'. מה שהיו עושין בסאה רביעית היו עושין בברולי המדות, דשניהן נקראין 'מותר הנסכים': ופריך: על דעתיה דר"ח ב"י וכו'. בשלמא לר"ח ב"י דאמר מותר הפירות דקאר"י היינו מותר השכר — תני שפיר בסיפא "זה וזה לא היו מודים בפירות", דסברי: אין משתכרין בשל הקדש, וכדאמר ר"ע לעיל. אלא לר"י קשיא, דהא תנן לקמן המקבל עליו לספק מד' יספק מד' ולא פליג ר"ע, משמע דכ"ע מודים בה. והכא תנן זה וזה ולא היו מודים בפירות: ומשני: לא היו מודין בפירות. שיהיו לקיץ המזבח, אבל מודין הן שהפירות לכלי שרת: עד כדון בירוצי צבור. כלומר, הניחא בירולי לבור באין לכלי שרת. אלא הבירולין שניתותרו מקרבנות היחיד, איך אפשר שכלי שרת יהיו נעשין משל יחיד? ולתרוייהו פריך בין לר"י ובין לר"ח ב"י: ומשני: בדא דתני וכו' צריכה למסור לצבור. ה"נ בירולי יחיד, כיון שמסרן לצבור — מותר לעשות מהם כלי שרת: עד כדון בירוצי הלח. הם קדושים, לפי שהבירולין נכנסים לתוך הכלי ונתקדשו בו, ושוב נעקרו ממנו כשנפלו לחוץ: ואפילו בירוצי יבש. מי אמרינן דאף הן קדושים, או דילמא כיון דלא נכנסו לתוך הכלי לא נתקדשו והן חול?: ופשיט: כהאי דתנינן תמן. במנחות פ' "התודה": הנסכים שקדשו בכלי. שנתנו בכלי ונמצא הזבח פסול: אם יש שם זבח אחר. שאין לו נסכים, יקריב אלו נסכים עמו: ואם לאו. משקדשו בכלי נפסלו בלינה. שמעינן מיהת דאם לא נתקדש בכלי אינו מקודש. א"כ ה"ה בירולי יבש אינן קדושים:

הלכה ג מתני' מותר הקטרת. הנותר בכל שנה. שאין לך שנה שאין בה מותר, שהקטורת היתה שס"ח מנים שס"ה כמנין ימות החמה, וג' מנין שמהם מכניס כה"ג מלא חפניו ביוה"כ, ולא היו נכנסין כולן נחפניו. ועוד, בכל שנה פשוטה היה מותר, שבשנת פשוטה ימיה שנ"ד: מה היו עושין בה. להקטירה לשנה הבאה: מפרישין ממנה. מן הלשכה: שכר האומנין. מפרש בגמ'. וחוזרין ולוקחין וכו'. והכי נניעא מילתא טפי, ולא למכרס ולחזו' ולקנותם: אם בא החדש בזמנו. שהביאו שקלים חדשים קודם ר"ח ניסן, שהוא זמן תרומה החדשה. לוקחים מותר הקטורת מתרומה החדשה, על ידי חילול: ואם לאו. שלא הביאו שקלים חדשים עדיין, לוקחין אותה מתרומה הישנה: גמ' ולא נמצא הקדש מתחלל על הקדש. דקס"ד דמחללין על שכר האומנין שעשו מלאכת הקדש, ואותן מעות נמי קדש הן. ל"א ה"ג: ולא נמצא ההקדש מתחלל על המלאכה. וכ"ה בתוספתא דמעילה. וה"פ: כיון שאין בה ממש — אין מחללין עליה: על הבנין. דקי"ל בונין בחול ואחר כך מקדישין, וכשקונין

נוסחאות ישנות

ר' שְׁמוּאֵל בַּר נַחְמָן: וַאֲפִי' "שִׂימָה" מְעַכֵּב. א"ר *חֲנִינָא: [חנניה] [א] כָּאן בָּעֲבוֹדוֹת שֶׁבִּפְנִי' כָּאן בָּעֲבוֹדוֹת שֶׁבַּחוּץ. אָמַר רַבִּי חֲנִינָא: שַׁחְצִית גְּדוֹלָה הָיְתָה בִּבְנֵי כֹּהֲנִים גְּדוֹלִים, שֶׁיּוֹתֵר א) מִשִּׁשִּׁים כִּכְּרֵי זָהָב (ס"א כֶּסֶף) הָיוּ מוֹצִיאִין בָּהּ. שֶׁהָיָה כִּבְשָׁהּ שֶׁל פָּרָה עוֹמֵד, וְלֹא הָיָה אֶחָד מֵהֶן מוֹצִיא פָּרָתוֹ בְּכִבְשׁוֹ שֶׁל חֲבֵירוֹ, אֶלָּא סוֹתְרוֹ וּבוֹנֶה אוֹתוֹ מִשֶּׁלּוֹ. הֵתִיב רַבִּי עוּלָּא קוֹמֵי ר' מָנָא: וְהָא תָּנֵי: שִׁמְעוֹן הַצַּדִּיק שְׁתֵּי פָּרוֹת עָשָׂה, לֹא בַּכֶּבֶשׁ שֶׁהוֹצִיא אֶת זוֹ הוֹצִיא אֶת זוֹ. אִית לָךְ לְמֵימַר שִׁמְעוֹן הַצַּדִּיק שַׁחַץ הָיָה? מַאי כְּדוֹן — עַל שֵׁם מַעֲלָה הִיא בְּפָרָה, סִלְסוּל הִיא בְּפָרָה. תָּנֵי: זִיזִין וּכְתָלִים הָיוּ יוֹצְאִין מִכָּאן וּמִכָּאן כְּדֵי [ג] שֶׁלֹּא [יֵצְאוּ וְ]יָצִיצוּ הַכֹּהֲנִים וְיִטַּמְּאוּ.§ ר' עֲקִיבָא אוֹמֵר אֵין מִשְׂתַּכְּרִין" כו'.§ אֶלָּא אִם רָצָה יְהֵי' הַהֶפְסֵד שֶׁלּוֹ וְהַשָּׂכָר לַהֶקְדֵּשׁ — מוּתָּר. כַּהֲדָא, בַּר זְמִינָא אִיתְפְּקַד (א) גַּבֵּי' מְדַל דְּיַתְמִין, אֲתָא וּשְׁאַל לְרַבִּי מָנָא, אֲמַר לֵיהּ: אִין ב) בָּעֵית דִּי הַהַפְסָדָה דִּידָךְ וְאַגְרָה דְּתַרְוֵיכוֹן — אשָׁרֵי. רַבִּי חִיָּה בַּר אַדָּא אִיתְפְּקַד גַּבֵּי' מְדַל דְּיַתְמִין, וַעֲבִיד כֵּן.§ "מוֹתַר פֵּירוֹת" כו'.§ (כּוּלָּהּ דר' יִשְׁמָעֵאל הִיא) מַתְנִי' דר' יִשְׁמָעֵאל הִיא. *דְּרַבִּי חִיָּה בַּר יוֹסֵף פָּתַר מַתְנִיתָא: [רבי] מוֹתַר ג) פֵּירוֹת שָׂכָר לַהֶקְדֵּשׁ, מוֹתַר נְסָכִים — זוֹ סְאָה רְבִיעִית. רַבִּי יוֹחָנָן פָּתַר מַתְנִיתָא: מוֹתַר פֵּירוֹת — זוֹ סְאָה רְבִיעִית, מוֹתַר נְסָכִים — לַבֵּירוּצִין. וְלֵית לֵיהּ לְרַבִּי חִיָּיה בַּר יוֹסֵף לַבֵּירוּצִין? אָמַר רַבִּי חִזְקִיָּה: מַה דְּנָפַל לִסְאָה רְבִיעִית בנָפַל לַבֵּירוּצִין. עַל דַּעְתֵּיהּ דְּרַבִּי חִיָּיה בַּר יוֹסֵף נִיחָא, אֵין מִשְׂתַּכְּרִין בְּשֶׁל הֶקְדֵּשׁ אַף לֹא בְּשֶׁל עֲנִיִּים, לְפִיכָךְ זֶה וָזֶה לֹא הָיוּ מוֹדִין בְּפֵירוֹת. עַל דַּעְתֵּיהּ דְּרַבִּי יוֹחָנָן קַשְׁיָא, וְהָא תָּנֵינַן: געָמְדוּ מג' יְסַפֵּק מד' וְתָנֵינַן: זֶה וָזֶה לֹא הָיוּ מוֹדִים בְּפֵירוֹת! לֹא הָיוּ מוֹדִים בְּפֵירוֹת בְּקַיִץ לַמִּזְבֵּחַ, אֲבָל מוֹדִין הָיוּ בִּכְלֵי שָׁרֵת. [א] עַד כְּדוֹן בֵּירוּצֵי צִבּוּר, וַאֲפִילּוּ בֵּירוּצֵי יָחִיד, וְלֹא נִמְצְאוּ כְּלֵי שָׁרֵת בָּאִין מִשֶּׁל יָחִיד? כַּהֲדָא דְּתָנֵינַן: ד) אִשָּׁה שֶׁעָשְׂתָה (ב) כְּתוֹנֶת לִבְנָהּ — כְּשֵׁרָה, וּבִלְבַד שֶׁתִּמְסְרֶנָּה לַצִּיבּוּר. עַד כְּדוֹן בֵּירוּצֵי לַח וַאֲפִילּוּ בֵּירוּצֵי יָבֵשׁ. [ג] כְּהַהִיא דְּתָנֵינַן ה) תַּמָּן: [ב] הַנְּסָכִים ושֶׁקָּדְשׁוּ בִּכְלִי וְנִמְצָא הַזֶּבַח [פָּסוּל] אִם יֵשׁ שָׁם זֶבַח אַחֵר — יִקְרְבוּ עִמּוֹ, וְאִם [לָאו] — לָנוּ, יוּפְסְלוּ בְּלִינָה.§

הלכה ג מתני' הַמּוֹתַר ו) הַקְּטוֹרֶת מֶה הָיוּ עוֹשִׂין בָּהּ? מַפְרִישִׁין מִמֶּנָּה שְׂכַר הָאוּמָּנִין, וּמְחַלְּלִין אוֹתָהּ (ג) עַל (שְׂכַר) מְעוֹת הָאוּמָּנִין, וְנוֹתְנִי' אוֹתָהּ לָאוּמָּנִין בִּשְׂכָרָן, וְחוֹזְרִין וְלוֹקְחִין אוֹתָהּ מִתְּרוּמָ' חֲדָשָׁה [וְאִם בָּא חָדָשׁ בִּזְמַנּוֹ — לוֹקְחִין אוֹתָהּ מִתְּרוּמָה חֲדָשָׁה] וְאִם לָאו — מִן הַיְשָׁנָה.§ גמ' וְלֹא נִמְצָא הֶקְדֵּשׁ מִתְחַלֵּל עַל הַהֶקְדֵּשׁ? כֵּיצַד הוּא עוֹשֶׂה? אָמַר ז) (ד) רַבִּי שִׁמְעוֹן בַּר *בִּיסְנָא: [ברסנא] מֵבִיא מָעוֹת וּמְחַלְּלָן עַל הַבִּנְיָן, וּמֵבִיא

ריבב"ן

...ן בפירות להשתכר דאין עניות במקום ...ות: מתני' הקטורת. שס"ח מנין היו ...יא בכריתות פ"ק פיטוס הקטורת כילד הלרי ...ורן וכו' כל המנין דהנהו סממנין דתמידי ...הם שס"ח מנין מקטירין כל השנה בין שנים ...ות ומעוברות חלי מנה בבקר וחלי מנה ...ב [משום דכתיב] בבוקר בבוקר בהטיבו את ...ת יקטירנה וכתיב ובהעלות אהרן את הנרות ...הערבים יקטירנה נשארו שלשה מנין ומהן ...מקטיר כ"ג ביוה"כ לפני ולפנים כדכתיב ...חפניו קטרת סמים וכו': מחללין אותה על ...ת האומנין. לאומני בית אבטינס היו פורעין ...ממעות חולין ואח"כ האומנין היו קונין ...הקטורת מן הגזבר וחוזרין ולוקחין אותה ...מתרומה חדשה ואם לאו קונין מן הישנה. ...תא במס' ר"ה פ"ק מלוה להביא מן החדש ...הביא מן הישן יצא אלא שחסר מלוה:

תקלין חדתין

...ת. היינו "ויסם" דסוף פרשת ויקהל, האמור בארון ...ות ופרכת ושאר דברים דכולם מעכבים, ...פליגי עם חכמים: כאן בעבודת פנים. כולהו ...ים שיהיו בפנים: בעבודת חוץ. ס"ל כחכמים ...מעכב אלא קרן וכרכוב: שחצית. גאות: ...ים בכרי זהב ול"נ בכסף. דהכי תניא לה בתוספת' ...ים: יותר מס' ככרי זהב: שחץ היה. בתמיה: ...כדין. כלומר, אלא מאי טעמא: סלסול. ...: שלא יציצו הכהנים. המוליכים הפרה בדברים ...אין אותן לידי טומאה ע"י ראיה: מתני' מותר ...לשכה. מה שנשאר מהן אחר שנעשה מהן תיקון ...העיר: יינות שמנים. ומוכרים למי שצריך יין ...ים ושמן למנחות: אין משתכרין בשל הקדש ...שמא יהיה הפסד: גמ' אין משתכרין בשל ...ש כו'. אלא א"כ רצה יהא ההפסד שלו והשכר ...ם — מותר: כהדא בר זמינא. כמו עובדא דאדם ...ששמו בר זמינא: מלאי דיתמי. אוצר של יתומים ...דו אצלו: ושאיל לר"מ. אם רשאי לסחור בהן: ...הפסדא דידך כו' דתרווייכון. והכי מסיק בבבלי ...דב"מ (ע, א): מעות של יתומים מותר ...תן קרוב לשכר ורחוק מהפסד. והיינו כדפירש ...שהיו נוטלין היתומים חלק בשכר ואין נוטלין ...בהפסד. אבל רבית ממש — לא, אלא מה שישתכרו ...ייהם ימלוקו. ואע"ג דבדיקנני אסור — לאו רבית ...הוא, אלא אבק רבית הוא. ומדרבנן. ודיחמי לא ...שלא יכלו מעותיהם פרוטה אחר פרוטה. וקאי ...הלי סוגיא אהקדש ועניים, דחדא דינא הוא ...ויתומים כדאמר ברפ"ד דב"ק: מתני' מותר ...ומה. מה שנשאר בקופות בר"ח ניסן שמביאין ...מה חדשה: לבית ק"ק. לרצפה ולכתלים: ...ר הפירות. מפרש בגמ': קיץ למזבח. כשהמזבח ...מבטל מביאין מהן עולות. כדרך ב"א להביא מיני מתיקה ...גמר סעודתם, כן כשנגמרו חובות היום מביאין ...קיץ למזבח, כשהוא בטל מנדרים ונדבות: מותר ...ומה לקיץ כו'. דלצורך קרבנות הופרשה: מותר ...ם. מפרש בגמ': מותר נסכים לקיץ כו'. שהנסכים ...והעולה כליל: זה וזה. ר"ע ור"מ: גמ' ה"ג: ...בר יוסף פתר לה כו' מותר פירות שכר ...ש. מה דאמר ר"י "מותר פירות" היינו מהן ...בר להקדש כשיטתיה לעיל, זהו מותר פירות: סאה ד'. כדאמר לקמן בפרקין: ...ל עליו לספק סלתות מד' סאין בסלע ועמדו בג' — יספק ד'. ומה שמשתכר ההקדש ...ד' — נקרא מותר נסכים: מותר נסכים לבירוצין. היינו בירולי הגודשין שניתן להקדש. ...ש מוכר בלא גודש, זהו מותר נסכים. והכי מוקי לה בבבלי מנחות (צ' ע"א) והגירסא ...א שם דר"י לדרחב"י: ולית ליה לר"ח ב"י לבירוצין. פריך עליה, משום דהיא תוספתא ...ת דבירולים לקיץ המזבח: ומשני: מה דנפיל כו'. מה שנוהג בסאה ד' — כן בבירולים, ...ניחא ליה לפרש משנתינו בסאה ד', דהוא מותר נסכים: לפיכך זה וזה כו' בפירות. ...אין משתכרין בשל הקדש. ור"ח נמי ס"ל כר"ע בהא, ולכן לית להו מותר פירות דהוא ...להקדש, כדקאמר רחב"י: ע"ד דר"י קשיא תנינא עמדו מג' יספק כו'. ועליה לית ...דפליג. והיכא שייך למימר זה וזה לא היו מודין בפירות, אי פירושא דפירות הוא סאה ...ומשני: לא היו מודין בפירות לקיץ המזבח. שיהיה לקיץ המזבח לא ס"ל אלא לר"ש: ...בעי ר"ח בר בא עד כדין בירוצי צבור. דסתמא נקט לבירולין, ולא זו בירולין דלבור, ...אפי' דיחיד: ופריך: ולא נמצאו כ"ש באין כו'. דתני "מותר נסכים לכ"ש", וא"כ כ"ש ...משל יחיד: ומשני כהדא דתני כו'. וה"נ כשנמסר ללבור כמה שהיא של לבור: עד ...בירוצי לח. לא מיבעיא ברולי לח שהן קודש, כמ"ש במנחות (ל, א): מדת הלח ...הון קדש. אי משום דנמשחו מבפנים ומבחוץ, משא"כ מדת היבש. אי משום דלח נעקר, ...ולין נכנסו בתוך הכלי ונתקדש בו, ושוב נעקרו ממנו כשנפלו חוץ, לפיכך הן קודש דנכנסו ...ונתקדשו בו, והיבש אינו נעקר: אפילו בירוצי יבש. ג"כ לקיץ המזבח. אף דאמרינן ...בירולי יבש חול: ה"ג: דתנינן תמן. והוא תוספתא בספ"י דמנחות, והובאה בקולר ...ת שם (ל, ב): בירוצי לח נמשחה מבפנים. משמע דס"ל בהא כר"י דמתני' דמנחות ...מא דר"ע, דבלא כיון דנמשחה עכ"פ מבפנים — נתקדש בקדושת כלי, וגם הבירולין נתקדשו ...בירוצי יבש לא נמשחו בין מבחוץ בין מבפנים. הוא בהדיא כמה דאמר ר"ע, וחול ...ומה שבפנים בכלי — קדושת פה הוא דמקדש ליה. הלכך, מה דאצטריך ליה מקדש. בירולין ...צריך ליה — לא מקדש. לפיכך בירוליהן חול: כל בירוצי מדות כו'. אפילו דיבש, ימכרו ...המזבח. הרי דאפי' דיבש אתי לקיץ המזבח: מתני' מותר הקטורת. מה שנשאר בכל ...שאין לך שנה שאין בה מותר. שהקטורת היתה שס"ח מנים, שס"ה כמנין ימות החמה ...נים שמהן מכנים כה"ג מלא חפניו ביוה"כ, ולא היו מכניסין כולו בחפניו. וגם בכל שנה ...ה היה מותר, שבשנת הפשוטה שנ"ד ימים: מפרישין ממנה. כלומר, מן מותר הקטורת ...שכר האומנין: ומחללין אותה. מה שהפרישו ממותר הקטורת: על מעות האומנין. ...על מעות דהקדש השייכים ליתן להאומנין: ונותנין אותה. היינו מותר הקטורת לאומנין ...: וחוזרין ולוקחין אותה מתרומה חדשה. אם הביאו קודם ר"ח ניסן שהוא זמן תרומה ...לוקחין אותה מהן מת"ח, וא"ל מן הישנה: גמ' ולא נמצא הקדש מתחלל על ההקדש. ד... ...פריך: הא אין הקדש כו': ה"ג: אר"ש בר ביסנא מביא מעות ומחללן אבנין כו'. דהכי א...

משנת אליהו

אומר זה כיור ר"י בר"י אומר זה הסובב. וגבי כרכוב כתיב המזבח לעכב ובכרכוב נכללים שתיהן אי כמר אי כמר אבל מ"ש בספרים כיור וכנו. שיבוש הוא דאיך ממעט קרן דכתיב ביה המזבח וגם דכן לא כתיב ביה לעיכובא ויתא למינקט כרכוב דלא אתיא כפלוגתא. ועי' בסוכה מ"ח א' והרמב"ם פ"ב מהל' בית הבחירה פסק כת"ק דבבבלי שם ע"ש: **אלא** אם רצה כו'. אר"ע קאי כדמלין גמרא

א) עי' תוספתא פ"ב:
ב) עי' ב"מ ע א:
ג) עי' מנחות ל א:
ד) לעיל הלכה א:
ה) מנחות עט א:
ו) כריתו' ו א. [שבועו' יג מעילה יד ב]:
ז) עי' מעילה שם:

עין משפט נר מצוה

כז א מיי' פרק ד ממלוה ולוה הל' יד טור שו"ע יו"ד סימן קס סעיף יח:

כח ב מיי' פרק ב ממעה"ק הל"י:

כט ג מיי' פרק ז מהל' המקדש הלכה ט והלכה יג:

ל ד מיי' פרק ב ממעה"ק הל"ב ופרק י"ג מפסה"ק הלכה ו:

לא ה מיי' פרק ד משקלים הל"ב:

נוסחת הבבלי

(א) גביה מלאי דיתמי כו' גביה מלאי דיתמי ועבד כן: (ב) כתונת לבנה צריכה שתמסרנה לצבור כו' ואם לאו יפסלו בלינה: (ג) אותה על שכר האומנין ונותנין לאומנין כו' חדשה ואם בא החדש בזמנו לוקחין אותה מתרומה חדשה ואם לאו מן הישנה: (ד) ר"ש ברבי בסנא כו' על הבהמה כו' ומחללו עליהן ונותן לאומנין כו':

הגהות הגר"א

מעתה כו' ותניא איזהו כרכב ר' אומר זה כיור ר"י בר"י אומר זה הסובב. וגבי כרכב כתיב המזבח לעכב וככרכב נכללים שתיהן אי כמר אי כמר אבל מ"ש בספרים כיור וכנו שבוש הוא דאיך ממעט קרן דכתיב ביה המזבח וגם דכן לא כתי' בי' לעיכובא ויתא למנקט כרכב דלא אתיא כפלוגתא: [א] נ"ל בעי ר"ח בר בא עד כדון בירולי לבור וכו': [ב] מכאן עד הל"ג נמחק וכך נ"ל דתנינן תמן בירולי לח קודש בירולי יבש חולין. ולמה בירולי לח קודש מפני שמדת הלח נמשח מבפנים. למה בירולי יבש חול מפני שמדת היבש לא נמשח בין מבפנים' בין מבחוץ כל בירולי מדות הללו אם יש זבח אחר יקריבו עמו. ואם לנו נפסלו בלינה ואם לאו ימכרו לקיץ המזבח. וכן הוא בתוספתא בספ"י דמנחות והובאה בקולר במנחות שם (ל:):

ציון ירושלים

אין משתכרין בשל הקדש אף לא בשל עניים. עיין ש"ס דילן כתובות קו ועי' שו"ת מוהרי"ט ראשונות סימן קמ"ד ועי' מיי' פרק ח ממתנות עניים הל"ד ועי' בחיי פ' שמיני וגם מהירושלמי כאן קשה על מהרי"ט:

גליון הש"ס

מעיוה"כ הלכה ה: [א] היינו מש' דכלי' שבפנים מעכבין זה ... היינו בטומאת קבר התהום ...לה אע"פ שאין כוונת המודר

מן האומנין, נותנין להן בעד הבנין ובעד השבח יחד: אותן המעות שחיללו בו הקטורת והיה בראשונה לצורך האומנין, מה יעשו בהן: ינתנו לבית גרמו וכו'. שמקבלין שכרן מתרומת הלשכה: והן וכו'. והוא שיהו חייבין להן לבית גרמו מעות משנה שעברה. דאי משנה הבאה, אף שכרן באה מתרומה חדשה: בעי. שאל: אם לא היו וכו', מה יעשו במעות הראשונות? תמן צריכא ליה. מעיקרא מיבעיא ליה, והשתא פשיטא ליה דר' בא בשם ר' חייא בר בא אמר למילתייהו: ומשני: הן צריכא ליה. הא דקמבעיא ליה: אם הן באין לכלי שרת כשירי הלשכה, או דהוו להו כמותר תרומת הלשכה. אבל לקיץ המזבח ודאי באין, דאף מותר תרומת הלשכה לקיץ המזבח באה: דאיתפלגון. דפליגי ר"י ב"ח ור"י ב"ל: פיטמה. לקטורת בכלי חול:

ומביא קטורת ומחלל עליהן, ונותנים אותה לאומנין בשכרן. [א] אותן המעות מה יעשה בהן? רבי אומר: אומר אני ינתנו לבית גרמו ולבית אבטינס, שהיו בקיאין בפיטום הקטרות ובמעשה לחם הפנים. א"ר שמואל בר רב יצחק: והן שיהו חייבין [ב] להן מעות משעה ראשונה. (א) רבי חייה בר בא בעי: לא היו חייבין להן מעות משעה הראשונה? [ג] אתא רבי (ביבי) בא בשם ר' חייה בשם ר' יוסי: (יוחנן) אמקייצין בהן את המזבח. ר' בא בר כהן בעא קומי ר' יוסה: מחלפא שיטתי' דר' חייא בר בא, [ד] תמן צריכה ליה, וכה פשיטא ליה! הא דצריכה ליה — בכלי שרת, הא דפשיטא ליה — בקיץ למזבח, דאיתפלגון: פיטמה א) בחולין, (ב) ר' יוסי בי רבי חנינה אמר: בפסולה, רבי יהושע בן לוי אמר: כשירה. ג) מה טעמא דרבי יוסי בי רבי חנינה? "קודש היא" — שתהא הווייתה בקודש. מה טעמא דרבי יהושע בן לוי? "קודש היא" — שתהא באה מתרומת הלשכה. (ג) אמר רבי יוסי בי רבי בון: אתיא דרבי יוסי בן חנינה כשמואל, ודרבי יהושע בן לוי כר' יוחנן. דתנינן: ג) המקדיש נכסיו והיו בהן דברים ראוין לקרבנות צבור, רבי יוחנן אמר: קטורת. אמר רבי הושעיה: תיפתר באומן משל בית אבטינס, שהיה נוטל בשכרו קטורת. ודרבי יוסי בי ר' חנינה כשמואל, דאמר רב הונא בשם שמואל: מכתשת ד) עשו אותה ככלי שרת לקדש. א"ר יוסי בי רבי בון אמרה (ר' זעירא קמיה) רבי חונא קומי רבי יוסי: דבר שקדש בכלי שרת נפדה? א"ל ולא דשמואל היא, דשמואל אמר: קל הוא במותר. דאיתפלגון, הותירו ה) תמימים. שמואל אמר: נפדין כתמימים, ורבי יוחנן אמר: נפדין כפסולי המוקדשים. הותירו ו) שעירים, על דעתיה דשמואל: אם עולה (ד) נפדית לא כ"ש חטאת, על דעתיה דר' יוחנן, א"ר זעירא: ירעו. אמר רבי שמואל בר רב יצחק: מקייצין בהן את המזבח. וקשיא: יש חטאת שקריבה עולה? אמר ר' יוסה: [ה] שנייא ז) היא שאין קרבנות צבור נקבעין אלא בשחיטה. אמר רבי חייא: (חנינה) תנאי ב"ד הוא על המותר שיקרבו עולות.§

המקדיש

קרבן העדה

קדש היא. "קדש תהיה לכם": שתהא הווייתה בקדש. שכל מעשיה לא יהיו אלא בקדש: שתהא באה מתרומת הלשכה. אבל אין צריך לעשותה בקודש: דתנינן. בסיפא: המקדיש נכסיו. וקי"ל: סתם הקדשות לבדק הבית: והיו בהן דברים ראוין לקרבנות צבור. וכל המקדיש דבר הראוי למזבח אינו יוצא מידי מזבח לעולם, והראוי לקרבן יחיד מוכרין אותו ליחיד, והראוי לקרבן צבור שאי אפשר להקריבו כך, לצריך לקנות מקופת הלשכה. הלכך נותנין אותן לאומנין בשכרן: רבי יוחנן אמר. הא דתנן והיו בהן דברים ראוין לקרבנות צבור היינו קטורת. דאי בהמה — הא תני לה בסיפא, והיא ראויה ליחיד כמו לצבור. ואי יינות ושמנים וסלתות — הא תני להו. אלא קטרת דאינה ראויה אלא לצבור, אלמא עושין קטורת מחולין ובחוץ. וקשיא לר"י ב"ח: באומן של בית אבטינס. שהיה נוטל בשכרו מותר הקטרת שניתותר. אלא שהיו לוקחין ממנו אחר כך, ולא הספיקו ליקח עד שהוקדשה, ולעולם בקדש נעשית וכר"י ב"ח: מכתשת. שמתקו בה הקטרת היתה כלי שרת לקדש, דכל מעשיה בקדש: דבר שקדש בכלי שרת נפדה. בתמיה. ואנן תנן נותנין אותה לאומנין בשכרן: א"ל ולאו שמואל היא. כלומר, מאן אמרה לכך שמעתתא — שמואל, ושמואל הוא דאמר שהקילו במותר קדשים: דאיתפלגון. דפליגי שמואל ור"י: הותירו תמידין. שלקחו ממעות צבור מתרומת הלשכה. דתנן בערכין: אין פוחתין מששה טלאים מבוקרין בלשכת הטלאים. וכשמגיע ר"ח ניסן לא היו מקריבין שוב קרבנות צבור ממעות התרומה של אשתקד, שנאמר "חדש בחדשו" — חדש והבא קרבנות מתרומה חדשה. ונמצא בכל שנה ושנה ד' טלאים בלשכת הטלאים ממעות התרומה הישנה, והיינו שהותירו שלא הוצרכו להקריבו בשנה שעברה: שמואל אמר נפדין כתמימין. להכשירן בשנה זו, ומחללין אותן על מעות חולין. ואותן המעות ילכו למותר התרומה הישנה, וכיון שיצאו לחולין — חוזרין ולוקחין אותן מתרומה חדשה, ויקרבו בשנה זו. ואע"ג שאין בהמת קדשי יחיד מתחללת בלא מום, כדקי"ל מ"ואם כל בהמה טמאה" דאמר מר בבעלי מומין שנפדו הכתוב מדבר, אילו של צבור נפדין, דלב ב"ד מתנה עליהן. ובלא חולין אי אפשר לפדותן ממעות תרומה חדשה, שאין הקדש מתחלל על הקדש: נפדין כפסולי המוקדשין. וירעו עד שיסתאבו, וימכרו ויפלו דמיהן לנדבה. דקדושת הגוף שבהן להיכן הלכה, ואינן מתחללין בלא מום: הותירו שעירים. שקנו הצבור מתרומת הישנה, כגון שעיר של ר"ח אדר שנאבד ונמצא בניסן: אם עולה נפדית. להקריבה עולה. ואע"ג שאם מניחין אותה לרעות עד שיסתאב נמי דמיה נופלין לקיץ המזבח להקריב עולה, אפ"ה נפדית להקריבה עצמה עולה: לא כ"ש חטאת. שאם מניחין אותה, שאינה קריבה אלא עולה: ר"ז אומר ירעו. השעירים, כמו העולות: מקייצין בהן. בשעירים שנתותרו משנה לשנה את המזבח, כשהמזבח בטל מקריבין אותן לנדבות צבור: וקשיא יש חטאת קריבה עולה. דשעירי הצבור חטאת הן, וקיץ המזבח עולות הן: שנייא היא. שאני קרבנות צבור, שאינן נקבעין לשם מה שיהיו אלא בשחיטתן. וכל זמן שהן חיים — רשות ביד צבור לשנותן למה שירצו: תנאי ב"ד על המותרות. אפילו חטאת, שיקריבו עולות. אבל שאר חטאות של צבור — אין משנין להיות עולות:

משנת אליהו

נוסחת רבינו הגאון נ"ע. וכדפרישית מה דמהפיך בגירסתו תמן פשיטא ליה דקאי אדלעיל ולהכי גרים לעיל בעי ר"ח בר בא ועיין בשבועות י"א א' אלא מעתה תפסל בלינה כו' ובמנחות ל' ע"ב ואם לנו נפסלו כו' ובשבועות י"א א' ד"ה מכל מקום כו': ה"ג תפתר באומן שהיה נוטל בשכרו קטורת. וכדפרישית והכי מתרץ לה נמי במסכת כריתות ו' ע"א אמר רבי אושעיא באותה הניתנת לאומנין בשכרן ועיין רש"י שם ד"ה מפרישין מהקדש ב"ה את שכר האומנין המחזיקים את ב"ה ועיין ברש"י שם ד"ה המקדיש נכסיו דקאמר וגמרא מפרש באומן בית אבטינס כו' ועיין מעילה י"ד וברש"י שם דאיירי לאומני הבנין כולה סוגיא ודברי רש"י בשבועות י' ע"ב ד"ה מפרישין סתרי אהדדי ועי' תוספות שם ד"ה מפרישין כו' וא"ת נ"ל כולי האי יתנו הקטרת לאומנין בשכרן ורש"י נזהר כאן וכתב דכל זמן שהיא בקדושתה אינו רשאי ליתנו לאומנין דכל דבר שראוי למזבח אינו יוצא מידי מזבח לעולם ועיין רש"י במעילה סד"ה מותר כו' ואי קשיא כו' ומ"ש ה"מ קטרת דיחיד כו' וכן האריך המשנה למלך בסוף הל' שקלים. לא א"ש סוגיא דכריתות דפריך הא בכולהו מותרות תני מוזרין ולוקחין והכא לא תני ואם"ד דחילוק בין יחיד לרבים בענין נתינת הקטרת להאומן ה"נ בענין חוזר ולוקח חלוקים הם ומדמסיק מחמת זה אלא א"ר יוסף כו' ש"מ דליתא להאי חילוק ומ"ש א"נ הכא מיירי בשכר פיטום של שנה חדשה כו' לא הזכירו הירושלמי זה ולדידהו יסתור אוקימתא דירושלמי והן שהיו חייבין להן מעות משעה ראשונה כו' והרמב"ם שם בסוף הל' שקלים נקט סתם אומנים וכן אע"ג דבפירושו מזכיר של מפטמי הקטרת נ"ל דשם פירש אליביה דרבי ופסק כסתמא דהני מתנייתא: א"ל ולאו דשמואל היא דשמואל אמר קל הוא שהקילו חכמים במותרות. בבבלי שבועות י' ע"ב מיחלפא הסוגיא ור"י סברי ליה נפדין כתמימין. וליכא שם דעת אין נפדין כתמימין אלא ר"ש דל"ל לב ב"ד מתנה כו' וגם לר"ש גופיה ס"ל דמקיילין בהן את המזבח ורבי יוחנן הוא דקאמר לה התם. ומדקודק מה דאמר התם לר"ש אין נפדין תמימים. אבל לא כפסולי המוקדשים דהיינו דלא ס"ל ירעו ואף דבמנחות ע"ט ב' משמע דלר"ש אולא לרעיה כבר הקשו התוס' בשבועות שם ד"ה מקיילין ובמנחות שם ד"ה דלית ליה כו' ותירלו דמשום חטאות נקט ליה דבשעירי חטאות בהדיא קאמר רב שמואל ב"י דאין מקיילין אלא לדמיהן. ונראה דכולא סוגיא דירושלמי איירי לרבנן מדלא הזכירו ר"ש כלל וגם בכל הסוגיא לא הזכירו סברא דלב ב"ד כו' אלא דרבי יוסה זאת הוא רבי יוסה דבסוף מסיק שאין קרבנות צבור נקבעין אלא בשחיטה. ואיהו הוא דהשיב לרב הונא דשמואל אומר קל הוא שהקילו במותרות והיא סברא אחת דבמותרות הקילו. ור"י ס"ל דלא הקילו כל כך אלא דירעו ויהיה דמיה לקיץ המזבח לעולה. ובהותירו שעירים לשמואל נפדים ג"כ מחמת טעם הנ"ל דהקילו במותרות וסכין מושכתן כו'. ולר"י ירעו. ור"ש בר"י ס"ל לר"י דמקיילין בהן כו' ול"ל דר"ש בר"י קאי אכולא מילתא דרבי יוחנן ולדידיה גם בתמידין לר"י מקיילין בהן כו' דודאי לא מסתבר למימר דבשעירים מקיילין ולא בתמידין דהא תמידין תפלתן ג"כ עולה ואי בשעירים מקיילים כ"ש בתמידין. ומקשה ויש חטאת כו' אר"י שנייא כו' שאין קרבנות צבור נקבעין אלא בשחיטה ולפ"ז לא

תקלין חדתין

כלומר, כשהן בונין בבדק הבית, היו קונין כל צרכי הבנין ממעות חולין כו', ולאחר שנגמר היו מקדישין אותו כן. שהיו מביאין מעות של הקדש כשיעור דמי כל הבנין, והשבח שהשביחו האומנין בבנין, ושכר האומנין. ואמר שתחול קדושה שיש במעות הללו על הבנין, ונמצא קדוש, והמעות יצאו לחולין ופורעין מהן שכר האומנין כו'. מ"ט? מאן דמתנדב מעות מקדש להו, דאמר תיחול קדושת מעות אבנין, ויהיב להו לאומנין בשכרן. כיון דמתנדב מעות — מקדש להו לאלתר, וכיון דמקדש להו — שוב א"י לקנות בהן דבר של חולין בהדיא, לפי שהמוכר היה מועל בהן. לפיכך צריך שיאמר "תיחול כו'", שיהא מחללן קודם שיבואו לידי המוכר. מיתבי: מותר הקטרת מה היו עושין כו'? מפרישין ממנה ממותר הקטרת כנגד שכר האומנין. דקס"ד לאלתר, כשקנו צרכי הבנין, מיד היו מחללין מעות הקדש בשעת קניה על העצים ועל האבנים ועל כל צרכי הבנין שקנו, ופורעין. אבל לא שכר האומנין שבונין בבנין, שהכל היה קודש חוץ מן השבח שהיו משביחין בכל יום. ובכל יום היה הגזבר מביא מעות הקדש כשיעור השבח שהשביחו האומנין בבנין באותו יום, ומחללן על שבח הבנין שהשביחו באותו יום. והיינו טעמא דעושין בכל יום והיינו טעמא כו' — משום דאמרו לעיל: מאן דמתנדב מעות כו' והיה המעות חולין והבנין קודש. אבל לא היה הגזבר נותן להם המעות לאלתר, דשכירות אינו משתלמת אלא לבסוף, כשיגמור הבנין כו'. ועדיין לא היה שם מותר הקטרת על המעות. אבל כשמגיע ניסן שיש שם מותר הקטרת, שצריכין ללקחו מתרומה חדשה, מחללין אותו מותר הקטרת על אותן מעות חולין שיש ביד הגזבר, שחילל על השבח שהשביחו האומנין, והוי הקטרת חול ומעות חזרו לקדושתן כבתחלה, וחוזרין ולוקחין כו'. ופריך: ואמאי? ניחליה אבנין! ואם"ד כדאמר שמואל בונין בחול ואח"כ מקדישין — ניחליה לקטרת אבנין עצמו, ואמאי מפרישין כו'? ומשני: דליכא בנין, שלא בנו אותה כלום. והא על מעות האומנין קתני, אלמא דבנו בנין! ומשני: דליכא בנין כשיעור מעות. עכ"ל גמרא שם. והכי מתפרשת סוגיין: מביא מעות של בדק הבית מה שצריך ליתן לאומני הבנין ובעד הבנין, ומחללן אבנין. היינו לאחר גמר הבנין אומר: תיחול קדושת מעות אבנין, וכמסקנא דהתם: ומביא קטרת. היינו מותר הקטרת הנ"ל: ומחללן עליהן. ר"ל על מעות הנ"ל שיצאו לחולין, והן ביד הגזבר: ונותנן לאומנין בשכרן. היינו המותר הקטרת שחילל על המעות, והקטרת יצאו לחולין — נותנין לאומנין בשכרן. והמעות אזלי לתרומה ישנה, כדפירש הרמב"ם. ולכן ל"ג הכא "אותן מעות מה יעשה בהן". דפשיטא דשם מותר הקטרת עליהן, ואזלי לתרומה ישנה: אמר רבי אומר אני יתנו לבית גרמי כו'. כלומר, דרבי לא ניחא ליה שיבואו הקטרת ליד אומני הבנין, רק דוקא ליד אומני הקטרת. וס"ל דמ"ש במתני' "על מעות האומנין", אע"ג דאמר סתם אומנין — ינתן לאומני הקטרת. וה"ק: שמפרישין מעות מתרומה ישנה לשכר בית אבטינס כפי שמגיע להם בעד מלאכת הקטרת משנה שעברה, והוי השכר חולין תכף כשמזכה להן הגזבר. ואחר כך מביא הגזבר מותר הקטרת, ומחללן על המעות האומנין הנ"ל, ונותן הקטרת שנעשו חולין לידי אומני בית אבטינס, והמעות יחזרו לתרומה ישנה. וחוזרין ולוקחין כו': והן שהיו חייבין להן מעות משנה ראשונה. כלומר, דוקא כשהיו חייבין לאומני בית אבטינס מעות משנה ראשונה, ושפיר מחללן על הקטרת. והמעות יפלו לתרומה ישנה: ה"ג: ר"ח בר בא בעי לא היו חייבין להם מעות משעה ראשונה מהו. דכשאין חייבין להן משעה ראשונה אם כן מה שאמר "מחללן על מעות האומנין" — על כרחך על המעות שלוקח הגזבר מלשכה מתרומה חדשה, ואם כן כשמחללן על מותר הקטרת שהוא מתרומה ישנה, ונעשו המעות קודש — אותן מעות מה יעשה בהן? דלהחזירן לתרומה ישנה לא מסתבר, כיון שנטלו מתרומה חדשה. וליקח הקטרת מהאומן — צריך מתרומה חדשה, והן חליפי מותר הקטרת דישנה. והא בעי לרבי, דלר"ש ב"ב אף שלא היה מגיע לאומני הבנין משעה ראשונה, ונותן להם מלשכת ב"ה ממה שיגיע עכשיו — שפיר יוכלו מעות ב"ה הנתפסין במותר הקטרת ליפול לתרומה ישנה, כמו אילו הי' מגיע להם משעה ראשונה מב"ה. משא"כ לרבי כנ"ל: אתא ר"ב כו' מקייצין בהן את המזבח. כיון דהן חליפי מותר קטרת שבאה מתרומה ישנה, ששיריה לקיץ המזבח. לכן מקיילין בהן את המזבח: ה"ג: תמן פשיטא ליה והכא צריכא ליה. ונראה דקאי אסוגיא דלעיל גבי בירולי יבם. דקאמר שם, בעי ר"ח בר בא: עד כדין בירולי לא אפי' בירולי יבם כו' יפלו לקיץ המזבח. דפשיטא ליה שם בבירולי יבם אף על גב שהן חול, דאתי לקיץ המזבח. והכא מספקא ליה. ומשני: הא דפשיטא ליה בכלי שרת דשם בירולי יבם עכ"פ הן בכלי שרת ומה שבפנים קדשו. רק דבירולין ס"ל לר"ע דלא קדיש להו, וג"כ דין קודש להם, דאם יש זבח כו', ונפסלו בלינה, ולהכי לקיץ המזבח. משא"כ הכא לחד מ"ד פסולה היא, ולכן מספקא ליה. ומה דצריכא ליה — היינו בכה"ג שנתפטמו הקטרת בחול, דפליגי בזה אי כשרה אי פסולה, ומספקא ליה בדמים אי אתי לקיץ המזבח או לא: דאתפלגון פיטמה בחול. בכלי חול: קודש היא. הווייתה בקודש. מתיבת "היא" דריש לה, שיהיה בכלי קודש, ואי"ל — פסולה. והכי דריש לה בבבלי בפ"ק דכריתות: מתרומת הלשכה. אבל פיטמה בחול — כשירה: דתנינא בסיפא דמתני' ראוים לקרבנות צבור. ר"י אמר: קטרת היינו הראוים לקרבנות צבור, דבהמה ואינך אחריני הא תני להו וראוין ליחיד כמו לצבור, אע"כ קטרת, דאינה ראויה אלא לצבור. הרי דקטרת שנתפטמה בחול — כשירה, דהא נכסי חולין היו, ואתיא כריב"ל, וקשיא לריב"ח: ודחי: תפתר באומן שהיה נוטל בשכרו קטרת ונתפטמה בקודש. ול"ג "של בית אבטינס", דהא "המקדיש נכסיו" סתמא קתני, דקאי אכל מי שהקדיש נכסיו. ולא מסתבר לאוקמי בבית אבטינס לחוד, וגם הא רבי לחוד הוא דס"ל הכי דינתנו לאומני בית אבטינס, אבל ר"ש בר ביסנא וסתמא דמתני' לאומנין סתם נקט, דהיינו אומני הבנין: בכלי שרת לקודש. אלמא דוקא כ"ש בעינן, ובחול פסולה. פריך: אי איירי בנתפטמה בכ"ש, היאך נפדה שיגיעו לאומנין ע"י החילול? ולאו דשמואל היא. דהוא מרא דשמעתין, וס"ל דהקילו במותר לענין פדיון: הותירו תמידין. הובא בבבלי פ"ק דשבועות (י' ע"ב). והיינו משום דתנן בערכין (י"ג): אין פוחתין מששה טלאים המבוקרין בלשכת הטלאים. וכשמגיע ר"ח ניסן לא היו מקריבין שוב קרבנות לצבור ממעות התרומה של אשתקד, כדאמר במסכת ר"ה: חדש והבא קרבן מת"ח, ונמצאו בכל שנה ארבע טלאים בלשכת הטלאים ממעות התרומה ישנה. והיינו לא הוצרכו לצבור להקריב בשנה שעברה, והותירו: נפדין תמימים. להכשירן בשנה זו, מחללין אותן על מעות חולין, ואותן המעות ילכו למותר התרומה ישנה, שעושין מהן ריקועי פחים ליפוי לבית ק"ק כדלעיל. וכיון שיצאו לחולין — חוזרים ולוקחים אותם ממעות תרומה חדשה, ויקרבו בשנה זה.

ואע"ג שאין בהמת קדשי יחיד מתחללת בלא מום, כדקי"ל (מנחות קא) מ"ואם כל בהמה טמאה", דאמר מר בבעלי מומין שנפדו הכתוב מדבר. אילו של צבור נפדין, כדמפרש בגמ', משום דלב ב"ד מתנה עליהן, אם הוצרכו — הוצרכו, ואי"ל — יהיו לדמיהן. ובלא חולין א"א לפדותן ממעות ת"ח, שאין הקדש מתחלל על הקדש: נפדין כפסולי המוקדשין. וירעו עד שיסתאבו, וימכרו, ויפלו דמיהן לנדבה: הותירו שעירים. שעירי חטאות שנקנו מתרומת הלשכה של שנה זו, וניתותרו. כגון שעיר של ר"ח אדר שאבד ונמצא בניסן: אם עולה נפדית. אע"ג דבעולה גם אם היו רועין עד שיסתאבו נמי היה דמי' נופלין לקיץ המזבח שהן עולות. אפ"ה ס"ל דנפדית להקריב עצמה. כ"ש חטאת שאם יניחוה לא תקרב חטאת אלא קיץ המזבח דהוא עולה, ודאי דס"ל דנפדית להקריב

מסורת הש"ס

א) ירושלמי יומא פ"ה הל"ה: ב) כריתות ו א: ג) לקמן הל"ד: ד) ע' שבועות יא א: ה) שבועות י ב: ו) ע"ש יב א: ז) שם ע"ב:

עין משפט נר מצוה

לב א מיי' פרק ד משקלים הל"יב:
לג ב מיי' פרק ב מהל' המקדש הלכה ו:
לד ג מיי' פרק ד משקלים הל"ח:

נוסחת הבבלי

(א) ר' חייא בר' אתא ר' ביבא ור' חייא בשם ר' יוחנן מקייצין כו' הביבא בר כהן שאיל לר' יוסי מחלפא כו': (ב) ר' חנניא בר' כשירה הוא דעתיה דר' יוסי בר' חנינא קודש היא כדי שתהא הוייתה בקדש (שעשו) דעתיה דריב"ל קדש היא מן הלשכה אתיא דר' יוסי בר' חנינא כשמואל אתיא דריב"ל כר' דהא תנינא המקדיש כו': (ג) א"ר יוסי דר' אבון דרב הונא אמר ר' זעירא קמיה דרב הונא דבר שהוא קדוש בכ"ש נפדה כו': (ד) נפדית כו' שכן חטאת כו' שמואל בר יצחק כו' א"ר חנינא תנאי כו':

הגהות הגר"א

[א] מלות אותן המעות מה יעשה בהן ל"ג וה"פ ומביא קטרת ומחלל עליהן ונותנים לאומנין בשכרן היינו מותר הקטרת שחילל על המעות והקטרת יצאה לחולין נותנין לאומנין בשכרן והמעות אזלי לתרומה ישנה כדפי' הרמב"ם ולכן ל"ג הכא אותן המעות מה יעשה בהן דפשיטא דשם מותר הקטורת עליהן ואזלי לתרומה ישנה: [ב] ל' שהיו חייבין עליהן וכו': [ג] ה"ג לא היו חייבין להן מעות משעה ראשונה מחללין על מעות האומנין אותן המעות מה יעשה בהן אתא ר' ביבי וכו'. ואם תרצה לידע כוונת הגאון הכל ע"ז ע' בספר תקלין חדתין ותמלא טעם מספיק כי כלן כוונה מה שיעה להכיל את כל דבריו: [ד] ה"ג תמן פשיטא ליה והכא צריכא ליה כו' דפשיטא ליה בכלי שרת והא דצריכא ליה בחול. נראה דקאי אסוגיא דלעיל גבי בירולי יבם דקאמר שם בעי ר"ח בר בא עד כדין בירולי לא אפילו בירולי יבם וכו' יפלו לקיץ המזבח דפשיטא ליה שם

גליון הש"ס

קרבן העדה

הלכה ד מתני' המקדיש נכסיו. וסתם הקדש לבדק הבית: והיו בהם דברים הראוים לקרבנות צבור. היינו קטורת: ינתנו לאומנין בשכרן. ויוצאין לחולין. אע"פ שאין דבר אחר נכנס תחתיו, דקסבר: הקדש מתחלל על המלאכה, דכתיב "ועשו לי מקדש" — שתהיה המלאכה נעשית מן ההקדש: **אינה מן המדה.** כלומר, אין מדה זו שאתה אומר כמדה האמורה לעיל בקטורת. ואין ראוי אלא שתשוה מדותיך. הלכך, מפרישין מהן שכר האומנין וכו' כדאמרינן לעיל גבי מותר הקטורת, שאין הקדש מתחלל על המלאכה: **ודמיהן** יפלו וכו' לבדק הבית. דסבר: סתם הקדש לבדק הבית, ואפי' במידי דחזי למזבח. אבל הראוי למזבח — אינו יוצא מידי מזבח. שהמקדיש תמימים לבדק הבית — אין נפדים אלא למזבח, והדמים יפלו לבד"ה: **ויביא** בדמיהן עולות. קסבר: מידי דחזי למזבח — מסתמא למזבח אקדשינהו. הלכך, זכרים עצמן יקרבו עולות. אבל נקבות אין קרבות שלמים, דדעתיה דמקדיש שיהיו כולן לגבוה. הלכך ימכרו לצרכי זבחי שלמי', דכיון דראוין' למזבח — חלה עלייהו קדושת המזבח, ויביא בדמיהן עולות: **המקדיש בפי'.** שאמר: בהמה ונכסי להקדש. דכיון שהפרישן והבדילן זו מזו, ואעפ"כ לא אמר "בהמה למזבח ונכסי לבדק הבית" — שמעינן שדעתו שהכל ילך אל מקום א', לבדק הבית. אבל המקדיש סתם כל נכסיו — אמרינן שדעתו להקדיש כל דבר למה שהוא ראוי: **יינות שמנים** וסלתות. שהן ראוין למנחות ולנסכים: **ועופות.** תורים ובני יונה: ר' ליעזר וכו'. טעמו מפרש בגמ': **גמ'** קטורת. היינו דברים הראוין לקרבנות צבור. דבהמה ויינות ושמנים וסלתות כבר תני להו, וקסבר: יחיד מתנדב קטורת. ור' הושעיא פליג, כדפי' לעיל: **תמן תנינן.** בתמורה פ"ז: **ומועלין בגידוליהן.** שהמקדיש בהמה לבדק הבית מועלין בחלבה: **ואין בהן הנאה לכהנים.** משא"כ בקדשי מזבח, הבשר או העור לכהנים: **דר"א היא.** הא דתנן סתם הקדשות לבד"ה, דמשמע אפילו על בהמה — אתיא כר"א: **מה אנן קיימין.** במאי איירי הך קרא: אם במקדיש בית ממש: ה"ג: **כי פליגי במקדיש נכסיו.** וה"פ: דוקא במקדיש נכסיו, הוא דאר"א שאף דמי הבהמות יפלו לבדק הבית, שאין אדם חולק נדרו. ומדשאר נכסיו לבדק הבית — אף בהמה נמי: **אבל במקדיש עדרו.** כלומר, במקדיש בהמות לחוד, אף ר"א מודה שהן למזבח, כיון שראוין למזבח: **כל עמא מודיי.** אפי' ר"י מודה שהוא לבדק הבית, שאין אדם חולק נדרו: **בהמה לא למזבח היא.** בתמיה. וכיון דבהמה למזבח, נימא הכל למזבח אפי' שאר נכסיו. שאין אדם חולק נדרו, וספיקא לחומרא: ומשני: בהמה. ודאי למזבח היא. אלא הכא אזלינן לקולא, ואמרינן לבדק הבית הוא. מדסתם המקדיש הזה ולא פי' שמקדיש בהמות, אלא אמר נכסיו, ה"ל כאומר בפירוש שיהו לבדק הבית: **לא שנייא וכו'.** ל"ש המקדיש נכסיו ול"ש המקדיש עדר, בתרוייהו פליגי ר"א ור"י: **שפודין תמימים.** כגון שעבר והקדיש תמימי' לבדק הבית כשהן נפדין בעוד שהן תמימים — יוצאין לחולין:*) (מתני'. דחולין פ' הזרוע נמי דייקא): **מתניתא אמרה כן.** בתמיה: הא לא תנן אלא ולדן וחלבן של בעל מום שנפדו של בעל מום קבוע הוא דמותרין לאחר פדיונן, אבל של

*) [illegible] מהרא"פ כי לפירוש הק"ע האי מתני' הוא קושיא ולא סייעתא. ודו"ק:

תורה אור

ויקרא כז — שם

נוסחאות ישנות

אותן

ויביא בדמיהן עולות ושאר נכסים יפלו [illegible]

הלכה ד מתני' הַמַּקְדִּישׁ א) נְכָסָיו וְהָיוּ בָּהֶן דְּבָרִים רְאוּיִין לְקָרְבְּנוֹת הַצִּבּוּר — אינָּתְנוּ לָאוּמָּנִין בִּשְׂכָרָן, דִּבְרֵי ר"ע אָמַר לוֹ בֶּן עַזַּאי: אֵינָהּ הִיא הַמִּדָּה. אֶלָּא, מַפְרִישִׁין מֵהֶן שְׂכַר הָאוּמָּנִים, וּמְחַלְּלִין אוֹתָן עַל מְעוֹת הָאוּמָּנִין, וְנוֹתְנִים אוֹתָן לָאוּמָּנִין בִּשְׂכָרָן, וְחוֹזְרִין וְלוֹקְחִים *אוֹתָהּ מִתְּרוּמָה חֲדָשָׁה. הַמַּקְדִּישׁ ב) נְכָסָיו וְהָיָה בָּהֶן בְּהֵמָה רְאוּיָה עַל גַּבֵּי מִזְבֵּחַ, זְכָרִים וּנְקֵבוֹת. רַבִּי אֱלִיעֶזֶר אוֹמֵר: בזְכָרִים יִמָּכְרוּ *לְצָרְכֵי עוֹלוֹת, וּנְקֵבוֹת יִמָּכְרוּ לְצָרְכֵי זִבְחֵי שְׁלָמִים, וּדְמֵיהֶן יִפְּלוּ עִם שְׁאָר נְכָסָיו לְבֶדֶק הַבַּיִת. רַבִּי יְהוֹשֻׁעַ אוֹמֵר: זְכָרִים עַצְמָן יִקְרְבוּ עוֹלוֹת, וּנְקֵבוֹת יִמָּכְרוּ לְצָרְכֵי זִבְחֵי שְׁלָמִים, וְיָבִיא בִּדְמֵיהֶן עוֹלוֹת, וּשְׁאָר נְכָסִים יִפְּלוּ לְבֶדֶק הַבַּיִת. אָמַר ר"ע רוֹאֶה אֲנִי אֶת דִּבְרֵי ר' אֱלִיעֶזֶר מִדִּבְרֵי רַבִּי יְהוֹשֻׁעַ, שר' אֱלִיעֶזֶר (א) הִשְׁוָה אֶת מִדּוֹתָיו ור' יְהוֹשֻׁעַ חָלַק. א"ר פַּפְּיַס: שָׁמַעְתִּי אֶת דִּבְרֵי שְׁנֵיהֶן, הַמַּקְדִּישׁ בְּפֵירוּשׁ — כְּדִבְרֵי ר' אֱלִיעֶזֶר, וְהַמַּקְדִּישׁ סְתָם — כְּדִבְרֵי ר' יְהוֹשֻׁעַ. (ב) הַמַּקְדִּישׁ ג) נְכָסָיו וְהָיוּ בָּהֶן דְּבָרִים רְאוּיִם לְגַבֵּי מִזְבֵּחַ, יֵינוֹת וּשְׁמָנִים וְעוֹפוֹת. ר' אֱלִיעֶזֶר אוֹמֵר: גיִמָּכְרוּ לְצָרְכֵי אוֹתוֹ הַמִּין, וְיָבִיא בִּדְמֵיהֶן עוֹלוֹת, וּשְׁאָר נְכָסִים יִפְּלוּ לְבֶדֶק הַבַּיִת.§

גמ' "הַמַּקְדִּישׁ וכו' לְקָרְבְּנוֹת צִבּוּר".§ ר' ד) יוֹחָנָן אָמַר: (ג) קְטוֹרֶת. אָמַר רַבִּי הוֹשַׁעְיָה: תִּיפָּתֵר בְּאוּמָּן מִשֶּׁל בֵּית אַבְטִינָס, שֶׁהָיָה נוֹטֵל בִּשְׂכָרוֹ קְטוֹרֶת. מַה טַּעְמָא דְּבֶן עַזַּאי — שֶׁאֵין הַהֶקְדֵּשׁ מִתְחַלֵּל עַל הַמְּלָאכָה אֶלָּא עַל הַמָּעוֹת.§ תַּמָּן ה) תָּנֵינַן יֵשׁ בְּקָדְשֵׁי בֶּדֶק הַבַּיִת — רשֶׁסְּתַם הֶקְדֵּשׁוֹת לְבֶדֶק הַבַּיִת, הֶקְדֵּשׁ בֶּדֶק הַבַּיִת — החָל עַל הַכֹּל, ימוֹעֲלִין בְּגִידּוּלֵיהֶן, וְאֵין בָּהֶן הֲנָיָה לַכֹּהֲנִים. אָמַר רַבִּי חֲנַנְיָה: דר' לִיעֶזֶר הִיא, דְּתָנֵינַן: הַמַּקְדִּישׁ נְכָסָיו וְהָיְתָה בָּהֶן בְּהֵמָה רְאוּיָה ע"ג מִזְבֵּחַ זְכָרִים וּנְקֵבוֹת, רַבִּי לִיעֶזֶר אוֹמֵר: זְכָרִים יִמָּכְרוּ לְצָרְכֵי עוֹלוֹת, וּנְקֵיבוֹת יִמָּכְרוּ לְצָרְכֵי זִבְחֵי שְׁלָמִים, וּדְמֵיהֶן יִפְּלוּ עִם שְׁאָר נְכָסִים לְבֶדֶק הַבַּיִת. אָמַר רַבִּי יוֹחָנָן טַעְמָא דְּרַבִּי לִיעֶזֶר "וְאִישׁ כִּי יַקְדִּישׁ אֶת בֵּיתוֹ קוֹדֶשׁ לַה' בַּמֶּה אֲנַן קַיְּמִין אִם בְּבֵית דִּירָה (ד) כְּבָר כְּתִיב "וְאִם הַמַּקְדִּישׁ יִגְאַל אֶת בֵּיתוֹ", אֶלָּא כִּי אֲנַן קַיְּמִין בְּמַקְדִּישׁ נְכָסָיו, [א] מִכָּאן שֶׁסְּתַם הֶקְדֵּשׁוֹת לְבֶדֶק הַבַּיִת. אָמַר ו) רַבִּי זְעִירָא רַב חוּנָה בְּשֵׁם רַב: בַּמֶּה פְּלִיגִין — בְּמַקְדִּישׁ נְכָסָיו, אֲבָל בְּמַקְדִּישׁ עֶדְרוֹ — כָּל עַמָּא מוֹדֵיי שֶׁהוּא לַמִּזְבֵּחַ. רַבִּי בָּא רַב חוּנָה בְּשֵׁם רַב: מַה פְּלִיגִין — בְּמַקְדִּישׁ עֶדְרוֹ, אֲבָל בְּמַקְדִּישׁ נְכָסָיו כָּל עַמָּא מוֹדֵיי שֶׁהוּא לבד"ה (ה) עַל דַּעְתֵּיהּ דְּרַבִּי זְעִירָא נִיחָא, וְקַשְׁיָא עַל דְּרַבִּי בָּא: בְּהֵמָה לֹא לַמִּזְבֵּחַ הִיא?! [ב] בְּהֵמָה לַמִּזְבֵּחַ הִיא, [א] וְלָמָּה סָתַם הָאִישׁ הַזֶּה — שֶׁהוּא כְּאוֹמֵר לֹא יְהֵא אֶלָּא לבד"ה רַבִּי יוֹחָנָן אָמַר: לָא שַׁנְיָיא, הִיא הַמַּקְדִּישׁ נְכָסָיו יְהִיא הַמַּקְדִּישׁ עֶדְרוֹ, הִיא הַמַּחֲלוֹקֶת. (רַבִּי אַבָּא בְּשֵׁם רַבִּי אַבָּהוּ בְּשֵׁם ר' אַחָא) רַב חוּנָה בְּשֵׁם רַב רַבִּי אַבָּהוּ בְּשֵׁ' רַבִּי יוֹחָנָן: קָדְשֵׁי בד"ה שֶׁפְּדָאָן תְּמִימִין — יָצְאוּ לְחוּלִּין. מַתְנִי' ז) אֲמָרָה כֵן: וְלָדָן וַחֲלָבָן מוּתָּר לְאַחַר פִּדְיוֹנָן רַב

ריבב"ן

מתני' ראויין לקרבנות צבור. מפרש בירושלמי קטורת ינתנו לאומנין בשכרן לאומני בית אבטינס בן עזאי לא סבירא ליה ליתן הקטורת לאומנין וטעמא מפרש בתוספתא ובירושלמי לפי שאין ההקדש מתחלל על המלאכה ומתני' דלעיל סתמא כבן עזאי: מתני' המקדיש נכסיו סתם זכרים ימכרו לצרכי עולות אע"פ שאין פודין תמימין דוקא קדשי מזבח אבל קדשי בדק הבית נפדין תמימין דקי"ל בתמורה המתפיס תמימים לבדק הבית כשהן נפדין אין נפדין אלא למזבח אבל הראוי למזבח אינו יוצא מידי מזבח לעולם וכן מפרש בירושלמי ר' חזקיה בשם ר' יוסי קדשי בדק הבית נפדין תמימין יצאו לחולין אין תימר לא יצאו לחולין היאך קדשי מזבח חלין על קדשי בדק הבית דס"ל לר' אליעזר דסתם הקדשות לבדק הבית ואין אדם חולק הקדשו לקדשי מזבח ולקדשי בדק הבית והכי מוכח בזבחים בפרק טבול יום דר' אליעזר סבר אין אדם חולק הקדשו*) דלא שביק אינש קדשי מזבח ועביד קדשי בדק הבית: ירושלמי אמר ר' יוחנן מ"ט דר' אליעזר ואיש כי יקדיש את ביתו קדש לה' מה אנן קיימין אם בבית דירה כבר כתב אם המקדיש יגאל את ביתו אלא כי אנן קיימין במקדיש נכסיו (כל עמא מודו) [מכאן שסתם הקדשות] שהוא לבדק הבית ר' זעירא בשם רב מה פליגן במקדיש נכסיו אבל במקדיש עדרו כל עמא מודו דלמזבח ר' בא בר [הונ]א בשם רב מה פליגן במקדיש עדרו אבל [במ]קדיש נכסיו כל עמא מודו לבדק הבית ר' יוחנן [אמ]ר היא המקדיש נכסיו היא המקדיש עדרו היא [המ]חלוקת: מתני' נקבות ימכרו לצרכי זבח [ש]למי'. טעמא דר' יהושע לפי (שאין אדם) [שהאדם] [חו]לק הקדשו ולא שביק קדשי מזבח ועביד קדשי [בד]ק הבית להכי זכרים הן עצמן יקרבו עולות [אב]ל נקבות אינו יכול הוא להקריבן שיאכל הבשר [וה]עור שלו כשאר שלמים שהכל הקדש לפיכך [ימ]כרו והם יקריבום (ודמיהן לבד"ה **)וגם [עו]ר הזכרים שהן עולות לבד"ה והרי חזיק דת' [טב]ול יום הכ"מ בשר דלא תפיס לקדשי בדק [הב]ית אבל עור תפיס אע"ג דאמר ר' יהושע [אד]ם חולק הקדשו מה שראוי למזבח ושאינו [רא]וי למזבח לבדק הבית לא שיהו כשאר קדשי [מז]בח שעורותיהן לכהנים דמודה הוא שהעור [לב]דק הבית כשאר נכסים אפי' עור העולה וכך [פי]רש רבינו שלמה זצ"ל: ירושלמי אמר ריש [לק]יש טעמא דר' יהושע דכתיב דבר אל אהרן [וא]ל בניו וגו' אשר יקריב לה' לעולה הכל קרב [לע]ולה. [illegible]

מסורת הש"ס

א) כריתות ו ע"א: ב) ב"ב קנא א זבחים קג א תמורה כ א ודף לא ב: ג) ב"ב שם זבחים שם: ד) כריתות ו א ולעיל הל"ג: ה) תמורה לא ב: ו) שם: ז) חולין קל א:

עין משפט נר מצוה

לה א מיי' פרק ה מערכין הל"ג:
לו ב מיי' שם הל"ז:
לז ג מיי' שם הל"ח:
לח ד מיי' שם הל"ז ופ"ו הל"א:
לט ה מיי' שם פ"ו הלכה ח:
מ ו מיי' פרק ה ממעילה הל"ו:
מא ז מיי' פרק ה מערכין הל"ז:

נוסחת הבבלי

(א) השוה את מדתו כו' שמעתי כדברי שניהן כו': (ב) המקדיש נכסים כו' ר' אלעזר כו': (ג) קטורת ר' יהושע אמר כו' לבד"ה וחלין על הכל כו' אמר ר' חנינא דר' אליעזר כו' ר' אליעזר כו' ימכרו לזבחי שלמים כו': (ד) כבר נאמר כו' במה אנן קיימין במקדיש את נכסיו מיכאן כו' רב הונא כו' אבל המקדיש עדרו כו' ר' בא ר' הונא כו': (ה) על דעתיה דר' יוחנן לא שניא כו' ר"א בשם ר' אבהו בשם ר' אחא קדשי כו':

משנת אליהו

פליגא ר"ש בר"י דהכא אמה דבבבלי מביא בשם ר"ש בר"י גופיה דבשעירים ירעו דהתם אליבא דר"י לר"ש קאמר לה ורבי חנינא קאמר תנאי ב"ד על המותרות שיקרבו עולות ג"כ אליבא דרבנן דר"ש ל"ל תנאי ב"ד ומלשון דקאמר שאין קרבנות צבור נקבעין כו' משמע דעיקר כפי' הערוך שמביא התוס' שם י"ב ב' ד"ה ואף ולא כפירש"י: **מתני'** אמרה כן וולדן וחלבן מותר לאחר פדיונן. [illegible]

חגהות הגר"א

[illegible]

תקלין חדתין

[illegible]

גליון הש"ס

[illegible]

תמימים — אפילו לאחר פדיונן אסור: **תיפתר.** הא דקאמר ר' יוחנן שפודין תמימין ואח"כ הוממו יוצאין לחולין, וקמ"ל אע"ג דבשעת פדיון תמימין היו — יוצאין לחולין. ופי' הרא"פ בזה אינו מחוור כלל: **מתניתא.** דפ"ז דתמורה אמרה כן. דתנן התם: יש בקדשי מזבח וולדן וחלבן אסור לאחר פדיונן, משא"כ בקדשי בדק הבית, והיינו בשקדם הקדשן למומן. ה"נ אם נפדו תמימים והוממו — יוצאין לחולין: **אין תימר וכו'.** דאם נאמר לא יצאו לחולין, א"כ לעולם בקדושת בדק הבית קיימין, איך תנן במתני' לר"א זכרים שהוקדשו לבד"ה ימכרו לצרכי זבחי עולות?: **בעלי מומין.** המקדיש בעלי מומין למזבח, אע"ג שהוא עובר משום חמשה שמות — מ"מ קדושת מזבח חל עליהן: **ליידה מילה.** לאיזה דבר חל עליהן קדושת המזבח: ומשני: **לגיזה ועבודה.** דאילו קדשי בדק הבית מותרין בגיזה ועבודה, וקדשי מזבח אסורין: **לעולתו לפסחו ולאשמו.** ואלו אינן באין אלא זכרים: **שכן מצאנו עולת נקבה בעוף כשרה.** דאמר מר: תמות וזכרות בבהמה ואין תמות וזכרות בעוף. הלכך חל עליה שם עולה, שתרעה ותעשה תמורה: **ואר"י טעמא דר"ש.** אליבא דרשב"י: **אם מין במינו הוא חלוק עליו.** אפי' באיל גופיה שמביא לאשם, אם שינה — אינו חל עליו שם אשם, כדמסיק. כ"ש אם מקדיש נקבה לאשם, שאינו קדוש: ה"ג **הביא בן שתים לא יצא.** וכ"ה בבבלי וברמב"ם: **כן ר"ש אמר.** לשיטת ר"ש בן יהודה, דכל מידי דלא חזי ליה לגופיה לא נחתי ליה קדושת הגוף, ואפילו עולה. הלכך אינן צריכין לרעות, אלא ימכרו מיד לצרכי אותו המין, ואינן עושין תמורה: ה"ג: **א"ר אין אני רואה וכו'.** וכ"ה בבבלי: **שמא הקדש פסח בא שלמים.** שכן מותר פסח קרב שלמים, ושלמים באין נקבה. ואע"ג דהך נקבה לא קרבה שלמים אפי' לאחר הפסח, אלא תרעה — מיהו שם שלמים עלה, ונחתה לה קדושת הגוף: ופריך: **ולימא ולא אראה דבריו של ר"ש באשם.** הואיל ומותר אשם קרב עולה. ואישתכח דהך נקבה דאשם עולה היא, ותיקדש קדושת הגוף: **גופו קרב שלמים.** הפסח עצמו לאחר הפסח קרב שלמים, הלכך חל עליו שם שלמים: **אין גופו קרב עולה.** אלא ירעה עד שיסתאב, ודמיו יפלו לנדבה לקיץ המזבח: **מאי כדון.** במאי פליגי ת"ק ור"ש. ודברי הרא"פ בזה אין נראין: **ההן אמר וכו'.** ת"ק סבר קדושת דמים קדש, אפי' אינו אלא קדושת דמים — עושה תמורה. דמגו דנחתא ליה קדושת דמים — קדוש נמי קדושת הגוף. ור"ש סבר: דוקא אם קדש קדושת הגוף מתחילה הוא דקדש לרעיי' ולתמורה. אבל קדושת דמים — לא, דלא אמרינן מגו: **איש איש מבית ישראל.** "ומן הגר בישראל אשר יקריב קרבנו לכל נדריהם ולכל נדבותם אשר יקריבו לה' לעולה": **הכל קרב לעולה.** כל מה שהם נודרים ומתנדבים מדברים אשר יקריבו לה', אפי' יינות ושמנים וסלתות — יהיה לעולה: **ואת אמרת בבקר לרבות נקבות.** בתמיה. לא לכתוב "זכר" ולא "בבקר": ומשני: **ודכוותה כתיב תמים.** דכתיב "תמים זכר", ואפ"ה קדש לדמי. דתנן: המקדיש בעלי מומין למזבח אף על פי שהוא עובר בלא תעשה, מה שעשה עשוי. דכתיב "ולנדר לא ירצה" — רצוי הוא דלא מרצה, הא מיקדש קדשי לדמי. ה"נ לכתחילה לא יקדיש נקבה, מיהו אי מיקדש — קדשי לעולה, קדשי לדמי: **מה ביניהון.** מאי איכא בין ר"ע לרבי פפייס: **שיבטא דכדכדא ביניהון.** וכדכד היינו עץ שיש לאורגים, שראשו חד ומעבירו על השתי כשהוא מתוח לפניו, ושובט בו החוטין, ומקרב המבדילין בין שני חוטין העליונים ותחתונים, ומיד נוטים להתפרק, ונפתח שער לירות בו חוט הערב. וקאמר רב שיש הפרש גדול ביניהם. דהא דקאמר ר' פפייס שהמקדיש בפירוש כדברי ר"א — היינו שהקדיש בפירוש לבד"ה, אבל הקדיש סתם — כר"י. ור"ע סובר שסתם הקדשות לבדק הבית. א"נ, ה"ק: כשם שהכדכד מקרב המבדילין — כך קרובים דברי ר"פ ור' עקיבא. דהמקדיש בפירוש — היינו שפירש "נכסי ובהמה", וכדפרישית במתני', ואפשר לומר דאף ר"ע מודה בזה. ורא"פ פי' בענין אחר ודבריו תמוהים, ע"ש: **הכל קרב עולה.** כל מה שנודרים ונודבים מדברים אשר יקריבו לה', אפי' יינות ושמנים וסלתות — יהיו לעולה: **יכול אפי' עופות.** יקריב בדמיהן. או אם הקדיש עוף יקריבנה עולה: ת"ל בבקר. הא אינו מקריב בכל מה שמתנדב, אלא עולת בהמה בלבד: **תמן אר"י וכו'.** אהא דאר"ש המפריש נקבה לעולה עושה תמורה, קאר"י דהיינו טעמא — לפי שמלינו נקבה בעולת העוף נחתי לה קדושת הגוף, ועושה תמורה: **והכא הוא אמר הכין.** דהמקדיש עופות ימכרו. שמעינן דלא נחתי להו קדושת הגוף, דאל"כ אסורין למכור:

קיימתיה

תורה אור

(א) רַב חִזְקִיָּה בְּשֵׁם רַב חִסְדָּא: תִּיפָּתֵר [א] שֶׁפְּדָאָן תְּמִימִין וְהוּמְמוּ. רַבִּי יוֹסֵה בְּשֵׁם רַב חִסְדָּא: מַתְנִי' אֲמָרָה כֵּן: וְלָדָן וַחֲלָבָן אָסוּר לְאַחַר פִּדְיוֹנָן. [ב] רַבִּי חִזְקִיָּה בְּשֵׁם רַבִּי יוֹסֵה: קָדְשֵׁי בֶּדֶק הַבַּיִת שֶׁפְּדָאָן תְּמִימִין — יָצְאוּ לְחוּלִּין. (ב) אִין תֵּימַר לֹא יָצְאוּ לְחוּלִּין — הֵיאַךְ קָדְשֵׁי מִזְבֵּחַ חָלִין עַל קָדְשֵׁי בֶּדֶק הַבַּיִת? בַּעֲלֵי מוּמִין קָדְשֵׁי מִזְבֵּחַ חָלָה עֲלֵיהֶן, לְיֵידָה מִילָּה? [ג] לְגִיזָּה וְלַעֲבוֹדָה. הִפְרִישׁ א) נְקֵבָה לְעוֹלָתוֹ וּלְפִסְחוֹ וְלַאֲשָׁמוֹ — אעוֹשָׂה תְּמוּרָה. ר"ש אוֹמֵר: לְעוֹלָתוֹ עוֹשָׂה תְּמוּרָה, לְפִסְחוֹ וְלַאֲשָׁמוֹ אֵינוֹ עוֹשֶׂה תְּמוּרָה. רַבִּי ב) שִׁמְעוֹן בֶּן יְהוּדָה אוֹמֵר מִשּׁוּם ר"ש לְעוֹלָתוֹ וּלְפִסְחוֹ וְלַאֲשָׁמוֹ אֵינוֹ עוֹשֶׂה תְּמוּרָה. אָמַר רַבִּי יוֹחָנָן: טַעְמָא דר"ש שֶׁכֵּן מָצִינוּ נְקֵבָה בָּעוֹף כְּשֵׁירָה לָבֹא עוֹלָה. וא"ר יוֹחָנָן: טַעְמָא דר"ש בֶּן יְהוּדָה אִם מִין בְּמִינוֹ הוּא חָלוּק עָלָיו — כ"ש מִין בְּשֶׁאֵינוֹ מִינוֹ. אֵיזֶהוּ מִין בְּמִינוֹ שֶׁהוּא חָלוּק עָלָיו — כַּהֲדָא (ג) דְּתָנֵי: ג) [ד] אָשָׁם בֶּן שָׁנָה וְהֵבִיא בֶּן שְׁתַּיִם (יָצָא) בֶּן שְׁתַּיִם וְהֵבִיא בֶּן שָׁלֹשׁ — לֹא יָצָא. (רַבִּי שִׁמְעוֹן אוֹמֵר בכָּל עַצְמָן אֵינָן קְדוֹשִׁים) א"ר ד) יוֹחָנָן: ר"ש וְר' יְהוֹשֻׁעַ שְׁנֵיהֶם אָמְרוּ דָּבָר אֶחָד. כְּמָה דר' יְהוֹשֻׁעַ אָמַר נְקֵבָה לְעוֹלָה לֹא קִידְּשָׁה אֶלָּא הֶקְדֵּשׁ דָּמִים — כֵּן ר"ש אָמַר: נְקֵבָה לְעוֹלָה לֹא קִידְּשָׁה אֶלָּא הֶקְדֵּשׁ דָּמִים. אִין תֵּימַר קָדְשָׁה קְדוּשַּׁת הַגּוּף — יִרְעוּ. אָמַר ר' אֲנִי רוֹאֶה אֶת דִּבְרֵי ר"ש בְּפֶסַח (שֶׁמָּא הֶקְדֵּשׁ) שֶׁהַמּוֹתָר פֶּסַח בָּא שְׁלָמִים. וְלֵימָא אֵין אֲנִי רוֹאֶה דִּבְרֵי ר"ש בְּאָשָׁם (שֶׁמָּא הֶקְדֵּשׁ) שֶׁהַמּוֹתָר אָשָׁם בָּא עוֹלָה. אָמַר רַבִּי אָבִין: אִם הִקְדִּישׁ פֶּסַח בָּא שְׁלָמִים — גּוּפוֹ קָרֵב שְׁלָמִים, אִם הִקְדִּישׁ אָשָׁם בָּא עוֹלָה — אֵין גּוּפוֹ קָרֵב עוֹלָה. [ה] מַהוּ כְּדוֹן הָהֵין אָמַר הֶקְדֵּשׁ דָּמִים (קָדוֹשׁ) הִקְדִּישׁ, וְהָהֵן אָמַר — הֶקְדֵּשׁ גּוּפוֹ (קָדוֹשׁ) הִקְדִּישׁ.§ [ו] ר' זְעִירָא בְּשֵׁם ר"ש בֶּן לָקִישׁ: טַעְמָא דְּרַבִּי יְהוֹשֻׁעַ "דַּבֵּר אֶל אַהֲרֹן וְאֶל בָּנָיו וְאֶל כָּל בְּנֵי יִשְׂרָאֵל וְאָמַרְתָּ אֲלֵיהֶם אִישׁ אִישׁ מִבֵּית יִשְׂרָאֵל וְגו' אֲשֶׁר יַקְרִיב לַה' לְעוֹלָה" — הַכֹּל קָרֵב לְעוֹלָה, "לִרְצוֹנְכֶם תָּמִים זָכָר". מִנַּיִן אֲפִילּוּ נְקֵבוֹת — ת"ל "בַּבָּקָר" לְרַבּוֹת אֶת נְקֵבוֹת. רַבִּי יִצְחָק בֵּי ר"א שָׁאַל: כְּתִיב "זָכָר" וְאַתְּ אָמְרַתְּ "בַּבָּקָר" לְרַבּוֹת אֶת הַנְּקֵבוֹת? וְדִכְוָותָהּ כְּתִיב "תָּמִים" וְאַתְּ אָמְרַתְּ "בַּבָּקָר" לְרַבּוֹת בַּעֲלֵי מוּמִין? מַה בֵּינֵיהוֹן? (ד) רַב אָמַר: שִׁבְטָא דְּכַדְכְּדָא בֵּינֵיהֶן.§ ר"א אוֹמֵר יִמָּכְרוּ כו' הַמִּין".§ ר' אַבָּהוּ בְּשֵׁם ר"ש בֶּן לָקִישׁ: טַעְמָא דר"א "דַּבֵּר אֶל אַהֲרֹן וְאֶל בָּנָיו וְגו' אֲשֶׁר יַקְרִיבוּ לַה' לְעוֹלָה" — הַכֹּל קָרֵב עוֹלָה, "לִרְצוֹנְכֶם תָּמִים זָכָר", יָכוֹל אֲפִילּוּ עוֹפוֹת — ת"ל ג"בַּבָּקָר" וְלֹא עוֹפוֹת. רַבִּי יִרְמְיָה וְר' (ה) בּוּן בַּר חִיָּיה, הֲוֹון יָתִיבוּן וְאָמְרִין: תַּמָּן אָמַר ר' יוֹחָנָן טַעְמָא דר' שִׁמְעוֹן שֶׁכֵּן נְקֵבָה שֶׁבָּעוֹף כְּשֵׁירָה לָבֹא עוֹלָה, וְכָא אָמַר הָכֵין!

א"ר

ויקרא כב · שם · שם

תקלין חדתין

שם דבעלי מומין דמזבח חמירי מתמימין דבד"ה, ומה דאסר בבעלי מומין דמזבח בלא פדיון — בבד"ה שרי בתמימין אף בלא פדיון. ומינה מוכח הא דקתני במתני' שם גבי קדשי בעלי מומין דמזבח לאחר פדייה דוולדן וחלבן מותר, ה"נ בקדשי בד"ה אף תמימין שרי, עכ"פ לאחר פדיון. ומביא סתם מתני': וולדן וחלבן מותר לאחר פדייה, משום דבעלי מומין דקדשי מזבח, בעלי מומין שוין עם תמימים דבד"ה ודאי, ולא חמיר בע"מ דקדשי מזבח מתמימין דבד"ה: ודחי סייעתיה. וה"ג: **תפתר שהוממו ופדאן.** כלומר, גם שתשוה קדשי בד"ה למתני' הנ"ל — היינו באותן שקודם פדייה עכ"פ הוממו. והני דבבעלי מומין דקדשי מזבח בעינן שקדם מום קבוע להקדשן, אבל הוממו קודם פדייה — אסורין אף לאחר פדייה, כדתני בסיפא, הכא בבד"ה, אף שהוממו קודם פדייה — מותרין לאחר פדייה בוולדן וחלבן, אבל לא בנפדין תמימים: ה"ג: מתני' **אמרה כן וולדן וחלבן אסור לאחר פדיונן.** משא"כ בבד"ה. והוא מתני' בתמורה (ל,א ב): ור' יוסי **בשם רב חסדא.** מביא סייעתא דבהוממו ופדאן בקדשי בד"ה יוצאין לחולין, כדאמר רבי חזקיה בשם ר' אחא: תפתר כו' מדקתני התם וולדן וחלבן כו', והתם בהוממו ופדאן איירי. כדקתני בהדיא בגמרא דמתני' דבכורות שם: כל שקדם הקדשן את מומן. ועלה קתני: משא"כ בבד"ה. הרי דבבד"ה הוממו ופדאן יוצאין לחולין: **היאך קדשי מזבח חל על קדשי** ב"ה דקתני במתניתין ימכרו לצרכי עולות, אם גם אחר פדיונן אינם יוצאין לחולין, היאך יחול עליהן קדשי מזבח לאחר מכירתן? הא קי"ל בתמורה אחד קדשי מזבח ואחד קדשי בדק הבית — אין משנין אותן מקדושה לקדושה! ודחי: **בעלי מומין** קדושת מזבח חלה עליהן. כשהקדיש בע"מ לבד"ה ופדאן — קדושת מזבח חל עליהן: ליידה מילה. כלומר, לאיזה דבר חל קדושת מזבח עליהן? הא אינן ראוין למזבח! **תפתר לגיזה ועבודה.** דאסורין קדשי מזבח בגיזה ועבודה: **הפריש נקבה כו'.** איידי דתני במתניתין חילוקא דזכרים ונקבות, סידר הכא פלוגתייהו בזה: **לעולתו לפסחו כו'.** שאלו כולן זכרים דוקא: **טעמא** דר"ש. דאמר לעולתו עושה תמורה: **שכן מצינו** נקבה כשירה בעוף לעולה. דקיי"ל תמות וזכרות בבהמה ואין תמות וזכרות בעופות, ולכן חל שם עולה עליה, לעשות תמורה: **טעמא** דר"ש בן יהודה. דס"ל דכולם אין עושה תמורה: **אם מין עם מינו כו'.** היינו באשם גופיה, כדמפרש לה: דתנן. בתוספתא פ"ק דזבחים והובאה בש"ס דמנחות תמורה (יט, ב): ה"ג: **אשם בן שנה כו'.** אשם בן ב' שנים — אשם גזילות ומעילות ושפחה חרופה דכתיב בהו "איל". אשם בן שנה — אשם נזיר ומצורע דכתיב בהו "כבש": **ר"ש אומר: כל עצמן אינן קדשים.** כל עיקר אינן קדושים. וזהו מין עם מינו, דשניהם זכרים, רק שחלוקין בזמן, וס"ל דאינן קדושים. כ"ש מין עם שאינו מינו. ורשב"י משום ר"ש אמר לה: **ר' יהושע.** דמתניתין, דאמר: נקבות ימכרו לצרכי זבחי שלמים ויביא בדמיהן כו': **אלא** להקדש דמים. דקאמר נקבות ימכרו לצרכי שלמים, ואי הוי קדיש בקדושת הגוף — הוי בעי רעיה עד שיסתאב. וזהו דאמר: אין תימר קדשה קדושת הגוף — הל"ל ירעו עד שיפול מום וימכר ויקנה בדמיהן שלמים. וס"ל כרשב"י אליבא דר"ש, דאף בעולה אינו עושה תמורה. דסבר: כל מידי דלא חזיא ליה לגופיה — לא נחתא ליה קדושת הגוף. והכי מוקי לה בתמורה (כ, ב) דר' יהושע ס"ל כרשב"י אליבא דר"ש: ה"ג: **א"ר: אין אני רואה כו' שמותר פסח בא שלמים.** כלומר, הואיל ושייכי שלמים בפסח, ושלמים באים נקבה. ואע"ג דהך לא קרבה נקבה אפילו שלמים לאחר פסח כמ"ש בתמורה י"ח: נשתיירה לאחר הפסח תרעה, מיהו, שם "שלמים" עלה, הואיל והוא שלמים נקבה, ונחתא לה קדושת הגוף: ה"ג: **ולימא: אין אני רואה דר"ש באשם שמותר אשם בא עולה.** וכ"ה בתמורה שם. כלומר, וכיון שמותר אשם בא עולה — אשתכח דהך נקבה דאשם עולה היא, ותקדיש קדושת הגוף בעולת נקבה, דהא מלינו עולת נקבה בעוף: ודחי: ר' בון: אם הקדיש פסח כו' גופיה קרב שלמים, ושם "שלמים" עליה. משא"כ באשם דאין גופו קרב עולה, אלא ירעה עד שיסתאב ודמיו יפלו לנדבה לקיץ המזבח, ולכן לא חל קדושת הגוף עליה: ה"ג: **מה פליגי.** כלומר, באיזה סברא פליגי ר"ש ורבי, דאמר "אין אני רואה", וקאי אדסמיך ליה, דמסיק דשפיר לא שייך פלוגתא דרבי אלא אפסח, ומפרש פלוגתייהו בהדיא. ההין **אמר הקדש דמים קדיש.** ר"ש ס"ל דלא נחתא קדושת הגוף משום דמותרו בא שלמים, דהא הכא אין גופו קרב שלמים, כדאמר בתמורה: נשתיירה אחר הפסח — אינה קרבה שלמים הואיל ומחמת קדושה פסולה קאתיין. ואידחו מפסח, ואידחו נמי משלמים. וא"כ בכה"ג אין גופיה קרב שלמים, ואינו קדש אלא הקדש דמים: והחן סבר. רבי ס"ל הקדש גופיה קדיש משום דשם "שלמים" עליה הואיל והויא שלמים נקבה. ואיכא דמפרשי לה דהאי "מאי כדון" את"ק ור"ש קאי. ומפרש פלוגתייהו: דת"ק ס"ל הקדש דמים נמי קדיש לענין תמורה, והואיל ובא עליה קדושת דמים בא נמי קדושת הגוף לענין תמורה. ור"ש ס"ל הקדש גופיה קדיש, דוקא מתחילה בעינן הקדש גופיה לענין תמורה ולא הקדש דמים: ה"ג: **חבריא בשם ר' יוחנן** כו'. טעמא דהדין תניא על מימרא דרשב"י בשם ר"ש, דאינו עושה תמורה: מה ת"ל **טמאה.** להורות דינא דבהמה טמאה. דלהורות דינא דבהמה טמאה — הא כתוב למטה "ואם בבהמה הטמאה ופדה בערכך וגו'": **אפילו טמאה לאותו השם.** כמו נקבה לעולה, ואשם ופסח. וכתיב ביה "והעמיד והעריך" דלא חלה עליה קדושת הגוף, ואינו עושה תמורה: **לא אמר כן.** מזה הכתוב דייק להיפוך דסתמא דעושה תמורה, ומסיפיה דקרא קמדייק, דכתיב "אשר לא יקריבו ממנה קרבן לה'" דהל"ל "אשר לא יקריבו לה'", אלא דה"ק: כל שאינה ראויה ליקרב לא כאן ולא קרבן במקום אחר הוא דאינו עושה תמורה. לאפוקי נקבה לעולה, דראויה ליקרב במקום אחר, דהיינו בעוף, כדאמר לעיל טעמיה: **הרי הרובע כו'.** דאינן ראוין ליקרב בשום מקום, ועושין תמורה. כדתניא בתוספתא פ"ק דתמורה להדיא: **א"ל אף כו'.** דס"ד דר"ז קאי על חברייא, דס"ל פירושא דטמאה כוותייהו, וטעמא דר"ש סתמא מפרש. ולהכי נקיט עולה בדבריו, ולכן הקשו לו והשיבו דהוא ס"ל דבטמאה ממש איירי האי קרא. וה"ק: דומיא דטמאה דאיירי בה "אשר לא יקריבו ממנה" בשום מקום קרבן, משא"כ הרובע והנרבע ונקבות לעולה כו', דבכולן יש במינם קרבן ועושין תמורה: וקשיא: **בהדא כתיב "והעמיד והעריך".** דהא בהמה טמאה כבר אמור מקרא ד"ואם בבהמה הטמאה וגו' ופדה בערכך", והאי "והעמיד והעריך" מוקמינן בבע"מ שנפדו. וזה ידוע בברייתות ותוספתות בכולא תלמודא, כדאמר בתמורה (לב, ב) ובבכורות (לז, ב), ובספרא דקאמר שם בברייתא "ואם כל בהמה" וגו' — בבעלי מומין שנפדו הכתוב מדבר. או אינו אלא בבהמה טמאה ופדה בערכך" וגו'. אלא בבעלי מומין כו'. ומהא נפקא לן דבעינן העמדה והערכה לבעלי מומין. ואם מתו, בין תמימין בין קדשי מזבח שנפל בהן מום יקברו. אלא ע"כ טמאה באותו השם'. ודחה דיוקו לגמרי: **טעמא דר"י.** דאמר זכרים עצמן יקרבו עולות, ונקבות דמיהן יבואו לעולות: **הכל קרב עולה.** דריש "לכל נדריהם ולכל נדבותם אשר יקריבו לה' יהיה עולה", והיינו גם במקדיש נכסיו יקריבם לעולה: **מנין אפילו נקבות.** שיבואו הדמים לעולות? ת"ל "בבקר". סתמא נקט, ונקבות בכלל ג"כ: **כתיב "זכר" כו'.** כלומר, כיון דאמרת ד"בבקר" מרבה אף נקבות, שיהיה דמיהן לעולות, ומפיק ממיעוטא ד"תמים", ה"נ נרבה מזה אף בעלי מומין, וליפוק מיעוטא דתמים: **ומה ביניהן.** מה חילוק יש ביניהם בסברת דרשת הכתוב למידרש "בבקר" לרבות נקבות ולא בעלי מומין: **שבטא דכדכדא ביניהון.** עץ האורגים שמבדיל בין החוטים לירות שם חוט הערב. כלומר, הבדל יש ביניהם ניכר, ולכן לא פירש. והיינו טעמא, ד"בבקר" סתמא משמע גם נקבות, שראוין ג"כ לקרבן, כמ"ש "אם מן הבקר הוא מקריב, אם זכר ואם נקבה תמים יקריבנו" וגו'. מרבינן ב"בבקר" דומיא דקרבן, שיהא תמים וראוי לקרבן אחר. אבל לרבויי "בבקר" בעלי מומין — לא משמע כלל, כמו דממעט לקמן מ"בבקר" עופות, דלא משמעי בכל "בבקר". ה"נ בע"מ לא נכללו ב"בבקר", שאינן ראוין לקרבן כלל ולא נקדשו בקדושת הגוף כלל, שיהא לקרבן עולה, שיהא מדמיהן לעולה אלא לבדק הבית. ועוד דהכא מרבינן מ"בבקר" נקבות, ופרט וכלל הוא, ונעשה כלל מוסף על הפרט. אבל בתמים אחר "בבקר" חזר וכתב "כל אשר בו מום לא תקריבו כי לא לרצון" וגו': **רבי אבהו בשם ר"ל: טעמא דר"א כו'.** סמיך לה מימרי דאמוראי בשם ריש לקיש, והוא טעמא לר"א במתני', דאמר: ימכרו לצרכי אותו המין, ויביא בדמיהן עולות. וגם העופות ימכור ולא יקריבם למזבח: **הכל קרב עולה כו'.** כדלעיל. ובמתני' בתרא רבי אלעזר גרסינן ולא רבי אליעזר דהוא בר פלוגתיה דר"י, ולא ס"ל הכל קרב עולה: **תמן אר"י טעמא דר"ש כו'.** גבי הפריש נקבה לעולה דס"ל לר"ש עושה תמורה. ופירש ר"י טעמים שכן כשירה נקבה בעוף לעולה. וא"כ מלינו בשם עולה נקבה, ולהכי חלה הקדושה ועושה תמורה: **והכא הוא אמר הכין.** היינו חברייא בשם רבי יוחנן

גליון הש"ס

אהבה בתמורה שם ל"ק לפרש ובזה א"ש דברי הרמב"ם בפ"ה ממעה"ק הלכ"א שכתב וכן המקדיש נכסים והיו בהם זכרים שדין שיקרבו עולות אף שפסק בפ"ה מערכין כר"א ועי' בלח"מ שהניח בצ"ע דהם דמיירי בזכרים לבד בזה גם ר"א מודה וכר' אבא שם משא"כ בזכרים ונקבות יחד פסק כר"א והכריע כל"ק משום דבירושלמי תפס כן כדרכו ז"ל ודו"ק:

א) תמורה כ א: ב) שם ע"ב: ג) שם יט ב: ד) ע"ש כ א:

עין משפט נר מצוה

מב א מיי' פרק א מתמורה הלכ' ...

מג ב מיי' פרק ד מפסולי המוקדשין הלכ' ...

מד ג מיי' פרק ה מערכין הל' ...

נוסחת הבבלי

(א) ר"ח בשם ר' אחא תפתר כו': (ב) וא"ת כו' בדק הבית ועוד מן הדא הותירו תמימין ויצאו לחולין היאך קדשי מזבח חלין על קדשי בדק הבית בעלי מומין קדושה כו': (ג) דתני אשם בן שנה שהביא בן שתים יצא א"ר יוחנן ר"ש ור' יהושע אמרו דבר אחד כו' רואה אני כו' בפסח שמא הקדש כו' פסח בא שלמים ואיני רואה את דברי ר"ש באשם שמא הקדש אשם בא עולה א"ר הקדש דמים קדש כו' הקדש גופו קדש כו' ר' זעירא בשם ריש לקיש כו' ישראל איש איש כו' שאל כו': (ד) ר"א דבר פרא ביניהן: (ה) ור' בון הוו יתבון כו' שנאמר ראיה כו' רבי ייבו כו':

הגהות הגר"א

[א] ה"ג ר"ח בשם ר' אחא תיפתר שהוממו ופדאן. וכ"ה לפני התוס' בקדשי בד"ה למתני' הנ"ל היינו בשהוממו קודם פדייה עכ"פ הוממו ... [ב] ה"ג מתני' אמרה כן ולדן וחלבן אסור לאחר פדיונן משא"כ בקדשי בד"ה ... [ג] ל"ל תיפתר לגיזה ולעבודה ... [ד] ה"ג אשם בן שנה והביא בן שתים בן שתים והביא בן שנה כשר אלא שלא עלו לבעלים לשם חובה. ר"ש אומר כל עצמן אינן קדושים ... [ה] ל"ל מה כדון ... [ו] מימרא דמתחלת ברייתא בשם ר' יוחנן כו' ...

תורה אור

א"ר יוסה: קַיְימְתִּיהָ כְּהָא דא"ר שְׁמוּאֵל בְּשֵׁם ר' זְעֵירָא: כָּל שֶׁאֵינָהּ יְכוֹלָה לִיקָּרֵב לֹא הִיא וְלֹא דָמֶיהָ — לֹא קָדְשָׁה אֶלָּא הֶקְדֵּשׁ דָּמִים. וְאַתְּ אָמַרְתְּ יָאוּת, לְהַקְרִיבוֹ אֵין אַתְּ יָכוֹל — דִּכְתִיב "בַּבָּקָר" וְלֹא עוֹפוֹת, לִפְדוֹתוֹ אֵין אַתְּ יָכוֹל — אשֶׁאֵין לָעוֹף פִּדְיוֹן. לְפוּם כֵּן צָרִיךְ מֵימַר לֹא קָדְשָׁה אֶלָּא קְדוּשַּׁת דָּמִים. חֲבְרַיָּיא בְּשֵׁם רַבִּי יוֹחָנָן, ר' אַיְיבוּ בַּר נַגְרִי אָמַר קוֹמֵי רַבִּי אִילָא בְּשֵׁם רַבִּי יוֹחָנָן: טַעְמָא דְהֵין תַּנְיָא "וְאִם כָּל בְּהֵמָה טְמֵאָה אֲשֶׁר לֹא יַקְרִיבוּ מִמֶּנָּה קָרְבָּן לַה'" מַה ת"ל "טְמֵאָה"? אֶלָּא אֲפִילוּ טְמֵאָה בְּאוֹתוֹ הַשֵּׁם. וְקַשְׁיָא: בְּדָא כְּתִיב "וְהֶעֱמִיד וְהֶעֱרִיךְ". ר' זְעֵירָא בְּשֵׁם ר"א לֹא אָמַר כֵּן, אֶלָּא: "וְאִם כָּל בְּהֵמָה טְמֵאָה אֲשֶׁר לֹא יַקְרִיבוּ מִמֶּנָּה קָרְבָּן לַה'" כָּל שֶׁאֵינָהּ רָאוּי לִיקָּרֵב לֹא כָּאן וְלֹא בְּמָקוֹם אַחֵר אֵינוֹ עוֹשֶׂה תְּמוּרָה, יָצְאת נְקֵבָה (שֶׁבָּעוֹף) לְעוֹלָה, אע"פ שֶׁאֵינָהּ רְאוּיָה לִיקָּרֵב כָּאן — רָאוּי לִיקָּרֵב בְּמָקוֹם אַחֵר. (א) רַבִּי אָבוּן וְרַבִּי בּוּן בְּעוֹן קוֹמֵי רַבִּי זְעֵירָא: הֲרֵי בהָרוֹבֵעַ וְהַנִּרְבָּע, שֶׁאֵינָן רְאוּיִן לִיקָּרֵב לֹא כָּאן וְלֹא בְּמָקוֹם אַחֵר וַהֲרֵי הֵן עוֹשִׂין תְּמוּרָה. אֲמַר לוֹן: אַף אֲנִי לֹא אָמַרְתִּי אֶלָּא טְמֵאָה מַמָּשׁ (ס"א מִמּוּם) וְקַשְׁיָא: בְּדָא כְּתִיב "וְהֶעֱמִיד וְהֶעֱרִיךְ".§

ויקרא כז

הלכה ה מתני' גאַחַת לל' יוֹם מְשַׁעֲרִין אֶת הַלִּשְׁכָּה. כָּל א) הַמְקַבֵּל עָלָיו

לְסַפֵּק סְלָתוֹת מֵאַרְבַּע, עָמְדוּ מִשָּׁלֹשׁ — יְסַפֵּק מד' מִשָּׁלֹשׁ וְעָמְדוּ מד' — יְסַפֵּק מד' שֶׁיַּד הֶקְדֵּשׁ עַל הָעֶלְיוֹנ' אִם הִתְלִיעָה סוֹלֶת — הִתְלִיעָה לוֹ, וְאִם הֶחֱמִיץ יַיִן — הֶחֱמִיץ לוֹ. אֵינוֹ מְקַבֵּל מָעוֹתָיו עַד שֶׁיְּהֵא הַמִּזְבֵּחַ מְרַצֶּה.§

גמ' תָּנֵי ג) בְּשֵׁם ר"ש מִיַּד הָיוּ מְקַבְּלִין אֶת מְעוֹתֵיהֶן, וְהַכֹּהֲנִים זְרִיזִין הֵן.§

הדרן עלך פרק התרומה

קרבן העדה

ניה. טעמא דר"א דמתני', כדר' שמואל: לא היא. עצמה: ולא דמיה. ע"י פדיון, כשנפל בה מום: אלא חקדש דמים. דהיינו קדושת בדק הבית: ואמרת יאות. ושפיר ים שעופות לבד"ה: להקריבו לעולה לקיץ המזבח — א"א, דכתיב "בבקר": שאין לעוף פדיון. אף שנפל בו מום, כדאיתא בתו"כ: לפום כן וכו'. לפיכך צריך לומר דעופות לא מתפילה אלא קדושת דמים: טעמא דהין תניא. טעמו דהך תנא דאמר אליבא דר"ש המפריש נקבה לעולה ולאשם ולפסח אינו עושה תמורה: אלא אפי' טמאה באותו השם. קרא עליו שם קרבן הראוי לו: וקשיא: בדא כתיב "והעמיד והעריך". בתמיה: וכי קרבן כזה, שהוא תם, בעי העמדה והערכה? דהא בסיפא דהך קרא כתיב "והעמיד והעריך", וכאן ממ"נ לא בעי העמדה והערכה. או שאינו קדוש כלל, או שהוא עצמו קרב למזבח: ה"ג: יצאה נקבה שבעולה. וה"פ: אם הקדיש נקבה לעולה — הרי היא ראויה למזבח לשם שלמים: הרי הרובע והנרבע דתני בתוספתא פ"ק דתמורה דעושין תמורה, ואינה ראויה להקרבה כלל: אלא. דומיא דטמאה ממש, שאין במינה קרבן. לאפוקי עולת נקבה — שיש במינה קרבן: ה"ג: בהדא כתיב "והעמיד והעריך". סיומא דתירוצא דר"ז הוא, כיון דקרא איירי בטמאה ממש, צריכה העמדה והערכה:

הלכה ה מתני' משערין את הלשבה. נותנין שיעור ליינות ושמנים וסלתות שיעמיד זה השער לשלשים יום, ולוקחין מהם הגיזברין מה שצריכין באותו סכום שפסקו. ואם נתייקר המקח — אין מוסיפין דמים, ואם הוזל — לוקחין לפי הזול: המקבל עליו לספק סלתות. בימות קציר חטים ובצירת ענבים ומסיקת זתים היו הגזברים מקדימין מעות לחנוני, והיה החנוני מקבל עליו לספק יינות ושמנים וסלתות כל השנה. ואם היו אז נמכרים ד' סאין בסלע והוקרו ועמדו ג' סאין — צריך ליתן ד' סאין, דהקדש קונה בכסף, דכתיב "ונתן הכסף וקם לו". ואם קיבל לספק ג' סאין בסלע והוזלו ועמדו ד' בסלע — נותן ד' בסלע, דלא גרע מהדיוט דלא קני אלא במשיכה: התליעה לו. ואפילו משך הגזבר ונתן מעות — אחריותם על החנוני: אינו מקבל מעותיו. כלומר, אין נחשבין מעותיו של חנוני ולא זכה בהם אע"פ שקבלום מהגזבר: עד שיהיה המזבח מרצה. שיעלה לרצון על המזבח. הלכך, אם התליעה הסולת או שהחמיץ היין — אחריותם על החנוני: גמ' מיד היו מקבלין את מעותיהן. דלא חיישינן שיפסלו, שהכהנים זריזין הן:

הדרן עלך פרק התרומה

ריבב"ן

ּ'י משערין את הלשבה. לפרוע את
הוצת ההקדש כדתניא בתוספתא
לל' יום משערין את הלשכה. כל מי שמכר
יינות ושמנים וסלתות ואמר תנו לי מעותי
שומעין לו*) אלא הולך אצל גזבר וגזבר
דו אצל שולחני: שיד ההקדש על העליונה.
נתיקרו אינו מפסיד ההקדש שהמעות
כדכתיב ונתן הכסף וקם לו. הוזלו אין
זד להקדש לפי שאין כח הדיוט חמור מן
ים שאינה קונה אלא במשיכה: התליעה
ּ התליעה לו. למוכר ואסור למזבח דתנו
במנחות בפרק כל קרבנות סולת שהתליעה
פסולה חטין שהתליעו רובן פסולות. וכן
ּשפך היין נשפך למוכר כדתניא בתוספתא
אינו מקבל את מעותיו עד שיהא המזבח
. ירושלמי תני ר' שמעון אומר מיד
היה מקבל מעותיו והכהנים זריזין הן:

מסורת הש"ס

א) בבא מליעא נז ב מנחות ל א: ב) לעיל פ"ב הל"ב: ג) מנחות סה א: ד) יומא כג א: ה) בש"ס בבלי איתא על המלבוש: ו) ירושלמי יומא פ"ג הלכה ט:

עין משפט נר מצוה

מה א מיי' פרק ו מאיסורי מזבח הלכה ד:

מו ב מיי' פרק א מתמורה הל"ח:

מז ג מיי' פ"ז מכלי המקדש הל"ג ובהשגות:

נוסחת הבבלי

(א) רבין ורבי בון כו' והנרבע הרי אינן ראוין כו': (ב) מתתיה בן שמואל כו':

תקלין חדתין

גופיה דדריש טמאה לאותו השם, שאינה ראויה לעולה. ורמי דידיה אדידיה דכיון סברא דיליה שכן כשרה כו' — א"כ אינה טמאה לאותו השם, ואיך מפרש טעמיה י מטעם זה? ולהכי גרסינן: למימרא דחברייא, סמוך לעיל מינה. וגירסת הספרים שיטוש דאיך פריך מר' יוחנן אדר"ל? וגם דכל שקלא וטריא שייכא לעיל דעסקינן בטעמייהו : א"ר יוסא קיימתיה בההיא דאמר שמואל כל שאינה קריבה כו'. רבי יוסא אמר שהוא דבריו דלא ליסתור כל כך דמה שאמר טמאה מאותו השם היינו דבהקדיש סתם כמו יש נכסיו והיו בהן עופות — אינה קדשה לא היא ולא דמיה. היינו בין תמימה דהא " כתיב ולא עופות. ודמיה — היינו כשנפלה בה מום ג"כ לא קדשה, שאין לעוף פדיון נפל בה מום. כדתניא בספרא. ולכן נקרא "טמאה" לאותו השם, דאינה ראויה כולה שם ולכן דריש לה נקרא הכי: טמאה באותו השם וכו', "והעמיד" — לאורויי דאינו עושה תמורה. גבי טעמא דר"ש הכי פריש לה: הואיל ופעם נהקדיש עוף תמימה בפירוש לעולה קדושת הגוף, ולהכי אלה הכא גבי נקבה קדושת הגוף לענין לעשות תמורה. ולהכי נטר השקלא וטריא ופירושי דר"י אדר"י, עד דאמר טעמא דר"א דמפורש בבקר ולא עופות: ּ'י משערין את הלשבה. קובעין שער לייגות ושמנים כו' על ל' יום. והגזברין לוקחין מה שצריכין באותו הזמן. ואם נתייקר המקח — אין מוסיפין דמים, ואם הוזל — לוקחים כפי המקבל כו'. בימות הקציר והבציר היו לוקחים מעות אצל הגזברין, והיו מקבלין ּ להספיק סלתות ושמנים כל השנה. ואם היה אז נמכרים ד' סאין בסלע והוקרו עד ו ג' סאין בסלע — צריכים ליתן ד', דהקדש קונה בכסף, דכתיב "ונתן הכסף וקם לו". וכן וזלו — נותן כשער שהוזל, דלא גרע מהדיוט שאינו קונה אלא במשיכה: התליעה לו. ואפי' הגזבר ונתן מעות, אחריותם על החנוני: אינו מקבל מעותיו. אינם נחשבים מעותיו נוי ולא זכה בהם, אע"פ שקבלם מהגזבר: עד שיהיה המזבח מרצה. שיעלה לרצון על ּ. הלכך, אם התליעה הסולת או שהחמיץ היין — אחריותם על החנוני: גמ' תני בשם ר"ש: מיד כו'. דלא חיישי' שיפסלו, שהכהנים זריזין הן: הדרן עלך התרומה פרק רביעי

*) עי' בתוספתא בפ"ב דליתא שם כהך לישנא ונראה שחסר כאן בהעתקת לשון התוספתא וע"ש היטיב.

Koren Talmud Bavli
THE NOÉ EDITION

SHEKALIM

Steinsaltz
Center

KOREN

תלמוד בבלי

KOREN TALMUD BAVLI

THE NOÉ EDITION

שקלים

SHEKALIM

Daf 2a through Daf 13a

COMMENTARY BY

Rabbi Adin Even-Israel Steinsaltz

EDITOR-IN-CHIEF

Rabbi Dr Tzvi Hersh Weinreb

SENIOR CONTENT EDITOR

Rabbi Dr Shalom Z Berger

EXECUTIVE EDITOR

Rabbi Joshua Schreier

STEINSALTZ CENTER

KOREN PUBLISHERS JERUSALEM

Supported by the Matanel Foundation

Koren Talmud Bavli, The Noe Edition
Vol. 5a: Tractate Shekalim, Daf 2a through Daf 13a
Paperback, ISBN, 978-965-7765-43-2

First Hebrew/English paperback edition, 2020

Koren Publishers Jerusalem Ltd.
PO Box 4044, Jerusalem 91040, ISRAEL
PO Box 8531, New Milford, CT 06776, USA
www.korenpub.com

Steinsaltz Center

Steinsaltz Center is the parent organization of institutions established by Rabbi Adin Even-Israel Steinsaltz

PO Box 45187, Jerusalem 91450 ISRAEL
Telephone: +972 2 646 0900, Fax +972 2 624 9454
www.steinsaltz-center.org

This book was published in cooperation with the Israel Institute for Talmudic Publications.

הִנֵּה יָמִים בָּאִים, נְאֻם אֲדֹנָי יֱהוִה, וְהִשְׁלַחְתִּי רָעָב בָּאָרֶץ,
לֹא־רָעָב לַלֶּחֶם וְלֹא־צָמָא לַמַּיִם, כִּי אִם־לִשְׁמֹעַ אֵת דִּבְרֵי יהוה.

Behold, days are coming – says the Lord God – I will send a hunger to the land, not a hunger for bread nor a thirst for water, but to hear the words of the Lord. (AMOS 8:11)

The Noé edition of the Koren Talmud Bavli
with the commentary of Rabbi Adin Even-Israel Steinsaltz
is dedicated to all those who open its covers
to quench their thirst for Jewish Knowledge,
in our generation of Torah renaissance.

This beautiful edition is for the young, the aged,
the novice and the savant alike,
as it unites the depth of Torah knowledge
with the best of academic scholarship.

Within its exquisite and vibrant pages,
words become worlds.

It will claim its place in the library of classics,
in the bookcases of the Beit Midrash,
the classrooms of our schools,
and in the offices of professionals and business people
who carve out precious time to grapple with its timeless wisdom.

For the Student and the Scholar

DEDICATED BY LEO AND SUE NOÉ

Steinsaltz Center

Executive Director, Steinsaltz Center
Rabbi Meni Even-Israel

Managing Editor
Rabbi Jason Rappoport

Senior Content Editor
Rabbi Dr. Shalom Z. Berger

Editors
Rabbi Joshua Amaru, *Coordinating Editor*
Rabbi David Jay Derovan
Betzalel Philip Edwards
Rabbi Dov Karoll
Rabbi Adin Krohn
Sally Mayer
Rabbi Avishai Magence, *Content Curator*
Rabbi Jonathan Mishkin
Jay Shapiro
Shira Shmidman
Rabbi Michael Siev
Avi Steinhart
Rabbi David Strauss
Amiel Vick
Rabbi Abe Y. Weschler

Copy Editors
Aliza Israel, *Coordinator*
Bracha Hermon
Ita Olesker
Debbie Ismailoff
Shira Finson
Ilana Sobel
Deena Nataf

Language Consultants
Dr. Stephanie E. Binder, *Greek & Latin*
Rabbi Yaakov Hoffman, *Arabic*
Dr. Shai Secunda, *Persian*
Shira Shmidman, *Aramaic*

KOREN

Design & Typesetting
Raphaël Freeman, *Design & Typography*
Dena Landowne Bailey, *Typesetting*
Tani Bayer, *Jacket Design*

Images
Eliahu Misgav, *Illustration*
Yehudit Cohen, *Image Acquisition*

Digital Edition
Raphaël Freeman, *Team Leader*
Eliyahu Skoczylas, *Senior Architect*
Tani Bayer, *User Interface Design*
Dena Landowne Bailey, *Concept*
Rabbi Hanan Benayahu, *Concept*
Laura Messinger, *Commercial Liaison*

Introduction by the Publisher

The Talmud has sustained and inspired Jews for thousands of years. Throughout Jewish history, an elite cadre of scholars has absorbed its learning and passed it on to succeeding generations. The Talmud has been the fundamental text of our people.

Beginning in the 1960s, Rabbi Adin Even-Israel Steinsaltz שליט״א created a revolution in the history of Talmud study. His translation of the Talmud, first into modern Hebrew and then into other languages, as well the practical learning aids he added to the text, have enabled millions of people around the world to access and master the complexity and context of the world of Talmud.

It is thus a privilege to present the *Koren Talmud Bavli*, an English translation of the talmudic text with the brilliant elucidation of Rabbi Steinsaltz. The depth and breadth of his knowledge are unique in our time. His rootedness in the tradition and his reach into the world beyond it are inspirational.

Working with Rabbi Steinsaltz on this remarkable project has been not only an honor, but a great pleasure. Never shy to express an opinion, with wisdom and humor, Rabbi Steinsaltz sparkles in conversation, demonstrating his knowledge (both sacred and worldly), sharing his wide-ranging interests, and, above all, radiating his passion. I am grateful for the unique opportunity to work closely with him, and I wish him many more years of writing and teaching.

Our intentions in publishing this new edition of the Talmud are threefold. First, we seek to fully clarify the talmudic page to the reader – textually, intellectually, and graphically. Second, we seek to utilize today's most sophisticated technologies, both in print and electronic formats, to provide the reader with a comprehensive set of study tools. And third, we seek to help readers advance in their process of Talmud study.

To achieve these goals, the *Koren Talmud Bavli* is unique in a number of ways:

- The classic *tzurat hadaf* of Vilna, used by scholars since the 1800s, has been reset for great clarity, and opens from the Hebrew "front" of the book. Full *nikkud* has been added to both the talmudic text and Rashi's commentary, allowing for a more fluent reading with the correct pronunciation; the commentaries of *Tosafot* have been punctuated. Upon the advice of many English-speaking teachers of Talmud, we have separated these core pages from the translation, thereby enabling the advanced student to approach the text without the distraction of the translation. This also reduces the number of volumes in the set. At the bottom of each *daf*, there is a reference to the corresponding English pages. In addition, the Vilna edition was read against other manuscripts and older print editions, so that texts which had been removed by non-Jewish censors have been restored to their rightful place.
- The English translation, which starts on the English "front" of the book, reproduces the *menukad* Talmud text alongside the English translation (in bold) and commentary and explanation (in a lighter font). The Hebrew and Aramaic text is presented in logical paragraphs. This allows for a fluent reading of the text for the non-Hebrew or non-Aramaic reader. It also allows for the Hebrew reader to refer easily to the text alongside. Where the original text features dialogue or poetry, the English text is laid out in a manner appropriate to the genre. Each page refers to the relevant *daf*.

- Critical contextual tools surround the text and translation: personality notes, providing short biographies of the Sages; language notes, explaining foreign terms borrowed from Greek, Latin, Persian, or Arabic; and background notes, giving information essential to the understanding of the text, including history, geography, botany, archaeology, zoology, astronomy, and aspects of daily life in the talmudic era.
- Halakhic summaries provide references to the authoritative legal decisions made over the centuries by the rabbis. They explain the reasons behind each halakhic decision as well as the ruling's close connection to the Talmud and its various interpreters.
- Photographs, drawings, and other illustrations have been added throughout the text – in full color in the Standard and Electronic editions, and in black and white in the Daf Yomi edition – to visually elucidate the text.

This is not an exhaustive list of features of this edition, it merely presents an overview for the English-speaking reader who may not be familiar with the "total approach" to Talmud pioneered by Rabbi Steinsaltz.

Several professionals have helped bring this vast collaborative project to fruition. My many colleagues are noted on the Acknowledgments page, and the leadership of this project has been exceptional.

RABBI MENACHEM EVEN-ISRAEL, DIRECTOR OF THE STEINSALTZ CENTER, was the driving force behind this enterprise. With enthusiasm and energy, he formed the happy alliance with Koren and established close relationships among all involved in the work.

RABBI DR. TZVI HERSH WEINREB שליט״א, EDITOR-IN-CHIEF, brought to this project his profound knowledge of Torah, intellectual literacy of Talmud, and erudition of Western literature. It is to him that the text owes its very high standard, both in form and content, and the logical manner in which the beauty of the Talmud is presented.

RABBI JOSHUA SCHREIER, EXECUTIVE EDITOR, assembled an outstanding group of scholars, translators, editors, and proofreaders, whose standards and discipline enabled this project to proceed in a timely and highly professional manner.

RABBI MEIR HANEGBI, EDITOR OF THE HEBREW EDITION OF THE STEINSALTZ TALMUD, lent his invaluable assistance throughout the work process, supervising the reproduction of the Vilna pages.

RAPHAËL FREEMAN, EXECUTIVE EDITOR OF KOREN, created this Talmud's unique typographic design which, true to the Koren approach, is both elegant and user friendly.

It has been an enriching experience for all of us at Koren Publishers Jerusalem to work with the Steinsaltz Center to develop and produce the *Koren Talmud Bavli*. We pray that this publication will be a source of great learning and, ultimately, greater *avodat Hashem* for all Jews.

Matthew Miller, Publisher
Koren Publishers Jerusalem
Jerusalem 5772

Contents

For the vocalized Vilna Shas layout, please open as a Hebrew book.

Introduction to **Shekalim**

Tractate *Shekalim* deals primarily with the finances and organization of the Temple.

Based solely on content, this tractate rightly belongs in the order of *Kodashim*, the fifth order of the Talmud, which deals with matters pertaining to offerings and the Temple service. Nevertheless, *Shekalim* was placed in *Mo'ed*, the order dealing with the Festivals. This presumably has to do with the fact that the shekels were collected at a fixed time of the year, and the collection of the shekels would precede, and sometimes even determine, the dates for various aspects of the Temple service and related events.

The Temple in Jerusalem was host to a vast and intricate routine of activities and services throughout the year. Every day thousands of worshippers would enter the Temple mount, alongside the permanent and rotating staff of priests and Levites. The various aspects of the Temple service, which was administered chiefly by the priests, are detailed in the order of *Kodashim*, particularly in the larger tractates of *Zevaḥim* and *Menaḥot*. Tractate *Shekalim* allows one to view the operation of the Temple in a broader context, by means of an accurate description of the large bureaucratic and infrastructural apparatus that made the Temple service possible.

The central axis of the tractate is the method by which the various Temple activities were funded. Communal offerings, consisting of animal offerings, meal-offerings, libations, and wood for the altar fire, were the basic daily obligation of the Temple. These were funded from the collection of the Temple treasury chamber, *terumat halishka*, which consisted of money set aside in a special ceremony from the half-shekels collected yearly from each adult male Jew. Besides the various offerings, funds were needed to maintain the upkeep of the Temple in all its aspects. The Temple building had to be maintained in good repair, including the stone building itself, as well as the various parts of the Temple liable to deteriorate with wear and tear and the passage of time, such as the altar, the curtain, the sacred vessels used on the altar, and the priestly vestments. In general, the funds for these needs were taken from the remains of the chamber, the money left in the Temple treasury after the collection had been withdrawn.

The Temple officials were responsible not only for the area of the Temple Mount, but to a certain extent for the entire holy city of Jerusalem. Their responsibilities included the maintenance, repair, and development of various public buildings in the capital. They had to be able to address the needs of the individuals who came to the Temple to sacrifice their offerings and pray, while at the same time handling all the regular duties of the Temple service. The Temple staff was therefore made up of teams of trained permanent staff members alongside a rotation of priests divided into watches and families in accordance with ancient tradition.

From an organizational perspective, the Temple staff was comprised of various departments in charge of the different requirements of the Temple, its priests, and

the Jewish people as a whole. The senior official was the High Priest, followed by several levels of general functionaries who were responsible for the smooth running of the Temple finances. Some of the departments dealt with the order of the service, for instance, the lotteries and Temple crier; others took care of the priests, providing their garments and medical needs; while yet others attended to the Temple choir and musical instruments. Certain officials operated outside the Temple walls, for example, those who were responsible for providing water to Festival pilgrims.

Although there was an official in charge of each department, in practice the departments consisted of committees with two or more members, especially when they dealt in financial matters. Furthermore, certain functions were fulfilled by particular families through many generations, like the house of Avtinas and the house of Garmu, for example. However, in other cases, a single official was able to perform the necessary tasks by himself.

A great deal of money was required to cover the expenses of the Temple. The shekels collected from the Jews each year formed the financial basis for Temple upkeep. These large sums of money, which arrived from both inside Eretz Yisrael and elsewhere, were used for the acquisition of the requirements of the Temple. Other sums came from freely offered private donations. The tractate includes a description of the Temple collection baskets, each of which was designated for a particular purpose. In addition, donations of money and vessels were handed over directly to the Temple treasurers, along with special gifts for the adornment of the Temple.

The mitzva to donate a half-shekel appears in the Torah in the context of the construction of the Tabernacle (see Exodus 30:11–16). At the start of the Second Temple period the people reaffirmed their commitment to this obligation as part of a special covenant (Nehemiah 10:33–34). The sums collected usually sufficed for the expenses of the Temple, leaving a large pool of reserves for times of need. A significant proportion of *Shekalim* deals with the collection of the half-shekel, discussing *halakhot* such as who is obligated to give the coin, who is permitted to donate despite the fact that they are exempt from the mitzva, and from whom is this money never accepted. It also describes the manner of the collection of funds from different places, as well as their transport to the Temple. Once collected, the funds needed to be allocated for diverse tasks, and this topic is also addressed.

Shekalim is the only tractate in the order of *Mo'ed* for which there is no Babylonian Talmud. It is unclear why this tractate is missing from the Babylonian Talmud. Apparently, the Sages of Babylonia did study these *halakhot* in depth, but the tractate was already lost in ancient times. To fill this void, scholars have availed themselves of tractate *Shekalim* from the Jerusalem Talmud, whose language and style are very different from that of the Babylonian Talmud. The Jerusalem Talmud is written in the Aramaic dialect of Eretz Yisrael, which includes different uses of familiar terms and some singular terminology not found in the Babylonian Talmud. Naturally, most of the Sages mentioned in the Gemara are *amora'im* from Eretz Yisrael, and the style and framework of this discussion is much terser.

As with much of the Jerusalem Talmud, it is often difficult to conclusively establish the correct text of tractate *Shekalim*. In the case of *Shekalim* this problem is particularly acute for an additional reason: As a result of the fact that *Shekalim* was studied as part of the regular order of the Babylonian Talmud, its text diverges somewhat from the manuscripts of the Jerusalem Talmud, with its language drawing closer to that of the Babylonian Talmud. This edition does not address the textual problems

and instead follows the text printed in the standard Vilna edition of the Babylonian Talmud.

In the main, tractate *Shekalim* deals with halakhic matters, but it does include aggadic passages as well. A significant proportion of the *aggada* of this tractate consists of supplementary material to its halakhic rulings, in the form of narrative accounts of past practices that elaborate on the highly condensed statements of the mishna.

Tractate *Shekalim* includes eight chapters, each of which is focused on one central topic. As usual for the Gemara, the discussion of various issues sometimes traverses the boundaries between chapters, while other peripheral matters are addressed in detail in certain chapters due to their linguistic or other similarity to the main issue of that chapter.

Chapter One summarizes the *halakhot* and customs of the month of Adar, before turning to its central topics: How the shekels were collected, who is obligated to give the shekel, and other details of the mitzva of the half-shekel.

Chapter Two discusses the transportation of the shekels to the Temple, including who is responsible for the money until its arrival, and how to proceed if the funds fail to arrive at their destination. Additionally, this chapter addresses the allocation of surplus donations, be they shekels or funds consecrated privately.

Chapter Three is focused on one central topic: The withdrawal of funds from the chamber in which they were stored in order to transfer them to the treasurers and functionaries in charge of the various Temple activities. This was done in a special ceremony, called the collection of the chamber, at particular times of the year.

Chapter Four deals with the use of the coins withdrawn from the Temple treasury chamber, as well as what was done with any surplus money. The chapter incidentally discusses the use of private donations, both money and goods.

Chapter Five centers on the organizational arrangement of the Temple staff, particularly the special functionaries appointed for each task. Likewise, the chapter deals with the practical and financial arrangements for providing meal-offerings and libations for people who brought their animal offerings. In passing, the chapter also mentions the special chambers in the Temple designated for the assistance of the poor or for the collection of various donations.

Chapter Six deals with the collection baskets that were in the Temple, thirteen in total. The coins in each of these baskets were used for well-defined purposes. Similarly, the chapter lists other Temple items that were thirteen in number, such as the Temple gates and tables.

Chapter Seven concerns the resolution of doubts that arise when different treasury funds are combined. How should this money be used? This issue leads to a discussion of similar cases, such as pieces of meat that may or may not come from offerings, or that are doubtfully kosher.

Chapter Eight continues from where the previous one left off and discusses the *halakha* in cases of uncertainty. The focus here is whether a found substance, e.g., spittle, is ritually pure or impure. The tractate concludes with a discussion of the methods of ritual purification of Temple vessels that had definitely or doubtfully contracted ritual impurity.

Introduction to **Perek I**

And the Lord spoke to Moses, saying: When you take the sum of the children of Israel, according to their number, then they shall give every man a ransom for his soul to the Lord, when you count them; that there should be no plague among them, when you count them. This they shall give, everyone who passes among them who are numbered, a half-shekel after the shekel of the Sanctuary, the shekel is twenty gera, half a shekel for an offering to the Lord. Every one who passes among them who are numbered, from twenty years old and upward, shall give the offering of the Lord. The rich shall not give more, and the poor shall not give less, than the half-shekel, when they give the offering of the Lord, to make atonement for your souls. And you shall take the atonement money from the children of Israel, and shall appoint it for the service of the Tent of Meeting, that it may be a memorial for the children of Israel before the Lord, to make atonement for your souls.

(Exodus 30:11–16)

These verses describe a mitzva to give a half-shekel. However, the Torah does not specify whether this obligation applies to future generations, and if so, at what time of year the collection must be performed.

The first chapter of *Shekalim* addresses those questions, as well as questions of who is obligated to donate the money and the scope of the court's authority to enforce the duty to contribute to the Temple for communal offerings and Temple maintenance. Furthermore, the collection of the shekels entailed certain expenses, some of which were covered by the contributors themselves, by means of the addition of a small sum to their half-shekel. This chapter discusses when this sum must be added to the contribution.

Since the collection is performed in the month of Adar, a list of other tasks that were carried out by the court in this month is provided. Likewise, the Gemara clarifies when these undertakings are fulfilled in a leap year, whether in First Adar or Second Adar. One of the tasks performed in Adar is the elimination of diverse kinds of seeds from fields. This leads to an analysis of which seeds must be uprooted, who is obligated to remove them, and what was done with the uprooted plants.

The discussion of these topics and their resolution, either in consensus and or left as a dispute, make up the content of this chapter.

הלכה א מתני׳ בְּאֶחָד בַּאֲדָר מַשְׁמִיעִין עַל הַשְּׁקָלִים וְעַל הַכִּלְאַיִם. וּבַחֲמִשָּׁה עָשָׂר בּוֹ קוֹרִין אֶת הַמְּגִילָּה בַּכְּרַכִּים

HALAKHA 1 · MISHNA **On the first of Adar** the court **proclaims concerning** the collection of **shekels,**[NHB] i.e., the yearly half-shekel contribution to the Temple treasury made by each adult male for the purpose of buying communal offerings. **And** they also proclaim **with regard to the** obligation to uproot forbidden mixtures of **diverse kinds**[NHB] of food crops in gardens and fields. **And on the fifteenth** day **of the** month of Adar, **the Scroll** [***Megilla***] of Esther **is read**[NH] **in the cities** [*kerakim*] surrounded by walls from the time of Joshua.

וּמְתַקְּנִין אֶת הַדְּרָכִים, וְאֶת הָרְחוֹבוֹת, וְאֶת מִקְווֹת הַמַּיִם, וְעוֹשִׂין כָּל צָרְכֵי הָרַבִּים, וּמְצַיְּינִין (עַל) [אֶת] הַקְּבָרוֹת

And they also **repair the roads** that were damaged in the winter, **and the streets,**[N] **and the cisterns.**[B] And at that time **they perform all that is necessary for public welfare. And** they also **mark the** Jewish **gravesites** anew, so that people would know their location and avoid ritual impurity, as the previous markers may have eroded during the rainy season.

NOTES

Proclaims concerning the collection of shekels – מַשְׁמִיעִין עַל הַשְּׁקָלִים: It is a mitzva for every male Jew from the age of twenty upward, or thirteen according to some authorities, to donate a half-shekel to the Temple each and every year for the acquisition of communal offerings. Many count this as a positive mitzva from the Torah, derived from the verse "This they shall give, everyone who passes among them who are numbered, a half-shekel after the shekel of the Sanctuary" (Exodus 30:13) (Rambam; *Ḥinukh*; *Sefer Mitzvot Gadol*; and others). Some commentaries, however, maintain that it is a *halakha* transmitted to Moses from Sinai, and the verse is cited merely in support (Vilna Gaon in *Adderet Eliyahu, Ki Tissa*).

Since all communal offerings from the first of Nisan each year were purchased with new shekels, the money had to arrive before that date. Therefore, the court in Jerusalem would send messengers on the first of Adar every year to each city in Israel to remind the people of this obligation and to encourage them to donate their half-shekels before Nisan (Rabbi Ovadya Bartenura; *Korban HaEida*). Some say the local court in each city would send its own messengers to remind the residents of that city and the neighboring villages (Rashbash).

According to some opinions, the mishna's requirement to make a proclamation concerning the shekels is not a court proclamation but refers to the public reading of the passage about the shekels in the Torah (Exodus 30:11–16). Although the Gemara here does seem to understand that there was an actual proclamation, it is possible that in addition to reading the passage from the Torah, the court would issue a proclamation for the sake of villagers who did not have access to Torah readings. This would ensure that the public at large was aware of the details and the practical implementation of the mitzva (*Ḥeshek Shlomo*).

And with regard to diverse kinds – וְעַל הַכִּלְאַיִם: If two types of food crops of diverse kinds were unintentionally sown in the same field, and after they sprouted, one of the types was at least one twenty-fourth of the volume of the other, the entire yield of the field is prohibited as diverse kinds. The owner of the produce is obligated to uproot the lesser type until the ratio of diverse kinds in the field is less than one twenty-fourth (*Tiklin Ḥadatin*). Some authorities maintain that he must uproot one type entirely. According to their opinion, the mishna in *Kilayim* 2:1 only permitted sowing a mixture of seeds with a ratio smaller than one twenty-fourth, but once the mixture has sprouted it is prohibited to maintain a ratio that is even less than one twenty-fourth (Rosh; Rabbi Ovadya Bartenura).

The reason why the court would proclaim the obligation to uproot diverse kinds on the first of Adar was that by that date the seeds had already started to sprout and the plants were noticeable (Rashi and *Tosafot* on *Megilla* 13b, 29b; Rav Yehuda ben Rav Binyamin HaRofeh, see Background note on this page).

And on the fifteenth day of the month the Scroll of Esther is read – וּבַחֲמִשָּׁה עָשָׂר בּוֹ קוֹרִין אֶת הַמְּגִילָּה: The Scroll of Esther is read on the fifteenth of Adar in cities surrounded by walls, in commemoration of the Jewish residents of Shushan resting on that day after battling their enemies. Since the Jews' battles in the rest of the kingdom of Ahasuerus were completed on the thirteenth, and they rested on the fourteenth, that is the day the Megilla is read in all other places.

Although during the time of Joshua, Shushan itself was not yet surrounded by a wall, the Sages nevertheless linked this *halakha* to Joshua out of respect for Eretz Yisrael, which lay desolate at the time of the Purim miracle. They therefore instituted that any city that had a wall when the Jewish people entered the Land at the time of Joshua should be classified as a city surrounded by a wall with regard to this mitzva, even if the wall is no longer extant. This ensured that Eretz Yisrael is associated with the miracle (Rambam, *Sefer Zemanim, Hilkhot Megilla VaḤanukka* 1:5).

And they repair the roads and the streets – וּמְתַקְּנִין אֶת הַדְּרָכִים וְאֶת הָרְחוֹבוֹת: There is a dispute among the commentaries with regard to the identification of these roads and streets. Some say that streets are located inside cities, while roads [*derakhim*], literally, ways, refers to the pathways in fields outside the city (Rabbeinu Meshulam). Others write that the roads are the main thoroughfares of the cities, whereas streets are the plots of land behind the houses where children played (*Nimmukei Yosef* on *Mo'ed Katan*). According to this interpretation, some say that the mishna should be emended to read *reḥavot*, open areas, as opposed to *reḥovot*, streets (Rash Sirilio; *Melekhet Shlomo*, citing Rashi).

Since the roads and streets were typically damaged by the winter rains, they had to be repaired and readied for the pilgrims who came to Jerusalem for Passover. This task was performed after the conclusion of the rainy season, starting from the fifteenth of Adar (*Tiklin Ḥadatin*). According to other commentaries, the roads and streets refer specifically to the roads leading to the cities of refuge. It was important to maintain these roads to prevent any delay for a person who fled after committing unwitting manslaughter, so that the victim's avenger could not catch him and kill him before he reached the city of refuge (Rambam's Commentary on the Mishna).

HALAKHA

On the first of Adar the court proclaims concerning the collection of shekels – בְּאֶחָד בַּאֲדָר מַשְׁמִיעִין עַל הַשְּׁקָלִים: On the first of Adar the court issues a proclamation that each adult male must set aside his half-shekel in order to donate it to the Temple on time, beginning from the fifteenth of that month (Rambam *Sefer Zemanim, Hilkhot Shekalim* 1:9).

And with regard to diverse kinds – וְעַל הַכִּלְאַיִם: On the first of Adar the court issues a proclamation reminding people of the obligation to uproot all diverse kinds of food crops from fields, vineyards, and gardens. On the fifteenth of the month the agents of the court inspect all those places where crops are grown, to see whether the owners indeed removed all the prohibited crops (Rambam *Sefer Zera'im, Hilkhot Kilayim* 2:15).

And on the fifteenth day of that month the Scroll of Esther is read in the cities – וּבַחֲמִשָּׁה עָשָׂר בּוֹ קוֹרִין אֶת הַמְּגִילָּה בַּכְּרַכִּים: On the fifteenth of Adar the Scroll of Esther is read in cities that were walled at the time of Joshua's conquest of the Land. Even the residents of walled cities outside Eretz Yisrael read on the fifteenth. In all other places the Megilla is read on the fourteenth. This ruling is in accordance with the mishna (Rambam *Sefer Zemanim, Hilkhot Megilla VaḤanukka* 1:4; *Shulḥan Arukh, Oraḥ Ḥayyim* 688:1).

BACKGROUND

Shekels – שְׁקָלִים: The shekel was a coin worth about half a *sela*, or two dinars. It was apparently called by this name because it was equal in value to the amount that each person was obligated to donate to the Temple each year, which is a half of a shekel of the Torah, the sacred shekel, worth four dinars.

Rav Yehuda ben Rav Binyamin HaRofeh – רַב יְהוּדָה בֶּן רַב בִּנְיָמִן הָרוֹפֵא: While tractate *Shekalim* is included in the standard Vilna printing of the Talmud, the text of the Babylonian Talmud on this tractate is not extant, and the text that is included is taken from the Jerusalem Talmud. For this reason, the standard commentaries of Rashi and *Tosafot* that appear in virtually every tractate of the Babylonian Talmud are replaced by others in tractate *Shekalim*.

The running commentary on the text that replaces Rashi is that of Rav Yehuda ben Binyamin HaRofeh of the Anav family in Rome. Rav Yehuda lived in the thirteenth century, approximately between 1215 and 1280. In addition to this commentary and one on Rabbi Isaac Alfasi's halakhic compendium, he was known as a liturgical poet who wrote penitential poems lamenting contemporary events such as the burning of the Talmud in Paris and Rome in 1244.

His younger brother, Tzidkiyahu, who authored *Shibbolei HaLeket*, often quotes him as an authority on issues of Jewish law. In one interesting citation he permits the use of vernacular translations to replace the traditional Aramaic translation that was used during public Torah readings.

The cisterns – מִקְווֹת הַמַּיִם: It is likely that the cisterns referred to in the mishna were not only storage places for drinking water but also functioned as ritual baths. Anyone who visited the Temple or wished to eat consecrated food had to immerse himself in a ritual bath. Archaeological finds throughout Israel, particularly in the area around Jerusalem, attest to the many ritual baths that were maintained by the community to service those needs.

A ritual bath is a body of stationary water that must contain at least forty *se'a* of water accumulated naturally, i.e., the water cannot be drawn from a well or some other source. Usually a ritual bath is filled with rainwater whose flow is directed into a cistern. Many natural bodies of water qualify as ritual baths, e.g., ponds, lakes, and seas. Certain rivers may also be used, depending upon their water source.

וְיוֹצְאִין אַף עַל הַכִּלְאַיִם.

And agents of the court **also go out** to inspect the fields **for diverse kinds** of food crops, to determine whether or not the farmers had in fact uprooted these seeds after the proclamation on the first of the month. If the agents of the court found that these diverse kinds had not been uprooted, they themselves would uproot them.

גמ׳ וְלָמָּה בְּאֶחָד בַּאֲדָר? כְּדֵי שֶׁיָּבִיאוּ יִשְׂרָאֵל אֶת שִׁקְלֵיהֶן בְּעוֹנָתָן, וְתִיתָּרֵם תְּרוּמַת הַלִּשְׁכָּה מִן הַחֲדָשָׁה בִּזְמַנָּהּ, בְּאֶחָד בְּנִיסָן.

GEMARA The mishna taught that the court would issue a proclamation concerning the new shekels on the first of Adar. The Gemara asks: **And why** specifically **on the first of Adar?** The Gemara answers: This was done **in order that Jews would bring their shekels** to the designated Temple chamber **in the proper time,** as the shekels had to be collected before the beginning of Nisan each year. **And** this would ensure that the **collection of the** Temple treasury **chamber** would be **collected from the new** shekels **at its proper time,** which is **on the first of** the month of **Nisan,** i.e., the beginning of the Temple year. After that date all communal offerings must be purchased from the new shekels.

וּמָר רַבִּי שְׁמוּאֵל בַּר רַב יִצְחָק: תְּרוּמַת הַלִּשְׁכָּה כִּתְחִלָּתָהּ, דִּכְתִיב: ״וַיְהִי בַּחֹדֶשׁ הָרִאשׁוֹן בַּשָּׁנָה הַשֵּׁנִית בְּאֶחָד לַחֹדֶשׁ הוּקַם הַמִּשְׁכָּן״. וְתָנֵי עֲלָהּ: בַּיּוֹם שֶׁהוּקַם הַמִּשְׁכָּן בּוֹ בַּיּוֹם נִתְרְמָה הַתְּרוּמָה.

And Rabbi Shmuel bar Rav Yitzḥak said: The **collection of the** Temple treasury **chamber** was performed each year on the same date as **its first time, as it is written: "And it came to pass in the first month in the second year, on the first day of the month, that the Tabernacle was reared up"** (Exodus 40:17). **And** a *baraita* **was taught about** this verse: **On the day that the Tabernacle was erected, on that** very **day the funds were collected.** The first of Nisan was thereafter permanently established as the date for the collection of the chamber.

רַבִּי טָבִי רַבִּי יֹאשִׁיָּה בְּשֵׁם כָּהֲנָא: נֶאֱמַר כָּאן ״חָדְשֵׁי״ וְנֶאֱמַר לְהַלָּן ״חָדְשֵׁי״. מַה ״חָדְשֵׁי״ שֶׁנֶּאֱמַר לְהַלָּן אֵין מוֹנִין אֶלָּא מִנִּיסָן, אַף ״חָדְשֵׁי״ שֶׁנֶּאֱמַר כָּאן אֵין מוֹנִין אֶלָּא מִנִּיסָן.

Rabbi Tavi said that **Rabbi Yoshiya** said **in the name of** Rabbi **Kahana: It is stated here,** with regard to the additional offerings of the New Moon: "This is the burnt-offering of every New Moon throughout **the months of** the year" (Numbers 28:14), **and it is stated there,** concerning the months of the year: "This month shall be to you the beginning of months; it shall be the first of **the months of** the year to you" (Exodus 12:2). **Just as "the months of" stated there are counted only from Nisan,** the first month of the year, **so too, "the months of" that is stated here,** with regard to the new shekels, **are counted only from Nisan.**

אֲמַר רַבִּי יוֹנָה: שְׁבַק רַבִּי טָבִי רֹאשָׁהּ דְּמַתְנִיתָא וְאָמַר סוֹפָהּ. דַּל כֵּן, כַּהֲדָא דְּתָנֵי: ״זֹאת עֹלַת חֹדֶשׁ בְּחָדְשׁוֹ״ יָכוֹל יְהֵא תּוֹרֵם בְּכָל חֹדֶשׁ וָחֹדֶשׁ? תַּלְמוּד לוֹמַר: ״בְּחָדְשׁוֹ לְחָדְשֵׁי״ (הַשָּׁנָה) – בְּחֹדֶשׁ אֶחָד הוּא תּוֹרֵם לְכָל חָדְשֵׁי הַשָּׁנָה.

Rabbi Yona said: Rabbi Tavi left aside **the first** clause **of** this *baraita*, **and read** only **its latter** clause, in which it is stated that the months of the year are counted from Nisan. However, this does not prove that the first of Nisan is the date after which communal offerings must be purchased with the new shekels. **This is not as it was taught,** as this is the full text of the *baraita*: The verse states: **"This is the burnt-offering of a new month on its month,** throughout the months of the year" (Numbers 28:14). One **might** have thought that a person **should contribute** a half-shekel **each and every month.** Therefore **the verse states: "of a new month on its month, throughout the months,"** from which it is inferred: **In one** particular **month** a person **contributes** his half-shekel **for all the months of the year.**

יָכוֹל בְּאֵיזֶה חֹדֶשׁ שֶׁיִּרְצֶה? נֶאֱמַר כָּאן: ״חָדְשֵׁי״, וְנֶאֱמַר לְהַלָּן: ״חָדְשֵׁי״, מַה ״חָדְשֵׁי״ שֶׁנֶּאֱמַר לְהַלָּן – אֵין מוֹנִין אֶלָּא מִנִּיסָן, אַף ״חָדְשֵׁי״ שֶׁנֶּאֱמַר כָּאן – אֵין מוֹנִין אֶלָּא מִנִּיסָן.

The *baraita* continues: One **might** have thought that a person can contribute his half-shekel **in any month he wants.** Therefore, **it is stated here,** with regard to the additional offerings of the New Moon: **"The months of"** (Numbers 28:14), **and it is stated there,** with regard to the months of the year: **"The months of"** (Exodus 12:2). **Just as** the phrase **"the months of," which is stated there, is counted only from Nisan,** the first month of the year, **so too,** the phrase **"the months of," which is stated here,** with regard to the offerings, **is counted only from Nisan.**

מַהוּ מַשְׁמִיעִין? רַב הוּנָא אָמַר: מַכְרִיזִין, הֵיךְ מַה דְּאַתְּ אָמַר: ״וַיִּתְּנוּ קוֹל בִּיהוּדָה וּבִירוּשָׁלַםִ״.

§ The mishna taught that on the first of Adar the court would issue a proclamation concerning the new shekels. The Gemara asks: **What does it** mean that **they proclaim? Rav Huna said: They announce** publicly that everyone is obligated to donate the half-shekel. **As you say** in quoting the verse: **"And they made a proclamation throughout Judea and Jerusalem,** to bring in for the Lord the tax that Moses, the servant of God, laid upon Israel in the wilderness" (II Chronicles 24:9). The tax of Moses is the half-shekel that the Israelites were commanded to donate.

תַּמָּן תָּנֵינַן: אֵין בֵּין אֲדָר הָרִאשׁוֹן לַאֲדָר הַשֵּׁנִי אֶלָּא מִקְרָא מְגִילָּה וּמַתָּנוֹת לָאֶבְיוֹנִים. רַבִּי סִימוֹן בְּשֵׁם רַבִּי יְהוֹשֻׁעַ בֶּן לֵוִי: אַף שִׁימוּעַ שְׁקָלִים וְכִלְאַיִם בֵּינֵיהֶם. רַבִּי חֶלְבּוֹ וְרַב הוּנָא רַב בְּשֵׁם רַבִּי חִיָּיא רַבָּה: הַכֹּל יוֹצְאִין בְּאַרְבָּעָה עָשָׂר שֶׁהוּא זְמַן קְרִייָתָהּ.

We learned in a mishna **there** (*Megilla* 1:4): **The only** halakhic difference **between First Adar and Second Adar** is **the recitation of the Megilla and the gifts to the poor,** which are mitzvot of Purim, which is celebrated only in Second Adar. The Gemara comments: **Rabbi Simon** says **in the name of Rabbi Yehoshua ben Levi: The proclamations about the new shekels and about diverse kinds** are **also between them,** i.e., are performed in Second Adar and not First Adar. The Gemara comments further: **Rabbi Ḥelbo and Rav Huna** said that **Rav** said **in the name of Rabbi Ḥiyya the Great** as follows: **All fulfill** the obligation to read the Megilla **on the fourteenth** of Adar, **which is** the fixed **time of its reading** for most people, although there are other times in which particular groups can read the Megilla.

אֲמַר רַבִּי יוֹסֵי: וְיָאוּת, כְּלוּם אָמְרוּ מַשְׁמִיעִין עַל הַשְּׁקָלִים – לֹא כְּדֵי שֶׁיָּבִיאוּ יִשְׂרָאֵל אֶת שִׁקְלֵיהֶן בְּעוֹנָתָן? אִם אַתְּ אָמַר בַּאֲדָר הָרִאשׁוֹן, עַד כְּדוֹן אִית בְּשַׁתָּא שִׁיתִּין יוֹמִין.

Rabbi Yosei said: And that is so; the proclamations about the shekels and about diverse kinds were certainly issued in Second Adar. Rabbi Yosei explains: **Didn't they say** that the court would **proclaim about** the new **shekels** on the first of Adar **in order that Jews would bring their shekels in the proper time,** by the first of Nisan? **And if you say** that in a leap year the court issues this declaration **in First Adar, until then there are** still **sixty days of the year** before the first of Nisan. With so much time remaining, people might be lax and neglect to donate their half-shekels.

כְּלוּם אָמְרוּ יוֹצְאִין אַף עַל הַכִּלְאַיִם – לֹא כְּדֵי שֶׁיִּהְיוּ הַצְּמָחִין נִיכָּרִין? אִם אוֹמֵר אַתְּ בַּאֲדָר הָרִאשׁוֹן, עַד כְּדוֹן אִינּוּן דְּקִיקִין.

Rabbi Yosei continues: Furthermore, **didn't they say** that on the fifteenth of Adar the agents of the court **would also go out** to examine the fields **for diverse kinds** of food crops, to determine whether the farmers had in fact uprooted these plants, and to do so themselves if those farmers had neglected their duty. Was this **not** performed on this date **in order that the plants would be perceptible** at that time? The court agents must have gone out near springtime, as otherwise they would have been unable to detect the presence of diverse kinds. And **if you say** that this task is performed **in First Adar, until then** the new crops **are** too **small** to be seen. Consequently, they must have waited until Second Adar, when the crops were visible.

רַבִּי חִזְקִיָּה שָׁאַל: מֵעַתָּה בְּנֵי בָבֶל מַשְׁמִיעִין עַל הַשְּׁקָלִים מֵרֹאשׁוֹ שֶׁל (חוֹדֶשׁ) חוֹרֶף. לֹא, כְּדֵי שֶׁיָּבִיאוּ יִשְׂרָאֵל שִׁקְלֵיהֶן בְּעוֹנָתָן. וְתִיתָּרֵם תְּרוּמַת הַלִּשְׁכָּה מִן הַחֲדָשָׁה בִּזְמַנָּהּ בְּאֶחָד בְּנִיסָן?

The Gemara comments: In light of the statement that the proclamation concerning the new shekels was to ensure that the coins would arrive in the Temple at the proper time, **Rabbi Ḥizkiya asked** the following rhetorical question: **If that is so,**[N] then with regard to **the residents of Babylonia,** who live at a distance of several months' travel from Jerusalem, the court should **proclaim about the** new **shekels at the beginning of winter. Didn't the court** make the proclamation **in order that the Jews would bring their shekels in the proper time, and** thus the **collection of the** Temple **treasury chamber** will **be collected from the new shekels at its appropriate time, on the first of Nisan?** It therefore would be necessary to issue the proclamation earlier for distant locations.

הֵתִיב רַבִּי עוּלָּא קוֹמֵי רַבִּי מָנָא: וְהָא תָּנֵינַן: בִּשְׁלֹשָׁה פְּרָקִים בַּשָּׁנָה תּוֹרְמִין אֶת הַלִּשְׁכָּה; בִּפְרוֹס הַפֶּסַח, בִּפְרוֹס הָעֲצֶרֶת, בִּפְרוֹס הֶחָג.

Rabbi Ulla raised a difficulty in the presence of Rabbi Mana: Rabbi Ḥizkiya's statement indicates that in each place the proclamation should be issued in accordance with the time it takes for the shekels to reach Jerusalem from there. **But we learned** in a mishna (*Shekalim* 3:1): **On three occasions in the year** the shekels were **collected from the chamber,**[H] for the purchase of offerings: **Half** a month before [***biferos***][L] the festival of **Passover, half** a month before the festival of ***Shavuot*****, and half** a month before the festival of ***Sukkot*****.**

אֲמַר לֵיהּ: (לָא) נֵימַר, אִילֵּין דִּקְרִיבִין – בִּפְרוֹס הַפֶּסַח, אִילֵּין דִּרְחוֹקִין – בִּפְרוֹס הָעֲצֶרֶת, וְאִילֵּין דִּרְחוֹקִין מִנְּהוֹן – בִּפְרוֹס הֶחָג.

Rabbi Ulla continued and **said to** Rabbi Mana in explanation: In light of this mishna, **shouldn't we say** that the proclamation for shekels was issued in all places on the same date, the first of Adar, whereas the ceremony of the collection of the Temple treasury chamber was performed at three different times, in accordance with the arrival of the shekels to the Temple from different locations: With regard to **those who are near** Jerusalem, whose shekels arrived before the first of Nisan, the collection ceremony for their coins is **half** a month before **Passover,** while the ceremony for **those who are farther** away is **half** a month before ***Shavuot*****; and** the ceremony for **those who are** even **farther** away **than they are** is **half** a month before ***Sukkot*****.**

NOTES

Rabbi Ḥizkiya asked: If that is so – רַבִּי חִזְקִיָּה שָׁאַל מֵעַתָּה: The later commentaries explain that Rabbi Ḥizkiya himself had no doubt with regard to this matter, as he was convinced that the proclamation in Babylonia was issued at the beginning of the winter. His question was rhetorical in that it involved an assertion combined with the inquiry as to whether other scholars agreed with him. The commentaries add that whenever the Jerusalem Talmud uses the phrase: Rabbi X asked a question, it should be understood as rhetorical in this manner (*Tiklin Ḥadatin*).

HALAKHA

On three occasions in the year the shekels were collected from the chamber – בִּשְׁלֹשָׁה פְּרָקִים בַּשָּׁנָה תּוֹרְמִין אֶת הַלִּשְׁכָּה: The shekels donated to the Temple each year were collected from the Temple treasury chamber and placed in special baskets at three times during the year: On the New Moon of Nisan, on the New Moon of Tishrei, either before or after Rosh HaShana; and fifteen days before the festival of *Shavuot* (Rambam *Sefer Zemanim, Hilkhot Shekalim* 2:5).

LANGUAGE

Half a month before [*biferos*] – בִּפְרוֹס: Possibly associated with the Greek πρός, *pros*, meaning before or which comes before.

א״ל: כּוּלָּהּ כְּאַחַת הִיא בָּאָה. וְלָמָּה אָמְרוּ בִּשְׁלֹשָׁה פְּרָקִים – כְּדֵי לַעֲשׂוֹת פּוּמְבֵּי לַדָּבָר.

Rabbi Mana **said to** Rabbi Ulla: The different collections of the chamber do not reflect the different times of the shekels' arrival, but rather **the entire** collection of shekels **arrives at one** time, by the first of Nisan, and in accordance with the opinion of Rabbi Ḥizkiya. **And why** then did the Sages **say** that the money is collected from the chamber **on three occasions** in the year? **In order to publicize [*pumbei*]**[L] **the matter,**[N] that everyone is obligated to donate half-shekels for the purchase of communal offerings.

רַבִּי יְהוּדָה בַּר פָּזִי בְּשֵׁם רַבִּי: הֵן נִקְרָא וְלֹא נִבָּעֵת? לְטוֹבָה – ״כֹּל נְדִיב לֵב״. לְרָעָה – ״וַיִּתְפָּרְקוּ כָּל הָעָם״ וְגוֹמֵר.

§ **Rabbi Yehuda bar Pazi** said **in the name of Rabbi** Yehuda HaNasi: **Can we read** the following verses **and not be afraid?** On the one hand, when the Jewish people were asked to donate **for** the **good** purpose of the construction of the Tabernacle, the verse states: "And they came, both men and women, **as many as were willinghearted,** and brought…an offering of gold to the Lord" (Exodus 35:22). This indicates that only the generous among the people brought donations. On the other hand, when the Jews were asked to donate **for** the **evil** purpose of the Golden Calf, it states that not only the willinghearted but: **"And all the people broke off** the golden rings which were in their ears, and brought them unto Aaron" (Exodus 32:3).

לְטוֹבָה – ״וַיּוֹצֵא מֹשֶׁה אֶת הָעָם״. לְרָעָה – ״וַתִּקְרְבוּן אֵלַי כֻּלְּכֶם״.

A similar idea is found with regard to the people's initiatives. When they initiated **for good,** at Sinai, it states: **"And Moses brought forth the people** out of the camp to meet God; and they stood at the nether part of the mount" (Exodus 19:17). This verse indicates that they did not venture forth on their own initiative, but only upon Moses' instruction. In contrast, when it is **for evil,** the people took the initiative, as the verse states with regard to sending the spies: **"And you came near to me every one of you,** and said: Let us send men before us, that they may search the land for us, and bring us back word of the way by which we must go up, and the cities unto which we shall come" (Deuteronomy 1:22).

לְטוֹבָה – ״אָז יָשִׁיר מֹשֶׁה וּבְנֵי יִשְׂרָאֵל״. לְרָעָה – ״וַתִּשָּׂא כָּל הָעֵדָה״ וגו׳.

Another example: **For good,** with regard to the song at the Red Sea after the Israelites were rescued from the Egyptians, it is stated: **"Then sang Moses and the children of Israel** this song unto the Lord, and spoke, saying: I will sing unto the Lord, for He is highly exalted; the horse and his rider He has thrown into the sea" (Exodus 15:1). They did not start singing of their own accord, but merely followed Moses' lead. Yet **for evil,** after the spies delivered their report upon their return from Eretz Yisrael, the verse states: **"And all the congregation lifted up** their voice, and cried; and the people wept that night" (Numbers 14:1).

אָמַר רַבִּי חִיָּיא בַּר אַבָּא: ״אָכֵן הִשְׁכִּימוּ הִשְׁחִיתוּ״, וְכָל הַשְׁחָתָה שֶׁהָיוּ עוֹשִׂין – בְּהַשְׁכָּמָה הָיוּ עוֹשִׂין אוֹתָהּ.

Rabbi Ḥiyya bar Abba said: When he reproves the Jews, the prophet also notes their greater willingness to perform evil than good: "I said: Surely you will fear Me, you will receive correction; so her dwelling shall not be cut off, despite all that I have visited upon her; **but they rose early** and **corrupted** all their doings" (Zephaniah 3:7), which indicates that **every** act of **corruption that** the Jews **would perform, they would perform it early** in the day. In contrast, only the vigilant arise early to fulfill mitzvot.

אָמַר רַבִּי אַבָּא בַּר אַחָא: אֵין אַתְּ יָכוֹל לַעֲמוֹד עַל אוֹפְיָא שֶׁל אוּמָּה זוֹ; נִתְבָּעִין לָעֵגֶל וְנוֹתְנִין, נִתְבָּעִין לַמִּשְׁכָּן וְנוֹתְנִין.

In reference to the previous statement that the Jews donated to both the Tabernacle and the Golden Calf, **Rabbi Abba bar Aḥa said: You cannot discern the** true **nature** of this people, as donations **are requested** for the Golden **Calf and they give;** and later, donations **are requested for the Tabernacle, and they** also **give.**

תָּנָא רַבִּי יוֹסֵי בַּר חֲנִינָא הֲדָא מַתְנִיתָא: ״וְעָשִׂיתָ כַפֹּרֶת זָהָב טָהוֹר״ – יָבֹא זָהָב שֶׁל כַּפּוֹרֶת וִיכַפֵּר עַל זָהָב שֶׁל עֵגֶל.

In this regard, **Rabbi Yosei bar Ḥanina taught this *baraita*.** The verse states: **"And you shall make an Ark cover of pure gold"** (Exodus 25:17). **Let the gold**[B] **of the Ark cover come and atone for the gold of the Calf.**[N]

LANGUAGE

Public [*pumbei*] – פּוּמְבֵּי: From the Greek πομπή, *pompè*, meaning a parade or solemn procession. The Gemara uses this as a general term for anything done in a publicized manner.

NOTES

On three occasions in the year in order to publicize the matter – בִּשְׁלֹשָׁה פְּרָקִים כְּדֵי לַעֲשׂוֹת פּוּמְבֵּי לַדָּבָר: This means there is no obligation to donate on each of these three occasions, but rather it is enough to give a half-shekel once a year in Nisan for the communal offerings of that entire year. However, the Sages instituted an ordinance that the coins in the chamber should be collected and placed in special baskets on these three occasions. The communal offerings would subsequently be purchased from the funds in these baskets. The ritual of the collection of the chamber would be performed at times when many Jews were in Jerusalem, and would serve to publicize the importance of each person's donation of his half-shekel. This ceremony communicated that every member of the Jewish people, no matter how far away he lived, shared in the purchase of communal offerings (*Tiklin Ḥadatin*; *Penei Zaken*).

Let the gold of the Ark cover come and atone for the gold of the Calf – יָבֹא זָהָב שֶׁל כַּפּוֹרֶת וִיכַפֵּר עַל זָהָב שֶׁל עֵגֶל: There is a rabbinic principle that a prosecutor cannot become an advocate (see *Rosh HaShana* 26b). In other words, a substance with a negative symbolic value, like gold, i.e., the prosecutor, since it evokes the sin of the Golden Calf, is not used for atonement, i.e., advocacy. Given this principle, how can the gold of the Ark cover (the advocate) atone for the gold of the Calf (the prosecutor)? The commentaries explain that this principle refers to a case where the advocate is seeking to atone for a transgression other than the one that is recalled by the prosecutor. For example, the High Priest would not wear gold when entering the Holy of Holies on Yom Kippur to avoid any association with the sin of the Golden Calf, as his service did not atone for that sin but for all the transgressions of the Jewish people over the course of the previous year. In contrast, when the prosecutor is specifically designed to atone for that very transgression, e.g., the gold of the Ark cover was intended as atonement for the Golden Calf, it is entirely proper that the same substance be used. The Gemara in tractate *Yoma* (86b) explains that the true penitent is one who has the opportunity to perform the transgression again and refrains from doing so. Rav Yehuda adds that this statement refers to an identical set of circumstances, e.g., the same woman at the same time and at the same place, which in this case is represented by the use of the same gold material (*Arukh LaNer* on *Rosh HaShana* 26b).

BACKGROUND

Gold – זָהָב: Gold is a relatively soft metal that can be found in different forms in nature. Among these are nuggets or grains in rocks, geological veins, and alluvial deposits.

Gold ore from the Toi gold mine in Japan. After extraction, an 860 kg rock such as this one yields 30 g of gold, as seen on the red square.

רַבִּי חַגַּי בְּשֵׁם רַבִּי שְׁמוּאֵל בַּר נַחְמָן: שָׁלֹשׁ תְּרוּמוֹת נֶאֶמְרוּ בְּפָרָשָׁה זֹאת: תְּרוּמַת אֲדָנִים, וּתְרוּמַת שְׁקָלִים, וּתְרוּמַת הַמִּשְׁכָּן. ״דַּבֵּר אֶל בְּנֵי יִשְׂרָאֵל וְיִקְחוּ לִי תְּרוּמָה״ וגו׳ – זוֹ תְּרוּמַת אֲדָנִים. ״מֵאֵת כָּל אִישׁ אֲשֶׁר יִדְּבֶנּוּ לִבּוֹ תִּקְחוּ אֶת תְּרוּמָתִי״ – זוֹ תְּרוּמַת שְׁקָלִים. ״וְזֹאת הַתְּרוּמָה אֲשֶׁר תִּקְחוּ מֵאִתָּם״ – זוֹ תְּרוּמַת הַמִּשְׁכָּן.

The Gemara returns to the issue of the collection of the shekels. **Rabbi Ḥaggai said in the name of Rabban Shimon bar Naḥman: Three collections**[N] **are stated in this passage** (Exodus 25:1–3): **The collection for the sockets,** in which the beams of the Tabernacle building were placed; **the collection of shekels** for communal offerings; **and the collection** for the building **of the Tabernacle.** When the verse states: **"Speak to the children of Israel, that they take for Me an offering"** (Exodus 25:2), **this is the collection of sockets.**[B] **"Of every man whose heart makes him willing, you shall take My offering"** (Exodus 25:2); **this is the collection of shekels. "And this is the offering which you shall take from them"** (Exodus 25:3); **this is the collection of the Tabernacle.**

תְּרוּמַת הַמִּשְׁכָּן – לַמִּשְׁכָּן, מַה שֶּׁיִּרְצוּ יַעֲשׂוּ. תְּרוּמַת שְׁקָלִים – לַקָּרְבָּן, מַה שֶּׁיִּרְצוּ יַעֲשׂוּ, כְּדֵי שֶׁיְּהֵא יַד כּוּלָּן שָׁוָה.

The Gemara elaborates: **The collection of the Tabernacle** goes **to the Tabernacle,** and **whatever** the authorities **want to do** with this money for the purpose of the Tabernacle **they** may **do. The collection of shekels** is for the communal **offering; whatever they want to do** with this money for the acquisition of the various communal offerings, **they** may **do.** Every Jewish male participates in this collection, **in order that they all have an equal** share in the communal offerings.

תְּרוּמַת אֲדָנִים – לַאֲדָנִים, ״הֶעָשִׁיר לֹא יַרְבֶּה וְהַדַּל לֹא יַמְעִיט״.

As for **the collection of the sockets,** it is brought **for** the making of **sockets.** In this case the verse states: **"The rich shall not give more, and the poor shall not give less"** (Exodus 30:15). Every male from age twenty upward donated the fixed sum of a half-shekel, which was used for the making of the sockets.

אָמַר רַבִּי אָבוּן: אַף בַּפָּרָשָׁה הַזֹּאת נֶאֱמַר בָּהּ שָׁלֹשׁ תְּרוּמוֹת: ״מַחֲצִית הַשֶּׁקֶל תְּרוּמָה לַה׳״ ״יִתֵּן תְּרוּמַת ה׳״ ״לָתֵת אֶת תְּרוּמַת ה׳״.

Rabbi Avun said: In this passage as well, three collections are stated: "Half a shekel for an offering to the Lord" (Exodus 30:13); **"Shall give the offering of the Lord"** (Exodus 30:14); **"They give the offering of the Lord"** (Exodus 30:15).

״בְּט״ו בּוֹ קוֹרִין אֶת הַמְּגִילָּה בַּכְּרַכִּים״. לֹא כֵּן אָמַר רַבִּי חֶלְבּוֹ, רַב הוּנָא רַב בְּשֵׁם רַבִּי חִיָּיא רַבָּה: הַכֹּל יוֹצְאִין בְּאַרְבָּעָה עָשָׂר שֶׁהוּא זְמַן קְרִיאָתָהּ.

§ The mishna taught that **on the fifteenth** day **of the** month of Adar **the Scroll** of Esther **is read in cities.** The Gemara asks: But how can this be so? **Didn't Rabbi Ḥelbo** say citing **Rav Huna** citing **Rav, in the name of Rabbi Ḥiyya the Great: All fulfill** the obligation to read the Megilla **on the fourteenth** of Adar, **which is** the fixed **time of its recitation.** This ruling apparently includes even the inhabitants of walled cities.

לֹא בָא אֶלָּא לְלַמֶּדְךָ שֶׁכָּל הַמִּצְוֹת הַנּוֹהֲגוֹת בַּאֲדָר שֵׁנִי אֵינָן נוֹהֲגוֹת בַּאֲדָר רִאשׁוֹן.

The Gemara answers: This statement does **not come** to establish the correct date for reciting the Megilla, **but to teach you that all the** other **mitzvot that are practiced** in a leap year **in Second Adar are not practiced in First Adar.**

רַבִּי יוֹסֵה וְרַבִּי אַחָא הֲווֹן יָתְבִין, אָמַר רַבִּי יוֹסֵה לְרַבִּי אַחָא: לָא מִסְתַּבְּרָא אֶלָּא לְשֶׁעָבַר, אֲבָל לַבָּא לֹא.

The Gemara relates: **Rabbi Yosei and Rabbi Aḥa were sitting** together. **Rabbi Yosei said to Rabbi Aḥa:** The statement that all fulfill their obligation on the fourteenth indeed means that all may read the Megilla on the fourteenth. Yet **it is reasonable** to say so **only after the fact,** i.e., if they neglected to do so on the fifteenth, the inhabitants of a walled city have fulfilled their obligation by reading on the fourteenth. **However,** the residents of walled cities **may not** read the Megilla on the fourteenth ***ab initio.***

וְהָא תָנֵי: מָקוֹם שֶׁנָּהֲגוּ לִקְרוֹתָהּ שְׁנֵי יָמִים קוֹרִין אוֹתָהּ שְׁנֵי יָמִים. אֲמַר לֵיהּ: אוּף אֲנָא סָבַר כֵּן.

Rabbi Aḥa raised an objection to Rabbi Yosei. **But wasn't it taught** in a *baraita*: In **a place where they were accustomed to read** the Megilla on **two days,** due to doubt over whether or not that city was surrounded by a wall in the days of Joshua (e.g., Tiberias; see *Megilla* 5b), **they read it** on **two days?** Yet you claim that even in a place where the Megilla must definitely be read on the fifteenth, if it was read on the fourteenth the residents are not obligated to read it again. Rabbi Yosei **said to him: I too hold like that,** i.e., that residents of a walled city should read the Megilla on the fifteenth, even when they had already read it on the fourteenth.

NOTES

Three collections – שָׁלֹשׁ תְּרוּמוֹת: Different *halakhot* applied to these three collections. The collection for the Tabernacle was voluntary; each person would donate as he saw fit, with regard to both the size of his donation and the type of material, be it gold, wood, or anything else. The collection of shekels for offerings was obligatory and identical for every adult male; the authorities could adjust the specific amount, but it was required to be the same amount for all. The collection for the sockets was fixed and was set at one half-shekel for each adult male.

BACKGROUND

Sockets – אֲדָנִים: According to tradition, as stated in the *baraita* that deals with the construction of the Tabernacle, the beams of the Tabernacle were connected to the sockets in the following manner: Each socket consisted of silver that was appropriately shaped to fit the beams. At the bottom of each beam the wood was cut to create two protruding sections, each of which was inserted into a socket.

Bottom of beam fitting into socket

אמר רבי מנא: ויאות, אילו משקרייא בארבעה עשר חוזר וקרייא בחמישה עשר, שמא אין שומעין לו? אם את אומר כן – נמצאת עוקר זמן כרכים בידך.

Rabbi Yosei did not explain how Rabbi Ḥelbo's statement that all fulfill their obligation on the fourteenth fits with the *baraita*. **Rabbi Mana said: And this is so;** there is no contradiction from the *baraita*. **If, after reciting** the Megilla on the fourteenth of Adar, one wants **to read it again on the fifteenth, perhaps we do not listen to him,** i.e., allow him? **If you say so, you have turned out to have directly uprooted** the proper **time** for the recitation of the Megilla in **walled cities,** which is the fifteenth of Adar. Therefore, it is appropriate for one who has already read on the fourteenth to read again on the fifteenth.

תני, רבן שמעון בן גמליאל אומר: מצוות הנוהגות באדר שני אינן נוהגות בראשון, חוץ מהספד ותענית שהן שווין בזה ובזה.

It was taught in a *baraita* that **Rabban Shimon ben Gamliel says:** All the **mitzvot that are practiced in Second Adar are not practiced in the First** Adar, **apart from** the prohibitions against **eulogy and fasting**[HN] on Purim, **which** apply **equally in both this** month and **that** one.[N] It is prohibited to give a eulogy or to fast on the fourteenth and fifteenth of First Adar.

רבי בא רבי ירמיה בשם רב רבי סימון בשם רבי יהושע בן לוי: הלכה כרבן שמעון בן גמליאל.

Rabbi Ba said, citing **Rabbi Yirmeya in the name of Rav,** and similarly, **Rabbi Simon** said **in the name of Rabbi Yehoshua ben Levi:** The *halakha* **is in accordance with** the opinion of **Rabban Shimon ben Gamliel.**

רב הונא רבה דציפורין אמר: הנהיג רבי חנינא בציפורין כהדא דרבן שמעון בן גמליאל. לא אמר אלא הנהיג, (אבל) הא להלכה – לא,

Rav Huna the Great from Tzippori[B] **said: Rabbi Ḥanina instituted the custom in Tzippori in accordance with this** opinion **of Rabban Shimon ben Gamliel.** The Gemara infers: Rav Huna **did not say** that according to Rabbi Ḥanina the *halakha* is in accordance with the opinion of Rabban Shimon ben Gamliel, i.e., as a definitive ruling; **rather,** he meant that Rabbi Ḥanina merely **instituted the custom** in practice, even though it is not the definitive ***halakha.***

אבל לענין שטרות כותבין אדר ראשון, ואדר שני סתם. רבי יוסי אומר: אדר ראשון

However, with regard to the issue of dating legal **documents,** the following practice is followed. One **writes First Adar,** and in **Second Adar,** simply Adar.[H] **Rabbi Yosei says:** In **First Adar**

HALAKHA

Mitzvot that are practiced in Second Adar are not practiced in the First, apart from eulogy and fasting – מצוות הנוהגות באדר שני אינן נוהגות בראשון חוץ מהספד ותענית: In a leap year, eulogies and fasting are prohibited on the fourteenth and fifteenth of First Adar, regardless of whether one lives in a walled city. However, the other mitzvot of Purim, i.e., reading the Megilla, sending portions of food to one's fellow, giving gifts to the poor, and conducting a festive meal, do not apply on these days. Some say that even eulogies and fasting are permitted in First Adar. The Rema writes that the established custom is in accordance with the first opinion, as stated in the *baraita* of *Megillat Ta'anit* (Rambam *Sefer Zemanim, Hilkhot Megilla VaḤanukka* 2:13; *Shulḥan Arukh, Oraḥ Ḥayyim* 697:1).

With regard to the issue of dating legal documents one writes First Adar and in Second Adar simply Adar – לענין שטרות כותבין אדר ראשון ואדר שני סתם: With regard to a bill of divorce written in a leap year, if it is written in First Adar, the scribe should write: In the month of First Adar, and if it is written in Second Adar, he should write: In the month of Second Adar. If he simply writes Adar instead of First Adar, the bill of divorce is valid, but if he writes Adar instead of Second Adar, the document is invalid (*Shulḥan Arukh, Even HaEzer* 126:7; see *Shulḥan Arukh, Ḥoshen Mishpat* 43:28 with regard to monetary documents).

BACKGROUND

Tzippori – ציפורין: Tzippori is located in the central Lower Galilee. It was destroyed after the death of Herod, but was later reconstructed in great splendor. The prestige of the city grew significantly toward the end of the tannaitic period, when the Jewish settlement of the Galilee was developed and strengthened. Rabbi Yehuda HaNasi moved to Tzippori and transferred the seat of the Sanhedrin to there as well, transforming the city into a Torah center for many years, through the period of the redaction of the Jerusalem Talmud.

Zodiac mosaic found in a synagogue in Tzippori

NOTES

Mitzvot that are practiced in Second Adar are not practiced in the First, apart from eulogy and fasting – מצוות הנוהגות באדר שני אינן נוהגות בראשון חוץ מהספד ותענית: The later commentaries ask: Why should eulogy and fasting be prohibited during First Adar, when Purim is not celebrated? These prohibitions on Purim are derived by the Gemara in tractate *Megilla* (5b) from the verse: "That they should make them days of feasting and gladness" (Esther 9:22), and the fourteenth and fifteenth of First Adar are not days of feasting and gladness. They answer that the prohibition against eulogy and fasting on these days is not derived from that verse, but rather from the inclusion of these dates in *Megillat Ta'anit* in the list of days prohibited for eulogies and fasting. It is also stated there that the only difference between First Adar and Second Adar is the reading of the Megilla and the giving of gifts to the poor, which supports the idea that the two months are equal with regard to eulogies and fasting (Vilna Gaon; *Shulḥan Arukh, Oraḥ Ḥayyim* 568:7).

Apart from eulogy and fasting which apply equally in both this and that – חוץ מהספד ותענית שהן שווין בזה ובזה: According to most commentaries, this means that eulogy and fasting are prohibited in First Adar like in Second Adar, as indicated by the wording of the *baraita*. Conversely, some authorities maintain that eulogy and fasting are prohibited in First Adar only if the Megilla had been read in that month, before that year was established as a leap year. If, however, it was declared a leap year before the beginning of Adar, one may eulogize or fast on the fourteenth and fifteenth of First Adar *ab initio* (Rosh on *Megilla* 6b).

סְתָם, אֲדָר שֵׁנִי – תִּנְיָין.

one writes **simply:** Adar, whereas in **Second Adar** one writes: **Second** Adar.

"מְתַקְּנִין אֶת הַדְּרָכִים וְאֶת הָרְחוֹבוֹת וְאֶת מִקְווֹת הַמַּיִם וְעוֹשִׂין כׇּל צׇרְכֵי הָרַבִּים". אֵלּוּ הֵן צׇרְכֵי הָרַבִּים: דָּנִין דִּינֵי מָמוֹנוֹת, וְדִינֵי נְפָשׁוֹת, דִּינֵי מַכּוֹת, וּפוֹדִין עֲרָכִין וַחֲרָמִים וְהֶקְדֵּישׁוֹת,

§ The mishna taught that on the fifteenth of Adar **they repaired the roads** that were damaged in the winter, **and the streets, and the cisterns. And they did all that was necessary for public welfare.**[N] The Gemara explains: **These are** the matters **necessary for public welfare: They judge monetary cases, capital cases,** and **cases** that involve the punishment **of lashes. And** the court also **redeems valuations,**[N] **consecrations** of articles for Temple or priestly use, **and consecrations** for Temple maintenance or as offerings.

NOTES

And they did all that was necessary for public welfare – וְעוֹשִׂין כׇּל צׇרְכֵי הָרַבִּים: Some commentaries explain that since Adar is the last month of the year, following the order of the months that starts with Nisan, the court performs all necessary repairs and duties at this time in order that these unpleasant tasks should not remain for the upcoming year. With regard to the redemption of valuations and various consecrations, it is performed at this stage to coincide with the collection of the half-shekels (*Me'iri*). Others similarly explain that since this is the end of the year according to Torah law, all matters that have been neglected throughout the year must be completed at this time (*Tiferet Yisrael*). Yet others add that since the court has to address the repair of damage caused by rain to graves, roads, and wells, it also dealt with other issues of public interest at this juncture (*Tosefot Yom Tov*).

And they redeem valuations – וּפוֹדִין עֲרָכִין: Regular vows are vows of a prohibition, in which one renders an article prohibited to oneself. In contrast, valuations are dedicatory vows, in which one dedicates some item or amount to a particular purpose, usually having to do with the Temple. In a valuation one says: I promise to pay my value, or: I promise to pay the value of so-and-so, and he is subsequently obligated to pay to the Sanctuary the specific value of the person as set by the Torah, according to age and gender. The expression: Redemption of valuations, refers to the collection of the money pledged in the vow from the one who uttered the vow.

NOTES

And they give the *sota* to drink – **וּמַשְׁקִין אֶת הַסּוֹטָה:** During the time of the Temple, it was forbidden for a woman who secluded herself with a specific man despite being warned by her husband in the presence of witnesses not to do so to have relations with her husband until her claims of innocence were proven. This was effected by her drinking special waters into which a scroll had been dissolved (see Numbers 5:12–31). As stated above, the reason why the court dealt with a *sota* at this particular time was to complete all unsavory tasks before the year was out, so that they should not remain for the upcoming year (*Me'iri*).

וּמַשְׁקִין אֶת הַסּוֹטָה, וְשׂוֹרְפִין אֶת הַפָּרָה, וְעוֹרְפִין עֶגְלָה עֲרוּפָה, וְרוֹצְעִין עֶבֶד עִבְרִי, וּמְטַהֲרִין אֶת הַמְּצוֹרָע, וּמְפָרְקִין אֶת הַמְּנָעֵל מֵעַל גַּבֵּי הַמַּיִם וְאֵין מַחֲזִירִין אוֹתָן.

And they give the *sota* to drink,[N] **and they burn the** red **heifer,**[N] to use its ashes for the ritual purification of those rendered impure by contact with the dead, **and they break the neck of the heifer whose neck is broken,**[N] **and they pierce the ear of a Hebrew slave,**[N] **and they render the leper ritually pure.**[N] **And they remove the locks**[N] that were placed **over the water** cisterns during the winter, as this water was for public use in the summer, **and they do not replace them** until the winter.

NOTES

And they burn the heifer – **וְשׂוֹרְפִין אֶת הַפָּרָה:** One of the requirements for the ritual purification of one who contracted impurity through contact with the dead is the sprinkling of the waters of purification on the third and seventh days following his immersion. Water was drawn from a spring, and the ashes of the red heifer, which had been burnt whole on the Mount of Olives, were mixed into it. This heifer had to be entirely red and unblemished, and could never have been used for labor. Nine heifers are known to have been burned for this purpose throughout the generations.

The Torah describes this ritual in Numbers 19:2–12. It was performed when the Temple was standing. Since the burning of the red heifer is necessary for the public welfare, the court performed the ritual during this period (*Tosefot Yom Tov*).

It is possible that the color red mentioned in the Torah referring to the heifer is in fact a shade of brown, since there are no known species that are red in the sense that is usually meant today. A slightly different example of this can be found in the name of the land of Edom, which literally means red, now in modern-day Jordan. Its mountains are a unique shade of brown and red.

Burning of the red heifer

Red Angus, a species with a reddish-brown hide

Al Khazneh, popularly known as the Treasury, in Petra, Jordan

And they break the neck of the heifer whose neck is broken – **וְעוֹרְפִין עֶגְלָה עֲרוּפָה:** The mitzva of the heifer whose neck is broken is stated in the Torah (Deuteronomy 21:1–9). When a body is found outside a town and it is unknown who caused his death, the elders of the town nearest to the corpse must bring a heifer "which has not been worked and which has not drawn a yoke" (Deuteronomy 21:3). The heifer is taken to an untilled riverbed, where the elders must break its neck. They then wash their hands and recite a statement absolving themselves of guilt for the death. It is prohibited to derive benefit from the heifer even after its neck has been broken.

This ritual is also performed at this time of year in order to finish all unpleasant tasks and make a fresh start to the new year (*Me'iri*).

And they pierce the ear of a Hebrew slave – **וְרוֹצְעִין עֶבֶד עִבְרִי:** A Hebrew slave who does not wish to terminate his servitude after six years of service may remain with his master until the Jubilee Year or until his master's death. When the slave asserts that he wishes to remain enslaved, the master brings him to court, where the slave stands next to a doorpost, and an awl or similar metal instrument is driven through his ear (see Exodus 21:5–6; *Kiddushin* 14b–15a). If the piercing of the slave's ear is not performed by the court at the proper time, this ritual too must be carried out before the year's end.

And they render the leper ritually pure – **וּמְטַהֲרִין אֶת הַמְּצוֹרָע:** The order of the ritual purification of a leper appears in Leviticus 14.

On the first day of his purification, the leper brings two birds. These birds are not sacrificed. Rather, one of them is slaughtered by a priest over an earthenware vessel that contains spring-water. Next, the priest takes a piece of cedar wood, a hyssop branch, and a length of scarlet wool, together with the living bird, and dips them in the earthenware vessel. This mixture is sprinkled seven times on the one seeking purification.

The leper subsequently shaves all his hair, and on the seventh day he shaves again and immerses himself. At this stage he is classified as one who immersed himself that day, and as such it is still prohibited for him to eat *teruma*. After sunset he is permitted to partake of *teruma* if he is a priest, and he is now considered one lacking atonement, until he brings the following offerings the next day: One male lamb as a guilt-offering, one female lamb as a sin-offering, and another male lamb as a burnt-offering, as well as a meal-offering and a *log* of oil. If he is poor he can bring two birds in place of the two male lambs. The guilt-offering is sacrificed first.

The reason why the court deals with the ritual purification of the leper at this juncture is probably also due to the desire to finish all unpleasant matters before the New Year, as stated previously (*Me'iri*). Some commentaries cite this Gemara as proof that the ceremony of the ritual purification of a leper does not have to be performed on the very day that he is pronounced cured of the disease, for otherwise it could not be postponed until the fifteenth of Adar. Admittedly, *Torat Kohanim* derives from the verse: "On the day of his purification he shall be brought to the priest" (Leviticus 14:2), that he should not delay his ritual purification. However, this does not mean that he is forcibly brought to the priest on that day, but merely that he does not have to delay the ceremony for another seven days once his leprosy has healed (*Binyan Tziyon HaḤadashot*). See the Ramban's commentary on this verse.

And they remove the locks – **וּמְפָרְקִין אֶת הַמְּנָעֵל:** Since there is no rainfall in Eretz Yisrael in the summer, in mishnaic times they stored rainwater that fell during the winter months in cisterns allocated for use during the dry summer. Once the cisterns were full, they locked them until the summer. On the fifteenth of Adar, at the end of the winter, they broke open the locks so that the public could draw water from the cisterns throughout the summer (*Me'iri*).

תַּמָּן תָּנֵינַן: מַשְׁקִין בֵּית הַשְּׁלָחִין וּמְצַיְּינִין עַל הַקְּבָרוֹת. לֹא כְּבָר צִיְּינוּ מֵאֲדָר? – וְתִיפָּתֵר שֶׁיָּרַד שֶׁטֶף שֶׁל גְּשָׁמִים וְשָׁטְפוּ.

We learned in a *baraita* **there** that although it is prohibited to perform unnecessary work on the intermediate days of a Festival, during these days **one may water an irrigated field, and one** may **mark the graves** by painting lime **on** them. The Gemara asks: But **didn't** the court **already mark** the graves **in Adar,** as stated in the mishna here? Why was it necessary to mark them again during the Festival? The Gemara answers: It can **be explained** as referring to a situation **where a downpour rained down** after the graves were initially marked in Adar, **and washed away** the previous markings.

״וְיוֹצְאִין אַף עַל הַכִּלְאַיִם״. לֹא כְּבָר יָצְאוּ מֵאֲדָר? – תִּיפָּתֵר שֶׁהָיְתָה הַשָּׁנָה אֲפִילָה וְאֵין הַצְּמָחִין נִכָּרִים.

The mishna further taught that on the fifteenth of Adar, agents of the court would **also go out** to inspect the fields **for diverse kinds** of food crops. The Gemara asks: But **didn't they already go out in** the beginning of **Adar** to examine the fields for diverse kinds, as the mishna previously stated? The Gemara answers: It can **be explained that the year was late** [*afila*],[HL] i.e., the crops had not yet sprouted by the beginning of Adar, **and the plants are not perceptible** until later.

מִנַּיִין לְצִיּוּן? רַבִּי בֶּרֶכְיָה רַבִּי יַעֲקֹב בַּר בַּת יַעֲקֹב בְּשֵׁם רַבִּי חוּנְיָא דִּבְרַת חַוְורִין. רַבִּי יוֹסֵה אָמְרִי לָהּ רַבִּי יַעֲקֹב בַּר אַחָא בְּשֵׁם רַבִּי חוּנְיָא דִּבְרַת חַוְורִין, רַבִּי חִזְקִיָּה רַבִּי עוּזִּיאֵל בְּרֵיהּ דְּרַב חוּנְיָא דְּבֵית חַוְורָן בְּשֵׁם רַבִּי חוּנְיָא דְּבֵית חַוְורָן: ״וְטָמֵא טָמֵא יִקְרָא״ –

§ The Gemara asks: **From where** is the obligation of **marking** graves[HB] derived? **Rabbi Berekhya** said in the name of **Rabbi Ya'akov bar bat Ya'akov in the name of Rabbi Ḥunya of Berat Ḥavrin,**[B] **Rabbi Yosei said it was Rabbi Ya'akov bar Aḥa, in the name of Rabbi Ḥunya of Berat Ḥavrin, while Rabbi Ḥizkiya** and **Rabbi Uziel, son of Rabbi Ḥunya of Berat Ḥavrin,** said it **in the name of Rabbi Ḥunya of Berat Ḥavrin.** These Sages said that the proof is from a verse: "And the leper in whom the plague is, his clothes shall be rent, and the hair of his head shall go loose, and he shall cover his upper lip, **and shall cry: Unclean, unclean**" (Leviticus 13:45).

כְּדֵי שֶׁתְּהֵא הַטּוּמְאָה קוֹרְאָה לְךָ בְּפִיהָ וְאוֹמֶרֶת לְךָ ״פְּרוֹשׁ״.

The Gemara explains: This teaches that one must take measures **in order that the ritually impure** object, in this case the leper, **calls to you verbally,** as it were, **and tells you: Separate** yourself from it. Just as the leper warns everyone that he is ritually impure, one must likewise mark graves to warn passersby of their impure status.

רַבִּי אִילָא בְּשֵׁם רַבִּי שְׁמוּאֵל בַּר נַחְמָן: ״וְעָבְרוּ הָעוֹבְרִים בָּאָרֶץ וְרָאָה עֶצֶם אָדָם וּבָנָה אֶצְלוֹ צִיּוּן״.

Rabbi Ila in the name of Rabbi Shmuel bar Naḥman cited a different verse in this regard: **"And when they that pass through shall pass through the land, and anyone sees a man's bone, then shall he set up a sign by it,** till the buriers have buried it in the valley of Hamon-gog" (Ezekiel 39:15). This verse explicitly states that there is a need to mark graves.

״עֶצֶם״ – מִיכָּן שֶׁמְּצַיְּינִין עַל הָעֲצָמוֹת. ״אָדָם״ – מִיכָּן שֶׁמְּצַיְּינִין עַל הַשִּׁדְרָה וְהַגֻּלְגּוֹלֶת.

The Gemara adds that further *halakhot* can be derived from this verse. **"Bone": from here** it is derived **that one marks bones. "A man": From here** it is derived **that one marks** a **spine and skull** that were found.

״וּבָנָה״ – מִיכָּן שֶׁמְּצַיְּינִין עַל גַּבֵּי אֶבֶן קְבוּעָה. אִם אוֹמֵר אַתְּ עַל גַּבֵּי אֶבֶן תְּלוּשָׁה – אַף הִיא הוֹלֶכֶת וּמְטַמָּא בְּמָקוֹם אַחֵר.

"Then shall he set up": From here it is derived **that one marks** the sign of ritual impurity **on a fixed stone,** for **if you say** that one may mark **on a detached stone, that very** stone is likely to **move** from that spot, **and** it will incorrectly mark **another place** as **ritually impure.** It is therefore necessary to use a stone that will not be moved.

״אֶצְלוֹ״ – לְמָקוֹם טָהֳרָה. ״צִיּוּן״ – מִיכָּן לְצִיּוּן.

The verse further states: **"By it":** This is referring **to a place of ritual purity.** In other words, the marking should not be placed on the spot of ritual impurity itself, but in a nearby, ritually pure location. **"A sign": From here** we learn **of** the obligation **to mark.**

HALAKHA

That the year was late – שֶׁהָיְתָה הַשָּׁנָה אֲפִילָה: Although agents of the court were sent out every year on the fifteenth of Adar to search for diverse kinds of food crops, and they declared ownerless the fields of those who maintained these crops, nevertheless, they went out again on the intermediate days of Passover to see whether any late plants of diverse kinds had sprouted. If the owner of the field refused to uproot them, the agents declared the field ownerless at that time (Rambam *Sefer Zera'im, Hilkhot Kilayim* 2:17).

The marking of graves – צִיּוּן קְבָרוֹת: If one finds a grave or any part of a corpse that confers the ritual impurity by means of a tent, i.e., by entering the air space over it or by being under the same roof, he is obligated to mark it so that people will be aware of the source of the impurity. The marker is not placed right over the impurity but at a slight distance, to ensure that items do not accidentally enter into the space that renders them impure. However, the marker should not be located too far away either, so as not to increase the impurity of Eretz Yisrael. No mark should be placed in a location that is well known to be impure, but only in doubtful spots, e.g., a field in which a grave was lost, or boughs of trees and projecting branches over a grave (Rambam *Sefer Tahara, Hilkhot Tumat Met* 8:9).

BACKGROUND

The marking of graves – צִיּוּן קְבָרוֹת: Graves were marked in order to warn priests and those who wanted to remain in a state of ritual purity not to pass over them. A grave marker is not identical to a *nefesh*, which is a special structure erected over a grave, similar to a tombstone, in honor of the deceased. The markings were placed by agents of the court every year from the fifteenth of Adar, as the old markings were usually erased by the rains and had to be renewed. Stones were positioned on either side of the grave, while white lime, signifying bones, was poured around the grave to demarcate the ritually impure area (*Mo'ed Katan* 6a; *Megilla* 13b; Jerusalem Talmud, *Mo'ed Katan* 1:2; *Sota* 9:1).

Berat Ḥavrin – בְּרַת חַוְורִין: Rabbi Ḥunya's place of residence is referred to as Ḥavran in the Jerusalem Talmud, and sometimes as Ḥavrin. The preceding term, Berat, can appear as Devrat, Deveit, Bikat, or Bet, all meaning house. Some identify Berat Ḥavrin with Beit Ḥoron near Jerusalem, on the slopes of the mountains of Ephraim, due to the similarity between the names. Others claim it is Ḥirbat Huwara, near Tzippori in the Lower Galilee.

Most likely, the reference is to a settlement in the area of Ḥuran, in the eastern Golan, near Jabal Huaran, called Jabal Druze nowadays in Arabic. This area was once settled by Jews, and it is mentioned among the borders of Israel in the book of Ezekiel (47:16). It also appears in the Mishna, in the list of places where they lit bonfires to announce the new month (*Rosh HaShana* 22b).

Observation point in modern-day Beit Ḥoron

LANGUAGE

Late [*afila*] – אֲפִילָה: From the Akkadian apālu, to be late. The term appears in the Torah and in mishnaic Hebrew with regard to produce and fruit that has yet to ripen. See Exodus 9:32: "But the wheat and the spelt were not smitten, for they ripen late [*afilot*]" and *Tosefta, Shevi'it* 7: "One may eat grapes until the poorest ones are consumed; if some fruit are later [*afilot*] than these, one may eat them." The Sages also use this term in reference to a year in which plants sprout late due to climatic changes.

וּמָצָא אֶבֶן אַחַת מְצוּיֶּינֶת, אַף עַל פִּי שֶׁאֵין מְקַיְּימִין כֵּן – הַמַּאֲהִיל עָלֶיהָ טָמֵא. אֲנִי אוֹמֵר: מֵת מְצוּיָּין וְהָיָה נָתוּן תַּחְתֶּיהָ.

It was further taught with regard to the same issue: **And if one found one marked stone,**[H] **even though one should not establish it in this manner,** i.e., one should not mark a place of ritual impurity with a single stone *ab initio*, but with two stones in order to delineate the extent of the impurity, nevertheless, **one who covers it,** i.e., places some part of his body in the space above it, is rendered **ritually impure.** In such a case **I say,** i.e., one ought to assume: There was **a dead** body **marked** here, **and it was located underneath** this stone.

הָיוּ שְׁתַּיִם – הַמַּאֲהִיל עֲלֵיהֶן טָהוֹר, וּבֵינֵיהֶן טָמֵא.

However, if **there were two** marked stones, **the one who covers** them with part of his body remains **ritually pure,**[N] as the source of impurity is typically located between, not underneath, the two markers. **And** consequently, if he covered the space **between** the stones, he is **ritually impure.**

אִם הָיָה חוֹרֵשׁ בֵּינְתַיִים – הֲרֵי הֵן כִּיחִידִיּוֹת, בֵּינֵיהֶן טָהוֹר וּסְבִיבוֹתֵיהֶן טָמֵא.

And if there were plow marks between these two stones, **they are** considered **like isolated stones** with regard to this *halakha*. Therefore, if he covered the area **between** the stones with part of his body he is **ritually pure, and** if he covered the space **surrounding** the area where they are set he is **impure,** as it can be assumed there was a source of impurity under each stone.

תָּנֵי: אֵין מְצַיְּינִין עַל הַבָּשָׂר, שֶׁמָּא נִתְעַכֵּל הַבָּשָׂר.

It was taught in a different *baraita* that **one does not mark on** the location **of the flesh** of a corpse without any bones. Why not? **Perhaps the flesh has decomposed,** leaving less than the minimum size that confers ritual impurity by covering, which is an olive-bulk. If the mark is left there, the spot will permanently be treated as ritually impure.

רַבִּי יוּסְטָא בַּר שׁוּנֵם בְּעָא קוֹמֵי רַבִּי מָנָא: וְלֹא נִמְצָא מְטַמֵּא טְהָרוֹת לְמַפְרֵעַ? אֲמַר לֵיהּ: מוּטָב שֶׁיִּתְקַלְקְלוּ בוֹ לְשָׁעָה, וְאַל יִתְקַלְקְלוּ בוֹ לְעוֹלָם.

Rabbi Yusta bar Shunem wondered in the presence of Rabbi Mana: And doesn't he thereby render pure items ritually impure retroactively? If the flesh is not marked at all, pure items might pass over the spot before the flesh has decayed, rendering them ritually impure. **He said to him: It is preferable that** people **are harmed by it temporarily,** while the flesh is still there, **and are not harmed by it permanently,**[N] by wrongly thinking that their pure foods contracted ritual impurity from this source.

הלכה ב מתני׳ אָמַר רַבִּי יְהוּדָה: בָּרִאשׁוֹנָה הָיוּ עוֹקְרִין וּמַשְׁלִיכִין לִפְנֵיהֶן, מִשֶּׁרַבּוּ עוֹבְרֵי עֲבֵירָה – הָיוּ מַשְׁלִיכִין לַדְּרָכִים, הִתְקִינוּ שֶׁיְּהוּ מַפְקִירִין אֶת כָּל הַשָּׂדֶה.

HALAKHA 2 · MISHNA At the end of the last mishna it was stated that the court sends out agents on the fifteenth of Adar to inspect whether the owners of fields had indeed uprooted any diverse kinds of crops as instructed. **Rabbi Yehuda said: At first** those agents **would uproot**[H] the diverse kinds of crops **and cast them in front of** the owners of the fields. **When** the number of **transgressors** who would not uproot diverse kinds in their fields **increased,** and the Sages saw that this tactic was ineffective, **they would cast** the uprooted crops **onto the roads.** Ultimately, **they instituted that the entire field should be declared ownerless.**[N]

גמ׳ "אָמַר רַבִּי יְהוּדָה" כו׳. תָּנֵי, אָמַר רַבִּי יְהוּדָה: בָּרִאשׁוֹנָה הָיוּ עוֹקְרִין וּמַשְׁלִיכִין לִפְנֵיהֶן, וְהָיוּ שְׂמֵחִים שְׁתֵּי שְׂמָחוֹת – אַחַת שֶׁהָיוּ מְנַכְּשִׁין שְׂדוֹתֵיהֶן, וְאַחַת שֶׁהָיוּ נֶהֱנִין מִן הַכִּלְאַיִם.

GEMARA With regard to what **Rabbi Yehuda said** in the mishna, i.e., that there were three stages of the Sages' decree, the Gemara elaborates as it was **taught** in a *baraita*. **Rabbi Yehuda said: At first** the agents of the court **would uproot** the diverse kinds of crops **and cast them in front of** the owners, **and** those owners **would doubly rejoice. One** reason for their happiness was **that** others **were weeding their fields** for them, **and the** other reason was **that they would derive benefit from** these **diverse kinds,** which they would feed to their animals.

מִשֶּׁרַבּוּ עוֹבְרֵי עֲבֵירָה – הָיוּ מַשְׁלִיכִין עַל הַדְּרָכִים, אַף עַל פִּי כֵן הָיוּ שְׂמֵחִים – שֶׁהָיוּ מְנַכְּשִׁין שְׂדוֹתֵיהֶן. הִתְקִינוּ שֶׁיְּהוּ מַפְקִירִין כָּל הַשָּׂדֶה כּוּלָּהּ.

The *baraita* continues: **When** the number of **transgressors** who maintained diverse kinds in their fields **increased, they would cast** the uprooted crops **onto the roads,** so that passersby should trample on them and render them unfit for any use. **Even so,** the owners still **rejoiced that** those agents **were weeding their fields.** Therefore, the Sages **instituted that the entire field should be declared ownerless,** which would deter people from maintaining diverse kinds in their fields.

HALAKHA

If one found one marked stone, etc. – מָצָא אֶבֶן אַחַת מְצוּיֶּינֶת וכו׳: If one discovered a single, marked stone, the area beneath it is ritually impure. If he found two marked stones, with lime in between, the space between them is impure. If the lime was found only on the stones themselves, if there was earthenware between them it is assumed to be part of a building, not a marker of impurity. If there was no earthenware and the lime was flattened out on each side of the stone's edges, it is a mark of impurity, and the area between the stones is ritually impure. The Ra'avad writes that if the space in between was plowed it is pure, since, as stated in the *baraita*, people would certainly not plow the area of a grave (Rambam *Sefer Tahara, Hilkhot Tumat Met* 8:10).

At first they would uproot – בָּרִאשׁוֹנָה הָיוּ עוֹקְרִין: After the court announced the requirement to remove all diverse seeds on the first of Adar, it sent out agents on the fifteenth to inspect whether the owners of fields and roofs had indeed cleared their property of all diverse kinds. If they found owners who had failed to uproot those plants, at first the agents uprooted them and cast the prohibited plants in front of the owners. However, this practice pleased the owners, as it served to clean their fields. The Sages therefore instituted that any field in which were found diverse kinds with a ratio of one kind to twenty-four of the other, or more, should be declared ownerless (Rambam *Sefer Zera'im, Hilkhot Kilayim* 2:15–16).

NOTES

If there were two marked stones, the one who covers them remains ritually pure – הָיוּ שְׁתַּיִם הַמַּאֲהִיל עֲלֵיהֶן טָהוֹר: There was no concern that these two stones might be marking two different graves, as it was not customary to mark a grave on only one side (*Sidrei Taharot; Oholot*).

It is preferable that people are harmed by it temporarily and are not harmed by it permanently – מוּטָב שֶׁיִּתְקַלְקְלוּ בוֹ לְשָׁעָה וְאַל יִתְקַלְקְלוּ בוֹ לְעוֹלָם: The early commentaries ask: If the spot was left unmarked during the period when enough flesh remains to confer ritual impurity, the potential error has far worse implications. Priests who unknowingly became impure from this flesh might eat *teruma*, for which one is liable to receive death at the hand of Heaven, or they might eat consecrated meat unwittingly and be liable to receive *karet*.

In contrast, the risk involved in people incorrectly thinking they are ritually impure involves only the possible unintentional violation of the relatively light prohibition against burning ritually pure *teruma* or other consecrated foods. They explain that although the potential error is more severe, the risk of error is much less. This is because during the short period it takes for the flesh to decompose, people will remember that a grave is located there, and passersby will know that they may have become impure (*Talmidei Rabbeinu Yeḥiel miParis; Mo'ed Katan* 5b).

They instituted that the entire field should be declared ownerless – הִתְקִינוּ שֶׁיְּהוּ מַפְקִירִין אֶת כָּל הַשָּׂדֶה: Some authorities cite this mishna as proof that one who declares his field ownerless is no longer in violation of the prohibition against planting diverse kinds, for if this were not the case the declaration that the field was ownerless would not solve the problem. The reason for this is that by declaring it ownerless, the field is no longer classified as "your field" in terms of the verse: "You shall not sow your field with diverse kinds" (Leviticus 19:19). Therefore, the former owner has ceased to transgress the prohibition (*Yehuda Ya'ale* on the Mahari Asad).

וּמְנַיִין שֶׁהֶפְקֵר בֵּית דִּין הֶפְקֵר – דִּכְתִיב: ״וְכֹל אֲשֶׁר לֹא יָבוֹא לִשְׁלֹשֶׁת הַיָּמִים בַּעֲצַת הַשָּׂרִים וְהַזְּקֵנִים יָחֳרַם כָּל רְכוּשׁוֹ וְהוּא יִבָּדֵל מִקְּהַל הַגּוֹלָה״.

The Gemara asks: **From where** is it derived **that property declared ownerless by the court is** in fact **ownerless?**[H] As the mishna states that the court rendered the fields ownerless, clearly they had the power to do so. What is the source for their having this power? The Gemara answers: **As it is written,** with regard to the proclamation of Ezra and his court to all the people to gather in Jerusalem, where he instructed those who had married foreign women to divorce them: **"And that whosoever came not within three days, according to the counsel of the princes and the elders, all his substance should be forfeited, and himself separated from the congregation of the captivity"** (Ezra 10:8). This shows that the court has the power to render ownerless the property of anyone who violates its commands.

מְנַיִין שֶׁהִיא פְּטוּרָה מִן הַמַּעַשְׂרוֹת? רַבִּי יוֹנָתָן בְּרֵיהּ דְּרַב יִצְחָק בַּר אַחָא שָׁמַע לָהּ מִן הָדָא: אֵין מְעַבְּרִין אֶת הַשָּׁנָה לֹא בַּשְּׁבִיעִית וְלֹא בְּמוֹצָאֵי שְׁבִיעִית. וְאִם עִיבְּרוּהָ – הֲרֵי זוֹ מְעוּבֶּרֶת.

The Gemara further asks: **From where** is it derived **that** this ownerless field **is exempt from tithes,**[N] like a field rendered ownerless by its owner? **Rabbi Yonatan, son of Rabbi Yitzḥak bar Aḥa, learned** the *halakha* of this case **from this** *baraita*: **One** may **not intercalate the year,** by adding the month of Second Adar, **neither in the Sabbatical Year nor in the year after the Sabbatical Year.**[H] **And if they** transgressed and **intercalated it,** the year is **intercalated.**

וְחוֹדֶשׁ אֶחָד שֶׁהוּא מוֹסִיף לֹא פָּטוּר מִמַּעַשְׂרוֹת הוּא?

Rabbi Yonatan explains how exemption from tithes of a field that was declared ownerless by the court can be derived from this *baraita*: **And** yet with regard to that **one month that he adds,** i.e., the month to intercalate the year, which is added to the Sabbatical Year, **aren't** the crops harvested in that additional month **exempt from tithes?** These crops are Sabbatical produce and as such exempt from tithes, but that status is only a result of the decree of the court to extend the year. This proves that the court has the power to render a field exempt from tithes.

עַד כְּדוֹן שְׁבִיעִית, מוֹצָאֵי שְׁבִיעִית מַאי? אָמַר רַבִּי בּוּן: שֶׁלֹּא לְרַבּוֹת בְּאִיסּוּר חָדָשׁ.

The Gemara continues to analyze the *baraita*. **Until here** it is clear why **the Sabbatical Year** should not be intercalated, as it extends the prohibitions of the Sabbatical year. However, **what is** the reason that **the year after the Sabbatical Year** should not be intercalated? **Rabbi Bun said:** The reason is so **as not to increase** the period **of the prohibition of new grain.** In the year after the seventh year people are still relying on the produce of the sixth year until the new crop sprouts in the spring of the eighth year. Since the food supply is liable to run out, the sooner the new grain can be eaten, the better. It is only permitted after the bringing of the *omer* offering on the sixteenth of Nisan, and therefore it is preferable not to extend the year, which would delay the beginning of Nisan.

רַבִּי זְעֵירָא בְּשֵׁם רַבִּי אֶלְעָזָר: הָדָא דְּאַתְּ אָמַר – עַד שֶׁלֹּא הִתִּיר רַבִּי לְהָבִיא יָרָק מֵחוּצָה לָאָרֶץ לָאָרֶץ, אֲבָל מִשֶּׁהִתִּיר רַבִּי לְהָבִיא יָרָק מֵחוּצָה לָאָרֶץ לָאָרֶץ – הִיא שְׁבִיעִית הִיא שֶׁל שְׁאָר שְׁנֵי שָׁבוּעַ.

Rabbi Ze'eira says **in the name of Rabbi Elazar: That which you say,** that one may not intercalate the Sabbatical Year or the following year, applied **until** the time **that Rabbi** Yehuda HaNasi **permitted** one **to import vegetables from outside Eretz** Yisrael **to Eretz** Yisrael. Beforehand there was a danger of insufficient food, and the court needed to refrain from lengthening either year. **However,** from the time **when Rabbi** Yehuda HaNasi **permitted one to import vegetables from outside Eretz** Yisrael **to Eretz** Yisrael, and there was enough food for all, **the Sabbatical Year is** like **other years of the Sabbatical cycle,** i.e., it is permitted to intercalate any year.

HALAKHA

Property declared ownerless by the court is ownerless – הֶפְקֵר בֵּית דִּין הֶפְקֵר: A judge has the power both to declare property ownerless and to dispose of or transfer it to someone else, as he sees fit, for the purpose of correcting a widespread error or addressing an important matter. This ruling is in accordance with the opinion of Rabbi Yitzḥak (Rambam *Sefer Shofetim, Hilkhot Sanhedrin* 26:6).

One may not intercalate the year, neither in the Sabbatical Year nor in the year after the Sabbatical Year, etc. – אֵין מְעַבְּרִין אֶת הַשָּׁנָה לֹא בַּשְּׁבִיעִית וְלֹא בְּמוֹצָאֵי שְׁבִיעִית וכו׳: One may not intercalate the Sabbatical Year, as stated in the *baraita*. The Sages usually intercalated the sixth year (Rambam *Sefer Zemanim, Hilkhot Kiddush HaḤodesh* 4:15).

NOTES

From where is it derived that this ownerless field is exempt from tithes – מְנַיִין שֶׁהִיא פְּטוּרָה מִן הַמַּעַשְׂרוֹת: If the owner of a field declares its produce ownerless, he is not obligated to separate *terumot* and tithes from it, as it states: "And the Levite shall come, because he has no portion nor inheritance with you" (Deuteronomy 14:29). The Sages derived from this verse that the Levite is entitled to only some of the produce of which he owns no portion, but not from the crop of an ownerless field, to which he has equal rights (Rabbi Yoḥanan, citing Rabbi Yannai, Jerusalem Talmud, *Ma'aserot* 1:1; Rambam *Sefer Zera'im, Hilkhot Terumot* 1:5; and others). Some commentaries derive this *halakha* from the phrase: "The increase of your seed" (Deuteronomy 14:22), which excludes ownerless seed (Rambam *Sefer Zera'im, Hilkhot Ma'aserot* 1:1; and others), or from the verse: "The first-fruits of your grain…you shall give him" (Deuteronomy 18:4), where "your grain" refers to grain that has an owner (Rambam *Sefer Zera'im, Hilkhot Terumot* 2:1).

The Gemara here discusses whether a field that was declared ownerless by the court has the same status as one that was rendered ownerless by the owner himself.

תָּנֵי: אֵין מְעַבְּרִין וכו׳. אָמַר רַבִּי מָנָא: הָדָא דְאַתְּ אָמַר – בָּרִאשׁוֹנָה, שֶׁהָיוּ הַשָּׁנִים כְּתִקְנָן. אֲבָל עַכְשָׁיו שֶׁאֵין הַשָּׁנִים כְּתִקְנָן – הִיא שְׁבִיעִית הִיא שְׁאָר שְׁנֵי שָׁבוּעַ.

It was taught in the *baraita* that **one** may **not intercalate** the year following the Sabbatical Year. **Rabbi Mana said: This** matter **which you say:** It applied **at first, when** the seasons of **the years** proceeded in **their proper manner,** i.e., the new grain was ripe in time and could be eaten immediately after the sixteenth of Nisan. **However, now, when** the seasons of **the years do not** proceed in **their proper manner,** and the grain is not ready until later anyway, there is no problem delaying Nisan, so **the Sabbatical Year is** like **other years of the Sabbatical cycle.**

תָּנֵי: שֶׁל בֵּית רַבָּן גַּמְלִיאֵל עִיבְּרוּהָ בְּמוֹצָאֵי שְׁבִיעִית מִיָּד.

The Gemara adds: **It was taught** in a *baraita* that the court **of the house of Rabban Gamliel**[P] **intercalated** the year **immediately after the Sabbatical Year,** in the first month of that year.

אָמַר רַבִּי אָבוּן: אִין מִן הָדָא – לֵית אַתְּ שְׁמַע מִינָּהּ כְּלוּם.

Rabbi Yonatan previously proved from the court's ability to extend the Sabbatical year that the court has the power to declare property ownerless, to the extent that its produce is exempt from tithes. With regard to this, **Rabbi Avun said: If** your proof is **from this, you cannot learn anything from it.**

"שָׁמוֹר אֶת חֹדֶשׁ הָאָבִיב" – שׁוֹמְרֵיהוּ שֶׁיָּבִיאוּ בְּחִידּוּשׁוֹ.

Rabbi Avun explains: The Torah says: **"Observe [guard] the month of the spring,** and keep the Passover unto the Lord your God; for in the month of the spring the Lord your God brought you forth out of Egypt by night" (Deuteronomy 16:1). This means that one should **guard it** so **that** the month of Nisan **arrives in the** spring of the **new** year,[H] i.e., in Nisan of the lunar year, which is roughly eleven days shorter than the solar year. If the festival of Passover is scheduled to arrive too early, due to the difference between the solar and lunar years, that year must be intercalated. Since the intercalation of the year is a Torah requirement, the extra month added to a Sabbatical Year is exempt from tithes by Torah law. Therefore, the extension of the year by intercalation is not merely a power of the court, and therefore cannot function as a source for the court's power to declare property ownerless and exempt it from tithes.

וְהַיְידָא אָמְרָה דָא: גָּדִישׁ שֶׁלֹּא לוּקַט תַּחְתָּיו, כָּל הַנּוֹגְעוֹת בָּאָרֶץ – הֲרֵי הֵן שֶׁל עֲנִיִּים. וְאָמַר רַבִּי אַמִּי

But this other mishna (*Pe'a* 5:1) **does state this** *halakha*, that a field declared ownerless by the court is exempt from tithes. With regard to **a pile** of grain **under which** gleanings **have not been gathered**[H] by the poor, who are entitled to the lone stalks that fall during a harvest, **all** the kernels **that are touching the ground belong to the poor. And** about this mishna **Rabbi Ami said**

HALAKHA

Guard it so that the month of Nisan arrives in the spring of the new year – שׁוֹמְרֵיהוּ שֶׁיָּבִיאוּ בְּחִידּוּשׁוֹ: A year is intercalated by the addition of another month of Adar. Second Adar is added immediately after First Adar. The reason for the intercalation is to ensure that Passover occurs in the spring, as it states: "Guard the month of the spring" (Deuteronomy 16:1), which teaches that the court must ensure that the month of Nisan is in the spring. Were it not for the extra month, the season of Passover would vary, as the Festival would occur sometimes in the summer and at other times in the winter (Rambam *Sefer Zemanim*, *Hilkhot Kiddush HaḤodesh* 4:1).

A pile of grain under which gleanings have not been gathered – גָּדִישׁ שֶׁלֹּא לוּקַט תַּחְתָּיו: When the owner of a field placed a pile of produce on the same spot as gleanings that had fallen to the ground but had not been collected by the poor, all the produce touching the ground belongs to the poor. Since it is unknown which of them are gleanings, the *halakha* follows the principle that all doubtful gifts of the poor belong to the poor (Rambam *Sefer Zera'im*, *Hilkhot Mattenot Aniyyim* 4:6).

PERSONALITIES

Rabban Gamliel – רַבָּן גַּמְלִיאֵל: Rabban Gamliel was the president of the Sanhedrin, one of the most important *tanna'im* in the period following the destruction of the Temple. His father, Rabban Shimon ben Gamliel, was also president of the Sanhedrin and one of the leaders of the nation during the final rebellion. After the destruction of the Temple, Rabban Gamliel was transferred by Rabban Yoḥanan ben Zakkai to Yavne, and after the death of Rabban Yoḥanan he became president.

During the period of Rabban Gamliel's presidency, the city of Yavne became a spiritual center in which different enactments and *halakhot* were established for future generations Consequently, Rabban Gamliel is also known as Rabban Gamliel of Yavne. The great sages of his time gathered around him: Rabbi Eliezer, his brother-in-law; Rabbi Yehoshua; Rabbi Akiva; Rabbi Elazar ben Azarya; and others. This was a remarkable group of sages that had no equal for many subsequent generations.

Rabban Gamliel wanted to create a spiritual center in Israel that would unite the entire people as the Temple had done in its time. For this reason he tried to raise the stature of the presidency and to establish the Sanhedrin as a locus of power. His stern and uncompromising leadership eventually led his friends to dismiss him from office for a period of time and appoint Rabbi Elazar ben Azarya in his place. However, since they all understood that his intentions were only for the good of the nation, he was quickly restored to his previous position.

There are not many *halakhot* in which Rabban Gamliel's name is mentioned, but in his time and under his tutelage some of the most important decisions affecting the spiritual history of the Jewish people took shape, such as the final decision to act in accordance with Beit Hillel, the rejection of Rabbi Eliezer's opinion in particular matters, and the establishment of a fixed version of prayers. In those *halakhot* that were transmitted in his name one can see his general approach to *halakha*, which was to draw consistent conclusions based on the principles he espoused without compromising those principles. It is known that two sons of Rabban Gamliel were Sages of Israel: Rabban Shimon ben Gamliel, who served as the president of the Sanhedrin after his father, and Rabbi Ḥanina ben Gamliel.

In modern-day Yavne there is a site identified by some thirteenth- and fourteenth-century Jewish scholars as the tomb of Rabban Gamliel. The structure itself is Mamluk, as is apparent from a dedicatory inscription of the sultan Baibars dated 1247. Muslims identify it as the tomb of one of Muhammad's friends. Given the gap of more than eleven hundred years between the death of Rabban Gamliel and the first Jewish source that identifies the tomb, as well as the fact that Benjamin of Tudela does not mention the tomb, scholars question the veracity of the identification.

Rabban Gamliel's tomb

בְּשֵׁם רַבִּי שִׁמְעוֹן בֶּן לָקִישׁ דְּבֵית שַׁמַּאי הִיא,

in the name of Rabbi Shimon ben Lakish: It is in accordance with the opinion of **Beit Shammai,** who maintain that it is possible to declare an article ownerless exclusively with respect to the poor (see *Pe'a* 6:1).

דְּאִי כְּבֵית הִלֵּל – עֲנִיִּים אוֹכְלִים וּמְעַשְּׂרִין.

In defense of the attribution of the mishna to Beit Shammai the Gemara continues: **For if** the mishna is **in accordance with** the opinion of **Beit Hillel,** who maintain that the court cannot declare something ownerless only for the poor, then the **poor would** be allowed to **eat** the kernels touching the ground only after **tithing.**

וְאָמַר לֵיהּ רַבִּי יוֹסֵי: שָׁמַעְנוּ שֶׁהוּא פָּטוּר מִמַּעֲשֵׂר דִּבְרֵי הַכֹּל, מִשּׁוּם קְנָסָא.

And Rabbi Yosei said to him, Rabbi Ami: **We learned** a different explanation whereby it is not necessary to attribute the mishna to Beit Shammai, i.e., **that everyone agrees** that this produce **is exempt from tithes because** the Sages imposed a **fine** [*kenasa*][L] on one who was careless enough to pile his grain on top of gleanings. He forfeits any stalks touching the ground, as they are rendered ownerless, and ownerless food is exempt from tithes. Since some of the kernels touching the ground are from the pile, not the gleanings, the ruling that they are all exempt from tithes depends upon the Sages' power to declare them ownerless. If the mishna in *Pe'a* is understood in accordance with Rabbi Yosei's opinion, it serves as evidence that the Sages can in fact declare property ownerless to the extent that its produce is exempt from tithes.

הלכה ג מתני׳ בַּחֲמִשָּׁה עָשָׂר בּוֹ שׁוּלְחָנוֹת הָיוּ יוֹשְׁבִין בַּמְּדִינָה. בְּעֶשְׂרִים וַחֲמִשָּׁה יָשְׁבוּ בַּמִּקְדָּשׁ, מִשֶּׁיָּשְׁבוּ בַּמִּקְדָּשׁ הִתְחִילוּ לְמַשְׁכֵּן.

HALAKHA 3 · MISHNA **On the fifteenth of** Adar, money changers would **sit at tables**[B] set up **in the rest of the country,**[HN] outside the Temple, to handle the collection of shekels. **On the twenty-fifth of** Adar, the money changers **sat in the Temple.**[N] **From the time when** the money changers **sat in the Temple,**[N] the court **began to seize collateral**[N] from those who had yet to donate the half-shekel.

LANGUAGE

Fine [*kenasa*] – קְנָסָא: Originally from the Latin word census, which referred both to the counting of residents as well as to the evaluation of citizens' property for the purpose of fixing taxes and determining other rights.

The term developed into the Greek κῆνσος, *kensos*, meaning poll tax, tax registration, or the payment of taxes from this property. It probably entered Hebrew and Aramaic from the Greek. However, this resulted in a slight change in meaning, as in those languages it is referring to the payment of a fixed sum of money as a punishment, usually for one who caused damage to another.

BACKGROUND

Tables for money changers – שׁוּלְחָנוֹת: Every Jewish adult male, whether he lived inside or outside Eretz Yisrael, was obligated to contribute a half-shekel for the acquisition of communal offerings and maintaining the Temple. In this manner, all Jews were partners in the sacred service. The most important feature of this mitzva is not the amount itself, but the participation of the entire Jewish people in the giving of an equal sum. Consequently, the precise amount was adjusted over the generations.

At the end of the Second Temple period the fixed amount was two dinars, which equal half a *sela*, the sacred shekel. In addition to the half-shekel, another small coin was added as payment for the monetary exchange, as not everyone brought the same currency. The remuneration of the money changers, who collected the shekels, was probably paid from those extra coins as well.

HALAKHA

On the fifteenth of Adar they would sit at tables set up in the country, etc. – בַּחֲמִשָּׁה עָשָׂר בּוֹ שׁוּלְחָנוֹת הָיוּ יוֹשְׁבִין בַּמְּדִינָה וכו׳: On the fifteenth of Adar money changers set up their tables in each region of the country and gently demand the half-shekel from those who had yet to contribute. They accepted the money from those who gave, but they did not force people to do so. On the twenty-fifth of the month the money changers placed their tables in the Temple to collect the half-shekels there. From this date onward they demanded the money from those who had yet to give it, and they seized collateral from the delinquent and take a pledge even against his will, including his clothes (Rambam *Sefer Zemanim, Hilkhot Shekalim* 1:9).

NOTES

Money changers would sit at tables set up in the rest of the country – שׁוּלְחָנוֹת הָיוּ יוֹשְׁבִין בַּמְּדִינָה: The early commentaries dispute the function of money changers in the collection of shekels. Some say that they were appointed by the court to provide change for the small coins people brought in lieu of the rarer half-shekels (Rashi on *Megilla* 29b; Rabbeinu Meshulam). Others maintain that the residents of various countries brought half-shekel coins of their own currency. Since the value of these coins was not always the same as those of Eretz Yisrael, the money changers transferred them into proper half-shekels (Rosh). Yet others state that the officers were not money changers at all, but simply collected the half-shekels from the public, as this was one of the ways in which the coins were collected (Rambam *Sefer Zemanim, Hilkhot Shekalim* 1:9).

In the rest of the country…in the Temple – בַּמְּדִינָה...בַּמִּקְדָּשׁ: Some commentaries explain that the term country [*medina*] refers in this context to Jerusalem, while Temple means the Temple Mount. Others understand country to mean all towns in Eretz Yisrael apart from Jerusalem, whereas Temple is referring to Jerusalem (*Korban HaEida*; *Tiklin Ḥadatin*). A similar explanation is that country means all those places where Jews live, and Temple is referring to Jerusalem (Rav Yehuda ben Rav Binyamin HaRofeh).

From the time when the money changers sat in the Temple – מִשֶּׁיָּשְׁבוּ בַּמִּקְדָּשׁ: Although the Temple treasurers withdrew money from the chamber for communal offerings only from the beginning of Nisan, they nevertheless began seizing collateral from the public on the twenty-fifth of Adar. On that day they started selecting the lambs designated for the daily offerings, as these lambs had to be set aside to be examined for blemishes four days before they were sacrificed (see *Menaḥot* 29b). Since the Adar that comes just before Nisan, which is either the regular Adar or Second Adar in a leap year, invariably consists of twenty-nine days, the first lambs had to be chosen on the twenty-fifth of the month (Rabbeinu Meshulam; *Binyan Tziyon HaḤadashot*; *Turei Even* on *Megilla* 29b).

To seize collateral – לְמַשְׁכֵּן: The later commentaries note that in contrast to the collateral taken from a regular debtor, in this case the agents of the court are permitted to enter the house of someone who refuses to give the half-shekel, as he is commanded by God to give the money. Though the payment of a debt is also a mitzva, there are stricter standards with regard to the Temple (*Tosefot Yom Tov*).

אֶת מִי מְמַשְׁכְּנִין? לְוִיִּם וְיִשְׂרְאֵלִים וְגֵרִים וַעֲבָדִים מְשׁוּחְרָרִים, אֲבָל לֹא נָשִׁים וַעֲבָדִים וּקְטַנִּים. וְכָל קָטָן שֶׁהִתְחִיל אָבִיו לִשְׁקוֹל עַל יָדוֹ – שׁוּב אֵינוֹ פּוֹסֵק. אֵין מְמַשְׁכְּנִין אֶת הַכֹּהֲנִים מִפְּנֵי דַּרְכֵי שָׁלוֹם.

From whom did they seize collateral?[H] From **Levites, Israelites, converts, and emancipated slaves. However,** they did **not** seize collateral from **women,**[N] **slaves, or minors. And any minor whose father began** one year **to contribute** a half-shekel **on his behalf,** despite the fact that he was not obligated to do so, **he may not cease to do so**[N] in subsequent years. The court **does not seize collateral from priests,**[H] although they are legally obligated to give a half-shekel like all other Jews, **because of the ways of peace.**

אָמַר רַבִּי יְהוּדָה, הֵעִיד בֶּן בּוּכְרִי בְּיַבְנֶה: כָּל כֹּהֵן שֶׁשּׁוֹקֵל אֵינוֹ חוֹטֵא. אָמַר לוֹ רַבָּן יוֹחָנָן בֶּן זַכַּאי: לֹא כִּי, אֶלָּא כָּל כֹּהֵן שֶׁאֵינוֹ שׁוֹקֵל חוֹטֵא.

The mishna goes on to explain the status of priests with regard to the contribution of the half-shekel. **Rabbi Yehuda said** that **ben Bukhri testified in Yavne:**[B] **Any priest who contributes** the half-shekel **is not** considered **a sinner,** despite the fact that he is not obligated to do so. Rabbi Yehuda added that **Rabban Yoḥanan ben Zakkai said to** ben Bukhri: **Not so; rather, any priest who does not contribute** the half-shekel is considered **a sinner,**[H] as they are obligated like all other Jews.

אֶלָּא שֶׁהַכֹּהֲנִים דּוֹרְשִׁים מִקְרָא זֶה לְעַצְמָן: ״וְכָל מִנְחַת כֹּהֵן כָּלִיל תִּהְיֶה לֹא תֵאָכֵל״.

However, Rabban Yoḥanan ben Zakkai continued, **the priests** who do not contribute **interpret this verse to their own** advantage: **"And any every meal-offering of the priest shall be wholly made to smoke; it shall not be eaten"** (Leviticus 6:16).

הוֹאִיל וְעוֹמֶר וּשְׁתֵּי הַלֶּחֶם וְלֶחֶם הַפָּנִים שֶׁלָּנוּ הֵיאַךְ נֶאֱכָלִין?

Those priests claim as follows: **Since the *omer*** offering **and the two loaves,** i.e., the public offering of two loaves from the new wheat brought on the festival of *Shavuot,* **and the shewbread** placed on the sacred table in the Sanctuary each Shabbat, which are all meal-offerings, are **ours,** then if we contribute shekels we will have partial ownership of these communal offerings, as they are purchased with the shekels. **How,** then, **can** they **be eaten?** They ought to be regarded as priests' meal-offerings, which must be wholly burnt. But since these offerings are eaten, the priests concluded that they are not obligated to contribute the half-shekel. This argument does not, however, take into account the fact that communal offerings belong to the public, which is understood as its own entity, and are not regarded as shared offerings of all who contribute to the public purse.

גמ׳ ״אֵין מְמַשְׁכְּנִין אֶת הַקְּטַנִּים״. הָא לִתְבוֹעַ – תּוֹבְעִין. הָדָא דְּתֵימַר – בְּשֶׁהֵבִיא שְׁתֵּי שְׂעָרוֹת.

GEMARA The mishna taught that the court **does not seize collateral from minors** for the half-shekel. The Gemara infers: This indicates **that** with regard to **claiming** the half-shekel from minors, the court does **claim** the money. The Gemara adds: **This** *halakha* **that you say,** i.e., that the court does not claim the money, applies **to** a young person **who has grown two** pubic **hairs**[B] and therefore is legally an adult in other respects, but is not yet twenty years old. Before he is twenty he is obligated to donate the half-shekel only by rabbinic law, and for that the court does not seize collateral.

אֲבָל אִם לֹא הֵבִיא שְׁתֵּי שְׂעָרוֹת – לָא בְּדָא. וּלְמַשְׁכֵּן אֵין מְמַשְׁכְּנִין אַף עַל פִּי שֶׁהֵבִיא ב׳ שְׂעָרוֹת.

However, if he did not grow two hairs, the *halakha* **does not** apply **to this** case and he has no obligation at all to contribute a half-shekel. The Gemara continues: **And** as for **seizing collateral,** the court **does not seize collateral** from a minor, **even if he grew two hairs,** until the age of twenty.

כֵּינִי מַתְנִיתִין: אֵין מְמַשְׁכְּנִין אֶת הַכֹּהֲנִים מִפְּנֵי דֶּרֶךְ הַכָּבוֹד.

The mishna taught that no collateral is taken from priests because of the ways of peace. The Gemara adds that **this is** how the *halakha* of this **mishna** is taught in a *baraita*: **One** may **not seize collateral from priests because of the way of honor,** i.e., priests must be treated with respect. This is also the meaning of the ways of peace mentioned in the mishna.

HALAKHA

From whom did they seize collateral – **אֶת מִי מְמַשְׁכְּנִין**: All males from age twenty upward are obligated to give the half-shekel, including priests, Levites, Israelites, converts, and emancipated slaves. The obligation does not apply to women, Canaanite slaves, or minors. If any of the latter gave the half-shekel anyway, the money is accepted from them (Rambam *Sefer Zemanim*, *Hilkhot Shekalim* 1:7).

They do not seize collateral from priests – **אֵין מְמַשְׁכְּנִין אֶת הַכֹּהֲנִים**: No collateral is ever taken from priests for their half-shekels, because of the ways of peace. Nevertheless, the court demands the money from them until they give it, and their contributions are accepted (Rambam *Sefer Zemanim*, *Hilkhot Shekalim* 1:10).

A priest who does not contribute is a sinner – **כֹּהֵן שֶׁאֵינוֹ שׁוֹקֵל חוֹטֵא**: The priests are obligated to give the half-shekel like all Jews, in accordance with the opinion of Rabban Yoḥanan ben Zakkai (Rambam *Sefer Zemanim*, *Hilkhot Shekalim* 1:7).

NOTES

They did not seize collateral from women – **לֹא נָשִׁים**: Some commentaries say that women are exempt from the obligation to donate a half-shekel because the verse states: "Then they shall give every man a ransom for his soul" (Exodus 30:12), which excludes women (*Talmidei HaRashbash*; Rabbi Ovadya Bartenura; *Korban HaEida*; *Tiklin Ḥadatin*; see Rosh on the mishna). Others maintain that the reason for the exemption of women is because it is a time-bound, positive mitzva, and the *halakha* is that women are exempt from all mitzvot of this kind (*Mei'ri*). Yet others state that although it is a time-bound, positive mitzva, it can be argued that women should be obligated in this case, as the Torah calls the half-shekel "the atonement money" (Exodus 30:16), and women are in need of atonement too. According to this opinion, the reason women are exempt is because the Torah obligated only "everyone who passes among them who are numbered," and women were not counted in the census.

An alternative opinion is that the half-shekel is not a time-bound, positive mitzva at all, as one can give the half-shekel for the Nisan collection at any time throughout the year if he so chooses, notwithstanding the fact that the court dealt with this obligation only in Adar. Instead, women are exempt because the mention of "man" in the above verse limits the mitzva to men (*Minḥat Ḥinukh*, mitzva 105).

And any minor whose father began to contribute on his behalf, he may not cease to do so – **וְכָל קָטָן שֶׁהִתְחִיל אָבִיו לִשְׁקוֹל עַל יָדוֹ שׁוּב אֵינוֹ פּוֹסֵק**: The *Magen Avraham* (*Shulḥan Arukh*, *Oraḥ Ḥayyim* 470:2) implies that once the father began contributing the half-shekel for his son, it is regarded as a vow that he has taken upon himself.

The early commentaries dispute whether collateral is seized from the father in this case. The *Me'iri* claims that the court does take collateral, whereas Rabbeinu Meshulam maintains that although it is a mitzva to give this half-shekel it is not an obligation, and therefore the court does not seize collateral.

BACKGROUND

Yavne – **יַבְנֶה**: A town in Judea. After the destruction of the Second Temple, Yavne became an important Torah center and the seat of the Sanhedrin. Apparently, it had been a center of Torah study even before the Temple was destroyed, but it attained great prominence only afterward, when Rabban Yoḥanan ben Zakkai reestablished the Sanhedrin there. For a while it was the spiritual center of the entire Jewish population in Eretz Yisrael. The yeshiva there, initially headed by Rabban Yoḥanan ben Zakkai, and later by Rabban Gamliel II of Yavne, attracted many of the greatest Torah scholars of that era. It remained an important center until the time of the bar Kokheva revolt. At Yavne many ordinances were enacted to restore Jewish religious and spiritual life after the destruction of the Temple.

Two hairs – **שְׁתֵּי שְׂעָרוֹת**: Legal adulthood begins with the appearance of at least two pubic hairs after a boy turns thirteen and a girl turns twelve. Pubic hair can begin to grow earlier or later due to various genetic, nutritional, and climatic factors. The appearance of pubic hair earlier than expected is not a sign of puberty, but is called a mole by the Gemara.

״אָמַר רַבִּי יְהוּדָה הֵעִיד״ כו׳. אֲמַר רַבִּי בֶּרֶכְיָה: טַעְמָא דְּרַבָּן יוֹחָנָן בֶּן זַכַּאי, ״זֶה יִתְּנוּ״ – שְׁנֵים עָשָׂר שְׁבָטִים יִתְּנוּ.

The mishna further taught that **Rabbi Yehuda said** that ben Bukhri **testified** that any priest who contributes the half-shekel is not considered a sinner, to which Rabban Yoḥanan ben Zakkai retorted that any priest who does not contribute is a sinner. **Rabbi Berekhya said: Rabbi Yoḥanan ben Zakkai's source** is the following verse: "**This** [*zeh*] **they shall give,** everyone who passes among them that are numbered, half a shekel after the shekel of the Sanctuary…" (Exodus 30:13). The word *zeh* has a numerical value of twelve, from which it is derived: **Twelve tribes shall give,**[N] including the tribe of Levi, of which the priests are members.

רַבִּי טָבִי בְּשֵׁם רַב הַמְנוּנָא, כֵּן מְשִׁיבִין חֲכָמִים לְרַבִּי יְהוּדָה: חַטַּאת יָחִיד מֵתָה, אֵין חַטַּאת צִבּוּר מֵתָה. מִנְחַת הַיָּחִיד קְרֵיבָה כָּלִיל, וְאֵין מִנְחַת הַצִּבּוּר קְרֵיבָה כָּלִיל.

Rabbi Tavi said **in the name of Rav Hamnuna** that **the Rabbis respond in this way to Rabbi Yehuda,** who quoted Rabbi Yoḥanan ben Zakkai's criticism of ben Bukhri's opinion: The *halakha* is that **the sin-offering of an individual,** which for some reason cannot be sacrificed, must be left to **die,** by confining the animal in an enclosure and withholding food and drink from it. However, **a communal sin-offering** is **not** left to **die**[H] (see *Temura* 16a). A similar distinction applies to meal-offerings: **The meal-offering of an individual may be entirely sacrificed** on the altar, e.g., when it belongs to a priest. **But a communal meal-offering,** i.e., the *omer*, the two loaves, and the shewbread, all of which come from the collection of shekels, **is not entirely sacrificed,** but is always eaten. If the priests are obligated to contribute the half-shekel, these meal-offerings will partly belong to them, and it is prohibited to eat the meal-offering of a priest.

וְקַשְׁיָא: מְשִׁיבִין לְאָדָם דָּבָר שֶׁאֵינוֹ מוֹדֶה בּוֹ? דִּתְנַן: שֶׁאֵין חַטַּאת צִבּוּר מֵתָה, רַבִּי יְהוּדָה אוֹמֵר: תָּמוּת.

The Gemara asks: **But** this is **difficult.** How could this question be presented against the opinion of Rabbi Yehuda? Can **one raise a difficulty against a person** from **a matter with which he does not agree? As we learned** in a mishna (*Yoma* 62b) **that a communal sin-offering** is **not** left to **die,** and yet **Rabbi Yehuda says: It is** left to **die.** According to Rabbi Yehuda there is no distinction between a communal sin-offering and an individual sin-offering in this regard. If so, there should likewise be no difference between communal and individual meal-offerings, and it should be possible to sacrifice the communal meal-offerings in their entirety.

וְהוּא מוֹתִיב לָן, זוֹ לֹא נִדְבַת יָחִיד הִיא? וְאִינוּן מְתִיבִין לֵיהּ: כֵּיוָן שֶׁנִּמְסְרָה לַצִּבּוּר – כְּמִי שֶׁהוּא נִדְבַת צִבּוּר.

The Gemara adds: **And he,** Rabbi Yehuda, **responds to** the difficulty of the Rabbis against his opinion: **Isn't this** half-shekel given by a priest **an individual donation?** Since he is not obligated to donate the half-shekel, the contribution of a priest may be considered an individual donation, which separates it from the money of the rest of the community. For that reason, the communal offerings are not considered the property of the priests. **And the** Rabbis **respond to him that since** the priest's half-shekel **has been handed over to the community, it is** considered part of the **communal donation.**

כְּתִיב: ״כָּל הָעוֹבֵר עַל הַפְּקוּדִים״, רַבִּי יְהוּדָה וְרַבִּי נְחֶמְיָה, חַד אָמַר: כָּל דְּעָבַר בְּיַמָּא יִתֵּן, וְחָרָנָא אָמַר: כָּל דְּעָבַר עַל פִּיקוּדַיָּיא יִתֵּן.

The Gemara notes that there is another dispute of *tanna'im* along the same lines as this one. **It is written:** "This they shall give, **everyone who passes among them that are numbered,** half a shekel after the shekel of the Sanctuary" (Exodus 30:13). **Rabbi Yehuda and Rabbi Neḥemya** disputed the meaning of this verse. **One** of them **said** that the verse means that **all who passed through the** Red **Sea** must **give** a half-shekel, i.e., the entire Jewish people. **And the other said** that **all who passed** before Moshe **to be numbered** must **give** the donation, whereas those who were not counted with the rest of the Jewish people, i.e., priests and Levites, need not provide a half-shekel.

מַאן דְּאָמַר כָּל דְּעָבַר בְּיַמָּא יִתֵּן – מְסַיֵּיעַ לְרַבָּן יוֹחָנָן בֶּן זַכַּאי, מַאן דְּאָמַר כָּל דְּעָבַר עַל פִּיקוּדַיָּיא יִתֵּן – מְסַיֵּיעַ לְבֶן בּוּכְרִי.

The Gemara comments: **The one who said** that **all who passed through the** Red **Sea** must **give** a half-shekel **supports** the opinion **of Rabbi Yoḥanan ben Zakkai,** who maintains that the priests must also contribute, whereas **the one who said** that **all who passed to be numbered** must **give** the donation **supports** the opinion **of ben Bukhri.**

NOTES

This they shall give, twelve tribes shall give – **זֶה יִתְּנוּ שְׁנֵים עָשָׂר שְׁבָטִים יִתְּנוּ**: This is referring to the twelve tribes, whose names are inscribed on the breastplate, which includes the tribe of Levi, not the tribes listed at the beginning of the book of Numbers for the census. In that list Levi is omitted, while the sons of Joseph, Menashe, and Ephraim are counted as two tribes (Rash Sirilio).

HALAKHA

A communal sin-offering is not left to die – **אֵין חַטַּאת צִבּוּר מֵתָה**: If a communal sin-offering was lost and subsequently found after another animal was sacrificed in its place, it is left to graze until it develops a blemish. At that point the animal is sold, and the proceeds are allocated for the purchase of free-will offerings (Rambam *Sefer Avoda, Hilkhot Pesulei HaMukdashin* 4:1).

הלכה ד מתני׳ אַף עַל פִּי שֶׁאָמְרוּ אֵין מְמַשְׁכְּנִין נָשִׁים וַעֲבָדִים וּקְטַנִּים, אֲבָל אִם שָׁקְלוּ מְקַבְּלִין מִיָּדָן. הַנׇּכְרִי וְהַכּוּתִי שֶׁשָּׁקְלוּ – אֵין מְקַבְּלִין מֵהֶן. וְאֵין מְקַבְּלִין מִיָּדָם קִנֵּי זָבִין וְקִנֵּי זָבוֹת וְקִנֵּי יוֹלְדוֹת, וְחַטָּאוֹת וַאֲשָׁמוֹת.

HALAKHA 4 · MISHNA **Although** the Sages **said,** as stated in the previous mishna, that the court **does not seize collateral** from **women, slaves, and minors,** as they are not obligated to contribute, **however, if they contributed a shekel** of their own accord, the Temple treasurers **accept from them.**[N] Conversely, in the case of **a gentile**[N] **or a Samaritan** [***Kuti***][BN] **who contributed a shekel** to participate in the communal offerings, **they do not accept** it **from them.**[H] **And** likewise, **they do not accept from** a gentile or a Samaritan **pairs** of birds sacrificed in the purification ritual of **a** ***zav,***[N] **pairs** of birds **of a** ***zava,*** **or pairs** of birds **of a woman who gave birth,** all of which are brought for ritual purification, **or sin-offerings or guilt-offerings.**

זֶה הַכְּלָל: כׇּל שֶׁנִּידָּר וְנִידָּב – מְקַבְּלִין מִיָּדָן, כׇּל שֶׁאֵינוֹ נִידָּר וְנִידָּב – אֵין מְקַבְּלִין מִיָּדָן. וְכֵן מְפוֹרָשׁ עַל יְדֵי עֶזְרָא שֶׁנֶּאֱמַר ״לֹא לָכֶם וָלָנוּ לִבְנוֹת בַּיִת לֵאלֹהֵינוּ״.

This is the principle: With regard to **anything that can be** brought to the altar **as a vow or as a free-will offering,** the priests **accept** it **from** gentiles and Samaritans,[H] and with regard to **anything that cannot be** brought **as a vow or as a free-will offering, they** may **not accept** it **from them. And this** principle **was similarly articulated by Ezra,** when he recorded the Jewish leadership's rejection of the Samaritans' request to assist the Jews in the construction of the Second Temple, **as it is stated:** "But Zerubbabel, and Joshua, and the rest of the heads of fathers' houses of Israel, said unto them: **You have nothing to do with us to build a house unto our God;** but we ourselves together will build unto the Lord the God of Israel, as King Cyrus the king of Persia has commanded us" (Ezra 4:3).

NOTES

And minors, if they contributed they accept from them – וּקְטַנִּים...אִם שָׁקְלוּ מְקַבְּלִין מִיָּדָן: There is a difficulty here, as a minor cannot transfer property by Torah law, and therefore he cannot bestow a gift. Consequently, his shekel does not become part of the public treasury from which communal offerings are purchased. An offering bought with his shekel does therefore not fully belong to the public. Later commentaries resolve this problem by claiming that since the Sages decreed that he can give the half-shekel, the coin of a minor subsequently belongs to the public by Torah law, as the transfer is valid by fiat, given the courts' power to declare property ownerless (*Ketzot HaḤoshen* 235, cited by *Tosefot Rabbi Akiva Eiger*, see *Netivot HaMishpat*, who rejects this explanation). Others state that the half-shekels are not transferred to the public in the form of a gift, but as consecrated money for the requirements of the community. Since this is presumably an instance of a minor old enough for his vows to be binding (see *Nidda* 46b), his consecration is likewise binding (Rabbi Yitzḥak Ze'ev Soloveitchik, *Menaḥot* 21b).

Gentile – נׇכְרִי: Certain offerings can be brought to the Temple by a gentile. There is a dispute as to whether this is limited to burnt-offerings or includes peace-offerings as well (see *Menaḥot* 73b). However, this applies only to individual, not communal offerings, from which the Torah excludes gentiles (see *Torat Kohanim*, Leviticus 22:25). Consequently, the half-shekel is not accepted from gentiles, as it is used for the purchase of communal offerings.

Or a Samaritan [*Kuti*] – וְהַכּוּתִי: When King Shalmaneser of Assyria exiled the ten tribes of Israel, he and his successors brought Kutites from Kuta and resettled them in Samaria. These Kutites converted due to the threat of lions that were attacking them. Yet they both "feared the Lord and served their graven images" (II Kings 17:41). The Sages of the Mishna disputed whether they were sincere converts or whether they should not be considered full-fledged Jews but rather so-called lion converts (see *Kiddushin* 75b).

According to the opinion that they did not properly convert, Samaritans had the status of gentiles, and the verse that excludes gentiles applies to them as well. According to those who maintain that Samaritans were full-fledged Jews, they were excluded from contributing shekels by Ezra's decree that Samaritans should have no share in the construction of the Temple, and consequently the leftover shekels were partly used for maintaining the Temple. See mishna on *daf* 5a (*Penei Moshe*).

And they do not accept from them pairs for a *zav*, etc. – וְאֵין מְקַבְּלִין מִיָּדָם קִנֵּי זָבִין וכו׳: A *zav*, a *zava*, and a woman who gave birth are obligated to bring an offering for the completion of their ritual purification. The *zav* and *zava* bring a pair of birds, either two turtledoves or two young pigeons, one for a sin-offering and the other for a burnt-offering. As for a woman who gave birth, if she is wealthy she brings a lamb for a sin-offering and a bird for a burnt-offering, and if she is poor she brings a pair of birds, either turtledoves or young pigeons, for a sin-offering and a burnt-offering.

The Gemara explains further on (4a) that it is only with regard to a Samaritan that the mishna needs to explicitly exclude their offerings for a *zav*, *zava*, and woman who gave birth. Since Samaritans kept some of the mitzvot, including the *halakhot* pertaining to these three statuses, it might have been thought that those offerings are accepted from them. In the case of gentiles, the *halakhot* of a *zav*, a *zava*, and a woman who gave birth are irrelevant to them and therefore there is no need to mention that they cannot sacrifice those offerings.

BACKGROUND

Samaritans [*Kutim*] – כּוּתִים: The name *Kutim* refers to the members of the nations, only some of whom were actually from Kuta, who were brought to Eretz Yisrael by the Assyrian kings to replace the Jews exiled from there. These gentiles settled in Samaria and are therefore also known as Samaritans. It is related in II Kings 17 that they accepted upon themselves some of the strictures of Judaism out of fear of lions that were attacking them. For this reason they are sometimes dubbed lion converts. Apparently, they also did not entirely abandon idolatry.

At the beginning of the Second Temple era, when the Jews returned from Babylonia, relations with the Samaritans and their allies deteriorated. The Samaritans attempted to prevent and undermine the construction of the Temple and the wall of Jerusalem by a host of means, including informing on the Jews to the Persian government and even taking military action. During this period there was also assimilation and intermarriage between Jews and Samaritans. Over time, attitudes toward the Samaritans fluctuated: There were times when deep feelings of hatred separated Samaritans and Jews. Yoḥanan Hyrcanus even waged war against Samaria and destroyed their temple on Mount Gerizim. At other times there was some measure of cooperation between the two communities, such as during the bar Kokheva revolt.

The Sages initially disagreed concerning the halakhic status of the Samaritans and the validity of their conversion. Ultimately, the opinion prevailed that Samaritans are legally gentiles, especially after it was discovered that they persisted in various idolatrous practices, which was partly due to Greek and Roman influences. In the last several hundred years different opinions have been voiced with regard to the status of contemporary Samaritans.

Mount Gerizim

HALAKHA

A gentile or a Samaritan who contributed, they do not accept it from them – הַנׇּכְרִי וְהַכּוּתִי שֶׁשָּׁקְלוּ אֵין מְקַבְּלִין מֵהֶן: The half-shekel is not accepted from gentiles (Rambam *Sefer Zemanim, Hilkhot Shekalim* 1:7).

Anything that can be a vow or a free-will offering, they accept it from them – כׇּל שֶׁנִּידָּר וְנִידָּב מְקַבְּלִין מִיָּדָן: Only burnt-offerings that are vows or free-will offerings are accepted from gentiles. These include both animal and bird offerings (see *Ḥullin* 13b; *Menaḥot* 73b). If the burnt-offering is neither a vow nor a free-will offering, like the burnt-offering of a woman who gave birth, it is not accepted from a gentile. Likewise, peace-offerings, meal-offerings, sin-offerings, and guilt-offerings are not accepted from them. This *halakha* applies even to gentiles who worship idols (Rambam *Sefer Avoda, Hilkhot Ma'aseh HaKorbanot* 3:2).

וְאֵלּוּ שֶׁחַיָּיבִין בְּקָלְבּוֹן: לְוִיִּם וְיִשְׂרְאֵלִים וְגֵרִים וַעֲבָדִים מְשׁוּחְרָרִים, אֲבָל לֹא כֹּהֲנִים וְנָשִׁים וַעֲבָדִים וּקְטַנִּים.

The mishna states another *halakha*: **And these are** the people **who are obligated in the premium** [***kalbon***],[HLN] a small sum added to the half-shekel collected: **Levites, Israelites, converts, and emancipated** Canaanite **slaves, but not priests, women,** Canaanite **slaves, or minors.**[N]

הַשּׁוֹקֵל עַל יַד כֹּהֵן עַל יַד הָאִשָּׁה עַל יַד עֶבֶד עַל יַד קָטָן – פָּטוּר, וְאִם שָׁקַל עַל יָדוֹ וְעַל יַד חֲבֵירוֹ – חַיָּיב בְּקָלְבּוֹן אֶחָד. וְרַבִּי מֵאִיר אוֹמֵר: שְׁנֵי קוֹלְבָּנוֹת. הַנּוֹתֵן סֶלַע וְנוֹטֵל שֶׁקֶל – חַיָּיב שְׁנֵי קוֹלְבָּנוֹת.

One who contributes a half-shekel **on behalf of a priest, on behalf of a woman, on behalf of a slave,** or **on behalf of a child, is exempt** from the premium, as they are exempt. **But if he contributed on his own behalf and on behalf of another,**[H] i.e., he contributed one whole shekel to discharge both his own obligation and that of someone else, **he is obligated in one premium. Rabbi Meir says:** He must pay **two premiums.** The mishna further states: **One who gives** the collection agent **a *sela***, i.e., a whole shekel, **and takes a shekel,**[NL] i.e., a half-shekel, as change **is obligated** in **two premiums.**

הַשּׁוֹקֵל עַל יַד עָנִי וְעַל יַד שְׁכֵינוֹ וְעַל יַד בֶּן עִירוֹ – פָּטוּר, וְאִם הִלְוָון – חַיָּיב.

One who contributes a half-shekel **on behalf of a poor** person, **on behalf of his neighbor,**[H] **or on behalf of a resident of his city is exempt**[N] from the premium. The Sages did not obligate in the premium those who use their own money to fulfill the obligation of another. **But if one loaned them** a half-shekel, rather than paying it on their behalf, **he is obligated** to pay the premium. Since the recipients of the loan must repay the money, it is as though the half-shekel were paid from their property rather than the lender's.

הָאַחִין הַשּׁוּתָּפִין שֶׁחַיָּיבִין בְּקָלְבּוֹן – פְּטוּרִין מִמַּעְשַׂר בְּהֵמָה, וּכְשֶׁחַיָּיבִין בְּמַעְשַׂר בְּהֵמָה – פְּטוּרִין מִן הַקָּלְבּוֹן.

Partnered brothers,[H] who have fully divided among themselves their late father's assets, and **who,** if they jointly pay a whole shekel from those assets to discharge both of their obligations, **are obligated in the premium** like any other two private individuals, **are exempt from the animal tithe** for the livestock they inherited. Since they have completely divided between them all inherited assets, they are considered purchasers of the livestock, and a purchaser is exempt from the animal tithe. **But when** they have not completely divided the assets, and **they are** therefore **obligated in the animal tithe,** as the livestock is considered in their father's possession, **they are exempt from the premium** for their joint payment, as in the case of one who pays on behalf of another.

NOTES

Premium – קָלְבּוֹן: All free adult male Jews are commanded to contribute annually a half-shekel to the Temple for the communal sacrifices. The Sages instituted that in addition to the half-shekel, everyone must give another small coin called a *kalbon*, a premium, toward the expense of converting the whole shekels into half-shekel coins (Rashi). They also mandated that two people who pay a full shekel for the pair of them must each pay a premium, despite the fact that no currency conversion is required. However, if multiple family members pay from a single family estate, e.g., a father who contributes on behalf of his sons, no additional premium is required.

But not priests, women, slaves, or minors – אֲבָל לֹא כֹּהֲנִים וְנָשִׁים וַעֲבָדִים וּקְטַנִּים: This is the *halakha* despite the fact that women, gentile slaves, and children may contribute the half-shekel if they so desire. Because they are not obligated to do so, their contribution is considered a freely offered donation to the Temple, an act of piety, and no premium is required (*Tiklin Ḥadatin*). Although priests are required to contribute the shekel, no premium is demanded from them either, as their property cannot be seized as collateral for the payment (Rosh; Rash Sirilio; *Tosefot Yom Tov*).

One who gives a *sela* and takes a shekel – הַנּוֹתֵן סֶלַע וְנוֹטֵל שֶׁקֶל: In this paragraph, the term shekel is referring to a half-shekel, as is often the case in the language of the Mishna and Gemara. *Sela* is referring to two half-shekels or one whole shekel (*Korban HaEida*).

One who contributes on behalf of a poor person…is exempt – הַשּׁוֹקֵל עַל יַד עָנִי...פָּטוּר: Some commentaries state that this is because the poor person accepts the money as a gift (Rabbi Ovadya Bartenura; Rambam *Sefer Zemanim*, *Hilkhot Shekalim* 3:3). Others reject this explanation, arguing that once the poor person receives a gift, it is his own money and its origins are irrelevant. These commentaries suggest that the reason is that one can contribute on behalf of another from one's own property even without the beneficiary's knowledge, provided that the beneficiary does not expressly oppose the gesture. In a case of this kind, the beneficiary is exempt from the premium (*Iggerot Moshe*, *Oraḥ Ḥayyim* 1:191).

HALAKHA

And these are the people who are obligated in the premium [*kalbon*] – וְאֵלּוּ שֶׁחַיָּיבִין בְּקָלְבּוֹן: When one gives a whole shekel to a money changer so that the money changer will give half of it to the Temple and return the other half, he must pay a premium on that shekel. Similarly, two people who jointly pay a whole shekel to the Temple are both obligated in a premium. However, all those exempt from the half-shekel contribution, e.g., slaves and women, are exempt from the premium, despite the fact that they are permitted to contribute the half-shekel voluntarily. Likewise, if two people, one obligated and one exempt, jointly pay a whole shekel, they are both exempt from the premium. If a priest pays a whole shekel with the intention of receiving half of it back as change, or if someone else contributes on his behalf, that contribution is exempt from the premium (Rambam *Sefer Zemanim*, *Hilkhot Shekalim* 3:1–2).

He contributed on his own behalf and on behalf of another – שָׁקַל עַל יָדוֹ וְעַל יַד חֲבֵירוֹ: One who contributes a whole shekel to the Temple for his own obligation and that of another is obligated to pay one premium, in accordance with the opinion of the first *tanna* (*Kesef Mishne*; Rambam *Sefer Zemanim*, *Hilkhot Shekalim* 3:6).

One who contributes on behalf of a poor person, on behalf of his neighbor, etc. – הַשּׁוֹקֵל עַל יַד עָנִי וְעַל יַד שְׁכֵינוֹ וכו׳: One who contributes a whole shekel, half of which is intended to fulfill his own obligation and the other half to fulfill the obligation of a poor person or neighbor, is exempt entirely from the premium, provided that he intended to give the money as a gift with which the poor person could fulfill his obligation. If he gave the money as a loan that must be repaid, he is obligated to pay the premium (Rambam *Sefer Zemanim*, *Hilkhot Shekalim* 3:3).

Partnered brothers, etc. – הָאַחִין הַשּׁוּתָּפִין וכו׳: With regard to brothers who have not yet entirely divided up their father's estate, if they buy livestock with money from the inheritance, they are obligated to pay the animal tithe for all animals born under their joint ownership. The reason is that the estate is considered a single entity. Once they have divided up the inheritance, even if afterward they reestablish a partnership, they are exempt from the tithe for those animals. This is because the division of the estate is considered a kind of transaction, even if all sides receive an equal share of all types of animals, and the animal tithe is not separated from purchased animals (Rambam *Sefer Korbanot*, *Hilkhot Bekhorot* 6:10).

As for the brothers' obligation to pay a premium, if they have not yet divided the inheritance between them, they are exempt. However, if they divided it and subsequently renewed their partnership and contributed one whole shekel for both of them, they are obligated to pay the premium (Rambam *Sefer Zemanim*, *Hilkhot Shekalim* 3:4).

LANGUAGE

Premium [*kalbon*] – קָלְבּוֹן: From the Greek κόλοβον, *kolobon*, a small coin used as payment to a money changer for conversion of currency.

***Sela* and shekel – סֶלַע וְשֶׁקֶל:** *Sela* literally means rock. Apparently, its usage as the name of a coin comes from the concept of a stone, specifically a weighing stone. A *sela* therefore corresponds to the specific weight of a precious metal. Worth four dinars, the *sela* was typically the most valuable silver coin handled by merchants, followed by a gold dinar. The shekel is half a *sela*, or two dinars, and was apparently called by this name because it is the amount enumerated in the Torah for the shekel contribution, i.e., a half of the biblical shekel, the sacred shekel, which was worth four dinars.

וְכַמָּה הוּא קָלְבּוֹן? מָעָה כֶּסֶף דִּבְרֵי רַבִּי מֵאִיר, וַחֲכָמִים אוֹמְרִים: חֲצִי מָעָה.

And how much is a premium?[H] **A silver** ***ma'a*****.**[B] This is **the statement of Rabbi Meir. And the Rabbis say:** It is only **half a** ***ma'a*****.**

גמ׳ אַף עַל פִּי שֶׁאָמְרוּ כו׳. הָא לְתְבוֹעַ - אֵין תּוֹבְעִין! הָכָא אַתְּ אָמַר תּוֹבְעִין, וְהָכָא אַתְּ אָמַר אֵין תּוֹבְעִין!

GEMARA The mishna taught that **although they said** that the assets of minors are not seized as collateral for the half-shekel payment, nevertheless, their money is accepted if they contribute it. The Gemara asks: The ruling that their money is accepted indicates that **with regard to claiming** their contribution, it **is not claimed** *ab initio*. However, the mishna's statement **here,** that their property is not seized as collateral, indicates that **you say** that **it is claimed, and** yet **here,** at the end of the mishna, **you say** that **we don't claim** the money.

כָּאן בְּשֶׁהֵבִיא שְׁתֵּי שְׂעָרוֹת, וְכָאן בְּשֶׁלֹּא הֵבִיא שְׁתֵּי שְׂעָרוֹת.

The Gemara answers that there are two different types of minors: **Here,** the statement of the mishna from which it can be inferred that the half-shekel is claimed from a minor is referring **to** one **who has two** pubic **hairs.** As the obligation to contribute the shekel is only fully in force at the age of twenty, a thirteen-year-old boy who has two pubic hairs can be referred to as a minor, even though he is considered an adult for other matters. **And here,** where it is stated that the half-shekel is not claimed at all from a minor, it is referring **to** a boy **who does not** yet **have two** pubic **hairs.**

״הַנָּכְרִי וְהַכּוּתִי״ כו׳. אָמַר רַבִּי בָּא: תִּיפָּתֵר כְּמַאן דְּאָמַר כּוּתִי כְּנָכְרִי. דְּאִתְפַּלְּגִין: כּוּתִי כְּנָכְרִי דִּבְרֵי רַבִּי, רַבָּן שִׁמְעוֹן בֶּן גַּמְלִיאֵל אוֹמֵר: כּוּתִי כְּיִשְׂרָאֵל לְכָל דָּבָר.

§ The mishna taught: The half-shekel is not accepted from **a gentile or a Samaritan,** nor are they allowed to bring other types of obligatory offerings. **Rabbi Ba said:** The mishna's ruling that both half-shekels and obligatory offerings are not accepted is referring to Samaritans, and it **can be explained according to** the opinion of **the one who said that a Samaritan is** considered **like a gentile. As** the Sages **disagreed** with regard to this matter: **A Samaritan is like a gentile;** this is **the statement of Rabbi** Yehuda HaNasi. **Rabban Shimon ben Gamliel says: A Samaritan is like a Jew in all matters.**

אָמַר רַבִּי לְעָזָר: מַתְנִיתִין בְּנָכְרִים, הָא בְּכוּתִים - לֹא.

Rabbi Elazar[L] **said:** No, the statement of the **mishna** concerning obligatory offerings applies only **to gentiles,** as in this instance the mishna is **not** referring **to Samaritans.** The *halakha* with regard to Samaritans on this matter is subject to the general disagreement as to whether they have the status of Jews or gentiles.

וְתָנֵי כֵן: ״אָדָם״ - לְרַבּוֹת אֶת הַגֵּרִים, ״מִכֶּם״ - לְהוֹצִיא אֶת הַמּוּמָרִים.

And indeed **it was taught likewise** in a *baraita*. It is written: "When a man of you brings an offering" (Leviticus 1:2). The phrase **"a man"** comes **to include converts,** as the verse does not specify the children of Israel. **"Of you,"** a restricting phrase, comes **to exclude apostates,**[H] who have partially or entirely left Judaism. Hence, the Samaritans, who are classified as converts, bring obligatory offerings.

מַתְנִיתִין פְּלִיגִי עַל רַבִּי אֶלְעָזָר: אֵין מְקַבְּלִין מִיָּדָם קִנֵּי זָבִין וְזָבוֹת קִנֵּי יוֹלְדוֹת. וְכִי יֵשׁ קִנֵּי זָבִין וְזָבוֹת בְּנָכְרִים?

The Gemara wonders: It appears that **the mishna disagrees with Rabbi Elazar,** as we learned: **Pairs** of birds[B] offered in the purification ritual **of a** ***zav*****, pairs** of birds **of a** ***zava*****, or pairs** of birds **of a woman who gave birth are not accepted from** a gentile or a Samaritan. **But** this statement of the mishna is problematic: **Are there pairs of birds** offered in the purification ritual **of a** ***zav*** **or of a** ***zava*** **among the gentiles?** The *halakhot* of purification from ritual impurity do not apply to gentiles.

BACKGROUND

Ma'a – מָעָה: The *ma'a* was a small silver coin generally identified, both in weight and significance, with the *gera*, the smallest denomination of currency mentioned in the Torah. Originally, the biblical sacred shekel, equal in worth to the mishnaic *sela*, was comprised of twenty *ma'a*, but the *sela* was later increased by twenty percent to equal twenty-four *ma'a*. The mishnaic shekel, half of a biblical shekel, was worth twelve *ma'a*.

Pairs of birds – קִנִּים: One who must bring a pair of birds may bring either a pair of turtledoves or feral pigeons.

Turtledove

Feral pigeons

LANGUAGE

Rabbi Elazar – רַבִּי לְעָזָר: It is fairly common in both printed editions and manuscripts of the Jerusalem Talmud to find the names Elazar and Eliezer without the initial *alef*, so that it appears to be Le'azar or Liezer. Some scholars maintain that this reflects a difference in pronunciation in the Aramaic of Eretz Yisrael. The printed text is not consistent in its usage, and the spelling can shift within the same passage. In order to avoid confusion, the names always appear in the English translation with the fuller spelling: Elazar and Eliezer.

HALAKHA

And how much is a premium, etc. – וְכַמָּה הוּא קָלְבּוֹן וכו׳: The amount of the premium is at least half a *ma'a*, or one-twelfth of a dinar, in accordance with the opinion of the Rabbis (Rambam *Sefer Zemanim, Hilkhot Shekalim* 3:7).

To exclude apostates – לְהוֹצִיא אֶת הַמּוּמָרִים: With regard to a Jew who knowingly and regularly transgresses a certain mitzva, his sin-offerings are not accepted, even if he commits these transgressions just to satisfy his appetites. However, if the same Jew transgresses another mitzva accidentally, his sin-offering for it is accepted, in accordance with the opinion of the first *tanna* in *Hullin* 5b and Rava's explanation in *Horayot* 11a (*Kesef Mishne*; Rambam *Sefer Avoda, Hilkhot Ma'aseh Korbanot* 3:4; *Sefer Korbanot, Hilkhot Shegagot* 3:8).

אֶלָּא: רֵישָׁא בְּנׇכְרִים, וְסֵיפָא בְּכוּתִים. כֵּן הוּא: רֵישָׁא בְּנׇכְרִים וְסֵיפָא בְּכוּתִים.

The Gemara explains how Rabbi Elazar understands the mishna: **Rather,** it must be that **the first clause** of the mishna, concerning the half-shekels, applies **to gentiles, and the latter clause,** which deals with obligatory offerings, is referring **to Samaritans.** The Gemara concludes: Indeed, **it is so; the first clause** of the mishna is referring **to gentiles, and the latter clause** is referring **to Samaritans.**

אָמַר רַבִּי יוֹחָנָן: בַּתְּחִלָּה אֵין מְקַבְּלִים מֵהֶן לֹא דָּבָר מְסוּיָּם וְלֹא דָּבָר שֶׁאֵינוֹ מְסוּיָּם, וּבַסּוֹף מְקַבְּלִין מֵהֶן דָּבָר שֶׁאֵינוֹ מְסוּיָּם וְאֵין מְקַבְּלִין מֵהֶן דָּבָר מְסוּיָּם. רַבִּי שִׁמְעוֹן בֶּן לָקִישׁ אָמַר: בֵּין בַּתְּחִילָּה בֵּין בַּסּוֹף אֵין מְקַבְּלִין מֵהֶן לֹא דָּבָר מְסוּיָּם וְלֹא דָּבָר שֶׁאֵינוֹ מְסוּיָּם.

Rabbi Yoḥanan said with regard to the Samaritans: **Initially,** during the construction of the Temple, **neither a specific article,** i.e., any item meant to be left intact, **nor a nonspecific article,** e.g., silver or a material that is incorporated into the structure and is not distinct, **is accepted from** gentiles or Samaritans.[HN] **Subsequently,** once the construction has been completed, **a nonspecific article is accepted from them, but a specific article**[N] **is not accepted from them. Rabbi Shimon ben Lakish said: Whether** it is **initially,** during the construction of the Temple, **or subsequently, neither a specific article nor a nonspecific article is accepted from them.**

מַתְנִיתָא פְּלִיגִי עַל רַבִּי יוֹחָנָן: אֵין מְקַבְּלִין מֵהֶן הֶקְדֵּשׁ וּנְדָבָה לְבֶדֶק הַבַּיִת. פָּתַר לָהּ בֵּין בַּתְּחִלָּה בֵּין בַּסּוֹף, וּבִלְבַד דָּבָר מְסוּיָּם.

The Gemara wonders: **A *baraita*** apparently **disagrees with** the opinion of **Rabbi Yoḥanan: Consecrated** property **and donations for the maintenance of the Temple are not accepted from them.**[H] This statement does not distinguish between the initial period of construction of the Temple and afterward, or between specific and nonspecific articles. The Gemara answers: Rabbi Yoḥanan would **resolve it,** and explain that the *baraita* indeed addresses the *halakha* of donations **both at the start and at the end** of the construction of the Temple, **but only** with regard to **specific articles.** Therefore, the *baraita* does not contradict the opinion of Rabbi Yoḥanan.

רַבִּי שִׁמְעוֹן בֶּן לָקִישׁ אָמַר: בֵּין בַּתְּחִלָּה וּבֵין בַּסּוֹף אֵין מְקַבְּלִין מֵהֶם לֹא דָּבָר מְסוּיָּם וכו׳. מַתְנִיתָא פְּלִיגִי עַל רַבִּי שִׁמְעוֹן בֶּן לָקִישׁ, דְּתָנֵי: הַכֹּל שָׁוִין שֶׁהֵן נוֹדְרִין וְנִידָּרִין. פָּתַר לָהּ עוֹלָה.

It was stated above that **Rabbi Shimon ben Lakish said: Whether** it is **initially,** during the construction of the Temple, **or subsequently, neither a specific article nor a nonspecific article is accepted from them.** The Gemara wonders: **A *baraita*** apparently **disagrees with** the opinion of **Rabbi Shimon ben Lakish, as it was taught** (see *Arakhin* 5b): **All agree that** gentiles may **vow and be the subject of a vow.** A gentile who vows to donate his own value to the Temple and a Jew who vows to donate the value of a gentile must donate that sum to the Temple maintenance fund. This shows that pledges are accepted from gentiles, which contradicts the opinion of Rabbi Shimon ben Lakish. The Gemara answers: Rabbi Shimon ben Lakish would **resolve it** by explaining that this *baraita* is referring to not the Temple maintenance but a vow to bring **a burnt-offering,** which all agree a gentile may do.

נִיחָא, נוֹדְרִין – עוֹלָה, נִידָּרִין – עוֹלָה?

The Gemara asks: **It works out well** that gentiles may **vow,** as this can be interpreted as speaking of **a burnt-offering.** However, the statement that gentiles can **be the subject of a vow,** if it is not referring to his value, cannot be dealing with the imposition of an obligation on a gentile to bring **a burnt-offering,** which would be the reverse case of a regular vow to bring an offering oneself. The reason is that a Jew has no means of forcing a gentile to bring an offering.

(לֹא) אֶלָּא כְּשֶׁאָמַר יִשְׂרָאֵל ״הֲרֵי עָלַי עוֹלָה״ וְשָׁמַע נׇכְרִי וְאָמַר ״מַה שֶּׁאָמַר זֶה עָלַי״.

The Gemara answers: **No;** this is not the correct interpretation of the mishna. **Rather,** the mishna is referring to a case **when a Jew said:** It is incumbent **upon me** to donate **a burnt-offering, and a gentile heard and said: What this** person **said** is likewise incumbent **upon me.** Since the gentile did not vow independently but tied his statement to that of someone else, it is considered as though a vow were uttered in reference to him.

HALAKHA

Initially neither a specific article…is accepted from gentiles or Samaritans – בַּתְּחִלָּה אֵין מְקַבְּלִים מֵהֶן לֹא דָּבָר מְסוּיָּם: The donation of a gentile to Temple maintenance is not accepted *ab initio*, but if it was accepted it need not be returned after the fact. The exception to this *halakha* is a specific article, e.g., a beam or stone. This should be returned so that the gentiles will not lay claim to any item in the Temple, in accordance with the opinion of Reish Lakish (Rambam *Sefer Zera'im, Hilkhot Mattenot Aniyyim* 8:8).

Consecrated property and donations for the maintenance of the Temple are not accepted from them – אֵין מְקַבְּלִין מֵהֶן הֶקְדֵּשׁ וּנְדָבָה לְבֶדֶק הַבַּיִת: Free-will offerings or vows from gentiles for the maintenance of the Temple or Jerusalem are not accepted, as stated in the *baraita* (Rambam *Sefer Hafla'a, Hilkhot Arakhin VaHaramim* 1:11).

NOTES

Initially, neither a specific article, nor a nonspecific article, is accepted from gentiles or Samaritans – בַּתְּחִלָּה אֵין מְקַבְּלִים מֵהֶן לֹא דָּבָר מְסוּיָּם וְלֹא דָּבָר שֶׁאֵינוֹ מְסוּיָּם: The Gemara explains elsewhere (*Arakhin* 5b) that this is part of the response to the attempt by the Samaritans to participate in the building of the Temple at the time of Ezra. They were told: "You have nothing to do with us to build a house for our God…Then the people of the land weakened the hands of the people of Judah, and harried them while they were building" (Ezra 4:3–4). The exiles returning from Babylonia to Eretz Yisrael realized that in seeking to join in the construction, the Samaritans, the "adversaries of Judah and Benjamin" (Ezra 4:1), were merely looking for a way to undermine the project (Rashi on *Arakhin*). Their contribution would also have meant that the construction of the Temple was overly dependent on the material support of gentiles, which could later easily be withdrawn (commentary of the Ra'avad on *Torat Kohanim* on Leviticus 27:2). For this reason, the prohibition did not to apply to nonspecific articles after the initial construction of the Temple was completed, whereas the prohibition against specific articles remained intact.

A specific article – דָּבָר מְסוּיָּם: In tractate *Arakhin* (6a), Rav Yosef states that an example of a specific article is the raven impediment, which consisted of iron surfaces of protruding nails mounted on the Temple roof to prevent ravens from perching there. This example indicates that the term connotes a noticeable item for which the gentile could take credit. It would be considered a disgrace to Israel if recognizable items in the Temple were built by gentiles, who could use them as a source of pride at Israel's expense. Rabbeinu Gershom interprets a specific article as anything individually discernible, e.g., a beam, which the gentile could point to and demand its return, as opposed to water or salt, which are not used in the construction itself, but are sold for their proceeds.

NOTES

Bring libations with it – **מֵבִיא עִמּוֹ נְסָכִים:** One who brings an animal burnt-offering or peace-offering must bring accompanying wine libations as well as a meal-offering. The wine is poured on the altar, while the meal-offering is burnt. It is clear from various sources that even a gentile who sacrifices a burnt-offering must also bring the libations (*Shekalim* 20a; *Sifrei* 107; see also *Zevaḥim* 45a and *Menaḥot* 73b).

Wine being poured on the altar

Can be valuated and may valuate – **נֶעֱרָכִין וְעוֹרְכִין:** If one valuates, i.e., pledges to the Temple the value of a specific person, he is obligated to pay to the Temple maintenance the sum enumerated in the Torah, as determined by that person's age and gender (Leviticus 27:1–8). One can likewise be valuated: Someone else can pledge one's worth to the Temple maintenance and render himself similarly obligated.

וְאֵינוֹ מֵבִיא עִמּוֹ נְסָכִים, וּמוֹתַר נְסָכִים לֹא לִכְלֵי שָׁרֵת אִינּוּן? נִמְצָא מֵבִיא דָּבָר מְסוּיָּים.

The Gemara asks: **But** if the mishna is referring to a burnt-offering, **doesn't** the gentile **bring libations with it?**[N] Burnt-offerings must be accompanied by libations. **And** the **surplus** money dedicated to libations **goes toward** the payment for the **sacred vessels.** It would therefore **turn out** that the gentile **brings a specific article.**

הֵתִיב רַבִּי יוֹסֵי בַּר רַבִּי בּוּן: וְהָא תָּנֵינַן נֶעֱרָכִין וְעוֹרְכִין, לֹא לְבֶדֶק הַבַּיִת אִינּוּן?

Rabbi Yosei bar Rabbi Bun responded: But didn't we learn (see *Arakhin* 1:2), that according to Rabbi Meir, gentiles can **be valuated and** may **valuate**[NH] to the Temple the fixed sum of others, as prescribed by the Torah (Leviticus 27:1–8). The same question can be posed here: **Doesn't** the sum valuated **go toward the Temple maintenance?** The gentile might end up donating a specific article.

הֵיךְ מַה דְּאַתְּ אָמַר תַּמָּן, לַשָּׁמַיִם הוּא מִתְכַּוֵּין, וּמֵאֵילֵיהֶן הֵן בָּאִין לְבֶדֶק הַבַּיִת. כֵּן אַתְּ אָמַר אַף הָכָא: לַשָּׁמַיִם הוּא מִתְכַּוֵּין,

Rather, the explanation is **as they say there:** When a gentile pledges money to the Temple, **he intends it for Heaven,** for God in general, rather than for any specific use in the Temple, **and** the pledge **comes into the maintenance of the Temple** fund **on its own.** In other words, these items cannot be considered a direct gift of a specific article. **You** can **likewise say even here,** with regard to the surplus money from the libation of a gentile's burnt-offering, that when he brings money for the libations, **he intends it for Heaven,**

HALAKHA

Can be valuated and may valuate – **נֶעֱרָכִין וְעוֹרְכִין:** A gentile may be valuated but may not valuate others. How so? If a gentile said: I am obligated in my valuation, or: I am obligated in the valuation of this Jew, he has said nothing. But if a Jew said: I am obligated in the valuation of this gentile, or: I am obligated in the valuation of so-and-so the gentile, he must contribute to the Temple maintenance the sum determined by the gentile's age and gender, in accordance with the opinion of Rabbi Meir in *Arakhin* 1:2. The Ra'avad disagrees and holds that gentiles may valuate but may not be valuated, in accordance with the opinion of Rabbi Yehuda (Rambam *Sefer Hafla'a*, *Hilkhot Arakhin VaḤaramim* 1:6).

Perek **I**
Daf **4** Amud **b**

BACKGROUND

The aqueduct – **אַמַּת הַמַּיִם:** When the Temple stood, the Ein Eitam spring, as well as several others, served as an important source of water for Jerusalem. Identified by some as "the waters of Nephtoah" (Joshua 15:9), the Ein Eitam spring, also called the Ein Etan spring, can be found near the third of the so-called Pools of Solomon, located about 3 km southeast of Bethlehem. The aqueduct extended for over 20 km both above and under the ground until it reached Jerusalem and the Temple Mount. After it was damaged at the time of the destruction of the Second Temple, this aqueduct was rebuilt, and it was used to bring water to Jerusalem for many generations. The aqueduct passes through, among other places, modern-day Armon Hanatziv.

Lower aqueduct at Armon Hanatziv

וּמֵאֵילֵיהֶן הֵן בָּאִין לְבֶדֶק הַבַּיִת.

and the funds **come into the Temple maintenance** fund **on their own.** Consequently, it is permitted to accept the libations of a burnt-offering from a gentile, as the remaining money was never specifically designated for this purpose.

מַה עֲבַד לָהּ רַבִּי שִׁמְעוֹן בֶּן לָקִישׁ – פָּתַר לָהּ: ״לֹא לָכֶם וָלָנוּ לִבְנוֹת בַּיִת לֵאלֹהֵינוּ״.

What does Rabbi Shimon ben Lakish do with this? How can he reconcile his opinion that even nonspecific articles are not accepted from gentiles with the ruling of this mishna? He **explains that** the Temple construction was restricted exclusively to Jews, as the book of Ezra states concerning to the Samaritans: **"You have nothing to do with us to build a house for our God;** but we ourselves together will build for the Lord" (Ezra 4:3).

רַבִּי חִזְקִיָּה אָמַר רַבִּי סִימוֹן שָׁאַל: מֵעַתָּה אֵין מְקַבְּלִין מֵהֶן לְאַמַּת הַמַּיִם וּלְחוֹמוֹת הָעִיר וּמִגְדְּלוֹתֶיהָ, עַל שֵׁם (שֶׁנֶּאֱמַר): ״וְלָכֶם אֵין חֵלֶק״ וְגו׳.

Rabbi Ḥizkiya said that Rabbi Simon asked, i.e., suggested: **Now,** since it has been concluded from the verse in Ezra that contributions are not accepted from gentiles for the maintenance of the Temple, it can be inferred from another verse that even contributions **toward the aqueduct,**[B] which brought water to Jerusalem or **toward the walls of the city and its towers, are not accepted**[H] **from them. As it is written that** Nehemiah said to Sanballat and the other gentile representatives: "The God of heaven, He will prosper us; therefore we His servants will arise and build; **but you have no portion,** nor right, nor memorial in Jerusalem" (Nehemiah 2:20).

HALAKHA

Even contributions toward the aqueduct…are not accepted, etc. – **אֵין מְקַבְּלִין מֵהֶן לְאַמַּת הַמַּיִם וכו׳:** The contributions of gentiles toward the maintenance of the walls of Jerusalem or the aqueduct are not accepted, in accordance with the opinion of Rabbi Simon (Rambam *Sefer Zera'im*, *Hilkhot Mattenot Aniyyim* 8:8).

מַתְנִיתָא דְּרַבִּי מֵאִיר, דְּאָמַר רַבִּי מֵאִיר: כְּשֵׁם שֶׁשִּׁקְלוֹ תּוֹרָה – כָּךְ קָלְבָּנוֹ תּוֹרָה. קָסָבַר רַבִּי מֵאִיר בְּנוֹתֵן שִׁקְלוֹ שָׁלֵם שֶׁהוּא חַיָּיב בְּקָלְבּוֹן.

§ There is a dispute in the mishna with regard to one who contributes a whole shekel on behalf of himself and another. The first *tanna* maintains that he is obligated in one premium, while Rabbi Meir rules that he must pay two premiums. The Gemara quotes a ***baraita*** that clarifies the reason **for Rabbi Meir's** opinion: **As Rabbi Meir said: Just as** one's **shekel is** mandated by the **Torah, so too, his premium is** mandated by the **Torah. Rabbi Meir** therefore **holds, with regard to** one **who gives** exactly **a whole shekel,** half for himself and half for another, **that he is obligated in** one **premium** for each half.

דְּאָמַר רַבִּי מֵאִיר כְּמִין מַטְבֵּעַ שֶׁל אֵשׁ הוֹצִיא הַקָּדוֹשׁ בָּרוּךְ הוּא מִתַּחַת כִּסֵּא כְבוֹדוֹ וְהֶרְאָהוּ לְמֹשֶׁה, וְאָמַר לוֹ ״זֶה יִתְּנוּ״ – כָּזֶה יִתְּנוּ.

As Rabbi Meir said: When Moses was instructed in the *halakhot* of the shekel contribution, **the Holy One, Blessed be He, took out a kind of coin of fire**[N] **from under His Throne of Glory and showed it to Moses and said to him: "This they shall give"** (Exodus 30:13),[N] i.e., **like this** in volume and weight **they shall give** of metal. Since not all weights of coins are equal, and some coins might be slightly smaller than the one shown to Moses, it is therefore necessary by Torah law to add a premium.

״נָתַן סֶלַע לִיטּוֹל שֶׁקֶל – חַיָּיב שְׁנֵי קוֹלְבּוֹנוֹת״. אָמַר רַבִּי אֶלְעָזָר: דְּרַבִּי מֵאִיר הִיא, דְּתַנְיָא, אֵלּוּ חַיָּיבִין בְּקָלְבּוֹן כו׳ קָלְבּוֹן אֶחָד, וְרַבִּי מֵאִיר אָמַר שְׁנֵי קוֹלְבָּנוֹת.

The mishna stated that **one who gives a** ***sela*****,** i.e., a whole shekel, **and takes a half-shekel** as change **is obligated** to pay **two premiums. Rabbi Elazar said: This is** the opinion of **Rabbi Meir, as it was taught** in a *baraita*: **These are obligated in a premium, etc.** One who gives a *sela* and takes a shekel is obligated, according to the opinion of the Rabbis, to pay **one premium. But Rabbi Meir says:** He must give **two premiums.**

וּמָר רַב: דִּבְרֵי הַכֹּל הִיא, דְּאָמַר רַבִּי מֵאִיר אֶחָד שֶׁקֶל שֶׁהוּא נוֹתֵן, וְאֶחָד שֶׁקֶל שֶׁהוּא נוֹטֵל, וְאֶחָד לְדִבְרֵי תוֹרָה. עַל דַּעְתֵּיהּ דְּרַב – שְׁלֹשָׁה קוֹלְבָּנוֹת אִינוּן.

And Rav said: No, this ruling of the mishna **is a statement** accepted by **all,** as everyone agrees with that which **Rabbi Meir said:** One who hands over a whole shekel and receives half back must give **one** premium for the **shekel that he gives** to the money changer, **and one** premium for the **shekel that he receives**[N] as change, and a third premium as the **one mandated by the Torah** to make up the requisite weight. The Gemara adds: This means that **according to** the opinion **of Rav there are three premiums.**

אֲתָא רַבִּי יִרְמְיָה רַבִּי שְׁמוּאֵל בַּר רַב יִצְחָק בְּשֵׁם רַב: שְׁלֹשָׁה קוֹלְבָּנוֹת אִינוּן, אֶחָד שֶׁקֶל שֶׁהוּא נוֹתֵן, וְאֶחָד שֶׁקֶל שֶׁהוּא נוֹטֵל, וְאֶחָד לִדְבַר תּוֹרָה.

In support of this claim, the Gemara relates: When **Rabbi Yirmeya came,** he said explicitly that **Rabbi Shmuel bar Rav Yitzḥak** said **in the name of Rav: There are three premiums: One** for the **shekel that he gives, and one** for the **shekel that he receives, and one** that applies **by Torah law.**

הָאַחִים וְהַשּׁוּתָּפִין שֶׁחַיָּיבִין בְּקָלְבּוֹן וּפְטוּרִין מִמַּעְשַׂר בְּהֵמָה – בְּשֶׁחָלְקוּ וְחָזְרוּ וְנִשְׁתַּתְּפוּ.

§ The mishna stated that a certain type of partnership between brothers renders them obligated in the premium and exempt from the animal tithe, while another form of partnership renders them obligated in the animal tithe and exempt from the premium. The Gemara elaborates: The case of **partnered brothers who are obligated in the premium and exempt from the animal tithe**[N] is referring to **when they divided** up the estate of their deceased father **and** afterward **again established a partnership.** They are therefore partners in the normal sense, rather than co-owners of the original inherited estate, and regular partners are obligated in the premium and exempt from the animal tithe. The Torah specifically exempts partners from the animal tithe (see *Bekhorot* 56b).

שֶׁחַיָּיבִין בְּמַעְשַׂר בְּהֵמָה וּפְטוּרִים מִן הַקָּלְבּוֹן – בְּשֶׁלֹּא חָלְקוּ.

Conversely, the *halakha* **that they are obligated in the animal tithe and are exempt from the premium** is referring **to** brothers **who have not divided** their father's estate between them at all. It is therefore considered as though their father were still the sole owner of the estate and is contributing the shekel for the pair of them. As stated earlier in the mishna, one who contributes his own money on behalf of another is exempt from a premium. Meanwhile, as the estate is under a single ownership, the animal tithe must be separated from the livestock.

NOTES

A kind of coin of fire – כְּמִין מַטְבֵּעַ שֶׁל אֵשׁ: The *Hiddushei HaRim* on the Torah, cited in *Emet VeEmuna*, the sayings of the Kotzker Rebbe, interprets this idea homiletically: Why did God show Moses a coin of fire rather than one of metal? He wanted to teach that the essence of a coin is the fire of passion in its donation. The Kotzker Rebbe further explains that this warmth and passion can transform physical, material money into a spiritual entity.

This they shall give – זֶה יִתְּנוּ: Some commentaries explain that as most coins are not identical in weight and volume and are certainly not exactly the same as the one shown to Moses, an extra coin is required to make up the weight (*Tiklin Ḥadatin*). Others state that the coin shown to Moses was made of fire, without any impurities, whereas man-made coins necessarily include certain impurities in the metal that reduce their value. Consequently, an additional coin must be given to make up the difference (*Korban HaEida*).

One for the shekel that he gives and one for the shekel that he receives – אֶחָד שֶׁקֶל שֶׁהוּא נוֹתֵן וְאֶחָד שֶׁקֶל שֶׁהוּא נוֹטֵל: Although the payment of a shekel and the acceptance of half as change is apparently only one transaction, and should therefore require only a single premium, the later commentaries explain that the Sages instituted the practice of two premiums for the benefit of the Temple. It is therefore considered as though two transactions have taken place, the donation of a half-shekel to the Temple and the receipt of a half-shekel as change (*Arukh HaShulḥan He'Atid, Hilkhot Shekalim* 85:7).

And exempt from the animal tithe – וּפְטוּרִין מִמַּעְשַׂר בְּהֵמָה: The mitzva of separating an animal tithe from one's herd is limited to animals that have always been in one's possession. If one receives animals from another, as a gift or through purchase, he is exempt from tithing them. The issue in the Gemara concerns the status of inheritors: Are they considered as simply continuing their father's established estate, or have they effectively purchased their shares from each other by dividing up the inheritance?

BACKGROUND

Goats for kids – תְּיָישִׁים כְּנֶגֶד גְּדָיִים:

Goat with kids

HALAKHA

Even if they divided the estate in the manner of kids for kids – אֲפִילּוּ חָלְקוּ גְּדָיִים נֶגֶד גְּדָיִים: If brothers who have yet to divide their inheritance buy animals from the estate, they must pay the animal tithe for all animals born afterward, as these animals were born under a single owner. If the brothers divided the estate after these animals were born and subsequently became partners, they are exempt from the animal tithe. The division of the estate is considered a transaction, and purchased animals are exempt from the animal tithe. This is the *halakha* even if each brother received an equal number of each type of animal from the estate (Rambam *Sefer Korbanot*, *Hilkhot Bekhorot* 6:10).

אָמַר רַבִּי לְעָזָר: וְהֵן שֶׁחָלְקוּ גְּדָיִים כְּנֶגֶד תְּיָישִׁים וּתְיָישִׁים כְּנֶגֶד גְּדָיִים,

Rabbi Elazar said: And this is the *halakha* only **when they divided kids for goats and goats for kids,**[B] i.e., when the two brothers inherited both kids and goats, and yet one took all the goats and the other all the kids. Since each originally inherited both species, this division is tantamount to one brother trading his goats for the other's kids. When they again become partners, they are like strangers who join together. Consequently, they are exempt from the animal tithe.

אֲבָל אִם חָלְקוּ גְּדָיִים כְּנֶגֶד גְּדָיִים וּתְיָישִׁים כְּנֶגֶד תְּיָישִׁים – הוּא חֶלְקוֹ מִשָּׁעָה הָרִאשׁוֹנָה.

However, if they divided kids for kids and goats for goats, so that each takes some of both types in the normal manner, the *halakha* is that the group of animals each brother takes **is** considered **his share from the outset,** and no transaction between them has occurred. Consequently, when they reestablished the partnership, the estate reverted to its original status as a single entity, and therefore the animal tithe must be separated.

אָמַר רַבִּי יוֹחָנָן: אֲפִילּוּ חָלְקוּ גְּדָיִים נֶגֶד גְּדָיִים וּתְיָישִׁים נֶגֶד תְּיָישִׁים – כְּלָקוֹחוֹת הֵן, וּפְטוּרִין מִן הַמַּעֲשֵׂר. כְּהַהוּא דְּתַנִּינַן תַּמָּן: הַלָּקוּחַ וְשֶׁנִּיתַּן לוֹ בְּמַתָּנָה – פָּטוּר מִמַּעֲשַׂר בְּהֵמָה.

Rabbi Yoḥanan said: No, **even if they divided** the estate in the manner of **kids for kids**[H] **and goats for goats, they are** considered **like purchasers.** It is as though each brother has sold his share to the other, **and** they are therefore **exempt from the** animal **tithe, as we learned** in a mishna **there,** in *Bekhorot* (9:3): **That which is bought or given to** the owner **as a gift is exempt from the animal tithe.**

רַבִּי חִיָּיא אָמַר רַבִּי יִרְמְיָה בָּעֵי: וְלָמָּה לֵית נַן אָמְרִין: פְּעָמִים שֶׁהֵן חַיָּיבִין בָּזֶה וּבָזֶה

The mishna spoke of two cases, one in which brothers are obligated in the animal tithe and exempt from the premium, and the other in which they are obligated in the premium and exempt from the animal tithe. In this regard, **Rabbi Ḥiyya said** that **Rabbi Yirmeya raised a dilemma: And why do we not say** that there are also **times when they are obligated in both of them,**

Perek **I**
Daf **5** Amud **a**

HALAKHA

They divided the property but did not divide the animals – חָלְקוּ הַנְּכָסִים וְלֹא חָלְקוּ הַבְּהֵמָה: With regard to brothers who held both animals and money in partnership and divided between them the money but not the animals, they are obligated both in the animal tithe and the premium, in accordance with the opinion of Rabbi Yirmeya (Rambam *Sefer Korbanot*, *Hilkhot Bekhorot* 6:11; *Sefer Zemanim*, *Hilkhot Shekalim* 3:5).

They divided the animals but did not divide the property – חָלְקוּ הַבְּהֵמָה וְלֹא חָלְקוּ אֶת הַנְּכָסִים: In the case of brothers who held both animals and money in partnership and divided up the animals but not the money, they are exempt from both the premium and the animal tithe, in accordance with the opinion of Rabbi Yirmeya (Rambam *Sefer Korbanot*, *Hilkhot Bekhorot* 6:11; *Sefer Zemanim*, *Hilkhot Shekalim* 3:5).

NOTES

This statement you are saying applies only in a case where the animals were not the majority, etc. – הָדָא דְאַתְּ אָמַר בְּשֶׁלֹּא הָיְתָה הַבְּהֵמָה רוֹב וכו׳: Some commentaries explain that Rabbi Mana is referring to the second half of Rabbi Yirmeya's statement, that brothers who have divided only the animals between them but not the rest of the assets are exempt from both the premium and the animal tithe. Rabbi Mana is saying that this is the *halakha* only if the animals are not the majority of the inheritance; but if they are the majority, when the animals have been divided, it is as though all the property were now included in the newly formed partnership, and they are therefore liable for the premium (Rash Sirilio; Rabbeinu Meshulam).

וּפְעָמִים שֶׁהֵם פְּטוּרִים מִזֶּה וּמִזֶּה. הֵיךְ עֲבִידָא? חָלְקוּ הַנְּכָסִים וְלֹא חָלְקוּ הַבְּהֵמָה – חַיָּיבִין בָּזֶה וּבָזֶה, חָלְקוּ הַבְּהֵמָה וְלֹא חָלְקוּ אֶת הַנְּכָסִים – פְּטוּרִים מִזֶּה וּמִזֶּה.

and there are **times when they are exempt from both of them? How is that?** If **they divided the property but did not divide the animals,**[H] **they are obligated in both.** The brothers are considered regular partners with regard to the property, and they are therefore obligated in the premium. However, the livestock is still regarded as under the single ownership of their father's estate, and they are therefore obligated in the animal tithe. Conversely, if **they divided the animals** between them **but did not divide the property,**[H] **they are exempt from both.** With regard to the animals, the brothers are considered regular partners and are therefore are exempt from the animal tithe. The rest of the property remains under unified ownership, and they are therefore exempt from the premium as well.

אָמַר רַבִּי מָנָא: הָדָא דְאַתְּ אָמַר בְּשֶׁלֹּא הָיְתָה הַבְּהֵמָה רוֹב, אֲבָל אִם הָיְתָה הַבְּהֵמָה רוֹב – הֵן הֵן עִיקַּר נְכָסִים.

In this regard, **Rabbi Mana said: This** statement **you,** Rabbi Yirmeya, **are saying,** that brothers who divided the property but not the animals are obligated in a premium, applies only **in** a case **where the animals were not the majority**[N] of the property. **However, if the animals were the majority** of the property, **they are** considered the **principal property.** In this case, if the brothers have not divided the animals, even if they have divided the rest of the assets, it is as though they have not divided the estate at all, and they are therefore exempt from the premium.

רַבִּי אָבִין אָמַר רַבִּי שַׁמִּי בָּעֵי: מִפְּנֵי שֶׁעֲשִׂיתָן כְּאָדָם אֶחָד אֵצֶל מַעְשַׂר בְּהֵמָה אַתְּ פּוֹטְרוֹ מִן הַקָּלְבּוֹן?

The mishna stated that if the brothers have not divided their inheritance between them, they are obligated in the animal tithe and exempt from the premium. **Rabbi Avin said** that **Rabbi Shimi raised a dilemma: Because you have** been stringent and **made them as one man with regard to the animal tithe,** by treating the estate as though it were under single ownership, will **you** also be lenient with them and **exempt them from the premium?** In this case too the stringent ruling should be accepted, and they should be treated as the owners of separate entities, who are obligated in the premium.

אֲמַר לֵיהּ: לָא שַׁנְיָא הִיא שֶׁהוּא נוֹתֵן סֶלַע אַחַת שְׁלֵימָה.

Rabbi Avin **said to** Rabbi Shimi in response: Is **it not different?** There is a distinction here: **As he,** one of the brothers, **gives one whole** ***sela*** from the estate on behalf of both of them, and as the inheritance has not yet been divided, the coin is still considered the legal property of the father. Consequently, they are exempt from the premium, despite the fact that this results in a leniency.

מֵעַתָּה אֲפִילוּ חָלְקוּ וְחָזְרוּ וְנִשְׁתַּתְּפוּ – חַיָּיבִין בְּמַעְשַׂר בְּהֵמָה וּפְטוּרִים מִן הַקָּלְבּוֹן, וְתָנֵינַן: חַיָּיבִין בַּקָּלְבּוֹן וּפְטוּרִין מִמַּעֲשַׂר בְּהֵמָה.

The Gemara asks: According to the ruling that the undivided estate is considered under single ownership, **now** one could claim that **even if** the brothers **divided** the inheritance **and** subsequently **reestablished it again,** the inheritance should revert to its original state as their father's property, and they should be **obligated in the animal tithe and exempt from the premium. And** yet **we learned** in the mishna that in this case **they are obligated in the premium and exempt from the animal tithe.**

רַבִּי בָּא בְּשֵׁם אַבָּא בַּר רַב הוּנָא: הִיא שְׁנֵי אַחִים שֶׁיָּרְשׁוּ אֶת אֲבִיהֶן, הִיא שְׁנֵי גִיסִין שֶׁיָּרְשׁוּ אֶת חֲמִיהֶן.

Rabbi Ba answered **in the name of Abba bar Rav Huna: It is** the same with **two brothers who inherited their father,** as is the *halakha* with regard to **two brothers-in-law**[N] **who inherited their father-in-law.** If a father had only two daughters and their husbands inherited him, proceeded to divide up the inheritance, and later formed a partnership, they are considered like regular partners, who are obligated in a premium but exempt from the animal tithe. The same *halakha* applies to two sons.

לְאֵיכָן הָיוּ הַקָּלְבָּנוֹת נוֹפְלִין? רַבִּי מֵאִיר אוֹמֵר: לִשְׁקָלִים, רַבִּי לְעָזָר אוֹמֵר: לִנְדָבָה.

The Gemara cites a *baraita* with regard to the additional premium: **To where would the premiums fall,**[H] i.e., what was done with them? **Rabbi Meir says:** They would add them **to the shekels**[N] themselves, for the daily and additional offerings. **Rabbi Elazar says:** They would be allocated **to free-will offerings,** i.e., the money would go toward the burnt-offerings that were sacrificed when the altar was idle.

רַבִּי שִׁמְעוֹן שְׁזוּרִי אוֹמֵר: רִיקּוּעַ זָהָב וְצִפּוּי לְבֵית קוֹדֶשׁ הַקֳּדָשִׁים. בֶּן עַזַּאי אוֹמֵר: שׁוּלְחָנִין הָיוּ נוֹטְלִין אוֹתָן בִּשְׂכָרָן. וְיֵשׁ אוֹמְרִים: לְהוֹצָאַת דְּרָכִים.

Rabbi Shimon Shezuri says: They would use the premiums to buy **gold plating, and** this served as **covering for the** inner walls of the **house of the Holy of Holies. Ben Azzai says: The money changers** responsible for collecting the shekels **would take them as their payment** for their services, as they had to take time off from their regular work. **And some say** that the premiums were spent **on transportation expenses,**[N] i.e., the cost of moving the shekels from their collection sites to Jerusalem.

הדרן עלך באחד באדר

NOTES

Two brothers-in-law – שְׁנֵי גִיסִין: This statement is referring to two men married to two sisters whose father died without leaving any sons. The father's property goes to the daughters, whose husbands in turn inherit them upon their deaths. Once the brothers-in-law divide the inheritance between them, the assets can never again be considered the property of the father, even if they form a partnership afterward.

Rabbi Meir says: To the shekels – רַבִּי מֵאִיר אוֹמֵר לִשְׁקָלִים: Rabbi Meir's ruling here is consistent with his earlier opinion on *daf* 4b that the obligation to pay a premium applies by Torah law. It is therefore clear to him that the premium must be used for the same purpose as the shekels themselves (Rash Sirilio; Rabbeinu Meshulam; *Tiklin Ḥadatin*).

The money changers would take them as their payment…on transportation expenses – שׁוּלְחָנִין הָיוּ נוֹטְלִין אוֹתָן בִּשְׂכָרָן...לְהוֹצָאַת דְּרָכִים: Some commentaries have raised the possibility that, according to the last two opinions, one who himself brings his half-shekel to Jerusalem without using a money changer does not have to add a premium, as no transportation costs were incurred by the Temple and no money changer has lost any time. Nevertheless, it is possible that the Sages did not accept this distinction and obligated even one who brings his own shekel to pay the premium (*Or HaḤama*).

HALAKHA

To where would the premiums fall – לְאֵיכָן הָיוּ הַקָּלְבָּנוֹת נוֹפְלִין: According to the Rambam, the premiums that were collected with the half-shekels are not treated like shekels themselves. Rather, the money changers set them aside for the Temple treasury to use them when necessary. The *Kesef Mishne* explains that the Rambam rules in this manner because Rabbi Meir is in the minority here. Furthermore, as the Rambam was undecided as to which of the other opinions was correct, he left his language deliberately vague (Ra'avad; *Kesef Mishne*; Rambam *Sefer Zemanim*, *Hilkhot Shekalim* 3:7).

Summary of **Perek I**

This chapter began the tractate with a discussion of certain responsibilities of the court that were carried out in the month of Adar. Among them was the court's duty to issue a proclamation on the first of Adar concerning the obligation to contribute the half-shekel to the Temple. The collection of the shekels would proceed as follows: Starting from the fifteenth of the month the money changers, who collected the coins, would set up their stalls around the country. From the twenty-fifth of Adar these money changers were available only in the Temple.

All Jewish males are obligated to contribute the shekel, and the court has the right to forcibly collect the money from those who refuse. According to the conclusion of the Gemara, priests are also obligated to give the shekel. Women and minors are exempt, although their voluntary contributions are accepted. In contrast, the contributions of Samaritans and gentiles are not accepted.

Under certain circumstances, one must add a premium to his shekel. This premium consists of a small coin as a kind of service charge for the efforts of the treasurers who collect the shekels.

The *halakha* that the shekels are collected in Adar led to an incidental discussion of other tasks performed in this month. These, of course, include the reading of the Scroll of Esther. As this month marks the end of winter, certain tasks associated with the season were performed then, such as repairing public roads and refreshing grave markers that were damaged during the winter, as well as uprooting diverse kinds of seeds that had sprouted in the fields. The Gemara added that in a leap year, in which there are two months of Adar, most of the practices of Adar are performed in Second Adar rather than First Adar.

Introduction to **Perek II**

We made ordinances for us to charge ourselves yearly with a third of a shekel for the service of the House of God. For the shewbread, and for the continual meal-offering, and for the continual burnt-offering, of the Shabbatot, of the New Moons, for the appointed seasons, and for the holy things, and for the sin-offerings to make atonement for Israel, and for all the work of the House of God.

(Nehemiah 10:33–34)

After all the contributions were collected, the shekels had to be delivered to the Temple. The first topic of this chapter addresses issues that arise in this context: Must the shekels themselves be delivered or may they be exchanged for coins of other denominations? What happens if the money is lost or stolen on its way to the Temple? Furthermore, when something does go wrong, under what circumstances are the contributors considered to have fulfilled their obligation anyway, and when must they contribute another shekel in place of the lost one?

The second topic discussed in this chapter begins with the issue of surplus funds accrued in the course of collecting the shekels. Do they have consecrated status, or is only the precise amount of one half-shekel per contributor consecrated, with the rest regarded as non-sacred? This discussion furnishes an opening for a broader discussion of surplus or leftover funds collected for one purpose after that purpose has been realized. If more money than was necessary was collected for particular offerings, for charity, or for other mitzvot, may the extra funds be used for any objective one desires, or are there restrictions due to the fact that they were originally collected and designated for a particular use?

These are the main issues discussed in this chapter, alongside tangential issues that arise in the course of the discussion.

הלכה א מתני׳ מְצָרְפִין שְׁקָלִים לְדַרְכּוֹנוֹת מִפְּנֵי מַשּׂוֹי הַדֶּרֶךְ. כְּשֵׁם שֶׁהָיוּ שׁוֹפָרוֹת בַּמִּקְדָּשׁ כָּךְ הָיוּ שׁוֹפָרוֹת בַּמְּדִינָה.

HALAKHA 1 · MISHNA When people who live far from Jerusalem wish to send to Jerusalem the shekels that have been levied from their community, **they** may **combine** their **shekels** and exchange them **for darics** [*darkonot*],[LH] which are large gold coins, **due to the burden of the way.** Instead of carrying large amounts of shekels, the agents who deliver the funds will bring a much lighter burden of gold coins with them. The mishna adds: **Just as there were** collection **horns**[B] **in the Temple**[N] to receive the half-shekel contributions, **so too there were** collection **horns in the rest of the country,**[NH] i.e., areas outside of Jerusalem. The local inhabitants placed their half-shekels in these horns, which were later brought to Jerusalem.

בְּנֵי הָעִיר שֶׁשָּׁלְחוּ אֶת שִׁקְלֵיהֶן וְנִגְנְבוּ אוֹ שֶׁאָבְדוּ, אִם נִתְרְמָה הַתְּרוּמָה - נִשְׁבָּעִין לַגִּיזְבָּרִין,

§ With regard to **the residents of a town who sent their shekels** to the Temple **and they were stolen** from the agent on the way **or were lost,**[H] **if the collection** of the chamber **had** already **been collected**[N] before these shekels arrived, the agents must **take the oath** of a bailee **to the treasurers** [*gizbarin*].[L] After the collection of the chamber, all the shekels that have been contributed become the property of the Temple, so the Temple treasurers who are in charge of this property become the opposing litigants of the agents.

וְאִם לָאו - נִשְׁבָּעִין לִבְנֵי הָעִיר, וּבְנֵי הָעִיר שׁוֹקְלִין תַּחְתֵּיהֶן. נִמְצְאוּ אוֹ שֶׁהֶחֱזִירוּם הַגַּנָּבִים - אֵלּוּ וָאֵלּוּ שְׁקָלִים, וְאֵין עוֹלִין לָהֶן לְשָׁנָה הַבָּאָה.

If the ceremony has **not** yet been performed and the contributions have not yet been collected into the baskets, the shekels are considered the property of the residents of the town, and therefore the agents must **take an oath to** absolve themselves to **the residents of the town.** Since those shekels are still considered the property of the residents of the town because the shekels never reached the Temple, they have not fulfilled their obligation. Therefore, **the residents of the town** must **contribute** other shekels **in their place. If,** after the residents of the town contributed other shekels, the original shekels **were found or the thieves returned them,**[H] both **these** original shekels **and those** newly contributed ones have the status of consecrated **shekels** and belong to the Temple. However, **they do not count for the following year.** The people cannot claim that since they contributed twice in one year they are exempt from contributing the next year.

LANGUAGE

Darics [*darkonot*] – **דַּרְכּוֹנוֹת**: Gold coins, mentioned already in the Persian era, at the time of the Babylonian immigration (Ezra 8:27 and others). Some maintain that these coins were named after King Darius of Persia, while others maintain that the darics mentioned in the mishna are the Greek coins Δαρεικός, *dareikos*, cited in *Bekhorot* 51a.

Treasurers [*gizbarin*] – **גִּיזְבָּרִין**: The word *gizbar*, which appears in the Bible (Ezra 1:8), is from the Old Persian *ganzabara*. *Ganz* means a treasure, while *bara* is a verbal element meaning bearer, frequently used as a grammatical agent. The word, therefore, means treasurer or one who is in charge of the storehouses.

BACKGROUND

Collection horns – **שׁוֹפָרוֹת**: Due to the large number of people bringing offerings to the Temple, and in order to prevent mishaps, those who came to the Temple did not usually bring their offerings with them. They gave their money to the Temple treasurer, who would give them a receipt, which they then brought to another chamber in the Temple where they received their appropriate animal for sacrifice. Alternatively, as with a woman who has given birth, they placed their money in the appropriate basket among the thirteen collection baskets in the Temple that are designated for these and similar purposes. These baskets were referred to as horns, as they were externally similar to a ram's horn; their lower end was wide while their upper end was narrow in order to prevent theft.

NOTES

Collection horns in the Temple – **שׁוֹפָרוֹת בַּמִּקְדָּשׁ**: The mishna later on (18b) says that there were thirteen collection baskets in the Temple that contained the money earmarked for the various offerings. The mishna continues to describe their functions. These baskets were called collection horns because they had the same shape as a ram's horn; their upper end, in which the money was placed, was narrow, while their lower end was wide in order to hold the money. They were designed in this way because of those who might feign placing money in the baskets while actually stealing money from them. This design makes it more complicated to remove money from these horns (*Shekalim* 18b, *Halakhot Gedolot*).

So too there were collection horns in the rest of the country – **כָּךְ הָיוּ שׁוֹפָרוֹת בַּמְּדִינָה**: In Jerusalem, however, there were no collection horns besides those that were in the Temple, since the residents of Jerusalem brought their shekels directly to the Temple (*Tiklin Ḥadatin*).

If the collection of the chamber had been collected – **אִם נִתְרְמָה הַתְּרוּמָה**: The collection of the chamber is the ceremony in which part of the money to be collected as shekels was set aside for the communal sacrifices of that year. In the fourth chapter of this tractate (*Shekalim* 10b–11a) there is a discussion with regard to the remaining funds of the collection of the treasury chamber, meaning the money left after the collection of the chamber ceremony. These extra funds were generally used for all the municipal requirements that were not related to the Temple service.

HALAKHA

Combine shekels and exchange them for darics – **מְצָרְפִין שְׁקָלִים לְדַרְכּוֹנוֹת**: After collecting shekels from communities outside of Jerusalem, the shekels were then exchanged with gold dinars and sent via agents to the Temple, in accordance with the mishna (Rambam *Sefer Zemanim*, *Hilkhot Shekalim* 2:4).

Just as there were collection horns in the Temple, so too there were collection horns in the rest of the country – **כְּשֵׁם שֶׁהָיוּ שׁוֹפָרוֹת בַּמִּקְדָּשׁ כָּךְ הָיוּ שׁוֹפָרוֹת בַּמְּדִינָה**: The shekels collected by money changers in communities outside of Jerusalem were placed in two collection boxes in front of them, which were narrow at their upper end and wider at their lower end, just like the collection horns in the Temple. In one they placed the shekels for the current year's obligation, and in the other they placed the shekels for the previous year's obligation, for those who had not given the previous year (Rambam *Sefer Zemanim*, *Hilkhot Shekalim* 2:1).

The residents of a town who sent their shekels and they were stolen or were lost – **בְּנֵי הָעִיר שֶׁשָּׁלְחוּ אֶת שִׁקְלֵיהֶן וְנִגְנְבוּ אוֹ שֶׁאָבְדוּ**: When the residents of a town send their shekels via an agent and they are stolen or lost, the *halakha* depends upon two factors: Whether the agent was a paid or unpaid bailee, and whether the collection of the chamber ceremony had already taken place. As long as the collection of the chamber has not taken place, the agent must address the claims of the residents of the city. If he is an unpaid bailee, then he must swear to the residents of the town that he was not negligent and he is exempt, like all unpaid bailees. The residents of the town must then contribute their shekels again. If the agent is a paid bailee, then he is liable to pay for loss or theft. He takes an oath to exempt himself only in cases of unavoidable accident; otherwise, he must bear the cost of the loss.

If the collection of the chamber ceremony has taken place, the relevant oaths are addressed to the Temple treasurers, and the residents of the town are exempt. Since the ceremony is performed with the intention of including money that has already been gathered as well as money that will be gathered in the future, all shekels are considered to be the property of the Temple. However, if the shekels were lost before the collection of the chamber, they are still considered to be in the possession of the residents of the town. The agent must take an oath addressed to them, and if he is exempt, the people must contribute their shekels again, in accordance with the subsequent interpretation of the mishna by Rabbi Abba (Rambam *Sefer Zemanim*, *Hilkhot Shekalim* 3:8–9).

If the original shekels were found or the thieves returned them – **נִמְצְאוּ אוֹ שֶׁהֶחֱזִירוּם הַגַּנָּבִים**: If those who contributed shekels gave other shekels after the first ones were stolen or lost and then the first shekels were found or the thieves returned them, both sets are considered consecrated shekels. However, they may not be used toward fulfilling the next year's obligation. The first ones are deposited in the horn with the present year's shekels, and the second ones are deposited with the previous year's shekels (Rambam *Sefer Zemanim*, *Hilkhot Shekalim* 3:8–9).

BACKGROUND

Gems – מַרְגָּלִיּוֹת: The finest-quality natural pearls have been highly valued as gemstones for many centuries. Pearls are produced within the soft tissue of a living mollusk such as a clam. Pearls are made up of calcium carbonate, and the ideal pearl is perfectly round and smooth. Still, many other shapes of pearls occur in nature. Pearls, especially cultured freshwater pearls, can be dyed yellow, green, blue, brown, pink, purple, or black.

Giant clam of the genus Tridacna Komodo National Park, Indonesia

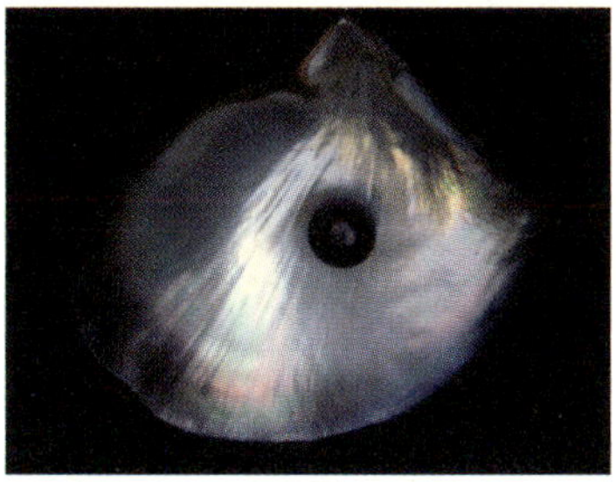

Black pearl in its shell

LANGUAGE

Gems [*margaliot*] – מַרְגָּלִיּוֹת: From the Greek Μαργαρίτης, *margaritès*, or μαργαρίς, *margaris*, meaning pearl or gem. The latter is the meaning generally intended by the Sages.

Robbers [*listim*] – לִסְטִים: From the Greek λῃστής, *lestès*, meaning thief, robber, or pirate. The colloquial term *listim* is a shortened form of *listasim*, meaning robbers.

HALAKHA

Old shekels in the Temple…no old shekels in the rest of the country – עַתִּיקִין בַּמִּקְדָּשׁ וְאֵין עַתִּיקִין בַּמְּדִינָה: The *halakha* is not in accordance with this *baraita*. Shekels from the previous year were also collected in the rest of the country (Rambam *Sefer Zemanim*, *Hilkhot Shekalim* 2:1).

גמ׳ וְיַעֲשׂוּ אוֹתָן מַרְגָּלִיּוֹת! שֶׁמָּא תָּזִיל הַמַּרְגָּלִיּוֹת וְנִמְצָא הַהֶקְדֵּשׁ מַפְסִיד.

GEMARA It is taught in the mishna that residents of a town can exchange their half-shekels with gold darics in order to ease their burden on the way to Jerusalem. The Gemara asks: If the goal is to ease the agents' burden by combining the coins into a more valuable commodity, **let them make them,** i.e., exchange them **with, gems** [***margaliot***],[BL] which are more valuable than darics and much lighter to carry. The Gemara answers: They do not do this due to concern **lest the** price of the **gems decrease,** since, like all commodities, their price can decrease **and the** Temple treasury of **consecrated** property **will lose.**

כְּהַהִיא דִּתְנַן תַּמָּן: וְכוּלָּן נִפְדִּין בְּכֶסֶף וּבְשָׁוֵה כֶּסֶף, חוּץ מִשְּׁקָלִים. וְאֵין פּוֹדִין בְּכֵלִים. וְאָמַר רַבִּי שְׁמוּאֵל בַּר רַב יִצְחָק: שֶׁמָּא יָזִילוּ הַכֵּלִים וְנִמְצָא הַהֶקְדֵּשׁ מַפְסִיד. אוּף הָכָא נַמִי, שֶׁמָּא תָּזִיל הַמַּרְגָּלִיּוֹת נִמְצָא הַהֶקְדֵּשׁ מַפְסִיד.

Like that which we learned in a mishna **there,** in tractate *Bekhorot*: **All of them,** all items that can be redeemed, such as different types of consecrated items and the firstborn male who is redeemed from the priest, **may be redeemed with money or with an equivalent value of money** in commodities, **except for shekels,** which may be redeemed only with money. The question remains: Why is it that one **may not redeem** the shekels **with vessels** or any other type of equivalent value of money in commodities? **Rabbi Shmuel bar Rav Yitzḥak said** that it is due to concern **lest the price of vessels decreases and the** Temple treasury of **consecrated** property **will lose.** This is not the case with money, whose price remains fixed. **So too here,** they do not exchange shekels with gems out of concern **lest the** price of the **gems decreases and the** Temple treasury of **consecrated** property **will lose.**

מַתְנִיתָא בְּתִקְלִין חֲדַתִּין אֲבָל בְּתִקְלִין עַתִּיקִין לָא בְּדָא וְתָנֵי כֵן עַתִּיקִין בַּמִּקְדָּשׁ וְאֵין עַתִּיקִין בַּמְּדִינָה.

§ It is taught in the mishna that just as there were collection horns in the Temple to receive the shekels, there were also collection horns in the areas outside Jerusalem. The Gemara comments: **The mishna** refers **to new shekels,** which are contributed for the new year commencing in Nisan. **However, with regard to old shekels,**[N] which are brought by people who did not contribute in the previous year and are only now bringing their contribution for that year, the mishna is **not** addressing **this.** The collection horns for old shekels were located only in the Temple and not in other places. **And it was taught similarly** in a *baraita*: Collection horns for **old shekels** exist **in the Temple,** but there **are no** collection horns for **old shekels in the rest of the country.**[H]

מַתְנִי׳ בְּשׁוֹמֵר חִינָּם, אֲבָל בְּשׁוֹמֵר שָׂכָר – לָא בְּדָא. אָמַר רַבִּי אַבָּא: וַאֲפִילוּ תֵּימַר בְּשׁוֹמֵר שָׂכָר, נִגְנְבוּ – בְּלִסְטִים מְזוּיָּין, אָבְדוּ – כְּמִי שֶׁטָּבְעָה סְפִינָתוֹ בַּיָּם.

It is taught in the mishna that if the shekels were lost or stolen from the agent on his way to Jerusalem, he must take the oath of a bailee and is exempted. The Gemara comments: **The mishna** is referring **to** a case where the agent was **an unpaid bailee. However, with regard to a paid bailee,**[N] it is **not** addressing this sort of case, since only an unpaid bailee is exempt through his oath from payment for loss or theft. **Rabbi Abba said: Even if you say** that our mishna is referring **to a paid bailee,** he is still exempt through oath, since the term **stolen** used in the mishna is referring to **armed robbers** [***listim***],[L] and such a case is deemed an unavoidable accident for which even a paid bailee is exempt. The term **lost** means **like one whose ship sank in the sea;** he was saved, but the money he brought with him belonging to the residents of the town was lost with the ship. This too is deemed an unavoidable accident, for which even a paid bailee is exempt.

NOTES

Refers to new shekels…with regard to old shekels – בְּתִקְלִין חֲדַתִּין...בְּתִקְלִין עַתִּיקִין: Among the thirteen collection baskets in the Temple was one with the words *tiklin hadatin*, new shekels, engraved on it. This was used for the shekels of the present year, which were brought from the New Moon of Adar until the New Moon of Nisan. The communal sacrifices were purchased with this money. Another basket engraved with the words *tiklin atikin*, old shekels, contained the shekels that were due the previous year but were only contributed during the current year. The money that had accrued in this basket was added to the remainder of the chamber collection, the half-shekels which had been left from the previous year, and was designated for other purposes that did not relate to the Temple service, such as building and maintaining the city of Jerusalem.

An unpaid bailee…a paid bailee – בְּשׁוֹמֵר חִינָּם...בְּשׁוֹמֵר שָׂכָר: An unpaid bailee is one who does not receive any remuneration for looking after a deposit. A paid bailee receives remuneration for looking after a deposit. Both are required to adequately protect the deposits in their possession, but the unpaid bailee is exempt from paying for a stolen or lost deposit if he takes the oath of a bailee. In this oath he swears that he was not negligent in protecting the item. Additionally, he must take oaths that the deposit is not presently in his possession, and that he had not previously willfully taken possession of it. A paid bailee is obligated to provide a higher level of protection since he is paid for his work, and therefore he cannot exempt himself with an oath in a case of loss or theft. He is exempt only when he takes an oath that an unavoidable accident occurred while the item was in his possession. The mishna refers to an agent bringing the shekels as a bailee, without specification, and presumably the level of responsibility of the agent depends upon whether or not he was paid for his services.

אָמַר רַבִּי יוּסְטַי בֵּי רַבִּי סִימוֹן אָתְיָא כְּמַאן דְּאָמַר תּוֹרְמִין עַל הַגָּבוּי וְעַל הֶעָתִיד לִגָּבוֹת,

It is taught in the mishna that if the shekels were stolen or lost by the agent after the collection of the chamber, the agent takes an oath to the Temple treasurer to prove that he was not negligent. **Rabbi Yustai, son of Rabbi Simon, said** that the mishna is **in accordance with the one who says that they** perform the **collection** of the chamber with the intention that the ceremony apply to money **that has** already **been gathered** but has not yet been brought to the Temple, **as well as to** money **that will be gathered in the future.**[H] Therefore, any money that was in the agent's hands at the time of the collection is considered the property of the Temple treasury.

בְּרַם כְּמַאן דְּאָמַר אֵין תּוֹרְמִין לֹא עַל הַגִּיבּוּי וְעַל הֶעָתִיד לִגָּבוֹת – לָא בְּדָא.

However, according to the one who said that they do not perform the **collection** of the chamber with the intention to include money **that has already been gathered** but has not yet reached the Temple, nor money **that will be gathered in the future,** but rather only money that is already in the Temple, **not with** regard to **this** did the mishna say that the agents take an oath to the Temple treasurers and are exempt. Since these shekels did not yet reach the Temple, it is as though they were not contributed at all, and all those whose shekels were lost or stolen must contribute another half-shekel in their place.

״בְּנֵי הָעִיר שֶׁשָּׁלְחוּ אֶת שִׁקְלֵיהֶם״ כו׳.

§ It is taught in the mishna that if **the residents of the town sent their shekels** and they were stolen or lost, if the collection of the chamber had not yet been collected, the agents take an oath to the residents of the town; and if they have already been collected, they take an oath to the Temple treasurers.

אֲמַר רַבִּי אֶלְעָזָר: דְּרַבִּי שִׁמְעוֹן הִיא, דְּרַבִּי שִׁמְעוֹן אוֹמֵר: קָדָשִׁים שֶׁהוּא חַיָּיב בְּאַחֲרָיוּתָן כִּנְכָסָיו הֵן.

Rabbi Elazar said: The mishna is in accordance with the opinion **of Rabbi Shimon, as Rabbi Shimon says** that **consecrated items for which one is responsible** are considered **like his own property.** If a person consecrates an item as a vow, he takes on himself the responsibility to replace it if it is lost or stolen. Rabbi Shimon considers this responsibility to be a type of ownership, and therefore the agent who lost it must take an oath to the person who consecrated the lost item, who remains in some sense the owner. Similarly, the agent who lost shekels must swear to the residents of the town. The Rabbis who disagree with Rabbi Shimon maintain that consecrated items belong to the Temple, and therefore no oath is relevant, in accordance with the principle that one does not take an oath on consecrated items.

אֲמַר רַבִּי יוֹחָנָן: דִּבְרֵי הַכֹּל הִיא מִשּׁוּם שְׁבוּעַת תַּקָּנָה.

Rabbi Yoḥanan disagreed with R. Elazar and **said:** The mishna **is in accordance with all** opinions. It is not limited to the opinion of Rabbi Shimon, **due to** the fact that it is **a** rabbinically **instituted oath** not required by Torah law. Since people may claim that they have no responsibility for these items, the Sages instituted taking an oath on consecrated items as well.

עַל דַּעֲתֵיהּ דְּרַבִּי יוֹחָנָן נִיחָא, נִשְׁבָּעִים לַגִּזְבָּרִים. וְאִם לָאו – נִשְׁבָּעִים לִבְנֵי הָעִיר, וּבְנֵי הָעִיר שׁוֹקְלִים אֲחֵרִים

The Gemara asks: **According to the opinion of Rabbi Yoḥanan,** who holds that the oath mentioned in the mishna is a rabbinic ordinance, **it works out well** that if the shekels were stolen or lost by the agent after the collection of the Temple chamber was completed, the agent **takes an oath to the** Temple **treasurers. And if not,** if they were stolen or lost before the collections were collected, he **takes an oath to the residents of the town. And the residents of the town give other shekels**

HALAKHA

They perform the collection with the intention that the ceremony apply to money that has already been gathered as well as to money that will be gathered in the future – **תּוֹרְמִין עַל הַגָּבוּי וְעַל הֶעָתִיד לִגָּבוֹת**: The priest who performs the collection of the Temple chamber intends that the ceremony apply to that which has already been gathered and is in the chamber, that which has not yet reached the chamber, and even that which will be gathered in the future. The reason for this is that since the shekels he collects will be used to buy sacrifices that will atone for the entire Jewish people, even those shekels that have not yet been gathered are considered as though they have reached the chamber, and the shekels that were collected apply to them as well. This is in accordance with the conclusion of the Gemara here (Rambam *Sefer Zemanim, Hilkhot Shekalim* 2:9).

תַּחְתֵּיהֶן – מִשּׁוּם שְׁבוּעַת תַּקָּנָה.

in their place. Although by Torah law one does not take an oath on consecrated items belonging to the Temple treasury, and therefore there is no need to take an oath to the Temple treasurers, this oath is required **due to** the fact that it is a rabbinically **instituted oath,** as the Sages required the agent to take an oath as the bailee of the consecrated property that was deposited with him.

אֶלָּא לְרַבִּי לְעָזָר נִשְׁבָּעִים לִבְנֵי הָעִיר, הָדָא הִיא דְּרַבִּי שִׁמְעוֹן. נִשְׁבָּעִים לַגִּזְבָּרִים? גִּזְבָּרִים מַאי עֲבִידְתַּיְיהוּ?

However, according to the opinion of **Rabbi Elazar,** there is a difficulty. It is reasonable that when the shekels are lost before the collection of the chamber ceremony, the agents must **take an oath to the residents of the town,** as **this is** in accordance with the opinion **of Rabbi Shimon.** As long as the collection of the chamber has not taken place, the residents of the town are held responsible for their shekels, since they are considered to be their property. But why does the agent **take an oath to the** Temple **treasurers** if the shekels are lost after the ceremony? With regard to the treasurers, **what is their purpose** in this discussion? One does not take an oath on consecrated items.

נִשְׁבָּעִים לִבְנֵי הָעִיר בְּמַעֲמַד גִּזְבָּרִים, כִּי הֵיכִי דְּלָא לִחְשְׁדִינְהוּ. אִי נַמִּי – דְּלָא נְשַׁוּוּ לְהוּ פּוֹשְׁעִים.

The Gemara answers: The mishna means that the agents **take an oath to the residents of the town in the presence of the** Temple **treasurers so that** the treasurers will **not suspect** the residents of the town of not having given their shekels. **Alternatively,** even if the town residents are considered to be honest people who would not be suspected of withholding their shekels, the agents must take an oath in the presence of the Temple treasurers **so that** the treasurers **will not regard** the residents to be **negligent** people who failed to properly watch over the shekels.

אַף עַל פִּי שֶׁקִּבְּלוּ בְּנֵי הָעִיר לְשַׁלֵּם – אֵין הַהֶקְדֵּשׁ יוֹצֵא בְּלֹא שְׁבוּעָה.

Rabbi Yoḥanan said that the oath mentioned in the mishna is a rabbinic ordinance. The Gemara comments: According to this opinion, the mishna's statement that if the shekels were lost before the collection of the chamber ceremony, the agents must take an oath to the residents of the town applies **even if the residents of the town took upon themselves to pay** other shekels in place of the first ones that were lost or stolen. In such a case, the residents relinquished their right to an oath from the agent, but since it is in reality consecrated property, there is still a rabbinic ordinance that the agent **cannot discharge** his obligations toward **consecrated** property **without an oath.**[H]

הִפְרִישׁ שִׁקְלוֹ וְאָבַד. רַבִּי יוֹחָנָן אָמַר: חַיָּיב בְּאַחֲרָיוּתוֹ עַד שֶׁיִּמְסְרֶנּוּ לַגִּזְבָּר. רַבִּי שִׁמְעוֹן בֶּן לָקִישׁ אוֹמֵר: הֶקְדֵּשׁ בִּרְשׁוּת הַגָּבוֹהַּ בְּכָל מָקוֹם שֶׁהוּא.

Until this point the Gemara has dealt with a situation where the shekels were lost or stolen from the agent. With regard to a case where one **set aside his shekel and** subsequently **lost it**[N] before the collection of the chamber ceremony took place, **Rabbi Yoḥanan said:** Since the collection of the chamber had not yet taken place, the shekel is considered to be the property of the donor, and **he is held responsible for it until he hands it to the** Temple **treasurer.** Therefore, he must replace the lost shekel. **Rabbi Shimon ben Lakish says: Consecrated items are** considered to be **in the possession of the Temple** treasury **wherever they are,**[N] whether or not they have actually reached the hands of the Temple treasurer.[N] Therefore, the donor is not responsible for replacing the lost shekel.

מַתְנִיתָא פְּלִיגָא עַל רַבִּי שִׁמְעוֹן בֶּן לָקִישׁ: נִשְׁבָּעִין לִבְנֵי הָעִיר, וּבְנֵי הָעִיר שׁוֹקְלִין תַּחְתֵּיהֶם. לֹא עוֹד הִיא מִשּׁוּם שְׁבוּעַת תַּקָּנָה?

The Gemara asks: **The mishna disagrees with** the opinion of **Rabbi Shimon ben Lakish,** as it teaches that **the** agents who lost the shekels **take an oath to the residents of the town, and the residents of the town contribute** shekels **in place of those** lost. Apparently, as long as the funds have not yet been collected, the shekels are considered to be in the possession of their owners. The Gemara answers: **Isn't this also because** it is a rabbinically **instituted oath?** This oath is not by Torah law, but rather instituted by the Sages to encourage people to look after the shekels until they are brought to the Temple. According to Rabbi Shimon ben Lakish, no oath is required by Torah law because the shekels belong to the Temple.

HALAKHA

Even if the residents of the town took upon themselves to pay, the agent cannot discharge his obligations toward consecrated property without an oath – אַף עַל פִּי שֶׁקִּבְּלוּ בְּנֵי הָעִיר לְשַׁלֵּם אֵין הַהֶקְדֵּשׁ יוֹצֵא בְּלֹא שְׁבוּעָה: If the residents of a town sent their shekels through an unpaid bailee and they were lost or stolen, and the residents said that even though he is legally obligated to take an oath they do not require him to do so, since anyway they are giving other shekels instead of the previous ones and they trust the agent's word, their claim is not accepted. The Sages decreed that consecrated property should not be redeemed without an oath, as the Gemara concludes (Rambam *Sefer Zemanim*, *Hilkhot Shekalim* 3:8).

NOTES

One set aside his shekel and subsequently lost it – הִפְרִישׁ שִׁקְלוֹ וְאָבַד: The Rosh and others (including the *Tiklin Ḥadatin* in his first explanation) maintain that the shekel was lost before the chamber collection was made. However, others maintain that the Gemara here is addressing a situation where the shekel was lost after the chamber collection. According to these opinions, the owner is held responsible for his shekel even after the chamber collection has been made, as long as the offerings bought from this collection have not yet been sacrificed (*Korban HaEida*; second explanation in *Tiklin Ḥadatin*).

Rabbi Yoḥanan said he is held responsible for it…Rabbi Shimon ben Lakish says consecrated items are considered to be in the possession of the Temple wherever they are – רַבִּי יוֹחָנָן אָמַר חַיָּיב בְּאַחֲרָיוּתוֹ...רַבִּי שִׁמְעוֹן בֶּן לָקִישׁ אוֹמֵר הֶקְדֵּשׁ בִּרְשׁוּת הַגָּבוֹהַּ בְּכָל מָקוֹם שֶׁהוּא: Some commentaries explain that according to all opinions, one fulfills the mitzva of contributing the half-shekel the moment he sets aside the money. For this reason, Rabbi Shimon ben Lakish holds that he is exempt from responsibility. It is as if the money were already handed to the Temple treasurer, since wherever the money may be, it is considered to be in the possession of the Temple. However, Rabbi Yoḥanan holds that even after one has fulfilled the mitzva by setting aside the half-shekel, he is still obligated to ensure that his shekel reaches the Temple so that it will be in the chamber at the time of the collection. For this reason, he holds that until one gives the shekel to the treasurer, he is responsible for it. Since according to all opinions he has already fulfilled the mitzva of contributing the half-shekel at the time he set it aside, if it were lost without negligence on his part, as he gave it to a paid bailee, and it was lost after the chamber collection, he is exempt (*Iggerot Moshe*, *Yoreh De'a* 1:190).

Consecrated items are considered to be in the possession of the Temple wherever they are, whether or not they have reached the Temple treasurer – הֶקְדֵּשׁ בִּרְשׁוּת הַגָּבוֹהַּ בְּכָל מָקוֹם שֶׁהוּא: Rabbi Shimon ben Lakish's opinion appears in tractate *Ḥullin* (139a). Rabbi Yoḥanan and Reish Lakish disagree there in a case where one said: This *maneh* is for the maintenance of the Temple, and then the *maneh*, an amount of money, was stolen or lost. According to Rabbi Yoḥanan, he is held responsible as long as the *maneh* has not yet reached the hands of the Temple treasurer. However, according to Reish Lakish, he is not held responsible. If the *maneh* still exists, even if it was lost or stolen and now is in the possession of others, since it was consecrated, it can be considered as belonging to God, i.e., the Temple, wherever it currently is. As it is stated, "The earth is God's and the fullness thereof" (Psalms 24:1). Similarly, in our case Reish Lakish holds that since he already consecrated his half-shekel, it belongs to the treasury of consecrated property, and even if it did not arrive there, he has fulfilled his obligation.

תָּנֵי: הָרִאשׁוֹנִים נוֹפְלִים לְתִקְלִין חֲדַתִּין, וְהַשְּׁנִיִּים נוֹפְלִין לְתִקְלִין עַתִּיקִין.

It is taught in the mishna that if the shekels were stolen or lost by the agents and the residents of the town set aside other shekels as required, and then the first shekels were found or returned by the thief, both sets are considered to be consecrated shekels. **It was taught** in a *baraita*: **The first ones are allocated**[N] to the collection of **the new shekels,** from which the sacrifices of the coming year will be brought, and **the second ones are allocated to** the collection of **old shekels,**[H] which are used to repair and maintain the Temple.

אֵלּוּ הֵן הָרִאשׁוֹנִים וְאֵלּוּ הֵן הַשְּׁנִיִּים? רַבִּי פִּנְחָס בֵּי רַבִּי חִיָּיא וְרַבִּי אַבָּא מָרִי, חַד אָמַר: אֵלּוּ שֶׁשָּׁלְחוּ בְּנֵי הָעִיר תְּחִלָּה, וְחָרָנָה אָמַר: אֵלּוּ שֶׁהִגִּיעוּ לִידֵי גִּזְבָּרִין תְּחִלָּה.

The Gemara asks: **Which are the first ones and which are the second ones?** Are the first ones those that were lost, since they were contributed first, or are the first ones those that were contributed in place of the lost ones, and they are deemed so because they reached the Temple first? **Rabbi Pineḥas, son of Rabbi Ḥiyya, and Rabbi Abba Mari** disagreed. **One of** them **said** that the first shekels are **those that the residents of the town first sent to the Temple, and the other one said** that **those that reached the hands of the** Temple **treasurers first** are considered the first shekels.

הלכה ב מתני׳ הַנּוֹתֵן שִׁקְלוֹ לַחֲבֵירוֹ לִשְׁקוֹל עַל יָדוֹ, וּשְׁקָלוֹ עַל יְדֵי עַצְמוֹ. אִם נִתְרְמָה הַתְּרוּמָה – מָעַל,

HALAKHA 2 · MISHNA With regard to **one who gives his shekel to his fellow to contribute on his behalf** by placing it in the collection horn for him, **and the** fellow instead **contributed it for himself,**[H] **if** at the time that he placed the shekel in the collection horn **the collection** of the chamber **had been collected,** the fellow is guilty of **misuse of consecrated property.**[N] When they perform the collection of the chamber, the treasurers also have in mind the shekels that have been contributed but are not yet in the possession of the Temple treasury, so that all those who have contributed shekels will have a part in the communal sacrifices. Therefore, when the agent gives this shekel for himself, he is considered to be deriving benefit from a consecrated item and is guilty of unintentional misuse of consecrated property.

הַשּׁוֹקֵל שִׁקְלוֹ מִן הַהֶקְדֵּשׁ וְנִתְרְמָה הַתְּרוּמָה וְקָרְבָה הַבְּהֵמָה – מָעַל, מִמַּעֲשֵׂר שֵׁנִי וּמִדְּמֵי שְׁבִיעִית – יֹאכַל כְּנֶגְדָּן.

With regard to **one who** mistakenly **contributes his shekel from consecrated** money, **and** then **the collection of** the chamber **was collected and an animal** purchased with those funds **was sacrificed**[H] as a communal offering, he is guilty of **misuse of consecrated property** once the animal has been offered. This is because at that point the money used to purchase the animal is transferred to non-sacred status. However, before that point, merely contributing consecrated money is not considered misuse. If one mistakenly contributed his shekel from money used to redeem the fruits of the **second tithe**[N] **or from money** from the permitted sale of produce grown during the **Sabbatical Year,**[H] **he must eat** non-sacred fruits besides the ones he already possesses, **corresponding to** the value of the shekel, and he must treat them with the sanctity of second tithes or Sabbatical Year fruits.

NOTES

It was taught the first ones are allocated – תָּנֵי הָרִאשׁוֹנִים נוֹפְלִים: The later authorities asked: It seems from here that the obligation upon the residents of the town to set aside other shekels in place of the first ones is a rabbinic ordinance. We also find that the *amora'im* disagree about where these shekels are deposited, in the collection horns for the new shekels or in the collection horns for the old ones. This poses a difficulty: How can these shekels be deposited in one of the collection horns and be used for communal sacrifices, since by Torah law they have no sanctity? They answered, as taught previously (3a), that just as the court has the authority to remove someone from ownership of a field and thereby exempt it from tithes, so too, the court may decree that when one gives a half-shekel to the treasury in fulfillment of a rabbinic ordinance, the coin becomes a consecrated item and may be used to buy communal sacrifices (*Meishiv Davar*).

Guilty of misuse of consecrated property – מָעַל: Misuse of consecrated property occurs when one derives benefit worth at least a *peruta* from consecrated items, whether they were consecrated for the altar or for Temple maintenance, and one was not entitled to derive benefit from them. If one intentionally derived benefit he is flogged and pays the treasury of consecrated property the amount that he benefited. If he unwittingly derived benefit, he pays the Temple treasury the amount that he benefited and adds a fifth more, and he also brings a ram as a guilt-offering to atone for him (Rambam *Sefer Avoda, Hilkhot Me'ila* 1:3).

Of the second tithe – מִמַּעֲשֵׂר שֵׁנִי: The *halakha* of second tithes is written in the Torah (Deuteronomy 14:22–27) and its principles are taught in the Mishna tractate *Ma'aser Sheni*. This tithe is in addition to the one given to the Levites, and therefore it is termed the second tithe. It is separated in the first, second, fourth, and fifth years of the Sabbatical cycle; during the third and sixth years a tithe for the poor is given instead. The second tithe is brought to Jerusalem to be eaten there by its owner. If he cannot bring it there himself, he may redeem it, and with the money that he set aside in its place he may purchase various food items.

Second tithes do not have many regulations besides the prohibition against eating them in ritual impurity or while in mourning. The *tanna'im* disagree with regard to the nature of second-tithe money (*Sanhedrin* 112b). According to the opinion of the Rabbis, second tithes belong to their owners, but the Torah obligated them to use this part of their property in a special manner. According to the opinion of Rabbi Meir, second tithes are a form of consecrated property, but the Torah gave the owner permission to derive benefit from this consecrated property in Jerusalem.

HALAKHA

The first ones are allocated to the collection of the new shekels and the second ones are allocated to the collection of old shekels – הָרִאשׁוֹנִים נוֹפְלִים לְתִקְלִין חֲדַתִּין וְהַשְּׁנִיִּים נוֹפְלִין לְתִקְלִין עַתִּיקִין: If the agent took an oath as required and the treasurers collected other shekels from the residents of the town, and then the robbers returned the original shekels, both sets are consecrated as shekels. However, they do not count for the next year. The first ones are deposited with the shekels of the present year, while the second ones are deposited with the previous year's shekels. The *amora'im* in the Jerusalem Talmud here disagree with regard to which ones are considered the first shekels. Some say the first shekels are those that were collected first and were lost or stolen and then returned. Others say that those that reached the Temple treasurer first are considered to be the first shekels (Rambam *Sefer Zemanim, Hilkhot Shekalim* 3:9).

One who gives his shekel to his fellow to contribute on his behalf and the fellow contributed it for himself – הַנּוֹתֵן שִׁקְלוֹ לַחֲבֵירוֹ לִשְׁקוֹל עַל יָדוֹ וּשְׁקָלוֹ עַל יְדֵי עַצְמוֹ: With regard to one who gives a half-shekel to his fellow to contribute for him, and the agent gave it in his own name, if the collection of the Temple chamber has already been collected, the agent is guilty of gaining benefit through the misuse of consecrated property. This money is considered to be in the possession of the Temple treasury, since the treasurers who perform the collection of the chamber contributions also have in mind the shekels that will be collected in the future. If the collection of the chamber has not taken place, he is not guilty of misuse of consecrated property, since it is still considered to be the property of the owner. However, he must return the half-shekel to his fellow (Rambam *Sefer Zemanim, Hilkhot Shekalim* 3:10; Rambam *Sefer Avoda, Hilkhot Me'ila* 6:13).

One who contributes his shekel from consecrated money and the collection was collected and an animal was sacrificed – הַשּׁוֹקֵל שִׁקְלוֹ מִן הַהֶקְדֵּשׁ וְנִתְרְמָה הַתְּרוּמָה וְקָרְבָה הַבְּהֵמָה: With regard to one who unwittingly contributed his half-shekel from consecrated money in his possession, and the chamber has already been collected, when the half-shekel will be used to buy communal sacrifices, he is liable for misuse of consecrated property. However, he has fulfilled his obligation to contribute a half-shekel, in accordance with the mishna (Rambam *Sefer Zemanim, Hilkhot Shekalim* 3:11).

Money of the second tithe or money from the Sabbatical Year – מִמַּעֲשֵׂר שֵׁנִי וּמִדְּמֵי שְׁבִיעִית: One who unwittingly contributed his half-shekel from second-tithe money must eat a corresponding value of food, in place of that money, in Jerusalem. If he contributed from Sabbatical Year money, he must eat a corresponding value of fruit, in place of that money, with the sanctity of the Sabbatical Year (Rambam *Sefer Zemanim, Hilkhot Shekalim* 3:11).

גמ׳ ״הַשּׁוֹקֵל״ כו׳ אֲנַן תְּנֵינַן: אִם קָרְבָה הַבְּהֵמָה וְתָנֵי דְּבֵי רַבִּי: אִם נִתְרְמָה הַתְּרוּמָה.

GEMARA It is taught in the mishna that **one who contributes** his shekel from consecrated money, when the collection of the chamber ceremony takes place and the animal has been offered, he is guilty of misuse of consecrated property. The Gemara records two different versions of this *halakha*. **We learned in the mishna: If the animal was offered,** indicating that if the animal had not been offered, even if the collection of the chamber ceremony has taken place, he has not misused consecrated property. **The school of Rabbi** Yehuda HaNasi **taught: If the collection** of the chamber **had been collected,** indicating that he is guilty of misuse of consecrated property even before the animal was offered.

מַאן תְּנָא אִם נִתְרְמָה הַתְּרוּמָה – רַבִּי שִׁמְעוֹן הִיא. דְּאָמַר רַבִּי שִׁמְעוֹן: מִיָּד הָיָה מְקַבֵּל מְעוֹתָיו, וְהַכֹּהֲנִים זְרִיזִים הֵן.

The Gemara asks: **Who is the** ***tanna*** from Rabbi Yehuda HaNasi's school who taught: **If the collection had been collected? It is Rabbi Shimon, as Rabbi Shimon said:** When one sold items to the Temple treasurers for use in communal sacrifices, such as fine flour for meal-offerings or wine for libations, **he would immediately receive his money**[N] from the treasurers, **and the priests,** who **are vigilant** with regard to mitzvot, would ensure that the relevant items would not become disqualified. Since the items sold became consecrated right away, the money became non-sacred at the time of the purchase; there was no need to wait until the items were actually offered. Similarly with regard to the shekels, the moment the Temple treasury purchases an animal for communal sacrifices, the shekels used become non-sacred and the person who contributed his shekel from consecrated money is guilty of misuse consecrated items.

וְקַשְׁיָא: אִילּוּ הַגּוֹנֵב עוֹלָתוֹ שֶׁל חֲבֵירוֹ וּשְׁחָטוֹ סְתָם, סְתָמָא לֹא לְשֵׁם בְּעָלִים הָרִאשׁוֹנִים מְכַפֶּרֶת?

The mishna taught that if one gave his shekel to an agent to place into the collection horns and the agent placed it in for himself, if the collection of the chamber ceremony has taken place, the agent has misused consecrated property. The Gemara comments: **This is difficult. If one steals his fellow's burnt-offering, and slaughtered it without specifying** for whom he was offering it, **isn't the unspecified** offering considered to be **in the name of the original owners, and** doesn't it **atone** for them? The same principle should apply here. Since the treasurer performs the ceremony of the collection of the chamber without having anyone particular in mind, this shekel should be attributed to the one to whom the shekel belonged and not to the one who stole the shekel for himself. If the agent receives no benefit from it, why is he considered to have misused consecrated property?

אָמַר רַבִּי יוּדָן: תִּיפְתַּר בִּמְסוּיָּם מִשֶּׁל בֵּית רַבָּן גַּמְלִיאֵל, שֶׁהָיָה מִתְכַּוֵּין וְדוֹחֲפוֹ לְתוֹךְ הַקּוּפָּה.

Rabbi Yudan said: It should be explained as referring to a case **where** this shekel was a **particular** coin that stood out among the other coins in the collection basket, and the Temple treasurer noticed it and removed this coin in the name of the agent, just as the members **of the house of Rabban Gamliel** were accustomed to do. When one brought a half-shekel from the house of Rabban Gamliel to the Temple, **he would intentionally push it into the basket** in such a way that the treasurer would notice it and place it among the collected half-shekels.

וְחָשׁ לוֹמַר שֶׁמָּא לַשִּׁירַיִים הֵן נוֹפְלִין, וְכִי יֵשׁ מְעִילָה בְּשִׁירַיִם.

The Gemara comments why it must be the case that the person who illicitly contributed the shekel in his own name is liable for misuse of consecrated funds only if that particular coin is identifiably among those collected. Otherwise, wouldn't one **be concerned and say that perhaps** the half-shekel given was not used to purchase offerings and instead **fell among the remaining** contributions in the chamber? And if this is the case, **is there misuse of consecrated property with** regard to the **remaining** contributions? According to the majority of the Sages, one is not liable for misuse of consecrated property for the remaining funds of the Temple treasury chamber.

אֶלָּא כְּרַבִּי מֵאִיר. דְּרַבִּי מֵאִיר אוֹמֵר: מוֹעֲלִין בַּשִּׁירַיִים. עוֹד הִיא בִּמְסוּיָּם שֶׁל בֵּית רַבָּן גַּמְלִיאֵל שֶׁהָיָה מִתְכַּוֵּין וְתוֹרְמוֹ לִשְׁמוֹ.

Should one **rather** explain the mishna **in accordance with** the opinion of **Rabbi Meir? As Rabbi Meir says: One is** liable for **misuse of consecrated property with regard to the remaining** contributions of the chamber. The *halakha* is clearly not in accordance with R. Meir, as the majority rule otherwise, and the mishna does not indicate that it is reflecting a minority opinion. Therefore, **this too** is reasonable only if the mishna is addressing a noticeable coin like **the particular** coin **of the house of Rabban Gamliel, which** the treasurer **would intentionally collect in his name.** It is certain that it was included in the contributions collected for offerings, and therefore the agent is liable for misuse of consecrated property.

NOTES

As Rabbi Shimon said, he would immediately receive his money – **דְּאָמַר רַבִּי שִׁמְעוֹן: מִיָּד הָיָה מְקַבֵּל מְעוֹתָיו**: Rabbi Shimon's opinion is cited later on in the Gemara (13b) as a dissenting opinion to that of the Rabbis. It is taught in the mishna (*Shekalim* 13a) that if one sells fine flour or wine to the Temple treasury, and the flour becomes wormy or the wine turns to vinegar, they are the responsibility of the one who vowed to bring them, and he must bring others in their place. This responsibility remains incumbent upon him until they are offered on the altar as required. It is not enough that the treasurers receive them from the seller and bring them to the appropriate chamber where they are stored in the Temple; the seller cannot receive his money until they have been offered, and they do not leave his possession until that time. The Gemara there brings the opinion of Rabbi Shimon, who argues with the opinion expressed in the mishna and holds that as soon as the seller has supplied the flour or wine to the Temple treasurer, he receives his payment immediately; the items leave his possession and belong to the treasury of consecrated property, and he is not responsible for them afterward.

מַה נֶּהֱנָה? אָמַר רַבִּי אָבִין בְּשֵׁם רַבָּנָן דְּתַמָּן: מִכֵּיוָן שֶׁבֵּית דִּין רָאוּיִן לְמַשְׁכֵּן וְלֹא מִשְׁכְּנוּ – כְּמוֹ שֶׁנֶּהֱנָה.

The Gemara asks: **How did** the agent who placed the coin in the basket for himself **benefit,** that he should be liable for misuse? His goal was to perform a mitzva, and there is a principle that mitzvot were not given to derive benefit from them. We do not consider actions performed to fulfill a mitzva as personally beneficial to those who performed them. **Rabbi Avin said in the name of the Rabbis from there,** i.e., from Babylonia: **Since the court is liable to seize collateral from him and does not seize collateral from him,** it is **as if he benefited** personally from his action.

מִמַּעֲשֵׂר שֵׁנִי וכו׳ – דִּכְתִיב: "אַךְ בְּכוֹר אֲשֶׁר יְבֻכַּר לַה׳ בִּבְהֵמָה לֹא יַקְדִּישׁ אִישׁ אֹתוֹ" כָּל שֶׁהוּא קוֹדֶשׁ – אֵין קְדוּשָּׁה חָלָה [עָלָיו]. כֵּיצַד הוּא עוֹשֶׂה?

The mishna seems to indicate that one who brings his half-shekel **from second-tithe** money has fulfilled his obligation, although he must eat non-sacred fruits in place of the second-tithe money. The Gemara asks: Since the money was already consecrated for a different purpose, it is not possible for a new sanctity to extend to it, **as it is written: "But the firstling which is born first to God among animals, no man shall sanctify it"** (Leviticus 27:26), and the Sages learn from the wording of this verse: **That which is already sanctified, no other sanctity can extend to it.**[H] If so, **what does he do** so that the second-tithe money he contributed should count as his half-shekel?

מֵבִיא סֶלַע שֶׁל חוּלִּין, וְאוֹמֵר: מָעוֹת מַעֲשֵׂר שֵׁנִי בְּכָל מָקוֹם שֶׁהֵן יְהוּ מְחוּלָּלִין עַל סֶלַע זוֹ. וְאוֹתָהּ סֶלַע נִתְפַּס לְשֵׁם מַעֲשֵׂר שֵׁנִי, וְהַשְּׁאָר נַעֲשׂוּ שְׁקָלִים.

The Gemara answers: **He brings a *sela*,** i.e., a coin **of non-sacred money, and says: The second-tithe money,** already contributed, **wherever it may be, should be redeemed upon this *sela*. That *sela* assumes the status of second tithe,** which is transferred from the half-shekel that had been placed in the collection horn. **The rest,** i.e., the original contribution, **becomes** consecrated with the sanctity of **shekels.**[N]

HALAKHA

That which is already sanctified, no other sanctity can extend to it – כָּל שֶׁהוּא קוֹדֶשׁ אֵין קְדוּשָּׁה חָלָה עָלָיו: If one designated an animal that was already consecrated as an offering to be consecrated for Temple maintenance, the new consecration takes effect. The animal is evaluated and redeemed, and its value is given toward the maintenance of the Temple. The animal itself is then sacrificed as the offering for which it had originally been consecrated. However, if one consecrated an animal already consecrated toward the maintenance of the Temple and said: This is a burnt-offering, or: This is a peace-offering, or he consecrated it for the priests, his action has no effect. The renewed consecration as an offering or consecration for the priests cannot be added to the original animal consecrated for maintenance of the Temple, since one cannot consecrate that which does not belong to him (Rambam *Sefer Hafla'a, Hilkhot Arakhin VaHaramim* 6:8).

NOTES

That *sela* assumes the status of second tithe. The rest becomes consecrated with the sanctity of shekels – וְאוֹתָהּ סֶלַע נִתְפַּס לְשֵׁם מַעֲשֵׂר שֵׁנִי וְהַשְּׁאָר נַעֲשׂוּ שְׁקָלִים: The same solution applies to the case of one who contributed his half-shekel from Sabbatical Year money. He transfers the sanctity of the Sabbatical Year money onto a different coin, thus allowing the original coin to be consecrated as a shekel (Rash Sirilio).

Perek **II**
Daf **6** Amud **a**

הלכה ג מתני׳ הַמְכַנֵּס מָעוֹת וְאָמַר "הֲרֵי אֵלּוּ לְשִׁקְלִי", בֵּית שַׁמַּאי אוֹמְרִין: מוֹתָרָן נְדָבָה, וּבֵית הִלֵּל אוֹמְרִים: מוֹתָרָן חוּלִּין.

HALAKHA 3 · MISHNA With regard to **one who gathers** together small **coins and said: These are for my shekel,**[H] and subsequently discovered that it amounted to more than a half-shekel. **Beit Shammai say: The leftover** coins are placed in the collection horn designated for **a free-will offering,**[N] as the money is consecrated property but it does not have the status of a shekel. **Beit Hillel say: The leftover** money **is non-sacred** property since, *ab initio*, he had in mind to consecrate a half-shekel and no more. An item that was consecrated by mistake does not have the status of consecrated property.

"שֶׁאָבִיא מֵהֶן שִׁקְלִי" – שָׁוִין שֶׁהַמּוֹתָר חוּלִּין. "אֵלּוּ לְחַטָּאתִי" – שָׁוִין שֶׁהַמּוֹתָר נְדָבָה. "שֶׁאָבִיא מֵהֶן חַטָּאתִי" – שָׁוִין שֶׁהַמּוֹתָר חוּלִּין.

However, if he originally said: I am gathering together this money so **that I will bring my shekel from these, they agree that the leftover** money **is non-sacred** property. If one who was obligated to bring a sin-offering gathered together coins and said: **These are for my sin-offering,** then if he had accumulated more than was needed, **they agree that the leftover** money must be designated as **a free-will offering.** However, if he originally said: **That I will bring my sin-offering from these,**[H] **they agree that the leftover** money **is non-sacred** property.

אָמַר רַבִּי שִׁמְעוֹן: מַה בֵּין שְׁקָלִים לְחַטָּאת? אֶלָּא, שֶׁל שְׁקָלִים יֵשׁ לָהֶן קִצְבָּה וְלַחַטָּאת אֵין לָהּ קִצְבָּה.

Rabbi Shimon said: What is the difference between shekels and a sin-offering? Why do Beit Hillel say that the leftover money is non-sacred property in the case of shekels, while with regard to a sin-offering they say that the leftover money is consecrated for a free-will offering? **Rather,** the issue is **that shekels have a fixed** value, a half-shekel and no more. Therefore, there is a clear amount beyond which one did not intend the money to become consecrated property. However, **a sin-offering has no fixed** value. Since the entire sum that one collected could have been used to purchase a sin-offering, whatever he didn't use must at least be designated for a free-will offering.

HALAKHA

One who gathers together small coins and said: These are for my shekel – הַמְכַנֵּס מָעוֹת וְאָמַר הֲרֵי אֵלּוּ לְשִׁקְלִי: If one says that he is collecting money for his half-shekel and eventually collects a larger amount than a half-shekel, he must contribute his half-shekel from the collected money. The remaining money is non-sacred property. This is in accordance with the opinion of Beit Hillel, as explained by Rabbi Yosei in the name of Rabbi Elazar (Rambam *Sefer Zemanim, Hilkhot Shekalim* 3:13).

That I will bring my sin-offering from these – שֶׁאָבִיא מֵהֶן חַטָּאתִי: If one says when one begins collecting money: I will bring my sin offering from this money, he must use it to buy an animal as a sin offering. Any leftover money is non-sacred property according to all opinions (Rambam *Sefer Avoda, Hilkhot Pesulei HaMukdashin* 5:7).

NOTES

The leftover coins are a free-will offering – מוֹתָרָן נְדָבָה: This free-will offering was used as repletion of the altar, i.e., burnt-offerings sacrificed at times when the altar was idle. When there were no other sacrifices to be brought on the altar, rather than leave the altar idle, the priests used special gift funds, which had been placed in an appropriate collection horn, to purchase animals to sacrifice as burnt-offerings. The meat from these offerings was burnt on the altar and their hides belonged to the priests.

רַבִּי יְהוּדָה אוֹמֵר: אַף לִשְׁקָלִים אֵין לָהֶן קִצְבָה, שֶׁכְּשֶׁעָלוּ יִשְׂרָאֵל מִן הַגּוֹלָה הָיוּ שׁוֹקְלִין דַּרְכּוֹנוֹת, חָזְרוּ לִשְׁקוֹל סְלָעִים, חָזְרוּ לִשְׁקוֹל טְבָעִין.

Rabbi Yehuda says: Even for shekels there is no real **fixed** value. **For when the Jewish people ascended from the exile,**[N] **they would contribute darics,**[HN] which are Median coins worth two shekels by Torah law. They brought these coins with them and would give a half of one to fulfill their half-shekel obligation. Later on, when the Median Empire was dissolved, **they reverted to contributing** with **a *sela*,**[N] a silver coin of equal weight to the the shekel mentioned in the Torah. People would contribute a half-*sela* for their half-shekel requirement. When the value of this currency changed later on, **they reverted to contributing** with **a *tiva*,** a different coin which is worth a half-shekel.

בִּיקְּשׁוּ לִשְׁקוֹל דִּינָרִין וְלֹא קִבְּלוּ מֵהֶן.

Some people **wished to contribute** only **dinars,**[B] which are half the value of the *tiva*, i.e., one quarter shekel in value. The Sages **refused to accept it** and required them to contribute at least the half-shekel mentioned in the Torah. Nevertheless, it is clear that the obligation of contributing shekels does not have a fixed value.

אָמַר רַבִּי שִׁמְעוֹן: אַף עַל פִּי כֵן יַד כּוּלָּן שָׁוָה. אֲבָל חַטָּאת – זֶה מֵבִיא בְּסֶלַע, וְזֶה מֵבִיא בִּשְׁתַּיִם, וְזֶה מֵבִיא בְּשָׁלֹשׁ.

Rabbi Shimon said in response: **Even so,** despite the fact that during different periods there were different amounts used to fulfill the obligation of the half-shekel, **everyone has equal standing,** i.e., at any particular time, everyone contributes the same amount. Therefore, any sum collected beyond that amount was not intended to be consecrated. **However, a sin-offering** has no fixed amount whatsoever; **this** person may **bring** an animal **worth a *sela*, and that one** may **bring** one **worth two, and this one** may **bring** one **worth three.** Therefore, it cannot be supposed that there was no intention to consecrate the whole sum.

HALAKHA

When the Jewish people ascended from the exile they would contribute darics – שֶׁכְּשֶׁעָלוּ יִשְׂרָאֵל מִן הַגּוֹלָה הָיוּ שׁוֹקְלִין דַּרְכּוֹנוֹת: When the prevalent currency was darics, people used to contribute a *sela* for their half-shekel obligation, as the *sela* equaled half of a daric (according to Rambam's opinion; see notes above). When the prevalent currency was the *sela*, people would contribute a half-*sela*, which is two dinar. When the prevalent currency was a half-*sela*, people would contribute that half-*sela* for their half-shekel requirement. The Jewish people never contributed a half-shekel that was of a smaller value than that of the Torah. This is the Rambam's opinion and this is how he explains the mishna. The Ra'avad disagrees and maintains that they did not contribute based on the prevalent currency in each individual period, but rather based on the needs of that period. If there were few contributors, each would give a substantial sum to fulfill his obligation, whereas if there were many contributors, each of them would give a smaller sum (Rambam *Sefer Zemanim, Hilkhot Shekalim* 1:6).

According to the Rema, some say that nowadays one should give a half of the prevalent currency in his place and time to charity before Purim, in order to commemorate the half-shekel that was given in the Temple in the month of Adar (*Darkhei Moshe* on *Tur, Oraḥ Ḥayyim* 694 and Rema, *Oraḥ Ḥayyim* 694:1). The source for this *halakha* seems to be the custom, mentioned in the mishna, that in the time of Ezra people would give darics, which were the prevalent currency in the Median Empire.

BACKGROUND

Dinars – דִּינָרִין: The source of this word is the Latin denarius, meaning ten, since a dinar contained ten *issar*. The dinar was a coin used widely in the Roman Empire.

Gold dinar with an imprint of Nero

NOTES

When the Jewish people ascended from the exile they would contribute [*shoklin*] darics – כְּשֶׁעָלוּ יִשְׂרָאֵל מִן הַגּוֹלָה הָיוּ שׁוֹקְלִין דַּרְכּוֹנוֹת: According to the explanation in the text, the word *shoklin*, contribute, does not have the same denotation as in other places in this tractate, i.e., giving the half-shekel. Rather, it denotes the currency used, such that in one period the coin used in commerce was a daric, and in another period it was a *sela*, etc. This is how the Rambam (Commentary on the Mishna 2:4; *Sefer Zemanim, Hilkhot Shekalim* 1:6), the Rosh, and Rabbi Ovadya Bartenura explain this mishna.

However, other commentaries maintain that the meaning of *shoklin* here corresponds with its meaning in other places. According to these opinions, the amount required by Torah law is always equal to that of the half-shekel given in the time of Moses. Since the value of the conventional currency changes from time to time, the court has the authority to change the conventional amount required, as long as the new value is not less than the value of the half-shekel from Moses' time, and as long as each member of the Jewish people contributes the same value.

The reason that, in different periods, people gave different coins for their half-shekel obligation is as follows: When the Jewish people ascended from exile in the time of Ezra, the number of immigrants was small, and the half-shekels they contributed did not suffice for all of the communal sacrifices. Therefore, the Sages of that generation decided that each person must contribute a daric, four times the half-shekel of Moses. Later on, when the population and the number of half-shekel contributors grew, they did not need such large contributions, and therefore the Sages said that it was enough to contribute a *sela* as the half-shekel. When the population expanded further, they reverted to using a *tiva*. When the population grew still more, people wanted to use the dinar, but the Sages would not accept them, due to the principle that one may not give less than the value of the half-shekel of Moses.

According to this explanation, Rabbi Yehuda's claim in the mishna is that since the value of the half-shekel fluctuated in every period, it is obvious that it did not have a fixed value, and therefore it should have the same *halakha* as a sin-offering. Rabbi Shimon countered that even if its value fluctuated, in a particular period everyone gives the same contribution, which is not the case with regard to a sin-offering (Rav Yehuda ben Rav Binyamin HaRofeh; Ra'avad on Rambam *Sefer Zemanim, Hilkhot Shekalim* 1:6).

They would contribute darics – הָיוּ שׁוֹקְלִין דַּרְכּוֹנוֹת: According to the opinion of the Rambam, the daric was worth four half-shekels required by Torah law. However, the Ramban (Exodus 30:12) and the Tashbetz (Responsa 1:172) maintain that the value of the daric was three half-shekels required by Torah law.

They would contribute darics…they reverted to contributing with a *sela* – הָיוּ שׁוֹקְלִין דַּרְכּוֹנוֹת, חָזְרוּ לִשְׁקוֹל סְלָעִים: It seems from the mishna that there is an obligation to bring a half of the coin prevalent at the time of the contribution. The Rambam (*Hilkhot Shekalim* 1:5) seems to imply that this is the Torah obligation. However, the *Me'iri* is of the opinion that it is a rabbinic law, since by Torah law it is enough to bring the half-shekel of the Torah, which was based on the coin prevalent in the time of Moses. The Sages were more stringent and required people to bring the coin prevalent in their own time to fulfill their half-shekel obligation. Others maintain that this is neither a biblical nor a rabbinic requirement. Rather, it is an established custom in Israel to give the half-shekel based on the prevalent coin in one's own time (see Rosh).

גמ׳ ״הַמְכַנֵּס״ וכו׳. רַבִּי יוֹסֵי בְּשֵׁם רַבִּי לְעָזָר: מַה פְּלִיגִין – בִּמְכַנֵּס פְּרוֹטְרוֹט.

GEMARA It is taught in the mishna: **One who** gathers together coins and says: These are for my shekel, if he finds that he has more than a half-shekel, then according to the opinion of Beit Shammai, the remainder is designated for a free-will offering, and according to Beit Hillel the remainder is non-sacred property. **Rabbi Yosei** said **in the name of Rabbi Elazar: With regard to what do they disagree? With regard** to **one who gathers coin by coin** [*peroterot*],[L] adding small coins bit by bit until they amount to a large sum. It is assumed that he intended to contribute only a half-shekel but did not pay attention to the fact that a larger sum had accumulated. According to Beit Hillel, an item that was consecrated by mistake does not become consecrated, and thus the leftover money is non-sacred property.

אֲבָל בְּאוֹמֵר ״אֵלּוּ לְשִׁקְלִי״ – כָּל עַמָּא מוֹדֵיי שֶׁהַמּוֹתָרָן נְדָבָה.

However, with regard to **one who** takes a stack of coins and **says: These are for my shekel, everyone agrees that** he must have intended to consecrate the entire sum. Therefore, the **leftover** coins **are** designated for **a free-will offering.**

רַבִּי חִיָּיא וְרַבִּי בֵּיבָא בְּשֵׁם רַבִּי לְעָזָר: מַה פְּלִיגִין – בִּמְכַנֵּס פְּרוֹטְרוֹט. אֲבָל בְּאוֹמֵר ״אֵלּוּ לְשִׁקְלִי״ – כּוּלֵּי עָלְמָא מוֹדֵיי שֶׁהַמּוֹתָרָן חוּלִּין.

Rabbi Ḥiyya and Rabbi Beiva said **in the name of Rabbi Elazar: With regard to what do they disagree? When one gathers coin by coin.** In that case Beit Shammai maintain that the leftover money is designated for a free-will offering. Since they hold that an item consecrated by mistake is in fact consecrated, all the money that he accumulated becomes consecrated property and must be designated as a free-will offering. However, with regard to **one who** takes a stack of coins and **says: These are for my shekel, everyone agrees that the leftover** coins **are non-sacred** property. Even Beit Shammai agree that he did not intend to consecrate a sum of money so beyond the requirement of the half-shekel *ab initio*.

״אָמַר רַבִּי חִיָּיא: מַתְנִיתָא מְסַיְּיעָא לְרַבִּי בֵּיבָי. דִּתְנַן, אָמַר רַבִּי שִׁמְעוֹן: מַה בֵּין שְׁקָלִים לְחַטָּאת – אֶלָּא שֶׁהַשְּׁקָלִים יֵשׁ לָהֶן קִצְבָּה, וְלַחַטָּאת אֵין לָהּ קִצְבָּה. מָה אֲנַן קַיָּימִין? אִם בְּאוֹמֵר ״שֶׁאָבִיא מֵהֶן שִׁקְלִי״ – כָּל עַמָּא מוֹדֵיי שֶׁהַמּוֹתָרָן חוּלִּין, אִם בְּאוֹמֵר ״שֶׁאָבִיא מֵהֶן חַטָּאתִי״ – כָּל עַמָּא מוֹדֵיי שֶׁהַמּוֹתָר חוּלִּין.

Rabbi Ḥiyya said: The mishna supports the opinion of **Rabbi Beivai, as we learned in the mishna** that **Rabbi Shimon said: What is the difference between** the leftover money from the **half-shekel** contribution, which is non-sacred property, **and** the leftover money for **sin-offerings,** which is designated for a free-will offering, **other than that shekels have a fixed** value **and a sin-offering has no fixed** value? The Gemara asks: **What** case **are we addressing? If** Rabbi Shimon is addressing the case **of one who** collects money in small amounts and **says** before he starts: **I will bring my shekel from these** coins, **everyone agrees that the leftover** coins **are non-sacred** property. **And if** he is addressing the case **of one who says: I will bring my sin-offering from** these coins, here too, **everyone agrees that the leftover** money **is non-sacred** property, as explained in the mishna.

אֶלָּא כֵּן אֲנַן קַיָּימִין בְּאוֹמֵר ״אֵלּוּ לְשִׁקְלִי״, שְׁקָלִים עַל יְדֵי שֶׁקִּצְבָתָן מִן הַתּוֹרָה – מוֹתָרָן חוּלִּין. חַטָּאת עַל יְדֵי שֶׁאֵין קִצְבָתָן מִן הַתּוֹרָה – מוֹתָרָן נְדָבָה.

Rather, this is the case we are addressing: when one takes a stack of coins and **says: These are for my shekel.** Rabbi Shimon holds that with regard to **shekels, since their fixed** value **is** explicitly **from the Torah, the leftover** coins **are non-sacred** property, because even when he held all the money he intended only to take the value of a half-shekel from it. However, with regard to **a sin-offering, since it has no fixed value from the Torah,** as each person brings an animal of whatever value he wants, it is possible that one intended to bring an animal worth the entire value of the coins he took *ab initio*. Therefore, **the leftover** money **is** consecrated **for a free-will offering.** This is a proof for Rabbi Beivai's opinion that when one takes a stack of coins and says: These are for my shekel, everyone agrees that the leftover money is non-sacred property.

מָה עֲבַד לָהּ רַבִּי יוֹסֵי בְּשֵׁם רַבִּי אֱלִיעֶזֶר? פָּתַר לָהּ בִּמְכַנֵּס פְּרוֹטְרוֹט, וּכְבֵית הִלֵּל.

Rabbi Yosei understood the mishna such that when he says: These are for my shekel, everyone agrees that the leftover money is consecrated property. The Gemara asks: **What does Rabbi Yosei, in the name of Rabbi Elazar, do with this** proof? The Gemara answers: **He explains** Rabbi Shimon's opinion in the mishna as **referring to one who collects coin by coin, and it is in accordance** only **with** the opinion of **Beit Hillel.**

LANGUAGE

Coin by coin [*peroterot*] – **פְּרוֹטְרוֹט**: Derived from the word *perita*, which has two opposing meanings in the linguistic usage of the Sages: Exchanging a large coin for smaller coins and vice versa. Here, the Gemara is using the second meaning, collecting small coins in order to exchange them for larger ones.

וְהָא תָּנֵינַן: מוֹתַר שְׁקָלִים חוּלִּין! פָּתַר לָהּ בִּמְכַנֵּס פְּרוֹטְרוֹט וּכְבֵית הִלֵּל.

The Gemara challenges Rabbi Yosei's version of Rabbi Elazar's opinion: **Didn't we learn** in the mishna: **The leftover shekels are non-sacred** property? This implies that in all situations where one consecrates shekels, including those where one said: These are for my shekel, the leftovers are non-sacred, which is in accordance with Rabbi Beivai's explanation. The Gemara answers: There is no such implication. Rabbi Yosei **explained it as** limited to the case of **one who collects coin by coin, and** it is **in accordance with** the opinion of **Beit Hillel.** In such a case, the leftover money is non-sacred property.

הַמַּפְרִישׁ שִׁקְלוֹ וְסָבַר שֶׁהוּא חַיָּיב וְנִמְצָא שֶׁאֵינוֹ חַיָּיב – לֹא קָדַשׁ. הַמַּפְרִישׁ שְׁנַיִם וְסָבַר שֶׁהוּא חַיָּיב שְׁנַיִם, וְנִמְצָא שֶׁאֵינוֹ חַיָּיב אֶלָּא אֶחָד – אוֹתוֹ הַשֵּׁנִי מָה אַתְּ עָבֵיד לֵיהּ?

The Gemara discusses a different issue. When a person **sets aside his shekel and thought** at that point **that he is obligated** to contribute it, and **it turns out that he is not obligated**[H] to contribute it, as he had contributed it already, the shekel that he separated **is not consecrated,** just as other mistakenly consecrated items do not become consecrated. With regard to **one who sets aside two** shekels simultaneously **and thought that he is obligated** to contribute **two,** one for the current year and one for the previous year, **and it turns out that he is obligated** to contribute **only one,**[H] as he had in fact contributed the previous year's shekel, **what do you do with the second one** that was mistakenly set aside?

נִשְׁמְעִנָּהּ מִן הָדָא: הִפְרִישׁ חַטָּאתוֹ וְסָבַר שֶׁהוּא חַיָּיב, וְנִמְצָא שֶׁאֵינוֹ חַיָּיב – לֹא קָדְשָׁה. הִפְרִישׁ שְׁתַּיִם וְסָבַר שֶׁהוּא חַיָּיב שְׁתַּיִם, וְנִמְצָא שֶׁאֵינוֹ חַיָּיב אֶלָּא אַחַת, אוֹתָהּ שְׁנִיָּה מָה אַתְּ עָבַד לָהּ?

The Gemara answers. **Let us hear** the *halakha* **from this** *baraita*: If **one set aside his sin-offering,** and at that point **he thought that he was liable,** as he had unwittingly sinned in such a manner requiring him to bring a sin-offering, and **it turns out that he was not liable,**[H] the animal **is not consecrated.** If **one set aside two** animals **and thought** at the time **that he** had unwittingly transgressed two prohibitions and **was** therefore **liable** to sacrifice **two** sin-offerings, and **it turns out that he was liable** to sacrifice **only one,**[H] **what do you do with that second** animal?

אֶלָּא רוֹעֶה. הָכִי נַמִּי אֵילּוּ לִנְדָבָה,

It must **rather be left to graze.** On the one hand, it is consecrated with the sanctity of a sin-offering, but on the other hand, since the person who consecrated it is not obligated in another sin-offering, it cannot be sacrificed. Therefore, it must be left to graze until it develops a blemish and is disqualified from being offered. It can then be sold, with the proceeds used to purchase free-will offerings. **So too, these** mistakenly set aside half-shekels, i.e., in the case of one who set aside two half-shekels and in the end was obligated only to contribute one, **are** designated **for a free-will offering.**

וְכָא הֵיאַךְ אוֹמֵר אַתָּה אֵילּוּ?

The Gemara rejects this comparison between the case of the extra shekel and the case of the extra sin-offerings. **Here,** in the case of extra shekels, **how can you say: These** are designated for a free-will offering? The mishna distinguishes between the leftover money when collecting shekels, which is considered non-sacred property, and the leftover money when collecting for a sin-offering, which is considered consecrated for a free-will offering.

HALAKHA

Sets aside his shekel and thought that he is obligated and it turns out that he is not obligated – הַמַּפְרִישׁ שִׁקְלוֹ וְסָבַר שֶׁהוּא חַיָּיב וְנִמְצָא שֶׁאֵינוֹ חַיָּיב: If one thought that he was obligated to give his half-shekel and set that sum aside, but then discovered that he was not obligated, the half-shekel is not sacred property, in accordance with the conclusion of the Gemara (Rambam *Sefer Zemanim, Hilkhot Shekalim* 3:12).

One who sets aside two shekels and thought that he is obligated to contribute two and it turns out that he is obligated to contribute only one – הַמַּפְרִישׁ שְׁנַיִם וְסָבַר שֶׁהוּא חַיָּיב שְׁנַיִם וְנִמְצָא שֶׁאֵינוֹ חַיָּיב אֶלָּא אֶחָד: One who set aside two half-shekels because he thought that he was obligated to contribute both, and then discovered that he was obligated to contribute only one, if he set them aside one after the other, the last one is not sacred property. If he set them aside simultaneously, one of them is his half-shekel and the other one is termed the leftover money of the half-shekel, in accordance with the conclusion of the Gemara (Rambam *Sefer Zemanim, Hilkhot Shekalim* 3:12).

If one set aside his sin-offering and he thought that he was liable and it turns out that he was not liable – הִפְרִישׁ חַטָּאתוֹ וְסָבַר שֶׁהוּא חַיָּיב וְנִמְצָא שֶׁאֵינוֹ חַיָּיב: In the case of one who set aside an animal or money for his sin offering and at that point thought that he was liable for a sin-offering, and then discovered that he was not liable, the animal or money that he set aside is non-sacred property, in accordance with the conclusion of the Gemara (Rambam *Sefer Avoda, Hilkhot Pesulei HaMukdashin* 5:6).

If one set aside two animals and thought that he was liable to sacrifice two sin-offerings, and it turns out that he was liable to sacrifice only one – הִפְרִישׁ שְׁתַּיִם וְסָבַר שֶׁהוּא חַיָּיב שְׁתַּיִם וְנִמְצָא שֶׁאֵינוֹ חַיָּיב אֶלָּא אַחַת: If one set aside two animals or their monetary equivalent for his sin-offering, thinking that he was liable to sacrifice two sin-offerings, and then he discovered that he was liable only to sacrifice one, he may bring one of them or its monetary equivalent as a sin-offering. The other sin-offering or its monetary equivalent must be offered as free-will burnt-offerings (Rambam *Sefer Avoda, Hilkhot Pesulei HaMukdashin* 5:6).

״רַבִּי יוּדָא אוֹמֵר״ כו׳: דַּרְכּוֹנוֹת דִּינָרִין. חָזְרוּ לִשְׁקוֹל סְלָעִין – כְּשְׁמוּעָן. חָזְרוּ לִשְׁקוֹל טְבָעִין – פַּלְגֵי סְלָעִין. בִּקְשׁוּ לִשְׁקוֹל דִּינָרִין – קְרָטִין.

§ It was taught in the mishna: **Rabbi Yehuda says** that even the half-shekel does not have a fixed value, as over the course of history the exact sum of a half-shekel varied. Rabbi Yehuda then describes the coins used for the half-shekel during various periods. The Gemara first explains the mishna's terminology. **Darics are** golden **dinars.** The phrase: **They reverted to contributing** with **a *sela*, is as it sounds;** i.e., the equivalent of the shekel mentioned in the Torah, which is four silver dinar. The phrase: **They reverted to contributing** with **a *tiva*,** refers to **a half-*sela*** coin, the equivalent of two silver dinar. The phrase: **They wished to contribute** only **dinars,** refers to **a karat,** i.e., a quarter of a *sela*, or one dinar.

וְלֹא קִבְּלוּ עֲלֵיהֶן, מִן הָדָא: ״וְהֶעֱמַדְנוּ עָלֵינוּ מִצְוֹת לָתֵת שְׁלִישִׁית הַשֶּׁקֶל בַּשָּׁנָה לַעֲבוֹדַת בֵּית אֱלֹהֵינוּ״.

The mishna continues: **They refused to accept it from them.** The Sages did not agree to accept dinars in place of the half-shekel. From where did the Sages derive this? **From this** verse: **"We made ordinances for us, to charge ourselves yearly with the third part of a shekel for the service of the House of our God"** (Nehemiah 10:33). The third of a shekel cited in this verse is one-third of a daric, the prevalent coin of the time. Until that time, the custom was to contribute a half of the prevalent coin of the time. The Sages of that generation were concerned that over time the value of the prevalent coin would be reduced to the extent that people would no longer be contributing the value of the half-shekel of the Torah. The verse reports that they therefore set a minimum for the collection, which is the precedent for the Sages of the mishna not accepting the request to lower the fixed amount to a dinar.

רַבִּי חִלְקִיָּה בְּשֵׁם רַבִּי אַחָא: מִכָּאן שֶׁצָּרִיךְ אָדָם לְשַׁלֵּשׁ שִׁקְלוֹ שָׁלֹשׁ פְּעָמִים בַּשָּׁנָה, מִכָּאן שֶׁאֵין מַטְרִיחִין עַל הַצִּיבּוּר יוֹתֵר מִשָּׁלֹשׁ פְּעָמִים בַּשָּׁנָה. אָמַר רַבִּי אָבִין: מִכָּאן לְשָׁלֹשׁ סְאִין, מִכָּאן לְשָׁלֹשׁ קוּפּוֹת, מִכָּאן לְשָׁלֹשׁ הַפְּרָשׁוֹת.

Once this verse is mentioned, the Gemara discusses other *halakhot* that are derived from it. **Rabbi Ḥilkiya** said **in the name of Rabbi Aḥa:** This verse is about with the mitzva of charity. The term *shelishit*, one-third, used in this verse contains superfluous letters, as it could have been written *shelish* and maintained its meaning. **From here** one may derive **that a person must donate his shekel three times**[N] **a year,** meaning that he must give a shekel to charity three times a year. One may also derive **from here** that **one** may **not burden the community** by asking them for charity **more than three times a year. Rabbi Avin said: From here,** there is also support for the fact that the baskets into which the collection of the chamber was collected were **three *se'a*** in size; and **from here,** there is a hint to the **three collection baskets** and the **three collections** of the chamber during the year.

כְּתִיב: ״זֶה יִתְּנוּ כָּל הָעוֹבֵר עַל הַפְּקוּדִים״. רַבִּי יְהוּדָה וְרַבִּי נְחֶמְיָה, חַד אָמַר: לְפִי שֶׁחָטְאוּ בְּמַחֲצִית הַיּוֹם – יִתְּנוּ מַחֲצִית הַשֶּׁקֶל. וְחַד אָמַר: לְפִי שֶׁחָטְאוּ בְּשֵׁשׁ שָׁעוֹת בַּיּוֹם – יִתְּנוּ מַחֲצִית הַשֶּׁקֶל, דְּעָבַד שִׁיתָּא גַּרְמְסִין.

It is written: "This they shall give, everyone who passes among them that are numbered, half a shekel after the shekel of the Sanctuary" (Exodus 30:13). **Rabbi Yehuda and Rabbi Neḥemya** disagree with regard to the reason for the mitzva. **One said: Because they sinned**[N] with the Golden Calf **at the midpoint of the day,**[N] **they should give a half-shekel. And one said: Because they sinned at the sixth hour of the day, they should give a half-shekel, whose sum is** equal to **six *garmisin*,** a small coin that was prevalent in that period.

רַבִּי יְהוֹשֻׁעַ בֵּי רַבִּי נְחֶמְיָה בְּשֵׁם רַבָּן יוֹחָנָן בֶּן זַכַּאי: לְפִי שֶׁעָבְרוּ עַל עֲשֶׂרֶת הַדִּבְּרוֹת – יְהֵא נוֹתֵן כָּל אֶחָד וְאֶחָד עֲשָׂרָה גֵּרָה.

Rabbi Yehoshua of the house of Rabbi Neḥemya said **in the name of Rabbi Yoḥanan ben Zakkai: Because** the Jewish people **transgressed the Ten Commandments** at the time of the Golden Calf, **each one** of them **shall give ten *gera*,** which equals a half-shekel, as it is written: "This they shall give, half a shekel after the shekel of the Sanctuary; the shekel is twenty *gera*" (Exodus 30:13). Since the Jewish people violated the first commandment, it was as if they transgressed all ten (*Sifrei, Shelaḥ*).

רַבִּי בֶּרֶכְיָה רַבִּי לֵוִי בְּשֵׁם רַבִּי שִׁמְעוֹן בֶּן לָקִישׁ: לְפִי שֶׁמָּכְרוּ בְּכוֹרָהּ שֶׁל רָחֵל בְּעֶשְׂרִים כֶּסֶף – יְהֵא כָּל אֶחָד וְאֶחָד פּוֹדֶה אֶת בְּנוֹ בְּכוֹרוֹ בְּעֶשְׂרִים כֶּסֶף.

The Gemara cites an additional reason for the obligation to give a half-shekel: It atones for the sin of the sale of Joseph. First, it introduces this topic. **Rabbi Berekhya** and **Rabbi Levi** said **in the name of Rabbi Shimon ben Lakish: Since** the sons of Jacob **sold** Joseph, **the firstborn of Rachel, for twenty silver** dinar, the nation was commanded that **each of them** must **redeem his firstborn son with twenty silver** dinar, which is five *sela*, as there are four dinar in a *sela*.

NOTES

From here one may derive that a person must donate his shekel three times – מִכָּאן שֶׁצָּרִיךְ אָדָם לְשַׁלֵּשׁ שִׁקְלוֹ: Some explain this passage not as referring to charity, but as the continuation of the previous discussion with regard to the half-shekel. This explanation is based on the opinion of the early authorities, who maintain that the value of a daric is a shekel and a half. Accordingly, when the mishna says: They used to contribute darics, it means that in the time of Ezra each person gave a whole daric for his half-shekel obligation, which is three half-shekels by Torah law. When the Gemara says the words: From here, it is bringing a source for this obligation from the following verse: "We made ordinances for us to charge ourselves yearly with one-third of a shekel" (Nehemiah 10:33). Rabbi Ḥilkiya explained that this verse means that the Jewish people divided their annual contributions to the Temple into three installments. They gave one-third of a daric each time, amounting altogether to a whole daric, which is equivalent to a shekel and a half in value (*Korban HaEida*).

This they shall give, everyone who passes among those that are numbered…because they sinned – זֶה יִתְּנוּ כָּל הָעוֹבֵר עַל הַפְּקוּדִים...לְפִי שֶׁחָטְאוּ: According to Rashi on this verse (Exodus 30:13), the Gemara's explanation here is unclear since, according to the verse's simple meaning, there is no reference to sin. Rashi writes that "everyone who passes" means everyone who is to be counted, since it is customary that those who are counted pass by one by one, as it is written: "All that pass under the rod" (Leviticus 27:32) and: "The flock passes under the hands of he who counts them" (Jeremiah 33:13).

Indeed, one later authority (*Keli Yakar*) considered Rashi's words in light of the Gemara's interpretation and suggested that the words: "Everyone who passes among those that are numbered" is referring to those who had passed over or transgressed God's mitzvot during the events of the Golden Calf, as the word "numbered [*pekudim*]" can also mean mitzvot. The Torah said that the transgressors must atone by giving a "half-shekel of the consecrated shekels" (Exodus 30:13).

Because they sinned at the midpoint of the day – לְפִי שֶׁחָטְאוּ בְּמַחֲצִית הַיּוֹם: This point is derived in the Gemara (*Shabbat* 89a, vol. 2, p. 36) from what is written about the end of the forty days since Moses' ascent to Mount Sinai: "The people saw that Moses delayed coming down from the mountain" (Exodus 32:1). The Gemara explains the word "delayed [*boshesh*]" as *bo shesh*, come six, meaning that the sixth hour, i.e., midday, had already come and Moses had not yet returned.

The Gemara returns to the subject of the obligation to contribute a half-shekel: **Rabbi Pineḥas** said **in the name of Rabbi Levi: Since** ten of Jacob's sons **sold** Joseph, **Rachel's firstborn, for twenty silver** dinars, **each of them received** two dinars, which amounts to **a *tiva*[N]** or a half-*sela*; **therefore, each and every** man **must give a *tiva* for his shekel** every year.

רַבִּי פִּנְחָס בְּשֵׁם רַבִּי לֵוִי: לְפִי שֶׁמָּכְרוּ בְכוֹרָהּ שֶׁל רָחֵל בְּעֶשְׂרִים כֶּסֶף, וְנָפַל לְכָל אֶחָד וְאֶחָד מֵהֶם טִבְעָה – לְפִיכָךְ יְהֵא כָּל אֶחָד וְאֶחָד נוֹתֵן שִׁקְלוֹ טִבְעָה.

NOTES

Since Jacob's sons sold Rachel's firstborn for twenty silver dinars each of them received a *tiva* – לְפִי שֶׁמָּכְרוּ בְכוֹרָהּ שֶׁל רָחֵל בְּעֶשְׂרִים כֶּסֶף וְנָפַל לְכָל אֶחָד וְאֶחָד מֵהֶם טִבְעָה: Since ten brothers were involved in the sale and the twenty dinar were divided among them, each one received two dinar, which is the equivalent of a *tiva*.

HALAKHA 4 · MISHNA The **leftover** money **from** what was set aside for **shekels is non-sacred** property,[H] in accordance with the opinion of Beit Hillel in the previous mishna. The mishna now discusses similar cases for other sacred items: However, with regard to **the leftover** money **from** what one set aside to purchase **the tenth of an ephah**[H] of fine flour for a meal-offering and **the leftover** money **from** what one set aside to purchase offerings that he is liable to sacrifice due to ritual impurity or a sin, such as **the pairs** of birds **of a *zav*,**[H] **the pairs** of birds **of a *zava*, and the pairs** of birds **of a woman after childbirth, sin-offerings,** or **guilt-offerings,** in these cases, **its leftover** money must be used for **free-will offerings**[N] that are offered as repletion of the altar, i.e., burnt-offerings sacrificed at times when the altar was idle.

הלכה ד מתני׳ מוֹתַר שְׁקָלִים חוּלִּין. מוֹתַר עֲשִׂירִית הָאֵיפָה, מוֹתַר קִנֵּי זָבִין, קִנֵּי זָבוֹת, וְקִנֵּי יוֹלְדוֹת, חַטָּאוֹת וַאֲשָׁמוֹת – מוֹתָרָן נְדָבָה.

This is the principle: Whatever money **is designated for a sin-offering or for a guilt-offering, its leftover** money must be used for a **free-will offering. The leftover** money **from** what one set aside to purchase **a burnt-offering** that he owes, due to a vow or to volunteering, must be used **for** another **burnt-offering**[HN] that he will bring in the future. **The leftover** money **from** what one set aside to purchase fine flour for **a meal offering** must be used **for** another **meal-offering. The leftover** money **from** what one set aside to purchase **a peace-offering** must be used **for** another **peace-offering.**

זֶה הַכְּלָל: כָּל שֶׁהוּא בָּא לְשֵׁם חַטָּאת וּמִשּׁוּם אַשְׁמָה – מוֹתָרָן נְדָבָה. מוֹתַר עוֹלָה – לְעוֹלָה, מוֹתַר מִנְחָה – לְמִנְחָה, מוֹתַר שְׁלָמִים – לִשְׁלָמִים,

The leftover money **from** what one set aside to purchase a lamb for his **Paschal lamb** is not used for another Paschal lamb, such as for the following year. Rather, it is used **for** purchasing **a peace-offering. The leftover** money **from** what one set aside to purchase sacrifices for a number of **nazirites** must be used to purchase sacrifices **for** other **nazirites.**[HN] **The leftover** money **from** what a single **nazirite**[N] set aside for his own offering must be used **for a free-will offering.**

מוֹתַר הַפֶּסַח – לִשְׁלָמִים, מוֹתַר נְזִירִים – לִנְזִירִים, מוֹתַר נָזִיר – לִנְדָבָה.

HALAKHA

The leftover money from shekels is non-sacred property – מוֹתַר שְׁקָלִים חוּלִּין: If one was collecting small coins for his half-shekel, and when he began collecting said: I am collecting money for my shekel, even if he collected more than necessary, he may contribute the half-shekel that he is required to give and the rest is non-sacred property, as the *halakha* is that the leftover funds from shekels is non-sacred property, in accordance with the mishna (Rambam *Sefer Zemanim, Hilkhot Shekalim* 3:13).

The leftover money from the tenth of an ephah – מוֹתַר עֲשִׂירִית הָאֵיפָה: The leftover money of the tenth of an ephah of the High Priest must be left to rot, in accordance with the mishna which says it must be disposed of (Rambam *Sefer Avoda, Hilkhot Pesulei HaMukdashin* 5:8).

The leftover money from the pairs of birds of a *zav*, etc. – מוֹתַר קִנֵּי זָבִין וכו׳: The leftover money from the pairs of birds of a *zav* and *zava*, the leftover money from a woman who gave birth, and the leftover money from sin-offerings are placed into the horn in the Temple that was designated for free-will offerings, and are used to purchase burnt-offerings. This rule applies only to fixed sin-offerings; however, with regard to those who are liable to sacrifice a sliding-scale sin-offering the leftover money becomes non-sacred property, in accordance with the mishna (Rambam *Sefer Avoda, Hilkhot Pesulei HaMukdashin* 5:9; see *Mishne LaMelekh*).

The leftover money from a burnt-offering must be used for another burnt-offering – מוֹתַר עוֹלָה לְעוֹלָה: The leftover money from a burnt-offering must be used for another burnt-offering. The leftover money from a peace-offering must be used for another peace-offering. The leftover money from a meal-offering must be used for another meal-offering. The leftover money from a Paschal lamb must be used for a peace-offering. The leftover money from the offerings of nazirites must be used for other nazirites' offerings. The leftover money from a specific nazirite must be used for that nazirite's own free-will offering, in accordance with the mishna (Rambam *Sefer Avoda, Hilkhot Pesulei HaMukdashin* 5:9).

The leftover money from nazirites must be used for other nazirites – מוֹתַר נְזִירִים לִנְזִירִים: One who set aside money for the sacrifices of nazirites, brought those sacrifices, and then had money left over, must use that money for other nazirite sacrifices, in accordance with the mishna (Rambam *Sefer Avoda, Hilkhot Pesulei HaMukdashin* 5:9; *Sefer Hafla'a, Hilkhot Nezirut* 9:1).

NOTES

Its leftover money must be used for free-will offerings – מוֹתָרָן נְדָבָה: The Gemara explains that Jehoiada the High Priest established this principle in the days of King Jehoash and for this purpose thirteen collection horns were set up in the Temple (*Temura* 23b).

The leftover money from a burnt-offering must be used for another burnt-offering – מוֹתַר עוֹלָה לְעוֹלָה: If one has enough money left to buy another animal as a burnt-offering, he must buy another animal. If he has only enough for a pigeon or turtledove, he must buy one of those. If he has even less than that, he must keep the money until he decides to bring another burnt-offering, and he then add this money to the sum he intends to use to buy his offering to buy a more valuable animal (Rav Yehuda ben Rav Binyamin HaRofeh)

The leftover money from nazirites must be used for other nazirites – מוֹתַר נְזִירִים לִנְזִירִים: Rabbi Ovadya Bartenura explains that if money was collected for a nazirite's offerings and some was left over, he must keep it until it can be used to buy sacrifices for other nazirites. It is written in *Tosefot Yom Tov* that this applies only when the money was not set aside for specific nazirites, since if it was set aside for specific nazirites it has the status of money that was left over from the sacrifices of one nazirite (see *Tiferet Yisrael*).

The leftover money from nazirites…a nazirite – ...מוֹתַר נְזִירִים נָזִיר: The Torah (Numbers 6) explains that a nazirite who became ritually impure during the days of his nazirite vow must bring a sheep as a guilt-offering; a bird, pigeon, or turtle-dove as a sin-offering; and another bird as a burnt-offering. If a nazirite completed the days of his vow in purity, he brings a sheep as a burnt-offering; a ewe as a sin-offering; a ram as a peace-offering; as well as a meal-offering of unleavened cakes and wafers. The mishna is discussing a situation where a large sum of money was set aside for the sacrifices of a nazirite, and it was then discovered that more money than necessary had been collected. The mishna differentiates between a case where money was collected for a number of poor nazirites and a case where one nazirite collected money for his own sacrifices.

גמ׳ אָמַר רַבִּי יוֹסֵי: עַד דַּאֲנָא תַּמָּן שְׁמָעִית קָל רַב יְהוּדָה שָׁאַל לִשְׁמוּאֵל: הִפְרִישׁ שִׁקְלוֹ וָמֵת? אֲמַר לֵיהּ: יִפְּלוּ לִנְדָבָה. מוֹתַר עֲשִׂירִית הָאֵיפָה שֶׁלּוֹ, רַבִּי יוֹחָנָן אָמַר: יוֹלִיכֵם לְיָם הַמֶּלַח, רַבִּי לְעָזָר אָמַר: יִפְּלוּ לִנְדָבָה.

GEMARA **Rabbi Yosei said: While I was still there,** in Babylonia, **I heard the voice of Rav Yehuda ask** his teacher **Shmuel: If one set aside his shekel and died**[H] before he contributed it to the Temple treasurer, what is to be done with this money? Shmuel **said to him:** It must be **allocated for** communal **free-will offerings.** Rabbi Yosei asked: If a High Priest set aside money to purchase fine flour for his meal-offering and then discovered that he had separated more than was necessary, what should be done with **the leftover** money from **his tenth of an ephah?**[N] Shmuel answered that this is a matter of dispute, as **Rabbi Yoḥanan said that he** must **cast it into the Dead Sea**[NB] and dispose of it there. **Rabbi Elazar said it** must be **allocated for** communal **free-will offerings.**

מַתְנִיתָא פְּלִיגָא עַל רַבִּי יוֹחָנָן: מוֹתַר שְׁקָלִים חוּלִין. מוֹתַר עֲשִׂירִית הָאֵיפָה, מוֹתַר קִנֵּי זָבִים, וְקִנֵּי זָבוֹת מוֹתַר קִנֵּי יוֹלְדוֹת חַטָּאוֹת וַאֲשָׁמוֹת – מוֹתָרָן נְדָבָה.

The Gemara comments. **The mishna disagrees with Rabbi Yoḥanan,** as it is taught: **The leftover** money **from the shekel is non-sacred** property. However, with regard to **the leftover** money **from the tenth of an ephah, the leftover** money **from the pairs** of birds **of a** ***zav*** **and** from **the pairs** of birds **of a** ***zava*****, the leftover** money **from the pairs** of birds **of a woman after childbirth,** from **sin-offerings and guilt-offerings,** all of **this leftover** money must be used **for free-will offerings.** The mishna did not distinguish between different types of meal-offerings, so the High Priest's meal-offering must also be included. However, according to the mishna, its leftover money is used for a free-will offering and not cast into the Dead Sea, as Rabbi Yoḥanan requires.

מָה עֲבַד לָהּ רַבִּי יוֹחָנָן? פָּתַר לָהּ: מוֹתַר עֲשִׂירִית הָאֵיפָה שֶׁל מִנְחַת חוֹטֵא שֶׁל כָּל יִשְׂרָאֵל.

The Gemara asks: **What does Rabbi Yoḥanan do with** the mishna? The Gemara answers: Rabbi Yoḥanan **explains** that **it** is not referring to the leftover money of a High Priest's meal-offering. Rather, it is referring to **the leftover** money **of the tenth of an ephah of the meal-offering of a sinner**[N] among the **entire Jewish people.** Everyone agrees that the leftover money of this type of meal-offering must be used for a free-will offering; however, the leftover money of a High Priest's meal-offering is cast into the Dead Sea.

BACKGROUND

The Dead Sea – יָם הַמֶּלַח: The expression Dead Sea can sometimes apply to any of the saltwater seas, as opposed to freshwater lakes, but it usually refers specifically to the Dead Sea, also referred to in Talmudic sources as the Sea of Sodom. Any object from which it is prohibited to derive benefit may be thrown into the Dead Sea, since there are no fishermen or people who will come to retrieve items thrown into it. It is also possible that due to the high density of salt in the Dead Sea, objects thrown into it become rusty and decayed in a short period of time and cannot be used anymore.

Right: Ein Bokek at the Dead Sea

Below: Panoramic view of the southern part of the Dead Sea

HALAKHA

If one set aside his shekel and died – הִפְרִישׁ שִׁקְלוֹ וָמֵת: If one set aside his half-shekel and died, the half-shekel must be placed in the collection horn for free-will offerings, in accordance with the mishna (Rambam *Sefer Zemanim, Hilkhot Shekalim* 3:12).

NOTES

His tenth of an ephah – עֲשִׂירִית הָאֵיפָה שֶׁלּוֹ: The commentaries maintain that the tenth of an ephah mentioned here relates to the meal-offering of the High Priest. It is a positive mitzva by Torah law that the High Priest sacrifice one-tenth of an ephah of fine flour each day as a meal-offering, half of it in the morning with the daily morning offering and half in the afternoon with the daily afternoon offering. This meal-offering is also known as the meal offering of *ḥavitin*, or *ḥavitei kohen gadol*.

Rabbi Yosei's question with regard to this particular meal-offering stems from the fact that the solutions mentioned in the mishna pertaining to other consecrated items would not apply to the meal-offering of the High Priest. It is impossible to use this leftover amount for a meal-offering brought by the High Priest on another day, since there is a separate obligation to bring a meal-offering each day, and therefore the money and fine flour set aside for one day's meal-offering are not valid for use for the next day's offering. Additionally, the High Priest cannot use this leftover money to add to the amount of fine flour in the current day's offering, since the amount was fixed by the Torah at one-tenth of an ephah and no more (see Rashi on *Menaḥot* 108a) Even as a free-will offering, it cannot be used, since only the leftover money of sin-offerings and guilt-offerings may be used for this purpose (Rash Sirilio).

He must cast it into the Dead Sea – יוֹלִיכֵם לְיָם הַמֶּלַח: One does not need to go specifically to the Dead Sea, as any sea is valid for this purpose. The purpose of this *halakha* is to ensure that people do not find the consecrated items and unwittingly benefit from them. The same rule applies to all items that must be destroyed, such as idols. A similar idea emerges from the Rambam's words, as he refers to all saltwater seas as the Dead Sea, in contrast to freshwater lakes.

The meal-offering of a sinner – מִנְחַת חוֹטֵא: The meal-offering of a sinner comes in place of a sin-offering for those sacrifices that can be brought as sliding-scale offerings, meaning that one can bring the offering according to his means. If one is wealthy he brings a sheep, if he is poor he may bring a bird as a sin-offering, and if he is indigent he may bring a meal-offering. According to this interpretation of the Gemara, Rabbi Yoḥanan, who explained the mishna as referring to the meal-offering of a sinner, is discussing an indigent person who brings a meal-offering to atone for himself.

רַבִּי יוֹסֵי אָמַר: עַל דָּא עֲלִיל אַבָּא בַּר בָּא. דְּאִינּוּן אָמְרִין: מִנַּיִן שֶׁהַפֶּסַח מִשְׁתַּנֶּה לְשֵׁם שְׁלָמִים – תַּלְמוּד לוֹמַר: "וְאִם מִן הַצֹּאן קָרְבָּנוֹ לְזֶבַח שְׁלָמִים" כָּל שֶׁהוּא מִן הַצֹּאן – בָּא שְׁלָמִים.

Rabbi Yosei said: On this point **Abba bar Ba raised** a difficulty. **As they,** the Sages of Babylonia, **said: From where** is it derived **that** an animal that was designated for use as **the Paschal lamb,** *ab initio*, and was ultimately slaughtered before its proper time as a peace-offering is valid, as it **is transformed and designated as a peace-offering?**[N] **The verse states: "If his offering for the sacrifice of the peace-offering is from the flock"** (Leviticus 3:6). This verse indicates that **any** offering **that** comes **from the flock,** i.e., sheep or goats, may **come as a peace-offering.** The verse is referring to a Paschal lamb, about which it is written: "You shall take it from the sheep or from the goats" (Exodus 12:5), and it must refer to one that was offered before its proper time; however, if it were offered on the eve of Passover as a peace-offering it would clearly be an invalid.

הֵיתִיבוּן: הֲרֵי עוֹלָה מִן הַצֹּאן. דָּבָר שֶׁאֵינוֹ בָּא אֶלָּא מִן הַצֹּאן יָצָאת עוֹלָה שֶׁהִיא בָּאָה אֲפִילּוּ מִן הַבָּקָר.

Rabbi Abba bar Ba **raised an objection** with regard to this source: **A burnt-offering** also comes **from the flock,** and yet its leftover money is not used for a peace-offering; it is used for a burnt-offering. The Gemara answers: The verse is referring to **items that** may **come only from the flock;** this **excludes burnt-offerings, which** may **come even from cattle,** as it is written: "From the cattle or from the flock you may bring your offering" (Leviticus 1:2).

הֵיתִיבוּן: הֲרֵי אָשָׁם. אָמַר רַבִּי בּוּן בַּר כָּהֲנָא: "מִן הַצֹּאן" – דָּבָר שֶׁהוּא בָּא מִכָּל הַצֹּאן, יָצָא אָשָׁם שֶׁאֵינוֹ בָּא אֶלָּא מִן הָאֵילִים בִּלְבָד.

Rabbi Abba bar Ba **raised** another **objection: A guilt-offering** comes only from the flock, and the mishna taught that its leftover money is used for a free-will offering. However, according to this explanation, it too should be able to be sacrificed as a peace-offering. **Rabbi Bun bar Kahana** said that the phrase **"From the flock"** indicates **that which comes from all** kinds in **the flock,** i.e., sheep and goats. This **excludes a guilt-offering, which** may **come from only rams.**[N]

בְּכָל אֲתַר אַתְּ אָמַר "מִן" לְמַעֵט, וְכָאן אַתְּ מַר "מִן" לְרַבּוֹת? אָמַר רַבִּי מָנָא: הָכֵי נַמִּי "מִן" לְמַעֵט, מִיעוּט שֶׁאֵינוֹ בָּא בֶּן שְׁתֵּי שָׁנִים, מִיעוּט שֶׁאֵינוֹ בָּא נְקֵיבָה.

The Gemara challenges Rabbi Bun. **In every** other **place you say that** the word **from** comes **to exclude** items from a particular category, **and here you say** that the word **from** comes **to include** the Paschal lamb, as "from" indicates all kinds of animals that can be considered part of a flock. The Gemara answers. **Rabbi Mana said:** In **this** verse **too, "from"** comes **to exclude.** One **exclusion** is that the Paschal lamb **may not come** from a lamb that is **two years old,** but rather from a lamb that is in its first year. There is an additional **exclusion** that a Paschal lamb **may not come** from a **female** animal, but only from a male. Accordingly, Rabbi Bun bar Kahana's explanation that the verse: "If his offering is from the flock" is referring to the Paschal lamb, as it may come from any of the animals of the flock, is not based on the word "from" but rather on the superfluous letter *heh*, which adds the definite article to the phrase "the flock," as opposed to the verse simply writing "a flock."

וְגַבֵּי אָשָׁם נַמִּי "מִן" לְמַעֵט הוּא, שֶׁאֵינוֹ בָּא אֶלָּא מִן הָאֵילִים בִּלְבָד.

Rabbi Mana adds: **And** furthermore, even if Rabbi Bun bar Kahana would interpret the verse "If his offering is from the flock" **with regard to a guilt-offering** and not to a Paschal lamb, the word **"from"** would **also** come **to exclude.** It would teach **that** guilt-offerings may **come only from rams** and not from goats or female sheep.

הֵיתִיבוּן: וְהָכְתִיב: "וְאִם מִן הַצֹּאן קָרְבָּנוֹ מִן הַכְּבָשִׂים אוֹ מִן הָעִזִּים לְעוֹלָה" מֵעַתָּה מוֹתַר הַפֶּסַח בָּא עוֹלָה.

Rabbi Abba bar Ba **raised** another **objection** on the source of the Babylonian Sages. **Isn't it written: "If his offering is from the flock, whether from the sheep or from the goats for a burnt-offering"** (Leviticus 1:10)? According to your opinion, this verse could just as easily be interpreted to indicate that in the case of any offering that comes from sheep or from goats, the leftover money must be used for a burnt-offering. However, **if so, the leftover** money **of the Paschal lamb,** which may come from sheep or from goats, must then **come as a burnt-offering** and not as a peace-offering. What indication is there that the concerning a peace-offering is the preferred one?

NOTES

The Paschal lamb is transformed and designated as a peace-offering – **הַפֶּסַח מִשְׁתַּנֶּה לְשֵׁם שְׁלָמִים:** This ruling of the Babylonian Sages is referring to a Paschal lamb that was not slaughtered at its proper time. The proper time for slaughtering the Paschal lamb is from midday on the fourteenth of Nisan until nightfall. If a Paschal lamb is slaughtered as a Paschal lamb before its proper time, it is disqualified. If it is slaughtered not as a Paschal lamb, either before or after its proper time, it has the status of a peace-offering, even if one slaughtered it with the intention that it be a burnt-offering. There is a dispute among the *tanna'im* in the Mishna with regard to a Paschal lamb that was slaughtered not in accordance with its designation on the morning of the fourteenth (*Zevaḥim* 11b).

Some commentaries differentiate between a Paschal lamb offered after its proper time and a Paschal lamb offered before its proper time. Since the former can no longer be a Paschal lamb, it automatically has the status of a peace-offering, even if it was sacrificed with no specific intention. However, since the latter is still a candidate to be a Paschal lamb, it is disqualified unless it was sacrificed with specific intention to be some other sacrifice. This intention is required to remove its status as a Paschal lamb (*Tosefot Tukh* on *Zevaḥim* 2a).

A guilt-offering, which may come from only rams – **אָשָׁם שֶׁאֵינוֹ בָּא אֶלָּא מִן הָאֵילִים בִּלְבָד:** There are six types of guilt-offerings: A guilt-offering for robbery, a guilt-offering for unwitting benefit from consecrated property, a guilt-offering for a designated maidservant, the guilt-offering of a nazirite, the guilt-offering for a leper, and a conditional guilt-offering. All of these come from male sheep, and in most of them the Torah explicitly specifies that one must bring a ram, except for the guilt-offerings of a leper and a nazirite for which a sheep is mentioned. Wherever a sheep is required, it means a sheep in its first year, whereas a ram is one in its second year (see Mishna, *Para* 1:3).

Fully grown ram

אָמַר רַבִּי אָבוּן: מְשַׁנִּין דָּבָר שֶׁהוּא לַאֲכִילָה לְדָבָר שֶׁהוּא לַאֲכִילָה, וְאֵין מְשַׁנִּין דָּבָר שֶׁהוּא לַאֲכִילָה לְדָבָר שֶׁאֵינוֹ לַאֲכִילָה. אָמַר רַבִּי יוֹסֵי בַּר רַבִּי בּוּן: מְשַׁנִּין קָדָשִׁים קַלִּים לְשֵׁם קָדָשִׁים קַלִּים, וְאֵין מְשַׁנִּין קָדָשִׁים קַלִּים לְשֵׁם קָדְשֵׁי קָדָשִׁים.

The Gemara answers. **Rabbi Avun said: An item that is** designated **for eating,** e.g., the Paschal lamb, which is eaten by its owners, may be **transformed into** another **item that is** designated **for eating,** e.g., a peace-offering. However, **an item that is** designated **for eating,** like the Paschal lamb, may **not** be **transformed into another item that is not** designated **for eating,** such as the burnt-offering, which is completely consumed on the altar. **Rabbi Yosei bar Rabbi Bun said** another answer: The status of **offerings of minor sanctity** may **be transformed and designated** as other **sacrifices of minor sanctity.** Therefore, the Paschal lamb, which is of minor sanctity, can be transformed and designated as a peace-offering, which is also of minor sanctity. However, the status of **offerings of minor sanctity** may **not be transformed and designated as offerings of the most sacred order,** such as a burnt-offering.

רַבִּי יוֹחָנָן אֲמַר: עַל דָּא עֲלִיל רַבִּי חֲנִינָא, דְּאִינּוּן אָמְרִין אֵין הַפֶּסַח מִשְׁתַּנֶּה לְשֵׁם שְׁלָמִים אֶלָּא אִם כֵּן שְׁחָטוֹ לְשֵׁם שְׁלָמִים, וַאֲנִי אוֹמֵר: אֲפִילוּ שְׁחָטוֹ לְשֵׁם עוֹלָה.

Rabbi Yoḥanan said: On this point, **Rabbi Ḥanina raised** an issue **that they,** the Sages of Babylonia, **said** that the status of a **Paschal lamb** that is not offered at the proper time **is not transformed and designated as a peace-offering, unless it was slaughtered as a peace-offering;** but if it was slaughtered for another offering, such as a burnt-offering, it is disqualified. However, **I say that even if he slaughtered it as a burnt-offering,** it may be transformed and designated as a peace-offering.

אָמַר רַבִּי אִילָא: טַעְמָא דְּרַבִּי יוֹחָנָן "אִם מִן הַצֹּאן קָרְבָּנוֹ לְזֶבַח שְׁלָמִים" כָּל שֶׁהוּא זֶבַח בָּא שְׁלָמִים.

Rabbi Ila said: The reason, i.e., the source, for the opinion **of** Rabbi Ḥanina quoted by **Rabbi Yoḥanan** is the redundancy in the verse, as it is written: **"If his offering for the sacrifice of the peace-offering is from the flock"** (Leviticus 3:6). It could have simply written: If his offering of the peace-offering is from the flock. The extra phrase "for the sacrifice" indicates that a Paschal lamb slaughtered as **any** kind of **offering,** including a burnt-offering, **it comes** to be **a peace-offering.**

וּמִשְׁתַּנֶּה לְמַחֲשֶׁבֶת פְּסוּל?

The Gemara asks: According to this opinion of Rabbi Yoḥanan, may a Paschal lamb that was sacrificed as a burnt-offering be **transformed** and designated as a peace-offering even it was slaughtered with **a disqualifying intention?** If, during one of the services involved in an offering's sacrifice, i.e., slaughter, receiving the blood, bringing it to the altar, or sprinkling it on the altar, the priest or the one bringing the offering entertains the thought of performing any of the other services or eating the offering at a time that is unfit, the offering is thereby invalidated [*piggul*].

הֵיךְ עֲבִידָא? שְׁחָטָהּ לְשֵׁם עוֹלָה עַל מְנָת לִזְרוֹק דָּמָהּ לְמָחָר – מִכָּל מָקוֹם פָּסוּל הוּא.

The Gemara asks: **How was it done? If one slaughtered** the Paschal lamb **as a burnt-offering in order to sprinkle the blood the following day, in any case,** whether it is transformed and designated as a burnt-offering or as a peace-offering **it is disqualified.** The intention to sprinkle the blood at an improper time disqualifies the offering, so it does not matter whether it is transformed and designated as a peace-offering or not. The issue is whether one who eats an olive-bulk from the meat of this offering is liable to receive *karet*, like one who eats *piggul* meat, or whether he is not liable, like one who eats a regular disqualified offering. The principle is that an offering becomes *piggul* only when one slaughters an otherwise valid offering with an intention that disqualifies it. However, when the offering is disqualified for some other reason, the improper intention does not render the offering *piggul*.

אִין תֵּימַר מִשְׁתַּנֶּה לְמַחֲשֶׁבֶת פְּסוּל – פִּיגּוּל, אִין תֵּימַר אֵין מִשְׁתַּנֶּה לְמַחֲשֶׁבֶת פְּסוּל – פִּיגּוּל.

Therefore, **if you say** that even if one offers the Paschal lamb with **a disqualifying intention,** such as to sprinkle the blood the following day, **it is transformed** and designated as a peace-offering, and if not for the disqualifying intention it would be a valid offering, it is deemed ***piggul*** and one who eats the meat is liable to receive *karet*. However, **if you say** that when the Paschal lamb is offered with **a disqualifying intention, it is not transformed** and designated as a peace-offering, since it remains a Paschal lamb and it was sacrificed at the wrong time, then it is simply a disqualified offering, but not one that is ***piggul***. In that case, one who eats the meat is not liable to receive *karet*. This question remains unresolved.

לִשְׁמוֹ וְשֶׁלֹּא לִשְׁמוֹ בִּשְׁאָר יְמוֹת הַשָּׁנָה,

If one slaughters the Paschal lamb on Passover eve as a peace-offering, before the proper time for the Paschal lamb, it is transformed and designated as a peace-offering, and it is valid. However, if one slaughters it as a Paschal lamb, then it is disqualified, since it is not the proper time. The Gemara asks: What is the *halakha* if one slaughters it **for itself and not for itself,** meaning that at the beginning of the act of slaughtering one intends to slaughter it as a Paschal lamb, but at its conclusion he does so as a peace-offering, and it is not on Passover eve but **during the rest of the days of the year?**

רַבִּי בּוּן בַּר חִיָּיא בְּשֵׁם שְׁמוּאֵל בַּר אַבָּא: מִכֵּיוָן שֶׁאֵין לוֹ שֵׁם – נַעֲשׂוּ כְּשׁוֹחֲטוֹ לִשְׁמוֹ וְשֶׁלֹּא לִשְׁמוֹ בִּשְׁתִיקָה, וְהוּא כָּשֵׁר.

Rabbi Bun bar Ḥiyya said **in the name of Shmuel bar Abba:** During the rest of the year it has no name; it is not a Paschal lamb, as it is not its proper time, nor is it a peace-offering, as he did not consecrate it for that purpose *ab initio*. Despite this, if one slaughters it without specifying for which offering he is doing so, it becomes a peace-offering. **Since it has no name** in that case, then, by the same reasoning, even if one begins to slaughter it as a Paschal lamb, **it becomes as one who slaughters it for itself,** a Paschal lamb, **and not for itself,** a peace-offering, **silently,** without specifying his intention, **and it is valid** as a peace-offering. Just as total silence determines that it is meant to be for a peace-offering, so too, the explicit change of intention at the end of the slaughtering is sufficient to accomplish the same.

אֲמַר לֵיהּ: אִם כֵּן הוּא, אֲפִילּוּ שְׁחָטוֹ לִשְׁמוֹ עַל מְנָת לִזְרוֹק דָּמוֹ שֶׁלֹּא לִשְׁמוֹ, יַעֲשֶׂה מִשָּׁעָה הָרִאשׁוֹנָה כְּשׁוֹחֲטוֹ לִשְׁמוֹ וְשֶׁלֹּא לִשְׁמוֹ בִּשְׁתִיקָה וִיהֵא כָּשֵׁר.

One of the disciples **said to** Rabbi Bun: **If this is so,** that even when one begins to slaughter the animal with specific intent as a Paschal lamb it is transformed and designated as a peace-offering, then **even if one slaughters it for itself in order to sprinkle its blood not for itself,** but rather for a peace-offering, **it should become, from the first moment, as if he slaughtered it for itself and not for itself silently, and it too should be valid** as a peace-offering.

אָמַר רַבִּי אַבָּא מָרִי: מַה נֹּאמַר בִּשְׁתִיקָה כָּשֵׁר אוֹ נֹאמַר בִּשְׁתִיקָה פָּסוּל.

Rabbi Abba Mari said: What, shall we say, i.e., is it so clear, that when one slaughters for itself and not for itself **silently,** without specifying his intention to sprinkle the blood for a peace-offering, that it is considered a valid peace-offering? **Or,** perhaps, **shall we say** that even when one slaughters silently with the intent to sprinkle its blood for a peace-offering, it is as if he specified that he is slaughtering for the Paschal lamb, in which case it is transformed and designated as a peace-offering and it is **disqualified?** The difference is that in the previous case there is not one entire part of the service that is completed for the Paschal lamb. However, in this case, the slaughtering is completed. It is only the intent with regard to a later stage, i.e., the sprinkling of the blood, that could possibly transform it and designate it as a peace-offering. That is not a sufficiently compelling logical extension.

״מוֹתַר נָזִיר לִנְדָבָה״ רַב חִסְדָּא

The mishna taught: **The leftover** money gathered by the **nazirite** beyond what he needs for his offerings must be used **for free-will offerings.** On this point, **Rav Ḥisda**

Perek **II**
Daf **7** Amud **a**

אָמַר: וְהוּא שֶׁקָּרְבָה חַטָּאתוֹ בַּסּוֹף, אֲבָל אִי קָרְבוּ שְׁלָמִים בַּסּוֹף – מוֹתָרָן שְׁלָמִים.

said: That is only **when the** nazirite's **sin-offering was sacrificed last,** after he offered his burnt-offering and his peace-offering. In that case, any extra leftover money must be used for a free-will offering, as taught earlier in the mishna. **However, if** he already brought his burnt-offering and sin-offering, and **the peace-offering was sacrificed last, the leftover** money that he set aside for his sacrifices must be used for **a peace-offering,** as with all leftover funds of peace-offerings.

אָמַר רַבִּי זְעֵירָא: אֲפִילּוּ קָרְבוּ שְׁלָמִים לְבַסּוֹף, הֲלָכָה אַחַת הִיא בְּנָזִיר – שֶׁתְּהֵא מוֹתָרָהּ נְדָבָה.

Rabbi Ze'eira said: This is not so. Rather, **even if the peace-offering was sacrificed last, there is one** consistent ***halakha*** transmitted to Moses from Sinai **with regard to the nazirite, that the leftover** money from that which he set aside for his nazirite offerings must be used for **free-will offerings.**[H]

מַתְנִיתָא מְסַיְּיעָא לְדֵין וּמַתְנִיתָא מְסַיְּיעָא לְדֵין. מַתְנִיתָא מְסַיַּיע לְרַבִּי זְעֵירָא: אֵלּוּ הֵן מָעוֹת סְתוּמִין – כֹּל שֶׁדְּמֵי חַטָּאת מֵיתוֹת מְעוֹרָבוֹת בָּהֶן. וַאֲפִילּוּ הִפְרִישׁ דְּמֵי חַטָּאת מִתּוֹכָהּ – מָעוֹת סְתוּמִין הֵן.

The Gemara comments: **A *baraita* supports this one and a** different ***baraita* supports that one. One *baraita* supports** the opinion of **Rabbi Ze'eira,** as it was taught in a mishna (*Me'ila* 11b) that in the case of a nazirite who dies after he had set aside a lump sum for all his sacrifices, the money is to be used for free-will burnt-offerings. The *baraita* elaborates: **Which** coins **are** considered **unspecified coins?**[N] **Any** money **that has money mixed in it for sin-offerings** whose owners have **died,** as when he set aside this money he specified that it would be used for all of his sacrifices, including the sin-offering. **And even if he had set aside the money for sin-offerings from** the rest of the money designated for the offerings, all the money **is** considered **unspecified money.** Once the nazirite dies, the money that he set aside is used for free-will offerings. Apparently, this applies even if he brought the peace-offering last. Therefore, this is in accordance with the opinion of Rabbi Ze'eira.

מַתְנִיתָא מְסַיְּיעָא לְרַב חִסְדָּא: ״אֵלּוּ לְחַטָּאתִי וְהַשְּׁאָר לִשְׁאָר נְזִירוּתִי״ וָמֵת – מוֹעֲלִין בְּכוּלָּן,

A ***baraita* supports** the opinion of **Rav Ḥisda,** as it was taught with regard to a nazirite who set aside money for his sacrifices and did not initially specify which coins were designated for which sacrifice, and then took some of that money and said: **This** money **is** designated **for my sin-offering, and the rest is** designated **for the rest of my nazirite** offerings, **and he died**[H] before actually purchasing the offerings. The money designated for the sin-offering must be cast into the Dead Sea. With regard to the rest of the money, half must be used for burnt-offerings and half for peace-offerings. If one used the money that was designated for peace-offerings and burnt-offerings for his own purposes **he is guilty of misuse of consecrated property** only if he used **all the money,** as that certainly included the money designated for a burnt-offering.

וְאֵין מוֹעֲלִין בְּמִקְצָתָן. וְלֹא אָמַר אִם מֵת יִפְּלוּ לִנְדָבָה.

However, **he is not guilty of misuse of consecrated property** if he used only **some of it,** as it is possible that he used only the portion of the money that was meant for peace-offerings; one who uses that money is not guilty of misuse of consecrated property, since the meat of a peace-offering may be eaten by the owner (*Me'ila* 7b). Since the author of this *baraita* **did not say: If he died the money** must be **allocated for** communal **free-will** burnt-offerings, but rather that they are to be used for both burnt-offerings and peace-offerings, it seems that he holds in accordance with Rav Ḥisda; once the nazirite separated the money for his sin-offering from the rest of the money that he set aside, the leftover amount may be used for a peace-offering. This is not in accordance with the opinion of Rabbi Ze'eira, who holds that all the money must be used for free-will burnt-offerings.

רַב חִסְדָּא אָמַר: מוֹתַר לַחְמוֹ שֶׁל נָזִיר יוֹרְקַב.

Since the Gemara mentioned the *halakha* with regard to the leftover money of a nazirite's offerings, it discusses the leftover portion of his meal-offering as well. **Rav Ḥisda said:** With regard to **the leftover** portion **of a nazirite's loaves,**[N] i.e., if the nazirite set aside fine flour for his meal-offering and found that he had set aside more than was necessary, the rest of the fine flour must be **left to spoil.** Similarly, if he set aside money for his meal-offering and then found that he had set aside more than was necessary, he must cast the leftover money in the Dead Sea.

אָמַר רַבִּי יוֹסֵי: וְיָאוּת, לְהַקְרִיבוֹ בִּפְנֵי עַצְמוֹ אֵין אַתְּ יָכוֹל – שֶׁאֵין לָךְ לֶחֶם קָרֵב לְעַצְמוֹ, לְהַקְרִיבוֹ עִם נְזִירוּת אַחֶרֶת אֵין אַתְּ יָכוֹל – שֶׁאֵין לָךְ נְזִירוּת בָּאָה בְּלֹא לֶחֶם. לְפוּם כֵּן צָרִיךְ מֵימַר – מוֹתַר לַחְמוֹ שֶׁל נָזִיר יוֹרְקַב.

Rabbi Yosei said: And Rav Ḥisda **is right. You cannot offer it on its own,** as **loaves are never brought** as an offering **on their own;** they are offered only along with a sheep as a burnt-offering or along with a ram as a peace-offering. **You cannot offer it with** the burnt-offering or peace-offering belonging to **another nazirite,** as **no** offering of a **nazirite is offered without loaves;** when the other nazirite took his vow upon himself, he obligated himself to bring his offerings along with his meal-offerings from his own funds, and he has no need for this leftover fine flour. **Therefore, one must say** that **the leftover** portion **of a nazirite's loaves** must be **left to spoil,** as it has no other use.

HALAKHA

Even if the peace-offering was sacrificed last…the leftover money from his nazirite offerings must be used for free-will offerings – **אֲפִילּוּ קָרְבוּ שְׁלָמִים לְבַסּוֹף...בְּנָזִיר שֶׁתְּהֵא מוֹתָרָהּ נְדָבָה**: If one sets aside money to use for the offerings of a nazirite, and money is left over after purchasing the sacrifices, he should use the leftover money for the offerings of other nazirites, in accordance with the mishna and the interpretation of Rabbi Ze'eira (Rambam *Sefer Hafla'a, Hilkhot Nezirut* 9:1).

This money is for my sin-offering and the rest is for the rest of my nazirite offerings, and he died – **אֵלּוּ לְחַטָּאתִי וְהַשְּׁאָר לִשְׁאָר נְזִירוּתִי וָמֵת**: If a nazirite set aside money and said: This money is for my sin-offering and the leftover money is for the rest of my nazirite offerings, and then he died, the money for the sin-offering is cast into the Dead Sea. The rest is divided, half for burnt-offerings and half for peace-offerings, in accordance with the *baraita* (Rambam *Sefer Hafla'a, Hilkhot Nezirut* 9:6). If one derived benefit from all the leftover money, he is guilty of unwitting misuse of consecrated property. If he derived benefit from only part of the money, he is not guilty, in accordance with the *baraita* (Rambam *Sefer Avoda, Hilkhot Me'ila* 4:3).

NOTES

Unspecified coins – **מָעוֹת סְתוּמִין**: When a nazirite completes the full term of his vow, he sacrifices meal-offerings (see next note) as well as a male lamb as a burnt-offering, a female lamb as a sin-offering, and a ram as a peace-offering. These animals can have belonged to him already or he can buy them for this purpose. If the nazirite sets aside money to purchase these offerings, this money may be either unspecified or specified. Unspecified money is that which the nazirite set aside without specifying how it would be divided in purchasing each of his three offerings. With specified money, he specifically designates sums for the burnt-offering, the sin-offering, and the peace-offering.

The leftover portion of a nazirite's loaves – **מוֹתַר לַחְמוֹ שֶׁל נָזִיר**: When a nazirite completes the full term of his vow, he must sacrifice a meal-offering and libations along with both his burnt-offering and his peace-offering. With the lamb of the burnt-offering he brings a meal-offering of one-tenth of an ephah of fine flour mixed with a quarter of a *hin* of oil, and a libation of a quarter of a *hin* of wine; all of these are sacrificed on the altar. With the ram of the peace-offering he brings a meal-offering with 6⅔ of the standard one-tenth of an ephah of fine flour, from which he bakes ten unleavened loaves and ten wafers and pours a quarter-*log* of oil on them. After cooking the meat of the ram and waving the foreleg of the ram with one loaf of bread and one wafer, the priests eat one loaf and one wafer, as well as the foreleg, breast, and leg of the ram, which are the contribution to the priests from a peace-offering. The other eighteen loaves and wafers as well as what remains from the meat of the ram after the priests have taken their due are eaten by the nazirite.

סָבְרִין מֵימַר: הוּא לַחְמוֹ הוּא מוֹתַר נְסָכָיו. אָמַר רַבִּי יוֹסֵי בַּר רַבִּי בּוּן: מוֹתַר נְסָכָיו קָדְשֵׁי קָדָשִׁים אִינּוּן, וְיִפְּלוּ לִנְדָבָה.

§ When a nazirite set aside wine or money to purchase wine for his libations and there was more than necessary, the students of the study hall **thought to say** that the *halakha* with regard to the leftover portion of **his loaves and** the *halakha* of the **leftover** portion **of his libations is the same,** and that the leftover portion of libations must also be left to spoil.[H] **Rabbi Yosei bar Rabbi Bun** said: **The leftover** portion **of libations** is different, as **it is an offering of the most sacred order** and therefore must be **allocated for** communal **free-will offerings.**

עַל דַּעֲתֵיהּ דְּרַבִּי יוֹסֵי בַּר רַבִּי בּוּן, שְׁמוּאֵל אַלִּיבָּא דְּרַב חִסְדָּא – בְּמוֹתַר נְסָכִים, רַב חִסְדָּא וְרַבִּי אֶלְעָזָר שְׁלָשְׁתָּן אָמְרוּ דָּבָר אֶחָד:

The Gemara comments: **According to** the opinion of **Rabbi Yosei bar Rabbi Bun,** it becomes apparent that **three** Rabbis all said **the same** thing: **Shmuel, according to** the opinion of **Rav Ḥisda**[N] with regard to the leftover portion of libations; **Rav Ḥisda** himself; **and Rabbi Elazar** all agree that the leftover portion of offerings of the most sacred order must be allocated to communal free-will offerings.

רַב חִסְדָּא – אֲהֵן דַּאֲמַרַן,

The Gemara elaborates: The opinion of **Rav Ḥisda** is evident from **that which we have said.** Rabbi Yosei bar Rabbi Bun's opinion that the leftover portion of libations must be allocated for free-will offerings is based on Rav Ḥisda's opinion that only the leftover portion of a peace-offering is to be destroyed, but not the leftover portion of libations. This is due to the fact that they are offerings of the most sacred order.

שְׁמוּאֵל – דַּאֲמַר רַבִּי יוֹסֵי: עַד דַּאֲנָא תַּמָּן שְׁמָעִית קַל רַבִּי יְהוּדָה שְׁאֵיל לִשְׁמוּאֵל: הִפְרִישׁ שָׁקְלוֹ וָמֵת? אֲמַר לֵיהּ: יִפְּלוּ לִנְדָבָה.

The opinion of **Shmuel** is evident, **as Rabbi Yosei said: While I was still there,** in Babylonia, **I heard the voice of Rabbi Yehuda ask** his teacher **Shmuel: If one set aside his shekel and died** before he contributed it to the Temple treasury, what is to be done with this money? Shmuel **said to him: It** must be **allocated for** communal **free-will offerings.** These shekels were used to purchase communal burnt-offerings, which are of the most sacred order. Therefore, it seems that the allocation of these shekels follows the same principle as do the offerings intended to be purchased with the shekels and the leftover money must be allocated for free-will offerings.

רַבִּי אֶלְעָזָר אוֹמֵר: מוֹתַר עֲשִׂירִית הָאֵיפָה שֶׁלּוֹ, רַבִּי יוֹחָנָן אָמַר: יוֹלִיכֵם לְיַם הַמֶּלַח, רַבִּי אֶלְעָזָר אוֹמֵר: יִפְּלוּ לִנְדָבָה.

The opinion of **Rabbi Elazar** is evident from that which he **says** with regard to **the leftover** money **from** the High Priest's **tenth of an ephah.** The High Priest would offer a tenth of an ephah of fine flour made into griddle-cakes daily, half in the morning and half in the evening. When the High Priest died during the day, half would be left over. The *amora'im* disputed what should be done with the leftovers: **Rabbi Yoḥanan said: He** must **cast it into the Dead Sea. Rabbi Elazar says: It** must be **allocated for** communal **free-will offerings,** as it is an offering of the most sacred order.

HALAKHA

The leftover portion of a nazirite's loaves and the leftover portion of his libations – מוֹתַר לַחְמוֹ שֶׁל נָזִיר וּמוֹתַר נְסָכָיו: The leftover portion of a nazirite's loaves must be left to spoil, in accordance with opinion of Rav Ḥisda. The leftover portion of his libations must be allocated for free-will burnt-offerings, in accordance with the opinion of Rabbi Yosei bar Rabbi Bun (Rambam *Sefer Avoda*, *Hilkhot Pesulei HaMukdashin* 5:8).

NOTES

According to the opinion of Rav Ḥisda – אַלִּיבָּא דְּרַב חִסְדָּא: Although the Hebrew text in the standard Vilna edition has Ḥiyya instead Ḥisda, this portion of the Gemara has been corrected and explained according to the version of the Vilna Gaon in his glosses.

הלכה ה מתני׳ מוֹתַר שְׁבוּיִם – לִשְׁבוּיִם, מוֹתַר שָׁבוּי – לְאוֹתוֹ שָׁבוּי. מוֹתַר עֲנִיִּים – לַעֲנִיִּים, מוֹתַר עָנִי – לְאוֹתוֹ עָנִי. מוֹתַר הַמֵּתִים – לַמֵּתִים, מוֹתַר הַמֵּת – לְיוֹרְשָׁיו. רַבִּי מֵאִיר אוֹמֵר: מוֹתַר הַמֵּת יְהֵא מוּנָּח עַד שֶׁיָּבֹא אֵלִיָּהוּ. רַבִּי נָתָן אוֹמֵר: מוֹתַר הַמֵּת בּוֹנִין לוֹ נֶפֶשׁ עַל קִבְרוֹ.

HALAKHA 5 · MISHNA **The leftover** money collected **for** freeing unspecified **captives** must be allocated **to** freeing **captives. The leftover** money collected **for** freeing **a** specific **captive** is given as a gift **to that captive. The leftover** money collected as charity **for the poor** must be allocated **to the poor.**[H] **The leftover** money collected for **a** specific **poor** person is given as a gift **to that poor** person. **The leftover** money collected **for** burying **the dead** must be allocated to burying **the dead. The leftover** money collected to bury or provide burial shrouds **for a** particular **deceased** person is given **to his heirs.**[N] **Rabbi Meir says:** It is uncertain what should be done, and therefore **the leftover** money **for the deceased should be placed** in a safe place **until Elijah comes**[N] and teaches what should be done. **Rabbi Natan says:** With **the leftover** money collected **for a deceased** person they **build a monument** [*nefesh*][NB] **on his grave**[N] **for him.**

גמ׳ גָּבוּ לוֹ בְּחֶזְקַת שֶׁאֵין לוֹ וְנִמְצָא שֶׁיֵּשׁ לוֹ, רַבִּי יִרְמְיָה סָבַר מֵימַר: מוֹתַר הַמֵּת לְיוֹרְשָׁיו.

GEMARA With regard to a case where the community **collected money** to finance the expenses of burying a deceased person **with the presumption that he did not have** money in his estate to cover these expenses and **it was** subsequently **found that he had** money, **Rabbi Yirmeya thought to say** that the *halakha* should be in accordance with the first *tanna* in the mishna, that **the leftover** money **for a deceased** person is given as a gift **to his heirs.** There is no difference whether only a portion of the money was needed and a portion was left, or whether there was no need at all for the money and all of it now remains.

HALAKHA

The leftover money collected for captives, for the poor – **מוֹתַר שְׁבוּיִם, עֲנִיִּים**: Surplus funds collected for a specific person are allocated to that person: If money was collected to supply the basic needs of a particular poor person and more than necessary was collected, the leftover amount belongs to him. If money was collected to free a particular captive, any leftover funds are given to that captive. If money was collected from the public for a particular deceased person, the surplus belongs to his heirs, in accordance with the opinion of the first *tanna*. In contrast, money that was collected for a specific cause but not for a particular person must remain dedicated to that cause: Leftover funds collected as charity are designated as charity and may not be used for anything but supplying the needs of the poor. If money was collected to free unspecified captives, the leftover funds may be used to free captives and for no other purpose. Funds collected to see to the needs of unspecified deceased people may be used only for that purpose, in accordance with the mishna (Rambam *Sefer Zera'im, Hilkhot Mattenot Aniyyim* 9:18; *Shulḥan Arukh, Yoreh De'a* 253:6, 356:1).

BACKGROUND

Monument – **נֶפֶשׁ**: The monument was sometimes a small stone and sometimes a large and elaborate edifice, erected to commemorate a deceased person. The grave of the particular individual generally was situated adjacent to the monument built in his honor. Since the monument is only a way of marking and remembering the place of the grave, the Sages said that one does not erect monuments for righteous people, as their words commemorate them sufficiently.

Monument in Jerusalem known as Yad Avshalom, which is in fact a *nefesh*

NOTES

The leftover money collected for a deceased person is given to his heirs – **מוֹתַר הַמֵּת לְיוֹרְשָׁיו**: The earlier and later authorities questioned the meaning of this right of the heirs to receive what was collected for their father. The Rema explains that the deceased himself does not acquire the item; rather, it is acquired by the charity collectors and designated in general for deceased people or for a particular deceased person, and therefore the charity collectors can acquire it for his heirs. Some explain that one who gives charity intends to perform a complete act of charity, and it is presumed that the deceased derives satisfaction if his heirs benefit because of him (Hazon Ish). Another authority suggests that people do not intend to give to the deceased himself, but that they transfer the rights to the money to the heirs in order to enable them to take care of burying the deceased. Therefore, whatever remains automatically belongs to the heirs (*Tzafnat Pane'aḥ*).

Until Elijah comes – **עַד שֶׁיָּבֹא אֵלִיָּהוּ**: This concept has a defined meaning in the *halakha*. The idea appears initially in the book of Ezra, where items of doubtful status are left "until a priest will stand with the *Urim VeTummim*" (Ezra 2:63). Elijah will come not to establish new *halakhot*, but rather to clarify doubtful issues for which there is insufficient proof to reach a clear solution.

Monument [*nefesh*] – **נֶפֶשׁ**: In the *Arukh* it is explained that this is referring to the tombstone on top of a grave. Some explain that the tombstone is called a *nefesh*, literally, a soul, since this is the residence of the soul, which rests atop the gravestone (*Melekhet Shlomo*). However, others say that this is referring to an edifice built on top of the grave where the guardian of the graveyard resides (Rashi and *Tosafot* on *Eiruvin* 55b; *Radbaz*, Responsa 243).

The leftover money collected for a deceased person is given to his heirs…the leftover money…should be placed in a safe place until Elijah comes…they build a monument on his grave for him – **מוֹתַר הַמֵּת לְיוֹרְשָׁיו...מוֹתַר...יְהֵא מוּנָּח עַד שֶׁיָּבֹא אֵלִיָּהוּ...בּוֹנִין לוֹ נֶפֶשׁ עַל קִבְרוֹ**: The Gemara (*Sanhedrin* 48a) explains the conflicting opinions in the mishna in two ways, one in accordance with the opinion of Abaye and the other in accordance with the opinion of Rava. The matter depends on another dispute between Abaye and Rava regarding whether designation is significant or not: Does the fact that one merely designates a certain item for a particular purpose have halakhic relevance as if it were actually used for that purpose? The relevance of that dispute to this discussion is whether what was designated for a deceased person is considered as if it were already used for that person, in which case its use is prohibited, as are other items of the deceased, or whether it is not considered as if it were used. Abaye holds that everyone agrees that designation is significant, and therefore he explains the dispute as follows: The first *tanna* maintains that the prohibition applies to whatever befits the deceased, whereas whatever does not befit him, such as an item that is beyond his needs, is not prohibited. In that case, if any money remains, it should therefore rightfully belong to the heirs. Rabbi Meir is in doubt whether the prohibition applies to such items, and therefore he says that one should not touch the money until Elijah comes and decides the issue. Rabbi Natan, however, holds that the prohibition applies to all items, even those that are not required for the deceased, and therefore they must build a monument over his grave with the money.

Rava holds that everyone agrees that designation is not significant and the money which was collected is not prohibited. He explains the dispute in the following way: The first *tanna* holds that receiving money from the public for one's burial needs is degrading, and that one would only have been willing to accept this if the leftover money that was collected for him will go to his heirs. Rabbi Meir is in doubt whether the deceased would have agreed for this reason, and therefore the money should not be given to the heirs. Rabbi Natan holds that the deceased would not willing to be degraded in this manner unless all the money collected, including the leftover portion, is used for his benefit. Therefore, the leftover money may not be given to his heirs and instead is used to build a monument over his grave.

אָמַר לֵיהּ רַבִּי אִידִי דְּחוּטְרָא: הַגַּע עַצְמְךָ דְּלָא כִּוּוֹנוּ אֶלָּא לֵיהּ. אָמַר לֵיהּ: אֲנָא לָא אֲמַרִית, אַתְּ מְנָא לָךְ?

Rabbi Idi of Ḥutra said to him: Bring yourself [*hagga atzmekha*][L] to consider the matter and you will see that the two cases are not similar, as surely the townspeople **intended** to contribute their money **only for him,** for the deceased. They do not mind if the heirs receive any extra money, as it is difficult to collect precisely the right amount for the burial. However, had they known that their money would not be used for the burial at all, and that the entire amount would be given to the heirs, they presumably would not have initially agreed to contribute. Rabbi Yirmeya **said** in response **to** Rabbi Idi of Ḥutra: **I didn't say** that **this** was the definitive *halakha*, as I merely suggested what I think should be done. However, **from where do you** derive the distinction you are making? The Gemara leaves the issue unresolved.

תָּנֵי בְּשֵׁם רַבִּי נָתָן: מוֹתַר הַמֵּת יִבָּנֶה לוֹ נֶפֶשׁ עַל קִבְרוֹ, וְיֵעָשֶׂה לוֹ זִילּוּף עַל גַּבֵּי מִטָּתוֹ.

§ **It was taught in the name of Rabbi Natan:** With **the leftover** money that was collected **for** burying **a deceased** person **a monument is built on his grave, and** wine is bought for **spraying**[B] **over his bier** to make a pleasant odor.

תָּנֵי: אֵין פּוֹדִין שְׁבוּי בִּשְׁבוּי, וְאֵין גּוֹבִין טַלִּית בְּטַלִּית, וְאֵין מְמַחִין בְּיַד פַּרְנָסִים לְכָךְ.

The mishna teaches that the leftover money for freeing a specific captive or for the support of a particular poor person is given to that person. Similarly, **it was taught** in a *baraita*: **One** may **not redeem a captive with** money that was collected for **another captive.** Similarly, **one** may **not** purchase **a garment for** one poor person with charity **collected** to to purchase **a garment** for a different poor person. Nonetheless, **one does not protest against the leaders** [***parnasim***][LH] of the community **about this** if they choose to do so in exigent circumstances.

תָּנֵי רַבָּן שִׁמְעוֹן בֶּן גַּמְלִיאֵל אוֹמֵר: אֵין עוֹשִׂין נְפָשׁוֹת לַצַּדִּיקִים, דִּבְרֵיהֶם הֵן הֵן זִכְרוֹנָן.

After discussing building a monument for a deceased person, the Gemara adds that **it was taught** in a *baraita* that **Rabban Shimon ben Gamliel says: One does not construct monuments** for the graves **of righteous people.**[N] The purpose of a monument is to remember the dead person, and Torah scholars do not need a monument, as **their words** of Torah that continue to be taught **are their memorial.**[H]

LANGUAGE

Bring yourself [*hagga atzmekha*] – הַגַּע עַצְמְךָ: This term is probably a variation of the Hebrew *hogga atzmekha*, meaning a command to exert oneself, i.e., to endeavor more to understand a point.

Leaders [*parnasim*] – פַּרְנָסִים: The source of the word *parnas* is unclear. Some suggested that it is an extension of the root *paras*, meaning to divide or give out. Others say that its source is the Greek word **πρόνοος**, *pronoos*, meaning careful or prudent. This root is also the source of the Greek word **προνοητής**, *pronoètès*, meaning supervisor or administrator, which is close to the meaning of the word in our sources.

BACKGROUND

Spraying – זִילּוּף: In the time of the Talmud they would employ various methods to remove unpleasant odors and create a pleasant aroma. One method was to use incense, and another involved spraying wine. For this purpose they would use special wines with a particularly pungent smell. Among the wealthy and the more delicate, it is related that this spraying was considered so important that a person might spend more money on wine for spraying than on wine for drinking.

HALAKHA

One does not protest against the leaders – אֵין מְמַחִין בְּיַד פַּרְנָסִים: Although the Sages said that the leftover money collected for a poor person belongs to him and the leftover money collected for freeing a captive belongs to him, in exigent circumstances charity collectors have the right to use the money for another purpose, in accordance with the *baraita* (Rambam *Sefer Zera'im, Hilkhot Mattenot Aniyyim* 9:7; *Shulḥan Arukh, Yoreh De'a* 253:6).

NOTES

One does not construct monuments for the graves of righteous people – אֵין עוֹשִׂין נְפָשׁוֹת לַצַּדִּיקִים: When Rabban Shimon ben Gamliel said that one should not erect monuments for the righteous, he was referring only to possible benefits for the deceased. Since the righteous are not forgotten after their death, as their words perpetuate their memory, and they also do not need atonement, they have no need for a grave monument. However, another function of building grave monuments for righteous people is so that the living may know where a righteous person is buried and may pray there on their own behalf.

Cited in the responsa *Ketav Sofer* (*Yoreh De'a* 178) is the speech the author delivered when the building erected over the tomb of his father, Rabbi Moshe Sofer, was completed. In the speech he asked: Why is it appropriate to spend large sums of money erecting this structure? Doesn't this indicate that my father was not righteous and that his words will not serve as a memorial to him? He answered that there is a dual purpose in building a grave monument. First, it is for the sake of the soul of the deceased who is buried there, so that people will not forget to pray for him and help improve his standing in the World-to-Come. Second, the monument is for the sake of those people who want to pray for themselves at the grave of a righteous person; the tombstone on the grave enables them to know the place where the righteous person is buried.

A later authority writes that nowadays it is customary to erect a tombstone even over the graves of Torah scholars, as this is one of the *halakhot* applying to Torah scholars that is not practiced in our time (*Iggerot Moshe, Yoreh De'a* 3:154).

Their words are their memorial – דִּבְרֵיהֶם הֵן הֵן זִכְרוֹנָן: The Gemara (*Bava Metzia* 85b) records that Reish Lakish used to mark the graves of righteous people. Rav Ya'akov Emden explains that he marked only those particular graves and not all graves, since all the other graves had tombstones on them. Only the graves of the righteous, which did not have tombstones over them, required distinctive marking.

רַבִּי יוֹחָנָן הֲוָה מַסְמִיךְ וְאָזֵל עָאל רַבִּי חִיָּיא בַּר אַבָּא, וְהָיָה רַבִּי אֱלִיעֶזֶר חָמֵי לֵיהּ וּמִטַּמַּר לֵיהּ מִקַּמֵּיהּ. וַאֲמַר: הָלֵין תַּרְתֵּי מִלַּיְיהוּ הָדֵין בַּבְלָאָה עֲבִיד בֵּיהּ: חֲדָא – דְּלָא שְׁאִיל בִּשְׁלוֹמֵיהּ, וַחֲדָא – מִיטַּמַּר. אֲמַר לֵיהּ רַבִּי יַעֲקֹב בַּר אִידִי: כָּךְ נְהִיגִין גַּבְּהוֹן, דִּזְעֵירָא לָא שְׁאֵיל בִּשְׁלוֹמֵיהּ דְּרַבָּה. דְּאִינּוּן נָהֲגוּן וּמְקַיְּימִין "רָאוּנִי נְעָרִים וְנֶחְבָּאוּ וִישִׁישִׁים קָמוּ עָמָדוּ".

Rabbi Yoḥanan[P] **was walking while leaning on** the shoulder of **Rabbi Ḥiyya bar Abba, and Rabbi Eliezer**[P] **was watching him and hiding from him.** Rabbi Yoḥanan **said: This Babylonian has done two** improper **things to me. One, he didn't inquire after my welfare;** and **another, he is hiding** from me, as though he doesn't want to speak with me. **Rabbi Ya'akov bar Idi**[P] tried to placate Rabbi Yoḥanan and **said to him: This is the custom among them,** i.e., among Babylonians. **The small,** less prominent people **do not inquire after the welfare of great,** prominent **people;** they only respond to them. That is the reason he did not inquire after your welfare. **Their custom is to fulfill** that which is written in the verse: **"The young men saw me and hid themselves, and the aged rose up and stood"** (Job 29:8).

אֲמַר לֵיהּ: מַהוּ לְמֵיעֲבַר קַמֵּי דַּאֲדוּרָא צַלְמֵי? אֲמַר לֵיהּ: מָה אַתְּ פָּלֵיג לֵיהּ יְקָר? עֲבוֹר קַמּוֹהִי וּסְמֵי עֵינוֹי. אֲמַר לֵיהּ: יָאוּת רַבִּי אֱלִיעֶזֶר עֲבִיד דְּלָא עֲבַר קַמָּךְ.

When Rabbi Ya'akov bar Idi saw that Rabbi Yoḥanan was not mollified, **he said to him: What is the** *halakha* with regard **to passing in front of the Adura statue?** Does that fall into the category of giving honor to idolatry? Rabbi Yoḥanan **said to him: What honor are you giving it** by merely passing in front of it? **You could pass in front of it and blind its eyes,** meaning that you could pass in front of it and insult it. Rabbi Ya'akov bar Idi **said to him:** If so, **Rabbi Eliezer was right not to pass in front of you,** since if he had passed in front of you but maintained the custom of Babylonians not to inquire after your welfare, it would have been a slight to your honor.

וְעוֹד עֲבִיד הָא בַּבְלָאָה דְּלָא אֲמַר שְׁמַעֲתָא מִשְּׁמֵיהּ. נִכְנְסוּ לְפָנָיו רַבִּי אַמִּי וְרַבִּי אַסִּי. אָמְרוּ לוֹ: רַבִּי, כָּךְ הָיָה מַעֲשֶׂה בְּבֵית הַכְּנֶסֶת שֶׁל טַרְסִיִּים בְּנֶגֶר שֶׁיֵּשׁ בְּרֹאשׁוֹ גְּלוֹסְטְרָא, שֶׁנֶּחְלְקוּ.

Rabbi Yoḥanan continued: **That Babylonian did something else** wrong, in **that he did not say a** *halakha* **in my name,** as he repeated without attribution something I taught him. **Rabbi Ami and Rabbi Asi entered.** In order to appease Rabbi Yoḥanan **they said to him: Rabbi, there was an incident** that occurred **in the synagogue of the weavers** [*tarsiyyim*],[N] where they were discussing the halakhic status of **a door bolt,** a vertical bar that is affixed to the door in order to push into the ground, **which has a knob** [*gelustera*][L] **protruding at its top.**[B]

NOTES

Weavers [*tarsiyyim*] – טַרְסִיִּים: The source of this word is apparently the name of the Greek city Tarsus. This city, located in Asia Minor, was an ancient town that later became a center of Greek culture and industry. The people of Tarsus were excellent artisans whose particular expertise was creating fine metalwork and weaving ornate patterns. The name of this town is the source for the name of various crafts, and in the language of the Sages, the word *tarsiyyim* connotes certain types of weavers, possibly those who used the unique methods of Tarsus, as well as certain types of smiths.

In the time of the Temple there were synagogues belonging to particular groups of artisans, and this tradition continued until recent generations. Therefore, it is not surprising that there was a special synagogue for weavers. It is also possible that the synagogue belonged to Jews who originated from the city of Tarsus, which had a Jewish community, as the tradition of building a synagogue for people who originated from the same place is also an ancient and widespread custom.

LANGUAGE

Knob [*gelustera*] – גְּלוֹסְטְרָא: From the Greek κλεῖστρον, *kleistron*, meaning a bolt or anything used to lock, or the Latin claustrum, meaning a bolt, bar, or lock. In this context it probably refers to the thick end of a bolt, which can be used for locking.

BACKGROUND

A door bolt which has a knob [*gelustera*] protruding at its top – נֶגֶר שֶׁיֵּשׁ בְּרֹאשׁוֹ גְּלוֹסְטְרָא: This refers to a door bolt with a thick, round knob at the top; with the knob it is considered a type of vessel.

PERSONALITIES

Rabbi Yoḥanan – רַבִּי יוֹחָנָן: This is Rabbi Yoḥanan bar Nappaḥa, one of the greatest *amora'im*, whose teachings are fundamental components of both the Babylonian Talmud and the Jerusalem Talmud. He resided in Tiberias and lived to an advanced age.

Rabbi Yoḥanan was orphaned at a young age, and although his family apparently owned considerable property, he spent virtually all of his resources in his devotion to the study of Torah, and he eventually became impoverished. In his youth, he had the privilege of studying under Rabbi Yehuda HaNasi, the redactor of the Mishna, but most of his Torah study was accomplished under Rabbi Yehuda HaNasi's students: Ḥizkiya ben Ḥiyya, Rabbi Oshaya, Rabbi Ḥanina, and Rabbi Yannai, who lavished praise upon him. In time, he became the head of the yeshiva in Tiberias, at which point his fame and influence increased greatly. For a long time Rabbi Yoḥanan was the leading rabbinic scholar in the entire Jewish world, not only in Eretz Yisrael but in Babylonia as well, where he was respected by the Babylonian Sages. Many of them immigrated to Eretz Yisrael to become his students.

A master of both *halakha* and *aggada*, Rabbi Yoḥanan's teachings in both disciplines are found throughout both the Babylonian Talmud and the Jerusalem Talmud. As a testament to his intellectual and spiritual stature, the *halakha* is in accordance with his opinion in almost every case, even when Rav or Shmuel, the preeminent *amora'im* of Babylonia, whom he treated deferentially, disagree with him. Only in disputes with his teachers in Eretz Yisrael, such as Rabbi Yannai and Rabbi Yehoshua ben Levi, is the *halakha* not in accordance with his opinion.

Rabbi Yoḥanan was renowned for being handsome, and much was said in praise of his good looks. We know that his life was full of suffering. Ten of his sons died in his lifetime.

There is a geonic tradition that one of his sons was the Babylonian *amora* Rabbi Mattana, who did not predecease him. The death of Rabbi Yoḥanan's disciple-colleague and brother-in-law, Reish Lakish, for which he considered himself responsible, hastened his own death.

Rabbi Yoḥanan had many students. In fact, all the *amora'im* of Eretz Yisrael in succeeding generations were his students and benefited from his teachings, to the extent that he is considered the author of the Jerusalem Talmud. His greatest students were his brother-in-law Reish Lakish, Rabbi Elazar, Rabbi Ḥiyya bar Abba, Rabbi Abbahu, Rabbi Yosei bar Ḥanina, Rabbi Ami, and Rabbi Asi.

Rabbi Elazar – רַבִּי אֶלְעָזָר: In the Gemara, citations of Rabbi Elazar with no patronymic refer to Rabbi Elazar ben Pedat, a second-generation *amora* in Eretz Yisrael. In many cases his name is referred to as Rabbi Eliezer as in the Gemara here, but this is probably a textual corruption. He was born in Babylonia, where he was a student of both Rav and Shmuel. In his youth he immigrated to Eretz Yisrael, where he married. In Eretz Yisrael, he became one of Rabbi Yoḥanan's most important students. The connection between them was so close that at times the Gemara raises a contradiction between the statement of one and the statement of the other, under the assumption that it was unlikely that they would hold different opinions in matters of *halakha*.

Rabbi Ya'akov bar Idi – רַבִּי יַעֲקֹב בַּר אִידִי: Rabbi Ya'akov bar Idi was an *amora* of Eretz Yisrael and one of the most prominent disciples of Rabbi Yoḥanan. It seems that Rabbi Ya'akov bar Idi managed to learn Torah from the most important *amora'im* in the first generation of *amora'im* from Eretz Yisrael, such as Rabbi Yehoshua ben Levi and others. When he became Rabbi Yoḥanan's close disciple he was already a distinguished Torah scholar. Some say that he was even a disciple-colleague of Rabbi Yoḥanan's.

Rabbi Ya'akov bar Idi was a colleague of the other disciples of Rabbi Yoḥanan, but after the latter's death he settled in the city of Tyre and was considered one of the great men of his generation. The Sages of the following generation, both in Eretz Yisrael and Babylonia and in particular Rabbi Ze'eira, asked many questions of him.

In sources from Eretz Yisrael two sons of his are mentioned, Rabbi Abba and Rabbi Yosei, who were Sages of the next generation.

רַבִּי אֱלִיעֶזֶר וְרַבִּי יוֹסֵי עַד שֶׁקָּרְעוּ סֵפֶר תּוֹרָה בַּחֲמָתָן. קָרְעוּ סָלְקָא דַּעְתָּךְ?! אֶלָּא שֶׁנִּקְרַע סֵפֶר תּוֹרָה. וְהָיָה שָׁם זָקֵן אֶחָד, וְרַבִּי יוֹסֵי בֶּן קִסְמָא שְׁמוֹ, אָמַר: תְּמֵיהַנִי אִם לֹא תֵּהָוֶה בֵּית הַכְּנֶסֶת זֶה עֲבוֹדָה זָרָה.

Rabbi Eliezer and Rabbi Yosei disagreed about this issue **until** it reached a point **that they tore up a Torah scroll** in their anger. Before the Gemara resumes the story, it asks: **Could it enter your mind that** these Sages tore up a Torah scroll? **Rather,** it means that as each of them pulled it in his own direction, **a Torah scroll was torn.** The Gemara returns to the story told by Rabbi Ami and Rabbi Asi: **There was a certain old man,** one of the Sages, **named Rabbi Yosei ben Kisma,**[P] and **he said: I will be surprised if this synagogue does not become a house of idolatry,** since the Sages say that whoever is angry should be in your eyes like an idol worshipper.

וְחָזַר וְאָמַר: הָכְדֵין מֵחַבְרֵיהּ!

The Gemara relates that although Rabbi Ami and Rabbi Asi thought that Rabbi Yoḥanan would be appeased after hearing this story disparaging anger between Torah scholars, Rabbi Yoḥanan **responded and said: This is** an incident **between colleagues.** How can you compare that to my situation, as Rabbi Eliezer is my disciple?

נִכְנַס לְפָנָיו רַבִּי יַעֲקֹב בַּר אִידִי, אֲמַר לֵיהּ: כְּתִיב "כַּאֲשֶׁר צִוָּה ה׳ אֶת מֹשֶׁה עַבְדּוֹ כֵּן צִוָּה מֹשֶׁה אֶת יְהוֹשֻׁעַ" וְגוֹ׳ וְכִי כׇּל דִּיבּוּר וְדִיבּוּר שֶׁהָיָה יְהוֹשֻׁעַ יוֹשֵׁב וְדוֹרֵשׁ הָיָה אוֹמֵר: כָּךְ אָמַר מֹשֶׁה?

Rabbi Ya'akov bar Idi entered before Rabbi Yoḥanan **and said to him** that **it is written: "As God commanded Moses His servant, so did Moses command Joshua** and so did Joshua; he left nothing undone from all that God had commanded Moses" (Joshua 11:15). From here it is evident that Joshua taught the Jewish people all of the Torah that he learned from Moses. **Is it possible** to conceive **that** with **every statement that Joshua made while sitting and expounding to the Jewish people** he would diligently **say: Thus said Moses?"** This does not seem plausible.

אֶלָּא, יְהוֹשֻׁעַ יוֹשֵׁב וְדוֹרֵשׁ, וְיוֹדְעִין הַכֹּל שֶׁהַתּוֹרָה שֶׁל מֹשֶׁה הִיא. אַף אַתָּה, אֱלִיעֶזֶר יוֹשֵׁב וְדוֹרֵשׁ וְהַכֹּל יוֹדְעִין שֶׁהַתּוֹרָה שֶׁלְּךָ הִיא. אָמַר לָהֶן: מִפְּנֵי מָה אֵין אַתֶּן יוֹדְעִין לְרַצּוֹת כְּבֶן אִידִי חֲבֵירֵנוּ.

Rather, Joshua would sit and expound, and everyone knew that it is the Torah of Moses. Similarly, you, Rabbi Yoḥanan, should know that **Eliezer, your disciple, is sitting and expounding before his own disciples, and** although he does not say so explicitly, **everyone knows that it is your Torah. Rabbi Yoḥanan said to** Rabbi Ami and Rabbi Asi, who had tried unsuccessfully to appease him: **Why is it that you do not know how to appease like ben Idi our colleague?**

וְרַבִּי יוֹחָנָן, מַאי כּוּלֵּי הַאי דְּבָעֵי דְּלֵימְרוּן שְׁמַעְתָּא מִשְּׁמֵיהּ? – דְּאַף דָּוִד בִּיקֵּשׁ עָלֶיהָ רַחֲמִים, שֶׁנֶּאֱמַר: "אָגוּרָה בְאׇהָלְךָ עוֹלָמִים אֶחֱסֶה בְסֵתֶר כְּנָפֶיךָ סֶּלָה". וְכִי עָלְתָה עַל דַּעְתּוֹ שֶׁל דָּוִד שֶׁיְּהֵא חַי וְקַיָּם לְעוֹלָמִים? אֶלָּא כָּךְ אָמַר דָּוִד לִפְנֵי הַקָּדוֹשׁ בָּרוּךְ הוּא: רִבּוֹנוֹ שֶׁל עוֹלָם, אֶזְכֶּה שֶׁיְּהוּ דְּבָרַי נֶאֱמָרִין בְּבָתֵּי כְנֵסִיּוֹת וּבְבָתֵּי מִדְרָשׁוֹת.

The Gemara asks: **What is** the reason that **Rabbi Yoḥanan was so insistent that** people **say the** ***halakha*** **in his name?** The Gemara answers: **Since even King David entreated God with regard to this** issue **to have mercy** on him, **as it is stated: "I will dwell in Your tent forever; I will take refuge in the covert of Your wings, Selah"** (Psalms 61:5). **Did David imagine that he would live and endure forever? Rather, this is what David said before the Holy One, Blessed be He: Master of the Universe,** may **I merit that my words will be said in my name in synagogues and study halls,** and through this I will attain perpetual life for myself.

PERSONALITIES

Rabbi Yosei ben Kisma – רַבִּי יוֹסֵי בֶּן קִסְמָא: Rabbi Yosei ben Kisma was a fifth-generation *tanna*, of the same generation as Rabbi Akiva's disciples. It appears that Rabbi Yosei ben Kisma lived in Tiberias, where he taught Torah to his disciples. It is known that he had a son named Rabbi Yoḥanan. There are no records of many of his halakhic teachings, but there are a number of aggadic sayings cited in his name in the Talmud and other sources. From here and from other places it is evident that he was considered a holy man who could foretell what would happen in the future, and it is recounted that Rabbi Ḥanina ben Teradyon consulted with him (see *Avoda Zara* 18a). From what he said to Rabbi Ḥanina ben Teradyon, as well as from the fact that the prominent people of Rome took part in his funeral (*Avoda Zara* 18a), it is apparent that he was on good terms with the Roman government.

שִׁמְעוֹן בֶּן נְזִירָא בְּשֵׁם רַבִּי יִצְחָק אָמַר: כׇּל תַּלְמִיד חָכָם שֶׁאוֹמְרִים דְּבַר הֲלָכָה מִפִּיו בָּעוֹלָם הַזֶּה – שִׂפְתוֹתָיו רוֹחֲשׁוֹת עִמּוֹ בַּקֶּבֶר, שֶׁנֶּאֱמַר "וְחִכֵּךְ כְּיֵין הַטּוֹב וגו׳ דּוֹבֵב שִׂפְתֵי יְשֵׁנִים", מָה כּוֹמֶר שֶׁל עֲנָבִים זֶה כֵּיוָן שֶׁמַּנִּיחַ אָדָם אֶצְבָּעוֹ עָלָיו – מִיָּד דּוֹבֵב, אַף שִׂפְתוֹתֵיהֶם שֶׁל צַדִּיקִים, כֵּיוָן שֶׁאוֹמְרִין דְּבַר הֲלָכָה מִפִּיהֶם שֶׁל צַדִּיקִים – שִׂפְתוֹתֵיהֶן מְרַחֲשׁוֹת עִמָּהֶן בַּקֶּבֶר.

The Gemara adds that **Shimon ben Nezira said in the name of Rabbi Yitzḥak: Every Torah scholar from whose mouth people quote a matter of *halakha* in this world,** even after his death, **his lips move** along **with it in the grave,**[N] **as it is stated: "And your palate is like the best wine…moving gently the lips of those that sleep"** (Song of Songs 7:10). **Just as** with regard to **a mass of** heated **grapes,**[N] **once a person places his finger on them,** they **immediately** issue **froth,** as the wine bubbles up and moves around, **so too,** with regard to **the lips of the righteous, when people quote matters of *halakha* from the mouths of the righteous, their lips move with them in the grave.**

מָה הֲנָאָה לוֹ? בַּר נְזִירָא אָמַר: כְּהָדֵין דְּשָׁתֵי קוֹנְדִּיטוֹן. רַבִּי יִצְחָק אָמַר: כְּהָדֵין דְּשָׁתֵי חֲמִיר עַתִּיק, אַף עַל גַּב דְּשָׁתֵי לֵיהּ – טַעְמָא בְּפוּמָא.

The Gemara asks: **What pleasure is there for** a righteous person when his lips move in the grave? Shimon **bar Nezira said:** He derives pleasure **like one who drinks spiced wine. Rabbi Yitzḥak said:** His pleasure is **like that of one who drinks aged wine. Even after he drinks it, the taste** of the wine **remains in his mouth.** Similarly, when a Torah scholar's teachings are quoted in his name in this world, his soul in the Garden of Eden enjoys the feeling.

רַב גִּידֵּל אָמַר: הָאוֹמֵר שְׁמוּעָה בְּשֵׁם אוֹמְרָהּ יִרְאֶה בַּעַל שְׁמוּעָה כְּאִילּוּ עוֹמֵד לְנֶגְדּוֹ, שֶׁנֶּאֱמַר: "אַךְ בְּצֶלֶם יִתְהַלֶּךְ אִישׁ".

Rabbi Giddel said: One who quotes a teaching in the name of the one who said it should see in his mind's eye **the author of the teaching as if he were standing opposite him**[N] at that moment, **as it is stated: "Surely man walks as a semblance"** (Psalms 39:7). When one thinks of another by quoting the Torah he taught, one should visualize the image or semblance of that person.

כְּתִיב: "רַב אָדָם יִקְרָא אִישׁ חַסְדּוֹ" – זֶה שְׁאָר כׇּל אָדָם. "וְאִישׁ אֱמוּנִים מִי יִמְצָא" – זֶה רַבִּי זְעֵירָא. דְּאָמַר רַבִּי זְעֵירָא: לֵיתַנְ צְרִיכִין חָשְׁשִׁין לִשְׁמַעְתֵּיהּ דְּרַב שֵׁשֶׁת, דְּהוּא גַּבְרָא מִפַּתְּחָא.

On a related note, the Gemara continues. **It is written: "Most men will proclaim every man his own goodness"** (Proverbs 20:6). **This is referring to all other people,** meaning that most people will quote another person's Torah thoughts without attributing them to their author. However, the verse continues: **"But a faithful man who can find?"** That is, who is faithful and accurate in reporting others' teachings? **This is** referring to **Rabbi Ze'eira,** who took great care to maintain the accuracy of the tradition. **As Rabbi Ze'eira said: We need not concern ourselves with the traditions of Rav Sheshet,**[P] **as he is an open-eyed man,** a euphemism for a blind person. Since he could not see his master's face while studying with him, it is possible that he did not report his master's words accurately.

אֲמַר לֵיהּ רַבִּי זְעֵירָא לְרַבִּי אַסִּי: חַכִּים רַבִּי לְבַר פְּתָיָיא דְּאַתְּ אָמַר שְׁמַעְתָּא מִשְּׁמֵיהּ? אֲמַר לֵיהּ: רַבִּי יוֹחָנָן אֲמָרָהּ מִשְּׁמֵיהּ. אֲמַר לֵיהּ רַבִּי זְעֵירָא לְר׳ אַסִּי: חַכִּים רַבִּי לְרַב דְּאַתְּ אָמַר שְׁמַעְתָּא מִשְּׁמֵיהּ? אֲמַר לֵיהּ: רַבִּי אַדָּא בַּר אַהֲבָה אֲמָרָהּ מִשְּׁמֵיהּ.

The Gemara relates another incident that illustrates Rabbi Ze'eira's concern with the accurate conveyance of tradition. **Rabbi Ze'eira said to Rabbi Asi: Did the Rabbi,** i.e., Rabbi Asi, **know bar Petayya, that you quote teachings in his name?** Rabbi Asi **said to him:** I heard them from **Rabbi Yoḥanan** who **said them in his name. Rabbi Ze'eira said to Rabbi Asi: Did the Rabbi,** i.e., Rabbi Asi, **know Rav, that you quote teachings in his name? He said to him:** I heard them from **Rabbi Adda bar Ahava,** who **said them in his name.**

NOTES

His lips move with it in the grave – שִׂפְתוֹתָיו רוֹחֲשׁוֹת עִמּוֹ בַּקֶּבֶר: In a number of parallel statements in the Babylonian Talmud the expression: Speak in the grave, appears (*Yevamot* 97a; *Bekhorot* 31b). The meaning is that the individual at that point is living in two worlds, as his soul is in the upper realms, while his lips speak in the grave (*Tosafot* on *Yevamot* 96b). The commentaries ask how it is possible to say that a person's lips move in the grave, as his entire body disintegrates over time. Some explain that as a metaphor illustrating that when people report the words of a Torah scholar in his name, it is as if he were alive and speaking at that moment (See *Iyyun Ya'akov* on *Yevamot* 96b). Others explain that it is referring not to the physical body of the deceased, but to the power of speech with which his soul is endowed, which remains after his death just like the soul itself (Maharal, *Ḥiddushei Aggadot* on *Yevamot* 96b). Put differently, his spiritual image, which according to the *Zohar* remains connected to a person's grave, has lips, which continue to speak (*Arukh LaNer* on *Yevamot* 96b).

A mass of heated grapes – כּוֹמֶר שֶׁל עֲנָבִים: This refers to a heap of grapes that was left to undergo the process of fermentation, which is a process similar to cooking.

Should see the author of the teaching as if he were standing opposite him – יִרְאֶה בַּעַל שְׁמוּעָה כְּאִילּוּ עוֹמֵד לְנֶגְדּוֹ: Some commentaries explain that if one envisions his teacher before him when he reports his teachings, he will treat them more seriously (Rash Sirilio). Others say that this is the proper method of Torah study, as one needs to observe one's teacher when he is teaching him Torah, as it is written: "And your eyes shall perceive your teacher" (Isaiah 30:20). Another authority explains that a person's words can sometimes be understood in different ways, and it is possible to comprehend his true intent only by observing his expressions as he speaks, such as the way he moves his lips or blinks his eyes (Maharsha on *Horayot* 12a).

PERSONALITIES

Rav Sheshet – רַב שֵׁשֶׁת: A prominent third-generation Babylonian *amora*, Rav Sheshet was the foremost student of Rav Huna, even though he also served and studied under the rest of the Sages of that generation. Rav Sheshet was famous for his unsurpassed expertise in *baraitot*. Many of the Sages of the generation came to learn from him, as they knew that his teachings were always based on early sources.

In his later years Rav Sheshet became blind. He remained involved in all aspects of life and was a frequent visitor to the house of the Exilarch. He was characterized as extremely forceful and hard as steel, and he did not defer even to eminent world leaders.

Rav Sheshet was apparently a garment merchant who earned enough to live comfortably.

אֵין דּוֹר שֶׁאֵין בּוֹ לֵיצָנִין. בְּדוֹרוֹ שֶׁל דָּוִד מֶה הָיוּ פְּרוּצֵי הַדּוֹר עוֹשִׂין? הָיוּ הוֹלְכִין אֵצֶל חַלּוֹנוֹתָיו שֶׁל דָּוִד, אוֹמְרִין לוֹ: דָּוִד דָּוִד, אֵימָתַי יִבָּנֶה בֵּית הַמִּקְדָּשׁ, אֵימָתַי בֵּית ה׳ נֵלֵךְ?

Having mentioned a verse in which David expressed a wish that after his death people would say teachings in his name in this world, the Gemara cites other requests by David. **There is no generation without scoffers. In David's generation, what would the ridiculers of his generation do,** when they heard that David was not permitted to build the Temple and only his son Solomon would merit to build it? **They would go near David's windows and say to him: David, David, when will the Temple be built? When will** we be able to say: **"Let us go to the House of the Lord"** (Psalms 122:1) as David himself had requested?

וְהָיָה דָּוִד אוֹמֵר: אַף עַל פִּי שֶׁמִּתְכַּוְּונִין לְהַכְעִיסֵנִי – יָבֹא עָלַי אִם לֹא הָיִיתִי שָׂמֵחַ בְּדִבְרֵיהֶם. דִּכְתִיב: ״שָׂמַחְתִּי בְּאוֹמְרִים לִי בֵּית ה׳ נֵלֵךְ״. ״וְהָיָה כִּי יִמָּלְאוּ יָמֶיךָ וְשָׁכַבְתָּ אֶת אֲבוֹתֶיךָ״, אָמַר לוֹ הַקָּדוֹשׁ בָּרוּךְ הוּא לְדָוִד: יָמִים שְׁלֵמִים אֲנִי מוֹנֶה לְךָ וְלֹא יָמִים חֲסֵרִים. כְּלוּם שְׁלֹמֹה בִּנְךָ יִבְנֶה בֵּית הַמִּקְדָּשׁ – אֶלָּא לְהַקְרִיב קָרְבְּנוֹת צִיבּוּר, וַחֲבִיב עָלַי צְדָקָה וּמִשְׁפָּט שֶׁאַתָּה עוֹשֶׂה יוֹתֵר מִן הַקָּרְבָּן, שֶׁנֶּאֱמַר: ״עֲשֹׂה צְדָקָה וּמִשְׁפָּט נִבְחָר לַה׳ מִזָּבַח״.

הדרן עלך מצרפין שקלים

And David would respond with a kind of oath: **Even though they intend to anger me, may** evil **come upon me if I do not rejoice in their words,** as I too want the Temple to be built soon, even if it means that I must leave this world before my time, **as it is written: "I rejoiced when they said to me: Let us go to the House of the Lord"** (Psalms 122:1). When David said this, God answered him: **"When your days are fulfilled and you will sleep with your fathers"** (II Samuel 7:12). This verse indicates that this is what **the Holy One, Blessed be He, said to David: I reckon full days for you and not deficient days,** i.e., I will not deduct any days from your life. **Won't Solomon, your son, build the Temple only in order to sacrifice communal offerings? The righteousness and justice that you perform are more pleasant to me than offerings, as it is stated: "To perform righteousness and justice is more acceptable to the Lord than an offering"** (Proverbs 21:3).

Summary of **Perek II**

This chapter dealt with two main topics that are somewhat connected. The first is the issue of shekels that were contributed to the Temple, which for some reason did not reach the Temple chamber. The basic conclusion of the Gemara is that in order to fulfill one's obligation of contributing the half-shekel, it does not suffice merely to contribute the money. Rather, one is held responsible until the funds actually reach the Temple. If they did not, whether due to negligence or to events beyond one's control, one must contribute the shekel again so that the funds can be used for their intended purpose. Additionally, the Gemara deals with situations where a shekel may have been delivered but in a manner that is inappropriate, e.g., where one contributes another's shekel on his own behalf or contributes money that does not belong to him, such as consecrated funds. The *halakha* in such a case is that this individual must contribute the money in the proper manner, i.e., on behalf of the original contributor or for himself, but with non-sacred money.

The other general topic, which comprised the majority of the chapter, is that of surplus funds collected for a designated purpose. In the case of shekels, does the fact that money was collected as half-shekel contributions to the Temple render it consecrated property, or must it be returned to its owners? The same sort of question arises with regard to money collected for various mitzvot, such as redeeming captives, clothing the poor, or burying the dead. Such funds are endowed with a kind of consecrated status, limiting their use. The *halakha* in each case differs: With regard to shekels, the surplus funds are clearly non-sacred property. Leftover money that was collected for offerings is consecrated and must be used for various kinds of free-will offerings. Surplus funds collected for charity or freeing captives must be used for other poor people or for freeing other captives. However, if the money was collected for a particular poor person or for a particular captive *ab initio*, the remaining money is deemed a gift of sorts and belongs to that individual.

Additional discussion dealt with leftover money that was collected in order to pay for a particular person's funeral. The Gemara entertains various options, including giving the money to the deceased's heirs and using the money to enhance his grave by erecting a tombstone or the like. In any event, there are limitations on the use of surplus funds that were collected accidentally, and they cannot be disbursed merely at the discretion of those who collected them.

This chapter also contains some aggadic passages, among them those addressing the proper attribution of statements of Sages to their authors, so as not to deprive them of the honor or reward that is their due, be it in this world or the next.

Introduction to **Perek III**

This chapter deals primarily with the ceremony of the collection of the chamber. In this ceremony, through which the shekels collected were allocated for use in the Temple, a priest entered the chamber in which the shekels were stored and set aside a portion of them by collecting them in baskets. The money in the baskets was used for the needs of the Temple, particularly for the purchase of communal sacrifices.

The Gemara discusses some of the practical issues involved. It details the occasions during the year when this ceremony was performed, the size and number of the baskets, and the specific baskets from which money was subsequently withdrawn. Additionally, there is a discussion of the *halakhot* that govern the behavior of the priest who actually performs the ceremony and puts the shekels into the baskets. As the ceremony was performed by a solitary individual, precautions had to be taken to ensure that his integrity not come under suspicion.

הלכה א מתני׳ בִּשְׁלֹשָׁה פְּרָקִים בַּשָּׁנָה תּוֹרְמִין אֶת הַלִּשְׁכָּה

HALAKHA 1 · MISHNA On three occasions during the year the ceremony of the **collection of the** Temple treasury **chamber is performed.**[HN] During the ceremony, a priest enters the treasury chamber with three containers, lifts up [*torem*] some of the coins, and places them in the containers. These funds, known as the collection of the chamber, are used to purchase animals for communal offerings and other needs of the Temple.

בִּפְרוֹס הַפֶּסַח, בִּפְרוֹס הָעֲצֶרֶת, בִּפְרוֹס הֶחָג.

These three occasions are: **Half a month,** fifteen days, **before Passover,** on the day before the first of the month of Nisan; **half a month before *Shavuot*,** on or around the twentieth of Iyar; **half a month before the festival** of *Sukkot*, on the day before Rosh HaShana.

וְהֵם גְּרָנוֹת שֶׁל מַעְשַׂר בְּהֵמָה, דִּבְרֵי רַבִּי עֲקִיבָא.

These three days **are** also **the due dates** that were established by the Sages **for** the setting aside of **animal tithes.**[HN] On each of these days one is obligated to tithe the animals that were born during the intervening period, and it is prohibited for him to eat or sell them until he does so.[N] **This is the statement of Rabbi Akiva.**

בֶּן עַזַּאי אוֹמֵר: בְּעֶשְׂרִים וְתִשְׁעָה בַּאֲדָר, וּבְאֶחָד בְּסִיוָן, וּבְעֶשְׂרִים וְתִשְׁעָה בְּאָב.

Ben Azzai says that the dates established by the Sages for the setting aside of animal tithes are **the twenty-ninth of Adar,**[N] **the first of Sivan, and the twenty-ninth of Av.**

HALAKHA

On three occasions during the year the ceremony of the collection of the chamber is performed – בִּשְׁלֹשָׁה פְּרָקִים בַּשָּׁנָה תּוֹרְמִין אֶת הַלִּשְׁכָּה: Three times a year funds were collected from the Temple treasury chamber: On the first of Nisan, on the first of Tishrei, either before or after the Festival, and fifteen days before *Shavuot*, in accordance with the opinion of Rabbi Akiva (Rambam *Sefer Zemanim, Hilkhot Shekalim* 2:5).

These are the due dates for animal tithes – וְהֵם גְּרָנוֹת שֶׁל מַעְשַׂר בְּהֵמָה: The Sages established three fixed days a year for tithing animals. When one of those dates arrives it is prohibited to sell or slaughter the offspring of one's animals until the latter have been tithed. If he slaughters them, the meat is permitted after the fact. The days are: Fifteen days prior to Passover, i.e., the last day of the month of Adar, fifteen days prior to *Shavuot*, i.e., the thirty fifth day of the *omer*, and fifteen days prior to *Sukkot*, i.e., the last day of the month of Elul. Each of these times is called a *goren*, literally, a threshing floor, for animal tithes. Why were these dates chosen? In order that animals be available to those going up to Jerusalem for the pilgrim Festivals, as even though it was permitted to sell animal offspring before its parents were tithed, there were those who would refrain from doing so until they were tithed. This ruling follows Rabbi Akiva, as explained by Rabbi Tanḥum, son of Rabbi Ḥiyya, citing Rabbi Yehoshua ben Levi in the Gemara (Rambam *Sefer Korbanot, Hilkhot Bekhorot* 7:8).

NOTES

The collection of the chamber is performed – תּוֹרְמִין אֶת הַלִּשְׁכָּה: The question has been raised: Why did they need to withdraw funds at all from the Temple treasury chamber? Why not leave them in the chamber and withdraw them as needed for purchasing animals for communal offerings? One of the later commentaries explains that the ceremony was necessary so that the communal offerings be purchased by the whole community. In performing the ceremony, the funds are collected not only on behalf of those whose contributions have already been deposited in the chamber but are also credited to those whose shekels have not yet arrived. The offerings then purchased can thus be understood to belong to everyone (*Or Same'aḥ* on Rambam *Sefer Zemanim, Hilkhot Shekalim* 2:9 based on *Shekalim* 5a).

Animal tithes – מַעְשַׂר בְּהֵמָה: Each year, the owner of a herd of kosher animals was required to gather all the animals born during the preceding period into an enclosure and let them out one by one. These animals passed "under the shepherd's rod" (Leviticus 27:32), and every tenth animal was marked with red paint to indicate that it was holy. These marked animals were the animal tithe. Each one that was fit to be offered was brought to the Temple and sacrificed in a manner similar to that of a peace-offering. Its blood was sprinkled on the altar and its meat was eaten by its owner. If the tithe animal was blemished, it was eaten by its owner like other consecrated animals that have become disqualified from being sacrificed. The details of the *halakhot* of animal tithes are elucidated in tractate *Bekhorot*.

Due dates for the animal tithes – גְּרָנוֹת שֶׁל מַעְשַׂר בְּהֵמָה: The later commentaries on *Bekhorot* 57b understand that according to Rashi (s.v. *shalosh*), there is no Torah sanction for failing to tithe the animals, though one is credited with a mitzva for doing so. It was the Sages who prohibited eating or selling the animals once the due date arrived, effectively imposing an obligation to tithe them. The Rambam (*Sefer Korbanot, Hilkhot Bekhorot* 7:8), however, implies that tithing is a Torah obligation (see also *Torat Kohanim*, Leviticus 27:32) and the Sages merely established the due dates, after which it is prohibited to slaughter or sell the offspring of one's animals until the latter are tithed, *ab initio* (*Yosef Da'at* on *Bekhorot* 57b).

Ben Azzai says the twenty-ninth of Adar – בֶּן עַזַּאי אוֹמֵר בְּעֶשְׂרִים וְתִשְׁעָה בַּאֲדָר: The Gemara in (*Bekhorot* 58b) explains that ben Azzai differs from Rabbi Akiva on three matters. Rabbi Akiva does not set an exact date for the first due date of animal tithes, but says that it is fifteen days, i.e., half a month, before Passover. He maintains that the month of Adar, which precedes the month of Nisan, is sometimes thirty days long and sometimes twenty-nine days long. Therefore, it is impossible to fix a precise date for animal tithes, as sometimes half a month before Passover is on the twenty-ninth of Adar and sometimes it is on the thirtieth of Adar. According to ben Azzai, the month of Adar is always twenty-nine days long, and so an exact date can be set for animal tithes on the twenty-ninth of Adar.

As for the second due date for animal tithes, according to Rabbi Akiva it is fifteen days, i.e., half a month, before *Shavuot*. Ben Azzai disagrees and says that it is on the first of Sivan. Ben Azzai's reasoning is that since the interval between the previous due date before Passover and this due date is so brief, not many animals would have been born. Were the due date established as fifteen days before *Shavuot*, all the animals would be sold before *Shavuot* and none would be left for those going up to Jerusalem.

With regard to the third due date for animal tithes, Rabbi Akiva maintains that it is fifteen days before *Sukkot*, while ben Azzai holds that it is on the twenty-ninth of Av. Ben Azzai is consistent with his own view that all animals born during the month of Elul are tithed separately, due to the doubt whether the new year for animal tithes is on the first of Elul or on the first of Tishrei. He therefore set the due date prior to the month of Elul so that animals born in Av would not be set aside as tithe for animals born in Elul, and vice versa, as one may not tithe from the animals born in one year for those born in another year.

PERSONALITIES

Rabbi Shimon – רַבִּי שִׁמְעוֹן: Rabbi Shimon refers to Rabbi Shimon ben Yoḥai, also called Rabbi Shimon bar Yoḥai, who was a *tanna* living in the fourth generation following the destruction of the Second Temple. He was born in the Galilee, and according to tradition he died on Lag BaOmer in Meron. He was one of Rabbi Akiva's closest students, and he studied with him for thirteen years in Benei Berak.

Initially, Rabbi Shimon was not involved in the bar Kokheva rebellion against the Romans, but the Roman persecution and Rabbi Akiva's subsequent execution turned him against them. According to the Gemara (*Shabbat* 33b), Rabbi Shimon's criticism of Roman rule in the presence of Yehuda ben Gerim led to a death sentence being issued against him, which forced him to hide in a cave together with his son for thirteen years. According to tradition, it was during that period that he compiled kabbalistic material that became the book of the *Zohar*. This, however, is disputed by the academic world.

Among Rabbi Shimon's many teachings in Jewish law and lore, the Gemara (*Berakhot* 5a) quotes him as saying: The Holy One, Blessed be He, gave Israel three precious gifts, all of which were given only by means of suffering: Torah, Eretz Yisrael, and the World-to-Come.

רַבִּי לְעָזָר וְרַבִּי שִׁמְעוֹן אוֹמְרִים: בְּאֶחָד בְּנִיסָן, בְּאֶחָד בְּסִיוָן, בְּעֶשְׂרִים וְתִשְׁעָה בֶּאֱלוּל.

Rabbi Elazar and Rabbi Shimon[P] **say** that the dates for the animal tithes are **the first of Nisan, the first of Sivan, and the twenty-ninth of Elul.**[N]

וְלָמָּה אָמְרוּ בְּעֶשְׂרִים וְתִשְׁעָה בֶּאֱלוּל וְלֹא אָמְרוּ בְּאֶחָד בְּתִשְׁרֵי – מִפְּנֵי שֶׁהוּא יוֹם טוֹב, וְאִי אֶפְשָׁר לְעַשֵּׂר בְּיוֹם טוֹב, לְפִיכָךְ הִקְדִּימוּהוּ בְּעֶשְׂרִים וְתִשְׁעָה בֶּאֱלוּל.

And why did Rabbi Elazar and Rabbi Shimon **say the twenty-ninth of Elul and not the first of Tishrei,** as they said the first of Nisan and Sivan? **Because** the first of Tishrei **is the festival** of Rosh HaShana, **and it is not permitted to tithe on a Festival. Therefore,** the Sages **advanced** the day of tithing the animals born over the course of the summer **to the twenty-ninth of Elul.**

גמ׳ אָמַר רַבִּי אַבָּהוּ: כָּל הֵן דְּתָנֵינַן פְּרָס – פַּלְגָא. פַּלְגָא דִשְׁלֹשִׁים יוֹם קוֹדֶם לַמּוֹעֵד, שֶׁדּוֹרְשִׁים בְּהִלְכוֹתָיו.

GEMARA It was taught in the mishna that funds are collected from the Temple treasury chamber three times a year: Before Passover, before *Shavuot*, and before *Sukkot*. The term preceding the name of the Festival that is used in the mishna is *bifros*. With regard to this word, **Rabbi Abbahu said: Wherever it is taught to us** in the mishna using the term ***peras***, which is from the same root as *bifros*, it means **half.** In this case it is referring to **half of the thirty-day** period **preceding** each of **the Festivals, when** lectures **on the *halakhot*** of the upcoming Festival **are delivered.**

וְהֵן גְּרָנוֹת וְכוּ׳. אָמַר רַבִּי יוֹחָנָן: מִפְּנֵי שֶׁהֵן פִּירְקֵי לֵידָה.

The mishna continues: **And these** three days when funds were collected from the Temple treasury chamber **are** also **the due dates** for animal tithes. With regard to this **Rabbi Yoḥanan said:** Why did the Sages choose these specific times as the due dates for animal tithes? These dates were chosen **because they** mark **the birthing periods** of animals. Some animals give birth before Passover, others deliver only before *Shavuot*, and yet others have their young between *Shavuot* and *Sukkot*. The Sages fixed the tithing times to correspond to the periods during which animals usually give birth.

רַבִּי אַחָא וְרַבִּי תַּנְחוּם בַּר חִיָּיה בְּשֵׁם רַבִּי יְהוֹשֻׁעַ בֶּן לֵוִי: כְּדֵי שֶׁתְּהֵא הַבְּהֵמָה מְצוּיָה לְזוֹלֵי רְגָלִיה

Rabbi Aḥa and Rabbi Tanḥum bar Ḥiyya in the name of Rabbi Yehoshua ben Levi offered a different reason: **So that animals will be** readily **available for those going up** to Jerusalem **for the pilgrim Festivals.** The animals are tithed shortly before each of the Festivals so that there should be ample numbers of non-sacred animals ready to be sold for food and offerings to those on their way to Jerusalem.

אָמַר רַבִּי יוּדָן: שֶׁלֹּא יָבֹא לִידֵי בַּל תְּאַחֵר. אָמַר רַבִּי יוֹסֵה: כָּל הַמַּשְׁהֶה טִבְלוֹ עוֹבֵר בְּבַל תְּאַחֵר.

Rabbi Yudan said: The reason is **so that one should not come** to violate **the prohibition against delaying**[N] an offering that he was obligated to bring to the Temple (Deuteronomy 23:22). If animal tithes would be due only after the Festival, three Festivals might pass without him bringing his animal tithes to Jerusalem to be offered, and therefore he would violate this prohibition. The Sages, therefore, established these days as the due dates for animal tithes so that they should serve as a reminder of the times by which the tithes must be brought to the Temple. **Rabbi Yosei said: Anyone who procrastinates** and fails to tithe **his untithed** animals at the proper time **transgresses the prohibition against delaying** bringing his offerings.

NOTES

Rabbi Elazar and Rabbi Shimon say the dates for the tithes are the first of Nisan, the first of Sivan, and the twenty-ninth of Elul – רַבִּי לְעָזָר וְרַבִּי שִׁמְעוֹן אוֹמְרִים בְּאֶחָד בְּנִיסָן, בְּאֶחָד בְּסִיוָן, בְּעֶשְׂרִים וְתִשְׁעָה בֶּאֱלוּל: The Gemara (*Bekhorot* 58b) explains that Rabbi Elazar and Rabbi Shimon agree with Rabban Shimon ben Gamliel that two weeks before Passover questions are asked and lectures are delivered about the *halakhot* of Passover, and therefore the pre-Passover due date was fixed at that time as part of the preparations for the Festival. The second due date was fixed on the first of Sivan so that animals would be available to those going up to Jerusalem for *Shavuot*. The third due date was established on the twenty-ninth of Elul because these Sages maintain that the new year for animal tithes is on the first of Tishrei; since one may not tithe the animals born in one year for animals born in another year, the animals born during the previous year are tithed on the last day of that year.

The prohibition against delaying – בַּל תְּאַחֵר: The Torah states: "When you shall vow a vow to the Lord your God, you shall not be slack to pay it" (Deuteronomy 23:22). The Sages understood that this prohibition is transgressed when one fails to bring an offering within three pilgrim Festivals after the time it was pledged (see *Rosh HaShana* 4b).

תַּמָּן תָּנֵינַן, רַבִּי מֵאִיר אוֹמֵר: בְּאֶחָד בֶּאֱלוּל רֹאשׁ הַשָּׁנָה לְמַעְשַׂר בְּהֵמָה. רַבִּי אֶלְעָזָר וְרַבִּי שִׁמְעוֹן אוֹמְרִים: בְּאֶחָד בְּתִשְׁרֵי. בֶּן עַזַּאי אוֹמֵר: הָאֱלוּלִיִּים מִתְעַשְּׂרִין בִּפְנֵי עַצְמָן.

The dispute in the mishna with regard to the third due date for animal tithes stems from a disagreement concerning the date of the new year for animal tithes. The Gemara now cites the various opinions about this matter. **We learn elsewhere** in a *baraita* (*Rosh Hashana* 7b): **Rabbi Meir**[P] **says: On the first of Elul** it **is the new year for animal tithes.**[H] All the animals born prior to that date belong to the previous tithe year and are tithed together, whereas those born after that date belong to the next tithe year. **Rabbi Elazar and Rabbi Shimon say:** The new year for animal tithes is **on the first of Tishrei. Ben Azzai says:** The animals that are **born in** the month of **Elul are tithed by themselves,** separate from those born before the first of Elul and from those born afterward, which belong to the next tithe year.

אָמַר רַבִּי חוּנָה: טַעְמָא דְּרַבִּי מֵאִיר, עַד כָּאן הֵן מִתְמַצּוֹת לֵילֵד מִן הַיְּשָׁנוֹת, מִכָּאן וְאֵילָךְ הֵן מַתְחִילוֹת לֵילֵד מִן הַחֲדָשׁוֹת.

With regard to Rabbi Meir's opinion that the new year for animal tithes is on the first of Elul, **Rabbi Ḥuna said: The reason** for the opinion **of Rabbi Meir** is that he maintains that the new year for animal tithes begins on the first of Nisan, and the year to which an animal is assigned is determined not by its birth date, but by the date of its conception. Since the period of gestation of small livestock is five months (see *Bekhorot* 8a), **up to that time,** the first of Elul, **they conclude giving birth from the old,** i.e., from the animals that conceived before the first of Nisan. **From here on,** from the first of Elul, they begin giving birth from **the new,** i.e., from the animals that conceived after the first of Nisan.

רַבִּי יוֹסֵה בַּר רַבִּי בּוּן בְּשֵׁם רַב חוּנָה: טַעְמָא דְּרַבִּי אֶלְעָזָר וְרַבִּי שִׁמְעוֹן – ״לָבְשׁוּ כָרִים הַצֹּאן״ – אֵלּוּ הַבַּכִּירוֹת, ״וַעֲמָקִים יַעַטְפוּ בָר״ – אֵלּוּ הָאֲפִילוֹת, ״יִתְרוֹעֲעוּ אַף יָשִׁירוּ״ – אֵלּוּ וָאֵלּוּ נִכְנָסִים לַדִּיר לְהִתְעַשֵּׂר.

The Gemara explains the opinion of Rabbi Elazar and Rabbi Shimon, who maintain that the new year for animal tithes is on the first of Tishrei. **Rabbi Yosei bar Rabbi Bun** said **in the name of Rav Ḥuna** that **the reason** for the opinion **of Rabbi Elazar and Rabbi Shimon** is as follows. The verse states: "The flocks are clothed in the meadows, and the valleys are wrapped in grain; they shout for joy, they also sing" (Psalms 65:14). **"The flocks are clothed in the meadows,"**[N] meaning the sheep have donned extra flesh, because they have conceived; **these are** the animals **that conceive early**[N] in Adar and deliver by the first of Elul. **"And the valleys are wrapped in grain": These are** the animals **that conceive late** in Nisan, when the grain has already grown and is clearly recognizable, and deliver only by the first of Tishrei. **"They shout for joy, they also sing"**: All the animals, those that are born early and those that are born late, become friends, **and they all enter the pen** together in order **to be tithed.**

אָמַר בֶּן עַזַּאי: הוֹאִיל וְאֵלּוּ אוֹמְרִים כָּךְ וְאֵלּוּ אוֹמְרִים כָּךְ, יְהוּ הָאֱלוּלִיִּים מִתְעַשְּׂרִין בִּפְנֵי עַצְמָן.

The Gemara proceeds to explain the opinion of ben Azzai. **Ben Azzai said: Since** the date of the new year for animal tithes is in doubt, as there are **those** who **say thus,** that it is the first of Elul, **and** there are **those** who **say thus,** that it is the first of Tishrei, the animals born in Elul cannot be tithed with animals born in another month, as perhaps they were born in a different tithing year, and one may not tithe animals from the new year for animals from the old year, or vice versa. Therefore, the animals that are **born in** the month of **Elul are tithed by themselves.**

PERSONALITIES

Rabbi Meir – רַבִּי מֵאִיר: He was one of the greatest *tanna'im* of the generation that preceded the redaction of the Mishna. There is no clear information available concerning Rabbi Meir's parents, though it is told that he descended from a family of converts from the house of the Roman emperors.

Rabbi Meir's exceptional brilliance in Torah study was evident from a very early age. He was a student of the two greatest scholars of the generation, Rabbi Yishmael and Rabbi Akiva. He was also the lone Sage who continued to study with Elisha ben Avuya, despite the latter's estrangement from Judaism. His primary teacher was Rabbi Akiva, who ordained him when he was very young. For this reason he was ordained a second time by Rabbi Yehuda ben Bava.

In recognition of his outstanding scholarship, Rabbi Meir was officially appointed *hakham*, literally wise man, which was the third-highest rank, below the *Nasi*, or the head of the Sanhedrin, and the president of the court. The halakhic discussions between Rabbi Meir and his colleagues Rabbi Yehuda, Rabbi Yosei, Rabbi Shimon, and Rabbi Elazar form the foundation of the Mishna. Rabbi Meir's greatest undertaking appears to have been a structured, oral redaction of the Oral Law, including the establishment of specific formats for the *halakhot*. Apparently, Rabbi Yehuda HaNasi followed in Rabbi Meir's footsteps and incorporated his work into the Mishna. Consequently, it is a well-known principle that the author of an unattributed statement in the Mishna is Rabbi Meir, as the assumption is that this was one of the *mishnayot* he formulated.

Due to his involvement in the attempt to depose Rabban Shimon ben Gamliel, the head of the Sanhedrin, Rabbi Meir was punished, and for a long period his teachings were not cited in his name but were introduced with the words: Others say. His private life too was full of suffering. His two sons died during his lifetime, and his extraordinary wife, Beruria, also died in painful circumstances. Nevertheless, it is known that a daughter of his survived. He was eventually forced into exile in Asia Minor, where he died. He requested that his coffin be transferred to Eretz Yisrael and that he be temporarily interred on the shore of the sea where the waves reach the Holy Land.

Rabbi Meir was famous in his lifetime not only for his sharp intellect, which exceeded that of all his peers, but also for his personal attributes, his efforts as a peacemaker, and his willingness to relinquish personal honor for the good of others. He was also known as a magnificent public speaker. It is said that following his death, there ceased to be composers of parables.

HALAKHA

The new year for animal tithes – רֹאשׁ הַשָּׁנָה לְמַעְשַׂר בְּהֵמָה: Following the majority opinion of Rabbi Elazar and Rabbi Shimon, the new year for animal tithes is on the first of Tishrei (Rambam *Sefer Korbanot, Hilkhot Bekhorot* 7:6).

NOTES

The flocks are clothed in the meadows – לָבְשׁוּ כָרִים הַצֹּאן: Rashi on *Rosh HaShana* 8a interprets this verse to mean that the sheep conceive in this month. Rabbeinu Ḥananel explains: The sheep become garb for the *karim*, their fetal lambs. *Tosafot* point out that the Targum understands *karim* as referring to the rams who mount the ewes, as this is their mating season. Most biblical commentaries interpret *karim* as meadows where the flocks come to graze.

The animals that conceive early – הַבַּכִּירוֹת: This term is referring to those animals that conceive in Adar and give birth in Av. Many early and late commentaries ask: This reasoning is applicable only to sheep whose gestation period is five months. The gestation period of cattle, however, is nine months, and so the cows give birth later. They answer that the verse, "The tithe of the herd or of the flock" (Leviticus 27:32), indicates that one time was established for all animal tithes. Since "the flock" constitutes the majority, both in terms of the species of sheep and goat, and in terms of the number of births (*Turei Even*), the gestation period with regard to animal tithes follows that of the flock (*Ran*).

הָא כֵּיצַד? נוֹלַד לוֹ בַּחֲמִשָּׁה בְּאָב וַחֲמִשָּׁה בֶּאֱלוּל וַחֲמִשָּׁה בְּתִשְׁרֵי – אֵין מִצְטָרְפִין. נוֹלַד לוֹ בַּחֲמִשָּׁה בְּתִשְׁרֵי וַחֲמִשָּׁה בְּאָב – הֲרֵי אֵלּוּ מִצְטָרְפִין.

How so? If **five** animals **were born in Av and five in Elul** of the same year **and five in Tishrei** of the following year, **they do not join** together for tithing. Those born in Elul join neither with those born in Av nor with those born in Tishrei, as perhaps they were born in a different tithing year. All the more so those born in Av do not join with those born in Tishrei, as they were certainly not born in the same tithing year. If, however, **five** animals **were born in Tishrei and five in Av** of the same year, **they join** for tithing.

וּבֶן עַזַּאי מַכְרִיעַ עַל דִּבְרֵי תַלְמִידָיו?! אֲתָא רַבִּי יִרְמְיָה וְרַבִּי מְיָישָׁא בְּשֵׁם רַבִּי שְׁמוּאֵל בַּר רַבִּי יִצְחָק: שֶׁכֵּן נֶחְלְקוּ עָלֶיהָ אֲבוֹת הָעוֹלָם.

The Gemara asks: **Does ben Azzai propose an intermediate position between the statements of his disciples?** These Sages being members of the next generation, one would have expected him to examine the reasoning behind their respective opinions and decide in favor of one of them. **Rabbi Yirmeya and Rabbi Meyasha came** and said **in the name of Rabbi Shmuel bar Rabbi Yitzḥak** to explain this difficulty: Ben Azzai did not rule in favor of either of his disciples because the matter about which they disagreed was the subject of an earlier dispute. For **the fathers of the world,** i.e., the great scholars of the previous generation, **had** already **differed on** this matter, and since ben Azzai was unable to decide between them, he adopted an intermediate position.

וּמַאן נִינְהוּ אֲבוֹת הָעוֹלָם? תְּנָא רַבִּי יוֹנָה קוֹמֵי רַבִּי יִרְמְיָה: רַבִּי יִשְׁמָעֵאל וְרַבִּי עֲקִיבָא.

The Gemara clarifies this assertion: **Who are these fathers of the world? Rabbi Yona taught in the presence of Rabbi Yirmeya:** This is referring to **Rabbi Yishmael and Rabbi Akiva.**

זֹאת אוֹמֶרֶת בֶּן עַזַּאי חָבֵר וְתַלְמִיד הֲוָה דְּרַבִּי עֲקִיבָא. אִין תֵּימַר רַבֵּיהּ, אִית בַּר נַשׁ אָמַר לְרַבֵּיהּ הוֹאִיל וְאֵלּוּ אָמְרוּ כָּךְ וְאֵלּוּ אָמְרוּ כָּךְ?!

The Gemara notes: **That is to say** that the wording of ben Azzai's statement: Since there are those who say thus, and there are those who say thus, indicates that **ben Azzai was** both **a colleague and a disciple of Rabbi Akiva.** Although he frequently appears as his disciple, he actually reached the level of a disciple-colleague. The Gemara asks: How is this evident? **If you say** that Rabbi Akiva was only **his teacher, is there anyone who says about his teacher: Since** there are **those** who **say thus, and** there are **those** who **say thus?** This wording implies that ben Azzai related to the disputants as equals, and this would have been inappropriate had ben Azzai only been Rabbi Akiva's disciple, and so he must also have been his disciple-colleague.

רַבִּי אָבוּן בְּשֵׁם רַבִּי שְׁמוּאֵל בַּר רַב יִצְחָק שָׁמַע לָהּ מִן הָדָא: אָמַר לוֹ בֶּן עַזַּאי: עַל הַחֲלוּקִין אָנוּ מִצְטַעֲרִין אֶלָּא שֶׁבָּאתָ לַחֲלוֹק עָלֵינוּ אֶת הַשָּׁוִין. זֹאת אוֹמֶרֶת בֶּן עַזַּאי חָבֵר וְתַלְמִיד הֲוָה לְרַבִּי עֲקִיבָא. אִין תֵּימַר רַבֵּיהּ, אִית בַּר נַשׁ אָמַר לְרַבֵּיהּ אֶלָּא שֶׁבָּאתָ לַחֲלוֹק עָלֵינוּ אֶת הַשָּׁוִין?

Rabbi Avun in the name of Rabbi Shmuel bar Rav Yitzḥak learned that ben Azzai was a disciple-colleague of Rabbi Akiva **from the following:** After bringing two cases about which Beit Shammai and Beit Hillel disagree, the Mishna brings another case where Beit Shammai and Beit Hillel agree but Rabbi Akiva disagrees with the two of them. The Mishna then states that **ben Azzai said to** Rabbi Akiva: **We are** already sufficiently **troubled by the cases about which** Beit Shammai and Beit Hillel **disagree, and you come** now **to dispute** that **about which they agree. That is to say** that **ben Azzai was** both **a colleague and a disciple of Rabbi Akiva.** For **if you say** that Rabbi Akiva was only **his teacher, is there anyone who says to his teacher: And you come** now **to dispute** that **about which they agree?** Rather, infer from here that ben Azzai was also Rabbi Akiva's colleague.

תַּמָּן תְּנִינַן: כָּל הַנּוֹלָדִין מֵאֶחָד מִתִּשְׁרֵי עַד עֶשְׂרִים וְתִשְׁעָה בֶּאֱלוּל – הֲרֵי אֵלּוּ מִצְטָרְפִין. חֲמִשָּׁה לִפְנֵי רֹאשׁ הַשָּׁנָה וַחֲמִשָּׁה לְאַחַר רֹאשׁ הַשָּׁנָה – אֵין מִצְטָרְפִין. חֲמִשָּׁה לִפְנֵי הַגּוֹרֶן וַחֲמִשָּׁה לְאַחַר הַגּוֹרֶן – הֲרֵי אֵלּוּ מִצְטָרְפִין.

§ The Gemara returns to the discussion of the new year for animal tithes. **We learned elsewhere** in a mishna (*Bekhorot* 57b): **All** animals **that were born from the first of Tishrei until the twenty-ninth of Elul**[H] of the same year **join** together for tithing. If **five** animals were born **before Rosh HaShana and five** were born **after Rosh HaShana they do not join** together for tithing. If **five** animals were born **before** one of the three annual **due dates** for animal tithes, **and five** were born **after** those **due dates, they join** together. The due dates do not separate the animals into different groups, but merely establish the times when it is a mitzva to tithe them.

HALAKHA

All that were born from the first of Tishrei until the twenty-ninth of Elul – **כָּל הַנּוֹלָדִין מֵאֶחָד מִתִּשְׁרֵי עַד עֶשְׂרִים וְתִשְׁעָה בֶּאֱלוּל**: Tithes may be selected only from animals born in the same year. The year for this purpose begins on the first of Tishrei and concludes on the twenty-ninth of Elul. This is in accordance with the majority opinion of Rabbi Elazar and Rabbi Shimon that the new year for animal tithes is on the first of Tishrei (Rambam *Sefer Korbanot, Hilkhot Bekhorot* 7:6).

אָמַר רַבִּי יוֹסֵה: הָדָא אוֹמֶרֶת מַעְשַׂר בְּהֵמָה לֹא עָשׂוּ אוֹתָהּ לֹא כְּחָנָט וְלֹא כִּשְׁלִישׁ.

Rabbi Yosei said: This is to say that **they did not make the animal tithe like** the tithe of fruit, whose obligation is determined by the time of the beginning of **the formation of the fruit,** as the parallel for animals would be the time of conception. They **also** did **not** make animal tithe **like** the tithe of grains and olives, whose obligation is determined by the time that those plants reach **a third** of their growth, as the parallel for animals would be the time that they are fit to be brought as offerings.

אִין תֵּימַר כְּחָנָט – לִיתְנֵי כָּל הַמְּעוּבָּרִים מֵאֶחָד בְּתִשְׁרֵי עַד עֶשְׂרִים וְתִשְׁעָה בֶּאֱלוּל.

The Gemara explains: **If you say** that the determining stage for animal tithes is **like** that for fruit, i.e., parallel to the time of the beginning of **the formation of the fruit, let** the mishna **teach** as follows: **All** animals **that were conceived from the first of Tishrei until the twenty-ninth of Elul** join together for tithing.

אִין תֵּימַר כִּשְׁלִישׁ – לִיתְנֵי כָּל הַנּוֹלָדִים עַד עֶשְׂרִים וּשְׁנַיִם בֶּאֱלוּל.

And **if you say** that the determining stage for animal tithes is **like** that for grains and olives, parallel to the time that the latter reach **a third** of their growth, **let it teach** as follows: **All** animals **that were born before the twenty-second of Elul,** seven days before Rosh HaShana, join together for tithing. But animals born after that date are not fit to be brought as offerings that year, because an animal is not fit for the altar until it is eight days old. Therefore, they do not join together for tithing with the animals that were born earlier and are fit to be brought as offerings. Rather, the determining stage for animal tithes is the time of the animal's birth.

רַבִּי שַׁמַּאי בְּשֵׁם רַבִּי בֵּיבַי בְּרַבִּי חִיָּיא: כִּשְׁלִישׁ עָשׂוּ אוֹתָהּ. כְּרַבִּי שִׁמְעוֹן, דְּאָמַר רַבִּי שִׁמְעוֹן: מְחוּסַּר זְמַן נִכְנַס לַדִּיר לְהִתְעַשֵּׂר.

Rabbi Shammai said **in the name of Rabbi Beivai, son of Rabbi Ḥiyya:** This is not so, as in fact **they made** the animal tithe **like** the tithe of grains and olives, the obligation with regard to which is determined by the time that those plants reach **a third** of their growth. The mishna where it is taught that all animals born from the first of Tishrei until the twenty-ninth of Elul join together for tithing was **in accordance with** the opinion of **Rabbi Shimon, as Rabbi Shimon said:** An animal that is **lacking time,**[H] i.e., it is less than eight days old, even though it cannot yet be brought as an offering, nevertheless **enters the pen to be tithed.**

קָם רַבִּי מָנָא עִם רַבִּי שַׁמַּאי, אֲמַר לֵיהּ: אַתְּ אָמְרַתְּ חֲדָא מִילְּתָא. תַּמָּן תְּנִינַן: בֶּן עַזַּאי אוֹמֵר הָאֱלוּלִיִּים מִתְעַשְּׂרִין לְעַצְמָן, לֹא אֲפִילּוּ נוֹלַד עַד עֶשְׂרִים וְתִשְׁעָה בֶּאֱלוּל?

When **Rabbi Mana** heard this explanation he **arose** and discussed it **with Rabbi Shammai. He said to him:** Here **you say one thing,** i.e., that the mishna was taught in accordance with the opinion of Rabbi Shimon, whereas **we learned elsewhere in the** mishna that **ben Azzai said:** The animals that are **born in** the month of **Elul are tithed by themselves** (*Bekhorot* 57b). Does he **not** refer to those born all month long, **even those that were born before the twenty-ninth of Elul** and will not yet be eight days old before Rosh HaShana?

אִית לָךְ מֵימַר בֶּן עַזַּאי כְּרַבִּי שִׁמְעוֹן וְלָא כְּרַבָּנָן?!

Now **can you say that ben Azzai's** opinion **is in accordance with** the sole dissenting opinion of **Rabbi Shimon and not with** the majority opinion of **the Rabbis,** who maintain that an animal that is less than eight days old does not enter the pen to be tithed? Rather, it is reasonable to say that he does not disagree with the Rabbis, but he understands that even the Rabbis agree that an animal that was born on the twenty-ninth of Elul is tithed together with all the other animals that were born in Elul, even though it can be tithed in Tishrei only after it is eight days old. This indicates that the determining stage for animal tithes is the time of the animal's birth.

כְּמָה דְּאַתְּ אָמַר עַל דְּרַבָּנָן מַנִּיחָן לַשָּׁנָה הַבָּאָה וְהֵן מִתְעַשְּׂרִין עִם בְּנֵי שְׁנָתָן,

And how are the animals born at the end of Elul tithed according to the various opinions? Just **as you say according to** the opinion **of the Rabbis,** who maintain that the animals born from the first of Tishrei until the twenty-ninth of Elul of the same year are tithed together, as the new year for animal tithes is the first of Tishrei; still, those animals that were born during the last eight days of the year and cannot be tithed at the tithing period at the end of Elul because they are less than eight days old, **one puts aside until the next year, and they are tithed** together **with** other animals **of their year,** i.e., the previous year.

HALAKHA

An animal that is lacking time – מְחוּסַּר זְמַן: An animal that is lacking time, i.e., it is less than eight days old, does not enter the pen to be tithed, in accordance with the opinion of the Rabbis (Rambam *Sefer Korbanot, Hilkhot Bekhorot* 6:14).

כן את אמר על דבן עזאי – מניחן לגורן הבא והן מתעשרין עם בני אלולים.

So you can say according to the opinion **of ben Azzai:** Those animals that were born during the last eight days of the month of Elul, which one cannot tithe at the tithing period at the end of Elul since they are less than eight days old, **he puts aside until the next due date** in the coming Nisan, **and they are tithed** together **with** the untithed animals **that were born** at any time during **Elul** of the previous year.

אמר רבי חייא: זאת אומרת ימים שהבכור מחוסר זמן בהן עולין לו לתוך שנתו.

Rabbi Ḥiyya said: This is to say that because it was concluded that even though an animal cannot be tithed until it is eight days old, its tithing year is determined by the day of its birth, we can infer from this that **the days during which a firstborn is lacking time,** i.e., when it is not yet eight days old, **count for** the reckoning **toward its** first **year.** The firstborn should be offered, or if it is blemished, slaughtered and eaten, during the first year of its life so that one does not mistakenly benefit from its wool or its labor. The year is calculated not from the eighth day of its life when it is fit to be offered, but rather from the day of its birth.

אמר רבי מנא אמר רבי יונה אבא שמע לה מן הדא: ״כל הבכור אשר יולד וגו׳ הזכר תקדיש״ הא כיצד – משעת לידתו את מונה לו שנה.

Rabbi Mana said in the name of Rabbi Yona:[P] **My father learned this from the following** verse: **"All the firstling males that are born** of your herd and of your flock **you shall sanctify** to the Lord your God" (Deuteronomy 15:19). **How** is **this** verse to be understood? Seeing that a firstborn animal is sanctified from birth, why need one sanctify it? Rather, the verse comes to teach that **from the time of its birth you** begin to **count its** first **year**[H] during which it should be eaten, and not from its eighth day when it becomes fit to be offered.

הלכה ב מתני׳ בשלש קופות של שלש שלש סאין תורמין את הלשכה, וכתוב עליהן אל״ף בי״ת גימ״ל. רבי ישמעאל אומר: יונית כתוב עליהן, אלפ״א בית״א גמ״א.

HALAKHA 2 · MISHNA The funds **are collected from the** Temple treasury **chamber with three baskets, each** measuring **three *se'a*.**[H] **On** the baskets **is written,** respectively, ***alef, beit, gimmel,***[H] based on the order in which the baskets are filled, to indicate from which basket coins should be taken to buy sacrifices. The coins were used in the order of their collection. **Rabbi Yishmael says:** The letters **written on them** were **in Greek,**[H] ***alfa, beta, gamma.***

PERSONALITIES

Rabbi Yona – רבי יונה: Rabbi Yona was one of the greatest of the fourth generation of *amora'im* in Eretz Yisrael. He is often mentioned in conjunction with his contemporary, Rabbi Yosei. In his youth, he apparently studied under Rabbi Yoḥanan, though his main teachers were Rabbi Zeira and Rabbi Yirmeya.

The Babylonian Talmud describes Rabbi Yona as one of the forceful scholars of Eretz Yisrael, but both the Babylonian and the Jerusalem Talmuds relate stories of his modesty and righteousness, as well as the miracles brought about through his prayers. He is quoted constantly in the Jerusalem Talmud, and many of the scholars of the succeeding generation were his students, including his son Rabbi Mana, who himself was a leading Sage. Despite his notable presence in the Jerusalem Talmud, Rabbi Yona is mentioned only occasionally in the Babylonian Talmud.

HALAKHA

From the time of its birth you count its year – משעת לידתו את מונה לו שנה: A firstborn animal, even if it is blemished, should be eaten during its first year. From when is this year counted? If it was born with a blemish the year begins on the day it was born, provided that one knows that its gestation period had been complete. In such a case it is fit to be eaten already on the day of its birth. If one does not know that its gestation period had been complete, the count begins on the eighth day from the day of its birth. In this case, only from the eighth day on is it fit to be eaten (Rambam *Sefer Korbanot, Hilkhot Bekhorot* 1:8; *Shulḥan Arukh, Yoreh De'a* 301:7).

The funds are collected from the chamber with three baskets each measuring three *se'a* – בשלש קופות של שלש שלש סאין תורמין את הלשכה: One person would enter the chamber and fill three baskets with shekels, each basket holding three *se'a*, so that the funds could be used for public offerings. This is in accordance with the mishna (Rambam *Sefer Zemanim, Hilkhot Shekalim* 2:5).

On the baskets is written *alef, beit, gimmel* – וכתוב עליהן אל״ף בי״ת גימ״ל: The three baskets with which funds were collected from the chamber were labeled with the letters *alef, beit,* and *gimmel*, so that they would know from which basket funds should be used first. This is in accordance with the opinion of the first *tanna* (Rambam *Sefer Zemanim, Hilkhot Shekalim* 2:7).

NOTES

Written on them in Greek – יונית כתוב עליהן: Some explain that Greek letters were used because during that period it was common to write in Greek. This is based on the verse: "God shall enlarge [*yaft*] Japheth, and he shall dwell in the tents of Shem" (Genesis 9:27). The Gemara (*Megilla* 9b) extrapolates from this verse that the beauty [*yefeifiyut*] of Japheth shall dwell in the tents of Shem, i.e., among the Jewish people, and there is no language among the descendants of Japheth that is more beautiful than Greek (*Korban HaEida*). Others suggest that Greek was used because after King Alexander III of Macedon extended his rule over Jerusalem, the people of Jerusalem began to converse in Greek. In order that there would be no confusion as to which basket was filled first, the baskets were labeled in Greek, the language most commonly spoken (Rav Yehuda ben Rav Binyamin HaRofeh).

Bottom of a kylix showing the Greek alphabet, from the fifth century BCE

אֵין הַתּוֹרֵם נִכְנָס לֹא בְּפַרְגּוֹד חָפוּת, וְלֹא בְּמִנְעָל, וְלֹא בְּסַנְדָּל, וְלֹא בִּתְפִילִּין, וְלֹא בְּקָמֵיעַ. שֶׁמָּא יַעֲנִי – וְיֹאמְרוּ מֵעֲוֹן הַלִּשְׁכָּה הֶעֱנִי, אוֹ שֶׁמָּא יַעֲשִׁיר – וְיֹאמְרוּ מִתְּרוּמַת הַלִּשְׁכָּה הֶעֱשִׁיר.

The one who collects the funds from the chamber **must not enter while wearing a cuffed garment** [*ḥafut*],[LH] **and not with a shoe, and not with a sandal,**[BN] **and not with phylacteries, and not with an amulet,**[BN] since all of these have places into which money can be inserted. The concern is that **perhaps** the one collecting the funds **will** one day **become poor,**[N] **and people will say** that it is **because of the sin of** stealing the shekels of **the chamber** that **he became poor,** as they will suspect that he stole money and hid it in those places. **Or perhaps he will become rich and** people **will say** that **he became rich from** stealing **the funds of the chamber,** even though he did not actually do so.

שֶׁאָדָם צָרִיךְ לָצֵאת יְדֵי הַבְּרִיּוֹת כְּדֶרֶךְ שֶׁהוּא צָרִיךְ לָצֵאת יְדֵי הַמָּקוֹם, שֶׁנֶּאֱמַר: ״וִהְיִיתֶם נְקִיִּים מֵה׳ וּמִיִּשְׂרָאֵל״, וְאוֹמֵר: ״וּמְצָא חֵן וְשֵׂכֶל טוֹב בְּעֵינֵי אֱלֹהִים וְאָדָם״.

Even though one should not suspect someone of stealing consecrated shekels, the one collecting the funds from the chamber must nevertheless take these precautions, **as a person must appear justified before people just as he must appear justified before the Omnipresent** [***HaMakom***],[L] **and it is stated: "And you shall be guiltless before the Lord and before Israel"** (Numbers 32:22). From here it may be inferred that it is not enough to be innocent before God; one must also be innocent before the Jewish people. Even in situations where there is little concern that one may commit a sin, the proper course is to remain above any possible suspicion of misconduct. **And the verse states: "So shall you find grace and good understanding in the sight of God and man"** (Proverbs 3:4).

גמ׳ תַּמָּן תָּנֵינַן: מְפַנִּין אֲפִילּוּ אַרְבַּע וְחָמֵשׁ קוּפּוֹת. רַבִּי זְעֵירָא שָׁאַל אֶת רַבִּי יֹאשִׁיָּה: כַּמָּה הוּא שִׁיעוּרָן שֶׁל קוּפּוֹת? אֲמַר לֵיהּ:

GEMARA The mishna taught that funds are withdrawn from the Temple treasury chamber and collected into three baskets measuring three *se'a* each. The Gemara records another *halakha* that is learned from this. **We learned elsewhere** in a mishna (*Shabbat* 126b): On Shabbat **one may remove even four or five baskets**[N] of straw or produce if the place they occupy is needed for guests or for students in the study hall. **Rabbi Ze'eira asked Rabbi Yoshiya: What is the measure of the baskets** that are permitted to be moved because the place that they occupy is needed? Rabbi Yoshiya **said to him:**

LANGUAGE

Cuffed garment [*ḥafut*] – חָפוּת: Some authorities understand this as referring to the cuff at the bottom of a garment. The *Arukh* seems to understand it as a type of sleeve. It was not to be worn by the one collecting funds from the chamber so that people would not come to suspect that he may have hidden some money there.

The Omnipresent [*HaMakom*] – הַמָּקוֹם: *HaMakom* refers to God and indicates that He encompasses the universe. This idea is taught in the Midrash. There it states that Rav Huna in the name of Rabbi Ami said: Why is there a special name for the Holy One, Blessed be He, such that He is referred to as a location [*Makom*]? It is because the world is located in Him and He is not located in the world.

HALAKHA

The one who collects the funds must not enter with a cuffed garment – אֵין הַתּוֹרֵם נִכְנָס לֹא בְּפַרְגּוֹד חָפוּת: The one collecting funds from the chamber is forbidden to enter the chamber wearing a garment in which money could be hidden, or wearing shoes, sandals, phylacteries, or an amulet, lest people come to suspect him and say that he had secreted in them funds collected from the chamber. This is in accordance with the mishna (Rambam *Sefer Zemanim, Hilkhot Shekalim* 2:10).

BACKGROUND

Shoe and sandal – מִנְעָל וְסַנְדָּל: According to Rashi (*Yevamot* 101a), a *min'al*, or shoe, was made of soft leather, much like those worn today, whereas a *sandal* was made of hard leather, and after it broke it could not be repaired or worn again. The word *sandal* is from the Greek σάνδαλον, *sandalon*, which was a wooden-soled shoe bound by leather straps around the instep and ankle.

Ancient Roman sandal

Amulet – קָמֵיעַ: Pictured below is a leather pouch for a written amulet or an amulet of herbs.

Leather pouch for an amulet

NOTES

Not with a shoe and not with a sandal – לֹא בְּמִנְעָל וְלֹא בְּסַנְדָּל: The Gemara (*Yevamot* 102b) explains that one may not enter the chamber with a shoe or sandal because of the prohibition against entering the Temple courtyard wearing shoes or sandals. *Tosefot Yom Tov* points out that this is surprising, as the mishna seems to imply that the reason it is forbidden is so that the one collecting the funds from the chamber will not come under suspicion that he took the money for himself. Rashi (on *Yevamot*) seems to understand the Gemara to mean that in addition to the concern about suspicion, there is also a prohibition against entering the Temple courtyard in shoes or sandals (*Hon Ashir*).

Others suggest that the mishna here is referring to accessories such as an artificial foot or crutches that are used as a walking aid. These are not included in the prohibition against entering the Temple courtyard in shoes or sandals, as for most people these are not considered shoes (see Jerusalem Talmud, *Shabbat* 6:8). However, the one collecting funds from the chamber may not enter even with such footwear, so as not to arouse suspicion (*Yehuda Ya'aleh*).

And not with an amulet – וְלֹא בְּקָמֵיעַ: The outer casing of an amulet was a leather pouch. It was prohibited for the priest to perform the ceremony while wearing an amulet lest he be suspected of stealing some of the shekels and hiding them in the pouch.

Perhaps he will become poor – שֶׁמָּא יַעֲנִי: The question has been raised: The *halakha* is that charity collectors are not required to give an account of the money entrusted to them for charity, and likewise Temple treasurers do not have to report the money consecrated to the Temple (*Bava Batra* 9a). Why then is the one who collects the funds from the Temple treasury chamber under suspicion, and why were precautions instituted in order to prevent him from being suspect? The answer is that here the grounds for suspicion are greater than in the other cases, because the one who collects the funds from the chamber enters the chamber alone, whereas in the other cases the *halakha* is that authority may not be exercised in monetary matters by less than two officers (*Shekalim* 14b) (Rabbi Ḥayyim Kanievsky, *Shekel HeHadash*).

One may remove even four or five baskets – מְפַנִּין אֲפִילּוּ אַרְבַּע וְחָמֵשׁ קוּפּוֹת: Although moving baskets around on Shabbat is not forbidden by Torah law, the Sages prohibited various activities on Shabbat because of the toil and effort involved. Included in this rabbinic decree is the prohibition against moving large baskets of food fit for human or animal consumption. In certain cases, however, e.g., for the sake of a mitzva such as Torah study or welcoming guests, the Sages permitted the activity.

נלמוד סתום מן המפורש, דתניא: בשלש קופות של שלש שלש סאין, שהן תשעה סאין, שהן עשרים ושבע סאין, תורמין את הלשכה. וכתוב עליהן: אל״ף בי״ת גימ״ל.

Let us learn the measure **that is not clearly stated** with respect to the removal of baskets on Shabbat, **from** the measure **that is clearly stated** with respect to the collection of funds from the Temple treasury chamber. **For it was taught** in a *baraita*: **The funds are collected from** the Temple treasury **chamber with three baskets each** measuring **three *se'a*, which are nine *se'a*** altogether, **which are twenty-seven *se'a*** in total, as the collection of the chamber ceremony is performed on three different occasions over the course of the year. **And on the** baskets **is written,** respectively, ***alef, beit, gimmel.***

מפני מה כתוב עליהן אל״ף בי״ת גימ״ל – לומר, מסתפק מן הראשונה קודם לשניה, ומן השניה קודם לשלישית.

The same *baraita* explains: **Why was *alef, beit, gimmel* written on the baskets? To indicate** which basket contained the shekels that were collected first. Therefore, the treasurer of the chamber would **supply himself** with shekels **from the first** basket, which was labeled *alef,* **before** taking the shekels from **the second** basket, which was labeled *beit,* **and from the second** basket **before** taking from **the third**[N] basket, which was labeled *gimmel.* Rabbi Yoshiya's answer to the original question is now clear: Just as the basket that was used to collect funds from the Temple treasury chamber, the measure that was clearly stated, measured three *se'a,* so too, the basket that may be removed from its place on Shabbat, the measure that was not clearly stated, measures three *se'a.*

תמן תנינן: המוציא יין כדי מזיגת הכוס.

§ The Gemara brings another instance of a measure that is not clearly stated being learned from a measure that is clearly stated. **We learned elsewhere** in a mishna (*Shabbat* 76b): **One who carries out** undiluted **wine**[N] from a private domain to a public domain or vice versa is liable only if he carries **as much as** is needed **for the dilution of the cup** [***mezigat hakos***].[BLH]

רבי זעירא שאל את רבי יאשיה: כמה שיעורן של כוס? אמר ליה: נלמד סתום מן המפורש. דתני רבי חייא: ארבע כוסות שאמרו ישנן רביעית של יין באיטלקי.

On this topic **Rabbi Ze'eira asked Rabbi Yoshiya: What is the measure of the cup** referred to in the mishna? Rabbi Yoshiya **said to him: Let us learn** the measure of the cup that is not **clearly stated** here **from** the measure of a cup that is **clearly stated** elsewhere. **As Rabbi Ḥiyya taught:** The **four cups**[N] of wine **that** the Sages **said** one is obligated to drink on the first night of Passover together **contain a quarter-*log***[H] **of** raw **Italian wine.**[N] Each cup of diluted wine must be a quarter-*log.* Since the proper ratio with regard to diluted wine is three parts water to one part raw wine, each cup of diluted wine contains three quarters of a quarter-*log* of water and one quarter of a quarter-*log* of raw wine. Therefore, the four cups together contain one quarter-*log.* From here it may be learned that one is liable on Shabbat for carrying out raw wine in the measure of one quarter of a quarter-*log.*

BACKGROUND

Dilution of the cup – מזיגת הכוס: Wine was used as an everyday beverage, and diluting it lowered the alcohol content and prevented drunkenness along with health problems associated with the overconsumption of alcohol.

LANGUAGE

Dilution of the cup [*mezigat hakos*] – מזיגת הכוס: The word *meziga* in modern Hebrew means pouring a beverage into a cup. However, in mishnaic Hebrew, it means to mix water into wine to prepare it for drinking.

HALAKHA

One who carries out wine is liable if he carries as much as is needed for the dilution of the cup – המוציא יין כדי מזיגת הכוס: One who carries undiluted wine on Shabbat from one domain to another is liable if he carries as much as is needed to be diluted in a cup, which is a quarter of a quarter-*log.* This is in accordance with the mishna in tractate *Shabbat* (Rambam, *Sefer Zemanim, Hilkhot Shabbat* 18:2).

The four cups contain a quarter-*log* – ארבע כוסות שאמרו ישנן רביעית: The measure of each of the four cups of wine that one is obligated to drink on the first night of Passover is a quarter-*log* after dilution, if he wishes to dilute it. This *halakha* is in accordance with the opinion of Rabbi Ḥiyya (*Rambam Sefer Zemanim, Hilkhot Ḥametz UMatza* 7:9; *Shulḥan Arukh, Oraḥ Ḥayyim* 472:9).

NOTES

He would supply himself from the first before the second and from the second before the third – מסתפק מן הראשונה קודם לשניה, ומן השניה קודם לשלישית: It would appear from the *baraita* brought in the Gemara later on (9b) that this does not mean the treasurer must empty the one basket before taking from the next. Rather, it means that he may not begin to take from the second before beginning to take from the first, or from the third before beginning to take from the second. Once he has already withdrawn money from the preceding one, he is permitted to withdraw from the next.

One who carries out wine – המוציא יין: One of the thirty-nine labors prohibited on Shabbat is that of carrying, which is discussed in detail in the seventh and eighth chapters of tractate *Shabbat.* The labor of carrying on Shabbat has two separate components. The first involves carrying an object from a private domain to a public domain or vice versa. This is not defined by a specific distance, but by the mere transfer of an object from one domain to the other. The second component involves carrying an object four cubits in the public domain. One is liable only if he carries an object, the measure of which makes it fit for use.

The four cups – ארבע כוסות: The four cups of wine that one is obligated to drink on the first night of Passover correspond to the four expressions of redemption (Exodus 6:6–7): "I will bring you out," "I will deliver you," "I will redeem you," and "I will take you" (Rashbam, *Pesaḥim* 99b; and see *Me'iri* there, who explains the significance of the different expressions).

Other reasons for the mitzva of four cups of wine are recorded in the Jerusalem Talmud: They correspond to the four cups mentioned with regard to Pharaoh's dream and Joseph's interpretation; they parallel the four world empires; they correspond to the cups of destruction stated with regard to the nations of the world; and they allude to the four cups of consolation written concerning Israel: "O Lord, the portion of my inheritance and of my cup" (Psalms 16:5), "My cup runs over" (Psalms 23:5), and "I will raise the cup of salvations" (Psalms 116:13). In the last verse the plural, "salvations," indicates that the verse speaks of two cups.

Italian wine – יין באיטלקי: Several passages indicate that Italian wine is superior to and stronger than other wines. According to the Rema, the word Italian used here does not qualify the wine, but rather quantifies the *log* measure. That is to say, the reference here is to the larger, Italian *log,* and not the smaller, wilderness *log.*

אָמַר רַבִּי יוֹסֵי בַּר אָבִין מִשּׁוּם רַבִּי יוֹחָנָן: דְּרַבִּי יְהוּדָה הִיא, דְּתָנֵי: דְּמַיִם כְּדֵי גְּמִיעַ, רַבִּי יְהוּדָה אוֹמֵר: כְּדֵי לָשׁוּף בָּהֶן אֶת הַקִּילוֹר. יַיִן כְּדֵי גְּמִיעַ, רַבִּי יְהוּדָה אוֹמֵר: כְּדֵי מְזִיגַת הַכּוֹס.

Rabbi Yosei bar Avin said in the name of Rabbi Yoḥanan: That mishna dealing with the measure of wine for which one is liable if he carried it on Shabbat was taught **in accordance with** the opinion of **Rabbi Yehuda. For it was taught** in a *baraita* addressing the prohibition against carrying on Shabbat: One who carries **water** on Shabbat from a private domain to a public domain or vice versa is liable if he carries **as much as** constitutes a single **swallow. Rabbi Yehuda says:** He is liable if he carries **as much as** is required for **rubbing eye salve** [*kilor*].[L] One who carries undiluted **wine** on Shabbat is liable if he carries **as much as** constitutes a single **swallow. Rabbi Yehuda says:** He is liable if he carries **as much as** is needed **to be diluted in a cup.**

מָזוּג בְּכַמָּה? נִשְׁמְעִינָהּ מִן הָדָא: מַיִם כְּדֵי גְּמִיעַ, רַבִּי יְהוּדָה אוֹמֵר כְּדֵי לָשׁוּף בָּהֶן אֶת הַקִּילוֹר יַיִן כְּדֵי גְּמִיעַ, רַבִּי יְהוּדָה אוֹמֵר: כְּדֵי מְזִיגַת הַכּוֹס. הָדָא אֲמָרָה: מָזוּג כְּדֵי מְזִיגַת הַכּוֹס.

The Gemara asks: **For what measure** is one liable if he carries wine that is already **diluted** from a private domain to a public domain on Shabbat or vice versa? **Let us learn it from this** *baraita*: One who carries **water** on Shabbat from one domain to another is liable if he carries **as much as** constitutes a single **swallow. Rabbi Yehuda says:** He is liable if he carries **as much as** is required for **rubbing eye salve.** One who carries undiluted **wine** on Shabbat is liable if he carries **as much as** constitutes a single **swallow. Rabbi Yehuda says:** He is liable if he carries **as much as** is needed **for the dilution of a cup. That is to say** that the measure for liability in the case of **diluted wine** is **as much as is in one diluted cup.**

כַּמָּה שִׁיעוּרָן שֶׁל כּוֹס? רַבִּי אָבִין אָמַר: טִיטְרְטוֹן וּרְבִיעַ.

On the topic of the four cups of wine that are drunk on the first night of Passover, the Gemara asks: **What is the measure of** this **cup? Rabbi Avin said: One and a quarter** ***titreton*****,**[L] which is roughly equivalent to a quarter-*log*. The *log* was no longer a common measure, so Rabbi Avin offers its rough equivalent, using a more familiar one.

מַהוּ לִשְׁתּוֹתָן בְּכֶרֶךְ אֶחָד? מִדְּאָמַר רַבִּי מָנָא אָמַר רַבִּי יוֹסֵי: הַלֵּל, אִם שְׁמָעָן בְּבֵית הַכְּנֶסֶת – יָצָא. הָדָא אֲמָרָה: אִם שְׁתָאָן בְּכֶרֶךְ אֶחָד – יָצָא,

The Gemara asks: **What** is the ruling? May one **drink** all four cups **at once** [*bekherekh eḥad*],[L] without interruption, or must there be some sort of interval between them? The Gemara answers: **From** the fact **that Rabbi Mana said** that **Rabbi Yosei said** with regard to **the** ***hallel*** that is recited on the first night of Passover, that **if one heard it in the synagogue** from the prayer leader, **he has fulfilled his obligation** to recite *hallel* and need not repeat it at home. **That is to say** that **if one drank** all four cups **at once** without interruption, **he has fulfilled his obligation.** One who heard *hallel* in the synagogue may omit the part of the *hallel* that is recited between the third and fourth cups, as he has already fulfilled his obligation. Doing so leaves no interval between these cups, yet Rabbi Yosei did not regard this as a problem, indicating that one is not required to have some sort of interval between the cups.

מַהוּ לִשְׁתּוֹתָן בְּפִיסְקָן? כְּלוּם אָמְרוּ שֶׁיִּשְׁתֶּה לֹא כְּדֵי שֶׁיִּשְׁתֶּה וְלֹא שֶׁיִּשְׁתַּכֵּר?! אִם שָׁתָה בְּפִיסְקָן אַף הוּא אֵינוֹ מִשְׁתַּכֵּר.

The Gemara asks: **What** is the *halakha* with regard **to drinking** the four cups of wine little by little, **with interruptions?** The Gemara answers: When the Sages **said that one must drink** four cups of wine, **didn't** they institute **that he must drink** them, and **not that he should become intoxicated** from drinking them? Therefore, **if he drank them** little by little, **with intervals, he too** is acting in accordance with the will of the Sages, as he **is not becoming intoxicated,** and therefore he need not drink the entire quarter-*log* at once.

מַהוּ לָצֵאת בְּיַיִן שֶׁל שְׁבִיעִית? תָּנֵי רַב אוֹשַׁעְיָא: יוֹצְאִין בְּיַיִן שֶׁל שְׁבִיעִית.

The Gemara further asks: **What is the** *halakha* with regard **to fulfilling one's obligation** to drink four cups of wine on the first night of Passover **with wine** produced from grapes that grew during **the Sabbatical Year?**[N] **Rav Oshaya taught** in a *baraita*: **One fulfills his obligation** with regard to the four cups **with wine of the Sabbatical Year.**

מַהוּ לָצֵאת בְּקוֹנְדִּיטִין? מִדְּתָנֵי בַּר קַפָּרָא. קוֹנְדִּיטִין כְּיַיִן – הָדָא אֲמָרָה: יוֹצְאִין בְּיַיִן קוֹנְדִּיטִין.

The Gemara raises another question: **What is** the *halakha* with regard **to fulfilling one's obligation** to drink the four cups **with spiced wine?**[B] The Gemara answers: **From** the fact that **bar Kappara taught** in a *baraita* that **spiced wine is** treated **like wine, that is to say, one fulfills his obligation** with regard to the four cups **with spiced wine,**[H] as it is wine.

LANGUAGE

Eye salve [*kilor*] **– קִילוֹר:** From the Greek κολλύριον, *kollurion*, meaning a salve for the eyes.

Titreton **– טִיטְרְטוֹן:** From the Greek τέτρατον, *tetraton*, meaning one-fourth. It refers to a measure of liquid volume roughly equivalent to a quarter-*log*, or *revi'it*.

At once [*bekherekh eḥad*] **– בְּכֶרֶךְ אֶחָד:** *Kerekh* means binding items together with a string or twine. In this context it is used figuratively to mean at once, with no interruption.

NOTES

Wine of the Sabbatical Year – יַיִן שֶׁל שְׁבִיעִית: Fruit which grew on its own in Eretz Yisrael during a Sabbatical Year may be brought in from the field and eaten. One may keep such fruit in his house until the time that the species is no longer available to animals in the fields. At this point it is prohibited to eat the fruit until it is removed from the house and declared ownerless. This procedure is known as *bi'ur*.

The Gemara here discusses wine produced from grapes that grew during the Sabbatical Year and the point at which they must be declared ownerless has already arrived. The Gemara's question is whether, in light of the fact that drinking the four cups of wine on Passover is a mitzva, and the principle is that mitzvot were not given for benefit, i.e., performing a mitzva with an item is not considered gaining benefit from it (see *Rosh HaShana* 28a), it would be permitted to drink this wine for the four cups (*Penei Moshe*; *Tiklin Ḥadatin*).

Some reject this explanation (see *Sdei Ḥemed* 5, 182:11) and understand the Gemara in line with the Ramban, who says in his comments on *Sefer HaMitzvot* that there is a mitzva to eat of the fruit of the Sabbatical Year. The Gemara's question is whether the wine of the Sabbatical Year may be used for the four cups, or perhaps since drinking the wine is already a mitzva due to its being produced from fruit of the Sabbatical Year, one may not fulfill additional mitzvot with it, in keeping with the principle that one may not perform mitzvot in bundles, i.e., perform more than one mitzva at a time with the same object (*Mikra'ei Kodesh*, citing the Gaon of Bradi). Yet others explain that the Gemara is asking whether, since drinking the four cups is an obligation, using wine of the Sabbatical Year for the four cups is considered as repaying a debt with produce of the Sabbatical Year, which is prohibited (*Gilyonot Kehilot Ya'akov*).

BACKGROUND

Spiced wine – קוֹנְדִּיטִין: From the Greek κονδεῖτον, *kondeiton*, flavored wine. Here it means wine mixed with spices.

HALAKHA

One fulfills his obligation with spiced wine – יוֹצְאִין בְּיַיִן קוֹנְדִּיטִין: One may fulfill his obligation to drink four cups of wine on the first night of Passover with spiced wine, as the Gemara proves from the words of bar Kappara. The later Sages write that it is preferable to drink the four cups from regular wine *ab initio*, unless the spiced wine is superior (*Mishna Berura*; *Shulḥan Arukh*, *Oraḥ Ḥayyim* 472:12).

מַהוּ לָצֵאת בְּיַיִן מְזוּגִין? מִדְּתָנֵי רַב חִיָּיא: אַרְבָּעָה כּוֹסוֹת שֶׁאָמְרוּ יוֹצְאִין בָּהֶן בֵּין חַיִּין וּבֵין מְזוּגִין, וּבִלְבַד שֶׁיְּהֵא בָהֶן טַעַם וּמַרְאֶה יַיִן.

The Gemara asks yet another question: **What is** the *halakha* with regard **to fulfilling** one's obligation to drink the four cups **with diluted wine?** The Gemara answers **from what Rav Ḥiyya taught** in a *baraita*: With regard to **the four cups** of wine **that** the Sages **said** one must drink on the first night of Passover, **one fulfills his obligation whether** he drinks them **undiluted or diluted, provided that they have the taste and appearance of wine.** Undiluted wine should not be so strong that it doesn't taste like ordinary wine, and diluted wine must preserve the taste and appearance of wine even after the water is added.

אָמַר רַבִּי יִרְמְיָה: מִצְוָה לָצֵאת בְּיַיִן אָדוֹם, שֶׁנֶּאֱמַר: ״אַל תֵּרֶא יַיִן כִּי יִתְאַדָּם כִּי יִתֵּן בַּכּוֹס עֵינוֹ״ וְגוֹ׳.

Having mentioned the desired appearance of the wine after it has been diluted, the Gemara notes that **Rabbi Yirmeya said: It is a mitzva to fulfill one's obligation** with regard to the four cups **with red wine,**[H] **as it is stated: "Look not upon the wine when it is red, when it gives its color in the cup,** when it glides down smoothly" (Proverbs 23:31).

תָּאנֵי: מְבוּשָּׁל כִּמְתוּבָּל. מַהוּ לָצֵאת בְּיַיִן מְבוּשָּׁל? אָמַר רַבִּי יוֹנָה: יוֹצְאִין בְּיַיִן מְבוּשָּׁל. רַבִּי יוֹנָה לְטַעְמֵיהּ, דְּרַבִּי יוֹנָה כַּד הֲוָה שָׁתֵי אַרְבַּע כָּסֵי דְפִסְחָא הֲוָה חָזֵיק רֵישָׁא עַד חַגָּא.

Having already taught that spiced wine is fit for the four cups, the Gemara cites what **we learned** in a *baraita*: **Cooked wine is like spiced wine.**[N] The Gemara asks: **What** is the *halakha* with regard **to fulfilling one's obligation** to drink the four cups **with cooked wine? Rabbi Yona said: One fulfills his obligation with cooked wine.**[H] The Gemara notes that **Rabbi Yona** conforms **to his** own **reasoning, since when Rabbi Yona would drink four cups of wine for Passover he would** have to **wrap his head** with a bandage **until the festival** of *Shavuot*, in order to relieve the headache that the wine caused him. This being the case, he permitted using weaker, cooked wine for the four cups.

חֲמִיתֵיהּ חֲדָא מַטְרוֹנִיתָא אַפּוֹי נְהִירִין, אָמְרָה: סָבָא סָבָא, חֲדָא מֵהָנֵי תְּלָת מִילִּין אִית בָּךְ – אוֹ דִשְׁתוֹי חֲמַרָא אַתְּ, אוֹ דְמַלְוֵי בְּרִיבִּית אַתְּ, אוֹ דִמְגַדֵּל חֲזִירֵי אַתְּ. אֲמַר לָהּ: תִּיפַּח רוּחָא דְּהַהִיא אִיתְּתָא, דַּחֲדָא מֵאִלֵּין תְּלָת מִילַּיָּא לֵית בִּי. אֶלָּא אוּלְפָנִי שְׁכִיחַ לִי, דְּהָכֵי כְּתִיב ״חָכְמַת אָדָם תָּאִיר פָּנָיו״.

The Gemara relates that it once happened that **a certain** Roman **matron** [*matronita*][L] **saw that** Rabbi Yona's **face was shining. She said: Old man, old man, one of three things must apply to you. You are either drunk with wine,** or else **you lend money at interest,** and owing to your comfortable income your face shines, **or** else **you raise pigs,** which provides you with large profits for little work. **He** cursed her and **said to her: Let despair come upon that woman, as none of these three things apply to me. Rather,** my face shines **because my learning is with me** and it lights my face, **as this is** what is **written: "A man's wisdom makes his face shine"** (Ecclesiastes 8:1).

רַבִּי אַבָּהוּ אָתֵי לְטִבֶרְיָא, חֲמוּנֵיהּ תַּלְמִידוֹי דְרַבִּי יוֹחָנָן אַפּוֹי נְהוֹרִין. אָמְרוּן תַּלְמִידִים לְרַבִּי יוֹחָנָן: אַשְׁכַּח רַבִּי אַבָּהוּ סִימָא. אֲתָא לְגַבֵּיהּ, אֲמַר לֵיהּ: מַאי אוֹרָיְיתָא חַדְתָּא שְׁמַעְתְּ? אֲמַר לֵיהּ: תּוֹסֶפְתָּא עַתִּיקָא. קָרָא עֲלֵיהּ ״חָכְמַת אָדָם תָּאִיר פָּנָיו״.

The Gemara further relates that **Rabbi Abbahu** once **came to Tiberias,**[B] to the school of Rabbi Yoḥanan. **Rabbi Yoḥanan's students saw that** Rabbi Abbahu's **face was shining. The students said to Rabbi Yoḥanan: Rabbi Abbahu has found a treasure.** When Rabbi Abbahu **came before** Rabbi Yoḥanan, Rabbi Yoḥanan **said to him: What new** words of **Torah did you hear? He said to him:** I heard **an ancient** ***Tosefta*,**[B] which was new to me. When Rabbi Yoḥanan heard Rabbi Abbahu's answer, **he applied to him** the verse: **"A man's wisdom makes his face shine."**

אָמַר רַבִּי חָנִין: לוֹגָא דְאוֹרָיְיתָא תְּמוּנְתָּא עַתִּיקָא דְּמוּרַיְיסָא דְצִיפּוֹרִי. אָמַר רַבִּי יוֹנָה: וַחֲכִמְנָא לָהּ, דְּבֵית רַבִּי יַנַּאי הֲוָה מְכִילִין בָּהּ דִּבְשׁ.

§ **Rabbi Ḥanin said: A** ***log*** **by Torah law is** equal in volume to **the old eighth with which** they would measure the **fish brine** [*morayesa*][L] **in Tzippori. Rabbi Yona said** to him: Even though the measuring instruments have changed and different ones are in use today, **I am familiar with that** measure, **as** it was **with that** measure that **the members of Rabbi Yannai's household measured honey.**

תָּנֵי: חֲצִי שְׁמִינִית טִבֶרָנִית

It was taught in a *baraita*: A quarter-*log* is equal to **half of a Tiberian eighth.**

HALAKHA

It is a mitzva to fulfill one's obligation with red wine – מִצְוָה לָצֵאת בְּיַיִן אָדוֹם: It is a mitzva to make an effort to find red wine for the four cups of wine drunk on the first night of Passover. According to the Rema, this is only if the white wine is not superior to the red. This ruling is in accordance with the opinion of Rabbi Yirmeya (*Shulḥan Arukh, Oraḥ Ḥayyim* 472:11).

One fulfills his obligation with cooked wine – יוֹצְאִין בְּיַיִן מְבוּשָּׁל: One fulfills the obligation to drink the four cups of wine with cooked wine. This is in accordance with the opinion of Rabbi Yona. The later Sages write that one should drink four cups of regular wine *ab initio*, unless the cooked wine is superior (*Shulḥan Arukh, Oraḥ Ḥayyim* 472:12 and *Mishna Berura* there).

NOTES

Cooked wine is like spiced wine – מְבוּשָּׁל כִּמְתוּבָּל: The commentaries interpret the *baraita* in different ways. Some say that it is dealing with the issue of wine libations on the altar and that it establishes that just as spiced wine is unfit for libations, so too is cooked wine (Rash Sirilio). Others suggest that the *baraita* is dealing with the rabbinic prohibition against using wine touched by non-Jews, even though it was not actually used or intended to be used for idolatry. It establishes that the cooked wine of non-Jews is not subject to this prohibition, just as spiced wine is not subject to it. This is because these wines do not have the usual taste of wine, and the prohibition applies only to regular wine.

BACKGROUND

Rabbi Abbahu came to Tiberias – רַבִּי אַבָּהוּ אָתֵי לְטִבֶרְיָא: Tiberias is a town on the shore of the Sea of Galilee founded by Herod Antipas (c. 18 CE). It was apparently founded on the site of earlier settlements, and according to some opinions in the Talmud (*Megilla* 6a) it was the site of the biblical city of Rakkat. At the outset, Tiberias was a town of mixed Jewish and gentile population. The Jewish population was not distinguished for its Torah scholarship. However, after the destruction of the Second Temple, important Torah scholars, such as ben Azzai and Rabbi Meir, lived there.

Tiberias' golden age began when the Sanhedrin moved there (c. 235 CE) initially and was presided over by Rabbi Yehuda Nesi'a. Afterward Rabbi Yoḥanan became its leading spiritual figure and headed the yeshiva there. From that time on, Tiberias was the Torah center of Eretz Yisrael. Most of the disciples of Rabbi Yoḥanan, particularly those who came from Babylonia, lived and continued their studies there. Reish Lakish lived in Tiberias, as did Rabbi Elazar ben Pedat, Rabbi Ami, Rabbi Yirmeya, and Rabbi Yona. It is likely that most of the Jerusalem Talmud was redacted there.

Even after the talmudic period, Tiberias remained a creative religious and spiritual center. Many of the works of aggadic midrash were composed there, as were many liturgical poems. During the post-talmudic era, the inhabitants of Tiberias were renowned as experts in Hebrew grammar. Indeed, the system of Hebrew vocalization used today is called Tiberian vocalization because it was formulated and established there.

Beachfront in modern-day Tiberias

***Tosefta* – תּוֹסֶפְתָּא:** A *Tosefta* is a compilation of *baraitot*, tannaitic statements not included in the Mishna. The book referred to today as the *Tosefta* is the only one of these compilations still extant today. Not all references to the *Tosefta* in the Gemara match the *baraitot* compiled in our version of the *Tosefta*.

LANGUAGE

Matron [*matronita*] – מַטְרוֹנִיתָא: From the Aramaic form of the Latin matrona, noblewoman. In the time of the Mishna many women of the noble class admired the Jews and their religion, and some even converted to Judaism.

Fish brine [*morayesa*] – מוּרַיְיסָא: Some say this word comes from the Greek ἁλμυρίς, *almuris*, whereas others say that the closest source is the Latin muries, from muria, meaning brine. Both denote a food pickled in salt. The term *morayesa* refers specifically to fish brine, which consisted of fish oil and a large quantity of salt. It served as a condiment to be eaten together with bread and other foods.

הַיְשָׁנָה. אָמַר רַבִּי יוֹחָנָן: הָדֵין דִּידַן הוּא, וְלָמָּה קָרֵי לֵיהּ עַתִּיקָה מִן בְּגִין דַּהֲוָה בְיוֹמֵי?

This is a measure that was used in the past, but no longer in the present. **Rabbi Yoḥanan said: This is our** measure today and it is not so old. The Gemara asks: **Why** does the *tanna* of the *baraita* **call** this measure **old when it was still** being used **in his day?**

אִית דְּאָמְרֵי: דַּהֲוַת זְעִירָא וְרַבְּתִיָא, וְאִית דְּאָמְרֵי: דְּאַזְעִירָא, וְלָא אַזְעִירָא כְּמָה דַּהֲוַת.

The Gemara answers: **Some say that** this measure **was** originally **small and it was made larger, and some say** that after it was enlarged **it was** again **made smaller, but not as small as it had been** originally. Since this measure was not of the same size at all times, the *tanna* of the *baraita* was precise when he said that a quarter-*log* is equal to the old measure of one-eighth. So too, Rabbi Yoḥanan was precise when he said that this was the measure used in his day.

כַּמָּה הוּא שִׁיעוּר שֶׁל כּוֹס? רַבִּי יוֹסֵי בְּשֵׁם רַבִּי יוֹסֵי בֶּן פָּזִי וְרַבִּי יוֹסֵי בַּר בֵּיבַי בְּשֵׁם רַבִּי שְׁמוּאֵל: אֶצְבָּעַיִים עַל אֶצְבָּעַיִים עַל רוּם אֶצְבַּע וּמֶחֱצָה וּשְׁלִישׁ אֶצְבַּע.

The Gemara asks: In terms of the measures currently in use, **what is the measure of a cup**[B] that holds a quarter-*log*? **Rabbi Yosei in the name of Rabbi Yosei ben Pazi and Rabbi Yosei bar Beivai in the name of Rabbi Shmuel** said: **Two fingers** long **by two fingers** wide **by the height of one and a half fingers and one-third of a finger.**

(תָּנֵי: יָבֵשׁ כְּזַיִת, דִּבְרֵי רַבִּי נָתָן.)

The Gemara previously discussed the measure of wine that determines liability if one carries it from one domain to another on Shabbat. There, the Gemara discussed wine in liquid form; here, the Gemara adds a parallel ruling with regard to congealed wine. **It was taught** in a *baraita*: The measure that determines liability for carrying from one domain to another **congealed** wine is **an olive-bulk;**[H] this is **the statement of Rabbi Natan.**

רַבָּנָן דְּקֵיסָרִי וְרַבִּי יוֹסֵי בַּר בֵּיבַי בְּשֵׁם שְׁמוּאֵל: אָתְיָא דְּרַבִּי נָתָן כְּרַבִּי שִׁמְעוֹן. כְּמָה דְּרַבִּי שִׁמְעוֹן אָמַר בִּרְבִיעִית – כֵּן אָמַר רַבִּי נָתָן בִּרְבִיעִית, לִכְשֶׁיִּקָּרֵשׁ וִיהֵא בּוֹ כְּזַיִת.

The Rabbis of Caesarea and Rabbi Yosei bar Beivai said **in the name of Shmuel:** These words of **Rabbi Natan follow** the opinion of **Rabbi Shimon** in a mishna (*Shabbat* 76b). **Just as Rabbi Shimon said** there: The measure that determines liability for all liquids, including wine, is **a quarter-***log*, **so Rabbi Natan said:** When wine is in liquid form, the measure that determines liability for carrying it from one domain to another is **a quarter-***log*; **after it has congealed**[B] one is liable only if he carries out **an olive-bulk,** which is equivalent to a quarter-*log* of wine after it has congealed.

רַבִּי סִימוֹן בְּשֵׁם רַבִּי יְהוֹשֻׁעַ בֶּן לֵוִי: מַעֲשֶׂה בְּפִרְדַּת רַבִּי שֶׁמֵּתָה וְטִהֲרוּ אֶת דָּמָהּ מִשּׁוּם נְבֵילָה. וְשָׁאַל רַבִּי אֱלִיעֶזֶר אֶת רַבִּי סִימוֹן: עַד כַּמָּה?

§ On a similar matter, **Rabbi Simon** said **in the name of Rabbi Yehoshua ben Levi: An incident** is related **with regard to the mule of Rabbi** Yehuda HaNasi **that died** of a wound, **and** the Sages **deemed its blood ritually pure,**[N] i.e., free of the impurity **of an** unslaughtered **animal carcass.** They said that the blood of a carcass does not impart ritual impurity as does the carcass itself. **And Rabbi Eliezer asked Rabbi Simon,** who had reported this ruling: **Up to how much** blood from an animal carcass does not render one ritually impure? Did they deem it pure because it was less than a quarter-*log*, but had it been more than a quarter-*log* they would have deemed it impure?

NOTES

And the Sages deemed its blood ritually pure – וְטִהֲרוּ אֶת דָּמָהּ: The impurity of an unslaughtered animal carcass is mentioned in several places in the Torah, but nowhere does the Torah specify the minimum measure of a carcass needed to impart impurity. The *halakha* was established that with regard to imparting ritual impurity, the measure of the flesh of a carcass is the same as the measure that determines liability for eating it, i.e., an olive-bulk. The impurity of the blood of an unslaughtered animal carcass is not explicitly stated in the Torah, and the Sages disagree about the matter in a *baraita* (*Shabbat* 77a). According to Beit Hillel, the blood imparts ritual impurity, whereas according to Beit Shammai it does not. The Sages discuss whether, even according to the opinion of Beit Shammai, the blood itself is pure, or whether it is pure only in the sense that it does not cause other items to be susceptible to impurity. The Sages also consider whether it is pure in any measure or only when it is less than an olive-bulk.

BACKGROUND

Cup – **כּוֹס:** Cups were made of various materials, including silver, gold, glass, and clay. The cup is the smallest drinking vessel and can hold about a quarter-*log* of liquid.

Glass cups and pitcher from the talmudic period

Congealed wine – **יַיִן קָרוּשׁ:** In certain places, e.g., on Mount Hermon, wine was covered with snow and allowed to congeal and freeze. The frozen wine would harden and resemble fig cakes in appearance. Wine was frozen in this manner to preserve it both so it would not turn sour and in order to raise its alcohol content, as when it froze, some of the water separated from the wine and turned into ice.

Snowy Mount Hermon as seen from Mount Bental

HALAKHA

The measure for carrying from one domain to another congealed wine is an olive-bulk – **יָבֵשׁ כְּזַיִת:** The measure that determines liability for carrying from one domain to another congealed wine on Shabbat is an olive-bulk, in accordance with the opinion of Rabbi Natan (Rambam *Sefer Zemanim, Hilkhot Shabbat* 18:2).

וְלָא אַשְׁגַּח בֵּיהּ וְשָׁאַל לְרַבִּי יְהוֹשֻׁעַ בֶּן לֵוִי, וַאֲמַר לֵיהּ: עַד רְבִיעִית – טָהוֹר, יוֹתֵר מֵרְבִיעִית – טָמֵא. וּבָאֵשׁ לְרַבִּי אֶלְעָזָר עַל דְּלָא חָזַר לֵיהּ רַבִּי סִימוֹן שְׁמוּעֲתָא.

Rabbi Simon **paid** Rabbi Eliezer **no attention** and did not answer him, so Rabbi Eliezer went **and asked Rabbi Yehoshua ben Levi, who said to him** as follows: **Up to a quarter-*log*** of blood is **pure; more than a quarter-*log*** of blood is **impure. Rabbi Elazar was displeased that Rabbi Simon had not** fully **reported the teaching to him,** so that he had to go to Rabbi Yehoshua ben Levi to ask about it.

רַב בֵּיבָי הֲוָה יָתֵיב מַתְנֵי הָדֵין עוּבְדָא. אֲמַר לֵיהּ רַבִּי יִצְחָק בַּר כָּהֲנָה: עַד רְבִיעִית – טָהוֹר, יוֹתֵר מִכָּאן – טָמֵא?

Rav Beivai[P] **was sitting** and **teaching this case** of the mule from Rabbi Yehuda HaNasi's household, in which the Sages ruled that the blood of a carcass does not render one impure. **Rabbi Yitzḥak bar Kahana** wished to clarify the issue and **said to him: Up to a quarter-*log*** of blood **is pure,** but **more than that is impure?** Or did the Sages rule that the blood of a carcass is never ritually impure, whatever the measure may be?

וּבְעַט בֵּיהּ. אֲמַר לֵיהּ רַבִּי זְרִיקָא: בְּגִין דְּשָׁאֵיל לָךְ אַתְּ בָּעַט בֵּיהּ? אֲמַר לֵיהּ: בְּגִין דְּלָא הֲוַת דַּעְתִּי בִּי בְּעִיטְנָא בֵּיהּ.

The Gemara relates: In response to Rabbi Yitzḥak bar Kahana's question, Rav Beivai **kicked him. Rabbi Zerika said to him,** i.e., to Rav Beivai: **You kicked him because he asked you a question? He said to him: I kicked him because my mind was unsettled,** and not because he did anything wrong.

דְּאָמַר רַבִּי חָנָן: "וְהָיוּ חַיֶּיךָ תְּלוּאִים לְךָ מִנֶּגֶד" – זֶה שֶׁלּוֹקֵחַ חִטִּים לְשָׁנָה, "וּפָחַדְתָּ לַיְלָה וְיוֹמָם" – זֶה הַלּוֹקֵחַ מִן הַסִּדְקִי, "וְלֹא תַאֲמִין בְּחַיֶּיךָ" – זֶה הַלּוֹקֵחַ מִן הַפַּלְטוֹר.

Rav Beivai tries to explain his conduct: **As Rabbi Ḥanan said:** "And your life shall hang in doubt before you; and you shall fear night and day, and shall have no assurance of your life" (Deuteronomy 28:66). This verse in the passage of rebuke refers to three increasingly harsh levels of poverty: **"And your life shall hang in doubt before you"; this is one who buys wheat for a year,** who has no financial security with regard to the following year. **"And you shall fear night and day"; this is one who buys** small amounts of wheat **from a vendor,**[B] with the attendant concern that he might not have enough for the morrow. **"And you shall have no assurance of your life"; this is one who buys** bread **from the baker** [***paltor***][L] and cannot afford to buy wheat in advance to assure even one future meal.

וַאֲנָא סָמֵיכְנָא אַפַּלְטוֹר.

Rabbi Beivai concluded: **And** I am in the harshest state, as **I rely on the baker.** For this reason I did not have the presence of mind to respond appropriately to Rabbi Yitzḥak bar Kahana's question.

וּמַהוּ כְּדוּן? הֵעִיד רַבִּי יְהוֹשֻׁעַ בֶּן פְּתוֹרָה עַל דַּם נְבֵילָה שֶׁהוּא טָהוֹר.

The Gemara asks: **What then** is the halakhic ruling regarding the ritual impurity of the blood of an animal carcass? In response, the Gemara quotes a mishna (*Eduyyot* 8:1): **Rabbi Yehoshua ben Petora testified that the blood of an** unslaughtered **animal carcass is ritually pure,**[H] which implies that it is ritually pure regardless of the amount, even more than a quarter-*log*.

מַהוּ טָהוֹר – טָהוֹר מִלְּהַכְשִׁיר, אֲבָל לְטַמּוֹת מְטַמֵּא.

The Gemara rejects this answer: **What** does the mishna mean by **ritually pure?** That such blood is **ritually pure** in that it does not **render** an item **susceptible** to impurity.[N] Even though blood is one of the seven liquids that render an item susceptible to ritual impurity, the blood of an animal carcass is not deemed blood for this purpose. **But as for imparting ritual impurity** by itself, the blood **imparts ritual impurity,** as does the carcass itself.

תַּמָּן תָּנֵינַן: דַּם הַשֶּׁרֶץ כִּבְשָׂרוֹ מְטַמֵּא וְאֵינוֹ מַכְשִׁיר, וְאֵין לָנוּ כַּיּוֹצֵא בוֹ.

The Gemara asks: How can the words of Rabbi Yehoshua ben Petora be understood in this way? Didn't **we learn elsewhere in a mishna** (*Makhshirin* 6:5): **The blood of a creeping animal is like its flesh;**[H] **it imparts ritual impurity** to items with which it comes into contact, but **it does not render** an item **susceptible** to impurity? **And we have nothing** else **like it,** i.e., there is no other liquid that imparts ritual impurity but does not render food susceptible to impurity. The implication is that the blood of an animal carcass would either both impart impurity and render an item susceptible to impurity or neither.

PERSONALITIES

Rav Beivai – רַב בֵּיבָי: An *amora* from the third generation in Eretz Yisrael, Rav Beivai was primarily a student of Rabbi Yoḥanan and Reish Lakish. He had a close relationship with Rabbi Ami, Rabbi Asi, and Rabbi Abbahu. According to the Gemara here and elsewhere (see Jerusalem Talmud, *Shabbat* 8:1; see *Menaḥot* 103b), Rabbi Beivai was desperately poor, to the extent that he claimed that the following verse applied to him: "And your life shall hang in doubt before you; and you shall fear night and day, and shall have no assurance of your life" (Deuteronomy 28:66). He is sometimes confused with the Babylonian *amora'im* Rav Beivai and Rav Beivai bar Abaye.

BACKGROUND

Vendor [*sidki*] – סִדְקִי: The term *sidki* is usually referring to a peddler who sells small, inexpensive notions such as needles for sewing or knitting. Ordinarily, he travels from place to place and sells his wares in small towns. In cities, he goes house to house. In the context of this passage, the word *sidki* is referring to a retailer who sells his merchandise in small quantities.

LANGUAGE

Baker [*paltor*] – פַּלְטוֹר: From the Greek πωλητήρ, *polètèr*, which denotes a shopkeeper, one who sells various items. In this context, the term is referring to a baker who sells what he bakes.

HALAKHA

The blood of an unslaughtered animal carcass…is ritually pure – דַּם נְבֵילָה...הוּא טָהוֹר: The blood of an unslaughtered animal carcass does not impart ritual impurity as does the carcass itself; rather, it is like impure liquids, which according to Torah law do not impart impurity to people or vessels. The *halakha* is in accordance with the testimony of Rabbi Yehoshua ben Petora (Rambam *Sefer Tahara, Hilkhot She'ar Avot HaTumot* 1:4).

The blood of a creeping animal is like its flesh – דַּם הַשֶּׁרֶץ כִּבְשָׂרוֹ: The blood of a creeping animal is like its flesh, i.e., it imparts ritual impurity through physical contact but does not render food susceptible to contracting impurity, in accordance with the *baraita* (Rambam *Sefer Tahara, Hilkhot Tumat Okhalin* 10:3).

NOTES

Ritually pure in that it does not render an item susceptible to impurity – טָהוֹר מִלְּהַכְשִׁיר: Food is susceptible to contracting ritual impurity only after it has come into contact with a liquid, through the direct intervention of its owner or with his approval. There are seven liquids that render food items liable to contract ritual impurity: (1) Water (see Leviticus 11:37–38); (2) dew; (3) wine; (4) honey; (5) oil; (6) blood; and (7) milk. The latter six liquids are listed in a mishna (*Makhshirin* 6:4) and derived from biblical verses. The Gemara here indicates that the blood of an unslaughtered animal carcass is not blood that causes food to become susceptible to impurity. Only blood that is like water, i.e., the blood of a properly slaughtered animal, makes food susceptible to contracting ritual impurity. Blood of a carcass does not (*Korban HaEida*).

וְשִׁיעוּר טוּמְאָתוֹ שֶׁדָּמוֹ מְטַמֵּא כִּבְשָׂרוֹ.

The Gemara answers: When the mishna said that we have nothing else like a creeping animal, it meant that we have nothing else like it with regard to the measure required for its blood to confer impurity; the measure of a creeping animal's blood is the same for both: **The measure** required for **its imparting ritual impurity** is such **that its blood imparts ritual impurity like its flesh,**[N] i.e., in the measure of a lentil. This is not the case with an unslaughtered animal carcass, the flesh of which imparts ritual impurity in the measure of an olive-bulk, while its blood imparts impurity in the measure of a quarter-*log*. Consequently, there is no contradiction between the mishna in tractate *Makhshirin* and the testimony of Rabbi Yehoshua ben Petora.

אָמַר רַבִּי יוֹסֵי: פְּלִיגִי בָּהּ תְּרֵין אֲמוֹרָאִין, חַד אָמַר: טָמֵא, וְחַד אָמַר: טָהוֹר. מַאן דְּאָמַר טָמֵא – כְּרַבִּי יְהוּדָה. וּמַאן דְּאָמַר טָהוֹר – כְּרַבִּי יְהוֹשֻׁעַ בֶּן פְּתוֹרָה.

Rabbi Yosei said: Two *amora'im* disagree about this matter. **One said** a quarter-*log* of this blood renders one **ritually impure, and one said** that even after contact with this blood, one remains **ritually pure. The one who said** it is **impure follows** the opinion of **Rabbi Yehuda** in a mishna in *Eduyyot* 5:1. Rabbi Yehuda maintains there that this issue is the subject of a dispute between Beit Shammai and Beit Hillel. The *halakha* would follow the opinion of Beit Hillel, which is that carcass blood does confer impurity. **And the one who said ritually pure** holds **like** the opinion of **Rabbi Yehoshua ben Petora,** who testified (*Eduyyot* 8:1) that the blood of an animal carcass is ritually pure.

אֲמַר לֵיהּ רַב אַבְדּוּמָה דְּמִן נְחוֹתָה: וְיָאוּת, דְּרַבִּי יְהוּדָה מוֹרַיְינָא דְּבֵי נְשִׂיאָה הֲוָה.

Rav Avduma of the descenders, i.e., travelers from Eretz Yisrael to Babylonia, bringing with them the Torah taught in Eretz Yisrael, **said to him: And it is right.** That which you explained is correct, **as Rabbi Yehuda was the halakhic authority for the house of the *Nasi*.** Rabbi Yehuda ruled then that the blood of the dead mule was pure only because there was less than a quarter-*log* of it.

״שֶׁמָּא יַעֲנִי וְיֹאמְרוּ״ כו׳. תָּנֵי רַבִּי יִשְׁמָעֵאל: קָווּץ לֹא יִתְרוֹם מִפְּנֵי הַחֲשָׁד. תָּנֵי: הַגִּזְבָּרִין הָיוּ מְפַסְפְּסִין בְּקִילְקִין.

§ The mishna taught that the one who collects the funds from the Temple treasury chamber must not enter the chamber wearing clothes that could arouse suspicion, as **perhaps** one day **he will become poor and** people **will say** that he was reduced to poverty because he had stolen shekels from the chamber. **Rabbi Yishmael taught** a similar *halakha* in a *baraita*: One who is **curly haired must not collect** funds from the Temple treasury chamber[H] **because of the suspicion** that he will hide shekels from the chamber in his curls. **It was taught** in another *baraita*: **The** Temple **treasurers would untangle** [*mefaspesin*][L] **the matted locks** of the one who collected the funds from the chamber after he exited the chamber, to ascertain that no coins were hidden in his hair.

תָּנֵי: מְדַבְּרִין הָיוּ עִמּוֹ מִשָּׁעָה שֶׁהוּא נִכְנָס עַד שָׁעָה שֶׁהוּא יוֹצֵא. וִימַלֵּא פּוּמֵּיהּ מוֹי! אָמַר רַבִּי תַּנְחוּמָא: מִפְּנֵי הַבְּרָכָה.

It was taught in yet another *baraita* that deals with a similar suspicion: **They would converse with** the one collecting the funds from the chamber **from the time he entered** the chamber **until the time he exited** it, so that he should not be able to hide money from the chamber in his mouth. The Gemara asks: Why not **let him fill his mouth with water,** so that it would be impossible for him to insert money into his mouth, and then he would not have to speak? **Rabbi Tanḥuma said:** He cannot fill his mouth with water **because of the blessing**[N] that he must recite before collecting the funds from the chamber.

רַבִּי שְׁמוּאֵל בַּר נַחְמָן בְּשֵׁם רַבִּי יוֹנָתָן: בַּתּוֹרָה וּבַנְּבִיאִים וּבַכְּתוּבִים מָצָאנוּ שֶׁאָדָם צָרִיךְ לָצֵאת יְדֵי הַבְּרִיּוֹת כְּדֶרֶךְ שֶׁהוּא צָרִיךְ לָצֵאת יְדֵי הַמָּקוֹם. בַּתּוֹרָה מְנַיִן – דִּכְתִיב: ״וִהְיִיתֶם נְקִיִּים מֵה׳ וּמִיִּשְׂרָאֵל״, בַּנְּבִיאִים מְנַיִן – דִּכְתִיב: ״אֵל אֱלֹהִים ה׳ וגו׳ וְיִשְׂרָאֵל הוּא יֵדָע״. בַּכְּתוּבִים מְנַיִן – דִּכְתִיב: ״וּמְצָא חֵן וְשֵׂכֶל טוֹב בְּעֵינֵי אֱלֹהִים וְאָדָם״.

§ **Rabbi Shmuel bar Naḥman** said **in the name of Rabbi Yonatan: We find in the Torah, in the Prophets, and in the Writings that a person must appear justified before people as he must appear justified before the Omnipresent. From where in the Torah** is this derived? **As it is written: "And you shall be guiltless before the Lord and before Israel"** (Numbers 32:22). **From where in the Prophets** is this derived? **As it is written: "The mighty One, God, the Lord, He knows, and Israel shall know"** (Joshua 22:22). **From where in the Writings** is this derived? **As it is written: "So shall you find grace and good understanding in the sight of God and man** (Proverbs 3:4).

NOTES

The measure required for imparting ritual impurity is such that its blood imparts ritual impurity like its flesh – וְשִׁיעוּר טוּמְאָתוֹ שֶׁדָּמוֹ מְטַמֵּא כִּבְשָׂרוֹ: The measure for the impurity of a creeping animal is derived from the verses dealing with these impurities. One verse states: "Whoever touches them, when they are dead, shall be unclean" (Leviticus 11:31). The word "them" implies that creeping animals impart impurity only when they are whole. However, the next verse states: "And whoever falls upon him of them, when they are dead, shall be unclean" (Leviticus 11:32). The phrase "of them" implies that even parts of creeping animals impart impurity. The Sages reconciled these two seemingly contradictory verses as follows: Even parts of creeping animals impart impurity, but only if they amount to the measure of the smallest whole creeping animal. The Sages established this measure as the size of a lentil, since the skink, which is the smallest of these creeping animals, begins its life at the size of a lentil (*Nazir* 52a). The Gemara here concludes that the measure for the impurity of its flesh is the same as the measure for the impurity of its blood.

Skink eggs. The coin gives a sense of the skink's size when it hatches.

Blue-tongued skink displaying its tongue

Because of the blessing – מִפְּנֵי הַבְּרָכָה: The blessing recited over the collection of funds from the Temple treasury chamber is the same as the blessing recited when separating *teruma* from produce: Blessed are You, Lord our God, King of the universe, Who has made us holy through His mitzvot and has commanded us concerning *teruma*. The Sages learned from the verse: "Let my mouth be filled with Your praise" (Psalms 71:8) that one's mouth must be empty when he recites a blessing (*Yalkut Shimoni* 803; see *Berakhot* 51a). Therefore, the one collecting the funds from the chamber cannot fill his mouth with water when he enters the chamber to collect the funds.

HALAKHA

One who is curly haired must not collect funds – קָווּץ לֹא יִתְרוֹם: One who is curly haired must not collect funds from the Temple treasury chamber, so that people will not suspect him of having taken shekels from the chamber and hiding them in his hair This is in accordance with the *baraita* (Rambam *Sefer Zemanim*, *Hilkhot Shekalim* 2:10, and the comments of the Ra'avad and *Kesef Mishne*).

LANGUAGE

Untangle [*mefaspesin*] – מְפַסְפְּסִין: This quadrilateral, four-letter root, *psps*, stems from the trilateral, three-letter root, *psh*, which means to divide something into its parts. In connection to hair, the word denotes the separation of hairs that have become tangled.

גַּמְלִיאֵל זוּגָא שָׁאַל לְרַבִּי יוֹסֵי בַּר רַבִּי בּוּן: אֵיזֶהוּ הַמְחָוָּור שֶׁבְּכוּלָּם? אֲמַר לֵיהּ: "וִהְיִיתֶם נְקִיִּים מֵה' וּמִיִּשְׂרָאֵל".

Gamliel Zuga asked Rabbi Yosei bar Rabbi Bun: Which of these verses **is the clearest of all the** sources that one must be blameless even in the eyes of man? The three proof texts say more or less the same thing; which is the most unambiguous of the three? Rabbi Yosei bar Rabbi Bun **said to him:** The verse **"And you shall be guiltless before the Lord and before Israel"** is the most unequivocal of all.

הלכה ג מתני׳ שֶׁל בֵּית רַבָּן גַּמְלִיאֵל הָיָה נִכְנָס וְשִׁקְלוֹ בֵּין אֶצְבְּעוֹתָיו וְזוֹרְקוֹ לִפְנֵי הַתּוֹרֵם, וְהַתּוֹרֵם מִתְכַּוֵּין וְדוֹחֲפוֹ לְתוֹךְ הַקּוּפָּה.

HALAKHA 3 · MISHNA In order to indicate the importance that was attached to the ceremony of the collection of the Temple treasury chamber, the mishna relates that the members **of the house of Rabban Gamliel** desired that their shekels be the ones collected from the chamber and used for the purchase of the communal offerings. Each of them **would** therefore come to the Temple specifically on the day of the ceremony of the collection of the chamber, **enter** the chamber **with his shekel between his fingers, and toss it in front of the one collecting** the money so that he would see it and place it in the basket containing the money to be taken out of the chamber. Understanding what was happening, **the one collecting** the money from the chamber **would purposely push** this shekel **into the basket,** so that it would later be used to buy communal offerings.

אֵין הַתּוֹרֵם תּוֹרֵם עַד שֶׁהוּא אוֹמֵר לָהֶם "אֶתְרוֹם" וְהֵן אוֹמְרִין לוֹ "תְּרוֹם, תְּרוֹם, תְּרוֹם" שָׁלֹשׁ פְּעָמִים.

The one collecting the funds from the chamber may **not** begin to **collect** the money **until he asks** the Temple treasurers three times: **Shall I collect** the funds, **and they say to him: Collect** them, **collect** them, **collect** them, **three times.**

תָּרַם אֶת הָרִאשׁוֹנָה וְחִיפָּה בְּקַטַבְלִיאוֹת, הַשְּׁנִיָּה וְחִיפָּה בְּקַטַבְלִיאוֹת, הַשְּׁלִישִׁית לֹא הָיָה מְחַפֶּה.

The coins were stored in the Temple treasury in three large baskets, each measuring nine *se'a*. In the collection of the chamber ceremony, coins were removed from these baskets and placed in smaller baskets of three *se'a* each that were marked with letters (see the previous mishna on *daf* 8a). After **he collected the** funds **from the first** large basket and put them into one of the smaller baskets labeled with the letter *alef*, **he** immediately **covered with a leather cover** the large basket from which he had removed the money. After collecting funds **from the second** large basket, **he covered** it **with a leather cover** as well. But after collecting funds from **the third** large basket, **he did not cover** it.

וְלָמָּה הָיָה מְחַפֶּה – שֶׁמָּא יִשְׁכַּח וְיִתְרוֹם מִן הַדָּבָר הַתָּרוּם.

The mishna asks: **Why did he cover** the first two baskets? In order to mark them as already having had funds collected from them. In this way, there was no concern that **perhaps he would forget and** once again **collect** funds **from** a basket from which funds **had** already **been collected.**

תָּרַם אֶת הָרִאשׁוֹנָה לְשֵׁם אֶרֶץ יִשְׂרָאֵל, וְהַשְּׁנִיָּה לְשֵׁם כְּרַכִּים הַמּוּקָפִין לָהּ, וְהַשְּׁלִישִׁית לְשֵׁם בָּבֶל וּלְשֵׁם מָדַי וּלְשֵׁם

The mishna specifies the intent of the one collecting the funds from the baskets as he does so: **He collected** funds **from the first** basket **on behalf of** the people living in **Eretz Yisrael;** from **the second** basket **on behalf of** the people living in **the cities near** Eretz Yisrael; and from **the third** basket **on behalf of** the people living in **Babylonia, and on behalf of** the people living in **Media, and on behalf of**

מְדִינוֹת הָרְחוֹקוֹת.

the people living in **the distant countries.**

גמ׳ שֶׁל בֵּית רַבָּן גַּמְלִיאֵל וכו׳. אִילּוּ הָיוּ שְׁנֵי כְּרָיִים וְתָרַם מֵאֶחָד מֵהֶן עַל חֲבֵירוֹ, שֶׁמָּא לֹא פָּטַר חֲבֵירוֹ?

GEMARA It was taught in the mishna that the members **of the house of Rabban Gamliel** would arrange that their shekels be the ones collected from the chamber and used for the purchase of the communal offerings. The Gemara asks: **If there were two piles** of produce, and **one separated *teruma* from one** pile **on behalf of the other, hasn't he exempted** with this *teruma* **the other** pile as well? When tithing produce, it is not necessary to separate *teruma* from each pile. It suffices to set aside an appropriate measure of *teruma* from one of them, and this counts as *teruma* for the other as well. Here too, the shekels are collected from the chamber not only on behalf of those who contributed those specific shekels, but even for those whose shekels were not collected. If so, why did the members of the house of Rabban Gamliel make such efforts to ensure that their shekels be the ones collected from the chamber?

הֲנָחַת רוּחַ הִיא לָהֶם שֶׁלֹּא יְהֵא קׇרְבָּן מִתְקָרֵב אֶלָּא מִשֶּׁלָּהֶן תְּחִלָּה.

The Gemara answers: Even so, **they** got **satisfaction** from the fact **that the** communal **offering was necessarily brought from their** shekels **first.** For this reason, they exerted themselves to ensure that their shekels were collected from the chamber.

תָּנֵי: שָׁמַט אֶת הַקְּטַבְלִיאוֹת – נַעֲשׂוּ כּוּלָּן שִׁירַיִים.

The Gemara records several *halakhot* dealing with the collection of funds from the Temple treasury chamber. **It was taught** in a *baraita*: If the one collecting the funds from the chamber mistakenly **removed the leather covers** that he had placed on the large baskets, so that now he doesn't know from which baskets shekels have already been collected and from which they have not yet been collected, **all** the shekels in the uncovered baskets **take on the status of the remainder** of the chamber.[N]

תָּנֵי: שְׁלִישִׁית הִיא הָיְתָה עֲשִׁירָה שֶׁבְּכוּלָּן, שֶׁהָיוּ בָּהּ אִסְתְּרִיאוֹת שֶׁל זָהוּב וְדַרְכּוֹנוֹת שֶׁל זָהוּב.

It was taught in another *baraita*: **The third** collection of funds from the Temple treasury chamber that took place half a month before *Sukkot* **was the most abundant of all,**[N] **as it contained** both ***isteriot*,**[L] small coins **of gold, and darics,** large coins **of gold.**

תָּנֵי: תָּרַם אֶת הָרִאשׁוֹנָה לְשֵׁם אֶרֶץ יִשְׂרָאֵל וּלְשֵׁם כׇּל יִשְׂרָאֵל, שְׁנִיָּה לְשֵׁם כְּרַכִּים הַמּוּקָּפִים וּלְשֵׁם כׇּל יִשְׂרָאֵל, וְהַשְּׁלִישִׁית לְשֵׁם בָּבֶל וּמָדַי וּלְשֵׁם מְדִינוֹת הָרְחוֹקוֹת וּלְשֵׁם כׇּל יִשְׂרָאֵל.

It was taught in yet another *baraita*: **He collected** funds **from the first** basket **on behalf of** the people living in **Eretz Yisrael and on behalf of all of Israel;** from **the second** basket **on behalf of** the people living in **the cities [*kerakim*]**[L] **near** Eretz Yisrael **and on behalf of all of Israel; and from the third** basket **on behalf of** the people living in **Babylonia and Media, and on behalf of** those who dwelled in **the distant countries, and on behalf of all of Israel.**

תָּנֵי: נָטַל מִן הָרִאשׁוֹנָה, אַף עַל פִּי שֶׁיֵּשׁ בָּרִאשׁוֹנָה – נוֹטֵל מִן הַשְּׁנִיָּה, נָטַל מִן הַשְּׁנִיָּה אַף עַל פִּי שֶׁיֵּשׁ בַּשְּׁנִיָּה – נוֹטֵל מִן הַשְּׁלִישִׁית.

The Gemara discusses the order in which the funds are taken from the baskets. **It was taught** in a *baraita*: After shekels **were** first **taken from the first** basket labeled with an *alef*, **although** shekels still **remain in the first** basket, shekels **are taken from the second** basket[N] labeled with a *beit*. After shekels **were taken from second** basket, **although** shekels still **remain in the second basket,** shekels **are taken from the third** basket labeled with a *gimmel*.

שָׁלְמָה שְׁלִישִׁית – חוֹזֵר לִשְׁנִיָּה, שָׁלְמָה שְׁנִיָּה – חוֹזֵר לָרִאשׁוֹנָה. שָׁלְמוּ שְׁלׇשְׁתָּן – חוֹזֵר וְשׁוֹקֵל.

If **the third** basket **is completely emptied, he goes back to** take from **the second** basket. If **the second** basket **is completely emptied, he goes back to** take from **the first** basket. If **all three** baskets **are completely emptied,**[H] **he goes back** to the chamber **and takes** from **the shekels** that have arrived since the last time shekels were collected from the chamber. He does not take from the shekels that remained in the chamber at the previous ceremony of collection into the baskets, as those coins acquired at that point the status of leftover shekels, which do not have sanctity.

רַבִּי מֵאִיר אוֹמֵר: חוֹזֵר לַשִּׁירַיִים. שֶׁהָיָה רַבִּי מֵאִיר אוֹמֵר: מוֹעֲלִים בַּשִּׁירַיִים, שֶׁמָּא יִצְטָרְכוּ לָהֶן בַּסּוֹף.

Rabbi Meir says: He goes back to take from **the leftover** shekels. **Because Rabbi Meir said: The *halakhot* of misusing** consecrated property **apply** even **to the leftover shekels,**[N] as they remain in their sanctified state. Why so? **Perhaps they will be needed in the end,** since if the shekels collected from the chamber are depleted, the leftover can be used for the purchase of communal offerings.

LANGUAGE

Isteriot – **אִסְתְּרִיאוֹת**: The plural of *istera*, a half-dinar of bronze. From the Greek, στατήρ, *statèr*, a Greek coin. When these coins were made of gold, they were called Tyrian money and were equal in value to a *sela*, or four dinars. When they were made of bronze, they were called money of the state and were worth one-eighth of the stated value of the large coins, or a half-dinar.

Cities [*kerakim*] – כְּרַכִּים: A *kerakh* is a large city, usually surrounded by a wall. Some maintain that the word stems from the Greek χάραξ, *kharax*, which is referring to a place fortified by beams. Others argue that it derives from a Semitic, or perhaps Assyrian root, and that it is related to the root *krkh*, encirclement.

HALAKHA

If all three baskets are completely emptied – שָׁלְמוּ שְׁלׇשְׁתָּן: The Rambam rules that if the funds in the three large baskets are depleted and will not suffice for all the communal offerings, funds are taken from the remainder of the chamber for this purpose, in accordance with the sole dissenting opinion of Rabbi Meir. The *Kesef Mishne* explains why the Rambam does not rule in accordance with the opinion of the Rabbis (Rambam *Sefer Zemanim, Hilkhot Shekalim* 2:6, and the comment of the *Kesef Mishne*).

NOTES

Take on the status of the remainder of the chamber – נַעֲשׂוּ כּוּלָּן שִׁירַיִים: Shekels remaining after all the collection of the chamber ceremonies have been performed are called the remainder of the chamber. These are no longer consecrated for the purchase of communal offerings and are used for building and maintaining communal structures in Jerusalem. In this case, if the leather cover has been accidentally removed, there is no way of ascertaining whether the shekels have already been collected from that basket and no further shekels may be collected from that basket for the purchase of communal offerings.

It was the most abundant of all – הִיא הָיְתָה עֲשִׁירָה שֶׁבְּכוּלָּן: Since this was the last time that funds were removed from the chamber, it regularly included the shekels of those who dwelled in distant places, who would be late in bringing their shekels. As the mishna in the previous chapter explained (*daf* 5a), the Sages permitted those living in distant places to combine their half-shekels into larger gold coins in order to make it easier to bring them to Jerusalem. Consequently, many of the coins removed on this occasion were of gold (*Tiklin Ḥadatin*).

Although shekels remain in the first basket, shekels are taken from the second basket – אַף עַל פִּי שֶׁיֵּשׁ בָּרִאשׁוֹנָה נוֹטֵל מִן הַשְּׁנִיָּה: The money in the first basket would sometimes suffice for the purchase of all the communal offerings for that year. But if all the shekels were taken from the first basket, no shekels would have to be taken from the other baskets. In such a case, those whose shekels were in the second or third baskets would not be included in the communal offerings. For this reason, the Sages said that funds should be taken from all three baskets, so that all of Israel would have a part in the communal offerings (*Rabbeinu Meshulam*; *Tiklin Ḥadatin*).

The *halakhot* of misusing consecrated property apply to the leftover shekels – מוֹעֲלִים בַּשִּׁירַיִים: It is a Torah prohibition to misuse consecrated property (see Leviticus 5:14–16). The details of these *halakhot* are spelled out in tractate *Me'ila*. Anyone who unwittingly benefits from a consecrated object or damages it through illicit use is guilty of misuse of a consecrated object. He must repay the Temple for the loss he causes or the benefit he gains, plus pay a fine of one-fifth of the value of the loss or the benefit. He must also bring a special sacrifice, a guilt-offering, for the misuse. Ordinarily, a consecrated object that was misused loses its sanctity, and that sanctity is transferred to the money that the offender returns to the Temple.

According to some authorities, one who intentionally misuses a consecrated object is liable to receive death at the hand of Heaven. Others maintain that he is liable to receive lashes. He does not achieve atonement through an offering and the fine of an additional fifth.

וְכֵן הָיָה רַבִּי פִּנְחָס בֶּן יָאִיר אוֹמֵר: זְרִיזוּת מְבִיאָה לִידֵי נְקִיּוּת, נְקִיּוּת מְבִיאָה לִידֵי טָהֳרָה, טָהֳרָה מְבִיאָה לִידֵי קְדוּשָּׁה, קְדוּשָּׁה מְבִיאָה לִידֵי עֲנָוָה,

§ Since the previous mishna deals with the obligation to be guiltless even in the eyes of men and this mishna speaks of the alacrity displayed by the members of the house of Rabban Gamliel when they gave their shekels, the Gemara brings a *baraita* dealing with worthy traits, including the trait of alacrity: **And so Rabbi Pineḥas ben Yair**[P] **would say:**[N] **Alacrity** in the proper performance of the mitzvot **leads to cleanliness**[N] of the soul, so that one will not sin. **Cleanliness** of the soul and refraining from all sin **leads to purity,**[HN] so that one purifies his soul from his previous sins. **Purity leads to holiness. Holiness leads to humility,** as one recognizes his lowliness.

עֲנָוָה מְבִיאָה לִידֵי יִרְאַת חֵטְא, יִרְאַת חֵטְא מְבִיאָה לִידֵי חֲסִידוּת, חֲסִידוּת מְבִיאָה לִידֵי רוּחַ הַקּוֹדֶשׁ, רוּחַ הַקּוֹדֶשׁ מְבִיאָה לִידֵי תְּחִיַּית הַמֵּתִים, תְּחִיַּית הַמֵּתִים מְבִיאָה לִידֵי אֵלִיָּהוּ זָכוּר לַטּוֹב.

Humility leads to fear of sin,[N] because when one recognizes his inferiority, he becomes more fearful of sin and is careful to avoid temptation. **Fear of sin leads to piety,** as one begins to impose upon himself stringencies beyond the letter of the law. **Piety leads to the holy spirit,** because when one acts in a manner that goes beyond the letter of the law, Heaven acts with him in a way that is not natural to man, and informs him of the secrets of the Torah through divine inspiration. **The holy spirit leads to the resurrection of the dead,**[N] because the spirit of holiness and purity that descend upon him enter the bones of the deceased and resurrect them. **The resurrection of the dead** that will precede the arrival of the Messiah **leads to** the coming of the Prophet **Elijah, of blessed memory,** who will herald the upcoming redemption.

זְרִיזוּת מְבִיאָה לִידֵי נְקִיּוּת – דִּכְתִיב: "וְכִלָּה מִכַּפֵּר". נְקִיּוּת מְבִיאָה לִידֵי טָהֳרָה – דִּכְתִיב: "וְכִפֶּר עָלֶיהָ הַכֹּהֵן וְטָהֵרָה".

The Gemara adduces proof texts for each of the previous statements: **Alacrity leads to cleanliness** of the soul, **as it is written: "And when he has made an end of atoning"** (Leviticus 16:20). "He has made an end" denotes alacrity; since one hastens to bring the process to conclusion, he achieves atonement, which cleanses the souls of sinners of their iniquities. **Cleanliness leads to purity, as it is written** with regard to the offering that a woman brings after her days of impurity and purity that follow childbirth (Leviticus 12): **"And the priest shall make atonement for her, and she shall be pure"** (Leviticus 12:8). Once she finishes the process of her atonement, that is to say, once she cleanses herself of sin, she reaches purity.

PERSONALITIES

Rabbi Pineḥas ben Yair – רַבִּי פִּנְחָס בֶּן יָאִיר: A Sage of the Mishna, Rabbi Pineḥas ben Yair was recognized as a miracle worker and one of the most righteous men of all generations.

Rabbi Pineḥas was a contemporary of Rabbi Shimon bar Yoḥai. According to one reading of the Gemara, he was his son-in-law. According to other sources, he appears to have been his father-in-law. He was admired by all the Sages even in his lifetime. So many miraculous tales are told about him that the Talmud says: How much greater was this man than Moses our master.

The Talmud relates that Rabbi Pineḥas ben Yair's donkey would refuse to eat of grain that had not been tithed (see 13b).

Few of Rabbi Pineḥas' teachings have been preserved. The most famous of them is what he states here about the steps that one must take in order to perfect his character and ultimately reach prophecy and the coming of the Messiah.

HALAKHA

Cleanliness leads to purity – נְקִיּוּת מְבִיאָה לִידֵי טָהֳרָה: Although according to the letter of the law it is permitted to eat ritually impure foods and drink ritually impure beverages when one will not be entering the Temple or coming into contact with holy objects, the pious men of the early generations ate their ordinary food in ritual purity and avoided impurity throughout their lives. They were called *perushim*, meaning those who engage in *perisha*, abstinence. Abstinence leads to purity of the body, and purity of the body leads to holiness of the soul, and holiness of the soul causes one to resemble the Divine Presence. This is in accordance with the words of Rabbi Pineḥas ben Yair in the Jerusalem Talmud (Rambam *Sefer Tahara, Hilkhot Tumat Okhalim* 17:12, and the comment of the *Kesef Mishne*).

NOTES

And so Rabbi Pineḥas ben Yair would say – וְכֵן הָיָה רַבִּי פִּנְחָס בֶּן יָאִיר אוֹמֵר: Different versions of this homily, attributed to Rabbi Pineḥas ben Yair, appear in a number of places in the Talmud (see *Avoda Zara* 20b and Mishna *Sota* 9:15, where this *baraita* has been appended to the mishna). In other versions, the teaching begins with the statement that Torah study leads to *zehirut*, vigilance. The Ramḥal, whose master work, *Mesillat Yesharim*, is a developed explication of this *baraita*, explains that although many versions do not have this statement, it is obvious that the study of Torah is the underpinning of perfection of the individual. He writes that it is left out here because it is qualitatively different from the other traits in the list, as they make up a hierarchy of spiritual virtues.

Cleanliness – נְקִיּוּת: This means cleanliness from all iniquity (Rashi on *Avoda Zara* 20b) and from all evil thoughts (Ra'a; Ri'az). Rabbi Ya'akov Emden adds that this also includes cleanliness of body and clothing, which is also a contributing factor to the perfection of one's soul.

Purity – טָהֳרָה: Rashi explains that purity is a more elevated attribute than cleanliness, as purity connotes absolute cleanliness, free of any blemish whatsoever (*Avoda Zara* 20b). Rabbi Ya'akov Emden understands that purity is referring to matters of purity prescribed by the Torah, as opposed to matters that one would arrive at by reason, as is the case with cleanliness. Pious men of the early generations were meticulous about maintaining ritual purity, as it can purify the soul. A later authority (*Responsa Maharashdam, Oraḥ Ḥayyim* 17) explains that purity here is referring to conduct such as was practiced by the pious people, who ate their non-sanctified food in a state of ritual purity.

Humility leads to fear of sin – עֲנָוָה מְבִיאָה לִידֵי יִרְאַת חֵטְא: A humble person does not regard himself as a perfect human being who will not sin; rather, he is fearful and flees from iniquity. Alternatively, since he does not ascribe importance to himself, and what is truly important to him is the will and honor of God, he fears doing anything that runs counter to God's will. This in turn brings him to the level of piety, where his world is comprised exclusively of divine matters. He may then become God's chariot, and the Holy spirit rests upon him from on High (see *Maharashdam, Oraḥ Ḥayyim* 17; *Mesillat Yesharim*).

Leads to the resurrection of the dead – מְבִיאָה לִידֵי תְּחִיַּית הַמֵּתִים: This means that he will merit to resurrect the dead through his prayers, as did the prophets, the righteous, and the Sages of the Mishna (*Nimmukei Yosef*). The *Maharashdam* explains that this also means he will cause others to repent, as the wicked are considered as if they were dead. He, in turn, resurrects their souls. This is in keeping with the Sages' statement: Any person who has the fear of Heaven, his words are heeded (*Berakhot* 6b).

טָהֳרָה מְבִיאָה לִידֵי קְדוּשָּׁה – דִּכְתִיב: "וְטִהֲרוֹ וְקִדְּשׁוֹ". קְדוּשָּׁה מְבִיאָה לִידֵי עֲנָוָה – דִּכְתִיב: "כִּי כֹה אָמַר רָם וְנִשָּׂא שׁוֹכֵן עַד וְקָדוֹשׁ שְׁמוֹ מָרוֹם וְקָדוֹשׁ אֶשְׁכּוֹן וְאֶת דַּכָּא וּשְׁפַל רוּחַ".

Purity leads to holiness, as it is written with regard to the High Priest's sprinkling of the blood of his bull and goat offerings on the golden altar on Yom Kippur: **"And he shall purify it, and hallow it"** (Leviticus 16:19), teaching that purity is followed by holiness. **Holiness leads to humility, as it is written: "For thus says the High and Lofty One that inhabits eternity, Whose name is Holy: I dwell on high and in a holy place, yet with him also that is of a contrite and humble spirit"** (Isaiah 57:15). God's holiness is drawn to a contrite and humble spirit.

עֲנָוָה מְבִיאָה לִידֵי יִרְאַת חֵטְא – דִּכְתִיב: "עֵקֶב עֲנָוָה יִרְאַת ה'". יִרְאַת חֵטְא מְבִיאָה לִידֵי חֲסִידוּת – דִּכְתִיב: "וְחֶסֶד ה' מֵעוֹלָם וְעַד עוֹלָם עַל יְרֵאָיו".

Humility leads to fear of sin, as it is written: "The reward of humility is the fear of the Lord" (Proverbs 22:4). **Fear of sin leads to piety, as it is written: "But the loving-kindness [*hesed*] of the Lord is from everlasting to everlasting upon those who fear Him"** (Psalms 103:17). The recognition of God's loving-kindness indicates piety [*hasidut*], which results from fear of God.

חֲסִידוּת מְבִיאָה לִידֵי רוּחַ הַקֹּדֶשׁ – דִּכְתִיב: "אָז דִּבַּרְתָּ בְחָזוֹן לַחֲסִידֶיךָ". רוּחַ הַקֹּדֶשׁ מְבִיאָה לִידֵי תְּחִיַּית הַמֵּתִים – דִּכְתִיב: "וְנָתַתִּי רוּחִי בָכֶם וִחְיִיתֶם". תְּחִיַּית הַמֵּתִים מְבִיאָה לִידֵי אֵלִיָּהוּ זָכוּר לַטּוֹב – דִּכְתִיב: "הִנֵּה אָנֹכִי שׁוֹלֵחַ לָכֶם אֵת אֵלִיָּה הַנָּבִיא לִפְנֵי בּוֹא יוֹם ה' הַגָּדוֹל וְהַנּוֹרָא".

Piety leads to the holy spirit, as it is written: "Then You spoke in vision to Your pious ones" (Psalms 89:20). **The holy spirit leads to the resurrection of the dead, as it is written: "And I shall put My spirit in you, and you shall live"** (Ezekiel 37:14). **The resurrection of the dead leads** to the coming of the Prophet **Elijah, of blessed memory, as it is written: "Behold, I will send you Elijah the Prophet before the coming of the great and terrible day of the Lord"** (Malachi 3:23). The day referred to here is the day of the resurrection of the dead.

תָּנָא בְּשֵׁם רַבִּי מֵאִיר: כָּל מִי שֶׁקָּבוּעַ בְּאֶרֶץ יִשְׂרָאֵל, וּמְדַבֵּר בְּלָשׁוֹן הַקּוֹדֶשׁ, וְאוֹכֵל פֵּירוֹתָיו בְּטָהֳרָה, וְקוֹרֵא קְרִיאַת שְׁמַע בַּבּוֹקֶר וּבָעֶרֶב – יְהֵא מְבוּשָּׂר שֶׁבֶּן עוֹלָם הַבָּא הוּא.

הדרן עלך בשלשה פרקים

The Gemara concludes the chapter with a different discussion of virtues: **It was taught** in a *baraita* **in the name of Rabbi Meir: Anyone who** lives **permanently in Eretz Yisrael, and speaks the holy tongue, and eats the fruits of** Eretz Yisrael **in purity, and recites *Shema* in the morning and in the evening, will receive the tidings** and assurances **that he is** one who has merited **of the World-to-Come.**

Summary of **Perek III**

The ceremony of the collection of the chamber took place three times a year, two weeks before each of the three pilgrim Festivals. While this procedure served a practical purpose in the administration of the Temple, the details of the ceremony and its timing were established in a way that served to publicize the matter among the Jewish people. The ceremony was set at times that matched the arrival of the collected shekels from different parts of the world, first from Eretz Yisrael and subsequently from the Diaspora.

On each occasion of the ceremony, the shekels were set aside and placed into three baskets, each one measuring three *se'a* and labeled with one of the letters of the alphabet so the order in which they were filled would be remembered. Funds were later removed from these baskets as needed by the Temple, but the order of the baskets was preserved. Money was withdrawn from each basket following the order in which it had been filled.

Although the one who entered the chamber to perform the ceremony was certainly a trustworthy and honest person, various precautionary measures were taken to render it impossible for him to keep any of the money for himself. These steps were taken to ensure that the integrity of the Temple administration was maintained.

In passing, the Gemara clarified some of the laws dealing with animal tithes, as the deadlines for animal tithes parallel the dates for the collection of the chamber. Another issue that is explicated in this chapter is the minimal measure of a cup of wine used for a mitzva, as in *kiddush* and at the Passover seder. This measure is a quarter-*log*.

Introduction to **Perek IV**

This chapter deals primarily with the different uses of the shekels collected yearly and stored in the Temple treasury. In the triannual ceremony of the collection of the chamber, some of the shekels were placed in three baskets. The shekels that were not placed in the baskets were known as the remains of the chamber. They were used to fund various important projects not necessarily directly connected with the sacrificial service, including the maintenance of the Temple and public works in the holy city of Jerusalem.

The Gemara elaborates on which expenses were borne by each fund, following the fundamental distinction that the collection of the chamber was mostly allocated to the purchase of offerings, while the remains of the chamber were largely dedicated to infrastructure. One topic that receives extensive attention is the payment to all the artisans and workmen who performed their tasks for the Temple. As the money in the treasury was consecrated, there were difficulties that had to be overcome for these payments to be made.

Another issue that is clarified is the correct protocol for surpluses that remained at the end of the year. If more money was set aside in the collection of the chamber than was actually used, there would be leftover money, the use of which needed to be determined. Likewise, if enough shekels had been contributed, it was likely that there would be a surplus of the remains of the chamber. The Gemara addresses what should be done with these surpluses.

Besides the surplus shekels, the chapter also focuses on what should be done with additional monies the Temple received from various donations and investments. Additionally, the chapter addresses not only surplus funds but also surplus items bought with those funds. For example, the incense that was purchased with shekels from one year could be offered only in that year. At the end of the year there remained at least a small amount that had not been used. This chapter explains what was done with that incense.

The Gemara also considers cases in which animals were donated to the Temple treasury and consecrated for Temple maintenance. Such animals, if they were valid to be used as offerings, were not to be used for Temple maintenance, but they also were not to be used for sacrificial purposes, since they were not consecrated as such. The Gemara addresses how to deal with such situations.

Although tangential to the chapter's main discussion, the Gemara also examines the question whether offerings must come from animals raised in Eretz Yisrael or, at least under duress, animals raised abroad may be offered. As always in the Gemara, additional issues arise in the course of argument and are discussed in this chapter.

הלכה א מתני׳ הַתְּרוּמָה מֶה הָיוּ עוֹשִׂין בָּהּ? לוֹקְחִין בָּהּ תְּמִידִין וּמוּסָפִין וְנִסְכֵּיהֶם, הָעוֹמֶר וּשְׁתֵּי לֶחֶם וְלֶחֶם הַפָּנִים, וְכָל קָרְבְּנוֹת הַצִּיבּוּר.

HALAKHA 1 · MISHNA At certain times of the year, half-shekels that had been donated to the Temple and stored in a chamber in the Temple were collected in order to be used for various purposes. The mishna asks: **The collection** of half-shekels, **what would they do with it?**[H] **They** would **purchase** animals for the **daily offerings,** which were offered each morning and afternoon; **and** for **the additional offerings,** which were offered on Shabbat, the New Moon, and Festivals; **and** wine for **their libations;** barley for **the *omer***[N] meal-offering; **and** wheat for both the **two loaves**[N] offered on Shavuot **and the shewbread;**[N] **and** animals for **all the communal offerings.**[N]

שׁוֹמְרֵי סְפִיחִין בַּשְּׁבִיעִית נוֹטְלִין שְׂכָרָן מִתְּרוּמַת הַלִּשְׁכָּה. רַבִּי יוֹסֵי אוֹמֵר: אַף הָרוֹצֶה מִתְנַדֵּב שׁוֹמֵר חִנָּם. אָמְרוּ לוֹ: אַף אַתָּה אוֹמֵר שֶׁאֵין בָּאִין אֶלָּא

§ The **guards of the *sefiḥin***, grain that grew without being purposely planted, **during the Sabbatical Year,**[H] ensured that people did not take this ownerless grain, so that it remained available to be used for the *omer* and the offering of the two loaves. They **collect their wages from the collection of the** Temple treasury **chamber.**[H] **Rabbi Yosei says: One who** so **desires** may **even volunteer** his services and guard the grain as **an unpaid bailee.** The Rabbis **said to him: Even you** must **say that** the *omer* and the two loaves **come only**

HALAKHA

The collection of half-shekels, what would they do with it – הַתְּרוּמָה מֶה הָיוּ עוֹשִׂין בָּהּ: What did they do with the half-shekels collected from the chamber on behalf of the Temple treasury? They purchased the animals for the daily offerings, the additional offerings, and all other communal offerings, as well as the wine for their libations and the salt with which they would salt the offerings. They also used this money to purchase wood if not enough wood had been donated to the Temple, to buy the ingredients for the incense and the shewbread, and even to pay the wages for those who prepared them. Additionally, they purchased the *omer* offering, the two loaves, the red heifer, the scapegoat, and the strip of scarlet wool that was tied to its head on Yom Kippur. This is in accordance with the mishna and Gemara (*Ketubot* 106a) as well as other sources (Rambam *Sefer Zemanim, Hilkhot Shekalim* 4:1).

The guards of the *sefiḥin* during the Sabbatical Year – שׁוֹמְרֵי סְפִיחִין בַּשְּׁבִיעִית: During the Sabbatical Year, when all produce that grows in the fields is ownerless, the courts hire watchmen to guard some of the wheat and barley in order to be able to offer the *omer* and the two loaves, which were made from the new crop of grain grown in Eretz Yisrael (Rambam *Sefer Zemanim, Hilkhot Shekalim* 4:5).

Guards of the *sefiḥin*…collect their wages from the collection of the Temple treasury chamber – שׁוֹמְרֵי סְפִיחִין...נוֹטְלִין שְׂכָרָן מִתְּרוּמַת הַלִּשְׁכָּה: They would not allow anyone to volunteer his services to guard the *sefiḥin*, due to the concern that others would forcefully take the produce from them. Therefore, the Sages instituted that the watchmen receive their wages from the Temple treasury, so that people would respect their office and refrain from taking the produce they were guarding (Rambam *Sefer Zemanim, Hilkhot Shekalim* 4:6).

NOTES

The *omer* – הָעוֹמֶר: The *omer* is a meal-offering that was offered every year on the sixteenth of Nisan from an *omer*, i.e., one-tenth of an ephah, of barley. The priest took a handful of the flour and burned it on the altar, while the rest was given to the priests to eat. Once the *omer* offering is brought, it is permitted to eat from the new crop of grain that had grown that year. Until then, eating from the new crop is prohibited by Torah law (see Leviticus 23:10–14).

The two loaves – שְׁתֵּי לֶחֶם: The two loaves were offered in the Temple on *Shavuot*. They were made from the new crop of wheat that had grown that year. The loaves were leavened bread, and each one consisted of an *omer* of fine flour. The loaves were not offered on the altar; rather, they were waved in the four directions as well as up and down. Along with these loaves, a bull, two rams, and seven sheep were sacrificed as burnt-offerings; two sheep were sacrificed as peace-offerings; and a ram was sacrificed as a sin-offering. After all of these offerings were sacrificed, the priests were permitted to eat the two loaves.

The shewbread – לֶחֶם הַפָּנִים: The shewbread consisted of the twelve loaves that were placed on the golden table inside the Sanctuary. When the priests arranged the shewbread on the table on Shabbat, they placed two bowls of frankincense on it as well. The following Shabbat, when they removed the bread, they offered the frankincense and divided the shewbread among the priests. The Hebrew name for the shewbread, *leḥem happanim*, is derived from the word *panim*, which can refer to walls or corners. It is a reference to the unusual shape of the bread (*Menakhot* 96a; see Rashi there). Alternatively, its name is derived from the word *penim* inside, as the shewbread was placed inside the Sanctuary (*HaKetav VeHakabbala*). It is also known as the *leḥem hatamid*, the continuous bread, as it was in the Sanctuary continuously.

And all the communal offerings – וְכָל קָרְבְּנוֹת הַצִּיבּוּר: Included in this category is the incense as well as the wages for those who prepared it (Rabbi Ovadya Bartenura; *Korban HaEida*). The same is true for the salt that was used to salt the offerings and any wood that had not been donated privately for the pyre on the altar and had to be purchased with communal funds (*Me'iri*).

מִשֶּׁל צִבּוּר.

from communal funds and not from any one individual. If one were to volunteer his services, he would acquire the grain for himself by guarding it and transporting it to the Temple. In that case, these offerings would have come from an individual. So that the offerings come solely from communal funds, the guards must receive payment from the half-shekels removed from the chamber.

גמ׳ מָה רָאָה זְמַן עֲצֵי כֹהֲנִים וְהָעָם לְהִימָּנוֹת?

GEMARA The mishna mentions a dispute about whether an individual may volunteer his services and guard the grain to be used for the *omer* and the two loaves. This dispute depends on whether something owned or donated by an individual may be brought as a communal offering. With regard to this issue, the Gemara cites a *baraita* related to a mishna (*Ta'anit* 26a). The mishna lists days on which special offerings were brought, including wood donated on a regular basis by particular families for use on the altar. This time period was referred to as the time of the wood of the priests and of the nation. It was taught in a *baraita*: **Why was the time of the wood of the priests**[N] **and of the nation fit to be counted** in the mishna when any individual may donate wood at any time? What makes these families and these times unique?

אֶלָּא בְּשָׁעָה שֶׁעָלוּ יִשְׂרָאֵל מִן הַגּוֹלָה וְלֹא מָצְאוּ עֵצִים בַּלִּשְׁכָּה, וְעָמְדוּ אֵלּוּ וְנִתְנַדְּבוּ עֵצִים מִשֶּׁל עַצְמָן, וּמְסָרוּם לַצִּבּוּר, וְקָרְבוּ מֵהֶן קָרְבְּנוֹת צִבּוּר. וְהִתְנוּ עִמָּהֶן נְבִיאִים שֶׁבֵּינֵיהֶן, שֶׁאֲפִילּוּ לִשְׁכָּה מְלֵיאָה עֵצִים, וְעָמְדוּ אֵלּוּ וְנִתְנַדְּבוּ עֵצִים מִשֶּׁל עַצְמָן – שֶׁלֹּא יְהֵא קָרְבָּן מִתְקָרֵב אֶלָּא מִשֶּׁלָּהֶן תְּחִילָּה.

The *baraita* explains: **Rather, at the time that the Jewish people ascended from the** Babylonian **exile** and returned to Eretz Yisrael with Ezra, **they did not find wood in the** Temple **chamber** of wood for the altar, due to a lack of funds in the Temple treasury. **And these** families **took the initiative and donated wood from their own** property[H] **and gave it to the community; and they offered communal offerings with it. And the prophets among them stipulated with them that,** in the future, **even if the chamber were full of wood,** if **these** families **took the initiative and donated wood from their own** property, the **offerings would be brought** using **only theirs first.** Consequently, the *baraita* indicates that communal offerings may come from individual funds.

אָמַר רַבִּי אַחָא: דְּרַבִּי יוֹסֵה הִיא. דְּרַבִּי יוֹסֵה אוֹמֵר: אַף הָרוֹצֶה מִתְנַדֵּב שׁוֹמֵר חִנָּם. רַבִּי יוֹסֵי בְּשֵׁם רַבִּי אִילָא: דִּבְרֵי הַכֹּל הִיא, מַה פְּלִיגִין – בְּגוּפוֹ שֶׁל קָרְבָּן, אֲבָל בְּמַכְשִׁירֵי קָרְבָּן – כָּל עַמָּא מוֹדֵיי שֶׁהוּא מִשְׁתַּנֶּה קָרְבַּן יָחִיד לְקָרְבַּן צִבּוּר.

Rabbi Aḥa said: This *baraita* **is** in accordance with the opinion of **Rabbi Yosei, as Rabbi Yosei says: One who** so **desires** may **even volunteer** his services and guard the grain as **an unpaid bailee.** However, according to the opinion of the Rabbis, which maintains that one may not donate his services, an individual may not donate the wood for the pyre on the altar. **Rabbi Yosei,** an *amora*, said **in the name of Rabbi Ila: That** *baraita* **is a statement** accepted by **all.** If so, **with regard to what do** the Rabbis and Rabbi Yosei, the *tanna*, **disagree?**[N] **With regard to the offering itself. However,** with regard to items that merely **facilitate an offering, everyone agrees that an individual offering** may be **changed to a communal offering,** i.e., that an individual may donate items that facilitate the sacrifice of a communal offering.

HALAKHA

And these families took the initiative and donated wood from their own property – וְעָמְדוּ אֵלּוּ וְנִתְנַדְּבוּ עֵצִים מִשֶּׁל עַצְמָן: Some families had a set day during the year when they would go out to the forests and collect wood for the pyre on the altar. On that day, they would also sacrifice voluntary offerings. This was known as the offering of the wood. The families treated that day like a holiday and refrained from delivering eulogies, fasting, and performing labor (Rambam *Sefer Avoda, Hilkhot Kelei HaMikdash* 6:9).

NOTES

The time of the wood of the priests – זְמַן עֲצֵי כֹהֲנִים: During the time of Ezra and Nehemiah, there were families that volunteered to donate wood offerings to the Temple at specific times of the year, due to financial pressures facing the Temple treasury. The mishna lists their names (*Ta'anit* 26a). Eventually, donations of wood were no longer necessary. Still, the days on which these families donated the wood were established for them as days of family celebration, and they continued to donate wood to the Temple at these times. The mishna lists nine days on which these families contribute the wood for use on the altar.

With regard to what do the Rabbis and Rabbi Yosei disagree – מַה פְּלִיגִין: There is the following distinction, between offerings, about which the *tanna'im* disagree whether or not an individual offering may be changed into a communal offering, and items that facilitate the sacrificing of an offering, which all agree may be donated by an individual: A communal offering must come from public funds, as the public cannot fulfill its obligation or receive atonement, even after the fact, with an offering that is not its own. Some *tanna'im* held that the offering of an individual should not be used for a communal offering, due to a concern that that the individual would not fully intend to transfer its ownership to the public. However, with regard to items that facilitate the sacrificing of an offering, even if they belong to an individual, they do not prevent the offering from being valid after the fact. Therefore, all agree that there is no reason to be concerned lest an individual not fully intend to transfer the item (*Mikdash David, Kodashim* 35). Some explain that since the main concern is to negate the opinion of the Sadducees that the daily offering may come from an individual (see *Menaḥot* 65a), there was concern only with regard to the offering itself, but not with regard to the items that facilitate its sacrifice (*Ḥazon Naḥum*).

תָּנֵי: אִשָּׁה שֶׁעָשְׂתָה כְּתוֹנֶת לִבְנָהּ – כְּשֵׁירָה, וּבִלְבַד שֶׁתִּמְסְרֶנָּה לַצִּבּוּר.

The Gemara raises a similar issue. **It was taught** in a *baraita*: In the case of **a woman who made a tunic,** one of the priestly vestments, **for her son**[H] to wear while he serves in the Temple, the tunic **is valid.** However, since the priestly vestments must come from communal funds, the priest may use his mother's tunic in the Temple only **provided that she** completely **transfers** ownership of the tunic **to the community.**

אָמַר רַבִּי אַחָא: דְּרַבִּי יוֹסֵי הִיא, דְּרַבִּי יוֹסֵי אוֹמֵר: אַף הָרוֹצֶה מִתְנַדֵּב שׁוֹמֵר חִנָּם. רַבִּי יוֹסֵי בְּשֵׁם רַבִּי אִילָא: דִּבְרֵי הַכֹּל הִיא, מַה פְּלִיגִין – בְּגוּפוֹ שֶׁל קָרְבָּן, אֲבָל בְּמַכְשִׁירֵי קָרְבָּן – כָּל עַמָּא מוֹדֵיי שֶׁהוּא מִשְׁתַּנֶּה קָרְבַּן יָחִיד לְקָרְבַּן צִבּוּר.

Rabbi Aḥa said: This *baraita* **is** in accordance with the opinion of **Rabbi Yosei, as Rabbi Yosei says: One who so desires** may **donate even** his services and guard the grain as **an unpaid watchman. Rabbi Yosei,** an *amora*, said **in the name of Rabbi Ila: That** *baraita* **is a statement** accepted by **all.** If so, **with regard to what do** the Rabbis and Rabbi Yosei **disagree? With regard to the offering itself. However,** with regard to items that merely **facilitate an offering, everyone agrees that an individual offering** may be **changed to a communal offering.**

מַתְנִיתָא פְּלִיגִי עַל רַבִּי יוֹסֵי: אוֹתָן הַיָּמִים נוֹהֲגִין בִּשְׁעַת קָרְבָּן וְשֶׁלֹּא בִּשְׁעַת קָרְבָּן. רַבִּי יוֹסֵי אוֹמֵר: אֵינָן נוֹהֲגִין אֶלָּא בִּשְׁעַת קָרְבָּן בִּלְבָד.

A *baraita* **disagrees with** Rabbi Aḥa's explanation of the dispute between **Rabbi Yosei** and the Rabbis: **Those days** of family celebrations, on the occasion of donating wood for the altar, **are observed** both **during the time** when one can bring an **offering,** i.e., when the Temple stands, **and during the time** when **no offering** can be brought, i.e., when there is no Temple; nevertheless the family still holds a celebration on those dates. **Rabbi Yosei says: They are observed only during the time of offering.** This *baraita* demonstrates that even the Rabbis, who disagree with Rabbi Yosei, admit that individuals can donate wood for the pyre, which is why they celebrated this event during the time of the Temple.

וְעוֹד מִן הָדָא, דְּתַנְיָא אָמַר רַבִּי אֱלִיעֶזֶר בִּי רַבִּי צָדוֹק: אָנוּ הָיִינוּ מִבְּנֵי סְנָאָה בֶּן בִּנְיָמִין, וְחָל תִּשְׁעָה בְּאָב לִהְיוֹת בַּשַּׁבָּת, וְדָחִינוּ אוֹתוֹ לְמוֹצָאֵי שַׁבָּת וְהָיִינוּ מִתְעַנִּין וְלֹא מַשְׁלִימִין.

The Gemara cites **an additional** source with regard to **this** topic, **as it was taught** in a *baraita* that **Rabbi Eliezer, son of Rabbi Tzadok, said: We were among the descendants of Senaah,**[N] **son of** the tribe of **Benjamin,** a family that donated wood to the Temple on the tenth of Av. **And** one year, **the Ninth of Av occurred on Shabbat, and we postponed** the fast **until the conclusion of Shabbat,** in accordance with the *halakha*. **And we fasted but did not complete** the fast, due to our family celebration. Apparently, the family continued to commemorate the offering of wood even after the destruction of the Temple, as there was no fast of the Ninth of Av while the Temple stood. Had the original donation of wood been only for individual offerings, the celebration of that donation would not have continued after the destruction of the Temple. Therefore, this *baraita* indicates that Rabbi Ila's understanding is correct, and even the Rabbis agree that with regard to items that facilitate an offering, an individual offering may be changed into a communal offering.

״הָעוֹמֶר וּשְׁתֵּי הַלֶּחֶם וְלֶחֶם הַפָּנִים וְכָל קָרְבְּנוֹת הַצִּבּוּר״. תַּמָּן תְּנֵינַן: כָּל קָרְבְּנוֹת הַיָּחִיד וְהַצִּבּוּר בָּאִין מִן הָאָרֶץ וּמִן חוּצָה לָאָרֶץ, מִן הֶחָדָשׁ וּמִן הַיָּשָׁן, חוּץ מִן הָעוֹמֶר וּשְׁתֵּי לֶחֶם שֶׁאֵין בָּאִין אֶלָּא מִן הֶחָדָשׁ וּמִן הָאָרֶץ.

§ The mishna teaches that the collection of the Temple treasury was used to purchase the necessary items for **the *omer*, and the two loaves, and the shewbread, and all communal offerings,** as well as for the salary of those guarding the *sefiḥin*. **We learned** in a mishna **there** (*Menaḥot* 83b): **All** the grain for **individual and communal offerings** may **come** both **from Eretz** Yisrael **and from outside** of **Eretz** Yisrael. It may come both **from new** grain that grew after the offering of the *omer* the previous year **and from old** grain, **except for the *omer*** itself **and the two loaves,**[H] **which** may **come only from new** grain **and from Eretz** Yisrael.

רַב חוּנָה בְּשֵׁם רַבִּי יִרְמְיָה: דְּרַבִּי יִשְׁמָעֵאל הִיא, דְּרַבִּי יִשְׁמָעֵאל אוֹמֵר: אֵין הָעוֹמֶר בָּא מִן הַסּוּרְיָא.

Rav Ḥuna said **in the name of Rabbi Yirmeya:** The mishna is in accordance with the opinion **of Rabbi Yishmael, as Rabbi Yishmael says: The *omer* may not come from Syria**[BN] or any other location outside of Eretz Yisrael.

HALAKHA

A woman who made a tunic for her son – אִשָּׁה שֶׁעָשְׂתָה כְּתוֹנֶת לִבְנָהּ: The priestly vestments must be purchased with communal funds. An individual who wanted to donate a garment for a priest first had to donate it to the community. Only then was the priest permitted to use it for service in the Temple, in accordance with the *baraita* (Rambam *Sefer Avoda, Hilkhot Kelei HaMikdash* 8:7).

Except for the *omer* and the two loaves – חוּץ מִן הָעוֹמֶר וּשְׁתֵּי לֶחֶם: All meal-offerings and libations may come from produce grown in Eretz Yisrael or abroad, and they may be produced from the old or new crop, as long as they are of high quality. The exception is the *omer* and the two loaves, which must come from new grain and from Eretz Yisrael, in accordance with the mishna in tractate *Menaḥot* (Rambam *Sefer Avoda, Hilkhot Issurei Mizbe'aḥ* 6:15 and *Hilkhot Temidin UMusafin* 7:5, 8:2).

BACKGROUND

Syria – סוּרְיָא: Syria is the name used in the Mishna and Gemara to refer to the lands north and northeast of Eretz Yisrael that were conquered by King David. Their biblical names for these areas are Aram, Aram of Damascus, and Aram-Tzobah. Talmudic Syria includes much of modern-day Syria and Lebanon, although the border of Eretz Yisrael was farther north than the border of the State of Israel. Syria has an intermediate halakhic status; it has a lesser level of sanctity than Eretz Yisrael but some of the *halakhot* pertaining to the Land apply to it. Some authorities account for this status by explaining that since it was conquered by King David, it is classified as the conquest of an individual, rather than as the conquest of the whole people of Israel.

View of Syria as seen from the Golan Heights

NOTES

We were among the descendants of Senaah – אָנוּ הָיִינוּ מִבְּנֵי סְנָאָה: Had the donation of the wood been considered merely an individual donation, the day of its donation would have been celebrated during the time of the Temple, but not after its destruction. From the fact that the practice continued even after the destruction, even to the point of delaying the fast, it is clear that the donation was considered a communal offering.

The *omer* may not come from Syria – אֵין הָעוֹמֶר בָּא מִן הַסּוּרְיָא: Rabbi Yishmael holds that the *omer* may not come from grain grown anywhere outside of Eretz Yisrael. He nonetheless specified that it may not come from Syria, in order to indicate that although Syria is like Eretz Yisrael for some matters, the barley used for the *omer* may not be grown there.

תַּמָּן תַּנִּינָן: עֶשֶׂר קְדוּשׁוֹת הֵן. אֶרֶץ יִשְׂרָאֵל מְקוּדֶּשֶׁת מִכׇּל הָאֲרָצוֹת, וּמַה הִיא קְדוּשָּׁתָהּ – שֶׁמְּבִיאִין מִמֶּנָּה הָעוֹמֶר וְהַבִּיכּוּרִים וּשְׁתֵּי לֶחֶם, מַה שֶּׁאֵין מְבִיאִין כֵּן מִכׇּל הָאֲרָצוֹת. רַבִּי חִיָּיא בְּשֵׁם רַבִּי יִרְמְיָה: דְּרַבִּי יִשְׁמָעֵאל הִיא, דְּרַבִּי יִשְׁמָעֵאל אָמַר: אֵין הָעוֹמֶר בָּא מִן הַסּוּרְיָא.

The Gemara cites a similar discussion. **We learned** in a mishna **there** (*Kelim* 1:6): **There are ten levels of sanctity. Eretz Yisrael is more sanctified than all** other **lands.**[H] **And** through **what** *halakha* is **its sanctity** expressed? It is evident in the *halakha* **that they** must **bring from it the** ***omer*****, the first fruits, and the two loaves, which may not be brought from** the produce of **any other lands. Rabbi Ḥiyya** said **in the name of Rabbi Yirmeya: This** mishna **is** in accordance with the opinion **of Rabbi Yishmael, as Rabbi Yishmael said: The** ***omer*** **may not come from Syria** or any other location outside of Eretz Yisrael.

תַּמָּן תַּנִּינָן, רַבִּי יִשְׁמָעֵאל אוֹמֵר: מָה חָרִישׁ רְשׁוּת – אַף קָצִיר רְשׁוּת, יָצָא קְצִיר הָעוֹמֶר שֶׁהוּא מִצְוָה.

Similarly, **we learned** elsewhere in a mishna (*Shevi'it* 1:4) that **Rabbi Yishmael says** that the verse "In plowing time and in harvest you shall rest" (Exodus 34:21) is not referring to the prohibition against farming the land during the Sabbatical Year, as the Rabbis explain. Rather, it is referring to the prohibition against performing labor on Shabbat. The reason that the verse mentions these two particular forms of labor is to teach that **just as the plowing** that is prohibited on Shabbat is an otherwise **voluntary** act, as plowing is never required by the Torah, **so too,** the **harvesting** that is prohibited on Shabbat **is voluntary. The harvesting of the** ***omer*** **is excluded** from the prohibition, **as it is a mitzva.**[H] The barley for the *omer* must be harvested on the sixteenth of Nisan, even if it occurs on Shabbat.

רַבִּי יִשְׁמָעֵאל כְּדַעְתֵּיהּ, דְּרַבִּי יִשְׁמָעֵאל דְּאָמַר: אֵין הָעוֹמֶר בָּא מִן הַסּוּרְיָא, כְּדַעְתֵּיהּ דְּאָמַר יָצָא קְצִיר הָעוֹמֶר שֶׁהוּא מִצְוָה.

Rabbi Yishmael is consistent with **his** own **opinion** in this matter, as it is **Rabbi Yishmael who said: The** ***omer*** **may not come from Syria** or any other location outside of Eretz Yisrael. This is **consistent with his opinion** stated elsewhere, **as he said: The harvesting of the** ***omer*** **is excluded** from the prohibition on Shabbat, **as it is a mitzva.** Since Rabbi Yishmael requires that the *omer* come from Eretz Yisrael, it must be permitted to harvest it during the Sabbatical Year, despite the fact that harvesting is generally prohibited during the Sabbatical Year. This is consistent with Rabbi Yishmael's opinion that the *omer* is excluded from the category of prohibited labor on Shabbat because harvesting it is a mitzva; the same holds true for the Sabbatical Year as well.

מָאן תַּנָּא שׁוֹמְרֵי סְפִיחִין בַּשְּׁבִיעִית נוֹטְלִין שְׂכָרָן מִתְּרוּמַת הַלִּשְׁכָּה – רַבִּי יִשְׁמָעֵאל הִיא. אָמַר רַבִּי יוֹסֵה: דִּבְרֵי הַכֹּל הִיא. לֹא מָצָאוּ בְּסוּרְיָא – מְבִיאִין אוֹתָן מִסְּפִיחִין שֶׁבְּאֶרֶץ יִשְׂרָאֵל.

The Gemara asks with regard to the mishna: **Who** is the *tanna* who **taught: The guards of** ***sefiḥin*** **during the Sabbatical Year collect their wages from the collection of the** Temple treasury **chamber? It is Rabbi Yishmael.** It is apparent from the mishna that the *omer* must come from Eretz Yisrael; otherwise, there would be no need to hire guards to ensure that there be barley available to use, as it could be imported from outside Eretz Yisrael. **Rabbi Yosei said:** The mishna is **a statement** accepted **by all,** even by those who hold that the *omer* may be brought from outside of Eretz Yisrael. According to this opinion, if **they could not find** barley **in Syria** or anywhere else outside of Eretz Yisrael, **they would bring** the *omer* **from** ***sefiḥin*** **that were in Eretz Yisrael.**[N] Therefore, the guards were still necessary.

HALAKHA

Eretz Yisrael is more sanctified than all other lands – אֶרֶץ יִשְׂרָאֵל מְקוּדֶּשֶׁת מִכׇּל הָאֲרָצוֹת: The sanctity of Eretz Yisrael is expressed through the fact that the *omer*, the first fruits, and the two loaves may be brought only from produce grown in Eretz Yisrael (Rambam *Sefer Avoda, Hilkhot Beit HaBeḥira* 7:12).

Harvesting of the *omer*...as it is a mitzva – קְצִיר הָעוֹמֶר שֶׁהוּא מִצְוָה: The *omer* must be harvested on the night of the sixteenth of Nisan, whether it occurs during the week or on Shabbat, in accordance with the opinion of Rabbi Yishmael (Rambam *Sefer Avoda, Hilkhot Temidin UMusafin* 7:6).

NOTES

They would bring the *omer* from *sefiḥin* that were in Eretz Yisrael – מְבִיאִין אוֹתָן מִסְּפִיחִין שֶׁבְּאֶרֶץ יִשְׂרָאֵל: Produce grown during the Sabbatical Year has certain level of sanctity. In light of the principle that an obligatory offering must come from unconsecrated items, it is difficult to understand how the *omer* could be brought from such produce. A possible explanation is that only offerings that provide atonement, such as sin-offerings, guilt-offerings, and even burnt-offerings and peace-offerings must be brought from unconsecrated items. However, the *omer* is brought to permit eating the new grain and not to provide atonement, and therefore it is not subject to this principle (Rav Menaḥem Zemba, *Otzar HaSifra*).

הָהֵן עוֹמֶר מַהוּ שֶׁיִּזְרַע בַּתְּחִילָּה? רַבִּי חִיָּיא בַּר אַדָּא בָּעֵי קוֹמֵי רַבִּי מָנָא: לֹא נִמְצָא כְּקוֹמֶץ עַל הַשִּׁירַיִים שֶׁאֵינָן נֶאֱכָלִין.

Since it is permitted to harvest the *omer* even during the Sabbatical Year, the Gemara asks: With regard to **that *omer*,** if it becomes clear that there are no *sefiḥin* in a particular Sabbatical Year, **what is the *halakha*** concerning **planting** it ***ab initio*?** When **Rabbi Ḥiyya bar Adda** heard this question, **he asked, in the presence of Rabbi Mana:** In general, a handful of a meal-offering is burned on the altar, and the remainder of the meal-offering may be eaten by the priests. If the remainder may not be eaten by the priests, the entire offering is invalid. In the case under discussion, if one were to plant barley during the Sabbatical Year, **would it not be** comparable to the case of **a handful** of a meal-offering whose **remainder may not be eaten,**[H] as it is prohibited to eat produce that is planted during the Sabbatical Year?

אֲמַר לֵיהּ: נַעֲשָׂה כַּחֲמִשָּׁה דְּבָרִים שֶׁהֵן בָּאִין בְּטוּמְאָה וְאֵין נֶאֱכָלִין בְּטוּמְאָה.

Rabbi Mana **said to him:** The *omer* is nonetheless valid, as **it becomes like the five** offerings **that** may be **brought in** a state of **ritual impurity but may not be eaten in a state of impurity.** There is a mishna in tractate *Pesaḥim* (76b) that lists five communal offerings that are offered in a state of impurity under certain circumstances; however, they may not be eaten in a state of impurity. Similarly, the *omer* that is brought from barley that was planted during the Sabbatical Year is valid, despite the fact that after the handful is burned on the altar, the remainder of the meal mixture may not be eaten.

כֵּיצַד הוּא עוֹשֶׂה? נוֹטֵל מָעוֹת מִן הַשּׁוּלְחָנִי, וְנוֹתֵן לַקּוֹצְרִין וְלַשּׁוֹמְרִין עַד שֶׁלֹּא יִקְרַב הָעוֹמֶר, וּמֵבִיא מָעוֹת מִתְּרוּמַת הַלִּשְׁכָּה וּמְחַלְּלִין עָלָיו,

§ The Gemara asks: **How does** the treasurer **do** this, i.e., pay the salaries to the guards and harvesters from the chamber collection? The money in the Temple treasury is consecrated property, and consecrated property may be desacralized only through redemption (*Arakhin* 33a). The Gemara answers: **He takes money from the money changer and gives** that money as payment **to the harvesters and to the guards before the *omer* is offered.** Once the time for offering the *omer* arrives, **he brings money from the collection of the** Temple treasury **chamber and desacralizes** it by transferring its sanctity **onto** the barley that is to be used for the *omer*. This money now becomes unconsecrated and is used to repay the money changer.

וְטָבוֹת כֵּן? רַבִּי אַחָא בְּשֵׁם רַבִּי בָּא: כָּל מַה שֶּׁיִּתֵּן הֵן הֵן דָּמָיו מִשָּׁעָה הָרִאשׁוֹנָה.

The Gemara asks: **Is this acceptable?**[N] The monetary value of the *omer*, which is used to desacralize the funds, is far less than the amount paid to the harvesters and guards. The Gemara answers. **Rabbi Aḥa** said **in the name of Rabbi Ba: Whatever** the treasurer **gives** them as payment **is** considered to be **its monetary value**[N] **from the beginning** of the process, even if the barley is worth considerably less on the open market.

תָּנָא: אַף בְּפַתְּחֵי אֲבָנִים כֵּן. כֵּיצַד הוּא עוֹשֶׂה? נוֹטֵל מָעוֹת מִשּׁוּלְחָנִי וְנוֹתֵן לַחוֹצְבִין וְלַסַּתָּתִין עַד שֶׁלֹּא תִּינָּתֵן עַל גַּבֵּי הַדִּימוֹס, וּמִשֶּׁנִּיתַּן עַל הַדִּימוֹס – מֵבִיא מָעוֹת מִתְּרוּמַת הַלִּשְׁכָּה וּמְחַלְּלִין עָלֶיהָ.

On a similar note, **it was taught** in a *baraita*: It is **even so with** regard to **stoneworkers,** who hew stones from mountains and cut them for use in the Temple. They too receive their salary from the Temple treasury. **How does** the treasurer **do this? He takes money** as a loan **from a money changer and gives** it as payment **to the ledgemen and to the stonecutters**[H] **before** the stone **is placed on the row** [*dimos*][L] that is being built. **Once it is placed on the row, he brings money from the collection of the chamber and desacralizes it onto** the stones. In this way, the stones become consecrated and the money becomes unconsecrated. That money is then used to repay the money changer.

וְטָבַת כֵּן? רַבִּי יוֹסֵי בֵּי רַבִּי בּוּן בְּשֵׁם שְׁמוּאֵל כָּל מַה שֶּׁיִּתֵּן הֵן הֵן דָּמֶיהָ מִשָּׁעָה הָרִאשׁוֹנָה.

The Gemara asks: **Is this acceptable?** The workers are paid for all their labor, yet some of the stones become broken and unfit for use. Therefore, the amount of money spent by the treasury is more than the actual value of the stones placed on the structure of the Temple. **Rabbi Yosei, son of Rabbi Bun,** said **in the name of Shmuel: Whatever** the treasurer **gives** them as payment **is** considered to be **the monetary value** of the stones **from the beginning.** The value of the stones that are used includes the value of the stones that broke during the process.

HALAKHA

A handful of a meal-offering whose remainder may not be eaten – **כְּקוֹמֶץ עַל הַשִּׁירַיִים שֶׁאֵינָן נֶאֱכָלִין**: If one took the handful of a meal-offering, and the remainder of the offering subsequently became ritually impure, was burned, was removed from the Temple courtyard, or was lost, the handful may not be offered on the altar. However, if it was offered, the offering is accepted. If even a small amount of the remainder is fit to be eaten, one may offer the original handful on the altar, but the remainder may not be eaten (Rambam *Sefer Avoda, Hilkhot Pesulei HaMukdashin* 11:20).

He takes money from a money changer and gives it as payment to the ledgemen and to the stonecutters, etc. – **נוֹטֵל מָעוֹת מִשּׁוּלְחָנִי וְנוֹתֵן לַחוֹצְבִין וְלַסַּתָּתִין וכו׳**: One may not desacralize consecrated property by using it to pay a laborer his wages. Rather, one must desacralize it onto money. Therefore, an artisan who performs labor for the Temple may not be given a consecrated animal or garment as his wages. Rather, these items must be desacralized onto money; once they are no longer consecrated, they may be given to the artisan as his wages. The Temple treasurer may then buy back the animal or the garment with funds from the collection of the chamber. This is in accordance with the *baraita* (Rambam *Sefer Avoda, Hilkhot Me'ila* 8:3).

NOTES

And gives to the harvesters…is this acceptable – **וְנוֹתֵן לַקּוֹצְרִין...וְטָבוֹת כֵּן**: This question is based on the fact that they would harvest ten times the amount of grain needed for the actual *omer* offering. This is explained in the Mishna (*Menaḥot* 76b), which teaches that they would sift the flour produced from three *se'a* of barley with thirteen sifters, each of which was thinner than the previous one, until the proper amount, one-tenth of an ephah, was collected.

Whatever the treasurer gives them is considered to be its monetary value – **כָּל מַה שֶּׁיִּתֵּן הֵן הֵן דָּמָיו**: Some explain this to mean that the guards were paid only for the barley actually used for the *omer* and not for all the barley that was harvested. The same was true with regard to the stones used for the Temple, mentioned later: The stoneworkers were paid only for the stones that were actually used (*Tiklin Ḥadatin*).

LANGUAGE

Row [*dimos*] – **דִּימוֹס**: From the Greek δόμος, *domos*, a layer of stones or bricks in a building.

HALAKHA 2 · MISHNA הלכה ב מתני׳ פָּרָה, וְשָׂעִיר הַמִּשְׁתַּלֵּחַ, וְלָשׁוֹן שֶׁל זְהוֹרִית – בָּאִין מִתְּרוּמַת הַלִּשְׁכָּה.

The red heifer,[N] **the scapegoat,**[N] **and the strip of crimson** wool[BN] used in the process of burning the red heifer all **come from the collection of the** Temple treasury **chamber,**[H] despite the fact that they are not sacrificial offerings.

BACKGROUND

The strip of crimson wool – לָשׁוֹן שֶׁל זְהוֹרִית: This strip is a bundle of combed wool shaped somewhat like a tongue. It is dyed a shade of red called carmine, which is produced from the blood of the *tola'at shani*, a type of insect. Current research suggests that the *tola'at shani* is the scale insect *Kermes echinatus*, which feeds on the sap of evergreen trees and is found in Israel.

Kermes echinatus gravid females on tree trunk

Female *Kermes echinatus* with eggs

Left to right: Dried female *Kermes echinatus* with eggs, dyed string, dyed wool.

Left: Boiled solution after wool has been added (orange). Right: Boiled solution with *Kermes echinatus* (red).

NOTES

Red heifer – פָּרָה אֲדֻמָּה: The red heifer is purchased with funds from the collection of the Temple treasury chamber, although it is not a sacrificial offering, it is not slaughtered in the courtyard, and it is not offered on the altar. The reason it is purchased with these funds is that it is needed by the priests who conduct the Temple service. A priest who contracts ritual impurity due to a corpse has water mixed with the ashes of the red heifer sprinkled on him on the third and seventh days of his purification process. Therefore, the red heifer is considered a facilitator of sacrificial offerings (*Tosafot* on *Bava Kamma* 77b). Some explain that the funds of the Temple chamber is used because the Torah refers to the red heifer as a sin-offering (Numbers 19:9; see *Avoda Zara* 23b; *Talmid HaRashbash*; Mahara Fulda; *Korban HaEida; Tiklin Ḥadatin*).

The scapegoat – שְׂעִיר הַמִּשְׁתַּלֵּחַ: The scapegoat is purchased with funds from the collection of the Temple treasury chamber, although it is not slaughtered and it is not offered on the altar. This is because the scapegoat atones for the nation's sins, and therefore it is similar to a communal offering (*Talmid HaRashbash*). Some explain that these funds are used because two goats are purchased together, and it is not known which one will be offered in the Temple and which one will be the scapegoat. Therefore, at the time of purchase they are both considered offerings (Mahara Fulda; *Korban HaEida*; *Tiklin Ḥadatin*).

Strip of crimson wool – לָשׁוֹן שֶׁל זְהוֹרִית: As part of the process of burning the red heifer, the priest takes cedar wood, hyssop stalk, and a strip of crimson wool and casts them into the burning heifer (Numbers 19:6). Since all of these items are necessary ingredients, they are considered to have the same status as the heifer itself, and they are therefore purchased with funds from the collection of the Temple treasury chamber. The mishna does not mention the cedar or hyssop, but it does specifically mention the crimson thread, in order to distinguish it from the other crimson thread that is tied between the horns of the scapegoat, which may be purchased only with the leftover funds of the chamber (Rabbeinu Meshulam; *Korban HaEida*; *Tiklin Ḥadatin*).

Some commentaries explain that the strip of crimson wool mentioned here is a reference to that of the scapegoat. This strip is tied around the goat's head after the lottery to indicate that it is the scapegoat. Since it is necessary to distinguish the two goats from one another, this thread is considered a necessary component of the offering and is purchased with the collection of the chamber. The thread referred to later in the mishna as the thread between the goat's horns is the one that is split into two parts. One part of it is tied to the scapegoat's horns, and the other part is tied to the stone where the goat was pushed off the cliff. Since that thread is not needed for the offering, it is purchased with remaining funds of the chamber (*Tosafot Yeshanim* on *Yoma* 67a).

Another opinion is that the strip of crimson mentioned here is the one that is tied at the entrance to the Sanctuary before the decree to split the thread and tie one half to the scapegoat's horns and one half to the stone (see *Yoma* 67a). Since it is tied in the Temple itself, it is purchased from the collection of the chamber. Accordingly, the strip of crimson mentioned later in the mishna is referring to the time after the decree, when the strip of crimson is no longer tied in the Temple and is therefore purchased with the remaining funds of the chamber (Rav Yehuda ben Rav Binyamin HaRofeh).

HALAKHA

The red heifer, the scapegoat, and the strip of crimson wool come from the collection of the chamber – פָּרָה וְשָׂעִיר הַמִּשְׁתַּלֵּחַ וְלָשׁוֹן שֶׁל זְהוֹרִית בָּאִין מִתְּרוּמַת הַלִּשְׁכָּה: According to the Rambam, the red heifer, the scapegoat, and the strip of crimson wool that is tied to the horns of the scapegoat are all purchased from the collection of the Temple treasury chamber. The *Mishne LaMelekh* writes that the inclusion of the strip of wool tied to the scapegoat in this list is a scribal error, as the strip that is tied between the horns of the scapegoat is purchased with the remains of the chamber, as explained subsequently in the mishna. The list should rather include the strip of crimson wool that is cast into the burning heifer along with the cedar wood and the hyssop that is purchased with funds from the collection of the chamber, in accordance with the version of the text in the Babylonian Talmud (*Ketubot* 106b; Rambam *Sefer Zemanim*, *Hilkhot Shekalim* 4:1).

כֶּבֶשׁ פָּרָה, וְכֶבֶשׁ שָׂעִיר הַמִּשְׁתַּלֵּחַ, וְלָשׁוֹן שֶׁבֵּין קַרְנָיו, וְאַמַּת הַמַּיִם, וְחוֹמוֹת הָעִיר וּמִגְדְּלוֹתֶיהָ, וְכׇל צׇרְכֵי הָעִיר – בָּאִין מִשְּׁיָרֵי הַלִּשְׁכָּה. אַבָּא שָׁאוּל אוֹמֵר: כֶּבֶשׁ פָּרָה כֹּהֲנִים גְּדוֹלִים עוֹשִׂין מִשֶּׁל עַצְמָן.

The same is true for **the ramp** built from the Temple Mount to the location on the Mount of Olives, where they would slaughter the red **heifer;**[N] **the ramp** built to lead the **scapegoat**[N] out of the city; **the strip** of crimson wool **that was tied between its horns;**[N] any repairs required for **the aqueduct**[N] that ran through the Temple courtyard and **the walls of the city and its towers;**[N] **and** for **all the needs of the city,**[N] such as street repairs, security, and the like. All of these **come from the remains of the chamber,**[H] i.e., from the money that remained in the chamber after the three collections of money were taken to use for communal offerings. **Abba Shaul says: The High Priests construct the ramp** for **the** red **heifer from their own** funds.

מוֹתַר שְׁיָרֵי לִשְׁכָּה מֶה הָיוּ עוֹשִׂין בָּהֶן? לוֹקְחִין בָּהֶן יֵינוֹת שְׁמָנִים וּסְלָתוֹת, וְהַשָּׂכָר לַהֶקְדֵּשׁ, דִּבְרֵי רַבִּי יִשְׁמָעֵאל. רַבִּי עֲקִיבָא אוֹמֵר: אֵין מִשְׂתַּכְּרִין בְּשֶׁל הֶקְדֵּשׁ אַף לֹא מִשֶּׁל עֲנִיִּים.

What would they do with the leftover remains of the chamber after all the items mentioned above had been attended to? **They** would **purchase wine, oil, and fine flour** and sell them to those who needed them for their private offerings. **And the profit** from these sales would go **to consecrated** property, i.e., to the Temple treasury; this is **the statement of Rabbi Yishmael. Rabbi Akiva says: One may not generate profit by** selling **consecrated** property,[HN] **neither** may one profit **from** funds set aside **for the poor.**[HN]

HALAKHA

The ramp of the red heifer…come from the remains of the chamber – כֶּבֶשׁ פָּרָה...בָּאִין מִשְּׁיָרֵי הַלִּשְׁכָּה: This is referring to the ramp or bridge that was built from the Temple Mount to the Mount of Olives on which the red heifer was led to its slaughter and burning. This bridge, along with the bridge upon which they led out the scapegoat, the altar, the Sanctuary, the courtyards, the aqueducts, the towers and walls of Jerusalem, and any other needs of the city, were funded from the remains of the chamber (Rambam *Sefer Zemanim*, *Hilkhot Shekalim* 4:8).

One may not generate profit by selling consecrated property – אֵין מִשְׂתַּכְּרִין בְּשֶׁל הֶקְדֵּשׁ: In his Commentary on the Mishna, the Rambam rules explicitly in accordance with the opinion of Rabbi Akiva. In the *Mishne Torah*, he does not cite the statement of Rabbi Yishmael with regard to the proper use for the remains of the treasury chamber, implying that the *halakha* is in accordance with Rabbi Akiva's opinion (Rambam *Sefer Zemanim*, *Hilkhot Shekalim* 4:4).

Neither may one profit from funds set aside for the poor – אַף לֹא מִשֶּׁל עֲנִיִּים: One may not invest charity designated for distribution to the poor, lest poor people require assistance and there be no funds to provide them. This is in accordance with the Gemara here. However, it is permitted to have a fund whose principal is invested and whose profits are distributed to the poor (*Beit Yosef* in the name of *Sefer HaTerumot* and *Hagahot Maimoniyot*; *Shulḥan Arukh*, *Yoreh De'a* 259:1, and in the comment of the Rema).

NOTES

The ramp of the red heifer – כֶּבֶשׁ פָּרָה: This ramp was a bridge that extended from the Temple Mount to the Mount of Olives, where the red heifer was slaughtered. It was built in order to prevent those involved in the process of burning the red heifer from contracting ritual impurity from unknown sources along the way, such as by walking over an unmarked grave. The bridge served as an interposition between them and the source of impurity. In order to serve this function, the bridge was constructed in a special manner, with arches over arches, so that there was space between the ground and every part of the bridge (see *Para* 3:6). Since using the bridge was a stringency that the Sages imposed but was not absolutely necessary in order to prepare the ashes of the red heifer, construction of the bridge could not be paid for from the collection of the Temple treasury chamber (*Talmid HaRashbash*).

The ramp built to lead the scapegoat – כֶּבֶשׁ שָׂעִיר הַמִּשְׁתַּלֵּחַ: It is explained in the Mishna (*Yoma* 6:4) that this bridge was constructed because the Babylonian Jews who were visiting Jerusalem would tear out the hair of the person leading the scapegoat and say: Take it and leave, take it and leave, and let our sins not linger upon us. In order to protect the person leading the goat from this harassment, a bridge was constructed so that he could walk on the bridge and thereby avoid the crowds. Since there was no halakhic need for this bridge, it was paid for with the remaining funds of the chamber.

The strip of crimson wool that was tied between its horns – לָשׁוֹן שֶׁבֵּין קַרְנָיו: Once the lottery determines which goat will be the scapegoat, they tie a strip of crimson wool to its horns (*Yoma* 41b). Before it is pushed off the cliff, the one who leads it there splits the strip into two parts and ties one part to the goat's horns and the other part to a stone (*Yoma* 67a). The Gemara states that at times, the strip would miraculously turn white as a sign that the Jewish people had been granted atonement, in fulfillment of the verse: "Though your sins are like crimson, they will turn white as snow" (Isaiah 1:18). Since this strip is not needed for the scapegoat, and certainly not for the goat offered to God, it is not purchased with the collection of the chamber (*Korban HaEida*; *Tiklin Ḥadatin*).

Scapegoat with strip of crimson wool

The aqueduct – אַמַּת הַמַּיִם: Some commentaries explain that this is referring to the aqueduct that brought water from the spring of Eitam, which passed through the courtyard of the Temple. Its water was used to wash the floor of the courtyard (*Talmid HaRashbash*; see *Pesaḥim* 64a; *Yoma* 31a; and Jerusalem Talmud, *Yoma* 3:8). Since the aqueduct was not an essential part of sacrificial offerings, maintenance of it was paid for with the remaining funds of the chamber.

The walls of the city and its towers – חוֹמוֹת הָעִיר וּמִגְדְּלוֹתֶיהָ: The walls of Jerusalem were built from the remaining funds of the chamber, money that came from the entire Jewish people and not just from the residents of Jerusalem. This mishna is in accordance with the opinion that Jerusalem was not inherited by a particular tribe (see *Yoma* 12a; see *Megilla* 26a), so the entire Jewish people share a stake in it (*Mordekhai* on *Bava Batra*, 475).

All the needs of the city – כׇּל צׇרְכֵי הָעִיר: Maintenance of the entire city of Jerusalem was paid for with the remaining funds of the chamber because Jerusalem has sanctity. This sanctity is expressed through the fact that offerings of lesser sanctity and the second tithe may be eaten anywhere in Jerusalem.

One may not generate profit by selling consecrated property – אֵין מִשְׂתַּכְּרִין בְּשֶׁל הֶקְדֵּשׁ: The Gemara (*Ketubot* 106b) explains that the reason for this is: There is no poverty in a place of wealth. Since the Temple is the glory of the Jewish people and it is funded by the community, it would be disgraceful for its treasury to earn money through small-scale business ventures, as though it were strapped for cash (*Talmid HaRashbash*; Rav Yehuda ben Rav Binyamin HaRofeh; *Korban HaEida*). Others commentaries add that there is a concern that if the Temple becomes involved in business, it could suffer financial loss (Rambam's Commentary on the Mishna; *Arakhin* 6:5; Rash Sirilio).

Neither may one profit from funds set aside for the poor – אַף לֹא מִשֶּׁל עֲנִיִּים: The Gemara (*Ketubot* 106b) explains that this is due to the concern that a poor person will desperately need money, and the charity fund will not be able to help him because its funds have been invested (*Talmid Rashbash*; Rav Yehuda ben Rav Binyamin HaRofeh; Mahara Fulda). Others explain that the concern is that investment could lead to a financial loss (Rash Sirilio).

מוֹתַר הַתְּרוּמָה מֶה הָיוּ עוֹשִׂין בָּהּ? רִקּוּעֵי זָהָב צִיפּוּי לְבֵית קוֹדֶשׁ הַקֳּדָשִׁים. רַבִּי יִשְׁמָעֵאל אוֹמֵר: מוֹתַר הַפֵּירוֹת – קַיִץ הַמִּזְבֵּחַ, מוֹתַר תְּרוּמָה – לִכְלֵי שָׁרֵת.

What would they do with the leftover funds **of the collection** that had not been spent on communal offerings? They would purchase **golden plates** as a **coating for the** walls and floor of the **Holy of Holies. Rabbi Yishmael says: The leftover produce**[N] was used to purchase the **repletion of the altar,** i.e., burnt-offerings sacrificed at times when the altar was idle. **The leftover** funds **of the collection** were used **to** purchase **sacred vessels.**

רַבִּי עֲקִיבָא אוֹמֵר: מוֹתַר תְּרוּמָה – לְקַיִץ הַמִּזְבֵּחַ, מוֹתַר נְסָכִים לִכְלֵי שָׁרֵת. רַבִּי חֲנַנְיָה סְגַן הַכֹּהֲנִים אוֹמֵר: מוֹתַר נְסָכִים – קַיִץ הַמִּזְבֵּחַ, מוֹתַר הַתְּרוּמָה – לִכְלֵי שָׁרֵת. זֶה וָזֶה לֹא הָיוּ מוֹדִים בַּפֵּירוֹת.

Rabbi Akiva says: The leftover funds **of the collection** were used to purchase the animals used **for the repletion of the altar,**[N] since they had originally been collected for offerings. **The leftover libations**[H] were used **to** purchase **sacred vessels. Rabbi Ḥananya, the deputy** [*segan*][L] **High Priest,**[P] **says: The leftover libations** were used to purchase animals for **the repletion of the altar,**[N] while **the leftover** funds **of the collection**[H] were used **to** purchase **sacred vessels.** Both **this** Sage, Rabbi Akiva, and **that** Sage, Rabbi Ḥananya, **did not agree** with Rabbi Yishmael's opinion **with regard to the** leftover produce.[N]

גמ׳ כֶּבֶשׁ פָּרָה כו׳. רַבִּי יִשְׁמָעֵאל בַּר נַחְמָן בְּשֵׁם רַבִּי יוֹנָתָן: שָׁלֹשׁ לְשׁוֹנוֹת הֵן: שֶׁל שָׂעִיר – בְּסֶלַע, שֶׁל מְצוֹרָע – בְּשֶׁקֶל, שֶׁל פָּרָה – בִּשְׁתֵּי סְלָעִים.

GEMARA Since the mishna mentions both the **ramp** used to transport the red **heifer** and the strip of crimson wool, the Gemara relates that **Rabbi Yishmael, son of Naḥman,** said **in the name of Rabbi Yonatan: There are three strips** of crimson, each of which is a different weight. That **of the scapegoat**[H] **is** the weight **of a *sela*,** as it had to be divided into two, one to tie between the scapegoat's horns and one to tie on a rock. It is sufficient for the strip of crimson wool used in the purification **of a leper**[H] to weigh **a shekel,** half of a *sela*, as it is not divided in half. The strip of crimson wool that was used in the process **of** burning the red **heifer**[H] **is of two *sela*.** In order to sink into the mass of burning material, it had to be the heaviest of strips.

LANGUAGE

Deputy [***segan***] **– סְגַן:** This word, which appears in the Bible as well, is apparently borrowed from Assyrian. It primarily refers to a ruler, an appointed official, or an officer. That is how the word is used in the Bible as well. The deputy High Priest, therefore, was the one appointed over the other priests in the Temple. This role was given to the priest who was second in command (see Jeremiah 52:24), who also served as a substitute for the High Priest.

PERSONALITIES

Rabbi Ḥananya the deputy High Priest – רַבִּי חֲנַנְיָה סְגַן הַכֹּהֲנִים: Rabbi Ḥananya, or Ḥanina, the deputy High Priest, was one of the Sages who lived at the time of the destruction of the Second Temple. According to tradition, he was one of the ten martyrs murdered during the period of religious persecution after the destruction.

As his title indicates, Rabbi Ḥananya held a prominent position in the Temple and had a significant degree of authority in its administration. His primary role, however, was to substitute for the High Priest when he could not serve due to impurity or illness.

It seems that his family was an important one, as connections between it and the house of the *Nasi* are mentioned in various sources. Most of his recorded halakhic statements relate to the subject of the Temple and its *halakhot*, such as the *halakhot* of sacrificial offerings and ritual purity.

Rabbi Ḥananya had a son who was one of the *tanna'im*. He was known as Rabbi Shimon, son of the deputy.

NOTES

The leftover produce – מוֹתַר הַפֵּירוֹת: The Gemara (11a) cites two explanations of this term. One opinion is that it refers to the profit gained from the sale of wines, oils, and fine flour that was purchased with the leftover remains of the chamber. Consequently, this is a continuation of Rabbi Yishmael's previously stated opinion that the leftover remains of the chamber were used to purchase wine and flour. The second opinion is that this refers to the profits resulting from the purchase of four *se'a* of grain for the price of three. Later in this chapter, it is noted that providers of grain to the Temple provided four *se'a* of grain for the price of three.

The repletion of the altar – קַיִץ הַמִּזְבֵּחַ: When there are no other offerings on the altar, burnt-offerings are sacrificed so that the altar will not be empty. This is known as the repletion of the altar. These offerings are purchased with funds that are donated for this purpose and placed in a special container. The meat of the burnt-offerings is burned on the altar, and their hides are given to priests.

The leftover libations for the repletion of the altar – מוֹתַר נְסָכִים קַיִץ הַמִּזְבֵּחַ: Since libations, when sacrificed, were completely consumed on the altar and no one could derive benefit from them, the funds remaining from the allocations to libations were used for an offering that was also completely consumed on the altar and from which no one could derive benefit, i.e., a burnt-offering (*Tiklin Ḥadatin*).

Both this Sage and that Sage did not agree with Rabbi Yishmael's opinion with regard to the leftover produce – זֶה וָזֶה לֹא הָיוּ מוֹדִים בַּפֵּירוֹת: According to the opinion in the Gemara (11a) that the leftover produce is the proceeds from the sale of oil and flour purchased from the remains of the chamber, the mishna's intent here is to say: Since Rabbi Akiva and Rabbi Ḥananya, the deputy High Priest, disagree with Rabbi Yishmael and hold that one may not do business with consecrated property, they also disagree with regard to the leftover produce. This is because, in their opinion, there would never be leftover produce, as it is prohibited to sell the oil and flour.

HALAKHA

The leftover libations – מוֹתַר נְסָכִים: The leftover libations are used to purchase sacred vessels for the Temple. If additional funds are needed, the sacred vessels can be purchased with the collection of the chamber. The Rambam rules in accordance with the opinion of Rabbi Akiva. However, the Rambam maintains that in the case of insufficient funds, Rabbi Akiva concedes to Rabbi Yishmael's opinion (*Kesef Mishne*; Rambam *Sefer Zemanim, Hilkhot Shekalim* 4:2).

The leftover funds of the collection – מוֹתַר הַתְּרוּמָה: The leftover funds of the collection of the chamber and the remains of the chamber are used to purchase male lambs to be sacrificed as burnt-offerings. These offerings are called the repletion of the altar. This is in accordance with the opinion of Rabbi Akiva, as the *halakha* is in accordance with his opinion when he disputes a colleague (Rambam *Sefer Zemanim, Hilkhot Shekalim* 4:9).

Of the scapegoat – שֶׁל שָׂעִיר: The strip of scarlet wool that is tied to the head of the scapegoat weighs two shekels, in accordance with the opinion of Ravin in the Babylonian Talmud (*Yoma* 42a; Rambam *Sefer Avoda, Hilkhot Avodat Yom HaKippurim* 3:4).

Of a leper – שֶׁל מְצוֹרָע: The strip of scarlet wool of the leper weighs one shekel, in accordance with the opinion of Rabbi Yonatan (Rambam *Sefer Tahara, Hilkhot Tumat Tzara'at* 11:1).

Of the red heifer – שֶׁל פָּרָה: The strip of crimson wool for the red heifer weighs five *sela*, which is twenty *zuz* (*Kesef Mishne*), as explained in the Babylonian Talmud (*Yoma* 42a; Rambam *Sefer Tahara, Hilkhot Para Aduma* 3:2).

רַבִּי חוּנְיָה דִּבְרַת חַוְורִין רַבִּי בָּא בַּר זַבְדָּא בְּשֵׁם רַבִּי שִׁמְעוֹן בֶּן חֲלַפְתָּא: שֶׁל פָּרָה בִּשְׁתֵּי סְלָעִים וּמֶחֱצָה וְאִית דְּמַפְקִין לִישָּׁנָא: בַּעֲשָׂרָה זוּז.

Rabbi Ḥunya from the city **of Berat Ḥavrin** said that **Rabbi Ba, son of Zavda,** said **in the name of Rabbi Shimon ben Ḥalafta:** The crimson strip **of the red heifer is of two and a half** ***sela*****. Some expressed** his statement using the **language: Of ten** ***zuz*****.** This is the equivalent of two and a half *sela*; however, it is important to quote one's teacher using the identical language that his teacher used.

רַבִּי יְהוּדָא בְּשֵׁם רַבִּי שְׁמוּאֵל: תַּלְמִידֵי חֲכָמִים הַמְלַמְּדִין אֶת הַכֹּהֲנִים הִלְכוֹת שְׁחִיטָה, הִלְכוֹת קַבָּלָה, הִלְכוֹת זְרִיקָה – נוֹטְלִין שְׂכָרָן מִתְּרוּמַת הַלִּישְׁכָּה. רַבִּי יִצְחָק בַּר רְדִיפָה בְּשֵׁם רַבִּי אִימִי: מְבַקְּרֵי מוּמֵי קָדָשִׁים – נוֹטְלִין שְׂכָרָן מִתְּרוּמַת הַלִּישְׁכָּה. רַבִּי אַחָא רַבִּי תַּנְחוּם בַּר חִיָּיא בְּשֵׁם רַבִּי שִׂמְלַאי: מַגִּיהֵי סֵפֶר הָעֲזָרָה נוֹטְלִין שְׂכָרָן מִתְּרוּמַת הַלִּשְׁכָּה.

§ The Gemara cites additional opinions with regard to the items that are purchased with the remains of the chamber. **Rabbi Yehuda said in the name of Rabbi Shmuel: The Torah scholars who teach the priests the** ***halakhot*** **of slaughtering, the** ***halakhot*** **of collecting** the blood of an offering in a sacred vessel, and **the** ***halakhot*** **of sprinkling** the blood on the altar **collect their wages**[N] **from the collection of the chamber. Rabbi Yitzḥak bar Redifa** said **in the name of Rabbi Imi: Inspectors of blemishes of consecrated** animals[NH] **collect their wages from the collection of the chamber. Rabbi Aḥa** said that **Rabbi Tanḥum bar Ḥiyya** said **in the name of Rabbi Simlai: The proofreaders of the** Torah **scroll** that was kept in **the** Temple **courtyard**[NH] **collect their wages from the collection of the chamber.**

גִּידֵּל בַּר בִּנְיָמִין בְּשֵׁם רַבִּי אַסִּי: שְׁנֵי דַיָּינֵי גְּזֵילוֹת נוֹטְלִין שְׂכָרָן מִתְּרוּמַת הַלִּשְׁכָּה. שְׁמוּאֵל אָמַר: נָשִׁים הָאוֹרְגוֹת בַּפָּרוֹכֶת נוֹטְלִין שְׂכָרָן מִתְּרוּמַת הַלִּשְׁכָּה. רַב חוּנָה אָמַר: מִתְּרוּמַת בֶּדֶק הַבַּיִת. מַה פְּלִיג? שְׁמוּאֵל עָבֵד לֵיהּ כְּקָרְבָּן, רַב הוּנָא עָבֵד לָהּ כְּבִנְיָן.

Giddel, son of Binyamin, said **in the name of Rabbi Asi: The two** chief **judges** in Jerusalem, who establish fines and adjudicate cases of **thefts, collect their wages from the collection of the chamber. Shmuel says: The women who weave the curtain**[H] that separates the Temple Sanctuary from the Holy of Holies **collect their wages from the collection of the chamber. Rav Ḥuna said:** They collect their wages **from the collection for Temple maintenance.** With regard to **what do they argue? Shmuel considers it like an offering,** as the blood of certain offerings is sprinkled on the curtain. **Rav Ḥuna**[N] **considers it like** part of **the building,** and funds for the building itself come from the collection for Temple maintenance.

אָמַר רַבִּי חִזְקִיָּה תָּנָא רַבִּי יְהוּדָה גֻּדְגְּדוֹת: הַקְּטֹרֶת וְכָל קָרְבְּנוֹת הַצִּבּוּר – בָּאִין מִתְּרוּמַת הַלִּשְׁכָּה, מִזְבַּח הַזָּהָב וְכָל כְּלֵי שָׁרֵת – בָּאִין מִמּוֹתַר נְסָכִים, מִזְבַּח הָעוֹלָה וְהַהֵיכָל וְהָעֲזָרוֹת – בָּאִין מִשְּׁיָרֵי הַלִּשְׁכָּה, חוּץ לָעֲזָרוֹת – בָּאִין מִלִּשְׁכַּת בֶּדֶק הַבַּיִת.

Rabbi Ḥizkiya said that **Rabbi Yehuda Gudgadot taught: The** funds for the **incense and all communal offerings**[H] **come from the collection of the** Temple treasury **chamber. The** funds for the **golden altar,** located inside the Sanctuary and on which the incense was offered, **and all sacred vessels**[H] **come from** the **leftover money** of that set aside for the **libations. The** funds for **the altar of burnt-offering,**[H] which was located outside the Sanctuary and on which most offerings were burned; **and** for **the Sanctuary** itself; **and the** various **courtyards come from the remains of the chamber.** Funds for whatever was **outside the courtyards**[H] **come from** the money stored in **the chamber for Temple maintenance.**

NOTES

The Torah scholars who teach…collect their wages, etc. – תַּלְמִידֵי חֲכָמִים הַמְלַמְּדִין...נוֹטְלִין שְׂכָרָן וכו׳: *Tosafot* (*Ketubot* 105a) point out that a distinction must be drawn between different types of payments to Torah scholars. It is prohibited to accept payment for Torah study or for adjudicating a court case. However, it is permitted to reimburse a Torah scholar for the time he takes from other business activities in order to engage in these activities. There are also scholars who serve the community by spending all of their time teaching Torah or serving as judges on a rabbinical court. These people may receive a stipend from the community to support them and their families. Rabbeinu Crescas writes that this is the basis for paying community rabbis and yeshiva heads (see Rambam *Sefer HaMadda*, *Hilkhot Talmud Torah* 3:10 and *Kesef Mishne* there).

Inspectors of blemishes of consecrated animals – מְבַקְּרֵי מוּמֵי קָדָשִׁים: *Tosafot* (*Ketubot* 105a) explain that these are the inspectors of potential offerings for blemishes. It does not include those who inspect firstborn animals for blemishes, as they may not receive wages due to the fact that blemished firstborn animals become the property of a priest. However, the *Me'iri* writes that this category does include even the inspectors of blemishes of firstborn animals. According to the Mishna, these inspectors may not receive their wages from the owners directly, due to a concern lest they try to win favor in the eyes of the owners by finding a blemish and disqualifying the animal from being offered on the altar (see Rabbi Ovadya Bartenura on *Bekhorot* 4:5).

The Torah scroll that was kept in the Temple courtyard – סֵפֶר הָעֲזָרָה: This is a reference to the Torah scroll that remained in the Temple, from which the High Priest would read every Yom Kippur in the women's courtyard (*Nimmukei Yosef* on *Mo'ed Katan* 11a; Rabbi Ovadya Bartenura on *Mo'ed Katan* 3:4 and *Keilim* 15:6). Since this Torah was both read in front of the entire Jewish people and used to check the Torah scroll from which the king read, it had to be exceptionally precise (*Me'iri* on *Mo'ed Katan* 18b).

Rav Ḥuna – רַב הוּנָא: Although the Vilna text has Rav Huna, it is clear from context that this is meant to be Rav Ḥuna.

HALAKHA

Torah scholars…inspectors of blemishes of consecrated animals, etc. – תַּלְמִידֵי חֲכָמִים...מְבַקְּרֵי מוּמֵי קָדָשִׁים וכו׳: The inspectors of blemishes of consecrated animals in Jerusalem, Torah scholars who teach the priests the *halakhot* of slaughtering and taking handfuls of meal offerings, and women who raise their children to participate in the ritual of the red heifer all receive their wages from the collection of the Temple treasury chamber (Rambam *Sefer Zemanim*, *Hilkhot Shekalim* 4:2).

The proofreaders of the Torah scroll that was kept in the Temple courtyard – מַגִּיהֵי סֵפֶר הָעֲזָרָה: The proofreaders of the Torah scrolls in Jerusalem received their wages from the collection of the chamber (Rambam *Sefer Zemanim*, *Hilkhot Shekalim* 4:7).

The women who weave the curtain – נָשִׁים הָאוֹרְגוֹת בַּפָּרוֹכֶת: The women who weave the curtain of the Sanctuary receive their wages from the Temple maintenance fund, in accordance with the opinion of Rav Ḥuna. However, the curtains for the gates and the wages of the women who weave them are funded from the collection of the chamber (Rambam *Sefer Zemanim*, *Hilkhot Shekalim* 4:2).

The incense and all communal offerings – הַקְּטֹרֶת וְכָל קָרְבְּנוֹת הַצִּבּוּר: The daily offerings, the additional offerings, all communal offerings, their libations, the incense, and the wages of those who prepared the incense are all funded from the collection of the Temple treasury chamber, in accordance with the mishna (Rambam *Sefer Zemanim*, *Hilkhot Shekalim* 4:1).

Sacred vessels – כְּלֵי שָׁרֵת: The sacred vessels in the Temple are purchased with the leftover libations, in accordance with the opinion of Rabbi Yehuda Gudgadot (Rambam *Sefer Zemanim*, *Hilkhot Shekalim* 4:2).

The altar of burnt-offering, etc. – מִזְבַּח הָעוֹלָה וכו׳: The altar, the Sanctuary, and the Temple courtyards are funded from the remains of the chamber, in accordance with the opinion of Rabbi Yehuda Gudgadot. The Rambam rules in accordance with the version of the text presented here. The *Kesef Mishne* wonders why the Rambam rules in accordance with the Jerusalem Talmud over the version found in the Babylonian Talmud (*Ketubot* 106b; Rambam *Sefer Zemanim*, *Hilkhot Shekalim* 4:8).

Outside the courtyards – חוּץ לָעֲזָרוֹת: Anything located outside the wall of the Temple courtyard, such as the walls of Jerusalem, its towers, and other city institutions, are funded from the remains of the chamber (Rambam *Sefer Zemanim*, *Hilkhot Shekalim* 4:8).

וְהָא תָּנֵי אַבְנֵי הַמִּזְבֵּחַ הַהֵיכָל וְהָעֲזָרוֹת מוֹעֲלִין בָּהֶן, וְכִי יֵשׁ מְעִילָה בַּשִּׁירַיִים? אֶלָּא כְּרַבִּי מֵאִיר דְּרַבִּי מֵאִיר אָמַר: מוֹעֲלִין בַּשִּׁירַיִים.

The Gemara asks: **Wasn't it taught** in a *baraita* that one who derives benefit from **the stones of the altar, the Sanctuary, or the courtyards**[N] thereby **misuses** consecrated property? Therefore, if one does so unwittingly, he is liable to repay to the Temple treasury the value of the loss he caused or benefit he gained, in addition to a fine of one-fifth of that amount, and he must bring a guilt-offering. **And is there misuse** of consecrated property **with regard to** items purchased with the **remains** of the chamber? The Gemara answers: **Rather,** the *baraita* **is in accordance with** the opinion of **Rabbi Meir, as Rabbi Meir says: One misuses** consecrated property even if he derives benefit from items purchased **with the remains** of the chamber.

אָמַר רַבִּי חִיָּיא: כְּלוּם אָמַר רַבִּי מֵאִיר אֶלָּא בְּתוֹךְ שְׁנָתוֹ, וְהָכָא חוּץ לִשְׁנָתוֹ אֲנַן קַיְימִין.

Rabbi Ḥiyya said in response to this suggestion: **Did Rabbi Meir say** this statement **other than within its year?**[N] Even Rabbi Meir agrees that one violates the prohibition against misusing consecrated property by deriving benefit from the remains of the chamber only within the year for which those coins were donated. Since the funds could still be used for communal offerings if needed during that year, the prohibition applies. **But here, we are dealing with** funds that are **outside the year** of their collection, as the remains of the chamber were not used to purchase stones until after the year was over. Therefore, the *baraita* is not in accordance with Rabbi Meir, and the challenge to Rabbi Yehuda Gudgadot remains.

אָמַר רַבִּי חִזְקִיָּה: תְּנָא רַבִּי יְהוּדָה גְּדְגְּנִיּוֹת, הַשֻּׁלְחָן, וְהַמְּנוֹרָה, וְהַמִּזְבְּחוֹת, וְהַפָּרוֹכֶת – מְעַכְּבִים אֶת הַקָּרְבָּנוֹת, דִּבְרֵי רַבִּי מֵאִיר. וַחֲכָמִים אוֹמְרִים: אֵין לְךָ מְעַכֵּב אֶת הַקָּרְבָּן אֶלָּא הַכִּיּוֹר וְהַכַּן בִּלְבָד.

Having cited Rabbi Yehuda Gudgadot, referred to now as Rabbi Yehuda Gudganiyot, the Gemara cites another of his rulings. **Rabbi Ḥizkiya said** that **Rabbi Yehuda Gudganiyot taught:** If **the table and the candelabrum and the altars**[H] **and the curtain** are incomplete or are not in their proper location, **they prevent offerings** from being brought; this is **the statement of Rabbi Meir. The Rabbis say: The only** items **that prevent the offering** from being brought **are the** water **basin and the base alone,** as the Temple rite may not be performed if the basin and its base are not in place.

וְלֹא כֵן אָמַר רַבִּי אֱלִיעֶזֶר וְרַבִּי יוֹסֵי בֶּן חֲנִינָה, תְּרֵיהוֹן אָמְרִין: כָּל הֵן דִּכְתִיב "נֹכַח" – מְעַכֵּב, "צֶלַע" – אֵינוֹ מְעַכֵּב.

However, **didn't Rabbi Eliezer and Rabbi Yosei ben Ḥanina both say: Wherever it is written: Opposite,** in describing the proper location for one of the sacred vessels, its absence **prevents** offerings from being brought. For example, with regard to the candelabrum, the verse states: "And the candelabrum opposite the table" (Exodus 26:35). Wherever the verse states: **Side,** the absence of the vessel **does not prevent** offerings from being brought. For example, with regard to the table, the verse states: "And you shall place the table on the south side" (Exodus 26:35).

וְאָמַר רַבִּי שְׁמוּאֵל בַּר נַחְמָן בְּשֵׁם רַבִּי יוֹנָתָן: וַאֲפִילוּ "צֶלַע" מְעַכֵּב. וְאָמַר רַבִּי אִילָא בְּשֵׁם

And Rabbi Shmuel bar Naḥman said in the name of Rabbi Yonatan: Even absence of a vessel whose location is described with the **side, prevents** offerings from being brought. **And Rabbi Ila said in the name of**

NOTES

The stones of the altar, the Sanctuary, or the courtyards – אַבְנֵי הַמִּזְבֵּחַ הַהֵיכָל וְהָעֲזָרוֹת: The early commentaries explain that this is referring to stones that have become detached from these structures. When the stones are still in place, there is no prohibition against deriving benefit from them. One explanation as to why there is no prohibition against deriving benefit from the stones while they are attached invokes the principle that the Torah was not given to angels. In other words, it is unreasonable to instruct people not ever to lean on a wall or benefit from its shade (Rash Sirilio). Another explanation is that the prohibition of misuse of consecrated items does not apply to items that are attached to the ground (*Talmid HaRashbash*).

Other than within its year – אֶלָּא בְּתוֹךְ שְׁנָתוֹ: The stones may not be purchased with the funds collected that year, as Rabbi Meir holds that those funds are reserved solely for purchasing communal offerings. Ideally, communal offerings are purchased with the funds from the collection of the Temple treasury chamber and not from the shekels that remain after that collection. The shekels that remain are covered for this very reason, as described in the mishna (9a). Nonetheless, if all the shekels from the collection of the chamber have been expended, the shekels that remain in the chamber after the collection may be used to purchase the communal offerings. Therefore, these funds are not used for anything else. However, the remaining shekels from the previous year may no longer be used to purchase offerings, and therefore they may be used to purchase other items necessary for the Temple, such as stones for the altar and the Sanctuary (Rash Sirilio).

HALAKHA

The table and the candelabrum and the altars – הַשֻּׁלְחָן וְהַמְּנוֹרָה וְהַמִּזְבְּחוֹת: The golden candelabrum and all other sacred vessels in the Temple are funded from the leftover libations, in accordance with the opinion of Rabbi Yehuda Gudgadot (Rambam *Sefer Zemanim*, *Hilkhot Shekalim* 4:2).

Perek **IV**
Daf **11** Amud **a**

רַבִּי שְׁמוּאֵל בַּר נַחְמָן: וַאֲפִילוּ "שִׂימָה" מְעַכֵּב.

Rabbi Shmuel bar Naḥman: And even correct **placement,**[N] **is necessary** for offerings to be valid. According to this view, if the candelabrum, either of the two altars, the table, the curtain, or the basin is invalid or not in its proper location, sacrificial offerings are not accepted. All of the *amora'im* cited here apparently disagree with the opinion of the Rabbis cited in the *baraita*, who maintain that the only vessels that invalidate offerings are the basin and its base.

NOTES

And even correct placement – וַאֲפִילוּ שִׂימָה: This term is used with regard to several vessels that are located inside the Sanctuary. With regard to the curtain, the verse states: "And he brought the Ark into the Tabernacle, and placed the veil of the screen" (Exodus 40:21). With regard to the candelabrum, it states: "He placed the candelabrum" (Exodus 40:24). With regard to the golden altar it states: "He placed the golden altar" (Exodus 40:26). With regard to the altar of burnt-offerings, it states: "And he placed the altar of burnt-offering" (Exodus 40:29). With regard to the table it states: "You shall place the table" (Exodus 26:35).

אָמַר רַבִּי חֲנִינָא: כָּאן בַּעֲבוֹדוֹת שֶׁבִּפְנִים כָּאן בַּעֲבוֹדוֹת שֶׁבַּחוּץ.

Rabbi Ḥanina says: There is no disagreement between these *amora'im* and the Rabbis. **Here,** the statements of the *amora'im* are **with regard to the rites that are** performed **inside** the Temple, such as bringing the incense, lighting the candelabrum, placing the shewbread on the table, and sprinkling blood on the curtain. The vessels located inside the Temple are essential for the validity of these rites. However, **here,** the statement of the Rabbis is **with regard to the rites that are** performed **outside** of the Sanctuary, i.e., in the courtyard, such as the sacrificing of most offerings. Only the absence of the basin or its base invalidates these rites.

אָמַר רַבִּי חֲנִינָא: שַׁחְצִית גְּדוֹלָה הָיְתָה בִּבְנֵי כֹּהֲנִים גְּדוֹלִים, שֶׁיּוֹתֵר מִשִּׁשִּׁים כִּכְּרֵי זָהָב הָיוּ מוֹצִיאִין בָּהּ. שֶׁהָיָה כִּבְשָׁהּ שֶׁל פָּרָה עוֹמֵד, וְלֹא הָיָה אֶחָד מֵהֶן מוֹצִיא פָּרָתוֹ בְּכִבְשׁוֹ שֶׁל חֲבֵירוֹ, אֶלָּא סוֹתְרוֹ וּבוֹנֶה אוֹתוֹ מִשֶּׁלּוֹ.

§ We learned in the mishna that, according to Abba Shaul, the High Priests would pay for the ramp of the red heifer from their own funds. With regard to this issue, **Rabbi Ḥanina said: There was great haughtiness among the High Priests, as they would spend more than sixty talents of gold**[B] **on it.** This expenditure was unnecessary, **as the** previous **ramp of the heifer was** still **standing. But not one of the** High Priests **would take out his heifer on his fellow's ramp. Rather, he would demolish it and build** a new one **from his own** funds.

הֵתִיב רַבִּי עוּלָּא קוֹמֵי רַבִּי מָנָא: וְהָא תָּנֵי: שִׁמְעוֹן הַצַּדִּיק שְׁתֵּי פָרוֹת עָשָׂה, לֹא בַּכֶּבֶשׁ שֶׁהוֹצִיא אֶת זוֹ הוֹצִיא אֶת זוֹ. אִית לָךְ לְמֵימַר שִׁמְעוֹן הַצַּדִּיק שַׁחַץ הָיָה? מַאי כְּדוֹן – עַל שֵׁם מַעֲלָה הִיא בְּפָרָה, סִלְסוּל הִיא בְּפָרָה.

Rabbi Ulla raised an objection in the presence of Rabbi Mana: Wasn't it taught in a *baraita* that **Shimon HaTzaddik**[P] **performed** the rites of **two red heifers,** and **the ramp on which he took out this one he did not** use again to **take out that** other one? **Is it possible for you to say Shimon HaTzaddik was haughty? What, then,** is the reason that he constructed a new ramp? It is **due to a higher** standard that was established **with regard to the** ceremony of the red **heifer;**[N] **it is** due to a higher level of **honor** [*silsul*][L] **accorded to** the ceremony of **the red heifer.**

תָּנֵי: זִיזִין וּכְתָלִים הָיוּ יוֹצְאִין מִכָּאן וּמִכָּאן כְּדֵי שֶׁלֹּא יָצִיצוּ הַכֹּהֲנִים וְיִטַּמְּאוּ.

It was taught in a *baraita*: **Projections and walls would extend** from the ramp **from here and from there,** i.e., on either side, **in order that the priests would not peek**[N] out over the edge of the ramp **and become ritually impure** by leaning their bodies over a grave without any interposition.

"רַבִּי עֲקִיבָא אוֹמֵר אֵין מִשְׂתַּכְּרִין" כו׳. אֶלָּא אִם רָצָה יְהֵא הַהֶפְסֵד שֶׁלּוֹ וְהַשָּׂכָר לַהֶקְדֵּשׁ – מוּתָּר.

§ We learned in the mishna that according to Rabbi Yishmael, the leftover remains of the chamber were used to purchase wine, oil, and fine flour. These items were sold to individuals who needed them for their private offerings, and the proceeds went to the Temple treasury. Whereas **Rabbi Akiva says: One may not generate profit** by selling consecrated property or by using funds set aside for the poor. The Gemara explains that Rabbi Akiva prohibited doing business with consecrated funds only when there was a risk of loss. **However, if** the seller of the wine, oil, or fine flour **wanted** to agree that any **loss** from the subsequent sale of these items would be **his, while** any **profit** gained would go **to the** Temple treasury of **consecrated** property, it is **permitted.** The potential profit or loss would result from fluctuations in the market price of these items.

NOTES

A higher standard that was established with regard to the ceremony of the red heifer – מַעֲלָה הִיא בְּפָרָה: The Talmud mentions thirteen ways in which the standards of purity that the Sages instituted with regard to the red heifer are more stringent than those that apply to sacrificial offerings. The reason the Sages were so stringent with regard to the red heifer is because of the one leniency, i.e., that it could be prepared by someone who immersed in a ritual bath in order to become pure, but was still considered impure until nightfall with regard to eating *teruma* and other sacred foods. In fact, the Sages would see to it that those involved in preparing the red heifer would become impure and would then immerse and prepare the red heifer before nightfall, in order to combat the opinion of the Sadducees, who claimed that such a person may not participate in the process until after nightfall.

Because of this leniency, however, the Sages were concerned that people would take lightly the standards of purity necessary for the red heifer in other ways. Therefore, they instituted very high standards of purity, in order to emphasize how careful one must be in preparing the red heifer (see *Ḥagiga* 8b and Rashi there; *Yoma* 2a). Even the building of a new ramp for each red heifer, which did not protect against impurity better than the previous ramp, was undertaken in order to publicize the necessity of maintaining high standards of purity (*Talmid HaRashbash*; Rabbeinu Meshulam; Mahara Fulda).

In order that the priests would not peek – כְּדֵי שֶׁלֹּא יָצִיצוּ הַכֹּהֲנִים: Some explain that these projections were built so that the priests standing outside the ramp would not be able to peek into the ramp and in so doing touch the priests who were involved in the ritual of the red heifer and thereby render them ritually impure (*Korban HaEida*).

BACKGROUND

Talent of gold – כִּכַּר זָהָב: The largest measurement in Scripture, primarily used with regard to metals and their monetary value. The word was also used as the name of a weight in other ancient Semitic languages. The Hebrew word *kikar* is probably related the round shape of the weight, as *kikar* is also the word for a loaf of bread, which were baked as round loaves. Scholars disagree about the modern equivalent of the talent, with estimates ranging from 33–50 kilograms. From the verses in Exodus (38:24–29) it can be derived that a talent was the equivalent of three thousand biblical shekels.

PERSONALITIES

Shimon HaTzaddik – שִׁמְעוֹן הַצַּדִּיק: Shimon HaTzaddik, Shimon the Righteous, is the first Sage mentioned in the chain of tradition in tractate *Avot*. He is described there as one of the remnants of the Great Assembly. According to Josephus, his full name was Shimon ben Ḥunyo ben Yadu'a.

Based upon the few facts mentioned about him, it seems that he was the High Priest at the beginning of the rule of the Greeks in Eretz Yisrael, and he is the one who greeted Alexander of Macedon upon his conquering the land. Some of his activities are recorded in Josephus' *Antiquities*, and some of his praises are mentioned in the book of Ben Sira, the author of which apparently knew him personally. This book also contains a description of Shimon HaTzaddik as he left the Sanctuary on Yom Kippur, which later served as the inspiration for the liturgical hymn recited on Yom Kippur called Appearance of the Priest [*Mareh Kohen*].

It is related that Shimon HaTzaddik rebuilt the ruins of Jerusalem and began to build the wall around the Temple. The Jerusalem Talmud contains many statements praising his righteousness. In tractate *Sota*, it is related that after his death the priests no longer blessed the people using the ineffable four-letter name of God, as the Sages did not deem the generation worthy.

Some believe that his grandson and perhaps another High Priest were also referred to as HaTzaddik.

Statue of Alexander the Great at the British Museum. Shimon HaTzaddik was the one to greet him in Eretz Yisrael.

LANGUAGE

Honor [*silsul*] – סִלְסוּל: Although this word is found in Scripture and used often in rabbinic literature, its meaning is not entirely clear. Some hold that it means raising up or exalting, as in the verse: "Extol her [*salseleha*], and she will exalt you" (Proverbs 4:8). It can also mean decoration and beautification, which can fit the above verse as well. It also denotes creating round objects or shapes, as in the word *sal*, a basket.

כַּהֲדָא, בַּר זְמִינָא אִיתַפְקַד גַּבֵּיהּ מְדַל דְּיַתְמִין, אֲתָא וּשְׁאַל לְרַבִּי מָנָא, אֲמַר לֵיהּ: אִין בָּעֵית דִּי הַהַפְסָדָה דִּידָךְ וְאַגְרָה דְּתַרְוֵיכוֹן – שָׁרֵי. רַבִּי חִיָּיה בַּר אַדָּא אִיתַפְקַד גַּבֵּיהּ מְדַל דְּיַתְמִין, וַעֲבֵיד כֵּן.

An example **like this** can be found in an incident involving **bar Zemina. Funds** belonging to **orphans were deposited with him. He came and asked Rabbi Mana** if he was permitted to invest these funds. Rabbi Mana **said to him: If you want** to agree **that** any **loss** will be **yours and** any **profit** will belong to **both of you** to share,[NH] then **it is permitted. Rabbi Ḥiyya bar Adda** had **funds** belonging to **orphans deposited with him and he did so;** he accepted all losses and split the profits with the orphans.

״מוֹתַר פֵּירוֹת״ כו׳. מַתְנִיתִין דְּרַבִּי יִשְׁמָעֵאל הִיא. דְּרַבִּי חִיָּיה בַּר יוֹסֵף פָּתַר מַתְנִיתָא: מוֹתַר פֵּירוֹת – שָׂכָר לַהֶקְדֵּשׁ,

§ It was taught in the mishna that according to Rabbi Yishmael, the **leftover produce** was used to purchase the repletion of the altar, i.e., burnt-offerings sacrificed at times when the altar was idle. This leftover produce discussed in **the mishna is** referring to the profits earned, in accordance with the opinion **of Rabbi Yishmael** cited earlier, **as Rabbi Ḥiyya bar Yosef explained the mishna** as follows: The **leftover produce** mentioned by Rabbi Yishmael is a reference to his earlier statement that **the profits** from the sales of wine, oil, and flour went **to** the Temple treasury of **consecrated** property.

מוֹתַר נְסָכִים – זוֹ סְאָה רְבִיעִית.

Regarding the term **leftover libations** mentioned by Rabbi Akiva and Rabbi Ḥananya, the deputy High Priest, **this** is referring to the **fourth** ***se'a***.[B] If the treasurer of the Temple paid in advance for a year's worth of wine, oil, and flour, and the price of these goods later rose, the seller was required to provide the goods at the original, lower price. The treasury then sold these items at the higher price to individuals who needed them for offerings. For example, if the treasurer paid for flour at the price of four *se'a* for one *sela*, and the price then rose to three *se'a* for one *sela*, the seller would have to provide four *se'a* for one *sela*. This fourth *se'a* was sold, and the profit from this sale was given to the Temple.

רַבִּי יוֹחָנָן פָּתַר מַתְנִיתָא: מוֹתַר פֵּירוֹת – זוֹ סְאָה רְבִיעִית, מוֹתַר נְסָכִים – לַבֵּירוּצִין

Rabbi Yoḥanan explained the mishna as follows: **The leftover produce, this** is referring to **the fourth** ***se'a***. **The leftover libations,** this is referring **to the overfill** [***beirutzin***][L] of the substance when measured. When one sells a certain measure of wine, oil, or flour to the Temple treasury, he is required to fill the measuring vessel above the rim, so that he provides more than the exact measurement. However, when the Temple treasurer sells these products, he must be exact in the measurements. The difference between these two amounts is referred to in the mishna as the leftover libations.

וְלֵית לֵיהּ לְרַבִּי חִיָּיה בַּר יוֹסֵף לַבֵּירוּצִין? אָמַר רַבִּי חִזְקִיָּה: מַה דְּנָפַל לִסְאָה רְבִיעִית נָפַל לַבֵּירוּצִין.

The Gemara asks: **And is Rabbi Ḥiyya bar Yosef not** of the opinion that the Temple profits from **the overfill?** Why, then, does he omit any reference to it in his explanation of the mishna? **Rabbi Ḥizkiya said: That which befalls the fourth** ***se'a*** **befalls the overfill**[H] as well. Both fall under the same category of leftover libations.

NOTES

If you want to agree that any loss will be yours and any profit will belong to both of you to share – אִין בָּעֵית דִּי הַהַפְסָדָה דִּידָךְ וְאַגְרָה דְּתַרְוֵיכוֹן: Due to the prohibition against usury, it is prohibited to accept full liability for losses incurred to another Jew's money while simultaneously agreeing to equally share the profits of an investment. This is because accepting full liability renders the transaction a loan, and therefore the profit that the investor receives is considered interest. In this case, however, since the agreement did not guarantee the investor any profit, it constitutes a form of usury that is prohibited by rabbinic law but not by Torah law. The Sages did not extend the rabbinic decree to cases involving orphans or the poor, in order to allow their money to earn greater profits. Similarly, the decree was not applied to the Temple treasury (*Korban HaEida*; *Tiklin Ḥadatin*, based on the Gemara in *Bava Metzia* 70a).

BACKGROUND

Se'a – **סְאָה:** A *se'a* is a measure of dry volume first mentioned in Genesis (18:6). It is used by the Sages as a point of reference for all measures. Every *se'a* contains six *kav*, which equals twenty-four *log*. Estimates of the modern equivalent of a *se'a* range from 7.2–14.4 ℓ.

LANGUAGE

Overfill [*beirutzin*] – **בֵּירוּצִין:** The root of this word is *brtz*, similar to *prtz*, as the letters *beit* and *peh* can sometimes be interchanged. It means breaking through a fence or a barrier. The overfill also broke free of its designated place.

HALAKHA

If you want to agree that any loss will be yours and any profit will belong to both of you to share – אִין בָּעֵית דִּי הַהַפְסָדָה דִּידָךְ וְאַגְרָה דְּתַרְוֵיכוֹן: If orphans inherited money from their father, the court does not need to appoint a custodian. Rather, it gives the money to a trustworthy person who invests the money and shares the profits with the orphans, but takes full responsibility for any losses incurred. If he does not own land, he may give gold pieces as security for the money. If there is no one to invest the money in this manner, the court uses the money to purchase a piece of property that is managed by a trustee. Funds are withdrawn a little bit at a time to support the orphans. However, some hold that the money is given to a trustee to manage from the beginning, just as land belonging to orphans is managed by a trustee (Rambam *Sefer Mishpatim*, *Hilkhot Malve VeLoveh* 4:14 and *Hilkhot Naḥalot* 11:1; *Shulḥan Arukh*, *Ḥoshen Mishpat* 290:8, and in the comment of the Rema).

It is prohibited to lend out the money of orphans to other Jews with a fixed interest rate, as that is considered usury by Torah law. However, it is permitted to lend out the money of orphans in a manner that constitutes usury only on a rabbinic level. Similarly, money designated for the poor, for the support of Torah study, or for a synagogue may be lent out in this manner. The custom is to be lenient although there are those who hold that one may not do so without the explicit consent of the court (Rambam *Sefer Mishpatim*, *Hilkhot Malve VeLoveh* 4:14 and *Hilkhot Naḥalot* 11:1; *Shulḥan Arukh*, *Ḥoshen Mishpat* 290:8 and *Yoreh De'a* 160:18 and *Rema* there).

Befalls the overfill – נָפַל לַבֵּירוּצִין: What did they do with the overfill? If there was another offering that required libations, they brought this overfill with it. If it was left overnight, it becomes disqualified. Otherwise, it is used to purchase the repletion of the altar (Rambam *Sefer Avoda*, *Hilkhot Ma'aseh HaKorbanot* 2:10).

עַל דַּעֲתֵיהּ דְּרַבִּי חִיָּיה בַּר יוֹסֵף נִיחָא, אֵין מִשְׂתַּכְּרִין בְּשֶׁל הֶקְדֵּשׁ אַף לֹא בְּשֶׁל עֲנִיִּים, לְפִיכָךְ זֶה וָזֶה לֹא הָיוּ מוֹדִין בְּפֵירוֹת.

It works out well **according to the opinion of Rabbi Ḥiyya bar Yosef,** which maintains that the leftover produce was sold for profit by the Temple treasury: **One may not generate profit** by selling **consecrated** property, **and not even with** funds set aside **for the poor,** and **therefore** the mishna concludes: Both **this** Sage **and that** Sage, Rabbi Akiva and Rabbi Ḥananya, **did not agree** with Rabbi Yishmael's opinion **with regard to the** leftover produce.

עַל דַּעֲתֵיהּ דְּרַבִּי יוֹחָנָן קַשְׁיָא, וְהָא תָּנֵינַן: עָמְדוּ מִשָּׁלֹשׁ – יְסַפֵּק מֵאַרְבַּע. וְתָנֵינַן: זֶה וָזֶה לֹא הָיוּ מוֹדִים בְּפֵירוֹת!

However, **in accordance with the opinion of Rabbi Yoḥanan,** which maintains that the leftover produce is referring to the profit gained from the fourth *se'a*, **it is difficult. Didn't we learn** in a mishna that if the treasurer paid for a product at the price of four units per *sela*, and at the time it was delivered the price had risen and **stood at three** units per *sela*, the seller must still **provide** the produce at the original price **of four**[H] units per *sela*, leaving the Temple treasury with an extra unit from which to profit? Apparently, all agree that the treasury may profit in this manner. However, **we learned** in the mishna that **this** Sage **and that** Sage, Rabbi Akiva and Rabbi Ḥananya, **did not agree** with Rabbi Yishmael's opinion **with regard to** the leftover **produce.**

לֹא הָיוּ מוֹדִים בְּפֵירוֹת בְּקַיִץ לַמִּזְבֵּחַ, אֲבָל מוֹדִין הָיוּ בִּכְלֵי שָׁרֵת.

The Gemara answers: Everyone agrees that the fourth *se'a* may be sold on behalf of the Temple treasury. When the mishna says that Rabbi Akiva and Rabbi Ḥananya did not agree with regard to the leftover produce, it means that they **did not agree** that the profits **from the produce** should be used **for** purchasing **the repletion of the altar. However, they did agree** that they may be used **for** purchasing **sacred vessels.**

עַד כְּדוֹן בֵּירוּצֵי צִבּוּר, וַאֲפִילוּ בֵּירוּצֵי יָחִיד, וְלֹא נִמְצְאוּ כְּלֵי שָׁרֵת בָּאִין מִשֶּׁל יָחִיד?

It appears that all agree that profits from the overfill of the measures are used to purchase sacred vessels. The Gemara asks: **Until here,** it is reasonable to say that the **overfill** from **communal** offerings is used to purchase sacred vessels. However, is it possible to say that the sacred vessels could be purchased **even with** the **overfill of individual** offerings? **Wouldn't it turn out that the sacred vessels had come from an individual,** which is not permitted?

כַּהֲדָא דְּתָנֵינַן: אִשָּׁה שֶׁעָשְׂתָה כְּתוֹנֶת לִבְנָהּ – כְּשֵׁרָה, וּבִלְבַד שֶׁתִּמְסְרֶנָּה לַצִּיבּוּר.

The Gemara answers that it is **like that which we learned** in a *baraita*: In the case of **a woman who made a tunic,** one of the priestly vestments, **for her son** to wear while he serves in the Temple, the tunic **is valid.** However, since the priestly vestments must come from communal funds, the priest may only use his mother's tunic in the Temple **provided that she** completely **transfers** ownership of the tunic **to the community.** Similarly, if the owner donates the overfill to the public, it is permissible to use the profit to purchase sacred vessels.

עַד כְּדוֹן בֵּירוּצֵי לַח וַאֲפִילוּ בֵּירוּצֵי יָבֵשׁ?

Until now, the discussion has concerned **liquid overfill,** e.g., wine or oil. Since the overfill was originally within the confines of the sacred vessel, it attained consecrated status. Is the same is true **even for dry overfill,** such as fine flour, in which the overfill was piled on top of the already full vessel? If the overfill was never actually within the confines of the vessel, is it consecrated?

כְּהַהִיא דְּתָנֵינַן תַּמָּן: הַנְּסָכִים שֶׁקָּדְשׁוּ בִּכְלִי וְנִמְצָא הַזֶּבַח [פָּסוּל], אִם יֵשׁ שָׁם זֶבַח אַחֵר – יִקְרְבוּ עִמּוֹ, וְאִם [לָאו] – לָנוּ, יוּפְסְלוּ בְּלִינָה.

The Gemara answers: The *halakha* **is in accordance with that which we learned** in a mishna **there** (*Menaḥot* 79a): In the case of **the libations,** which include fine flour, **that were sanctified in** a sacred **vessel**[N] **and,** subsequently, **the offering** they were meant to accompany **is found to be disqualified,**[H] **if there is another offering there** that requires libations, **they** may be **sacrificed with it. And if not,** and **they are left overnight, they become disqualified by** being **left overnight.** Since the mishna in *Menaḥot* does not distinguish between liquid libations and fine flour, the Gemara understands that no distinction should be drawn with regard to the overfill; even dry overfill is consecrated and can be used for the purchase of sacred vessels.

HALAKHA

If the price had risen and stood at three units per *sela*, the seller must still provide the produce at the original price of four – עָמְדוּ מִשָּׁלֹשׁ יְסַפֵּק מֵאַרְבַּע: The person appointed to oversee the libations would use the money from the collection of the Temple treasury chamber to purchase wine, oil, and fine flour. The Sages said that in a contract with the Temple treasury, if a seller agrees to sell his produce at a price of four units for a *sela*, even if the market price later rises to three units for a *sela*, he is required to provide the produce at the cheaper price. At the same time, if he agrees to sell three units for a *sela* and the price falls to four units for a *sela*, he must provide the produce at the current, cheaper price. The Temple treasury would then sell these items to people who needed them for their offerings. The profits from these sales were referred to as the leftover libations and were used for the repletion of the altar. Although the Sages said that consecrated objects should not be invested for profit, this ruling applies to selling produce in a manner that appears as though the Temple treasury is in need of raising funds. However, the purchase of libations was necessary in order for people to bring their offerings, and therefore it was permitted (Rambam *Sefer Avoda, Hilkhot Kelei HaMikdash* 7:9, and in the comment of the Ra'avad).

The libations that were sanctified in a vessel and the offering is found to be disqualified – הַנְּסָכִים שֶׁקָּדְשׁוּ בִּכְלִי וְנִמְצָא הַזֶּבַח פָּסוּל: If libations are placed in a sacred vessel and the offering they are meant to accompany is found to be disqualified, they are not sanctified if the disqualification is due to improper slaughter. If the offering becomes disqualified at the time of receiving the blood or afterward, the libations are sanctified. If there is another offering that has been slaughtered, the libations can be brought with it. Otherwise, they are disqualified and must be burned.

This is the case with regard to communal offerings, as the court stipulates that the libations may be brought with any offering and not only with their original one. However, with regard to the libations of individual offerings, they are left overnight and then burned (Rambam *Sefer Avoda, Hilkhot Pesulei HaMukdashin* 12:6, and in the comment of the Ra'avad).

NOTES

The libations…that were sanctified in a sacred vessel – הַנְּסָכִים שֶׁקָּדְשׁוּ בִּכְלִי: In the commentary it is explained that this serves as a proof that the *halakha* for dry overfill is the same as for liquid overfill. This is the opinion of the Rash Sirilio, which is based on the version of the text presented here. Others understand the Gemara to be drawing the opposite conclusion: According to the mishna in *Menaḥot* only libations that were actually inside the sacred vessel are consecrated, and thus the overfill of flour is not considered to have been sanctified in a sacred vessel and cannot be used to buy sacred vessels (*Korban HaEida*).

HALAKHA

The leftover incense – מוֹתַר הַקְּטוֹרֶת: Leftover incense was treated in the same manner as leftover animals that had been designated as daily offerings. When the month of Nisan arrived, they desacralized these items onto money that was to have been used to pay the wages of the artisans who worked in the Temple. That money was then used for the repletion of the altar, and the artisans took the leftover incense as their wages. The Temple treasury then bought back the incense from the artisans with funds from the new collection of the chamber. The incense could then be brought, as it had been purchased with the collection of the current year (Rambam *Sefer Zemanim*, *Hilkhot Shekalim* 4:12).

הלכה ג מתני׳ מוֹתַר הַקְּטוֹרֶת מֶה הָיוּ עוֹשִׂין בָּהּ? מַפְרִישִׁין מִמֶּנָּה שְׂכַר הָאוּמָּנִין, וּמְחַלְּלִין אוֹתָהּ עַל מְעוֹת הָאוּמָּנִין, וְנוֹתְנִין אוֹתָהּ לָאוּמָּנִין בִּשְׂכָרָן, וְחוֹזְרִין וְלוֹקְחִין אוֹתָהּ מִתְּרוּמָה חֲדָשָׁה [וְאִם בָּא חָדָשׁ בִּזְמַנּוֹ – לוֹקְחִין אוֹתָהּ מִתְּרוּמָה חֲדָשָׁה], וְאִם לָאו – מִן הַיְשָׁנָה.

HALAKHA 3 · MISHNA **The leftover incense**[NH] from one year could not be used the following year, as it had been purchased with the shekels collected for the previous year. **What would be done with it**[N] in order to make it usable? The Temple treasurers **would set aside** an amount **of it** equal to the value of **the wages of the artisans**[N] who worked in the Temple. **They would** then **desacralize** that incense by transferring its sanctity **to the money** owed to **the artisans. They would** then **give** the incense **to the artisans**[N] **as their wages.**[N] Finally, **they would return and buy** back the incense from the artisans with funds **from the new collection** of shekels. **If the new** funds **come on time,** i.e., by the beginning of Nisan, **they purchase** the incense with funds **from the new collection** of shekels. **And if not,** they may still purchase it **from the old** collection, and it is valid.

גמ׳ וְלֹא נִמְצָא הֶקְדֵּשׁ מִתְחַלֵּל עַל הַהֶקְדֵּשׁ?

GEMARA We learned in the mishna that the leftover incense was desacralized with money that the Temple treasury owed the artisans. The Gemara asks: **Isn't it found** that this process involves **consecrated property being desacralized with consecrated property?** The artisans were paid with money from the Temple treasury, which was also consecrated, yet consecrated property can be desacralized only by transferring its sanctity to unconsecrated property.

כֵּיצַד הוּא עוֹשֶׂה? אָמַר רַבִּי שִׁמְעוֹן בַּר בִּיסְנָא: מֵבִיא מָעוֹת וּמְחַלְּלָן עַל הַבִּנְיָן,

The Gemara answers that the incense was desacralized with this money after the money itself had been desacralized. **How does** the treasurer of the Temple appointed to this task **do** so? **Rabbi Shimon bar Bisna said: He brings money** from the treasury **and desacralizes it onto the building** that the artisans have constructed, which is not yet sanctified.

NOTES

The leftover incense – מוֹתַר הַקְּטוֹרֶת: Rashi (*Shevuot* 10b) explains that there was leftover incense every year. Incense was set aside for each day of the year with the addition of three more portions from which the High Priest took a handful on Yom Kippur. As he took only a handful, there would be incense that remained leftover from those three portions. *Tosafot* point out that this explanation is not necessary, as 368 portions were prepared at the beginning of the year: A portion for each of the 365 days of the solar year, with three remaining portions for the High Priest on Yom Kippur. Since, the solar year is eleven days longer than the lunar year, in regular years there were always at least eleven portions that went unused. Additionally, when a priest with small hands sacrificed the handful of incense, some would be leftover.

What would be done with it – מָה הָיוּ עוֹשִׂין בָּהּ: The incense had to be brought from the new collection each year. Therefore, a procedure was necessary by which to reacquire the remaining incense with the new shekels.

The Temple treasurers would set aside an amount of it equal to the value of the wages of the artisans, etc. – מַפְרִישִׁין מִמֶּנָּה שְׂכַר הָאוּמָּנִין וכו׳: There are several opinions with regard to the method of desacralization. According to Rashi (*Shevuot* 10b), the Temple treasurers took money from the collection of the chamber and legally transferred it to the artisans as wages, which caused the money to lose its sanctified status. The leftover incense would then be desacralized by exchanging it for that money, making the incense the property of the artisans. Subsequently, the treasurers would buy back the incense from the artisans with money from the shekels of the new year. This money would thus be desacralized and was subsequently actually paid to the artisans as their wages. The *Me'iri* explains this process similarly.

According to the Ritva, and, as he claims, the Jerusalem Talmud here, the first stage did not involve desacralizing money from the collection of the chamber by legally transferring it to the artisans as wages. Rather, the Temple treasurers would set aside unconsecrated money for the wages of the artisans and then desacralize the incense by exchanging it for that money. They would subsequently pay the artisans with the incense and then buy back the incense with money from the new collection of the chamber.

Rabbi Yosef Migash explains that the Temple treasury acquired the non-sacred money by paying the artisans with the leftover incense and giving them a bit more than the amount due them. The artisans would pay for the extra amount of incense they had received with non-sacred money from their own pockets. In doing so, they would desacralize all of the incense upon that money, as it is permitted to desacralize consecrated property for less than its market value when necessary. The Temple treasury would then buy back the incense from the artisans with shekels from the new collection.

They would give the incense to the artisans – וְנוֹתְנִין אוֹתָהּ לָאוּמָּנִין: The commentaries raised the following question: Since, in the end, the Temple treasury would pay the artisans their wages with incense, why not give it to them immediately? Why the need for the intermediate steps? *Tosafot* (*Shevuot* 10b) explain that there is a dispute with regard to this matter. According to the opinion of ben Azzai, it is prohibited to pay them with consecrated property. Even according to Rabbi Akiva, who holds that it is permitted, his ruling applies only to an object that was consecrated by an individual. The Sages were more stringent with regard to the leftover incense, which was consecrated by the whole community in that it was acquired with shekels from the collection of the chamber.

Other commentaries ask: Why not sell the incense to other people, which would transfer its sanctity to the money used for its purchase, and then buy back the incense with money from the new collection of the chamber? Rashi explains that it would be disgraceful to sell the incense to just anyone. Other early authorities point out that according to Rabbi Yoḥanan, the same concern does not exist with regard to daily offerings, since the Temple treasury would sell blemished sheep the entire year, and it would not be readily apparent that these were unblemished animals that had been designated for communal offerings. However, incense would be sold only once a year, and therefore it would be obvious that it was consecrated and consequently a greater disgrace.

To the artisans as their wages – לָאוּמָּנִין בִּשְׂכָרָן: Rashi (*Shevuot* 10b) explains that these are the artisans who prepared the incense in the Temple, and the Temple treasury would pay their wages with incense. There is a practical element to this, as the artisans were already working with the incense. In addition, in this way the transfer of consecrated status from the incense would be less public. However, most early commentaries, including Rabbeinu Ḥananel, hold that this method of reacquiring the leftover incense with shekels from the new collection could make use of any of the artisans who worked in the Temple, including builders and others.

וּמֵבִיא קְטוֹרֶת וּמְחַלֵּל עֲלֵיהֶן, וְנוֹתְנִים אוֹתָהּ לָאוּמָּנִין בִּשְׂכָרָן.

He then **brings the incense and desacralizes** it by transferring its sanctity **onto** the money. The Temple treasurers then **give** the incense **to the artisans as their wages.** Finally, they buy back the incense with the funds from the new collection, as taught in the mishna.

אוֹתָן הַמָּעוֹת מַה יֵּעָשֶׂה בָּהֶן? רַבִּי אוֹמֵר: אוֹמֵר אֲנִי יִנָּתְנוּ לְבֵית גַּרְמוּ וּלְבֵית אַבְטִינָס, שֶׁהָיוּ בְּקִיאִין בְּפִיטּוּם הַקְּטוֹרֶת וּבְמַעֲשֵׂה לֶחֶם הַפָּנִים. אָמַר רַבִּי שְׁמוּאֵל בַּר רַב יִצְחָק: וְהֵן שֶׁיְּהוּ חַיָּיבִין לָהֶן מָעוֹת מִשָּׁעָה רִאשׁוֹנָה.

That money that was used to desacralize the incense, which is now consecrated, **what should be done with it? Rabbi** Yehuda HaNasi **says: I say** that **it should be given to the house of Garmu and to the house of Avtinas,**[B] **who were experts in the preparation of the incense and in the production of the shewbread.** The producers of the incense and the shewbread receive their payment from the collection of the Temple treasury chamber. **Rabbi Shmuel bar Rav Yitzḥak said: And this is** true **only when** the treasury **owes them money from** work done **previously,** but it should not be given to them as advance payment for work they will do in the future, as the wages for work they do from the month of Nisan and on should come from the collection of the new year.

רַבִּי חִיָּיה בַּר בָּא בָּעֵי: לֹא הָיוּ חַיָּיבִין לָהֶן מָעוֹת מִשָּׁעָה הָרִאשׁוֹנָה? אֲתָא רַבִּי בָּא בְּשֵׁם רַבִּי חִיָּיה בְּשֵׁם רַבִּי יוֹסֵי: מְקַיְּיצִין בָּהֶן אֶת הַמִּזְבֵּחַ.

Rabbi Ḥiyya bar Ba asked: If the Temple treasury **did not owe** these artisans **money from** work done **previously,** what would be done with the money? **Rabbi Ba came** and said **in the name of Rabbi Ḥiyya,** who said **in the name of Rabbi Yosei:** The treasury uses the money to buy offerings **with which they replete the altar.**[HBN] Rabbi Ḥiyya bar Ba accepted this answer.

רַבִּי בָּא בַּר כֹּהֵן בְּעֵי קוֹמֵי רַבִּי יוֹסֵה: מַחְלְפָא שִׁיטָּתֵיהּ דְּרַבִּי חִיָּיא בַּר בָּא, תַּמָּן צְרִיכָה לֵיהּ, וְכָה פְּשִׁיטָא לֵיהּ! הָא דִּצְרִיכָה לֵיהּ – בִּכְלֵי שָׁרֵת, הָא דִּפְשִׁיטָא לֵיהּ – בְּקַיִץ לַמִּזְבֵּחַ,

Rabbi Ba bar Kohen asked in the presence of Rabbi Yosei: Is the opinion of Rabbi Ḥiyya bar Ba reversed? There, at first, **he needed** clarification with regard to this question, **and here it is obvious to him** that one may use the money to pay for the repletion of the altar. The answer to the question was given by Rabbi Ba in the name of Rabbi Ḥiyya, and that same Rabbi Ḥiyya asked the question. The Gemara explains: **That** about **which he needed** clarification **is** whether the money used to desacralize the incense may be used to purchase **sacred vessels. That which was obvious to him is** that the money may be used to buy offerings for the **repletion of the altar.**

דְּאִיתְפַּלְגוּן: פִּיטְמָהּ בְּחוּלִּין, רַבִּי יוֹסֵי בֵּי רַבִּי חֲנִינָה אָמַר: פְּסוּלָה, רַבִּי יְהוֹשֻׁעַ בֶּן לֵוִי אָמַר: כְּשֵׁירָה.

Rabbi Ḥiyya's initial dilemma with regard to purchasing sacred vessels with the money used to desacralize incense reflects his indecision concerning the dispute about **which** two *amora'im* **disagreed:** If one **prepared** incense **in a non-sacred** vessel,[H] **Rabbi Yosei, son of Rabbi Ḥanina, said: It is disqualified** for use in the Temple, as incense must be consecrated by being placed in a sacred vessel. **Rabbi Yehoshua ben Levi said: It is valid** for use, as there is no requirement that incense be placed in a sacred vessel during its preparation. According to the opinion of Rabbi Yosei, son of Rabbi Ḥanina, all incense is sacred on the level of a sacred vessel. Consequently, the money exchanged for it will have the same level of sanctity, and it can be used to purchase sacred vessels. However, according to the opinion of Rabbi Yehoshua ben Levi, it is possible to have prepared incense that has not yet been placed in a sacred vessel. The money exchanged for such incense may not be used to purchase sanctified vessels, as it does not have the appropriate level of sanctity.

BACKGROUND

House of Garmu and house of Avtinas – בֵּית גַּרְמוּ וּבֵית אַבְטִינָס: The Gemara in tractate *Yoma* relates that these two families kept the secret of how to prepare the shewbread and the incense, respectively. The incense had a specific and secret recipe, while the shewbread had to be baked using a secret technique to create its unusual shape. While there are many disputes among the commentaries as well as among modern researchers with regard to the identification of some of the components of the incense, about others there is almost no argument. One of these is *levona*, frankincense, which is also used with most of the meal-offerings and is identified as the sap derived from *Boswellia sacra* trees.

Ancient *Boswellia sacra* tree in Dhofar, Oman

Frankincense from a *Boswellia sacra* tree

With which they replete the altar – מְקַיְּיצִין בָּהֶן אֶת הַמִּזְבֵּחַ: It is explained in a *baraita* (*Shevuot* 12a) that the term *kayyitz*, repletion, is derived from the from the word for picking figs. The extra burnt-offerings brought when the altar was idle are analogous to a sweet dessert, which is an unnecessary but pleasurable addition to a meal. There was no set time for these additional, special offerings. On a day with many visitors bringing private offerings there was no need for them.

NOTES

They use the money to buy offerings with which they replete the altar – מְקַיְּיצִין בָּהֶן אֶת הַמִּזְבֵּחַ: The repletion of the altar is referring to the sacrifice of burnt-offerings when the altar was otherwise not being used. The flesh of these animals was burnt on the altar and their hides belonged to the priests.

HALAKHA

They use the money to buy offerings with which they replete the altar – מְקַיְּיצִין בָּהֶן אֶת הַמִּזְבֵּחַ: When the New Moon of Nisan arrived, the leftover incense was desacralized by the transfer of its sanctity onto the money ordinarily set aside for the wages of the artisans. The now consecrated money was used to buy offerings for the repletion of the altar. When this was done, the artisans received their wages in the form of the desacralized leftover incense. The Temple treasury then bought back the incense with money from the new collection of the chamber. This is in accordance with the opinion of Rabbi Ḥiyya in the name of Rabbi Yosei (Rambam *Sefer Zemanim, Hilkhot Shekalim* 4:12).

If one prepared incense in a non-sacred vessel – פִּיטְמָהּ בְּחוּלִּין: If one prepared the incense using non-sacred ingredients or in a non-sacred vessel, it is disqualified for use, in accordance with the opinion of Rabbi Yosei ben Rabbi Ḥanina (Rambam *Sefer Avoda, Hilkhot Kelei HaMikdash* 2:6).

מַה טַּעְמָא דְּרַבִּי יוֹסֵי בֵּי רַבִּי חֲנִינָה? ״קוֹדֶשׁ הִיא״ – שֶׁתְּהֵא הֲוָויָיתָהּ בְּקוֹדֶשׁ. מַה טַּעְמָא דְּרַבִּי יְהוֹשֻׁעַ בֶּן לֵוִי? ״קוֹדֶשׁ הִיא״ – שֶׁתְּהֵא בָּאָה מִתְּרוּמַת הַלִּשְׁכָּה.

What is the source for the opinion **of Rabbi Yosei, son of Rabbi Ḥanina?** The verse states about incense: **"It is holy"**[N] (see Exodus 30:37). This teaches **that its creation,** i.e., its preparation, must take place in **a sacred** vessel, so that it has elevated sanctified status from its inception. **What is the source** for the opinion **of Rabbi Yehoshua ben Levi? "It is holy,"** meaning **that it must come from the collection of the** Temple treasury **chamber,** i.e., from the public and not from an individual. However, once it is purchased from communal funds, it may be prepared even in a non-sacred vessel.

אָמַר רַבִּי יוֹסֵי בֵּי רַבִּי בּוּן: אָתְיָא דְּרַבִּי יוֹסֵי בֶּן חֲנִינָה כִּשְׁמוּאֵל, וּדְרַבִּי יְהוֹשֻׁעַ בֶּן לֵוִי כְּרַבִּי יוֹחָנָן.

Rabbi Yosei, son of Rabbi Bun, said: The opinion **of Rabbi Yosei ben Ḥanina goes in accordance with** the opinion of **Shmuel. And** the opinion **of Rabbi Yehoshua ben Levi is in accordance with** the opinion of **Rabbi Yoḥanan.**

דְּתָנִינַן: הַמַּקְדִּישׁ נְכָסָיו וְהָיוּ בָּהֶן דְּבָרִים רְאוּיִן לְקָרְבְּנוֹת צִבּוּר, רַבִּי יוֹחָנָן אָמַר: קְטוֹרֶת. אָמַר רַבִּי הוֹשַׁעְיָה: תִּיפָּתֵר בְּאוּמָּן מִשֶּׁל בֵּית אַבְטִינָס, שֶׁהָיָה נוֹטֵל בִּשְׂכָרוֹ קְטוֹרֶת.

As we learned in a mishna (*Shekalim* 12a): There is a tannaitic disagreement concerning **one who consecrates** all of **his possessions, and among them there are items** that are **suitable for** use as **communal offerings. Rabbi Yoḥanan** identified the possession the mishna is referring to and **said: Incense.**[N] Apparently, he maintained that it is possible for one to be in possession of incense that has not yet been consecrated. Therefore, he must also maintain that incense that was prepared in a non-sacred vessel is valid for use, in accordance with the opinion of Rabbi Yehoshua ben Levi. **Rabbi Hoshaya,** said: The mishna **should be explained** as referring specifically **to an artisan of the house of Avtinas, who would receive incense as his wages.** The incense was prepared in a sacred vessel, but it could come into his possession after being desacralized.

וּדְרַבִּי יוֹסֵי בֵּי רַבִּי חֲנִינָה כִּשְׁמוּאֵל, דְּאָמַר רַב הוּנָא בְּשֵׁם שְׁמוּאֵל: מַכְתֶּשֶׁת עָשׂוּ אוֹתָהּ כִּכְלִי שָׁרֵת לְקַדֵּשׁ.

And the opinion **of Rabbi Yosei ben Ḥanina is in accordance with** the opinion of **Shmuel, as Rav Huna said in the name of Shmuel:** With regard to the **mortar,** within which they crushed the ingredients of the incense, the Sages **considered it like a sacred vessel** with regard **to** its ability to bestow an elevated, **consecrated** status upon its contents. Apparently, Shmuel holds that the incense must be prepared in a sacred vessel.

אָמַר רַבִּי יוֹסֵי בֵּי רַבִּי בּוּן אֲמָרָהּ רַבִּי חוּנָא קוֹמֵי רַבִּי יוֹסֵי: דָּבָר שֶׁקָּדַשׁ בִּכְלִי שָׁרֵת נִפְדֶּה? אֲמַר לֵיהּ: וְלָא דִּשְׁמוּאֵל הִיא, דִּשְׁמוּאֵל אָמַר: קַל הוּא בְּמוֹתָר.

Rabbi Yosei, son of Rabbi Bun, said: Rabbi Ḥuna said this *halakha* of Shmuel **in the presence of Rabbi Yosei** and asked: May **an item that was sanctified in a sacred vessel be redeemed?** Since placing an item in a sacred vessel elevates its sanctity, ordinarily it would not be possible to transfer its sanctity onto money. Yet Shmuel insists that the incense be prepared in a sacred vessel, and the leftover incense was desacralized by transferring its sanctity onto money. Rabbi Yosei **said to him: Isn't that** precisely the opinion **of Shmuel? As Shmuel said: This is a leniency with regard to leftover** communal offerings, including incense. They can, in fact, be desacralized, despite their elevated level of sanctity.

דְּאִיתְפַּלְּגוּן, הוֹתִירוּ תְּמִימִים. שְׁמוּאֵל אָמַר: נִפְדִּין כִּתְמִימִים, וְרַבִּי יוֹחָנָן אָמַר: נִפְדִּין כִּפְסוּלֵי הַמּוּקְדָּשִׁים.

The Gemara cites the source of Shmuel's opinion: The *amora'im* **disagreed** with regard to **unblemished** lambs that had been set aside for the daily offerings and **remained** unused[NH] at the end of the year. They may not be sacrificed in the coming year, as they were not purchased with funds collected for that year. **Shmuel said:** Although in general one may redeem such animals only after they develop a blemish, in this case **they** may be **redeemed** even **as unblemished** animals. The Temple treasury could then purchase them anew from the newly collected funds, rendering them suitable as offerings for the new year. The same holds true for remaining incense; it too may be desacralized in a more lenient manner. **Rabbi Yoḥanan said:** Although they are animals remaining from the previous year, they still must be **redeemed** in the regular manner, **like** any other **consecrated animals that have been disqualified.** One must wait until they develop a blemish; only at that point may they be redeemed.

NOTES

It is holy – קוֹדֶשׁ הִיא: This precise phrase is not found in the Torah. Some explain, based on a parallel discussion in tractate *Keritot* 6a, that the intended verse is: "It shall be holy to you" (Exodus 30:37; see *Mishne LaMelekh* on Rambam *Sefer Avoda, Hilkhot Kelei HaMikdash* 2:6). An alternative explanation is that this *halakha* is derived from the phrase with regard to the anointing oil: "It is holy, it shall be holy unto you" (Exodus 30:32). If so, however, the text should read *kodesh hu*, i.e., the masculine form, rather than *kodesh hi*, in the feminine. The latter appears in the text here, which is in agreement with the word for incense, *ketoret*, which is feminine (*Arukh LaNer* on *Keritot* 6a; *Mishne LaMelekh* on Rambam *Sefer Avoda, Hilkhot Kelei HaMikdash* 2:6).

Rabbi Yoḥanan said incense – רַבִּי יוֹחָנָן אָמַר קְטוֹרֶת: The commentaries explained that Rabbi Yoḥanan must say that the phrase: Items that are suitable to be brought as communal offerings, is referring to incense, as it cannot refer to unblemished animals, oils, wine, or fine flour, because these are all mentioned explicitly later in the mishna. Moreover, those items may be used by individuals as well. Therefore, they are less likely to be referred to as items that are suitable for communal offerings (*Korban HaEida*; *Tiklin Ḥadatin*).

Unblemished lambs that remained unused – הוֹתִירוּ תְּמִימִים: Rashi (*Shevuot* 10b) explains that there were always six animals that had been examined and found to be free of blemishes available for the daily offerings. On the last day of Adar, two of them were sacrificed, one in the morning and one in the evening, leaving four remaining at the end of the Temple year. Rabbi Naftali Tzvi Yehuda Berlin finds difficulties with this explanation and suggests that the leftover animals were those that went missing and were subsequently found. An alternative explanation of how there came to be leftover animals is found in the *Tosefot HaRosh*, citing the Rash MiKutzi, who explained that when particularly choice animals became available, the Temple would purchase many of them at once. Consequently, the Temple could be left with remaining lambs at the end of the year.

HALAKHA

Unblemished lambs that remained unused – הוֹתִירוּ תְּמִימִים: Once the New Moon of Nisan arrives, it is permitted to sacrifice communal offerings only from the new collection of the Temple chamber. The old collection may be used only if there are not enough new funds. If the Temple treasury owns animals designated as daily offerings that were purchased from the old collection, they are redeemed, despite the fact that they are unblemished. These animals are thereby transferred to non-sacred status and the money is allocated to the old collection, from which offerings for the repletion of the altar were purchased.

The reason it is permitted to redeem even unblemished animals is because the court stipulated that any animal purchased as a daily offering but did not get used may be transferred to non-sacred status. This ruling is in accordance with Rabbi Ḥiyya's explanation of the opinion of Shmuel (Rambam *Sefer Zemanim, Hilkhot Shekalim* 4:12).

הותירו שעירים, על דעתיה דשמואל: אם עולה נפדית לא כל שכן חטאת,

The Gemara raises a similar issue: If **goats** that were set aside for communal sin-offerings **were left over** at the end of the year, according to **Shmuel** they may be redeemed in their unblemished state. **If a burnt-offering** may be **redeemed** unblemished, **all the more so** it should be permitted to redeem an animal set aside as **a sin-offering.** With regard to an animal set aside for a burnt-offering, if it was not redeemed in its unblemished state, but became blemished and was subsequently redeemed, the funds used for its redemption would go to purchase another burnt-offering for the repletion of the altar. The value set aside as burnt-offering thus would remain dedicated to that purpose. In the parallel case of a sin-offering, the funds used to redeem a blemished leftover communal sin-offering did not go to the purchase of a new sin-offering but to the purchase of a burnt-offering for the repletion of the altar as well. Since the animal's sanctification as a sin-offering is effectively nullified in any case, it is easier in such a case to be lenient and permit the redemption of the animal even before it has become blemished.

על דעתיה דרבי יוחנן, אמר רבי זעירא: ירעו.

Rabbi Ze'eira said in accordance with Rabbi Yoḥanan's opinion: Even in the case of leftover communal sin-offerings, the animals must **graze** until they develop a blemish; only then may they be redeemed. The funds used to redeem the animals became sanctified and were allocated for the purchase of burnt-offerings for the repletion of the altar.

אמר רבי שמואל בר רב יצחק: מקייצין בהן את המזבח.

Rabbi Shmuel bar Rav Yitzḥak said: They, i.e., the leftover sin-offerings, are **themselves** used as burnt offerings to **replete the altar** without being redeemed.

וקשיא: יש חטאת שקריבה עולה? אמר רבי יוסה: שנייא היא, שאין קרבנות צבור נקבעין אלא בשחיטה. אמר רבי חייא: תנאי בית דין הוא על המותר שיקרבו עולות.

The Gemara asks: **But this is difficult: Is there a sin-offering that** may be **brought** as **a burnt-offering? Rabbi Yosei said: This** case **is different,** as it is dealing with a communal offering; **communal offerings are designated** as a particular type of offering **only with** their **slaughter,** and not when they are consecrated in the first place. **Rabbi Ḥiyya** offers a different explanation and says: **It is a condition of the court,** which stipulates **with regard to remaining** animals **that** even if they have been set aside as communal sin-offerings **they** may be **sacrificed as burnt offerings.**

Perek **IV**
Daf **12** Amud **a**

הלכה ד מתני׳ המקדיש נכסיו והיו בהן דברים ראויין לקרבנות הצבור –

HALAKHA 4 · MISHNA **One who consecrates** all **his possessions** without specifying for what purpose, his possessions are consecrated for Temple maintenance. **And** if **among them there are items** that are **suitable for** use as **communal offerings,**[H] which may not be used for the maintenance of the Temple but only for sacrificial purposes, what is done with those items to remove their consecration for Temple maintenance, in order that they may be reconsecrated for sacrificial use?

HALAKHA

One who consecrates his possessions and among them there are items suitable for communal offerings – המקדיש נכסיו והיו בהן דברים ראויין לקרבנות הצבור: When someone consecrates all his possessions, without specifying for what purpose, and incense or one of its ingredients is among them, these should be given to the Temple artisans as their wages in a procedure like that performed with the leftover incense (Rambam *Sefer Zemanim*, *Hilkhot Shekalim* 5:10). This is in accordance with the opinion of Rabbi Akiva, as explained by Rabbi Yoḥanan later in the Gemara.

יִנָּתְנוּ לָאוּמָּנִין בִּשְׂכָרָן, דִּבְרֵי רַבִּי עֲקִיבָא. אָמַר לוֹ בֶּן עַזַּאי: אֵינָהּ הִיא הַמִּדָּה. אֶלָּא, מַפְרִישִׁין מֵהֶן שְׂכַר הָאוּמָּנִים, וּמְחַלְּלִין אוֹתָן עַל מְעוֹת הָאוּמָּנִין, וְנוֹתְנִים אוֹתָן לָאוּמָּנִין בִּשְׂכָרָן, וְחוֹזְרִין וְלוֹקְחִים אוֹתָהּ מִתְּרוּמָה חֲדָשָׁה.

They are given to Temple **artisans as their wages,**[N] and thereby they are desacralized;[N] this is **the statement of Rabbi Akiva. Ben Azzai said to him: This is not the method** to be used. **Rather,** the same method that is used to desacralize the leftover incense, as is described in the previous mishna, should also be used here, i.e., **they set aside from** the consecrated items the equivalent of the value owed to the **artisans for their wages, and they desacralize them** by transferring their sanctity **onto the money** allocated **for the artisans'** wages, **and** then **they give those** items, which are no longer consecrated, **to the artisans as their wages.** According to both opinions, once the desacralized items are in the possession of the artisans, one of Temple treasurers **should repurchase those** items using money **from** that year's **new collection of half-shekels,** consecrating them for sacrificial use during the coming year.

הַמַּקְדִּישׁ נְכָסָיו וְהָיָה בָּהֶן בְּהֵמָה רְאוּיָה עַל גַּבֵּי מִזְבֵּחַ, זְכָרִים וּנְקֵבוֹת.

In the case of **one who consecrates** all **his possessions** without specifying for what purpose, **and among them there is an animal that is suitable** to be sacrificed **on the altar,**[H] **male** or **female,** what should be done with it?

רַבִּי אֱלִיעֶזֶר אוֹמֵר: זְכָרִים יִמָּכְרוּ לְצָרְכֵי עוֹלוֹת, וּנְקֵבוֹת יִמָּכְרוּ לְצָרְכֵי זִבְחֵי שְׁלָמִים, וּדְמֵיהֶן יִפְּלוּ עִם שְׁאָר נְכָסָיו לְבֶדֶק הַבַּיִת.

Rabbi Eliezer says: Since he did not specify otherwise, everything is consecrated for Temple maintenance. Therefore, any **males** should **be sold for the needs of burnt-offerings,** i.e., to individuals who will sacrifice them as such. **And** any **females,** since they cannot be brought as burnt-offerings, should **be sold for the needs of peace-offerings,** i.e., to individuals who will sacrifice them as such. **And their monetary value** that is received from their sale is **allocated with the rest of his property for Temple maintenance.**

רַבִּי יְהוֹשֻׁעַ אוֹמֵר: זְכָרִים עַצְמָן יִקְרְבוּ עוֹלוֹת, וּנְקֵבוֹת יִמָּכְרוּ לְצָרְכֵי זִבְחֵי שְׁלָמִים, וְיָבִיא בִּדְמֵיהֶן עוֹלוֹת,

Rabbi Yehoshua says: Although he did not specify for what purpose he consecrated his possessions, it may be assumed that he intended the animals to be consecrated as burnt-offerings. Therefore, any **males** should **themselves be sacrificed as burnt-offerings, and** any **females,** since they cannot be brought as burnt-offerings, should **be sold for the needs of peace-offerings,** i.e., to individuals who will sacrifice them as such, **and their monetary value** that is received from their sale should be used to purchase and **bring burnt-offerings.**

וּשְׁאָר נְכָסִים יִפְּלוּ לְבֶדֶק הַבַּיִת.

According to both opinions, **the rest of the possessions,** which are not suitable for sacrificial use, **are allocated for Temple maintenance.**

אָמַר רַבִּי עֲקִיבָא: רוֹאֶה אֲנִי אֶת דִּבְרֵי רַבִּי אֱלִיעֶזֶר מִדִּבְרֵי רַבִּי יְהוֹשֻׁעַ, שֶׁרַבִּי אֱלִיעֶזֶר הִשְׁוָה אֶת מִדּוֹתָיו וְרַבִּי יְהוֹשֻׁעַ חָלַק.

Rabbi Akiva said: I see the statement of Rabbi Eliezer as more correct **than the statement of Rabbi Yehoshua, since Rabbi Eliezer applied his method equally** to both animals and other possessions in treating both as consecrated for Temple maintenance, whereas **Rabbi Yehoshua made a distinction** between them.[N]

HALAKHA

One who consecrates all his possessions, and among them there is an animal that is suitable to be sacrificed on the altar – הַמַּקְדִּישׁ נְכָסָיו וְהָיָה בָּהֶן בְּהֵמָה רְאוּיָה עַל גַּבֵּי מִזְבֵּחַ: If one consecrates all his possessions without specifying for what purpose, and among them there are unblemished animals suitable for sacrificing on the altar, they are to be sold. The males are sold for the needs of burnt-offerings and then sacrificed as such. The females are sold for the needs of peace-offerings and then sacrificed as such. The money received in the sale goes to Temple maintenance, in accordance with the *halakha* that unspecified consecrated items are for Temple maintenance (Rambam *Sefer Hafla'a*, *Hilkhot Arakhin VaḤaramin* 5:7, 6:1). This ruling is in accordance with the opinion of Rabbi Yehoshua.

NOTES

They are given to artisans as their wages, etc. – יִנָּתְנוּ לָאוּמָּנִין בִּשְׂכָרָן וכו׳: It is not possible to desacralize these items directly by redeeming them with money from the Temple treasury. In order to desacralize an item, its sanctity must be transferred to a non-sacred item, and the money in the Temple treasury was itself consecrated (*Melekhet Shlomo*, citing Rabbi Suleiman).

To artisans as their wages, and thereby they are desacralized – לָאוּמָּנִין בִּשְׂכָרָן: According to Rabbi Akiva, artisans who worked for the Temple could be paid with money that had been consecrated for Temple maintenance. Upon paying the artisans, the money became desacralized. Just as sanctity can be transferred to a non-sacred physical object, it can also be transferred to the labor the artisans invested in the Temple, despite the fact that labor is intangible. This is derived from the verse: "And they shall make Me a Temple" (Exodus 25:8), which implies that the labor itself is also to be funded from the Temple treasury (*Tosafot* on *Temura* 31b). Ben Azzai argues that since the labor is intangible, sanctity cannot be transferred to it. As such, the artisans' wages had to be paid from non-sacred funds. As the mishna states, according to ben Azzai, the money set aside for the artisans' wages must be non-sacred from the outset. The Temple treasurers acquired these funds as follows: Structures built at the behest of the Temple treasury were not consecrated directly. Rather, once completed, they were consecrated by transferring the sanctity of consecrated money from the Temple treasury onto the structure. That money was then desacralized and it was permitted to use it to pay the artisans. Or, as ben Azzai suggested, the sanctity of the consecrated animals could be transferred onto the money, which would in turn desacralize the animals. The animals would then be given to the artisans as wages and subsequently bought back with funds from the new shekels, thereby deconsecrating that money and consecrating the animals as communal offerings.

Since Rabbi Eliezer applied his method equally, whereas Rabbi Yehoshua made a distinction – שֶׁרַבִּי אֱלִיעֶזֶר הִשְׁוָה אֶת מִדּוֹתָיו וְרַבִּי יְהוֹשֻׁעַ חָלַק: Some explain that Rabbi Akiva was bothered by the fact that Rabbi Yehoshua differentiated between the consecration of animals and other possessions (Rambam; Rabbeinu Meshulam). Others explain that Rabbi Akiva was bothered by Rabbi Yehoshua's distinction between male and female animals, whereas Rabbi Eliezer applied the same method for both genders (Rash Sirilio).

אָמַר רַבִּי פַּפְיָיס: שָׁמַעְתִּי אֶת דִּבְרֵי שְׁנֵיהֶן, הַמַּקְדִּישׁ בְּפֵירוּשׁ – כְּדִבְרֵי רַבִּי אֱלִיעֶזֶר, וְהַמַּקְדִּישׁ סְתָם – כְּדִבְרֵי רַבִּי יְהוֹשֻׁעַ.

Rabbi Papeyyas[LP] **said: I heard the statements of both of them** applied to different situations: **One who consecrates** all his possessions and **explicitly** states that his animals are to be included, clearly intends to equate his animals with the rest of his possessions, that both should be consecrated for the same purpose, i.e., for Temple maintenance. Therefore, he should act **in accordance with the statement of Rabbi Eliezer.** However, with regard to **one who consecrates** all his possessions **without** explicitly **specifying** that this includes his animals, since there is no reason to presume that he wishes them all to be consecrated for the same purpose, it is presumed that each item is consecrated for the purpose most suited to it. Therefore, he should act **in accordance with the statement of Rabbi Yehoshua.**

הַמַּקְדִּישׁ נְכָסָיו וְהָיוּ בָּהֶן דְּבָרִים רְאוּיִם לְגַבֵּי מִזְבֵּחַ, יֵינוֹת וּשְׁמָנִים וְעוֹפוֹת. רַבִּי אֱלִיעֶזֶר אוֹמֵר: יִמָּכְרוּ לְצָרְכֵי אוֹתוֹ הַמִּין, וְיָבִיא בִּדְמֵיהֶן עוֹלוֹת, וּשְׁאָר נְכָסִים יִפְּלוּ לְבֶדֶק הַבַּיִת.

In the case of **one who consecrates** all **his possessions, and among them there were items that are suitable to** be sacrificed **on the altar,** such as **wines** for libations, **and oils** for meal-offerings, **and birds,**[H] e.g., turtledoves or young pigeons, **Rabbi Eliezer says: They are sold for the needs of that kind** of item, i.e., to individuals who will use them as such. **And he should bring with their monetary value** that is received from their sale **burnt-offerings. And the rest of the possessions are allocated for Temple maintenance.**

גמ׳ ״הַמַּקְדִּישׁ וכו׳ לְקָרְבָּנוֹת צִבּוּר״. רַבִּי יוֹחָנָן אָמַר: קְטוֹרֶת. אָמַר רַבִּי הוֹשַׁעְיָה: תִּיפָּתֵר בְּאוּמָּן מִשֶּׁל בֵּית אַבְטִינָס, שֶׁהָיָה נוֹטֵל בִּשְׂכָרוֹ קְטוֹרֶת.

GEMARA The mishna teaches that there is a dispute with regard to the case of **one who consecrates** all his possessions, and among them there were items that are suitable for use as **communal offerings. Rabbi Yoḥanan said:** The mishna is referring to one whose possessions include ingredients used to prepare the **incense. Rabbi Hoshaya says:** If so, the mishna **should be explained** as referring specifically **to an artisan of the house of Avtinas, who would receive incense as his wages.** There is a dispute about whether the incense may be prepared by an individual in a non-sacred vessel and then dedicated to the Temple. Explaining the mishna as referring to an artisan who received the incense from the Temple means that the mishna holds true for both sides of the dispute.

מַה טַּעְמָא דְּבֶן עַזַּאי – שֶׁאֵין הַהֶקְדֵּשׁ מִתְחַלֵּל עַל הַמְּלָאכָה אֶלָּא עַל הַמָּעוֹת.

§ The mishna teaches that Rabbi Akiva holds that incense consecrated for Temple maintenance may be desacralized simply by giving it to the artisans as their wages, but ben Azzai insisted the incense must be desacralized by transferring its sanctity to money. The Gemara asks: **What is the reasoning of ben Azzai?** He holds **that consecrated** property **cannot be desacralized upon labor** since it is intangible. **Rather,** it can be desacralized only **upon** a tangible object, such as **money.**

תַּמָּן תָּנֵינַן: יֵשׁ בְּקָדְשֵׁי בֶּדֶק הַבַּיִת –

The Gemara notes: **We learned** in a mishna **there** (*Temura* 31b): **There are** certain *halakhot* that apply to **items consecrated for Temple maintenance** that do not apply to animals consecrated for the altar. They are:

שֶׁסְּתַם הֶקְדֵּשׁוֹת לְבֶדֶק הַבַּיִת, הֶקְדֵּשׁ בֶּדֶק הַבַּיִת – חָל עַל הַכֹּל, וּמוֹעֲלִין בְּגִידּוּלֵיהֶן, וְאֵין בָּהֶן הֲנָיָה לַכֹּהֲנִים.

That unspecified consecrated items are consecrated **for Temple maintenance.**[H]

Consecration for Temple maintenance takes effect on all types of objects, even wood, stones, and blemished animals; while consecration for the altar takes effect only on objects that may be brought as offerings upon the altar.

One violates the prohibition against **misuse** of consecrated objects by deriving benefit **from that which grows from** items consecrated for Temple maintenance,[H] such as an egg of a chicken or milk of a domesticated animal. One who derives benefit is liable to pay a fifth of the principle amount in addition to sacrificing the relevant guilt-offering.

And unlike with animals consecrated to the altar, **there is no benefit from them for the priests.** Priests sometimes benefit from animals consecrated to the altar by eating portions of the offerings or receiving their hides.

LANGUAGE

Papeyyas – פַּפְיָיס: From the Greek Παππίας, *pappias*, based on the word father, grandfather, or priest. Although there is a Hebrew name with a similar meaning, Sheariah, mentioned in I Chronicles 8:38, it is possible that Papeyyas is just a form of the Roman name Pappus.

PERSONALITIES

Rabbi Papeyyas – רַבִּי פַּפְיָיס: Rabbi Papeyyas is mentioned among the Sages of the academy of Yavne during the generation of the destruction of the Temple. It seems that he was younger than Rabbi Yehoshua. A number of his testimonies as well as some of his statements of *halakha* and *aggada* are found in the mishna and other sources. Not much is known about his life or his offspring.

HALAKHA

One who consecrates all his possessions, and among them there were items that are suitable to be sacrificed on the altar, such as wines, and oils, and birds – הַמַּקְדִּישׁ נְכָסָיו וְהָיוּ בָּהֶן דְּבָרִים רְאוּיִם לְגַבֵּי מִזְבֵּחַ, יֵינוֹת וּשְׁמָנִים וְעוֹפוֹת: If one consecrated all his possessions without specifying for what purpose, and among them were wine, oil, and fine flour that are suitable to be sacrificed on the altar, these are sold for the needs of that kind, and then they are sacrificed by the buyer. The money received from the sale is used to purchase male animals, which are sacrificed as burnt-offerings (Rambam *Sefer Hafla'a, Hilkhot Arakhin VaḤaramin* 5:8). This ruling is in accordance with the opinion of Rabbi Eliezer, as Rabbi Akiva stated that he prefers the opinion of Rabbi Eliezer over that of Rabbi Yehoshua. Furthermore, although Rabbi Papeyyas disagrees, there is a principle that the *halakha* is in accordance with Rabbi Akiva in disagreements with a colleague.

That unspecified consecrated items are consecrated for Temple maintenance – שֶׁסְּתַם הֶקְדֵּשׁוֹת לְבֶדֶק הַבַּיִת: If one consecrates his possessions without specifying for what purpose, they are consecrated for Temple maintenance. If among them there are animals that are suitable to be sacrificed on the altar, these animals are sold to be sacrificed as appropriate: The males are sold to be used as burnt-offerings and the females are sold to be used as peace-offerings. The money from the sale goes to Temple maintenance. (Rambam *Sefer Hafla'a, Hilkhot Arakhin VaḤaramin* 5:7, 6:1).

One violates the prohibition against misuse of consecrated objects by deriving benefit from that which grows from items consecrated for Temple maintenance – וּמוֹעֲלִין בְּגִידּוּלֵיהֶן: If one derives benefit from that which grows from consecrated objects, he violates the prohibition against misuse of consecrated objects. How? If one who consecrates a field or tree and subsequently derives benefit from its grass or fruit, he is in violation of misuse of consecrated objects (Rambam *Sefer Avoda, Hilkhot Me'ila* 5:6). This is in accordance with the mishna in *Temura* 13a.

אָמַר רַבִּי חֲנַנְיָה: דְּרַבִּי לִיעֶזֶר הִיא, דְּתָנֵינַן: הַמַּקְדִּישׁ נְכָסָיו וְהָיְתָה בָּהֶן בְּהֵמָה רְאוּיָה עַל גַּבֵּי מִזְבֵּחַ זְכָרִים וּנְקֵבוֹת, רַבִּי לִיעֶזֶר אוֹמֵר: זְכָרִים יִמָּכְרוּ לְצָרְכֵי עוֹלוֹת, וּנְקֵיבוֹת יִמָּכְרוּ לְצָרְכֵי זִבְחֵי שְׁלָמִים, וּדְמֵיהֶן יִפְּלוּ עִם שְׁאָר נְכָסִים לְבֶדֶק הַבַּיִת.

Rabbi Ḥananya said that this mishna is in accordance with the opinion **of Rabbi Eliezer, as we learned in the mishna:** In the case of **one who consecrates** all **his possessions** without specifying for what purpose, **and there was among them an animal that is suitable** to be sacrificed **on the altar,** whether **males** or **females, Rabbi Eliezer says:** Any **males** should **be sold for the needs of burnt-offerings,** i.e., to individuals who will sacrifice them as such; **and** any **females,** since they cannot be brought as burnt-offerings, should **be sold for the needs of peace-offerings,** i.e., to individuals who will sacrifice them as such. **And their monetary value** that is received from their sale is **allocated with the rest of his property for Temple maintenance.** Unlike Rabbi Yehoshua, who argues with him in the mishna, Rabbi Eliezer assumes that since he did not specify otherwise, all one's possessions, including his animals, are consecrated for Temple maintenance and must therefore be desacralized.

אָמַר רַבִּי יוֹחָנָן טַעְמָא דְּרַבִּי לִיעֶזֶר ״וְאִישׁ כִּי יַקְדִּישׁ אֶת בֵּיתוֹ קוֹדֶשׁ לַה׳״ בְּמָה אֲנַן קַיְּימִין אִם בְּבֵית דִּירָה כְּבָר כְּתִיב ״וְאִם הַמַּקְדִּישׁ יִגְאַל אֶת בֵּיתוֹ״, אֶלָּא כִּי אֲנַן קַיְּימִין בְּמַקְדִּישׁ נְכָסָיו, מִכָּן שֶׁסְּתַם הֶקְדֵּשׁוֹת לְבֶדֶק הַבַּיִת.

Rabbi Yoḥanan said: The source for Rabbi Eliezer's opinion is the verse: **"And when a man shall consecrate his house to be holy to the Lord"** (Leviticus 27:14). **To what** case **are we referring** in the verse? **If** you suggest this verse is referring to **a dwelling place,** that cannot be correct because **it is already written: "And if the one who consecrated it will redeem his house"**[N] (Leviticus 27:15). **Rather, we are referring to one who,** without specifying for what purpose, **consecrates** all **his possessions. From here** it is derived **that unspecified consecrated** property is allocated **for Temple maintenance.**

אָמַר רַבִּי זְעֵירָא רַב חוּנָה בְּשֵׁם רַב: בַּמֶּה פְּלִיגִין – בְּמַקְדִּישׁ נְכָסָיו, אֲבָל בְּמַקְדִּישׁ עֶדְרוֹ – כָּל עַמָּא מוֹדֵיי שֶׁהוּא לַמִּזְבֵּחַ.

The Gemara cites differing opinions concerning which cases Rabbi Eliezer and Rabbi Yehoshua agree and disagree upon: **Rabbi Ze'eira said** that **Rav Ḥuna said in the name of Rav: With regard to what** case **do they disagree?** They disagree with regard to **one who consecrates** all **his possessions** without specifying for what purpose. **However, with regard to one who consecrates** the animals in **his flock** without specifying for what purpose, **everyone agrees that they are** consecrated **for the altar.** Since the consecration includes only items that are suitable to be sacrificed on the altar, even Rabbi Eliezer concedes that it is assumed that one consecrated them for the altar and not for Temple maintenance.

רַבִּי בָּא רַב חוּנָה בְּשֵׁם רַב: מַה פְּלִיגִין – בְּמַקְדִּישׁ עֶדְרוֹ, אֲבָל בְּמַקְדִּישׁ נְכָסָיו כָּל עַמָּא מוֹדֵיי שֶׁהוּא לְבֶדֶק הַבַּיִת.

Rabbi Ba said that **Rav Ḥuna** said **in the name of Rav: With regard to what** case **do they disagree? With regard to one who consecrates** the animals in **his flock** without specifying for what purpose. **However, with regard to one who consecrates** all **his possessions** without specifying for what purpose, including animals that are unsuitable to be sacrificed on the altar, **everyone agrees that they are** consecrated **for Temple maintenance.**

עַל דַּעֲתֵיהּ דְּרַבִּי זְעֵירָא נִיחָא, וְקַשְׁיָא עַל דְּרַבִּי בָּא: בְּהֵמָה לֹא לַמִּזְבֵּחַ הִיא?! בְּהֵמָה לַמִּזְבֵּחַ הִיא, וְלָמָּה סָתַם הָאִישׁ הַזֶּה – שֶׁהוּא כְּאוֹמֵר לֹא יִהְיֶה אֶלָּא לְבֶדֶק הַבַּיִת.

The Gemara asks: **According to the opinion of Rabbi Ze'eira, it works out well.** It is understandable that all agree that when one consecrates only animals, his intention is that they be used as offerings on the altar, for why else would he consecrate them? **However, there is a difficulty with** the opinion of **Rabbi Ba,** who maintains that even in such a case Rabbi Eliezer and Rabbi Yehoshua disagree. **Isn't an animal** suitable **for the altar?** Why then would Rabbi Eliezer disagree and say that the animals are consecrated for Temple maintenance? The Gemara answers: Indeed, **an animal is** suitable **for the altar. Why** then **did this man** decide to consecrate his animals **without specifying** that this was his intent? Apparently, his intention was not for them to be used on the altar; rather, **he is like one who says** that these animals should **be** consecrated **only for Temple maintenance.**

רַבִּי יוֹחָנָן אָמַר: לָא שַׁנְיָיא, הִיא הַמַּקְדִּישׁ נְכָסָיו הִיא הַמַּקְדִּישׁ עֶדְרוֹ, הִיא הַמַּחֲלוֹקֶת.

There is a third opinion concerning the dispute: **Rabbi Yoḥanan said: There is no difference** between the two cases. **Both this** case **of one who consecrates** all **his possessions** and **that** case **of one who consecrates** the animals in **his flock** are alike.[H] In both cases, **the disagreement** applies.

NOTES

It is already written: "And if the one who consecrated it will redeem his house," etc. – כְּבָר כְּתִיב ״וְאִם הַמַּקְדִּישׁ יִגְאַל אֶת בֵּיתוֹ״ וכו׳: The Gemara assumes that "his house" mentioned in this verse in fact refers to his house. That assumption makes superfluous the phrase "his house" in the previous verse. Since it would be superfluous if understand literally, the Gemara interprets "his house" in the first verse as not referring specifically to a house, but to the entirety of one's possessions, although that includes items that are suitable to be brought on the altar (*Shiklei Yosef*; Vilna Gaon; *Malbim*; *Asirit HaEifa* on *Torat Kohanim*, *Beḥukotai* 4:9).

HALAKHA

Both this case of one who consecrates all his possessions and that case of one who consecrates the animals in his flock are alike – הִיא הַמַּקְדִּישׁ נְכָסָיו הִיא הַמַּקְדִּישׁ עֶדְרוֹ: If one consecrates all his possessions without specifying for what purpose or consecrates an animal without specifying for what purpose, the male unblemished animals are sold for the needs of burnt-offerings and are sacrificed as such by the buyers. The females are sold for the needs of peace-offerings and are sacrificed as such by the buyers. The money received in their stead, like all unspecified consecrated objects, is for Temple maintenance (Rambam *Sefer Hafla'a*, *Hilkhot Arakhin VaḤaramin* 5:7). This is in accordance with the opinion of Rabbi Eliezer, as Rabbi Yoḥanan explained the disagreement.

רַב חוּנָה בְּשֵׁם רַב רַבִּי אַבָּהוּ בְּשֵׁם רַבִּי יוֹחָנָן: קָדְשֵׁי בֶּדֶק הַבַּיִת שֶׁפּוֹדְאָן תְּמִימִין – יָצְאוּ לְחוּלִּין.

It was taught in the mishna that Rabbi Eliezer holds that animals that were consecrated for Temple maintenance are sold to those who need to bring them as offerings. What is the status of such animals after being sold? **Rav Ḥuna** said **in the name of Rav** that **Rabbi Abbahu** said **in the name of Rabbi Yoḥanan:** Animals that were **consecrated for Temple maintenance that were redeemed** by being sold, while still **unblemished** and therefore still suitable to be used as an offering, are nevertheless **transferred to non-sacred** status. The buyer must then consecrate the animals anew for use as offerings.

מַתְנִיתָא אָמְרָה כֵּן: וְלָדָן וַחֲלָבָן מוּתָּר לְאַחַר פִּדְיוֹנָן.

The Gemara brings a proof. **The mishna** (*Ḥullin* 130a) **said that** as well: If animals are consecrated after already having developed a blemish, only their inherent value is sanctified. Therefore, **their offspring and their milk are permitted** to be used for mundane purposes **after their redemption,** since their sanctity is entirely removed upon their redemption. So too, the sanctity of animals that are consecrated for Temple maintenance is entirely removed upon their being redeemed, even if they are unblemished, as their sanctity inheres only in their value.

Perek **IV**
Daf **12** Amud **b**

רַב חִזְקִיָּה בְּשֵׁם רַב חִסְדָּא: תִּיפָּתֵר שֶׁפְּדָאָן תְּמִימִין וְהוּמְמוּ.

The Gemara disarms this proof. **Rav Ḥizkiya** said **in the name of Rav Ḥisda:** The comparison to the mishna **should be explained** as referring to a case where the animals that were consecrated for Temple maintenance **were redeemed** while still **unblemished,** but they then **developed a blemish.** Once an animal has developed a blemish, its sanctity ceases to be inherent and inheres only in its monetary value. As long as the animal remains unblemished, it retains some inherent sanctity that is not removed upon redemption.

רַבִּי יוֹסֵה בְּשֵׁם רַב חִסְדָּא: מַתְנִיתָא אָמְרָה כֵּן: וְלָדָן וַחֲלָבָן אָסוּר לְאַחַר פִּדְיוֹנִין.

Rabbi Yosei said **in the name of Rav Ḥisda: The mishna** (*Temura* 31b) **said that** as well: If animals consecrated for the altar subsequently develop a blemish, **it is prohibited** to use **their offspring or their milk** for any mundane purpose, even **after their redemption.** The mishna continues: However, if an animal consecrated for Temple maintenance subsequently develops a blemish, and is redeemed, it is permitted to use its offspring or milk for mundane purposes. The sanctity is fully removed only if the animal has a blemish. This implies that even animals that are consecrated for Temple maintenance retain some sanctity after redemption so long as they are unblemished.

רַבִּי חִזְקִיָּה בְּשֵׁם רַבִּי יוֹסֵה: קָדְשֵׁי בֶּדֶק הַבַּיִת שֶׁפְּדָאָן תְּמִימִין – יָצְאוּ לְחוּלִּין.

The Gemara cites support for the opposing view of Rabbi Yoḥanan that even if the animal did not develop a blemish, it loses all its sanctity upon its redemption: **Rabbi Ḥizkiya** said **in the name of Rabbi Yosei:** Animals **consecrated for Temple maintenance that were redeemed** while still **unblemished are** entirely **transferred to non-sacred** status; they retain no sanctity at all.

אִין תֵּימַר לֹא יָצְאוּ לְחוּלִּין – הֵיאַךְ קָדְשֵׁי מִזְבֵּחַ חָלִין עַל קָדְשֵׁי בֶּדֶק הַבַּיִת?

This must be correct, for **if you say they are not** entirely **transferred to non-sacred** status but retain some of the sanctity of their original consecration for Temple maintenance, **how can** the sanctity of **items consecrated to the altar take effect upon items consecrated for Temple maintenance?** In the mishna, it is clear that when an unblemished animal consecrated for Temple maintenance is redeemed by being sold, the buyers may consecrate the animals to the altar. But if the animals still retain the sanctity of Temple maintenance, this would not be possible, due to the principle that one may not change the status of an item from one type of consecrated status to another (see *Temura* 32b). Perforce, all their sanctity is removed upon redemption, despite the fact that they are still unblemished.

HALAKHA

One who set aside a female animal and consecrates it for his burnt-offering or his Paschal lamb or his guilt-offering – הִפְרִישׁ נְקֵבָה לְעוֹלָתוֹ וּלְפִסְחוֹ וְלַאֲשָׁמוֹ: Although a female animal is not suitable for a burnt-offering, or a Paschal lamb, or a guilt-offering, if one set aside a female animal and consecrated it for these types of offerings, the consecration takes effect, and he can make a substitute from it. Since they are unblemished animals, once they attain the sanctity that inheres in the item's value, they attain inherent sanctity as well (Rambam *Sefer Korbanot*, *Hilkhot Temura* 1:21). With regard to a burnt-offering, this ruling reflects all of the opinions in the *baraita*. With regard to a Paschal lamb and guilt-offering, this ruling is in accordance with the opinion of the first *tanna*.

One who is obligated to sacrifice a guilt-offering from an animal less than one year old and brings an animal that was two years old – אָשָׁם בֶּן שָׁנָה וְהֵבִיא בֶּן שְׁתַּיִם: With regard to one who was obligated to sacrifice a sheep less than one year old and brought a sheep that was two years old, or one who was obligated to sacrifice a sheep that was two years old and sacrificed a sheep that was one year old, the offering is disqualified. The flesh is set aside until the animal becomes disqualified; it is then burnt. This ruling is in accordance with the *Tosefta Zevaḥim* 1:2 (Rambam *Sefer Avoda*, *Hilkhot Pesulei HaMukdashin* 4:26).

בַּעֲלֵי מוּמִין קְדוּשַּׁת הַמִּזְבֵּחַ חָלָה עֲלֵיהֶן, לְיִידָה מִילָּה? לְגִיזָּה וְלַעֲבוֹדָה.

The Gemara accepts the preceding argument as compelling. Perforce, Rav Ḥisda should accept it. Why, then, does he claim that it is prohibited to use for any mundane purpose animals that are redeemed before developing a blemish? The Gemara explains: Rav Ḥisda holds that only animals that are **blemished** will become entirely non-sacred upon redemption. He holds that, by rabbinic decree, **the sanctity of the altar takes effect upon them.** With regard **to what matters** does it take effect? With regard **to** the prohibition against **shearing** them **and** using them for **labor.** However, he agrees that according to Torah law, they have no sanctity of the altar, since they were not consecrated for that purpose. Therefore, their sanctity is removed entirely upon redemption.

הִפְרִישׁ נְקֵבָה לְעוֹלָתוֹ וּלְפִסְחוֹ וְלַאֲשָׁמוֹ – עוֹשָׂה תְּמוּרָה. רַבִּי שִׁמְעוֹן אוֹמֵר: לְעוֹלָתוֹ עוֹשָׂה תְּמוּרָה, לְפִסְחוֹ וְלַאֲשָׁמוֹ אֵינוֹ עוֹשֶׂה תְּמוּרָה. רַבִּי שִׁמְעוֹן בֶּן יְהוּדָה אוֹמֵר מִשּׁוּם רַבִּי שִׁמְעוֹן: לְעוֹלָתוֹ וּלְפִסְחוֹ וְלַאֲשָׁמוֹ אֵינוֹ עוֹשֶׂה תְּמוּרָה.

§ It was taught in a *baraita*: **One who set aside a female** animal and consecrates it **for his burnt-offering,** or **his Paschal lamb,** or **his guilt-offering,**[H] although these offerings may be brought only from a male animal, the consecration is still effective in endowing the female animal with inherent sanctity, such that **it makes a substitute;**[N] if he tries to substitute another animal in place of the first, both animals are consecrated. **Rabbi Shimon says:** If one consecrated a female animal for **his burnt-offering, it makes a substitute;** however, if he consecrated it for **his Paschal lamb** or **his guilt-offering, it does not make a substitute. Rabbi Shimon ben Yehuda said in the name of Rabbi Shimon:** In all cases, whether one consecrated it for **his burnt-offering,** or for **his Paschal lamb,** or for **his guilt-offering, it does not make a substitute.**

אָמַר רַבִּי יוֹחָנָן: טַעְמָא דְּרַבִּי שִׁמְעוֹן – שֶׁכֵּן מָצִינוּ נְקֵבָה בָּעוֹף כְּשֵׁרָה לָבֹא עוֹלָה.

The Gemara explains the basis for the different opinions in the *baraita*: **Rabbi Yoḥanan said: The reason** for the opinion **of Rabbi Shimon,** as cited by the first *tanna*, is **that we find** a case in which **a female bird is valid to be brought as a burnt-offering.** It is therefore clear that sanctity of a burnt-offering can be applied to a female animal, and consequently, a substitute can be made from it. However, this is not true with regard to a Paschal lamb or a guilt-offering, which are never brought from a female animal.

וְאָמַר רַבִּי יוֹחָנָן: טַעְמָא דְּרַבִּי שִׁמְעוֹן בֶּן יְהוּדָה אִם מִין בְּמִינוֹ הוּא חָלוּק עָלָיו – כׇּל שֶׁכֵּן מִין בְּשֶׁאֵינוֹ מִינוֹ.

And Rabbi Yoḥanan said: The reason for the opinion **of Rabbi Shimon ben Yehuda** in the name of Rabbi Shimon is based on the following *a fortiori* argument: **If** two animals are **of the same kind,** i.e., the same gender, and **one is distinct from** the other in a small, invalidating detail, that distinction is sufficient to prevent the animal from attaining any sanctity. This is **all the more so** in the case of two animals of **different kinds,** i.e., of different genders, which is a distinction of greater import. If being of one gender invalidates the animal, it will certainly prevent the invalid animal from attaining any sanctity.

אֵיזֶהוּ מִין בְּמִינוֹ שֶׁהוּא חָלוּק עָלָיו – כִּי הָא דְּתָנֵי: אָשָׁם בֶּן שָׁנָה וְהֵבִיא בֶּן שְׁתַּיִם, בֶּן שְׁתַּיִם וְהֵבִיא בֶּן שָׁלֹשׁ – לֹא יָצָא.

What is the case of two animals **of the same kind,** where **one is distinct from** the other in a small, invalidating detail? **Like that which was taught** in a *baraita*: With regard to one who is obligated to sacrifice **a guilt-offering** from an animal less than **one year old and brings** an animal that was **two years old,**[NH] or one who is obligated to sacrifice **a guilt-offering** from an animal that was **two years old and brings** an animal that was **three years old, he does not fulfill his obligation.** In the first case, the animal is endowed with sanctity. However, in the second case, the animal remains non-sacred, despite the fact that the two animals are of the same kind and are distinct only in regard to one detail, their age.

NOTES

Substitute – תְּמוּרָה: It is prohibited by the Torah to substitute a non-sacred animal for one that has been consecrated as an offering (see Leviticus 27:9–10). One who does so is liable to receive lashes. Furthermore, if one attempts to do so, then, while the non-sacred animal is consecrated by the substitution, the original animal retains its own sanctity. One is therefore left with two consecrated animals, and the second animal is consecrated with the same type of sanctity as the original animal. This is true even in cases where the non-sacred animal is not suitable for that type of sanctity, e.g., if a female animal is substituted for a burnt-offering or any animal is substituted for a sin-offering. In those cases, the animal is either killed or left to graze, at which point it is sold to allow the proceeds to be used for the purchase of an offering of that type of sanctity. Tractate *Temura* deals extensively with the *halakhot* governing substitution.

One year old…two years old – בֶּן שָׁנָה...בֶּן שְׁתַּיִם: There are six types of guilt-offerings, all of which must come from a male sheep. Usually the Torah uses the term ram to indicate this. The term ram suggests an older animal, and it is understood to mean that the animal should be at the beginning of its second year. This is true in most cases. For some kinds of offerings, such as the guilt-offering of a nazirite, the Torah uses the term sheep, and then the intention is that a male sheep less than one year old should be used.

אָמַר רַבִּי יוֹחָנָן: רַבִּי שִׁמְעוֹן וְרַבִּי יְהוֹשֻׁעַ שְׁנֵיהֶם אָמְרוּ דָּבָר אֶחָד. כְּמָה דְּרַבִּי יְהוֹשֻׁעַ אָמַר נְקֵבָה לְעוֹלָה לֹא קִידְּשָׁהּ אֶלָּא הֶקְדֵּשׁ דָּמִים – כֵּן דְּרַבִּי שִׁמְעוֹן אָמַר: נְקֵבָה לְעוֹלָה לֹא קִידְּשָׁהּ אֶלָּא הֶקְדֵּשׁ דָּמִים. אִין תֵּימַר קְדָשָׁהּ קְדוּשַּׁת הַגּוּף – יִרְעוּ.

§ **Rabbi Yoḥanan said: Rabbi Shimon,** as cited by Rabbi Shimon ben Yehuda, **and Rabbi Yehoshua,** in the mishna, **both said the same idea. Just as Rabbi Yehoshua said** that **a female** animal that was consecrated without a specific purpose **is not consecrated** with inherent sanctity **as a burnt-offering,** but **rather it is consecrated** only **with sanctity** that inheres in the animal's **monetary value, so too, Rabbi Shimon said** that **a female** animal that was consecrated to be brought as a burnt-offering **is not consecrated** with inherent sanctity **as a burnt-offering,** but **rather it is consecrated** only **with sanctity** that inheres in the animal's **monetary value,** which is why one cannot make a substitute from it. It is clear that Rabbi Yehoshua holds that the animal does not have inherent sanctity. **If you say** he holds that one **consecrated** the female animal **with inherent sanctity,** then it would not be permitted to sell it for the needs of peace-offerings, as Rabbi Yehoshua indeed rules in the mishna. Rather, **it** should have to **graze** until it develops a blemish, since animals with inherent sanctity may not be sold until they develop a blemish.

אמר רבי: [אין] אֲנִי רוֹאֶה אֶת דִּבְרֵי רַבִּי שִׁמְעוֹן בְּפֶסַח, שֶׁהַמּוֹתַר פֶּסַח בָּא שְׁלָמִים.

The Gemara cites the remainder of the *baraita* already cited above: **Rabbi** Yehuda HaNasi **said: I do not see the statement of Rabbi Shimon** as correct **with regard to** a female animal consecrated for **a Paschal lamb.** Rabbi Shimon said that the animal does not attain any sanctity, since a Paschal lamb is brought only from male animals. I disagree, **because a leftover Paschal lamb,** a Paschal lamb that was not slaughtered on Passover, **is brought as a peace-offering,** which can be brought from female animals. It is therefore appropriate for the consecration for a Paschal lamb to take effect upon a female animal and endow it with inherent sanctity, in a manner similar to Rabbi Shimon's own argument concerning a burnt-offering.

וְלֵימָא אֵין אֲנִי רוֹאֶה דִּבְרֵי רַבִּי שִׁמְעוֹן בְּאָשָׁם שֶׁהַמּוֹתַר אָשָׁם בָּא עוֹלָה.

But, according to this line of logic, **let** Rabbi Yehuda HaNasi also **say: I do not see the statement of Rabbi Shimon with regard to** a female animal consecrated for **a guilt-offering** as correct. Rabbi Shimon said that the animal does not attain any sanctity, since a guilt-offering is brought only from male animals. However, based on Rabbi Yehuda HaNasi's reasoning in the case of a Paschal lamb, he should also disagree here, **since a leftover guilt-offering,** a guilt-offering that was not sacrificed as such because its owner achieved atonement with a different guilt-offering, **is brought as a burnt-offering,** and as Rabbi Shimon himself explained that the consecration of a female animal for a burnt-offering takes effect.

אָמַר רַבִּי אָבִין: אִם הִקְדִּישׁ פֶּסַח בָּא שְׁלָמִים – גּוּפוֹ קָרֵב שְׁלָמִים, אִם הִקְדִּישׁ אָשָׁם בָּא עוֹלָה – אֵין גּוּפוֹ קָרֵב עוֹלָה.

Rabbi Avin said: Rabbi Yehuda HaNasi's argument for a Paschal lamb does not extend to a guilt-offering, because there is a crucial distinction between the cases: **If one consecrates** an animal as **a Paschal lamb,** and it is not used as such, and it is therefore **brought as a peace-offering,** the animal **itself is sacrificed as a peace-offering.** However, **if one consecrates** an animal as **a guilt-offering,** and it is not used as such, and it is therefore **brought as a burnt-offering,** the animal **itself is not sacrificed as a burnt-offering.** Rather, it is left until it develops a blemish, then it is sold, and the proceeds are used for the purchase of a burnt offering.

מַהוּ כְּדוּן? הָהֵין אָמַר הֶקְדֵּשׁ דָּמִים הִקְדִּישׁ, וְהָהֵן אָמַר – הֶקְדֵּשׁ גּוּפוֹ הִקְדִּישׁ.

What is behind **this** disagreement between Rabbi Yehuda HaNasi and Rabbi Shimon concerning a female animal consecrated as a Paschal lamb? **This one,** Rabbi Shimon, **says:** Surely **he consecrated** the animal only **with sanctity** that inheres in the animal's **monetary value,** since he knows that it cannot actually be brought as a Paschal lamb. **And this one,** Rabbi Yehuda HaNasi, **says:** We do not make that assumption. Rather, **he consecrated** the animal to have **inherent sanctity,** and it takes effect because a leftover Paschal lamb can be brought as a peace-offering.

רַבִּי זְעֵירָא בְּשֵׁם רַבִּי שִׁמְעוֹן בֶּן לָקִישׁ: טַעְמָא דְּרַבִּי יְהוֹשֻׁעַ ״דַּבֵּר אֶל אַהֲרֹן וְאֶל בָּנָיו וְאֶל כָּל בְּנֵי יִשְׂרָאֵל וְאָמַרְתָּ אֲלֵיהֶם אִישׁ אִישׁ מִבֵּית יִשְׂרָאֵל וגו׳ אֲשֶׁר יַקְרִיב לַה׳ לְעוֹלָה״ – הַכֹּל קָרֵב לְעוֹלָה,

§ Rabbi Yehoshua taught in the mishna that if one consecrates animals without specifying for what purpose, the animals are endowed with the sanctity of burnt-offerings. **Rabbi Ze'eira** said **in the name of Rabbi Shimon ben Lakish: The source for Rabbi Yehoshua's** opinion is: **"Speak to Aaron, and to his sons, and to all the children of Israel, and say unto them: Any man of the house of Israel,** or of the strangers in Israel, **that brings** his offering, whether it be any of their vows, or any of their free-will offerings, which are brought **to the Lord as a burnt-offering"** (Leviticus 22:18). The verse is taken to mean that **all** vows or free-will offerings that can be brought to the Lord, i.e., animals, are consecrated to be **sacrificed as burnt-offerings** unless otherwise specified.

״לִרְצוֹנְכֶם תָּמִים זָכָר״. מִנַּיִן אֲפִילּוּ נְקֵבוֹת – תַּלְמוּד לוֹמַר ״בַּבָּקָר״ לְרַבּוֹת אֶת נְקֵבוֹת.

The next verse states: **"That you may be accepted, you shall sacrifice a male without blemish"** (Leviticus 22:19). This verse would seem to limit to male animals the principle learned in the preceding verse. **From where** is it derived that **even females** that are consecrated without a specific purpose are also endowed with the sanctity of a burnt-offering? **The** continuation of the **verse states: "Of the cattle"** (Leviticus 22:19), which is a general term that comes **to include females.**

רַבִּי יִצְחָק בֵּי רַבִּי אֶלְעָזָר שָׁאַל: כְּתִיב ״זָכָר״ וְאַתְּ אָמְרַתְּ ״בַּבָּקָר״ לְרַבּוֹת אֶת הַנְּקֵבוֹת? וְדִכְווָתַהּ כְּתִיב ״תָּמִים״ וְאַתְּ אָמְרַתְּ ״בַּבָּקָר״ לְרַבּוֹת בַּעֲלֵי מוּמִין? מַה בֵּינֵיהוֹן? רַב אָמַר: שִׁבְטָא דְכַדְכָּדָא בֵּינֵיהֶן.

Rabbi Yitzḥak, son of Rabbi Elazar, asked: Although **it is** explicitly **written "male." You said** that the phrase **"of the cattle"** comes **to include females.** If this is true, then **in a similar manner,** one could make the following claim: Although **it is** explicitly **written "without blemish," you** could **say** that the phrase **"of the cattle"** comes **to include blemished** animals. For **what is** the difference **between them?** Why should one assume that the phrase "of the cattle" includes only female animals but not blemished animals? **Rav said:** The difference between them is so clear it is as if **the weaver's rod** [*shivta dekhadkada*][NLB] **is between them:** Female animals are suitable to be brought on the altar in some form, whereas blemished animals are never suitable to be brought on the altar.

״רַבִּי אֱלִיעֶזֶר אוֹמֵר יִמָּכְרוּ כו׳ הַמִּין״.

§ The mishna teaches: In the case of one who consecrates all his possessions without specifying for what purpose, and among them are wines, oils, and birds, which are suitable to be sacrificed on the altar, **Rabbi Eliezer says: They are sold** for the needs of that **kind** of item, i.e., to individuals who will use them as such, and the proceeds are used to purchase burnt-offerings. Rabbi Eliezer holds that items suitable for use on the altar that are consecrated without specifying their purpose are consecrated with sanctity that inheres in the item's value, yet they are designated as burnt-offerings. Therefore, everything, including the birds, must be sold to achieve that end.

רַבִּי אַבָּהוּ בְּשֵׁם רַבִּי שִׁמְעוֹן בֶּן לָקִישׁ: טַעְמָא דְרַבִּי אֱלִיעֶזֶר ״דַּבֵּר אֶל אַהֲרֹן וְאֶל בָּנָיו וְגוֹ׳ אֲשֶׁר יַקְרִיבוּ לַה׳ לְעוֹלָה״ – הַכֹּל קָרֵב עוֹלָה,

Rabbi Abbahu said **in the name of Rabbi Shimon ben Lakish: The source of Rabbi Eliezer's opinion** is: **"Speak to Aaron, and to his sons,** and to all the children of Israel, and say unto them: Any man of the house of Israel, or of the strangers in Israel, that brings his offering, whether it be any of their vows, or any of their free-will offerings, **which are brought to the Lord as a burnt-offering"** (Leviticus 22:18). The verse is taken to mean that **all** vows or free-will offerings that can be brought to the Lord, i.e., animals, are consecrated to be **sacrificed as burnt-offerings,** unless otherwise specified.

״לִרְצוֹנְכֶם תָּמִים זָכָר״, יָכוֹל אֲפִילּוּ עוֹפוֹת – תַּלְמוּד לוֹמַר ״בַּבָּקָר״ וְלֹא עוֹפוֹת.

The next verse states: **"That you may be accepted, you shall sacrifice a male without blemish"** (Leviticus 22:19). **I might** have thought this verse teaches that an unspecified consecration can be fulfilled with the sacrifice of any unblemished male, **even birds.** To reject this possibility, **the** continuation of the **verse states: "Of the cattle"** (Leviticus 22:19), which includes only domesticated animals **and not birds.**

רַבִּי יִרְמְיָה וְרַבִּי בּוּן בַּר חִיָּיה, הָווֹן יָתְבוּן וְאָמְרִין: תַּמָּן אָמַר רַבִּי יוֹחָנָן טַעְמָא דְרַבִּי שִׁמְעוֹן שֶׁכֵּן נְקֵבָה שֶׁבָּעוֹף כְּשֵׁירָה לָבֹא עוֹלָה, וְכָא אָמַר הָכֵין!

Rabbi Yirmeya and Rabbi Bun bar Ḥiyya were sitting and saying: There, in explanation of the *baraita* cited above concerning one who consecrated a female animal for a burnt-offering, **Rabbi Yoḥanan said that the reason for Rabbi Shimon's opinion,** as cited by the first *tanna*, that the female is consecrated with the inherent sanctity of a burnt-offering is **that** there is that there is a case of **a female bird that is valid to be brought as a burnt-offering.** Yet **here,** in this case concerning the consecration of a female bird itself, Rabbi Eliezer **said this.** Presumably, Rabbi Eliezer agrees with Rabbi Yoḥanan's explanation of Rabbi Shimon's opinion. If the argument for a female animal gaining inherent sanctity when consecrated for a burnt-offering is based on a case of a female bird, how can it be that when a bird itself is consecrated it does not attain inherent sanctity and can therefore be sold?

NOTES

The weaver's rod – שִׁבְטָא דְכַדְכָּדָא: Many explain that the intent of this phrase is that the distinction is as obvious as the gap in the weave made by a weaver's rod, which is immediately apparent. However, others assume the exact opposite, that the gap created by the weaver's rod is very small and barely noticeable. So too, here the distinction is not immediately obvious (see *Korban HaEida*).

LANGUAGE

The weaver's rod [*shivta dekhadkada*] – שִׁבְטָא דְכַדְכָּדָא: Some assume that this is the same rod mentioned in the Mishna (*Shabbat* 81a; 122b), from the Greek **κερκίς**, *kerkis*, genitive **κερκίδος**, *kerkidos*, meaning a weaver's shuttle or any taper rod of wood, ivory, or bone, used to measure. The original form of the word appears to have been *karkad*, meaning a shuttle, or a sharp rod that is used for weaving. Sometimes it is used to refer to any type of sharp rod.

BACKGROUND

The weaver's rod – שִׁבְטָא דְכַדְכָּדָא:

Shuttle, which holds the woof threads, being thrown between the warp threads

אָמַר רַבִּי יוֹסֵי: קִיַּימְתִּיהָ כְּהָא דְּאָמַר רַבִּי שְׁמוּאֵל בְּשֵׁם רַבִּי זְעֵירָא: כָּל שֶׁאֵינָהּ יְכוֹלָה לִיקָּרֵב לֹא הִיא וְלֹא דָּמֶיהָ – לֹא קָדְשָׁה אֶלָּא הֶקְדֵּשׁ דָּמִים. וְאַתְּ אָמַרְתְּ יָאוּת, לְהַקְרִיבוֹ אֵין אַתְּ יָכוֹל – דִּכְתִיב "בַּבָּקָר" וְלֹא עוֹפוֹת, לִפְדוֹתוֹ אֵין אַתְּ יָכוֹל – שֶׁאֵין לָעוֹף פִּדְיוֹן. לְפוּם כֵּן צָרִיךְ מֵימַר לֹא קָדְשָׁה אֶלָּא קְדוּשַּׁת דָּמִים.

The Gemara answers: **Rabbi Yosei said: I established** Rabbi Eliezer's opinion as being **in accordance with that which Rabbi Shmuel said in the name of Rabbi Ze'eira: Anything that cannot be sacrificed** on the altar, **neither itself nor its monetary value,** as it cannot be redeemed, **is consecrated only with sanctity** that inheres in its **monetary value.**[N] **And** therefore, **you,** Rabbi Eliezer, **said correctly: You are not able to sacrifice** this bird on the altar, **as it is written: "Of the cattle," and not birds. You are not able to redeem** the bird were it to have inherent sanctity, **as there is no** concept of **redemption for birds.**[H] **Therefore, you must say that it is consecrated only with sanctity** that inheres in its **value.**

חֶבְרַיָּיא בְּשֵׁם רַבִּי יוֹחָנָן, רַבִּי אַיְיבוּ בַּר נַגְרִי אֲמַר קוֹמֵי רַבִּי אִילָא בְּשֵׁם רַבִּי יוֹחָנָן: טַעְמָא דְּהֵין תַּנָּיָא "וְאִם כָּל בְּהֵמָה טְמֵאָה אֲשֶׁר לֹא יַקְרִיבוּ מִמֶּנָּה קָרְבָּן לַה'"

§ In the *baraita* cited above, Rabbi Shimon ben Yehuda said in the name of Rabbi Shimon that if one consecrates a female animal for a burnt-offering, a Paschal lamb, or a guilt-offering, it is endowed only with sanctity that inheres in the animal's value, since a female animal is invalid for these offerings. Consequently, a substitute cannot be made from it. **The group** of students said **in the name of Rabbi Yoḥanan, and Rabbi Ayyevu bar Nagri said in the presence of Rabbi Ila, in the name of Rabbi Yoḥanan: The source** for the opinion of **this *tanna*,** Rabbi Shimon, is the verse in the passage about substitution: **"And if it be any unclean animal, of which they may not bring an offering to the Lord"** (Leviticus 27:11), which indicates that an unclean animal that was consecrated cannot make a substitution.

מַה תַּלְמוּד לוֹמַר "טְמֵאָה"? אֶלָּא אֲפִילוּ טְמֵאָה בְּאוֹתוֹ הַשֵּׁם.

What is the meaning when **the verse states "unclean,"** as it certainly is not referring to an animal of an unclean species of animal, i.e., a non-kosher animal, since they are already disqualified by a different verse? **Rather,** it is referring **even** to an animal of a clean, kosher species that is only **unclean,** i.e., unsuitable, **for that** particular **category** of offering.

וְקַשְׁיָא: בְּדָא כְּתִיב "וְהֶעֱמִיד וְהֶעֱרִיךְ".

The Gemara notes: **It is difficult** to justify this source as the basis for Rabbi Shimon's opinion because, **with regard to this, it is written** in the continuation of the verse: **"Then he shall stand** the animal before the priest. **And** the priest **shall value** it"[NH] (Leviticus 27:11–12), indicating that before being redeemed, the animal must be stood before the priest for valuation. However, Rabbi Shimon himself holds that this process is necessary only for animals that have inherent sanctity. Perforce, this verse and the previous one are referring to cases where the animal has inherent sanctity. If so, these verses cannot be used as the basis for Rabbi Shimon's opinion in the *baraita.*

רַבִּי זְעֵירָא בְּשֵׁם רַבִּי אֶלְעָזָר לֹא אָמַר כֵּן, אֶלָּא: "וְאִם כָּל בְּהֵמָה טְמֵאָה אֲשֶׁר לֹא יַקְרִיבוּ מִמֶּנָּה קָרְבָּן לַה'" – כָּל שֶׁאֵינָהּ רָאוּי לִיקָּרֵב לֹא כָּאן וְלֹא בְּמָקוֹם אַחֵר אֵינוֹ עוֹשֶׂה תְּמוּרָה,

Rabbi Ze'eira, in the name of Rabbi Elazar, did not say that **this** verse is the basis of Rabbi Shimon's opinion. **Rather,** he explained it as the basis for the opposing opinion: **"And if it be any unclean animal, of which they may not bring an offering to the Lord."** The superfluous word "offering" indicates that **any** animal **that is not suitable to be sacrificed, neither here,** for the type of offering for which it was consecrated, **nor anywhere else,** as any other type of offering, is never endowed with inherent sanctity. Therefore, **a substitute cannot be made** from it.

יָצָאת נְקֵבָה לְעוֹלָה, אַף עַל פִּי שֶׁאֵינָהּ רְאוּיָה לִיקָּרֵב כָּאן – רָאוּי לִיקָּרֵב בְּמָקוֹם אַחֵר.

This principle **excludes** the case of **a female** animal that was consecrated **for a burnt-offering. Although it is not suitable to be sacrificed here,** as an animal burnt-offering, **it is suitable to be sacrificed in another place,** such as a bird burnt-offering. This verse therefore serves as a source for the opinion of the first *tanna* in that *baraita,* who holds that a female animal consecrated for a burnt-offering, a guilt-offering, or a Paschal lamb is endowed with inherent sanctity, and therefore a substitute can be made from it.

NOTES

Anything that cannot be sacrificed, neither itself nor its monetary value, is consecrated only with sanctity that inheres in its monetary value – כָּל שֶׁאֵינָהּ יְכוֹלָה לִיקָּרֵב לֹא הִיא וְלֹא דָּמֶיהָ לֹא קָדְשָׁה אֶלָּא הֶקְדֵּשׁ דָּמִים: This principle is based on the following assumption: Since one is aware that if the item is sanctified with inherent sanctity for the altar, there will be no recourse for it, he therefore intends from the outset to consecrate it only with sanctity that inheres in its value. This provides the possibility to redeem and eventually sacrifice at least the item's value on the altar (*Talmid HaRashbash*).

Then he shall stand and shall value – וְהֶעֱמִיד וְהֶעֱרִיךְ: The Torah states: "And if it be any unclean animal, of which they may not bring an offering unto the Lord, then he shall stand the animal before the priest. And the priest shall value it" (Leviticus 27:11–12). The Sages taught that "unclean animal" is not referring to an animal of a non-kosher species but any animal that is unsuitable as an offering, such as one that is blemished. All such animals may be redeemed, but they must first be stood before a priest for valuation.

HALAKHA

As there is no redemption for birds – שֶׁאֵין לָעוֹף פִּדְיוֹן: Fine flour, wine, oil, frankincense, birds, wood, or a sacred vessel that was disqualified for use or became ritually impure cannot be redeemed, as the verse states: "He shall stand…shall value" (Leviticus 27:11–12). That which is stood before the court can be valued. Since these are not stood before the court, they can never be redeemed (Rambam *Sefer Avoda, Hilkhot Issurei Mizbe'aḥ* 6:4).

Then he shall stand and shall value – וְהֶעֱמִיד וְהֶעֱרִיךְ: One who consecrated a living animal and now wishes to redeem it, whether it is of a kosher or non-kosher species, whether the consecration is for Temple maintenance or to the altar, whether it is blemished, or even, in certain circumstances, if it is unblemished and suitable to be sacrificed on the altar, it must be stood before the court of priests and valued. Therefore, if it dies before it is valued, it can never be redeemed; rather, it is buried. This is in accordance with the opinion of Rabbi Yoḥanan (Rambam *Sefer Hafla'a, Hilkhot Arakhin VaḤaramim* 5:12).

רַבִּי אָבוּן וְרַבִּי בּוּן בְּעוֹן קוֹמֵי רַבִּי זְעֵירָא: הֲרֵי הָרוֹבֵעַ וְהַנִּרְבָּע, שֶׁאֵינָן רְאוּיִין לִיקְרַב לֹא כָּאן וְלֹא בְמָקוֹם אַחֵר וַהֲרֵי הֵן עוֹשִׂין תְּמוּרָה. אֲמַר לוֹן: אַף אֲנִי לֹא אָמַרְתִּי אֶלָּא טְמֵאָה מַמָּשׁ.

The Gemara challenges this principle: **Rabbi Avun and Rabbi Bun asked in the presence of Rabbi Ze'eira:** But **there is** the case of an animal **that sodomizes** a person **or** an animal **that is sodomized,**[H] **which are not suitable to be sacrificed, neither here,** for the kind of offering for which it was consecrated, **nor anywhere else** as any other kind of offering, **and** yet **a substitute can be made** from it. The Gemara answers: **He said to them: Even I said** this principle **only** with regard to an animal that is **actually unclean,** i.e., from a non-kosher species. But it does not apply to an animal of a kosher species that is disqualified for some other reason.

וְקַשְׁיָא: בְּדָא כְּתִיב "וְהֶעֱמִיד וְהֶעֱרִיךְ".

The Gemara notes: **But it is difficult** to claim that "unclean" is referring to an animal of an unclean, non-kosher species, because **with regard to this, it is written** in the subsequent verses: **"Then he shall stand** the animal before the priest. **And** the priest **shall value** it" (Leviticus 27:11–12), indicating the procedure for redeeming the animal. This certainly cannot refer to an animal of a non-kosher species, since a verse later on (Leviticus 27:27) addresses that case. Rabbi Ze'eira's derivation is therefore problematic.

הלכה ה מתני׳ אַחַת לִשְׁלֹשִׁים יוֹם מְשַׁעֲרִין אֶת הַלִּשְׁכָּה. כָּל הַמְקַבֵּל עָלָיו לְסַפֵּק סְלָתוֹת מֵאַרְבַּע, עָמְדוּ מִשָּׁלֹשׁ – יְסַפֵּק מֵאַרְבַּע. מִשָּׁלֹשׁ וְעָמְדוּ מֵאַרְבַּע – יְסַפֵּק מֵאַרְבַּע. שֶׁיַּד הֶקְדֵּשׁ עַל הָעֶלְיוֹנָה.

HALAKHA 5 · MISHNA **Once every thirty days, the prices** at which the Temple supplies such as wine, flour, or oil will be purchased **are set for the** Temple **chamber.**[NH] This set price is implemented in the following way: **Any** merchant **who undertakes to provide fine flour** after the chamber set a price of **four** *se'a* per *sela*, even if the general market price rose and **stood at three** *se'a* per *sela*, **he must provide** fine flour based on the set price of **four** *se'a* per *sela*. However, if the chamber's set price was **three** *se'a* per *sela*, and the general market price rose to **four** *se'a* per *sela*, **he must** now **provide** fine flour based on the new market price of **four** *se'a* per *sela*. This is in order **that the** Temple treasury of **consecrated** property always **has the upper hand.**

אִם הִתְלִיעָה סוֹלֶת – הִתְלִיעָה לוֹ, וְאִם הֶחֱמִיץ יַיִן – הֶחֱמִיץ לוֹ. אֵינוֹ מְקַבֵּל מָעוֹתָיו עַד שֶׁיְּהֵא הַמִּזְבֵּחַ מְרַצֶּה.

If the fine flour became wormy, it became wormy for the merchant, i.e., he bears the loss of the ruined fine flour and must provide new fine flour in its place. Similarly, **if the wine turned to vinegar,**[N] **it turned to vinegar for** the merchant. This is because the merchant **only receives,** i.e., earns, **his money once the altar is satisfied,** i.e., the transaction is only realized once the items have been sacrificed on the altar.

גמ׳ תָּנֵי בְּשֵׁם רַבִּי שִׁמְעוֹן: מִיָּד הָיוּ מְקַבְּלִין אֶת מְעוֹתֵיהֶן, וְהַכֹּהֲנִים זְרִיזִין הֵן.

GEMARA **It was taught** in a *baraita* **in the name of Rabbi Shimon: The** merchants **would immediately receive their money. And** there was no concern that the items would spoil, because **priests are vigilant** and ensure that no item has a chance to spoil.

הדרן עלך התרומה

HALAKHA

An animal that sodomizes a person or an animal that is sodomized – הָרוֹבֵעַ וְהַנִּרְבָּע: An animal that sodomized or was sodomized, although it may be eaten, is disqualified for sacrifice on the altar (Rambam *Sefer Avoda, Hilkhot Issurei Mizbe'ah* 3:6).

Once every thirty days the prices are set for the Temple chamber – אַחַת לִשְׁלֹשִׁים יוֹם מְשַׁעֲרִין אֶת הַלִּשְׁכָּה: The prices for wine and fine flour were set every thirty days by the one appointed over the libations. If during that time the general price rose, the merchant had to provide the goods at the price they had set. If it fell, he had to provide the goods at the lower price (Rambam *Sefer Avoda, Hilkhot Kelei HaMikdash* 7:13).

NOTES

The prices are set for the chamber – מְשַׁעֲרִין אֶת הַלִּשְׁכָּה: Some explain that this is not the fixing of prices for the various goods but the setting of the next month's budget, based on how much money was spent during the previous month and how much will be needed for the next month, in order to cover matters whose cost is borne by the collection of the chamber (Rabbeinu Meshulam). Others explain that when the flour or wine supplier claims payment from the Temple at the end of thirty days, he many not insist on a particular currency. Rather, he is paid in local currency and must bear the costs of the exchange himself (*Tosefta Shekalim* 2:11; Rav Yehuda ben Rav Binyamin HaRofeh).

If the wine turned to vinegar – וְאִם הֶחֱמִיץ יַיִן: The Gemara describes that the wine used for the libations, which was brought from the region of Judea, was miraculously blessed in that it never turned to vinegar (*Pesahim* 42b). The commentaries therefore wonder why the mishna here delineates the protocol for a case in which it did turn to vinegar. Some explain the mishna's ruling by noting that the Gemara in tractate *Pesahim* states that wine would turn into vinegar if barley fell into it, and there the mishna's ruling is referring to such a case. Even there, the merchant continued to bear responsibility for the wine. Another suggestion is that if the wine never actually spoiled, this was a miraculous event. Since it is improper to rely on a miracle, it is therefore necessary to define a protocol for when the miracle does not occur (*Tosefot Yom Tov* on *Demai* 1:1).

Summary of **Perek IV**

The chapter described the various uses of the shekels that were collected in the Temple treasury. Initially, the funds from the collection of the chamber would be separated from those monies and placed in special baskets, which would also consecrate them for their specific uses. The money that remained was called the remains of the chamber. The central purpose of the funds from the collection of the chamber was to purchase communal offerings, while the funds from the remains of the chamber were used for the maintenance and upkeep of the Temple structures and associated purposes. However, the Gemara explained that funds from the collection of the chamber were also used for non-sacrificial purposes. For example, the artisans of the Temple were paid from its funds, and the funds were used for other tasks that were necessary for the community as a whole.

This chapter also discussed what was to be done with the surplus funds of the collection of the chamber or the remains of the chamber that had not been spent by the end of the year. A surplus could also be created if prices fell, as the Temple always benefits from the lowest price (or, in the Talmudic phrase, consecrated property has the upper hand). This money was put toward goals that were not formally necessary but nevertheless important. For example, the Temple decor would be improved with the addition of gold plating, and animals were purchased with this money for the repletion of the altar, i.e., to be offered at times when the altar was idle.

The latter part of the chapter dealt with cases of items that were consecrated but there was no use for them, or because of their doubtful status they could not be used. The Gemara discusses various cases like this, including leftover sacrificial supplies, like incense, which were bought with consecrated money, and lost animals that had been found and there is some doubt as to whether they are consecrated. These all need to be desacralized and there is a complex procedure for doing so, which may include repeated acts of desacralizaton to ensure that the sanctity of the Temple is not compromised.

The chapter also considered in passing the sources of various resources required by the Temple. It included discussions of whether the animals sacrificed had to come from Eretz Yisrael, whether public offerings could be donated by individuals, and who funded the ramps that were built in order to bring the red heifer and the scapegoat from the Temple Mount to the Mount of Olives.

Image **Credits**

All images are copyright © Koren Publishers Jerusalem Ltd., except:

p10 © PHGCOM; **p11** © HaRav Menachem Makover, courtesy of *Harenu Bevinyano*; **p12** © Brian Negin; **p14** left column 1st image © courtesy of the Temple Institute; **p14** middle column © Poco a poco; **p15** © Dr. Avishai Teicher; **p18** © Dr. Avishai Teicher; **p22** © Menachem Brody, photo@shechem.org; **p24** 1st image© Miguel González Novo; **p24** 2nd image © Jörg Hempel; **p26** 1st image © courtesy of the Temple Institute; **p26** 2nd image © Deror Avi; **p28** © Firooo2, flagstaffotos.com.au; **p36** 1st image © Nick Hobgood; **p36** 2nd image © TheBrockenInaGlory; **p47** 1st image © xta11; **p47** 2nd image © Idan Abutbul, GFDL; **p48** © Volker.G; **p68** © John Sie Yuen Lee; **p69** 1st image © Clara Amit, Yoram Lehman, Yael Yolovitch, Miki Koren, and Mariana Salzberger, courtesy of the Israel Antiquities Authority; **p72** © David Shay; **p73** 1st image © Clara Amit, Yoram Lehman, Yael Yolovitch, Miki Koren, and Mariana Salzberger, courtesy of the Israel Antiquities Authority; **p73** 2nd image © Almog; **p75** 1st image © Janice Grantz; **p75** 2nd image © benjamint444@yahoo.com.au; **p77** © Jastrow; **p87** © Masterpiz9; **p90** all images © Professor Zohar Amar, Bar Ilan University; **p91** © courtesy of the Temple Institute; **p95** © Yair Haklai; **p99** 1st image © Mauro Raffaelli; **p99** 2nd image © Andygriffith.